의사소통장애 |제7판|
연구방법과 실제

Robert F. Orlikoff, Nicholas Schiavetti, Dale Evan Metz 지음

박현주, 이은주, 표화영, 한진순 옮김

∑ 시그마프레스

의사소통장애 연구방법과 실제, 제7판

발행일 | 2018년 3월 2일 1쇄 발행

지은이 | Robert F. Orlikoff, Nicholas Schiavetti, Dale Evan Metz
옮긴이 | 박현주, 이은주, 표화영, 한진순
발행인 | 강학경
발행처 | (주)시그마프레스
디자인 | 김은경
편 집 | 김성남

등록번호 | 제10-2642호
주소 | 서울특별시 영등포구 양평로 22길 21 선유도코오롱디지털타워 A401~403호
전자우편 | sigma@spress.co.kr
홈페이지 | http://www.sigmapress.co.kr
전화 | (02)323-4845, (02)2062-5184~8
팩스 | (02)323-4197

ISBN | 979-11-6226-025-8

Evaluating Research in Communication Disorders, 7th edition

＊ 책값은 책 뒤표지에 있습니다.

이 도서의 국립중앙도서관 출판예정도서목록(CIP)은 서지정보유통지원시스템 홈페이지(http://seoji.nl.go.kr)와 국가자료공동목록시스템(http://www.nl.go.kr/kolisnet)에서 이용하실 수 있습니다. (CIP제어번호 : CIP2018003706)

역자 서문

의사소통장애 연구방법과 실제는 웨스트버지니아대학교 의사소통 과학 및 장애 학과 교수이자 사범대학 부학장을 역임한 Robert F. Orlikoff와 뉴욕주립대학교 명예교수 Nicholas Schiavetti 및 Dale Evan Metz가 저술한 *Evaluating Research in Communication Disorders*, 제7판을 번역한 것이다. 이 책은 1980년에 *Evaluating Research in Speech Pathology and Audiology: A Guide for Clinicians and Students*라는 이름으로 초판이 발행된 후 35년이 넘는 세월 동안 개정을 거듭해 오며 의사소통 과학 및 장애 분야의 명실상부한 고전이 되었다.

이 책은 10개의 장으로 구성되어 있어 일반적인 교재에 비해 조금 짧다는 인상을 준다. 그런데 책을 펼치고 읽기 시작하면 그 길이와는 사뭇 다른 내용과 형식의 성실함과 완결성에 놀라게 된다. 연구 설계와 논문 작성에 필요한 수많은 개념과 이론이 꼼꼼하게 잘 정리되어 있다. 고개를 갸우뚱할라치면 관련논문을 통해 구체적인 예를 제시하여 독자의 이해를 돕는다. 매 장 말미에는 10개 이상의 논문 목록과 질문을 제공하여 본문에 대한 이해와 비판적 사고를 강화한다. 무엇보다 논문의 각 부분을 평가할 수 있는 평가 체크리스트가 눈에 띈다. 각 장과 부록에 제시된 체크리스트를 잘 활용하면 타인의 연구를 평가하거나 자신이 수행 중인 연구의 질을 높이는 데 크게 도움이 될 것이다.

우리 역자들은 오랫동안 대학원에서 연구방법론과 논문작성법을 강의하면서 마땅한 교재가 없어 늘 아쉬움을 느끼고 그 마음을 토로하곤 했다. 그러던 중 이 책을 만나게 되었고 누구랄 것도 없이 번역을 해야 한다는 데 동의하였다. 가르치는 선생의 입장과 배우는 학생의 입장 모두를 고려했을 때 좋은 책이라는 확신이 들었기 때문이다. 사실 연구를 수행하고 논문을 쓰는 과정은 누구에게나 쉬운 일이 아니기에, 가까이 두고 언제든 참고할 수 있는 좋은 지침서가 있다면 무척 큰 힘이 될 것이다. 우리는 그 힘겨운 여정에 이 책이 빛을 밝혀 주는 환한 등대가 되어 줄 것이라 믿는다.

이번 번역 작업은 역자 모두 매우 바쁜 중에 이루어졌다. 그럼에도 불구하고 번역 과정의 힘듦보다 좋은 책이 주는 기쁨을 더 크게 느낀 시간이었다. 다만 번역 과정이 늘 그러하듯이 이번에도 어김없이 저자의 의도를 우리말로 적절히 전달하는 것이 얼마나 어려운지를 실감하면서 단어와의 싸움, 용어 선택에 대한 고민이 컸음을 밝힌다. 번역상의 오류가 있다면 너그러이 양해해 주시길 독자들에게 간곡히 부탁드리며 망설임 없는 피드백을 언제나 환영하는 바이다. 또한 연구와 논문 작성을 수행하고 있거나 수행하고자 하는 석사와 박사 과정생 및 전문가들에게 이 책이 조금이나마 도움이 되기를 바라는 마음 간절하다.

    우리 역자들은 한두 학기 앞서거니 뒤서거니 박사과정에 들어와 함께 공부하며 우정을 나누는 동안 좋은 동료이자 절친한 벗으로 서로가 서로의 부족함을 채워 주는 없어서는 안 될 소중한 존재가 되었다. 이 책이 나오기까지 큰 힘이 되어 준 서로에게 감사한 마음이다. 끝으로 늦어지는 원고에도 인내와 꼼꼼한 교정으로 편집을 담당해 주신 김성남 과장님과 이 책이 나오기까지 물심양면 도움을 주신 ㈜시그마프레스 강학경 사장님께 감사함을 전한다.

2018년 2월

박현주, 이은주, 표화영, 한진순

저자 서문

의사소통장애 연구방법과 실제 같은 고전서는 고전 미술, 음악, 문학과는 달리 계속해서 개정하고 갱신해야 한다. 약간만 바꾸어도 검증의 시간을 거쳐 온 소중한 자료가 훼손될 수 있다. 이러한 두려움은 언제나 존재해 왔다. 어떤 자료든 그 가치는 본질적으로 당시의 필요와 관심사항을 다루고 있는가와 엮여 있다. 요즘 뜨거운 관심을 사고 있는 주제는 근거기반 실제의 이행이다. 캐나다 의사 David Sackett와 동료들이 1996년에 근거기반 의학에 대한 표준 정의를 수립한 이래, "개별 환자의 치료에 대한 결정을 내림에 있어 현존하는 최상의 근거를 성실하고 분명하면서도 신중하게 이용하기"는 의료 전문가들뿐 아니라 널리 청각학과 언어병리학 실무자들도 받아들이게 되었다. 우리 전문분야의 연구와 실제 사이에 이전에는 그 어떤 관련성도 없었다고 말하려는 것이 아니다. 제1장에서 강조한 것처럼 우리 전문분야와 전문직종은 초기의 실험실 연구와 관련 훈련 프로그램에 그 뿌리를 두고 있다. Ira Ventry와 Nicholas Schiavetti가 이 책의 초판본을 공동 집필하여 출판하였던 1980년에는 '근거기반 실제'라는 말은 아직 널리 알려지지 않아 인기를 얻기 전이었다. 그럼에도 불구하고 근거기반 실제의 중심에 있는 신조, 즉 임상적 결정을 내리는 데 필요한 정보를 제공하여 실무를 향상시키는 수단으로써 연구 문헌을 장려한다는 원칙을 이 책의 초판본에서부터 추구해 왔다.

유용한 연구를 능숙하게 수행할 수 있는 방법을 알려 주는 책은 많다(그중 일부를 이 책에도 인용하였다). 그러나 이 책은 애초부터 임상가와 학생들로 하여금 우리 분야의 문헌에 대해 더 나은 소비자가 될 수 있도록 도와주는 지침서로 기획되었다. 근거를 기반으로 하는 임상적 결정에 중점을 두면서 연구를 비판적으로 평가하는 능력이 지금만큼 중요한 것으로 부각되었던 적은 없다. 이 능력은 이제 실무에 종사하는 임상가라면 그 누구에게든 필수불가결한 핵심 능력이 되었다는 데에는 의심의 여지가 없다. 이 책이 초기 연구자들에게는 알맞지 않다는 뜻은 아니다. 분명 좋으면서도 의미 있는 연구를 수행하는 능력은 다른 사람이 한 연구를 비판적으로 읽고 이해하여 평가하는 능력에 달려 있다. 실제로 이 책을 읽는 학생들이 직업을 준비함에 있어 연구자나 연구자−임상가가 되기를 희망하기를 진심으로 바라는 바이다.

의사소통장애 연구방법과 실제, 제7판은 이전 판의 이상과 목적을 유지하고 있지만, 이전 판에 처음 소개하였던 자료를 다시 정리하여 완성하였다. 그러한 변화 중 상당히 많은 부분은 저자의 강의 경험과 이 책을 읽은 여러 사람들로부터 받은 피드백과 직관적인 제안에서 얻은 정보를 통해 이루어진 것이다. 우리는 몇몇 의사소통 과학 및 장애 분야의 학술연구지 편집자와 투고 논문 심사위원으로서 쌓을 수 있었던 풍부한 경험의 덕도 보았다. 대부분의 피드백은 기쁘게도 꽤 긍정적이고 고무적이었다. 학생들과 강사들에게서 얻은 의견은 한 학기 동안의 수강 과정에 국한할 경우 이 책이 그들 모두의 요구에 더 잘 부응하게 해 준다는 측면에서 일부 도움이 되었다. 예를 들면, 많은 사람들이 더 광범위한 맥락에서 연구 논문을 평가할 수 있도록 근거기반 실제에 관한 더 많은 정보를 요청하였다. 이 정보를 이에 관한 여타 책과는 다른 방식으로 개정판에 추가하였다. 양적 연구(특히 무선화 통제 시도)는 임상 실제에서 근거기반 임상 결정에만 적절한 것처럼 보이는 경우도 흔히 있다. 그러나 근거기반 실제에 대한 현재의 개념화는 임상 결과의 향상을 위해 최상의 연구 근거를 실무자의 지식과 기술뿐만 아니라 내담자의 요구와 기호를 모두 종합하는 것이다. 이 책은 우리 분야의 문헌을 읽고, 이해하고, 평가하는 데 역점을 둔 책으로서 근거기반 실제의 모든 구성요소에 정보가 되는 다양한 연구 설계와 출판 유형을 강조하였다. 이는 질적 연구, 담화적 문헌 검토, 연구기반 지침서에 관한 논의에 있어 더 큰 바탕이 된다.

개정판 작업에 도움이 된 또 다른 제안도 있었다. 그것은 이전 판의 마지막 장에 있었던 치료 효능 연구 평가에 대한 자료를 연구 설계에 대한 논의 바로 뒤에 이어지도록 옮기는 것이었다. 개정판에서는 질적 연구와 양적 연구 설계의 기본 개념을 설명한 장 뒤에 제5장 치료 효능 연구를 위한 실험 설계에서 치료 결과와 효능 연구에 역점을 둔 지식 기반을 세울 수 있게 되었다. 개정판은 제10장 최상의 근거와 임상적 결정으로 끝나는데, 이 장은 질적 및 양적 체계적 검토, 메타분석, 근거기반 임상 실제 지침에 대한 논의에 보다 유용한 바탕이 되는 한편, 근거기반 실제의 원리를 강조하고 있는 장으로서 개정판에 추가된 내용이다. 그러므로 제1장과 제10장은 근거기반 실제에 역점을 둠으로써 의사소통 과학 및 장애 분야의 과학적 연구와 연구 문헌의 보고를 위한 '지지대'가 될 것이다.

학생과 강사 모두가 연구 결과에 관한 장이 너무 방대함에 대해 우려를 표하였다. 개정판에서는 이 문제에 대해 '분할식 정복' 접근법을 취하였다. 제7장 연구논문의 결과: 조사결과에서는 질적 연구와 양적 연구 결과의 정리와 기술에 대해 논의한 반면, 제8장 연구논문의 결과: 통계적 추론에서는 실험 변인 간의 차이를 추론하기 위한 양적 자료의 통계 분석에만 초점을 맞추었다.

이전 판의 "연구 질문"은 대부분 다수의 논문을 읽도록 요구하였기 때문에 많은 독자들이 압도되고 시간이 오래 걸린다는 우려도 있었다. 개정판에서는 "비평적 읽기 연습"이라는 제목으로 바꾼 뒤 각 질문당 한 편의 논문만 읽도록 하여 읽어야 할 논문 수를 크게 줄였다. 연습 항목마다 독자로 하여금 해당 문헌을 읽고 가급적이면 그 장에서 다루었던 핵심 개념이나 기술을 실제적인 방법으로 이해할 수 있게 하였다. 이 책을 읽는 목적이 우리 분야의 문헌 읽기를 통해 비평적 읽기 기술을 연마하거나 근거기반 실제를 지지하는 데 필요한 기술을 개발하는 것이 아니라면 이 책은 별로 도움이 안 될 것이다. 연습 활동을 구성할 때 우리 문헌에서 볼 수 있는 말, 언어, 삼킴, 청각학 등을 폭넓게 반영하는 연구논문을 포함시키려 노력하였다. 교과서, 강의, 토론에 더하여 학생들을 몇 명씩 그룹으로 나누어 연습 문제를 배정한 뒤 각 연습 문제의 해당 논문을 읽고 (해당 논문에 대한 짧은 개괄과 함께) 그 답을 찾아 수업을 듣는 나머지 학생들 앞에서 발표하게 하면 도움이 될 것이다. 이 같은 보충 방법을 촉진하기 위해 앞의 여덟 장은 12개의 논문에 대한 질문으로 확장하여 연습할 수 있게 구성하였다.

마지막으로 우리는 자발적으로 책 제목과 본문에서 "의사소통의 장애(communicative disorders)"라는 표현을 "의사소통장애(communication disorders)"로 바꾸었다. 실은 아주 작은 변화지만 의사소통 과학 및 장애(communication science and disorders)가 말과 청각 관련 임상 실제, 기초 및 응용 연구 전문분야를 일컫는 명칭으로 전 세계적으로(적어도 미국 내에서) 널리 알려져 있는 명칭임을 알 수 있을 것이다.

이 책은 연구논문의 서론에서 결론에 이르기까지 연구 문헌에서 방대한 예를 인용하여 연구논문의 구조를 설명하였다. 연구논문의 모든 부분에 대한 비판적 평가를 다룬 뒤 그 정보를 임상에서 일상적으로 이루어지는 임상적 결정 과정에 근거기반 실제의 방식을 실제로 적용하는 방법에 대한 기초로 이용하였다. 많은 부분을 개정하였지만, 개정판도 공동저자인 Nicholas Schiavetti와 Dale Evan Metz가 키운 정신을 지키고자 노력하였다. 우리의 노력이 성공한 것이라면, 이는 Ira Ventry가 지대한 영향을 미쳤음을 확실히 해 주는 증거일 것이다.

새로운 변화

책을 개정하면서 흔히 직면하는 여러 오개념과 함께 학생들이 자주 물어보는 질문들을 유념하고자 하였다. 가능할 때마다 그런 질문과 오해를 예상하고 설명과 배경을 추가했다. 특히 제7판은 학생, 강사, 치료사들의 요구에 부응할 수 있도록 최신의, 종합적인 내용을 다루고자 하였기에 다음과 같은 변화를 특징으로 한다.

- 평가 기술의 개발, 비판적 사고 능력, 핵심 개념의 강화를 도와주는 자료의 재구성
- 각 장마다 교수, 학습, 적용을 수월하게 해 주는 새로운 비평적 읽기 연습
- 흐름을 개선하고, 개념을 강화하며, 각 장의 길이 차이를 최소화하는 10개 장으로의 확장

- 새로운 내용
  - ◆ 사람 우선 언어 사용
  - ◆ 성찰적 실제와 문화적 역량
  - ◆ 질적 연구, 문헌 개관, 근거기반 실제를 지지하는 지도서 역할과 같은 '전경'과 '배경' 질문의 구성
  - ◆ 전자자료 검색, URL과 DOI에 대한 논의
- 논의의 확장
  - ◆ 연구와 실제의 관계, 근거기반 실제의 이행, 근거 수준 평가, 임상적 결정에 도움이 될 수 있도록 체계적 검토 이용
  - ◆ 연구의 근거나 결과의 논의에 사용된 논증에 대한 비판적 평가
  - ◆ 질적 연구 설계와 혼합 방법 연구 설계, 이러한 설계에 사용되는 자료 입력 유형에 대한 논의
- 치료 결과와 효능 연구, 치료 결과 연구의 5단계 모델에 대한 보다 자세한 논의
- 메타분석 기법, 숲 분포도와 깔때기 분포도에 대한 논의

감사의 글

학술지 논문을 골라 실을 수 있도록 허락해 준 것에 대하여 미국언어청각협회와 연구자들에게 감사드립니다. 많은 독자들이 이전 판에 대해 보내 준 비평적 의견이 이번 판을 쓰는 데 큰 도움이 되었기에 특히 감사드립니다. 뛰어난 편집자인 Steve Dragin의 확고한 지원과 격려에 감사드립니다. 출판책임자인 Pearson의 Annette Joshph와 Cenveo의 Jeanine Furino의 수고에 감사드립니다. 그리고 매번 판이 나올 때마다 언급했지만, 이번 작업에서도 Ray O'Connell의 도움을 많이 받았습니다. 비록 지금은 떠났지만 그는 여전히 앞으로도 이 책의 수호천사로 남을 것입니다.

제1저자의 역할을 맡아서 웨스트버지니아대학교 의사소통 과학 및 장애 학과의 행정비서인 Cheryl Ridgway의 도움을 많이 받았습니다. 그녀가 없었다면 학과장으로서의 책임과 이 책의 개정 준비에 필요했던 시간의 균형을 맞출 수 없었을 것입니다. 이번 판의 검토자인 Judith Brasseur(캘리포니아주립대학교), Anne Bothe Marcotte(조지아대학교), Lisa A. Proctor(미주리주립대학교)에게도 감사드리고자 합니다. 그리고 마지막으로, 나의 아내 Jennifer Orlikoff에게 따뜻한 감사를 전합니다. 30년에 걸친 그녀의 사랑과 격려가 없었다면 나는 내 삶에서 균형을 이룰 수 없었을 것입니다.

Robert F. Orlikoff

차례

Ira M. Ventry(1932~1983)를 추모하며 이 책을 바칩니다.

"기술의 발전은 응용과학 연구와 습득한 지식의 전파를 통해 이루어진다.
포도주에 대한 지식을 실험실 안에서만 추구해서는 충분하지 않다.
양조장을 통해 그 지식이 전파되어야만 일상적인 실제가 될 수 있을 것이다.
과학의 발전이 더 빨라질수록 지식과 실제의 괴리는 더 커질 것이다."

—Emile Peynaud, *Knowing and Making Wine*
(New York: John Wiley & Sons, 1984, p. vii)

1 | 의사소통장애의 근거기반 실제

이 책의 목적은 의사소통장애 분야의 전문직 종사자와 학생들이 우리 전문분야 연구문헌에 대해 비평적인 독자가 될 수 있도록 돕는 데 있다. **비평가**(critic)는 "어떤 사안의 공, 단점, 가치 또는 사실을 판단하여 이를 표현하는 사람"을 말하며, 이 책에 사용한 비평(적)(critical)이라는 용어는 세심하고도 정확한 평가와 판단을 특징으로 한다("Critic/Critical", 2000). 연구문헌에 대한 **비평적 검토**(critical review)를 통해 임상적 결정에 필요한 정보를 얻기도 한다. 우리는 견고한 임상 실제는 권위자의 발표, 직관이나 신조가 아니라 적절한 기초연구와 응용연구에 기초해야 함을 기본 전제로 한다. Siegel(1993)이 말한 것처럼, "임상가는 자신의 주장이 합리적인지, 권고된 임상절차가 연구방법과 기저이론을 얼마나 잘 지키고 있는지 판단하기 위해 연구에 충분히 익숙해져야 한다"(p. 36). 요약하면, 비평적 독자는 비평적 사고자이며, 비평적 사고는 효과적인 전문가 실무의 기초이다.

의사소통 과학 및 장애 분야의 연구문헌에 대해 자세히 살펴보기에 앞서 **연구**(research)가 정확히 무엇을 의미하는지 생각해 보자. Reynolds(1975)는 다음과 같이 말하였다.

> 근본적인 의미("다시 찾다")로 알 수 있듯이, 연구는 대부분 이미 그 결과가 알려진 사실과 원리의 재발견과 이를 통한 확인 과정이거나 이전에 해결되지 않은 질문의 답을 객관적이고 반복적인 방식으로 찾으려는 또 다른 고통스러운 시도를 말한다. 연구는 이전에 잘못 알려 졌거나 결론에 이르지 못한 원리와 사실을 찾아내는 과정을 의미하기도 한다(p. 13).

넓은 의미에서 연구는 질문에 대한 답을 찾아가는 체계적인 방법을 말한다(Houser & Bokovoy, 2006). 연구는 결코 '실험실 과학자'만의 영역이 아니다. 임상가는 다른 그 무엇보다도 평가, 진단, 예후, 치료 및 사례 관리 등 여러 실제적인 핵심 쟁점사항에 대해 끊임없이 문제를 제기하고 이에 대한 답을 찾으려 전력을 다한다. 이 전문가들은 스스로의 지식기반을 확장하고 임상 기술을 완성하기 위해 연구의 원리를 적용하여 중재를 위한 평가와 중재에 대한 평가를 실시한다. 이들은 스스로가 적용하는 치료의 적절성과 효능을 검증하기 위한 경험적 탐구에 참여하고, 건강관리 정책과 서비스 전달에 영향을 미치는 입론 지지에 참여하고, 자기 학문 분야의 발전을 위해 스스로 얻은 결론을 제시하고 출판하기 위해 "과학적인 연구 활동"에 참여한다(Bloom, Fischer, & Orme, 2009; Golper, Wertz, & Brown, 2006; Konnerup & Schwartz, 2006; Lum, 2002; Meline & Paradiso, 2003; Ramig, 2002). Baumgartner와 Hensley(2013, p. 5)가 상기시켜 준 것처럼 "전문가와 여타 직종을 구분하는 핵심 특징은 끊임없이 새로운 지식을 추구하고 이를 보급하는 데 있다."

지식 습득

어떻게 지식을 습득하는가? 무엇을 근거로 하여 새로운 정보를 정확하다거나 믿을 수 있다고 받아들이게 되는가? 이는 **인식론**(epistemology)이 폭넓게 관심을 두는 질문으로, 인식론은 지식의 본질과 기초에 대한 연구를 말한다. 연구는 지식 습득과 동일시되어 왔으나, 실제로는 여러 방법으로 지식을 습득한다. 과학자이자 철학자인 Charles Sanders Peirce(1877)는 지대한 영향을 미친 자신의 글에서 사람들이 무엇인가 알고자 할 때 이용하는 네 가지 일반적인 방법의 개요를 기술하였다. Peirce에 의하면, 지식(에 대한) 추구는 내재하는 의혹에 대한 회피 반응으로 일어나는데, 불확실성은 사람의 "갈망하고 행동하는" 능력을 방해하기 때문이다.

　Peirce는 **고집의 방법**(method of tenacity, 실험심리학 용어로, 어떤 주장과 반대되는 증거는 무시하고 고집하여 주장을 입증하려는 방법을 말함_역주)이 "신념을 고수하는" 가장 흔한 방법이라 하였다. 이 방법은 사람들이 이미 갖고 있던 견해를 바꾸지 않고 고수함으로써 의혹이 주는 자극을 피하게 만든다. 이러한 견해는 대개 우리가 전적으로 동의하여 계속 유지해 온 것으로, 진실을 추구하기 때문이 아니라 기호, 개인적 의견, 습관에 의해 가지게 된 것이다. 이같이 '알아 가는 방법'은 사람들로 하여금 대립되거나 반박 대상이 되는 의견이나 증거로부터 스스로 보호막을 치게 만든다. Peirce는 고수하던 신념에 대한 확신이 흔들리면서 원래 사실이라 알고 있던 것을 거부하게 될 수도 있으므로 의견은 바뀔 수 있다고 경고하면서, 특정 신문의 사설을 읽지 않는 것이 좋겠다고 충고하는 친구를 떠올려 보라고 하였다. 고집의 방법은 사람들로 하여금 믿게 만드는 데 자주 이용하는 방법이기는 하지만, Peirce도 결국 이 방법에 대해 "실제로는 실천할 타당한 이유를 고수할 수 없을 것이다."라고 조소하였다.

　Peirce는 알아 가는 두 번째 방법을 **권위의 방법**(method of authority)이라 칭하였다. 고집의 방법을 고수하는 사람들이 개인을 중시하는 것과는 달리, 권위의 방법을 추구하는 사람들은 지역사회를 중시한다. 권위의 방법을 추구하는 사람들은 특정 분야에서 권위 있는 지식 생산자라 인정받는 사람이나 집단으로부터 지식을 받아들인다. 권위의 방법의 예로, 정부나 종교 같은 오래된 제도 (단체)가 참이라 주장한다는 이유로 태양이 지구 주위를 돈다고 믿었던 경우를 들 수 있다. Haines 와 Jones(1994)는 의료 분야의 선구자들이 "나중에는 효과가 없거나 심지어는 위험하기까지 한 것 으로 밝혀진 치료(법)를 공개적으로 지지한 경우도 있었음"을 언급하였다. 권위의 방법이라 해서 늘 부적절한 것은 아니다. 권위자가 그 지식을 어떻게 얻었는가에 따라서 적절한 경우도 있다. 예 를 들면, 미국인들은 처방약과 식품의 안전성에 대해서는 대개 미 식품의약국(FDA)의 권위를 인 정하는데, FDA의 권위는 상당 부분 과학적으로 완벽한 근거를 기반으로 한다. 그러나 권위 있는 사람이나 단체가 하는 말이라고 해서 모든 사람들이 그 지식 **출처**의 자질을 검증하지도 않거나 의 문도 갖지 않고 그냥 수용한다면 권위의 방법은 부적절해질 것이다.

Peirce는 권위의 방법이 '신념을 고수하는' 데 있어 고집의 방법보다 더 성공적이지만, 권위 있 는 지식의 진실성이나 견실함보다 권위의 방법과 겨루려는 의견을 줄이는 결과를 가져온다고 보 았다.

알아 가는 세 번째 방법은 **직관의 방법**(method of intuition)이다. 이 방법은 순수이성주의 방법, 조화의 방법이라고도 하며, Peirce가 칭한 것처럼 **선험적(연역적) 방법**이라고도 한다. 이같이 알아 가 는 방법은 지식을 습득하는 과정에서 경험의 역할을 거의 고려하지 않거나 전혀 고려하지 않고 자 명한(따로 증명할 필요가 없는) 것이라 여기는 이전의 가정에 근거한 순수이성에 의존한다. 철학 자 Bertrand Russell(1928)은 "신념이 증거를 기반으로 하는 정도는 신봉자들이 생각하는 것보다 훨 씬 덜하다."라고 언급한 바 있다. 직관의 심각한 제한점 중 하나는 자명한 진리라고 해도 논리체계 에서는 타당한 가정이 아닐 수 있으며, 선험적 가정이 틀리면 결론도 틀림을 경험이 보여 주기도 한다는 것이다. 예를 들어, 태양이 아닌 지구가 태양계의 중심이라는 선험적 가정에 순전히 논리 적 논쟁을 기반으로 하여 도출한 결론은 틀리게 될 것이다. 수학을 제외하면 과학적 원리를 발전 시키는 데 전적으로 순수이성주의에만 의존해서는 안 된다. 순수이성주의의 제한점에도 불구하고 이성주의적 사고 요소는 의사소통장애와 다른 학문 분야에서 과학적 연구(탐구)의 중심이 된다. 뒤이어 이성주의와 경험 간의 관계와 과학적 탐구에서의 역할에 대해 논의하고자 한다.

알아 가는 네 번째 방법은 **과학의 방법**(method of science)이다. 과학은 '알다'를 의미하는 라틴어 *scire*에서 유래된 단어로, 과학의 방법은 새로운 지식을 얻는 데 적용할 수 있는 방법 중 가장 강력 하고도 객관적인 방법으로 널리 알려져 있다. Peirce는 과학적인 방법은 신념의 기초가 외부의 "실 제" 증거에 있기 때문에 유행이나 기호와 구분될 뿐만 아니라 개인적 신념이나 집단적 확신과는 동떨어진 것이라 하였다. Peirce는 고집의 방법이나 권위의 방법 또는 직관의 방법(즉 이 모든 방 법은 대개 현재 갖고 있는 신념을 고수하게 만듦)을 잘못 적용하는 경우는 없지만, 과학의 방법은 그 적용이 매우 구체적이라고 지적하였다. 실제로 과학의 방법은 현재 갖고 있는 신념을 고수하게 만들 수 있으나 그러한 신념에 대해 의문을 품게 만들 수도 있다. 모든 과학적 지식은 **과학적 연구** (scientific research)를 통해 도출된다. 과학적 연구는 Peirce의 견해와 일치하는 것으로, Kerlinger와 Lee(2000, p. 14)는 과학의 방법을 "자연현상에 대한 체계적이고 통제된 실험에 의한 것으로, 초도덕적이며 대중적이고도 비평적인 조사"라 정의하였다.

이 정의에 포함되어 있는 표현은 개념적으로 중요한데, 이 책에서 소개할 여러 주제와 개념을 강조하기 때문이다. 이 용어를 간단히 살펴보자. 체계적이고 통제적이라는 표현은 과학적 조사는 특정 발견사항에 대한 다른 설명을 방법론적으로 배제하는 방식으로 엄격히 수행되었음을 의미한다. 과학적 조사 과정을 체계적으로 통제하기 때문에 연구에서 발견한 사실을 더 신뢰할 수 있게 된다. 실험적이라는 표현은 신념은 독립적인 검증 영역 밖에 있어야 함을 의미한다. 주관적 신념은 "객관적 실제에 위배되는지 확인해야 한다." 초도덕적이라는 표현은 과학적 연구를 통해 얻은 지식은 도덕적 가치를 따질 수 없음을 의미한다. 연구를 통해 발견한 사실은 "좋다" 혹은 "나쁘다"의 문제가 아니다. 연구 결과는 신뢰성과 타당성의 측면에서 생각해야 한다. 해석은 기호, 편견 또는 대중적인 '의견 제시(spin)'로 알려진 것이 아닌, 자료와 관련하여 이루어져야 한다. 마지막으로 **대중적**이라는 표현의 의미는 과학적 연구는 전문 학술지에 출판되기에 앞서 동등한 지식을 갖추고 동등한 훈련을 받은 다른 독립적인 사람들의 평가를 받는다는 뜻이다. 이 과정을 '동료 검토(상호 심사과정)'라 하는데, 이 장 후반부에서 이에 대해 더 다룰 것이다.

과학적 연구는 이른바 실증주의와 이성주의라 하는 두 가지 뚜렷하게 구별되는 질문의 복잡한 상호작용에 의존한다. **실증주의**(empiricism)는 경험과 증거를 통해 지식을 습득한다는 철학적 신조이다. 일반적으로 경험론을 지지하는 사람들은 주로 귀납적 추론, 즉 특정한 경우에서 얻은 증거를 이용하여 일반적인 원리를 추론하는 방법에 의존한다. 지식의 한 영역으로 인정받으려면 현상에 대한 설명은 현상을 관찰하여 얻은 증거에 기초해야 하며, 관찰의 정확성에 대한 비평적 평가는 그러한 관찰이 증거로 수용되기 전에 필수적으로 이루어져야 한다. 이와 같은 경험주의의 비평적인 자기수정 활동이 과학적 노력의 핵심이며, 완전한 연구의 필요조건이다.

이성주의(rationalism)는 지식은 논리적 사고를 통해 얻어야 하는 것임을 강조하는 철학이다. 이성주의를 지지하는 사람들은 주로 연역적 추론, 즉 특정한 경우에 대한 추론을 위해 일반적인 원리를 적용하는 방법에 의존한다. 이성주의는 추상적 모형을 다루기 때문에 흔히 도식적 · 공식적 · 분석적 노력이라 칭하며, 문제에 대한 논리적 비판은 설명을 지식 영역으로 수용하는 데 필수적이다.

다양한 학파의 사고는 실증적 노력과 이성적 노력에 의존하는 정도에 있어 차이가 있다. 예를 들어, 언어학자 Chomsky(1968)는 실증적 탐구보다 이성적 사고가 언어 이론의 발전에 필수적이라 주장하였다. 심리학에서 Skinner(1953)는 행동의 기능적 분석의 경험적 증거에 의존하면서 이성적 접근은 전적으로 삼갔다. 이 두 예는 이성주의와 경험주의적 사고가 이루는 연속체의 양극단을 보여 주는데, 경험적 증거와 이성적 탐구의 통합에 관한 여러 입장이 이 연속체를 따라 존재한다. Stevens(1968)는 "도식적인 것과 경험에 의한 것의 올바르고 신중한 결합"을 의미하는 도식실증적(schemapiric)이라는 용어를 제안하면서 과학적 연구에는 둘 다 필수적인 요소라고 하였다.

과학의 방법

의사소통장애 분야에서의 연구 작업(즉 보편적인 지식의 수집)을 이해하기 위해서는 이러한 연구 활동이 이루어지는 전반적인 과학적 틀을 이해해야 한다. 과학은 일반적 사실이나 일반적 규칙의 작용에 관한 지식을 찾는 과정으로, 체계적인 방법을 이용하여 그러한 지식을 발전시킨다. 과학적 방법에는 객관적으로 검증할 수 있는 문제에 대한 인식, 관찰이나 실험을 통한 자료 수집, 수집한 자료의 분석을 통한 결론 도출이 포함된다. Best와 Kahn(2006)에 의하면, 연구는 "입증하는 과정이라기보다 검증하는 과정이며, 자료를 있어야 할 곳으로 이끄는 객관성(객관적 타당성)을 의미한다."

과학적 연구는 지식 자체의 발전을 위해 이루어지기도 하는데, 이러한 연구를 **기초연구**(basic research)라 한다. 과학적 연구는 일부 문제를 즉각 해결하는 효과를 보기 위해 이루어지기도 하는데, 이러한 연구를 **응용연구**(applied research)라 한다. 많은 분야의 전문가들이 기초연구와 응용연구가 전적으로 다르거나 반대되는 활동이 아님을 잘 알고 있다. 기초 지식을 위해 이루어진 연구가 요긴하게 응용되기도 한다. 문제를 즉각적으로 해결하기 위한 목적으로 이루어진 연구가 일부 현상에 관해 기초적인 정보를 제공해 주기도 한다. 실제로 기초연구는 문제와 필요로 여겨지는 것에 대한 실제적인 해결책을 개발하는 데 기초가 되는 지식 기반을 넓혀 준다. 그러나 과거에는 소위 기초학파와 응용학파 지지자들이 험악하게 대립한 경우도 있었는데, 그러한 대립은 지식의 발전을 촉진하기보다는 방해하였다. 이제는 많은 사람들이 기초연구와 응용연구 모두가 중요함을 알고 있을 뿐만 아니라 기초연구를 지향하는 연구자들과 응용연구를 지향하는 연구자들 간의 명확한 의사소통이 중요함을 알게 되었다.

기초 지식을 추구하는가, 아니면 응용 지식을 추구하는가에 따라 기술연구와 실험연구의 두 가지 주요 유형의 연구를 찾아볼 수 있다. **기술연구**(descriptive research)는 집단에 대한 객관적 측정, 여러 종류의 검사, 조사, 자연적 관찰을 통해 집단 간의 차이, 발달적 경향이나 변인들 간의 관계를 검증한다. **실험연구**(experimental research)는 통제된 상황에서 특정 사건이나 특성을 조작한 결과로 나타난 영향을 관찰하여 인과관계를 검증한다. 이 두 유형의 연구는 지식의 발전을 위해 서로 다르게 접근하는 경험적(실증적) 접근법이다.

과학적 이론

현상을 설명하기 위해 서술한 표현을 이론이라 한다(Best & Kahn, 2006). 추측이나 예감의 뜻에 지나지 않는 일상적인 의미와는 달리, **과학적 이론**(scientific theory)은 실증적이고 합리적인 탐구(연구)를 통해 수립된다. 실증적 사실에 의미를 부여하는 명제와 연결되지 않는 한 실증적 사실 자체만으로는 아무런 의미가 없다(Rummel, 1967; Sidman, 1960). 기존의 지식을 일관되게 요약하고 정리함으로써, 이론은 의미 있는 일반화가 일어날 수 있게 해 주는 틀을 세운다. Skinner(1972)의 표현에 따르면, 이론은 인과관계를 간단명료하게 확인하고 그 윤곽을 보여 주는 데 이용되는 "자료를 최소한의 용어를 사용하여 공식적으로 나타낸 것"이다. 과학적 방법의 기본 원리 중 하나는 인과관계에 대한 이해를 최상으로 검증하는 것은 현상을 예측 그리고(또는) 통제하는 능력에 있다는 것이다. 과학자이자 철학자인 Karl Popper(1959)에 따르면, "이론은 우리가 '실제 세상'이라 부르는 것을 잡을 수 있는 그물로, 실제 세상을 합리적으로 개선하고, 설명하고, 정복할 수 있게 해준다"(p. 59). 이러한 측면에서 이론은 "과학의 궁극적인 목적"(Kerlinger & Lee, 2000)뿐만 아니라 동시에 임상적 실제의 궁극적인 목적을 나타낸다.

과학적 이론의 또 다른 목적은 현상이나 다양한 과정에 대한 모형 개발(모델링)을 촉진하는 것이다. 모형에는 **신체 모형**(physical model)이 있는데, 그 예로 연인두 기능의 특정 측면에 대한 연구에 가공 가능한 플라스틱으로 성도를 표현한 경우(예: Guyette & Carpenter, 1988)나 인간의 생리나 행동의 대체물로 동물이나 생물학적 견본(시료)을 이용한 경우를 들 수 있다. 예를 들어, Alipour와 Scherer(2000)는 사람의 사체에서 얻은 후두를 이용하여 성문의 공기역학을 연구하였으며, Bauer, Turner, Caspary, Myers와 Brozoski(2008)는 친칠라를 이용하여 이명과 다양한 유형의 와우 손상의 관련성을 연구하였다. Rosenfield, Viswanth와 Helekar(2000)는 얼룩말, 핀치(finch), 명금(songbird)을 이용하여 말더듬의 동물 모형을 제시하기까지 하였다. 심리언어적 말 발달 모형(예: Baker, Croot, McLeod, & Paul, 2001)과 같은 **개념 모형**(conceptual model)이나 컴퓨터 모의실험(시뮬레이션) 구축에 이용하기 위해 성대의 수학적 모형을 개발(예: Gunter, 2003)한 경우와 같은 **계산 모형**(computational model)도 있다. 어떻게 구축하든 간에 모형은 단순하게 개념화한 것으로, 관찰 대상과 일치하는지 여부와 실증적 자료에 부합하는지 여부를 알아보기 위해 검증 과정을 거친다. 모형은 우리가 이해하고 있는 것을 검증하고, 우리로 하여금 직관을 갖게 해 주고, 현상을 예측하고 통제하는 능력을 측정하는 데 유용하다.

이론의 유명세는 다른 과학적 철학자 Thomas Kuhn(1970)이 정의한 **과학적 패러다임**(scientific paradigm)을 생기게 만들었다. 패러다임은 연구자와 임상가들이 전문분야의 문제와 연구방법을 찾아내는 방법의 집합체를 말한다. 이론과 패러다임의 구축은 모두 과학적 탐구의 역동적 특성에 달려 있다. 이론은 일찍이 관심의 대상이 되는 현상에 대한 객관적 관찰, 측정, 검증으로 정의한 경험론적 철학의 원칙과 우주는 법칙에 들어맞는다고 가정하는 **결정주의**(determinism)에 의존한다. 그러므로 특정 이론이 관찰한 사실을 적절히 설명하지 못할 경우 반드시 계속해서 이론을 증명하거나 조정해야 한다. 이후 이론은 보다 정교화되거나 버려져서 보다 유용한 특성화(characterization)를 통해 적절히 대체된다(Bordens & Abbott, 2011). 연구는 혼자 하는 추구이기보다는 타인의 업적 위에 세워지는 공동 활동이다. 때로는 예상치 않은 발견, 혁신적인 가설, 새로운 기술의 개발, 새로운 연구방법이 연구 질문을 제기하고, 정보를 수집하고, 지식을 습득하는 새로운 틀을 제공하는 '패러다임의 전환'을 이끌기도 한다. 연구의 비평적 독자는 경험론적 근거의 이론적 조직과 이론에 대한 경험론적 확증이 "도식실증적 관점"을 형성하는 데 통합되는 두 가지 활동임을 알아야 한다(Stevens, 1968).

특정 이론이 장수하거나 생명력이 짧아지는 데는 많은 요인이 작용한다. Bordens와 Abbott(2011)는 이론의 생명력에 관여하는 다섯 가지 주요 요인을 들었다. 첫 번째 요인은 **책무성**으로, 이론이 "해당 분야 내 대부분의 자료를 설명할 수 있는 능력"을 말한다. 해당 이론과 관련되어 있는 자료 중에는 신뢰할 수 없는 것도 있기 때문에 자료가 설명할 수 있는 정도는 대부분과 전부는 아님이 있다고 설명하였다. 두 번째로, 이론은 설명적 타당성이 있어야 하는데, 이는 이론에 의해 제시되는 현상에 대한 설명은 그 현상이 해당 이론의 "특정 조건하에서 해당 현상이 일어날 것이라 믿게 해주는 적절한 근거를 제공해야 한다."는 것을 의미한다. 세 번째 조건은 **검증가능성**으로 어떤 이론이 '경험적(실증적) 검증에서 실패'할 가능성과 관련되어 있다. 어떤 이론이 과학적인 것으로 인정받으려면 검증도 가능하고 반증도 가능해야 한다. 새로운 사건이나 새로운 현상에 대한 **예측력**은 좋은 이론의 네 번째 특성이다. 즉 이론은 "그 이론이 원래 설계된 현상을 넘어서서" 현상을 예측할 수 있어야 한다. 마지막으로, 좋은 이론은 **인색한** 이론이다. 즉 자료를 해석함에 있어 최소한의(가장 단순한) 조합의 가정만을 적용해야 한다. 이는 많은 연구자들이 필요 이상으로 설명의 복잡성을 높이지는 않는다는 Occam의 면도날(Occam's razor) 원리를 참조한다는 의미이다. 그러한 간소함이 다소 엄격하고 수도자 같은 느낌을 준다면, 14세기 프란체스코회 수사였던 William Occam 덕분일 것이다. 현대의 연구자들과 임상가들에게도 이 원리는 동일한 설명력을 갖는 대립적인 이론들 중에서 어떤 것을 선택해야 하는지 알려 주는 가치 있는 기준이 된다.

과학적 연구의 수행

과학적 연구에 대한 대부분의 설명을 보면 알기 쉽게 추려진 일련의 논리적 단계를 엄격하게 준수할 것을 추천하고 있다. 실제로 과학적 연구는 체계적이기는 하지만 연구 과정의 각 단계에서 반드시 따라야 하는 행동이 미리 정해져 있어서 그에 의한 지배를 받는 것은 아니다. 그럼에도 불구하고 실증적 연구의 기초가 되는 전반적인 틀을 이해할 수 있도록 다음과 같이 단순한 윤곽을 제시하였다.

1. 연구할 문제에 대한 진술
2. 문제에 대한 **연구방법**의 도출
3. 연구방법을 통해 도출된 결과의 제시
4. 문제를 연구한 결과를 통한 **결론**의 도출

문제의 진술　연구자들은 대개 전반적인 문제를 수립하거나, 연구 목적을 진술하거나, 연구 질문이나 가설을 세우는 것으로 연구를 시작한다. 경우에 따라서는 전반적인 진술을 여러 개의 하위문제나 하위목적으로 나누어서 제시하기도 한다. 연구자가 연구 문제, 목적, 연구 질문, 가설 중 어떤 것에 대한 진술로 연구를 시작할 것인지는 개인의 기호 문제로, 실제로 조사하고자 하는 주제의 특성을 전달하는 데 어떤 언어적 수단이 가장 좋을지에 대해서는 연구자들의 의견이 일치하지 않는다. 우리는 연구할 주제를 제시하는 데 어떤 표현을 쓰는 것이 좋을지에 관한 논쟁에는 관심이 없다. 연구자들이 연구할 주제를 **명확하고도** 간결하게 진술하게 하는 데 더 관심이 있다.

　문제에 대한 진술은 단순히 연구하는 것이 무엇인지 구체적으로 기술하는 것 이상이다. 여기에는 연구되는 주제가 상황에서 어떤 의미를 갖고 적절성은 어떠한지에 관한 표현도 들어 있어야 한다. 문제 진술의 실제적인 목적은 왜 그 문제가 연구할 만한 가치가 있는지 구체적으로 나타내는 것이다. 이는 대개 연구 주제와 관련하여 출간된 문헌에 의해 지지되는 조리 정연한 논쟁을 제공하며 그 연구의 **근거**(rationale)를 수립함으로써 가능해진다. 이러한 검토는 연구 자료에 그 연구의 역사적 배경을 제공하고 기존의 자료를 요약하거나 정리해 주기 때문에 독자가 이미 알려져 있는 것은 무엇이고, 알려져 있지 않은 것은 무엇이며, 이 전반적인 주제와 관련하여 아직 모호한 것은 무엇인지 개관할 수 있게 해 준다. 결국 검토는 특정 연구의 **필요성**(그리고 **의의**)이 되어야 한다.

연구방법　연구자들은 연구 문제를 진술하고, 연구 문제가 긴 안목에서 기존의 문헌과 달리 갖는 근거를 제공한 뒤 문제를 연구하기 위한 전략의 윤곽을 제시한다. 이는 연구방법을 설명함으로써 가능해진다. 연구자들은 연구 질문과 그 질문을 연구하는 이유에 근거하여 누가 연구대상자인지,

검사, 훈련, 관찰 또는 측정에 이용하는 **자료**는 무엇인지, 따르는 특정 **절차**는 무엇인지 결정한다. 연구방법은 그 연구 질문에 대한 답을 어떻게 얻는가와 밀접하게 연관되어 있기 때문에 문제에 대한 진술이 명확하지 않으면 연구방법의 적절성을 평가하기가 불가능하지는 않더라도 어려워질 것이다. 요약하면, 연구방법은 해당 연구가 어떻게 수행되고 **누구를** 대상으로 하여 수행되는지와 관련되어 있다.

연구 결과 아주 간단하게 말하면, 연구 결과는 앞에서 설명한 연구방법을 통해 무엇이 나타났는가를 명확하게 다룬다. 연구자는 결과를 객관적으로 보고하는데, 종종 표와 그림을 추가하여 자료를 요약하고 정리한다. 표와 그림은 대개 모든 개별 자료나 원자료를 그냥 나열한 것보다 이해하기 더 쉽다. 먼저 윤곽을 제공한 문제의 자세한 하부요소와 관련된 결과를 자세히 분석하여 제시하는 것이 중요하다.

결론 연구자는 결과의 개요를 서술한 뒤 문제에 대한 원래의 진술로 되돌아가 결론을 도출한다. 논의에서 연구 결과를 선행 연구, 이론적 시사점, 실제적 시사점, 추후 연구를 위한 제언과 결부시켜 다루기도 한다. 논의와 결론은 현재 연구 결과로 나타난 새로운 정보에 비추어 서론과 근거를 재구성한 것이다. 그러므로 연구 결과에서 무엇이 발견되었는지 상세히 열거하였으므로, 뒤이어 나오는 논의와 결론에서는 그래서 어쩌라는 것인지를 묻는 매우 중요한 질문을 공략한다. 연구자가 논의와 결론에서 이제 **무엇을 연구해야** 하는지와 같이 스스로 질문을 제기하여 제언하는 경우도 자주 있다. 결론에 도달하는 방법과 추후 연구의 방향을 제시하는 방법은 지식의 구축에 과학적인 방법이 작용하는 방법을 강조한다.

 학술지 논문에 보고된 실험연구에서 살펴볼 수 있는 보편적인 단계를 이와 같이 단순하게 논의하는 방법은 이제 막 시작하는 독자들에게 연구는 발맞추어 걷기 같은 패턴을 따르는 재미없는 활동이라는 인상을 줄 수 있다. 학생과 실무자가 직접 경험하지 않는 한 경험적 연구의 설계와 실행에서 얻을 수 있는 흥분과 창의성을 이해하기란 어려운 일이다. 실제로 연구를 실시할 때 직전에 개요를 제시한 순서를 충실히 따르지 않는 연구자도 많다. 연구자의 필요에 따라 특정한 상황에 맞춰 조정하기도 한다. Skinner(1959)는 그가 한 유명한 진술에서 과학적 창의성과 흥분의 묘미에 대해 묘사하였는데, "과학적 방법론 학자들이 공식적으로 인식하지 못하는 첫 번째 원칙은, 무엇인가 흥미로운 것을 뜻밖에 만나게 되면 다른 것은 그만두고 그것을 연구한다는 것이다."라고 하였다(p. 363).

 선형적인 단계를 따라 진행하는 것보다 원형의 '도약판' 같은 흐름을 따르는 연구 단계가 더 적절할 것이다. 〈그림 1.1〉에 제시한 도표에서처럼, 도달한 결론은 원래의 문제를 공략할 뿐만 아니라 다른 각도로 탐구할 수 있게 이끌어 주기도 한다. 그러나 Skinner(1959)의 진술이 제안하는 것처럼 새로운 연구 질문은 연구 과정 중 어느 시점에서든 제기될 수 있는데, 특히 연구방법을 고안하고 시행할 때 제기된다. 결과를 명확하게 해석하거나 신뢰할 만한 결론을 끌어내는 능력을 방해하는 여러 예기치 못한 요인도 새로운 조사를 촉발할 수 있다. 예상하지 못한 것의 발견이 연구 과정의 진정한 기쁨으로 여겨지는 경우도 많으나, 잠재적으로 가치 있는 연구 문제를 명확히 하는 것도 상당한 만족감을 준다. Bloom, Fischer와 Orme(2009)가 말하였듯이, "우리의 문제가 무엇인지 분명히 찾아낼 수 있다면 그 해결방법을 향해 진일보한 것이다"(p. 57). 실증적 연구에서 우리는 관찰로써 검증하고 검증함으로써 관찰한다. 노련한 연구자들은 가장 유용한 질문은 (내적 성찰에 기대거나 문헌을 면밀하게 검토하는 대신) 실증적 연구에 능동적으로 참여함으로써 드러나는 경우가 많음을 알고 있다.

　　직전에 윤곽을 제시한 단계는 과학적 방법의 주요소가 실증적 연구를 보고하는 대부분의 학술지 논문 구조에 반영되어 있는 것임을 분명히 보여 주기 위한 것이므로, 과학적 방법을 규정하는 일련의 어길 수 없는 규칙으로 해석해서는 안 된다. 의사소통장애를 전공하는 학생들이 이 단계를 제대로 이해할 수 있는 가장 좋은 방법은 실증적 연구를 보고한 학술지 논문을 읽는 것이다. 실증

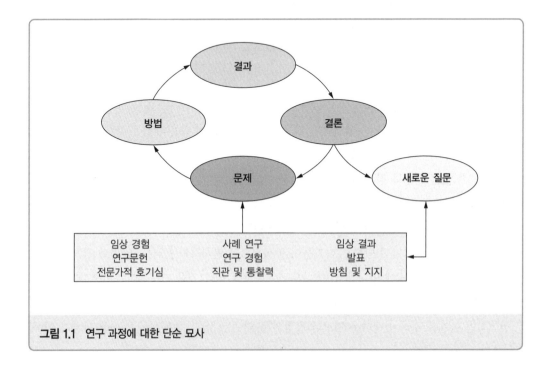

그림 1.1 연구 과정에 대한 단순 묘사

적 연구를 읽는 데서 얻는 일관된 경험은 학생들로 하여금 종국에는 실증적으로 공격받을 수 있는 문제의 제기에서부터 실증적 근거에 의존하여 결론을 도출하기까지의 개념이나 과정을 완전히 소화할 수 있게 해 줄 것이다.

의사소통 과학 및 장애 분야의 연구

의사소통장애 분야의 연구 사업에 대해 완벽한 그림을 그리는 것은 여간 어려운 일이 아니다. 그 누구도 그리하지 못하였고, 여기서도 그리하지는 않을 것이다. 그러한 그림의 기초가 되는 자료는 쉽게 말해 없다. 그러나 몇 개의 일반화가 직접적이거나 간접적으로 의사소통장애에 대한 이해를 향상시키는 방대한 범위의 연구 활동을 이해하는 데 도움이 될 것이다.

상대적으로 매우 적은 수의 의사소통장애 전문가들이 종일제 연구에 전념하며[American Speech-Language-Hearing Association(ASHA), 2011a], 이 분야의 연구 사업은 ASHA 회원을 대상으로 한 조사에 나타난 것보다 훨씬 더 넓다. 분명한 이유 중 하나는 의사소통장애 연구에 관여하는 사람들 전부가 ASHA 회원인 것은 아니라는 점이다. 또 다른 이유는 연구를 실시하는 많은 사람들이 다른 전문 활동과 함께 연구를 수행한다는 것이다. 그런 사람의 가장 좋은 예는 주된 업무가 교직인 학술위원이다. 그런 사람은 자신의 연구에 전념하거나 박사학위 논문이나 석사학위 논문을 지도하는 경우가 많다. 이들은 또 '발표하지 않으면 소멸시키는 것'이 대학 생활에서 여전히 흔히 일어나는 일이기 때문에 지식의 발전을 위해서뿐만 아니라 학문 공동체 내에서 자신의 입지를 향상시키기 위해 자신의 연구를 발표한다. 전문가 회의에 참석하거나 전문 학술지를 정독하다 보면 상당히 높은 비율의 연구가 매우 다양한 임상 현장에서 일하는 임상가에 의해 이루어진다는 것도 쉽게 알 수 있다.

정기출판물에서 볼 수 있는 연구의 상당 부분이 청각학과 언어병리학 외의 분야에서 일하고 있는 사람들에 의해 이루어진 것임에 주목하라. 물리학이나 **자연과학**(물리학과 공학, 음향학, 기술 전문 등), **생물학**이나 **생명과학**(생물학과 유전학, 해부학, 생리학, 신경학, 생화학 전문 등), **사회학**이나 **행동과학**(주로 심리학, 사회학, 인류학, 의사소통), **보건학**(특히 의학, 물리치료, 작업치료) 포함, 많은 전문분야가 의사소통장애의 과학적 기반에 이바지한다. 언어학, 특수교육, 인문학, 특히 음악과 행위예술도 지대한 공헌을 한다. 의사소통장애 전문가들의 관심에 직접 또는 부분적으로 부합하는 출간 논문의 수로 연구 사업에 관여하는 사람들의 관심과 배경의 다양성을 알 수 있다. 연구 영역과 연구가 수행되는 환경 모두 청각사와 언어치료사가 의사소통장애 분야의 임상 문제를 공략하여 해결하는 데 이용할 수 있는 지식과 수단을 제공하기 위해 일하는 연구자들의 수만큼이나 많다.

우리 분야의 문헌에서는 사실상 모든 유형의 연구 전략을 다 찾아볼 수 있기 때문에 의사소통장애 연구의 방대함은 오히려 큰 도전이 되기도 한다. 앞으로 더 큰 어려움이 예상되므로 학생들을 대상으로 하는 임상 교육에 포괄적인 연구 기반을 제공해야 하며, 의사소통 과학 및 장애 분야에서 훈련받은 숙련된 연구자들이 충분히 배출될 수 있도록 해야 할 것이다. 1994년에 ASHA의 연구 및 과학 학술 위원회가 준비한 기술 보고서에는 다음과 같은 내용이 강조되어 있다.

> 언어병리학계와 청각학계는 임상 실제와 직접적으로 연관시킬 수 있는 지식을 창출하는 데 다른 분야의 전문가들에게 의존할 수만은 없다. 이러한 책임의 상당 부분을 우리 전문분야에서 훈련받은 연구자들이 맡아야 한다. 학계에 맞는 새로운 연구의 흐름이 지속적으로 유지되지 않는다면 언어병리학과 청각학 분야는 침체될 것이다. 확장되는 지식 기반을 제공하지 못한다면 전문분야로서의 자율성을 잃게 되고, 다른 건강관리 제공자들 사이에서 전문가가 아닌 기술자로 이미지가 남게 되는 불가피한 결과가 초래될 것이다. 대부분의 경우, 자율성이 있는 대인 서비스 전문 직종을 기술직과 구분해 주는 것은 나름대로의 지식 기반과 임상 방법을 창출하는 능력에 있다(p. 2).

근거기반 실제

근거기반 실제(evidence-based practice, EBP)에 참여할 때 임상가들은 "자기가 제공하는 임상 서비스를 받을 개인과 가족의 필요, 능력, 가치, 기호 및 관심을 인정하고, 임상적 결정을 내림에 있어 그러한 요인을 현존하는 최상의 연구 근거와 임상적 전문지식에 통합한다"(ASHA, 2005). Bernstein Ratner(2006, pp. 257-258)는 가장 효과적인 임상가들은 "자료를 찾고, 자료를 통합하고, 새로운 지식을 임상 사례에 적용하는 데 있어 비평가"의 특성을 갖는데, 이들은 "효과가 있는 것으로 나타난 경우라 해도 새로운 정보가 치료 절차를 더 효과적으로 도울 수 있음"을 인정한다. 우리의 생각으로는 EBP에 보다 적절한 표현은 근거에서 **정보를 얻는** 실제(evidence-informed practice)라 할 것이다. 그러나 대부분이 동의하는 것은 결정적으로 EBP가 전문가로서 "탐구 정신의 개발"을 통해 "실제에 의문을 제기하는 태도"를 수용하는 능력에 의존한다는 점이다(Melnyk & Fineout-Overholt, 2011). 깊게 들여다보면, EBP는 임상적 문제를 해결하는 접근법이라 할 수 있다 (Rosenburg & David, 1995).

Dollaghan(2004)은 EBP가 "의사소통장애에 대한 임상적 결정을 내리는 데 있어 우리가 '알고 있는' 것과 우리가 언제 알게 되는지를 판단하기 위한 새로운 기준을 근본적으로 다시 생각해 보는 과정을 말한다."고 하였다(p. 392). 그러나 과학적 근거는 "의료 서비스 제공자가 그것을 찾고, 이해하고, 적용할 경우 전문가들과 그들이 담당하는 내담자들에게만 도움이 된다"(Bernstein Ratner, 2006, p. 265). Johnson(2006)에 의하면, EBP는 "기꺼이 비평적이면서도 의문을 제기하는 태도를 갖고 임상적 결정을 향상시키고 궁극적으로는 내담자에게서 나타나는 효과를 향상시키기 위해 새로운 기술을 학습하는 데 시간과 에너지를 기꺼이 투자하려는 사람들의 성장과 발달 기회"(p. 22)이다. EBP는 임상 경험과 환자의 관점이 실무에서 갖는 중요한 역할을 무시하지 않으며, 오히려 "발견할 수 있는 근거 중 질적으로 최상위에 있는 과학적 근거에 비추어 고려한다"(Dollaghan, 2004, pp. 392-393). 〈그림 1.2〉에 나타나 있는 바와 같이, EBP는 진단, 치료, 관리 방법을 결정함에 있어 실무자들을 배제하지 않으며(Haynes, Devereaux, & Guyatt, 2002), 오히려 이용가능한 근거를 판단하고 그 정보를 실무자 자신의 임상 환경 내에 적용한다. 이 환경을 관리 환경이라고도 하는데, 실무자 자신의 임상 환경 안에서 정보에 근거한 결정을 내리는 데 효과적인 틀로 이용한다.

　Ruscello(1993)는 "연구와 관련하여 충분히 훈련받은" 전문직 종사자들은 "미래의 시련에 대처"

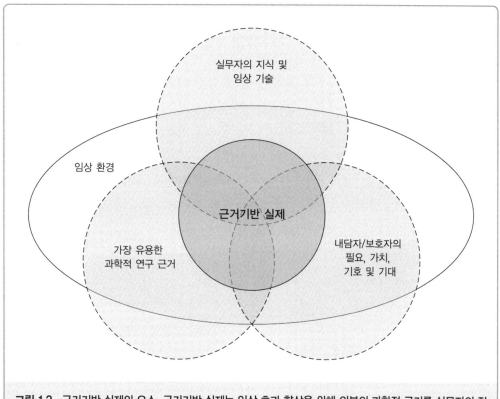

그림 1.2　근거기반 실제의 요소. 근거기반 실제는 임상 효과 향상을 위해 외부의 과학적 근거를 실무자의 전문성 및 내담자의 관점과 통합하는 의사결정 과정이다.

할 준비가 매우 잘되어 있다고 언급하였다. 그러므로 의사소통장애가 있는 사람들에게 청각사와 언어치료사들이 제공하는 서비스를 향상시키기 위해서는 튼튼한 연구 기반을 갖춘 전문분야뿐만 아니라 '해당 연구의 능동적인 소비자'인 실무자도 필요하다. 그러기 위해서는 Fineout-Overholt 와 Stillwell(2011)이 주장한 것처럼 임상가들이 "좋은 정보를 찾는 습관을 일상 안에" 포함시킬 수 있어야 한다. 간단히 말하면, 미래 실무에 도전이 되는 요인을 다룰 줄 아는 능력을 갖추어야 하는데, 어떤 치료법이 효과가 있을지뿐만 아니라 그 방법과 이유도 알아야 한다. 이러한 이해는 Meline과 Paradiso(2003)가 기술한 것처럼 "과학의 궁극적인 목적"이다. 그들은 임상가들이 "변화의 기제에 대해 알지 못한 채 관찰 가능한 변화에 의존하는" 경우도 많이 있지만, 증명을 위해서는 "관찰 가능한 변화가 (우연한 관찰이 아닌) 과학적인 방법에 의거"(p. 274)할 때 실무에서 신뢰할 만한 근거라고 피력하였다.

EBP는 주어진 내담자나 임상 실무 맥락과 크게 연관되면서도 구체적이기 때문에 각 임상적 결정을 지시 또는 보증하거나 '세세한 점까지 관리'하기 위해 권위나 직관 또는 단체에 의해 이용되지는 않는다. 오히려 EBP의 실행은 그 어떤 안내서나 설명서에도 지시되어 있지 않은 표준화할 수 없는 체계적인 과정이다(Bernstein Ratner, 2011; Justice, 2008). 이는 매우 중요한 과정으로, "최상의 실제"(Apel & Self, 2003)를 적용할 것을 보장하는 우리 전문가들의 책무성과 연관되어 있을 뿐만 아니라 의사소통장애의 평가, 중재, 관리는 계속해서 변하므로 개별 내담자에게 맞춘 접근법을 필요로 한다. 임상 실제라는 예술과 과학에는 불확실성과 가능성이 관여하지만, EBP는 정보를 근거로 하고 방어 가능한 선택사항은 촉진하고 그렇지 않은 선택은 막음으로써 전문가가 전통이나 권위, 고집이나 직관에서 벗어나게 해 줌으로써 결과를 개선하는 역할을 한다. 요약하면, 책임감 있는 임상가들은 자신이 적용하는 치료가 '성공할 수 있을' 뿐만 아니라 내담자의 필요를 충족시키는 데 있어 다른 치료법보다 '추천할 만한' 것임을 보여 주려 분투한다. 임상가들은 중재법을 고려할 뿐만 아니라 내담자들이 원하는 "실제 세상 상황"에서도 개연성 있는 효과를 평가해야 한다 (Wong & Hickson, 2012).

Freeman과 Sweeny(2001)는 의료 실제에 대해 기술하면서 의사들 중에는 "근거는 실무를 명확히 하고, 임상적 노력을 집중시키고, 때로는 실무를 근본적으로 변화시킨다."고 말하는 사람들도 있는 반면, 스스로가 "근거라는 네모난 말뚝을 환자의 삶이라는 둥근 구멍 안에 끼워 넣으려 하는 것"임을 깨닫는 의사들도 있다고 하였다. 이제는 최상의 정보를 근거로 하는 실제는 임상가로 하여금 개인마다 독특하고 이것저것 뒤섞여 있는 개인사와 의학적 이력을 가진 사람에 맞는 맞춤식 근거기반 임상 결정을 내릴 것을 요한다. 여러 독특한 증상군을 보이는 내담자도 있고, 건강관리에 관하여 문화적으로 결정된 관습, 신념, 관점을 갖고 있는 내담자도 있을 수 있다(Hwa-Froelich

& Vigil, 2004; Lum, 2011). 전문가로서 자신이 제공하는 중재의 효능을 보장할 수 있기를 원하는 임상가들은 "이러한 다양성에 반응하는 서비스를 제공할 준비가 되어 있어야 한다"(ASHA, 2004). ASHA(2011b)는 "일상생활 활동에의 참여는 문화, 언어, 인종, 민족성 측면을 포함하는 환경적 요인의 영향을 받는다는 것을 인정하면서, 적절한 근거기반 평가와 중재를 제공하기 위한 것이라면 임상가들이 이 요인들의 영향을 이해하고 그 진가를 알아야 한다."고 강조하였다. 이는 **문화적 역량**(cultural competence)이라 하는 것으로, ASHA(2011c)는 다음과 같은 입장을 밝혔다.

> (문화적 능력은) 전문가와 환자/내담자가 상호작용하도록 이끄는 문화적 변인의 독특한 조합에 대한 이해를 말한다. 이들 변인에는 연령, 능력, 민족성, 경험, 성별, 성 정체성, 언어적 배경, 출신 국가, 인종, 종교, 성적 성향, 사회경제적 지위가 포함된다.

ASHA는 이 같은 입장 표명에서 "문화적으로 능력 있는 전문가들은 자신의 견해뿐만 아니라 환자/내담자의 관점과 그 가족의 관점에서 서비스 전달에 영향을 미칠 수 있는 문화적·언어적 요인에 대한 지식을 겸비하고 이해하며 공감할 수 있어야 한다."고 결론을 맺었다.

임상 질문의 준비

문헌의 폭이 방대하고 임상 환경도 복잡하기 때문에 과학적 근거를 찾는 것은 깊이 생각해 보아야 하는 임상 질문에 대해 잘 알지 못하는 임상가에게는 거의 도움이 안 될 것이다. 결국 실질적인 임상적 결정을 내릴 수 있도록 해 주는 것은 문헌이 아니라 내담자의 특수한 필요이다. 따라서 Schlosser와 Raghavendra(2004)는 임상가들이 자신의 실무를 이끌고 향상시키는 데 연구문헌을 적용할 수 있도록 도와주는 7단계의 EBP 과정을 다음과 같이 제안하였다.

1. 견실한 질문 제기
2. 근거 출처 선정
3. 검색 전략 실행
4. 근거의 사정 및 종합
5. 근거 적용
6. 근거 적용에 대한 평가
7. 결과 전파

Schlosser, Koul과 Costello(2007, p. 226)는 EBP에서 우선적으로 중요한 것은 "견실한 질문 제기라는 첫 단계인데, 왜냐하면 다른 것은 모두 이에 달려 있기 때문이다."라고 주장하였다. 초점을 맞추고 답할 수 있는 질문을 제기하는 것은 임상가로 하여금 근거의 검색 범위를 좁히고 결과의 실행 가능성과 적절성을 더 잘 평가할 수 있게 해 준다. 이 같은 이유로, EBP에 대한 논의를 유용한 임상 질문을 만드는 문제로 돌려 보자.

임상가는 평가, 치료, 관리, 지지에 관한 결정을 내리는 데 필요한 정보를 알아내고자 할 때 문헌을 활용한다. 알기 쉬운 임상 문제를 구성하는 것이 적절한 연구 근거의 검색을 이끄는 데 필수적이다. 연구자는 질문도 제기하지만, 인구 전체나 집단에 관한 연구 질문을 제기하는 경향이 있다. 그러나 일반적으로 임상가는 다른 무엇보다 먼저 서비스를 필요로 하는 개별 내담자에 관한 질문을 제기한다(Jerger, 2008). Hargrove, Griffer와 Lund(2008)는 실무자가 자신의 내담자에게 바이탈스팀(Vitalstim, 삼킴장애 전기자극치료기), 스피치이지(SpeechEasy, 구화훈련용 보청기), 집단치료 또는 특수 운동법의 적용 가능성을 판단하여 적용할 때 제기할 수도 있는 몇 가지 질문 유형을 제시하였다.

임상 질문이 임상 실무에서 매우 유용한 지침이 되려면 그 초점을 가능한 한 좁혀야 한다. 예를 들면, 어떤 중재법을 어떤 상황에서 누구에게 적용하려는지를 구체적으로 제시해야 도움이 된다. 어떤 중재법이 인공와우를 장착하고 있는 7세의 언어전 농(언어 습득 이전에 중도 이상으로 청력이 손실됨) 여아에게 적용 가능한 다른 중재법보다 더 효과적이고 효율적일 것인지와 같은 질문을 예로 들 수 있다. 아니면 특정 기법이 성대결절이 있는 가수의 음성 평가에 중요한 정보를 제공해 줄 것인가와 같은 질문도 있다. 대부분의 경우, 임상가가 유용한 정보를 검색하여 찾아내는 능력은 임상 질문이 환자 특성, 장애 특성, 중재 유형이나 임상가가 목표로 하는 행동이나 능력에 대한 기술이 구체적일 때 높아진다. 임상 질문은 다른 많은 요인 중 예방, 선별, 평가, 치료, 관리, 서비스 전달에 관한 쟁점을 다루므로 가변적이고 광범위하다. 임상 질문은 고유한 사례 정보와, 크게는 임상 환경으로 정의할 수 있는 생활 환경에 따라서도 달라진다. 이 모든 요인에 대해, 임상가는 임상 질문을 제기할 뿐만 아니라 특정한 임상적 결정의 전후관계에 맞는 방식으로 표현해야 한다. Schön(1987)은 다음과 같이 기술하였다.

> 실무에서 실제적인 문제는 잘 구성된 구조로 실무자에게 제기되지 않는다는 데 있다. 문제처럼 제시되지 않고 정리되지 않은 중간 상태로 제시되는 편이다. … 실무자가 문제를 정하면, 주목할 것을 선정하여 이름을 짓는다. … 이름 짓기와 구상하기라는 상호보완적 행동을 통해 실무자는 행위에 일관성을 부여하고 방향을 정해 주는 상황에 대한 공감의 도움을 받아 주목해야 할 것을 선택하고 정리한다(p. 4).

임상 질문의 구상에 자주 이용하는 방법 중 하나는 형식을 갖춘 지시문이나 양식을 이용하는 것이다. 본래 근거기반 의학에서 질문의 틀을 짜기 편하도록 돕기 위해 개발된 **PICO 양식**(PICO template)은 이제 많은 의료 분야 전문가들이 널리 사용하고 있다(Dollaghan, 2007; Falzon, Davidson, & Bruns, 2010; Richardson, Wilson, Nishikawa, & Hayward, 1995; Wong & Hickson, 2011). PICO는 문제의 틀 안에 들어가는 핵심 요소를 나타내는 약자로, P는 환자[patient, 또는 관심을 갖는 모집단(population)이나 확인된 문제(problem)]를 말하며, I는 고려하고 있는 중재(intervention), C는 이용 가능한 대안과의 비교(comparison), O는 구체적인 임상 결과(효과, outcomes)를 의미한다(표 1.1). 〈그림 1.3〉에 나타난 바와 같이, PICO 양식은 임상적으로 의의 있는 질문의 형식을 만드는 데 이용할 수 있다. 그러나 답변 가능하고 검색 가능한 임상 질문은 P-I-C-O의 순서를 반드시 따를 필요는 없음을 명심하라. 예를 들면, Johnson(2006)은 다음과 같은 예를 들었다.

> "개별 중재에 비해 집단 언어중재가 언어 산출에서 지연을 보이는 학령전 아동의 표현언어를 더 많이 향상시키는가?" 이 경우 P는 언어의 표현에서 지연을 보이는 학령전 아동이고, I는 집단 언어중재이며, C는 개별 언어중재, O는 표현언어의 향상이다(p. 23).

Dollaghan(2007, p. 10)은 PICO 양식으로 구성한 질문의 또 다른 예를 제시하였는데, "최소 1년 전부터 지속적 중도 외상성 뇌손상(TBI)을 보이는 성인(P)에게서 인지전략 지도 프로그램(I)은 중재를 받지 않은 집단(C)에 비해 유의하게 더 높은 직무 수행력 평가(O)를 받도록 이끌었는가?"가 그것이다.

PICO 양식은 모든 임상 질문의 틀을 짜기에는 충분하지 않다는 비판이 있다(예: Huang, Lin, & Demner-Fushman, 2006). 이에 대응하여, Schlosser와 동료들(2006, 2007)은 확장된 **PESICO 양식**

표 1.1 PICO 양식을 이용한 질문의 구성요소

	구성요소	예
P	환자/내담자 모집단 문제	연령, 성별, 문화, 민족성, 건강 상태, 조건 또는 속성, 장애(impairment, disorder, disability, handicap)
I	중재 쟁점	치료 전략/접근법, 위험 요인/행동, 평가 도구/기법, 서비스 전달, 의뢰, 사례 관리
C	비교/대안	대안적 치료 전략/접근법, 위약(플라시보), 중재하지 않음, 대안적 평가 도구/기법, 위험 요인/행동 없음
O	결과(효과)	단기 목표, 장기 목표, 기능, 정상성, 능력/완전습득/정확도/기술, 비용효과, 만족도, 삶의 질, 사교성, 적용 가능성, 평가/진단 정확성, 재발률/재발, 예측/예후 정확도

원인
    <u>P</u> 는 <u>I</u> 에 있어 <u>C</u> 에 비해 <u>O</u> 를 발달시킬 위험성이 더 높은가?

예측
    <u>P</u> 에 있어, <u>I</u> 는 <u>C</u> 에 비해 향후의 <u>O</u> 를(에) 얼마나 예측하는가(영향을 미치는가)?

예방
    <u>P</u> 에서, <u>I</u> 는 <u>C</u> 보다 <u>O</u> 를 더 잘 예방할 수 있는가?

진단
    <u>P</u> 를 평가할 때, <u>I</u> 는 <u>C</u> 보다 더 정확하게 <u>O</u> 를 진단할 수 있는가?

중재
    <u>P</u> 를 치료할 때, <u>I</u> 나 <u>C</u> 는 더 나은 <u>O</u> 를 유발하는가?

관리
    <u>P</u> 는 <u>I</u> 를 받은 뒤 <u>C</u> 에 비해 더 많은(또는 적은) <u>O</u> 를 보이는가?

그림 1.3 여러 유형의 PICO 질문 제기를 위한 틀

(PESICO template)을 제안하였다. 원래의 PICO에 더하여 PESICO 지시문의 E는 의사소통 환경 (environment, 또는 '장소 관련 문제'), S는 부모와 가족구성원, 친구, 고용주 등 그들의 견해와 태도가 '판단에 직접적으로나 간접적으로 영향을 미칠 수 있는' 이해당사자(stakeholders)를 말한다. 기존의 PICO 양식에 시간 틀(time frame)의 T를 선택적으로 추가할 수 있도록 수정한 양식도 있다 (Fineout-Overholt & Stillwell, 2011; Haynes, Sackett, Guyatt, & Tugwell, 2006). 임상가는 특히 단기 목표나 궁극적인 임상 효과와 관련하여 얼마나 빨리 변화가 나타나는지를 다루는 질문을 제기하는 경우도 자주 있다. 그러므로 PICOT는 중재의 **효능**뿐만 아니라 **효율성**에 관한 근거를 검색할 때 중요한 양식으로 기능할 수 있다. 즉 효과가 같은 치료법을 비교하다 보면 한 치료법이 다른 치료법에 비해 결과를 더 빨리 달성하기도 한다. 이 같은 치료법은 EBP에서 중요하게 고려할 가능성이 높다.

    근거를 기반으로 하는 서적과 정보 전문가들을 위해 특별히 개발된 설명문(Booth, 2006; Booth & Brice, 2004)도 청각학과 언어병리학 분야의 일부 유형의 임상 질문의 틀을 잡는 데 도움이 된다. **SPICE 양식**(SPICE template)의 S는 중재가 일어날 세팅(장소, setting), P는 그 중재의 영향을 받는 사람이나 집단의 관점(perspective), I는 중재(intervention), C는 사용 가능한 대안과의 비교 (comparison), E는 평가(evaluation) 또는 측정된 효과(effect)를 말한다. 어떤 체계나 틀을 이용하든 간에 초점을 맞추고 답할 수 있는 질문을 만드는 것은 가장 적절하면서도 실제적인 근거기반 임상 결정에 도달하는 데 선행되는 기술이다. 학생들의 경우 상당한 연습이 필요하며, 전문가들은 의례적으로 적용해야 하는 기술이다.

청능사와 언어치료사는 자신이 하는 일 중 어떤 것이 효과적인지 그 근거를 찾을 필요가 있다. 믿을 수 있는 근거의 가치는 현존하는 치료 접근법을 입증하고, 향상된 접근법과 대안적인 접근법의 개발을 이끄는 능력으로 인해 가중된다(Houser & Bokovoy, 2006). Finn, Bothe와 Bramlett(2005)에 의하면 "치료 요구를 검증할 수 있게 되는 것이 중요한 이유 중 하나"는 다음과 같다.

> 과학의 한 분야가 실수나 오해 또는 잘못을 바로잡을 수 있는 것은 모순되는 근거나 부정적인 근거를 통해서만 가능하기 때문이다. 이 과정은 새로운 생각을 수용하려는 태도, 변화를 기꺼이 받아들이는 태도와 결합되면 지식에 대한 과학적 접근법의 진수에 이르게 된다(Sagan, 1995). 과학의 목적은 무언가 옳다는 것을 증명하는 것이 아니라 무엇이 참인지를 판단하는 것이다(p. 174).

일반적으로 **치료의 효과**(treatment effectiveness)는 일상적인 적용에 있어 어떤 중재법이 "한 내담자의 의사소통기술에서 임상적으로 유의한 향상"을 이끌 때 확립되기도 한다(Bain & Dollaghan, 1991). 그러나 진전을 판단하기 위해서는 긍정적인 **임상 결과**(clinical outcomes)를 추적하는 절차가 필요하다. 해당 실무자가 치료가 주는 이득 중 어떤 측면을 평가하는가에 따라 '결과'의 평가 방법은 달라진다(Bagatto, Moodie, Seewald, Barlett, & Scollie, 2011; Ching, 2012; Hansen, Mior, & Mootz, 2000; Humes & Krull, 2012; Olswang, 1993). Frattali(2013, p. 9)는 결과를 "임상가, 교사, 고용주, 행정가, 비용지불인, 내담자/가족 자신"으로 이루어진 "관리의 모든 소비자"가 규정하는 "다영역적 개념"으로 기술하였다. 제5장에서 더 자세히 논의하겠지만, 결과는 몇 가지 잠재적으로 유용한 방법으로 이용될 수 있다. 예를 들어, 치료 과정 이후에 평가한 결과는 치료의 장기 목표나 단기 목표와 대조하여 살펴볼 수 있다(Laplante-Lévesque, Hickson, & Worrall, 2012). 그러나 결과는 임상의 행정업무, 비용효과, 소명의식, 사교성 또는 전반적인 삶의 질과 같은 쟁점을 다루기도 한다(예: ASHA, 2013; Golper & Frattali, 2013).

성찰적 실제

좋은 결과는 치료 그 자체만큼이나 임상가의 기술 덕분에 얻을 수 있는 것으로 여길 수 있다(예: Enderby & John, 1999; Kent, 2006). 실제로 Bernstein Ratner(2006)는 다음과 같은 임상가는 찾아보기 힘들다고 지적하였다.

> 적은 수의 세트로 잘 구체화한 치료 절차를 엄격하게 고수하는 임상가는 매우 드물다. 수년

동안 실무자에게 '좋은 치료사' 대신 치료를 추천해 줄 것을 부탁하는 요청을 기억할 수 없을 정도로 너무 많이 받았다. 결과를 치료와 구체적으로 결부시키는 데 있어서 또 다른 문제는 치료를 내담자에게 맞추는 것이다. 치료, 치료사, 내담자에 대해 서로 마음껏 교환할 수 있고 재조합할 수 있는 요소라 생각하는 것은 지혜롭지 못한 일이 될 수도 있다(p. 260).

임상 사례 자체가 독특한 만큼 각 실무자도 자신만의 지식체계, 임상 기술, 경험, 기호를 임상 환경에 가지고 온다. 이러한 요인들은 근거의 적용을 사정하고 평가하는 임상가의 능력뿐 아니라 임상적 결정의 적절성과 제공된 중재의 효능을 평가하는 능력에 있어서도 중심이 된다.

Schön(1983)은 **성찰적 실제**(reflective practice)라는 개념을 알렸는데, 이는 결과와, 무엇이 결과에 영향을 미칠 수 있는지, 중재가 적절하였는지, 그리고 중재와 결과가 미래의 임상 질문과 결정에 어떤 영향을 미칠 수 있는지 평가하는 데 임상가 자신의 실무를 비평적으로 평가하는 것을 의미한다. 결과를 이끈 것으로 여겨지는 이유의 검증에 비평적 조사를 이용함으로써 임상가는 자신의 지식과 전문성 사이에 있는 격차를 찾아내기도 한다. 이러한 내적 "업무 수행보고 과정"도 보다 효과적이고 효율적인 임상적 대안을 이끎으로써 서비스 전달의 향상에 EBP를 더 잘 이용하도록 촉진하기도 한다(Boudreau, Liben, & Fuks, 2012; Schön, 1987). 성찰은 '실무 기반 학습'에 중요한 요인 중 하나로, 많은 경우 이는 임상 질문과 근거에 대한 회고적(사실 발생 이후 정보를 얻는) 검색의 '재구성'을 요하기도 한다. De Vera Barredo(2005)는 다음과 같이 기술하였다.

근거기반 실제와 성찰적 실제는 전문가로서 한 개인의 발달과 모든 직종의 진보의 핵심요소이다. 근거기반 실제는 임상 실무와 전문가로서의 성장과 관련하여 연구를 기초로 하는 건강한 기반이 되는 한편, 성찰적 실제는 실무자로 하여금 개인적인 향상을 목적으로 실무를 지속적으로 평가하고 재평가할 수 있게 해 준다(p. 3).

Schön(1983, p. 69)에 따르면, "누군가가 조치를 취하는 중에 깊이 생각한다면", 받아들인 지혜나 다른 사람이 제기한 질문에 대한 답에 더 이상 의존하지 않으므로 "그는 실무 현장에 있는 연구자가 된다." 이와 같이 실무를 기초로 하는 근거는 Schlosser와 Raghavendra(2004)의 EBP 절차의 마지막 단계인 결과의 전파에 정보를 제공해 준다. 실무자와 이해당사자가 EBP 경험과 결과를 임상 및 전문가 회의나 논문지와 소식지에서 공유한다면, 이는 다른 실무자에게도 혜택이 되며 EBP를 향상시키고 전문직종을 발전시키게 될 것이다.

연구-실무 관계

청각학과 언어병리학에서 서비스 전달을 이끄는 원리인 EBP와 함께 '연구자'와 '실무자', '과학적인' 전문가와 '임상적인' 전문가라는 당연한 이분법에 대한 재평가가 환영을 받게 되었다. 지배적인 오해 중 하나는 연구자들이 고립된 무균실의 실험실에서 사람에게는 거의 도움이 되지 않거나 전혀 도움이 되지 않는 문제를 탐구하는 사람들로, 실무를 하고 있는 임상가들에 비해 비사회적일 것이라는 기대이다. 실제로 대부분의 연구자들은 사람, 특히 의사소통장애가 있는 사람에게 지대한 관심을 갖고 있으며, 이러한 관심은 연구에 영감을 준다. 사실 오늘날에는 많은 연구자들이 연구 활동과는 별도로 의사소통장애 분야에서 중요한 전문가 역할도 담당하고 있다. 임상 실무는 하고 있지 않고, 자신이 하는 일이 임상에 즉각 적용되지도 않는 연구자들의 경우에도, 그들의 바탕에 있는 동기는 앞으로 임상 실무에 상당한 적절성을 가질 가능성이 있는 질문에 대한 답을 찾고자 하는 경우가 많다. Houser와 Bokovoy(2006)는 다음을 관찰하였다.

> 실험실에서 이루어지는 것에 적용되어 왔던 연구에서는 연구자나 과학자가 환자를 전혀 접촉하지 않는다. 이제 연구는 실무의 한 부분이 되었다. 연구는 도처에 있는 것으로, 매일 일어나는 임상이나 운영 회의의 주요 내용으로 뉴스와 인터넷 등 도처에서 환자에게 전달된다(p. 3).

이미 말한 바와 같이, 이 책의 주된 목적 중 하나는 임상가와 학생들이 우리 분야의 논문지에 보고되는 연구의 적절성을 조리 정연하게 판단하여 그 연구가 자신의 임상 활동에서 갖는 적절성에 대해 독립적인 판단을 내릴 수 있게 도와주는 것이다. 모든 전문가들이 연구문헌의 비평적인 독자가 되어야 할 뿐만 아니라 임상 실무 자체를 응용실험과학으로 보는 것이 중요하다. 그러나 많은 사람들이 연구와 임상 실무는 오랫동안 분리되어 왔음을 지적하였다(예: Apel, 2011; Jerger, 1963; Logemann, 2000; Ringel, 1972; Ruscello, 1993; Siegel & Spradlin, 1985; Wambaugh & Bain, 2002). 이러한 분리의 본질은 연구가 임상 의례와 의사소통장애 분야의 연구 소비자로부터 지식 생산자를 떼어 놓는 미개한 모형이 주는 정보는 거의 없다는 관념이 만연한 데 근거하는 것으로 보인다. 사실 너무 오랫동안 의사소통장애와 의사소통과학은 서로 다른 전문분야로 인식되어 왔다. 말, 언어, 청각 과학은 청각학과 언어병리학의 전문직종에 입문하는 데 순전히 장벽인 것만 아니더라도, 학생과 임상가들에게는 통과의례로 인식되어 왔다. 사실 청각학과 언어병리학은 말·언어·청각 응용과학으로 보는 것이 보다 정확할 것이다. 같은 이유에서 말·언어·청각 과학은 기초 청각학과 기초 언어병리학이라는 이름을 붙이는 것이 더 정확할 것이다.

연구자와 임상가는 전문분야의 문헌을 제패하려고 경쟁하기보다는 함께 그에 대한 책임을 질 필요가 있다. 예를 들어, Friel-Patti(1994)는 연구자와 임상가들이 공유하는 "이론에 대한 헌신"에 대해 기술하였다. "경험 많고 성공한 임상가들은 중재를 위한 건강한 근거를 수립하는 데 있어 연구 발견의 중요성을 이해하는 것"과 마찬가지로 많은 경우 연구자들은 "현존하는 이론에 제대로 들어맞지 않는 (임상적) 관찰에서 생기는 가설을 검증"하게 된다고 말하였다. 그들에 따르면 다음과 같은 일이 자주 일어난다.

> 개인 자신과 그들이 보이는 복잡한 증상이나 중재 기법에 대한 반응은 우리로 하여금 현존하는 이론을 재고하고 중재 실무를 재평가하게 만들어 더 나은 이론 및 방법을 만들게 한다. 그러므로 임상가와 연구자들은 모두 향상된 이론적 모형과 보다 효율적인 중재 실무를 찾아야 하는 이유를 갖고 있다(p. 30).

그러므로 연구자, 임상가, 연구자-임상가는 과학적 연구방법에 근거한 답을 지속적으로 찾게 만드는 동기가 되는, 실무에 대해 "미심쩍어하는 접근법"을 공유한다(Finn, 2011).

학생과 임상가들이 연구를 읽을 때 필요한 비평적 기술을 발달시킬 수 있도록 돕는 목적에 더하여, 우리는 이 책이 '임상가'와 '연구자' 사이의 거리를 없애 주는 기초가 될 수 있기를 바란다. 이 책이 연구와 관련된 직업을 준비하고 있는 학생들이나 임상 현장이나 학교에서 연구를 수행하는 데 관심 있는 임상가들에게 주요리 격이 되는 것이 우리의 강렬한 희망이기도 하다. 그러나 이 책은 연구를 어떻게 하는지에 관한 책이 아니라 연구를 어떻게 읽을지에 관한 책임을 강조해야 할 것이다. 연구에 대한 지적인 평가는 연구의 지적인 수행과 공통점이 훨씬 더 많음이 분명해질 것이다.

특정 장애에 관한 진단 및 평가 프로토콜에서의 진보는 학구적인 연구로 말미암은 것임은 일반적으로 잘 받아들여지고 있다(Katz, 2003). 의료 분야에서 찾은 매우 단순한 예가 이 점을 잘 보여 주고 있다. 인간 유전체(게놈) 지도를 만드는 데 대한 학구적 연구는 특정 장애와 관련하여 이전에는 밝혀지지 않은 원인에 불을 밝혔다. 많은 형태의 암, 조울증, 비만 및 기타 비정상적인 상태는 이제, 적어도 부분적으로는, 유전적인 기초를 갖는 것으로 알려져 있다(Gerber, 2001; Robin, 2008; Shprintzen, 1997). 그러한 연구는 특정 장애로 발전할 성향이 있는 사람들을 찾아내는 것과 같은 진단 절차의 진보와 유전자 교환 치료와 같은 치료 절차에서의 진보를 이끌고 있다. 이와 같은 시나리오에서 연구는 시원스럽게 실무의 진보를 이끈다. 그러나 의사소통장애에서의 연구-실무 관계는 몇 가지 형태를 띤다(Raghavendra, 2010). Ingram(1998)은 세 가지 구분되는 관계 또는 소통선을 제안하였는데, 연구와 실무 간에는 (1) 연구 주도의 소통, (2) 실무 주도의 소통, (3) 관심 공유의 소통이 있다는 것이다.

연구 주도의 관계　연구 주도의 소통은 연구 결과의 보고와 그것이 실무에 적용되는 방식에 초점을 맞춘다. 1897년에 미국에서 말 행동 연구에 전념한 첫 실험실이 있었던 예일대학교에서 수학한 Carl Emil Seashore는 Edward Wheeler Scripture와 함께 아이오와대학교에 말과 청각에 관한 국내 첫 번째 연구 및 훈련 과정을 개설하였다. 이를 위해 Seashore는 심리학, 언어학, 발성법(웅변능력),

음악, 의학, 생물학, 아동발달 분야의 전문가들을 모았다(Moeller, 1976). 예전 학생이었던 Wendell Johnson(1955)에 따르면, 효과적인 말·청각 전문가 교육은 결정적으로 "믿을 수 있는" 지식과 치료 선택사항에 의존하는데, 이는 과학적 연구를 통해서만 가능할 뿐이라는 것이 Seashore의 확고한 신념이었다. Johnson이 쓴 글에 의하면, "교실에서 가치 있기 전에 성과를 낼 수 있는 실험실이 있어야 하고, 효과적인 클리닉이 되려면 교실에서 가치 있는 것이어야 한다." 그는 아이오와대학교의 말 병리학 및 청각학 과정이 클리닉에서가 아니라 '계획에 의한 실험실'과 유능한 연구자들을 교육하는 프로그램으로 시작되었음을 언급하였다.

연구가 주도하는 소통은 전문분야와 임상 전문직종의 발전에 매우 중요하다. 연구 주도의 교과서 *Speech Pathology*의 서문에 Seashore의 또 다른 학생이었던 Lee Edward Travis(1931)가 이를 인정하면서 다음과 같이 썼다.

> 내 생각에 말장애에 관한 새로운 책은 너무 쉽고 관점이 좁다. 진지한 학생들은 그 안에서…
> 이론적·임상적·과학적 관심사항을 거의 찾기 어려울 것이다. 그들은 생물과학에서 이루
> 어지고 있는 연구와 보조를 맞출 수 없고, 기존의 문제와 이론에 고착되어 이 분야에 대한
> 열정이 사그라드는 경우도 많고, 어떤 경우에는 더 이상 쓸모가 없는 자료에 집착하기도 한
> 다. 이러한 상태는 말 병리학이 성장통을 겪는 과정만큼 길어질 것으로 예상된다(p. vii).

의사소통 과학 및 장애는 아직도 여러 성장통을 겪고 있을 수 있지만, 이제는 다수의 책, 광범위한 전문가회의 참여 기회, 인쇄된 논문지나 온라인 논문지 및 다양한 인터넷 자료를 이용할 수 있다. 이들은 지식의 보고처럼 보일 수 있는데, 실무에서는 이 안에서 가장 유용한 것으로 여기는 것을 선택하여 이용하기도 한다. 그러나 연구자가 자신의 연구 특성과 수행에 대해 명확하고 간결하게 설명하지 못하고 실무자들이 직접적으로 공감할 수 있는 용어로 자신의 연구의 유의성을 나타내지 못하면 이러한 소통선은 무너지고 만다. 주로 실험실에서만 연구하는 연구자라 하더라도 오히려 임상가들이 더 잘 적용할 수 있을 것 같은 연구 결과를 (임상에) 구체적으로 적용할 것을 요청받는 경우도 많다. 연구 주도의 소통선은 임상가들이 정보 출처, 연구방법의 제한점, 연구 결과를 임상 실무에 타당하고 신뢰할 수 있게 적용하도록 해 주는 분석의 질과 온전성을 판단하지 못할 때도 실패할 수 있다.

실무 주도의 관계 실무 주도의 소통은 임상가가 자신의 정보에 대한 필요와 연구의 활성화를 위해 들이는 노력에 대해 연구자들에게 표현하는 방식에 관심을 갖는다(Ingram, 1998). 이는 우연한 임상적 관찰을 토대로 한 제안에서부터 임상가가 먼저 시작하여 발전시킨 연구 제안에 이르기까지 다양하다. 실무 주도 연구의 목적은 연구자들로 하여금 보다 낫고 더 많은 정보를 근거로 하

는 임상적 결정을 내릴 수 있게 도와주는 데 있다(Brown, 2006; Raghavendra, 2010). 실무 주도 연구의 가치는 주로 실험실에 근거지를 두는 연구자들에게 쉬운 만큼 분명하지 않을 수도 있는 연구 관련 영역을 찾아내는 임상가의 독특한 위치에 있다.

모든 연구 결과가 임상 업무에 직접적이고 즉각적으로 영향을 미치는 것은 아니지만, 많은 연구 주제와 패러다임은 연구자와 임상가 모두에게 큰 가능성을 보여 준다. 예를 들면, Siegel(1993)은 치료 효능에 관한 연구가 "세심한 연구의 요건과 임상 실무의 필요 사이를 자연스럽게 연결해 준다"(p. 37)고 주장하였다. 비슷하게 Olswang(1993)은 다음과 같이 말하면서 임상 효능에 관한 연구는 보다 이론적인 특성의 질문과 이를 임상에 응용한 질문 모두를 다룰 수 있다고 제안하였다.

> 우리는 임상 실무와 이론 양측에 의해 주도되기 때문에 우리의 활동영역도 그러하다. 효능 연구는 우리로 하여금 의사소통에 관한 이론과 기저 기제를 연구하는 동안 실무와 개인의 필요를 공략하는 한편 관심 영역을 나누어 역할을 맡게도 해 준다. 이 두 갈래의 접근을 통해 추가로 연구해야 할 것은 우리의 임상 지식과 이론 지식을 향상시키는 것이다. 우리 직종과 분야는 실제로 이 둘 모두에 의존한다(p. 126).

잠재적으로 수백 개의 적절한 연구 질문이 치료 효능 연구의 일반적 기준이 된다. 예를 들면, 면밀하게 통제한 집단 연구는 마비말장애의 말 향상을 위해 설계된 둘 이상의 중재 패러다임의 상대적인 효과를 연구하며, 시계열 설계는 유창성 향상 프로토콜의 즉각적인 효과와 장기적인 효과를 연구하는 데 적용할 수 있으며, 사례연구는 언어 지연 아동의 언어 산출을 증가시키기 위한 임상 전략을 연구하는 데 적용할 수 있다. 연구 가능성이 매우 높은 영역 중 하나인 치료 효능 연구는 제5장에서 더 자세히 논의할 것이다.

관심 공유의 관계 관심 공유의 소통은 연구자와 임상가 사이에 관심의 연속체가 존재하고 가장 효과적인 의사소통은 관심이 중복될 때 일어난다는 합리적인 가정에 근거한다. ASHA의 특수 관심 영역 분과는 연구자와 임상가의 상호작용을 장려하기 위한 수단을 제공하여 연구 노력과 임상 실무 양측에 이득을 주고 **연구자-임상가** 또는 **임상가-연구자**라는 명칭으로 주된 담당 업무를 설명할 수 있는 전문가 수가 증가하게 만들었다(Silverman, 1998; Tabor & Hambrecht, 1997).

연구자들은 혼자 일하기도 하지만, 과학적 연구를 실시한다는 것은 반드시 혼자 하는 일은 아니다. 연구자들은 자주 통계학자, 실험실 기술자, 학생, 동료 또는 기타 관련 전문분야 종사자와 협력한다. 임상 실무가 여러 영역의 참여를 통해 향상되는 것처럼, 그러한 협력적 노력은 의미 있는 연구의 수행도 향상시킨다(Moodie, Kothari, Bagatto, Seewald, Miller, & Scollie, 2011; Raghavendra, 2010). 이는 임상 실무에 종사하는 연구자들에게서도 마찬가지이다. 이러한 형태의 연구자-임상가 관계를 진정한 연구 동업관계라 할 수 있을 것이다.

1994년의 ASHA 기술 보고서는 의사소통 과학 및 장애에서의 연구의 역할과 관심 공유 관계에 관해 다음과 같이 구체적으로 기술하였다.

> 과학을 기반으로 하는 전문직으로서 말-언어병리학 및 청각학은 새로운 진단과 치료법을 도출할 수 있게 해 주는, 넓은 지식 기반을 필요로 한다. 분명 우리 전문직은 더 효과적인 임상 절차임을 입증하기 위해 뜻밖의 발견에 의존할 수 없으며 임상 경험만으로는 충분하지 않다. 오히려 새로운 임상 방법은 다양한 활동에 참여하는 여러 집단의 통합된 노력, 의사소통장애가 있는 내담자에게 임상 서비스를 제공하는 실무자들에게 도움이 되고자 의사소통의 기본 과정과 기제에 관한 매우 기초적인 실험을 수행하는 연구자들로부터 창출된다. 새로운 임상 방법의 개발에 특히 중요한 것은 기초 연구와 임상 실무 간의 간극을 메우는 연구자들의 역할이다. 이러한 연구자들의 기본 과제는 새로이 발견된 기초 지식과 최근에 만들어진 기술을 임상의 실제 문제에 적용하는 것이다. 의사소통 과학 및 장애 분야에서 훈련받은 연구자들은 임상의 쟁점에 관한 지식에 더하여 체계적인 연구를 실시한 경험이 있기 때문에 이러한 역할에 매우 적합하다(p. 2).

Moodie와 동료들(2011)은 "연구 질문, 방법론을 공유한 결정 내리기, 자료 수집, 도구 개발 관여, 결과의 해석, 연구 결과의 전파 및 이행 등 연구 과정의 모든 부분에서 연구자와 연구 사용자들 간의 **역동적 협력**"을 매우 설득력 있게 지지하였다(pp. 11-12). 청각학과 언어병리학 분야의 전문직은 부단히 변화하고, 성장하고, 발달한다. 지식 기반이 완전히 실질적으로 성장할 수 있으려면 반드시 과학적 기반과 연구 기반에 의존해야 한다고 보는데, 그러한 기반은 이해하여 임상 실무에 통합시킬 수 있는 것이어야 한다. Haynes와 Johnson(2009)은 실무에서 겪는 시련에 대처할 수 있게 도와주는 연구의 역할에 관하여 훌륭한 논의를 제공하였다.

연구논문 출판에서의 편집 과정

흔한 근거 없는 믿음 중 하나는 글이 인쇄되어 나오면 문헌과 지식으로서 가치를 가지고, 귀중하며, 유의하게 기여한다는 것이다. 간단히 말하면, 실제로는 그렇지 않다. 부적합한 연구가 보고되기도 하고, 하찮은 문제가 연구되기도 하며, 질과 양의 측면에서 엄청난 차이를 보이는 연구논문도 있다(Greenhalgh, 1997). 좋은 연구도, 부족한 연구도 출판될 수 있다. 출판 과정에 대해 간략히 설명하는 것이 글이 어떻게 출판되고 연구의 질이 글마다 어떻게 달라질 수 있는지 이해하는 데 도움이 될 것이다.

　의사소통 과학 및 장애 분야의 방대함은 청각, 말, 음성, 언어, 삼킴, 기타 청각사와 언어치료사들의 주 관심 영역 주제를 다루는 원연구논문을 발행하는 데 주력하는 학술지의 수에서 알 수 있다. 부록 B에 의사소통장애 분야에서 영어로 출간되는 여러 학술지 목록을 내용과 중점 영역에 대한 간략한 설명과 함께 제시하였다. 주제와 적용한 구성 방식의 다양성뿐 아니라 구체적인 편집 과정이 학술지마다 다름에도 불구하고 검토 과정에서의 공통점은 이러한 대부분의 기록보관소의 출판에도 영향을 미친다. 그 예로 ASHA가 출판하는 학술지인 *American Journal of Speech-Language Pathology(AJSLP)*에 투고한 응용연구논문을 보자. 이 학술지는 의사소통장애가 있는 사람에게 서비스를 제공하는 전문가들을 위한 것이다. 의사소통장애의 특성, 평가, 예방, 치료에 관한 원고를 모집한다. *Journal of Speech, Language, and Hearing Research(JSLHR)* 역시 ASHA가 출판하는 학술지로, "의사소통과학 분야의 이론적 쟁점 및 연구와 관련된 논문을 모집한다." *AJSLP*에 투고된 원고는 임상적 유용성, 근거 기준의 순응 여부, 글의 명료성을 기초로 심사한다. 이 학술지는 철학적·개념적·종합적 논문뿐 아니라 임상 연구 보고서도 투고받는다. 더 자세한 내용은 저자용 안내문(http://ajslp.asha.org 참조)을 참고할 수 있으며, 여기에 이 학술지의 범위와 중점 사항을 전반적으로 규정해 놓고 있으므로, 저자들은 자신의 글을 투고하기에 알맞은 곳이 *AJSLP*인지, *JSLHR*인지 판단하는 데 도움이 될 것이다.

　*AJSLP*의 편집위원은 1명의 편집위원장과 유창성 및 유창성장애, 신경학적 의사소통장애, 삼킴장애, 음성장애, 초기 아동기 의사소통장애 같은 영역의 전문가인 몇 명의 부편집위원장으로 구성되어 있다. 그 외에도 100명이 넘는 편집자문위원이 있는데, 이들 모두 의사소통장애의 한 영역 이상을 세부전공으로 하여 많은 지식과 경험을 쌓은 사람들이다. 전반적인 편집 정책은 편집위원장이 정하는데, ASHA의 출판위원회가 정한 전반적인 지침을 따르게 되어 있다.

　원고를 투고 받는 즉시 누구의 영역에 해당되는지 판단한다. 그다음에는 부편집위원장이 배정되어 검토 과정을 감독하고 심사자 역할을 한다. 부편집위원장이 2명의 편집자문위원에게 원고를 보내어 자세히 평가하게 한 뒤 다음의 네 가지 결과 중 하나를 통보하게 되는데, (1) 게재가, (2) 심사위원이 권고한 수정에 저자가 동의함에 따라 (수정 후) 게재가, (3) 많은 부분을 수정하고 다른 두 편집자문위원의 검토 결과가 나올 때까지 판단 유보(수정 후 재심), (4) 전적으로 게재불가가 그것이다. 이 중 어떤 결과가 나오든 간에 게재가 또는 게재불가에 대한 최종적인 판단 권한은 편집위원장에게 있다. 게재불가 판정이 나면 심사위원들이 한 평가 결과를 저자에게 통보하는데, 대개는 투고한 논문이 왜 거절되었는지에 대한 폭넓은 설명과 함께 통보한다. 편집자문위원이 누구인지 저자는 알 수 없으며, 편집자문위원도 저자나 저자의 소속기관을 알지 못한다. 즉 원고는 심사위원이 저자의 신분을 표면적으로 알지 못하는 '맹검' 검토 방식을 따르게 되어 있다.

출판에 관한 결정을 빨리 내리기 위해 모든 노력을 다함에도 불구하고, 심사 과정은 특히 광범위한 수정이 필요한 경우 시간이 걸린다. 수정하게 될 경우 저자로서는 상당히 많은 일을 하게 될 수도 있는데, 자료를 다시 분석하거나 다른 방식으로 제시해야 할 수도 있고, 표나 그림을 추가하거나 삭제해야 할 수도 있으며, 원고의 일정 부분을 다시 써야 할 수도 있다. 분명한 것은 수정이 더 많이 필요할수록 원고가 채택될 가능성은 낮아진다는 것이다. 특히 투고 대상 학술지에 이미 게재가로 채택된 원고가 많이 밀려 있는 경우라면 더욱더 그러하다. 이 모든 과정에는 저자와 편집위원장 간에 상당한 의견 교환이 이루어져야 하는데, 2명의 편집자문위원이 심사하는 경우도 마찬가지다. 이러한 이유 때문에 원고를 받은 날짜와 원고가 최종적으로 채택된 날짜 사이에 상당한 차이가 날 수 있다.

그다음으로, 어떻게 부적합하거나 미비한 원고가 결국 출판되는 것일까? 아는 것이 많고 정보가 많은 편집자문위원을 선정하는 데 주의를 기울였음에도 불구하고, 모든 편집자문위원이 같은 수준의 전문성을 갖거나, 비슷한 수준의 연구 또는 평가 기술을 갖고 있거나, 특정 영역에 같은 정도로 익숙하거나, 원고를 평가하는 데 같은 시간과 에너지를 들이지는 않는다. 우리 분야의 학술지 중 하나인 *Journal of Fluency Disorders*는 만족할 만하고 균형 잡힌 원고 심사를 위해 편집자문위원들을 대상으로 그들의 관심 영역과 전문 영역을 정기적으로 조사한다. 또 다른 학술지, *Journal of Voice*는 해마다 수행보고서를 발행하는데, 원고 심사 기한 엄수를 촉진하기 위해 다른 무엇보다 각 심사위원의 '응답시간'을 목록으로 제공한다. 대부분의 학술지는 심사위원에게 편집위원장과 저자 사이에 오고간 서신의 사본을 제공한다. 이는 원고를 심사한 다른 심사위원의 비평을 읽어 볼 수 있는 기회가 되며, 지적사항과 제안사항이 저자에게 주는 편집위원장의 권고사항에 어떤 정보를 주는지 알 수 있게 해 준다.

어느 전문직이나 전문분야의 구성원들 사이에서 발견되는 연구 전문성은 그 학술지의 특성과 질에 확연한 영향을 미친다. 소위 높은 수준의 **상호심사과정**(peer-review process)을 보장하기 위해서는 학술지 직원들의 세심한 관리가 필요하다. 질적 관리를 위한 모든 사람들의 헌신에도 불구하고 학술지 논문의 탁월성은 실제로 차이가 나며, 교육받은 독자들도 그러한 차이를 찾아낼 수 있어야 한다. 비평적 평가의 목적은 좋은 것을 미비한 것과 구분하는 것이다. 건강한 회의론을 갖는 자세는 독자, 종국에는 연구자와 전문직 종사자 모두에게 바람직하다.

사이버공간의 도전

지난 수십 년간 테크놀로지가 산업을 대체하면서 정보도 상품이 되었다. 특히 인터넷은 정보를 전파하고 질문을 제기하는 방법을 바꿔 놓았다. 예를 들어, 2010년에는 ASHA의 모든 학술지가 인쇄본 출판을 중단하고 온라인으로만 발행하기 시작하였다. 구독자들은 이제 가장 최신호는 물론이고 ASHA 학술지의 경우 1936년까지 거슬러 올라가는 완벽한 디지털 기록보관소에 접속할 수 있게 되었다. 예전에는 학생과 전문가들이 모든 방식의 사실, 관찰, 분석, 선택사항을 더 많이 또는 더 빨리 이용할 수 없었다. 지금은 디지털 테크놀로지를 통해 아주 많은 정보를 얻을 수 있는데, 많은 사이버 도서관이 사이버 사서라 칭하는 웹(인터넷) 정보관리자에게 문의한다("Cybrarian", 2006). 정보 출처의 급증은 학생, 연구자, 실무자들에게 큰 도움이 되지만, 가능한 선택이 많아짐으로써 여러 가지 어려움도 생겼다. 미국도서관협회(ALA)는 월드와이드웹이 도래하기도 전에 이러한 추세를 예견하여 **정보활용능력**(information literacy)이라는 개념을 보급하였는데, 이는 개인으로 하여금 '언제 정보가 필요한지 알고, 그것을 효과적으로 찾고, 평가하고 사용할 수 있는 능력'을 가질 수 있게 해 주는 능력을 말한다.

지식을 습득하는 데 디지털을 지향한 결과, 이제는 많은 사람들, 특히 학생들이 '핵심어' 또는 '검색어'를 구글, 야후, 빙 같은 검색 엔진에 입력하는 것과 연구를 동일시하게 되었다. 검색 엔진에 검색어를 입력하면 대개 이미지 파일, 오디오 파일, 비디오 파일, 슬라이드 발표, 블로그, 상업적 제품, '사실에 기반을 둔 다양한 분석' 등 여러 매체에 접속할 수 있게 해 주는 장황하고 정리되지 않은 웹사이트 목록이 나타난다. 뉴욕타임즈의 유명한 한 사설에서 칼럼니스트 Thomas Friedman(2002)은 인터넷은 많은 사람들을 재빨리 교육할 수 있는 수단이 되었지만, 무지와 오보도 재빠르게 전달할 수 있는 "처리되지 않고 걸러지지 않은 정보의 전자장비 전달자"일 뿐이라 비평하였다.

문제는 너무 많은 정보에 접근할 수 있어서 생기는 것이 아니라 많은 정보 출처의 진위, 타당성, 신뢰성을 판단해야 하는 전문가의 책임에서 생긴다. '운이 좋다고 여기기'를 넘어서, 가장 좋은 방법은 해당 지식을 어떻게 얻었는지 평가하는 것이다. 여기에는 문제의 근거, 연구방법, 실험 결과, 결과의 해석, 결론에 대한 비평적 읽기가 필요하다. 대다수의 연구논문과는 달리 인터넷에 올라와 있는 대부분의 자료는 상호심사과정을 거치지 않았고 많은 경우 실험연구로 입증되거나 지지되지도 않았다. 인터넷의 엄청난 가치는 사용자로 하여금 관심 주제와 연관된 학술지 논문을 찾을 수 있도록 검색 가능한 데이터베이스에 접근할 수 있게 해 주는 능력보다는 포스팅(인터넷에 글 올리기)에 있다(Robinson, Cole, & Kellum, 1996). 또한 사이버사서라면 누구라도 입증할 수 있는 것처럼, 데이터베이스는 전체 학술지 논문을 인쇄물 형태뿐만 아니라 디지털 사본과 연계해 둔다. 문헌을 찾기 위한 데이터베이스 검색은 이제 연습하고 숙달해야 하는 매우 중요한 기술이 되었다. 불행히도 이는 아직도 많은 사람들에게 여전히 어려운 영역이다(Guo, Bain, & Willer, 2008). Cox(2005), Dennis와 Abbott(2006)가 이러한 측면에 대한 지침을 상당히 많이 제공하였으므로 이 자료를 찾아볼 것을 권한다.

인터넷 파일 주소

전자학술지 출판과 온라인 환경은 최근 여러 해 동안 놀라울 정도로 확대되었다. 전자 장비를 이용한 정보의 확산은 매우 중요하여, 전자 자료를 불러오는 핵심 요소를 검토하는 데 도움이 될 것이다. **인터넷 파일 주소**(uniform resource locator, URL)는 인터넷상에서 디지털 정보의 지도를 만드는 데 이용되는 '웹 주소'이다(그림 1.4). 글자, 숫자, 기타 기호가 연결되어 있는 URL은 컴퓨터가 정보를 보관하고 있는 웹 서버인 **주전산기**(host)에서 웹 페이지나 디지털 문서 같은 특정 정보를 검색할 수 있게 해 준다. URL은 컴퓨터와 호스트가 서로 통신할 수 있게 해 주는 **응용 프로토콜**로 시작한다. URL은 대부분 'http'로 시작하는데, 이는 '인터넷 데이터 통신 규약(hypertext transfer protocol)'을 의미한다. 콜론과 두 개의 사선이 뒤를 잇는데, 이는 규약(프로토콜)과 후속하는 웹 주소를 구분해 준다. 하이퍼텍스트라는 용어는 사용자의 컴퓨터 스크린에 표시되는 텍스트뿐만 아니라 스프레드시트, 그림, 그래프, 비디오, 음향 등을 말한다. 하이퍼링크라는 용어는 사용자가 마우스를 클릭하거나 컴퓨터 스크린을 가볍게 터치하는 것으로 또 다른 하이퍼텍스트에 접속할 수 있게 해 준다는 뜻이다.

URL의 프로토콜 뒤에 호스트의 이름 또는 주소(도메인명으로도 알려져 있음)가 오는데 'World Wide Web'을 의미하는 'www'가 있는 경우도 있고, 없는 경우도 있다. 예를 들어, www.sciencedirect.com은 Elsevier 출판사가 운영하는 호스트 사이트로, 학술지 논문을 전자문서 형식으로 볼 수 있게 해 준다. 또 다른 사이트인 www.cpcjournal.org는 미국 구개열-두개안면협회가 운

그림 1.4 인터넷 파일 주소(URL)의 요소. 여기에 예를 든 URL은 ASHA의 웹사이트 하이퍼텍스트 문서인 '윤리강령'의 웹 주소이다.

영하는 사이트로 구독자들이 *Cleft Palate-Craniofacial Journal*에 온라인으로 접속할 수 있게 해 준다. 마찬가지로 lshss.asha.org는 ASHA가 운영하는 호스트로 *Language, Speech, and Hearing Services in Schools* 학술지에 접속할 수 있게 해 준다. 도메인명에 호스트에 관한 중요 정보가 되는 확장자가 있음에 주목하라. 상업적 사이트의 경우, 확장자는 .com을 자주 사용하는 반면, 비영리 단체는 .org 확장자를 사용한다. 교육기관과 정부 단체의 경우, 각각 .edu와 .gov를 확장자로 자주 사용한다. 보다 최근에는 정보와 관련 자료 제공을 위한 사이트에 대해서는 .info를, 특별히 멀티미디어 콘텐츠가 포함되어 있는 사이트에 대해서는 .tv를 사용한다. 도메인 확장자로 캐나다에 기반을 두는 사이트에 대해서는 .ca, 독일에 있는 사이트에 대해서는 .de, 영국 내의 사이트에 대해서는 .uk, 중국에 기반을 두는 사이트에 대해서는 .cn과 같은 국가 코드를 쓰기도 한다.

URL은 앞을 향하는 사선으로 끝나기도 하는데, 호스트의 '홈페이지'의 경우 주로 그렇다. 그러나 전자문서와 같은 자료를 검색할 때, 문서 파일명은 호스트 홈페이지에서부터 그 자료에 이르는 '이동경로'가 뒤따르는 경우가 많다. 어떤 기록에 이르는 경로는 길이와 형식이 약간 달라진다. URL에 있는 물결표(~) 경로는 개인 홈페이지를 나타내는 데 자주 이용된다. 이 경우 개인 홈페이지는 호스트보다는 자료일 가능성이 높다.

전자문서는 하이퍼텍스트, 이미지, 그래픽, 오디오, 비디오, 문서작성기로 생성한 파일, 스프레드시트, 프레젠테이션 프로그램을 포함하여 여러 형식을 취할 수 있다. 따라서 자료의 포맷은 반드시 그런 것은 아니지만 자주 그 확장자로 확인할 수 있다. 여러 파일 확장자 중 .htm이나 .html(하이퍼텍스트 마크업 언어, HTML), .doc나 .docx(Microsoft Word 문서), .pdf(Portable Document Format, PDF), (많은 오디오 파일 포맷 중).wav나 .mp3가 있다. 현재로서는 대부분의 전자 학술지 논문은 PDF나 HTML 포맷으로 이용 가능하다.

인터넷은 명성 있는 학술지에 게재된 온라인 논문에 접속할 수 있게 해 주지만, 한편으로는 엄청난 양의 부정확하고, 오도하며, 의문이 드는 정보에도 쉽게 접속할 수 있게 해 준다. Baumgartner와 Hensley(2013, p. 63)는 인터넷에서 찾은 정보의 신뢰성을 평가할 때 다음과 같은 의문을 제기할 것을 권하였다.

- 해당 정보의 출처는 어디인가? 도메인명(호스트 단체)이나 개인 홈페이지가 제공되는 정보의 유형에 알맞은가? 또한 그 정보를 제공하는 출처의 목적에 대해 판단한다. 편향은 없는가? 판매를 위한 상품이나 서비스가 있는가?
- 저자는 누구인가? 개인(또는 개인으로 이루어진 집단)이 제공되는 정보에 대해 아는 것이 많고 적임자인지 여부를 판단하기 위하여 해당 전자문서의 저작권을 구체적으로 알아본다. 저

자의 의도는 정보를 제공하기 위한 것인가, 아니면 설득하기 위한 것인가?

- **최신 정보인가?** 해당 전자문서가 언제 작성되었는지, 언제 웹사이트에 올라왔는지, 그 이후로 업데이트되었는지 여부를 알아본다.

- **참고문헌이 제공되는가?** 전자문서에 정보의 출처에 관한 기록이 포함되어 있는지 알아본다. 전자문서는 실체가 불분명한 의견인가, 아니면 타당한 근거가 제공되는가? 대신에 다른 믿을 만한 웹사이트와 역동적으로 연계되어 있는가?

위에서 제시한 고려사항 외에도 전자 자료의 주된 문제점은 인쇄된 책이나 학술지 논문과는 달리 시간의 경과에 따라 수정될 수 있다는 점이다. 그러나 더 중요한 것으로, 원하는 자료로 이끌어 주는 경로가 그런 것처럼 호스트 사이트도 도메인명을 바꾸거나 완전히 사라지기도 한다. 사용자가 '유효하지 않거나 만료된' 하이퍼링크를 따라오면 대개는 "HTTP 404" 또는 "File or Directory Not Found"라는 오류 메시지가 뜬다. 이는 전자 학술지 논문을 예로 들면 더 이상 존재하지 않음을 뜻하는 것이 아니라, 입력한 URL로는 소재를 찾을 수 없음을 뜻한다. 인터넷의 특성은 그러한 연계이며 자료의 위치는 비영구적이다.

디지털 객체 식별자 체계

웹 주소의 가변성 외에, 자료의 파일명도 임의적이어서 변할 수 있다. 예를 들면, 전자 논문은 저자, 발행일, 학술지 권수, 학술지 쪽 번호, 주제, 제목, 또는 불가해한 숫자의 연속, 글자, 기호의 연결에 따라 명명된다. 다행히도 전자 자료에 이름을 부여하는 것의 모호성과 웹 위치의 비영구성을 공략하기 위한 시스템이 개발되었다. 이 시스템은 **디지털 객체 식별자**(digital object identifer, DOI)라고 알려져 있는 체계를 적용하는데, DOI는 전자문서를 독특한 형태로 영구적으로 확인할 수 있게 해 주는 문자열로 이루어져 있다. 실제로 디지털 객체에는 (학술지 논문 같은) 디지털 형태의 문서뿐 아니라 이미지, 오디오나 비디오 파일 같은 디지털 방식의 기타 유형도 해당된다. DOI 체계는 디지털 객체가 위치한 웹 주소보다는 디지털 객체 자체에 초점을 맞춘다. 고유한 DOI를 할당함으로써 각 전자 출판물을 분명히 확인할 수 있게 해 주기 때문에 인터넷상의 어디에 보관되어 있든 상관없이 해당 자료의 검색을 상당히 수월하게 해 준다. DOI는 사용자로 하여금 학술지 논문, 기술 보고서, 학술회의 회의록 등의 디지털 자료(객체)를 검색하여 불러올 수 있게 해 주는 전자문서 정리 시스템의 기능을 하는 PubMed(http://www.ncbi.nlm.nih.gov/pubmed), ERIC(http://www.eric.ed.gov), PsycINFO(http://www.apa.org/pubs/databases/psycinfo) 같은 전자 **데이터베이스**(databases)에 이용된다. DOI는 CrossRef 같은 '등록관리기관'도 이용하는데, 이는 발행자의 온라인 자료를 연결해 준다.

〈그림 1.5〉에서 볼 수 있는 바와 같이, DOI는 숫자로 된 접두부와 앞을 향하는 사선으로 구분되어 있는 접미부로 된 디지털 식별자를 갖는다. 모든 DOI 접두부는 '10'으로 시작되는데, 이는 DOI 등록관리기관(www.doi.org)을 나타낸다. 그 뒤에 이어 오는 4~5개의 숫자는 DOI를 등록한 단체나 발행자마다 고유하게 부여되는 숫자이다. 예를 들어, 접두부 '10.1044'는 DOI 등록기관이 ASHA임을 알 수 있게 해 주고, 접두부 '10.3766'은 DOI 등록기관이 미국청각학회(AAC)이며, 접두부 '10.1159'는 등록기관이 *International Journal of Audiology*와 *Logopedics Phoniatrics Vocology* 등의 여러 학술지 발행기관인 Informa Healthcare임을 알 수 있게 해 준다.

DOI 접미부는 전자문서마다 고유하게 할당된 인쇄 가능한 문자열로 되어 있다. 접미부의 길이는 정해진 바 없으며 학술지 논문을 전자문서로 볼 수 있게 된 시점의 발행인에 따라 할당된다. 객체 접미부는 파일명과 같은데, 단순한 숫자의 연속으로 이루어져 있는데 학술지명, 발행연도나 저자 등 일부 식별 정보를 포함하고 있다. 접미부가 어떻게 이루어져 있든 상관없이 그것이 지칭하는 디지털 객체마다 고유하며 영구적이다. 게다가 디지털 객체의 소유권이 바뀌는 경우에도 DOI(접두부와 접미부 모두)는 처음 할당받은 이후 전혀 변하지 않는다.

일차, 이차, 삼차 자료

일반적으로 디지털 정보이건 인쇄 정보이건 간에 정보는 외부의 해석이나 발췌(요약)에 의존하는 목적과 정도에 따라 일차 · 이차 · 삼차 자료에서 얻는다. **일차 자료**(primary sources)는 대개 원래의 형태로 공식적으로 정보를 발표함으로써 연구가 처음으로 문헌에 나타난다. 예를 들면, Hua, Johansson, Jönsson과 Magnusson(2012)은 연구를 실시하여 한쪽에 인공와우 이식술을 실시하고 반대쪽 귀에는 보청기를 착용한 성인이 이식술과 함께 반대쪽 귀에 보청기를 착용하게 하였을

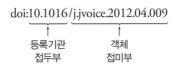

그림 1.5 디지털 객체 식별자(DOI)의 구성요소. 이 예의 등록기관 접두부는 Elsevier가 발행기관임을 알 수 있게 해 주고, 자료 접미부는 *Journal of Voice*에서 전자문서로 발행된 Orlikoff, Golla와 Deliyski(2012)의 연구논문에 할당된 것임을 알 수 있게 해 준다.

때 말 역치와 지각 검사에서 더 나은 수행을 보였음을 발견하였다. 그들의 논문 *Cochlear implant combined with a linear frequency transposing hearing aid*는 이 연구와 그들이 보고한 다른 연구 결과에 대해서는 일차 자료의 역할을 한다.

이와는 대조적으로, **이차 자료**(secondary sources)는 일차 자료에 있는 정보를 기술하거나 설명 또는 해석한다. 이차 자료는 의사소통장애의 특정 주제에 대한 전반적인 개요를 제공하거나 그에 대한 견해를 지지하는 데 기존의 정보를 일반화하거나 종합 또는 재구성한다. 전문 학술지의 많은 비평 논문에서 발견할 수 있는 것처럼, 대부분의 교과서와 책의 장은 이차 자료의 대표적인 예이다.

예를 들어, Neils-Strunjas, Groves-Wright, Mashima와 Harnish(2006)는 알츠하이머병 환자들이 보이는 실서증에 관한 몇 개의 일차 자료의 개요를 제시하였다. 역사적 배경 안에서 살펴봄으로써 다양한 연구의 임상적 유의성과 연구의 유의성을 논의하였다. 여러 비평적 담화적 회고와 마찬가지로 개요라 할지라도 연구 결과에 이차적 접속이 가능하게 하였는데, Neils-Strunjas와 동료들이 제공한 결론과 제언에 대해서는 여전히 일차 자료이다.

또 다른 예에서 Cacace와 McFarland(1998)는 중추청각처리장애(CAPD)가 특정 청각기능장애의 하나임을 지지하는 실험적 근거가 부족하다고 주장하는 논문을 썼다. 그들은 학령기 CAPD의 평가는 청각특정적 결함이 많은 학습 문제 및 언어장애의 기초가 된다는 가정에 근거한다는 데 동의하였다. 이 주제와 관련하여 그 당시로는 최신의 연구 문헌에 대한 방대한 검토를 통해 Cacace와 McFarland(1998)는 단일 양식의 청각특정적 결함가설을 지지하는 연구가 충분하지 않다는 결론을 내린 뒤 CAPD의 진정한 기저 특성을 밝히는 데 다중 양식의 지각 검사를 이용해야 한다고 제언하였다.

대개는 전형적인 연구논문의 서론에서 훨씬 더 포괄적인 문헌 검토를 볼 수 있는데, 문헌 검토는 특정 주제에 관한 생각에서 역사적인 관점의 변화 추세가 어떤지 알 수 있게 해 주며, 이러한 추세가 어떻게 해당 주제에 대한 연구 접근법을 형성할 수 있었는지를 보여 준다. 그러한 문헌 검토는 과거의 연구가 현재의 지식에 어떻게 기여했는지에 관한 사고를 정리하고 새로운 탐구 방안을 제안해 줌으로써 지금까지의 연구 발달을 종합하는 데 중요하다. 문헌 검토는 이론을 구축하고 자료를 이론적인 관점에서 살펴보는 데도 중요하다.

연구문헌에 관한 포괄적 검토도 Boring(1950)이 **시대정신**(zeitgeist, 영어로는 time spirit)이라 칭했던 것 또는 특정 시기나 세대에 우세했던 세계관의 특성을 밝히기도 한다. 시대정신은 특정 방식으로 연구 추세에 영향을 미치며 다른 방향은 금하기도 하지만, 새로운 연구 추세로 바꾸기도 한다. 시대정신의 변화의 예는 말(을 위한) 호흡에 관한 문헌의 고전으로 널리 인정되고 있는 연구로, Hixon과 Weismer(1995)가 "에든버러 연구"(Draper, Ladefoged, & Whitteridge, 1959)에 발표된 자료를 재연구하여 발표한 논문을 들 수 있다. "에든버러 연구는 말 과학에 강력하고도 전반적이며 지속적인 영향력을 가지며 많은 사람들이 말 호흡 기능에 대한 최고의 설명이라 여긴다."고 인정하면서, Hixon과 Weismer(1995)는 타당성이 불확실한 결론을 제안하는 몇 가지 측정 및 해석적 결함에 대한 개요를 제시하였다. 그들의 분석은 한탄하는 대신 과학적인 방법을 작동시켰다. 실제로 그들은 "말 호흡과 그것이 사람들의 의사소통에서 하는 역할에 대해서는 여전히 더 많은 것을 밝혀야 한다. 이 논문에서 바라는 것은 사고를 촉진하고 그것을 따르려는 사람들에게 유용한 지침서가 되는 것이다."(p. 58)라는 결론을 내렸다. 어떤 의미에서 이들의 비평은 말 호흡 과정에 대해 새롭고 생산적인 연구를 수행하도록 하는 강한 자극제 역할을 한다.

마지막으로, **삼차 자료**(tertiary sources)에 해당하는 발행물도 있다. 삼차 자료는 대개 어떤 주제에 관해 폭넓고 기초적인 개관을 제공하는 여러 자료로부터 수집한 정보를 제공한다. 예를 들면, 소책자, 백과사전이나 위키백과(미국 온라인 백과사전) 입력, 일부 기본 텍스트를 삼차 자료로 볼 수 있다. 일차 자료와 이차 자료에서 수집한 지식을 추출한 삼차 자료는 자료의 형식이 크게 바뀌고 압축되어 있어 해당 주제에 관한 배경지식이 제한되어 있는 독자들이 쉽게 접근할 수 있다. 삼차 자료는 지식의 확산에 매우 중요한 기능을 담당한다. 예를 들어, 삼차 자료는 대중을 교육하고, 정책 입안자에게 영향을 미치며, 학생들이 전문직의 학업을 준비할 수 있게 해 주며, 물론 의사소통장애의 특성과 치료에 관하여 내담자와 그 가족에게 정보를 제공한다. 그러나 대부분의 전문가에게 있어 제공되는 정보가 출처에서 너무 멀리 떨어져 있어서 그 정보가 어떻게 얻어진 것인지 또는 그 연구를 수행한 연구자가 어떻게 해석하였는지에 관한 적절하고도 비평적인 평가를 어렵게 만든다. 그럼에도 불구하고 자료의 적절성은 제기된 질문의 특성에 따라 크게 달라진다는 것을 염두에 두어야 할 것이다. 몇 가지 종류의 근거와 근거가 준비되어야 하는 몇 가지 유형의 요구가 있다. Pring(2004)은 "해수면 높이에서 물은 100℃에서 끓는다는 근거는 바위 표면(암벽)이 100만 년이 되었음을 나타내는 근거나 시저가 정말로 루비콘강을 건넜음을 알려 주는 근거와는 매우 다를 것이다."라고 언급하였다.

배경 질문과 전경 질문

이 책의 일차적인 목적은 임상가들로 하여금 연구 평가 과정을 꿰뚫게 하는 데 있지만, 훌륭한 비평의 기본이 되는 선행 요건은 연구 소비자들이 가지고 있는 많은 실질적 지식이다. 이를 이해하기 쉽도록 말더듬에 관한 연구논문과 같은 일차 자료를 예로 들어 보자. 더 나아가 연구 질문과 연구 의의의 개요를 보여 주는 데 할애한 서론 부분을 살펴보자. 말더듬에 관한 문헌에 대한 지식 없이 저자의 근거를 어떻게 평가할 수 있는가? 저자의 목적에 부합하지 않기 때문에 생략한 중요한 인용은 없는가? 독자는 저자가 의도하고 있는 이론적 틀 안에서 그 틀을 이해할 수 있는가? 저자가 선행 연구를 잘못 해석하거나 잘못 이해하지는 않았는가? 독자가 이와 같은 질문에 답할 수 있는 유일한 방법은 말더듬에 관한 주제에 대해 견고한 배경지식을 갖는 것이다. 동일한 질문을 편집 자문 과정에서도 하게 된다. 이는 학술지가 방대한 심사자 목록을 가지고 있는 이유가 된다. 의사소통장애 관련 정보의 폭발적인 증가는 한 사람이 실질적인 영역을 모두 제대로 아는 것을 거의 불가능하게 만든다.

연구논문을 비평적으로 평가하는 기술은 독자의 지식 기반이 확장되면 자연히 향상된다. 연구문헌을 읽음으로써 이러한 기술을 연마하는 것은 보다 완전하고 효율적인 지식 습득을 가능하게 한다. 우리의 지식에 대한 이해를 전체적인 시야에서 검증한다. 연구논문을 평가하다 보면 우리의 가정에 의문을 제기하고 우리의 지식에 있는 괴리가 드러나는 경우가 많다. 비평적 읽기는 전반적으로는 EBP와 비슷하게 외부 근거, 내적 추론, 목적과 적용에 관한 실제적 감각의 통합을 요한다. 인정하건대, 이는 부담이 큰 과업이기는 하지만 시사점과 결론을 충분히 이해하여 보다 많은 정보를 기반으로 하는 결론에 도달할 수 있게 해 줄 것이다.

지금까지 논의해 온 임상적 기틀을 세우는 질문의 유형은 PICO(T), PESICO, SPICE 양식 중 어떤 것을 이용하여 구성하든지 간에 임상 실무 범위 안에 있는 특정 환자나 집단에 대해 당면한 우려사항에 적용할 수 있는 지식을 표적으로 삼아 검색하는 과정에 해당된다. 때로는 **전경 질문**(foreground questions)이라 불리기도 하는 답을 얻기 위해서는 대개 일차 자료가 필요한데, (특정 주제에 관한 체계적 검토와 같은) 이차 자료도 유용한 것으로 드러나기도 한다. 특정 임상적 결정의 근거가 되는 기초를 제공함으로써 전경 정보는 임상 사례나 담당 사례에 '적시에' 적용하도록 계획된 것이다. 제조업에서 빌려 온 용어를 사용하면, 어떤 임상가가 하나의 전경 질문을 던질 때는 현재의 임상적 필요를 다룰 수 있게 만들기 위해 정보를 '뽑아낼' 필요가 있다. Booth(2006)는 고도로 초점을 맞춘 전경 질문에 대한 답을 찾으려면 "현재 시점에서 분명한 질문"을 만들어야 함을 강조하였다.

전경 질문은 EBP를 지지하는 구조를 나타내지만, 임상적 질문이 모두 즉각적이고 구체적으로 적용되는 것은 아니다. 이른바 **배경 질문**(background questions)은 전반적인 임상 정보나 전문 정보에 관하여 묻는 질문이다. 흔히 이차 자료와 삼차 자료를 이용하여 답을 구하는 배경 질문은 대개 장애의 특성, 원인, 흔히 나타나는 증상, 치료 선택사항과 같은 문제점을 다룬다. 이러한 유형의 질문은 전반적인 지식을 묻기 때문에 교과서와 담화적 회고 논문이 답을 찾는 데 매우 가치 있는 배경 자료가 되는 경우가 많다. 보다 내담자 특정적인 전경 질문보다 더 포괄적인 반응을 찾기 때문에 배경 질문은 임상 실무의 '누가, 무엇을, 언제, 어디서, 왜, 어떻게'를 다룬다. 그러한 질문의

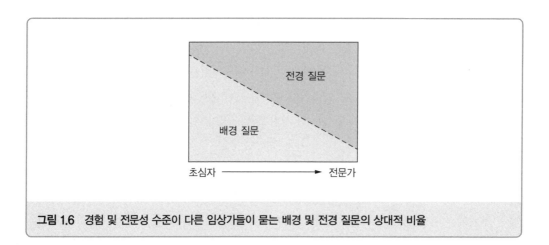

그림 1.6 경험 및 전문성 수준이 다른 임상가들이 묻는 배경 및 전경 질문의 상대적 비율

예는 "누가 집단 치료의 혜택을 받는가?", "무엇이 벨 마비를 유발하는가?", "어떻게 만성적 이명을 평가할 것인가?", "말 실행증의 치료로 선택할 수 있는 것은 무엇인가?"가 될 수 있을 것이다. 〈그림 1.6〉에 도표로 나타낸 바와 같이, 임상을 막 시작한 초보 임상가는 전경 질문보다 배경 질문을 더 많이 하는 편이다. 경험이 쌓이고 지식 기반이 확장되면 EBP 기술도 늘어나면서 전문성이 높은 임상가들은 스스로의 실무에 초점을 맞춘 전경 질문을 더 많이 하는 쪽으로 바뀐다.

임상 실무의 지식 기반에 해당하는 배경 정보는 실무에 있어 '사례에 꼭 맞는' 적용에 적절한 것으로 볼 수 있다. 배경 질문과 함께 임상가로 하여금 정리하도록 정보를 '밀어붙이기도' 하고, 필요할 때 임상에서 사용할 수 있도록 저장해 두기도 한다. 모든 임상가는 특정 임상 기법, 새로운 이론이나 개념의 설명문, 당장은 임상적 유용성이 없으나 관심 주제에 관한 연구논문이라도 출판된 지도서를 비평적으로 검토함으로써 배경 정보 목록을 확장시키기도 한다(예: Baker, Croot, McLeod, & Paul, 2001; Neils-Strunjas, Groves-Wright, Mashima, & Harnish, 2006; Robin, 2008). 문헌에 대한 그러한 참여의 중요성을 인정하면서, 많은 자격증 및 면허증 기관이 이제는 실무자들에게 '보수(유지) 교육' 요구 조건을 의무화하고 있다.

전경 질문이 EBP의 구조를 수립한다면, 배경 질문은 EBP를 위한 지지 근거를 제공한다. 즉 배경 지식은 유용하면서도 답을 찾을 수 있는 질문 구축에 매우 중요하다. 게다가 EBP는 실무자의 지식과 기술의 통합을 필요로 하므로 임상 결과(효과)는 배경 질문과 그 답을 뒷받침해 주는 문헌의 이용에 따라 달라진다. 우리는 이 책이 말더듬, 실어증, 자폐증, 음성장애, 구개열, 청각검사에 관한 책이 아님을 잘 알고 있다. 그러므로 우리는 실무자와 학생들이 논문에서 다룬 주제에 관한 일부 배경지식을 가지고 학술지 논문에 접근할 것이라 여긴다. 평가를 위한 틀을 제공하려고 시도하였으나, 그 틀은 지식을 기반으로 하는 실질적인 기초에 기반을 두고 있어야 한다.

핵심 용어

개념 모형	디지털 객체 식별자(DOI)	이차 자료
결정주의	문화적 능력	인식론
계산 모형	배경 질문	인터넷 파일 주소(URL)
고집의 방법	비평가	일차 자료
과학의 방법	비평적 검토	임상 결과
과학적 연구	삼차 자료	전경 질문
과학적 이론	상호심사과정	정보활용능력
과학적 패러다임	성찰적 실제	직관의 방법
권위의 방법	시대정신	치료의 효과
근거	신체 모형	PESICO 양식
근거기반 실제(EBP)	실증주의	PICO(T) 양식
기술연구	실험연구	SPICE 양식
기초연구	응용연구	
데이터베이스	이성주의	

비평적 읽기 연습

01. 다음의 논문을 읽어 보라.

Nail-Chiwetalu, B. J., & Bernstein Ratner, N. (2006). Information literacy for speech-language pathologists: A key to evidence-based practice. *Language, Speech, and Hearing Services in Schools, 37,* 157–167. doi:10.1044/0161–1461(2006/029)

Nail-Chiwetalu와 Bernstein Ratner는 정보활용능력을 향상시키기 위한 전략으로 무엇을 제안하였는가? 정보활용능력과 근거기반 실제를 실천하는 것 사이의 유사점은 무엇인가?

02. 다음의 연구논문을 읽어 보라.

Tabor, T. A., & Hambrecht, G. (1997). A clinician-investigator attempts to facilitate carryover of /s/. *Language, Speech, and Hearing Services in Schools, 28,* 181–183.

Tabor와 Hambrecht는 임상가–연구자의 역할에 대해 무엇을 고려하였는가? 이러한 역할을 추구하는 데 있어 그들이 연관시키고 있는 문제와 이득은 무엇인가?

03. 다음의 논문을 읽어 보라.

Dennis, J., & Abbott, J. (2006). Information retrieval: Where's your evidence? *Contemporary Issues in Communication Science and Disorders, 33*, 11-20.

연구 문헌을 검색하는 데 효과적인 전략을 적용하는 것과 관련하여 Dennis와 Abbott가 제안한 것은 무엇인지 요약하라. 그들은 정보를 얻는 데 전자 데이터베이스를 어떻게 사용할 것을 권하고 있는가?

04. 다음의 논문을 읽어 보라.

Apel, K. (2011). Science is an attitude: A response to Kamhi. *Language, Speech, and Hearing Services in Schools, 42*, 65-68. doi:10.1044/0161-1461(2009/09-0036)

임상 실무가 '과학적'이라는 Apel의 주장에 대해 설명하라. 그가 제안한 임상 실무에서의 '외부의 검증과 타당성'의 역할이란 무엇인가? 그는 '과학자', '연구자', '임상가'의 실제적인 차이와 인식되는 차이가 무엇이라 보았는가?

05. 다음의 논문을 읽어 보라.

Blischak, D. M., & Cheek, M. (2001). "A lot of work keeping everything controlled": A class research project. *American Journal of Speech-Language Pathology, 10*, 10-16. doi:10.1044/1058-0360(2001/002)

Blischak와 Cheek에 따르면 수업 중 연구 프로젝트에 능동적으로 참여하는 것이 연구를 비평적으로 평가하는 기술의 개발에 어떻게 도움이 되는가? 선행 연구 결과의 복제연구가 중요한 연구 활동이라 본 이유는 무엇인가?

06. 다음의 논문을 읽어 보라.

Finn, P. (2011). Critical thinking: Knowledge and skills for evidence-based practice. *Language, Speech, and Hearing Services in Schools, 42*, 69-72. doi:10.1044/0161-1461(2010/09-0037)

Finn은 '비평적 사고'를 어떻게 정의하고 있는가? 비평적 사고가 근거기반 실제의 과정에 적절한 이유에 관한 그의 견해에 대해 설명하라. 과학의 방법 대신 직관의 방법에 근거하여 결정을 내리는 데 있어 그가 논의한 보편적인 사고 오류는 어떤 것이 있는가?

07. 다음의 검토 논문을 읽어 보라.

Ruscello, D. M. (2008). Nonspeech oral motor treatment issues related to children with developmental speech sound disorders. *Language, Speech, and Hearing Services in Schools, 39*, 380-391. doi:10.1044/0161-1461(2008/036)

Ruscello는 발달적 말소리장애 아동들에게 비구어 말운동치료를 적용하는 근거를 평가하는 데 자신의 문헌 검토를 어떻게 이용하였는지 설명하라. 이 검토 논문이 이론과 실무에 관한 기초 및 응용 연구 질문을 어떤 측면에서 지적하고 있는가?

08. 다음의 논문을 읽어 보라.

Bernstein Ratner, N. (2011). Some pragmatic tips for dealing with clinical uncertainty. *Language, Speech, and Hearing Services in Schools, 42*, 77-80. doi:10.1044/0161-1461(2009/09-0033)

Bernstein Ratner는 임상가들이 임상 실무에서 확실성과 불확실성의 균형을 맞추기 위해 무엇을 해야 한다고 제안하였는가? 치료 결정에서 '우리가 모르고 있는 것'을 아는 것이 왜 중요하다고 보았는가? 정보와 지식을 어떻게 구분하고 있는가?

09. 다음의 논문을 읽어 보라.

Kent, R. D. (2006). Evidence-based practice in communication disorders: Progress not perfection. *Language, Speech, and Hearing Services in Schools, 37*, 268-270. doi:10.1044/0161-1461(2006/030)

Kent는 의사소통장애 전문분야와 청각학과 언어병리학의 실무에 있어 연구자들과 연구가 갖는 역할에 관하여 어떤 우려사항을 제기하였는가? 그는 어떤 측면에서 과학적 근거의 평가에 있어 이론이 충분히 강조되지 못하고 있다고 보았는가? 평가와 중재의 확인에 임상적 경험과 기술의 중요성을 왜 강조하는가?

10. 다음의 연구논문을 읽어 보라.

Zipoli, R. P., Jr., & Kennedy, M. (2005). Evidence-based practice among speech-language pathologists: Attitudes, utilization, and barriers. *American Journal of Speech-Language Pathology, 14*, 208-220. doi:10.1044/1058-0360(2005/021)

Zipoli와 Kennedy는 연구와 EBP에 대한 언어치료사의 태도에 관하여 무엇을 발견하였는가? 그들이 찾아낸 잠재적 제한점과 지각된 장벽(방해 요인)은 무엇인가? 여러분은 임상 동료가 '연구에 대한 긍정적 태도와 EBP에 필요한 선행 기술을 개발'하도록 북돋아 주는 데 있어 그들이 제안한 두 가지 전략을 적용하는 데 동의하는가?

11. 다음의 논문을 읽어 보라.

Shune, S., & Moon, J. B. (2012). Neuromuscular electrical stimulation in dysphagia management: Clinician use and perceived barriers. *Contemporary Issues in Communication Science and Disorders, 39*, 55-68.

Shune과 Moon은 연구 근거에 대한 현재의 논란에도 불구하고 신경근육 전기 자극으로 삼킴장애를 치료하는 방법의 '타당성'을 어떻게 피력하였는가? 특히 특정 기법을 이용하지 않기로 한 임상적 결정에 관하여 어떤 문제점을 제기하였는가?

12. 다음의 논문을 읽어 보라.

Schlosser, R. W., & O'Neil-Pirozzi, T. M. (2006). Problem formulation in evidence-based practice and systematic reviews. *Contemporary Issues in Communication Science and Disorders, 33*, 5-10.

Schlosser와 O'Neil-Pirozzi가 '잘 수립된' 임상 질문 개발을 촉진하기 위해 적용한 PESICO 양식에 대해 설명하라. 임상 문제는 어떻게 만들어지는가가 "EBP 과정의 모든 단계에 영향을 미친다."고 주장한 이유는 무엇인가? 여러분 스스로 PESICO 구조의 질문의 예를 들어 보라.

2 연구논문의 서론

연구논문의 서론은 연구 문헌을 읽는 독자에게 매우 중요한 부분이다. 연구자는 이 부분에서 연구의 필요성 및 근거를 제시한다. 연구자가 이 부분을 충실히 하지 않으면 논문의 나머지 부분이 모래성처럼 무너져 버릴 수도 있다. 논문의 서론에서 언급되는 연구 문제는 이후의 방법, 결과 및 논의와 씨줄과 날줄처럼 단단히 연결되어 있다. 본질적으로 서론은 변론요지서와 비슷하다. 변론요지서가 변론 내용을 재판관 혹은 배심원이 납득할 수 있도록 작성되는 것처럼 서론도 연구자가 제안한 연구의 가치와 필요성을 독자가 납득할 수 있도록 작성된다.

독자가 연구논문을 비평할 때는 논문이 작성된 방식의 영향을 많이 받으므로 연구논문이 다른 형태의 글쓰기와 어떻게 다른지 그 특징을 파악하는 것도 유용하다. 대체로 연구논문의 글쓰기 기법은 과학적 연구의 원칙을 따른다. 즉 합리적이고 경험적인 사고에 따라 이루어진다는 말이다. 정기간행물이 독자적인 투고 규정과 형식을 갖고 있다고 하더라도 어떤 사고 및 사상을 정확히 표현하는 한 가지 방법은 없다. 자신의 생각을 전달하는 방법은 저자가 글을 쓰는 원칙과 방법에 따라 달라진다. 대체로, 글이 훌륭하다고 평가받으려면 저자가 생각하는 목적을 독자가 충분히 효과적으로 판단할 수 있어야 한다.

기술적 글쓰기의 특성

임상노트와 보고서뿐 아니라 연구논문도 **기술적 글쓰기**(technical writing)의 한 예이다. 이는 때로 과학적 글쓰기라고도 하는데 이러한 기술적 의사소통의 목적은 효과적으로 정보를 전달하고 연구 소재에 대해 명확히 이해할 수 있도록 하는 것이다. 그러나 대다수의 사람들이 기술적 글쓰기의 결과물을 무미건조하고 지루한 지침서 정도로 생각한다. 또 다른 사람들은 복잡한 문장 구성과 난해한 문맥으로 가득한 글로 생각한다. Lanham(2007)은 그런 종류의 글이 모호하고 현학적이며 알기 어려운 신조어로 가득하다고 하여 "종교의식적 신격화"가 된 글이라고 하였다. 그러므로 사람들이 기술적 글쓰기를 통해 작성된 글은 당연히 읽고 이해하기가 어렵다고 믿는 것이 놀라운 일도 아니다. 다른 글쓰기와 마찬가지로 훌륭한 기술적 글쓰기의 예가 매우 드물다는 사실 때문에 안타깝게도 이 믿음이 더욱 만연해지고 있다. 그러나 기술적 글쓰기의 훌륭한 예는 간결하고 정확하고 직접적이다. 이를 위해서는 논리적으로 타당해야 하고 불필요한 정보는 최대한 배제되어야 한다(Locke, Whiteman, & Mitrany, 2001; Rumrill, Fitzgerald, & Ware, 2000).

　학생과 현장전문가들은 연구논문을 읽기 어려운 것이 기초 지식이 충분하지 못하기 때문이라고 생각한다. 사실 이러한 어려움의 대부분은 저자가 전달하고자 하는 바를 직접적으로 설명해 주지 못한 데 있다. 사실 출간을 위해 제출된 원고에 대한 수정 제안 내용에는 연구방법과 설계의 부족함보다는 글의 명료성과 조직화의 부족함을 지적하는 경우가 더 많다. 다수의 정기간행물을 대상으로 저자에 대한 수정 제안 내용을 조사해 보면 원고의 게재를 승인하는 주요 기준 중 하나로 '글의 명료성'이 포함되어 있는 것을 알 수 있다. *Journal of Speech and Hearing Research*의 첫 논문에서 Gordon Peterson(1958)은 다음과 같이 썼다.

　　서면 보고서에서 주의 깊고 간결한 설명과 반복적인 수정 작업을 대신할 수 있는 것은 아무
　　것도 없다. 실질적인 작문을 시작하려고 할 때에야 기본적인 연구 목적, 혹은 연구 설계의
　　오류나 데이터의 문제가 명백해지는 경우가 종종 있다. 이런 문제가 발견되면 저자는 모호
　　한 기술로 연구의 약점을 가리려고 하지 말고 즉시 실험실로 돌아가야 한다(p. 11).

　넓게 보면 기술적 글쓰기는 다양한 형태의 창조적 글쓰기(creative writing)와는 대조적인 특성을 보인다. 창조적 작품에서 저자의 목적은 독자로부터 감성적이고 인간적인 반응을 유도하는 데 있다. 특히 창조적 글쓰기는 예술작품이나 인간성에서 공통적으로 나타나는 확산적 경로를 따른다. 예를 들어 창조적인 작가는 '깃털'이라는 단어를 '비행', '자유', '평화' 등의 다양한 의미로 사용한다. 창조적 작품은 효과를 극대화하기 위해 모호성, 느슨한 연결고리와 다의적인 의미를 종종 사용한다. 그렇기 때문에 의미가 덜 구체적이고 끊임없이 확장하게 된다. 이와 대조적으로 기술적 글쓰기는 **수렴적 경로**를 따른다. 단어는 매우 명확하게 사용되며 모호한 표현은 최대한 피한다(Crystal, 1997). 깃털을 예로 든다면 기술적 글쓰기에서는 명확하고 간결한 정의를 요구한다. 이에 따라 의미는 더욱 협소해지고 구체적이 된다. 사실 '깃털'은 형태와 기능에 따라 비행, 겉깃털, 솜털, 반(半)깃털, 털모양 깃털, 억센 털 등으로 범주화될 수 있다.

　복잡한 정보와 사상을 전달하는 경우도 종종 있지만 훌륭한 기술적 글쓰기 작품은 논리적으로 구성되어 있고 의미가 명확하다. 불명확, 이중적 의미와 근거 없는 가설은 피해야 하므로 내용을 이해하기 위해 독자가 글을 반복해서 읽을 필요는 없어야 한다. Rice와 Ezzy(1999)에 의하면 기술

적 글쓰기의 목적은 다음과 같다.

> (기술적 글쓰기의 목적은) 데이터를 정확하고 명백한 개념으로 전환한 뒤 이를 독자에게 전
> 달하는 것이다. 이를 위해 저자는 '읽을 수 있는' 글쓰기를 해야 하는데 이는 '직선적이고 독
> 자가 쉽게 이해할 수 있는' 글을 말한다. 훌륭한 보고서는 독자가 읽는 즉시 이해할 수 있는
> 글을 말한다. Attig과 동료들(1993)이 매우 이해하기 쉽게 쓴 논문에서 말한 것처럼, 독자는
> 인식의 차이를 메우고 가설을 세우며 정보를 해석하기 위해 문단을 읽고 또 읽고 심지어 작
> 가가 쓴 내용을 해석하기 위해 읽는 것을 멈출 필요가 없어야 한다(p. 242).

이것이 기술적 작품은 단순하고 제한적인 어휘만 사용한다는 것을 의미하는 것은 아니다. 오히
려 그 반대이다. 어휘가 많을수록 생각을 더 명확하게 전달할 수 있다(Harris, 2003).

기술적 글쓰기에서 에티켓 이상으로 중요한 관례는 **사람 우선 언어**를 사용하는 것이다. **사람 우
선 언어**(person-first language)는 "장애를 가지고 살아가는 사람의 삶을 가치 있게 하기 위해 장애보
다 사람을 우선하는 수단"을 말하며 "장애인을 그들이 갖고 있는 장애에 따라 설명하는 것이 아니
라 장애를 그들이 갖고 있는 문제로 설명하는 것"을 말한다(Mackelprang, 2011). 예를 들어, 마비
말장애 화자, 암 환자, 여성 말더듬 화자, 시각장애인, 자폐 아동, 하반신마비 환자 대신, 사람 우
선 언어를 사용하는 사람은 마비말장애를 가지고 있는 사람, 암을 동반한 사람, 말을 더듬는 여성,
시각장애가 있는 사람, 자폐를 동반한 아동, 하반신마비를 동반한 사람 등으로 표현한다. 그 목적
은 '그 사람이 무엇을 갖고 있는가'에서 '그 사람이 **어떤 사람인가**'로 초점을 이동시켜 장애를 갖고 있
는 사람에 대한 부정적 태도와 선입견을 감소시키는 데 있다(Snow, 2012). 수십 년 전에(Kailes,
1985; Manus, 1975) '사람 우선 용어'[비장애언어(nonhandicapping 혹은 nondisabling language)라고
도 함]를 만들자는 움직임이 성공적인 결과를 거두었고 지금은 이러한 문법적 구조가 "과학 분야
의 정기간행물과 기타 출간물뿐 아니라 전 세계 정부에서 작성되는 서류의 표준으로 간주되고 있
다"(Collier, 2012a).

앞서 언급한 바와 같이 기술적 글쓰기는 객관적 사실에 입각한 기술에 초점을 두고 있다.
Hadley와 Brodwin(1988)에 따르면 "객관적 글쓰기는 임상적 인상, 해석, 의견 및 제언을 사실로 받
아들이는 것이 아니라 그 자체로 받아들이는 것"이다. 이들은 또한 아래와 같은 말을 덧붙였다.

> 주관적으로 경험한 사실을 어떤 사람이 경험한 사람, 사물 혹은 사건에 대한 명백한 사실로
> 간주하지는 않는다. 객관적으로 "난 그 일이 참 지루했어."라고 말할 수 있지만 "그 일은 참
> 지루한 일이야."라고 하지는 못한다. 지루하다는 것은 경험에 대한 사실을 말한 것이지, 과
> 제에 대한 사실을 말한 것이 아니기 때문이다. 게다가 객관적 언어는 풍자적인 암시나 억양

을 통해 감정이나 태도를 명확히 드러내지는 않는다. 속어나 구어체 문장을 사용하지 않으며 소수집단(장애를 동반한 사람 포함), 성 역할, 환자의 생활방식 및 동료 전문가들의 이론적 신념 등에 대한 선입견을 암시하지도 않는다(pp. 147-148).

그러므로 사람 우선 원칙에 따라 개인적 견해나 주관적 경험을 전제로 하는 언어의 사용은 의식적으로 피해 왔다(Folkins, 1992). 예를 들어 '치매로 고생하는' 사람이란 당연히 치매라는 질환으로 인해 '고생하고 있는' 사람을 언급하는 말이 된다. 이런 말 대신 이들은 치매를 동반하고 있는 것으로 — 혹은 치매 증세를 보이는 것으로 — 진단받았기 때문에 그로 인해 실제로 어떤 결과가 나타났는지 평가받아야 한다. 이처럼 어떤 사람이 "뇌성마비로 고통받고 있다.", "실어증으로 고생하고 있다.", "암으로 괴로워한다.", "휠체어에 의지하고 있다.", "AIDS의 희생양이다." 등으로 말하는 것은 적절하지 못하다.

그럼에도 불구하고 사람 우선 용어가 정말로 글의 객관성을 높이고 질환을 통해 발생하는 낙인을 감소시키는지에 대해서는 여전히 논쟁 중이다(그 예는 Collier, 2012b 참조). 일부 연구자는 사람 우선 언어가 어색한 문장을 만들어 낼 수도 있으며 이로 인해 훌륭한 기술적 글쓰기의 특징을 훼손시키는 결과가 나타날 수도 있다고 지적하였다(Collier, 2012c; Vaughan, 2009). 예를 들어, 유창성장애 동반 유무에 따른 두 실험군을 지칭하는 표현으로 직접적이고 단순한 '말더듬이(stutterers)' 혹은 '말더듬이가 아닌 사람(nonstutterers)' 대신 사람 우선 언어에서는 다소 번거롭기는 하지만 "Effect of Utterance Length and Meaningfulness on the Speech Initiation Times of Children Who Stutter and Children Who Do Not Stutter"(Maske-Cash & Curlee, 1995)와 같은 제목이나 "예를 들어, 본 연구의 응답자 중 43%는 말더듬 학생(students who stutter)이 일반 학생(students who do not stutter)에 비해 수줍음이 많고 소극적인 것 같다고 보고했으며 전체 응답자 중 절반은 말더듬 학생이 과도한 스트레스와 긴장 상태를 보이며 소수의 응답자는 말더듬 학생이 그렇지 않은 학생보다 더 높은 불안감과 두려움을 보인다고 했다."(Brisk, Healey, & Hux, 1997)와 같은 문장을 사용한다. St. Louis(1998)는 "이 번거로운 표현 대신 'PWS(people who stutter)'나 'CWS(child who stutter)'와 같은 약자를 썼는데 초기에는 글쓰기에서만 사용되었지만 최근에는 구어에서도 이런 표현을 쓰게 되었다."고 했다. 그는 누군가를 'PWS'라고 부르는 것이 '말더듬이'라고 부르는 것보다 민감성 측면에서 더 나은 의사소통을 유도하는가에 대해서는 의문을 표했다. 임상가나 연구자가 어떤 용어를 더 선호한다고 해서 그 대상자에 대한 존경, 존엄, 배려가 달라지는 것은 아니다. St. Louis가 말한 것처럼, "기왕 바보가 되려면 사람 우선 언어를 사용하는 바보가 되는 게 더 낫다"(Collier, 2012a에서 인용).

그러나 '난독증 환자', '후두 적출자', 혹은 '말더듬이' 등의 용어가 이들에 대한 부정적 태도를 반영하며 사람 우선 언어만이 선의의 태도를 반영한다고 판단할 근거는 지금까지 밝혀진 바가 없다(La Forge, 1991; Lynch, Thuli, & Groombridge, 1994; Patterson & Witten, 1987; St. Louis, 1998). St. Louis(1998)는 "다양한 연령, 교육 정도, 직업군을 망라한 집단의 구성원들이… 어떤 용어는 경멸의 의미를 담고 있고 어떤 용어는 그렇지 않으며, 더 놀라운 것은, 어떤 용어가 담고 있는 경멸의 정도가 서로 다르다는 데 근본적으로 동의한다."고 했다. 그럼에도 불구하고 "사람 우선 용어와 직접적인 용어를 비교한 단어쌍 480개를 통해 타인과 구분되는 명확한 문제나 장애를 갖고 있는 사람을 지칭하는 용어가 내포하는 신념 혹은 태도에 대해 알아본 결과 98%에서 두 용어가 큰 차이를 보이지 않았다."고 보고했다. 즉 'clever child'는 'child who is clever'와 마찬가지로 긍정적인 의미를 가지며 '침대를 적시는 아이'로 부르든 '오줌싸개'로 부르든 둘 다 안 좋은 낙인이 찍히는 건 똑같다고 본다. 간단히 말하자면 사람 우선 용어를 사용한다고 해서 그런 사람을 만났을 때의 어려움을 감소시켜 주지도 못하고 대부분의 경우 그런 사람에 대한 인상을 바꾸지도 못한다는 것이다.

증거가 없다고 해서 '직접적인' 용어를 쓰는 것이 더 낫다는 것은 아니다. EBP 개념에 근거하여 그러한 결정은 현장전문가의 자기성찰, 그리고 더 중요하게는, 환자와 이해관계자의 선호도에 따라 제시되어야 한다. 임상가가 사람 우선 언어를 사용하는 것이 환자에 대한 '인간적 측면'을 강조한다는 데 이의를 제기하는 사람은 거의 없다. 그러나 장애와 관련된 표현을 쓰지 않는 비장애적 언어가 사회적 오명을 줄여 준다고 보는 근거가 거의 없는 것처럼 환자 스스로가 어떤 용어는 선호하고 어떤 용어는 수용하기 어렵다고 보는 근거 또한 거의 없다(Kailes, 1985; La Forge, 1991). 일부는 사람 우선 언어를 거부하기도 하는데 그런 언어를 쓴다는 것 자체가 장애나 질환이 오명의 낙인이 된다는 것을 전제로 한다고 보기 때문이다(Collier, 2012b; Hannah & Midlarsky, 1987; Vaughan, 2009). Mackelprang(2011)은 여자를 '여성성을 가진 사람'으로, 혹은 게이를 '동성애 성향을 가진 사람'으로 설명하는 경우 그런 성향 자체를 결점 혹은 결핍으로 간주하는 경향이 있기 때문인 것처럼 사람 우선 언어를 사용하는 것도 '장애를 병리적인 것으로 간주하는' 것으로 본다. 이어서 그는 "농 공동체의 대다수는 '농(deaf)을 동반한 환자(person with deafness)'라는 표현보다 '농인(deaf person)'이라는 용어를 더 선호하며 이들은 농인으로서 농 공동체(Deaf) 문화를 공유하는 것을 정체성과 자부심의 근원이라고 생각한다"(p. 441)고 언급했다. 그러므로 '선호하는 언어'의 결정은 미리 정해진 지시에 따르는 것이 아니라 개인, 사람들, 집단을 지칭하거나 언급할 때의 선호도에 따라 정해지는 것이다.

마지막으로 기술적 글쓰기를 할 때 일상적으로 통용되는 두 가지 관례에 대해 알아보자. 하나는 라틴어 약자의 사용인데 그중 일부를 〈표 2.1〉에서 설명하고 있다. 약자를 사용하는 방법은 저자마다 다양하다. 이러한 약자는 독자를 혼란스럽게 할 수 있고 전문가 간의 검토라고 해도 약자를 잘못 사용하면 역시 독자의 혼란을 유발할 수 있다. 어떤 연구자는 본문에서 라틴어 약자를 자유롭게 사용하는 반면 어떤 연구자는 삽입구에만 사용하거나 정기간행물의 투고 양식에 따라 제한적으로만 사용한다. 예를 들어 ASHA에서 간행된 모든 정기간행물은 APA 양식, 즉 미국심리학회(American Psychological Association, APA, 2010)에서 지정한 참고문헌의 본문 인용 및 작성 양식을 따르고 있는데 이 양식은 라틴어 약자 사용을 지정하고 있다. 모든 의사소통장애 관련 정기간행물이 APA 양식을 따르지는 않는다고 해도―예를 들어, 일부 간행물은 미국의학회(American Medical Association, AMA, 2007)가 지정한 AMA 양식을 따른다―이런 유형의 약자를 사용하는 경우는 매우 흔하다.

글쓰기에서 사용하는 또 다른 관례는 "과학적 언어 문법"(Crystal, 1997)과 관련이 있다. '해설자'와 독자에 대한 언급이 우위를 점하는 창조적 작품과 달리 연구논문에서는 연구자나 독자를 직접 언급하는 경우가 매우 드물다. 정보를 최대한 객관적인 태도로 제시해야 하기 때문에 '수동태' 문장을 사용하는 경우가 흔하다. 예를 들어, "상당히 많은 횟수의 고개 돌리기 반응을 관찰하였다."라는 표현 대신 "상당히 많은 횟수의 고개 돌리기 반응이 관찰되었다." 혹은 간단히 "상당히

표 2.1 연구논문에서 일상적으로 통용되는 라틴어 용어 약자

약자	라틴어 용어	해석	예
cf.	*confer*	'비교하시오'	…다른 결과를 보인다(cf. Wilson, 2004; Marlow, 2007) [대조적인 문헌 근거를 제시할 때도 사용할 수 있다]
e.g.	*exempli gratia*	'예를 들어'	…말운동장애(e.g. 말 실행증)
et al.	*et alii*	'~외'	(Orlikoff et al., 2015) [3명 이상의 저자를 언급할 때 사용]
etc.	*et cetera*	'~등(기타)'	…외래, 학교, 병원, etc.
i.e.	*id est*	'즉'	…말운동장애(i.e. 마비말장애와 말 실행증)
ff.	*foliis*	'~이하를 보시오'	(p. 54ff.). [54쪽과 그 이후를 모두 참고하라는 의미]
pp.	*paginae*	'쪽'	(pp. 234–261). [234쪽에서 261쪽 전체에 해당된다는 의미]
sic	*sic erat scriptum*	'원문대로'	…성대(vocal cord [sic]) 손상의 원인이 된다(Caraway, 1984, p. 21). [원서에 나온 철자 혹은 표현을 그대로 사용했다는 의미]
viz.	*videlicet*	'즉, 소위'	…서로 다른 유형의 연구들, viz., 기초 및 응용 연구 둘 다에서 도출된 결과를 근거로 제시할 수 있다.

많은 횟수의 고개 돌리기 반응이 있었다."라는 표현을 사용한다. 이와 비슷하게, "아래 표에서 이러한 점을 명확히 파악할 수 있다."라고 쓰는 대신 "아래 표에서 이러한 점이 명확히 파악된다." 혹은 간단히 "아래 표에서…"라는 표현을 사용한다. 이런 기술 방법은 그 초점을 관찰한 사람이 아니라 관찰된 내용에 둔다. 수동태를 쓰느냐, 능동태를 쓰느냐는 어떤 스타일을 사용하느냐의 문제이며 기술적 글쓰기의 특성을 결정하는 문제로 보기는 어렵다. 사실 연구논문에서 능동태를 사용하는 빈도는 점점 증가하는 추세이며 연구논문에서 능동태를 사용하는 것은 우리가 아는 것보다 훨씬 더 흔하다!

서론의 구성요소

연구논문의 서론에는 대개 연구 문제(research problem)의 전반적 기술, 연구 및 조사의 필요성, 연구의 배경 및 중요성을 부각시키기 위한 관련 문헌 검토가 포함된다. 이러한 요소들이 모든 연구 문헌에서 다 나타나는 것은 아니다. 저자마다 글쓰기 스타일이 다르고 서론을 구성하는 요소에 대한 선호도가 다르다. 서론에서 이런 요소들이 서로 잘 짜여 있고 독자들이 각 요소를 구분할 수 있도록 별도의 하위 제목으로 제시되지는 않는다고 해도 독자들이 이 요소들을 쉽게 분석할 수 있게 제시되면 논문에 대한 독자의 평가가 더 쉽게 이루어질 것이다.

　많은 논문의 서론이 연구 목적 요약, 연구 질문(research questions) 목록 및 검증해야 할 다양한 가설 제시를 포함하고 있다. 연구 질문은 암시적으로 제시되든 명확히 언급되든 앞서 제시된 내용들과 논리적으로 일치해야 한다. 예를 들어 연구자가 선행 연구에서 사용한 연구방법을 근거로 제시했는데 이것이 특정 연구 질문의 해결에 적합하지 않다면 연구 목적에 비추어 그 연구 질문에 맞는 연구방법을 재검토해 봐야 한다. 연구자가 특정 주제에 대해 알려진 내용 중 공백이 있는 부분을 발견했다면 그 공백을 채우는 데 연구 목적을 두어야 한다. 선행 문헌에서 같은 주제에 대해 서로 대립되는 근거를 발견했다면 두 근거의 모순을 해소하는 데 연구 목적을 두어야 한다. 서론에서는 연구 질문의 중요성을 판단할 수 있을 만한 필수 배경지식을 독자에게 제시해 줘야 할 뿐만 아니라 연구자가 연구 질문의 답을 구하는 데 적합한 연구방법을 사용하는지 평가할 근거도 제공해야 한다.

연구 문제의 전반적 기술

연구 문제의 기술(statement of the problem) 부분에서 연구자는 연구 주제의 방향을 제시하며, 때로 어떤 사람들이 연구에 참여하는지, 무엇을 측정하는지, 어떤 조건하에서 실험이 진행되는지에 대해서도 명시한다. 전반적 연구 문제는 다양한 방법으로 기술되며 저자마다 선호하는 양상이 다르다. 연구 문제의 기술은 짧은 첫 단락, 혹은 초기의 몇 개 단락에서 이루어지는데 여기서 연구 맥락의 토대를 제공하는 관련 선행 문헌의 언급도 함께 이루어진다. 때로 서론은 해당 영역에 대한 광범위한 개관으로 시작하며 본격적으로 연구 문제를 기술하기 전에 서서히 그 범위를 좁혀 나간다. 서론이 어떻게 구성되었든 연구 문제의 전반적 기술은 해당 연구에 대한 올바른 견해를 가질 수 있도록 이루어져야 한다. 이는 연구의 전체 맥락을 제시해 주며 독자가 연구방법, 결과 및 결론의 적절성을 판단할 수 있도록 한다.

연구의 특정한 목적은 연구 문제와 함께 제시하는 게 일반적이다. 엄격히 말하면 특정 연구 문제는 연구의 설계에 대한 정보를 제공하지만 연구의 목적은 연구의 **목표, 초점**, 혹은 **세부목적**에 대한 정보를 제공한다. 연구 목적 기술을 통해 연구자는 연구 결과가 어떻게 지식의 진보를 가져오고 어떻게 이론을 정비하고 어떻게 임상 절차를 개선시키는지에 대한 정보를 제공한다. 연구는 본질적으로 목적을 갖고 이루어지는데 **연구 목적의 기술**(statement of purpose)을 통해 독자는 연구자의 의도를 이해할 수 있게 된다. 특정한 연구 목적에 대한 연구 문제를 전반적으로 기술하는 것은 연구의 '틀을 짜는' 방법이며 DePoy와 Gitlin(2011)에 의하면 "연구 문제의 틀을 어떻게 짜느냐에 따라 그 문제가 어떻게 해결되는지가 결정되기 때문에" 이는 연구 과정의 매우 중요한 부분이다. 연구 문제의 틀을 짜는 방식은 연구자가 연구에 대해 갖고 있는 생각 및 결론을 도출하기 위해 취할 행동에 영향을 미친다.

문제에 대한 직선적이고 전반적인 기술의 예는 〈관련논문 2.1〉에 제시되어 있다. 여기서는 연구자 중 한 사람이 이전에 실시한 연구 결과를 독자에게 제시하고 있는데 이러한 도입 문단은 연구

관련논문 2.1

아동 및 성인의 언어체계에 대한 주요 연구 주제 중 하나는 상위 수준의 언어처리 과정, 하위 수준의 말소리 산출 과정 등 다양한 수준에서의 말소리 산출과 언어처리 과정 간의 연관성이다. A. Smith와 Goffman(2004)은 광범위한 문헌 조사를 통해, 언어학적 목표가 관찰 가능한 생리적 측정치에 미치는 '하향식' 영향과 운동체계의 제약이 언어처리 과정에 미치는 '상향식' 영향의 근거를 논하였다. 언어처리 과정과 말운동처리 과정 간의 차이를 메우고자

하는 이러한 의도는 본 연구의 중요한 측면이며 본 연구의 초점을 이룬다.

출처: "Developmental Changes in the Effects of Utterance Length and Complexity on Speech Movement Variability," by N. Sadagopan and A. Smith, 2008, *Journal of Speech, Language, and Hearing Research, 51*, p. 1138. Copyright 2008 by the American Speech-Language-Hearing Association. 승인하에 게재.

의 초점이 되는 이론적 틀을 명확히 제시해 주고 기존에 알려져 있는 지식 간의 차이를 명확히 구분해 준다. 연구 문제에 대한 논의가 전반적인 목적의 기술로 마무리되는 것도 눈여겨볼 필요가 있다. 도입부 뒤에는 '중요성'을 뒷받침해 주는 사례가 제시된다.

〈관련논문 2.2〉에서 저자들은 연구의 전반적인 맥락과 연구 목표의 필요성에 대해 제시하고 있다. 특히 연구 문제의 진술을 통해 이론적 · 실제적 이슈를 제기하고 있다. 마지막 문장에서는 연구의 목적을 설명해 주고 있다.

서론에 들어가는 내용 중 문제 기술의 초점은 문제 해결의 가치를 암묵적인, 때로는 명확한 기술로 제시하는 것이다. 연구자의 의견을 지지하기 위한 **문헌 인용**(literature citations)은 매우 흔하게 나타난다. 예를 들면 〈관련논문 2.3〉에서 볼 수 있듯이 직업적 음성피로가 음성장애와 밀접한 관련이 있다는 것을 뒷받침해 줄 여러 논문을 인용하고 있다. 앞서 언급한 바와 같이 이론, 방법 및 적용과 관련된 내용이 제시되어 있다. 문제 기술의 마지막 문장은 연구의 궁극적 목적을 달성하기 위한 전문가들의 '행동 촉구'를 제언하고 있다.

〈관련논문 2.4〉는 청취가 어려운 상황에서의 모음 변별 훈련이 말소리 재인을 개선시키는지 알아보기 위해 설계된 연구의 문제점을 기술하고 있다. 말소리 지각에서 시각적 단서의 추가가 미치는 영향에 연구 목적과 설계의 초점을 두고 있기 때문에 여기에는 말소리 지각에서 시청각적 측면이 미치는 영향에 대한 다수의 선행 연구가 인용되고 있다. 마지막 문장의 '개선될 수 있는지', '어떤 방법으로 훈련해야 하는지' 등의 표현은 연구의 목적이 기술형, 설명형으로 기술되어야 함을

관련논문 2.2

복잡하고 시끄러운 환경에서 감각신경성난청이 말소리 지각에 심각한 영향을 미친다는 것은 잘 알려진 내용이지만 소음 상황에서의 말소리 지각(예를 들면 예상치 못한 배경소음 중에서 의미 있는 말소리 신호음을 구분해 내는 일) 등 고차원적인 처리 과정에서 난청이 어떤 영향을 미치는지 연구한 논문은 거의 없다. 게다가 청취능력의 상실이 난청인이 경험하는 지각적 문제의 주요 원인이기는 하지만 그것만으로 난청을 동반한 청취자가 경험하는 의사소통 문제를 모두 설명할 수는 없다. 그러한 문제는 말소리 신호음을 분리하는 능력이 난청 청취자가 건청 청취자보다 빈약하기 때문에 나타나므로 이런

문제는 흐름-분리 패러다임(stream-segregation paradigm)으로 평가해야 한다. 이에 본 연구는 특정한 멀티톤 잡음(multitone inharmonic sounds)을 강조했을 때 난청이 광역 청각흐름(broadband auditory streaming)에 미치는 영향을 조사해 보고자 한다.

출처: "Broadband Auditory Stream Segregation by Hearing-Impaired and Normal-Hearing Listeners," by S. Valentine and J. L. Lentz, 2008, *Journal of Speech, Language, and Hearing Research, 51,* p. 1341. Copyright 2008 by the American Speech-Language-Hearing Association. 승인하에 게재.

관련논문 2.3

직업적 음성피로의 예방과 관련된 연구들이 오랫동안 바라 왔던 목표 중 하나는 '음성피로'를 측정 가능한 신호체계로 정의하는 것이었다. 유병률 조사 결과 많은 음성 노력을 요구하는 직업에서 관찰되는 음성피로가 음성장애로 연결되는 비율이 매우 높은 것으로 나타났다(Gotaas & Starr, 1993; Simberg, Sala, Vehmas, & Lane, 2005; Smith, Lemke, Taylor, Kirchner, & Hoffmann, 1998; Urrutikoetxea, Ispizua, & Matellanes, 1995). 이런 상황에서 음성피로를 측정할 수 있는 '음성 측정'

방법을 개발하는 것은 청력 기준이 직업적 청각장애 예방에 기여하는 것처럼 특정 기준에 근거를 둔 음성장애 예방 전략 수립에 필수적이다.

출처: "Acoustic Correlates of Fatigue in Laryngeal Muscles: Findings for a Criterion-Based Prevention of Acquired Voice Pathologies," by V. J. Boucher, 2008, *Journal of Speech, Language, and Hearing Research, 51*, p. 1161. Copyright 2008 by the American Speech-Language-Hearing Association. 승인하에 게재.

제시하고 있다.

모든 문제 기술은 정당한 근거를 바탕으로 이루어져야 한다. 이는 대개 연구논문이 지지하는 적절한 근거가 제시된 문단을 이론적 배경에 삽입함으로써 이루어진다. 대체로 문제 기술이 구체적이어야 연구 질문도 구체적으로 제시될 수 있다. 연구 질문이 구체적이어야 그에 대한 답변도 구

관련논문 2.4

난청이 미치는 좋지 못한 영향을 감소시키기 위해 그동안 수많은 첨단 기기가 고안되었다. 그러나 보청기나 인공와우 같은 기기가 정상 청력을 완전히 회복시켜 주지는 못한다. 그러므로 난청인들은 청각 보조기기를 사용해도 말소리 이해에 문제가 생길 수밖에 없다. 이들의 말소리 이해를 개선하기 위해 시청각적 말소리 지각과 대면 의사소통을 결합한 다양한 방법이 제시되었다. 음향적·시각적 신호음은 화행(speech act)에 따라 서로 다른 정보를 제공한다. 이들은 때로 다른 자극과 중복된다기보다는 보완적으로 사용되기도 한다(Grant & Walden, 1995; MacLeod & Summerfield, 1987). 말소리를 지각하는 데 청각적 단서뿐 아니라 시각적 단소를 함께 제공했을 때의 이득은 건청인(Erber, 1969;

O'Neill, 1954; Sumby & Pollack, 1954)과 난청인(Grant, Walden, & Seitz, 1998; Prall, 1957)의 예에서 충분히 근거를 찾을 수 있다. 그럼에도 불구하고 말소리 지각과 시각적 단서를 연합시키는 능력은 개인마다 차이가 있으며(Erber, 1969; Grant et al., 1998; Heider & Heider, 1940), 훈련으로 개선될 수 있는지, 어떤 방법으로 훈련해야 유의한 개선을 보일지는 아직도 명확하지 않다.

출처: "The Effects of Auditory-Visual Vowel Identification Training on Speech Recognition under Difficult Listening Conditions," by C. Richie and D. Kewley-Port, 2008, *Journal of Speech, Language, and Hearing Research, 51*, p. 1607. Copyright 2008 by the American Speech-Language-Hearing Association. 승인하에 게재.

체적으로 제시될 수 있다. "말더듬의 원인은 무엇인가?"라는 질문이 있다고 하자. 아무리 종합적인 연구방법을 사용한다고 해도 이에 대해 명확하고 간결하며 확고한 답변을 해 줄 수 있는 연구는 없다. 그러나 잘 설계된 연구는 "비유창한 음절 반복 시 말소리 산출을 위한 기류가 방해를 받는가?"와 같은 보다 명확한 질문을 통해 문제를 제기한다.

연구의 필요성

연구의 **필요성**(rationale, 필요한 이유)을 제시하려면 문제의 전반적 기술로 거슬러 올라가야 한다. 그 연구를 해야 하는 이유를 저자가 개략적으로 제시해 줌으로써 독자들은 이 연구가 진행할 가치가 있음을 확신하게 된다. 이를 통해 저자는 연구방법, 과정 및 대상자에 대한 정당성을 확인할 수 있다. 연구의 필요성을 확실하게 제시하는 것은 단순히 연구의 중요성을 인식시키는 것보다 더 큰 역할을 수행한다. 한 연구에서 전반적 문제가 갖는 모든 측면을 실험하는 것은 불가능하기 때문에 전반적 문제 중 특정 측면에 대해 연구한 사례와 선행 문헌이 갖고 있는 제한점을 제시하여 연구의 필요성을 입증하고자 한다. 이는 문제에 대한 새로운 관점을 제시해 주며 좀 더 넓은 관점에서 그 연구가 기여하는 바를 강조하게 된다.

연구의 필요성을 제시하는 형태는 연구 성격에 따라 다르다. 비평적인 독자들은 연구를 하는 이유가 명확하고 명백하게 제시되어 있는지, 선행 문헌 인용이 적절한지를 통해 연구의 필요성을 판단한다. 연구자가 제시하는 다양한 이유는 연구의 중요성과 필요성을 지지하기 위해 반드시 필요하다. 저자는 해당 영역에서 이루어진 선행 연구들이 갖고 있는 문제점—그리고 그렇게 판단되는 근거—을 제시하고자 한다. 연구를 진행하고자 하는 또 다른 이유는 선행 연구의 후속 연구를 진행하기 위해서 혹은 다른 연구자들이 서로 상반되거나 미완성인 결과를 제시했을 때 이를 해결하기 위해서이다. 혹은 연구하고자 하는 현상의 이론적 측면과 연결된 경험적 데이터를 제공하기 위한 것도 연구가 필요한 이유가 된다. 마지막으로 연구의 근거는 주어진 영역에서 선행 문헌이 부족하거나 없다는 사실에 기초하여 제시되기도 한다.

논증 연구 근거의 설득력은 **논증**(arguments)을 얼마나 합리적으로 하느냐에 따라 달라진다. 사람들은 일반적으로 논증은 감정적으로 격분해 있고 언짢은 상황에서 의견 차이를 말로 제시하는 것으로 생각한다. 그러나 과학에서 말하는 논증은 특정한 주장 혹은 해석을 이성적으로 정당화하는 수단이다(Rottenberg & Winchell, 2008). 대다수의 논증이 갖고 있는 공통점은 설득하고자 하는 의도이다. 저자의 논증은 자신의 **명제**(proposition, 주장 혹은 요점이라고도 한다)를 지지해 줄 수 있는 근거를 독자에게 제공함으로써 그 주장을 납득시키는 과정이다. 이렇게 지지적 역할을 하는 근거 혹은 이유를 **전제**(premise)라고 한다. 연구논문의 근거는 일련의 논증을 논리적으로 배열해 놓은 것이라고 볼 수 있다.

제시된 전제에 문제가 있거나 신뢰하기 어려우면 논증은 실패한다. 그러므로 전제는 주장을 지지하고 입증할 수 있는 근거를 필요로 한다. 각각의 전제는 최소 하나 이상의 문헌적 근거를 제시할 수 있어야 한다. 보다 더 광범위하고 포괄적인 전제는 보다 더 협소하고 구체적인 전제보다 더 많은 근거를 필요로 한다. 명제는 전제에 기초하기 때문에 그 자체는 선행 문헌 인용이 필요하지 않다. 명제는 때로 '그러므로', '그래서', '결과적으로'와 같이 머리말에 쓰는 부사에 뒤따라 나오기도 한다. 연구의 필요성을 평가할 때 독자는 전제가 명확히 그리고 설득력 있게 연구자의 명제를 지지하고 있는지 판단해야 한다. 그뿐 아니라 독자는 연구자의 명제가 특정한 연구 질문뿐 아니라 전체적인 연구 목적도 적절히 지지하고 있는지 판단해야 한다.

근거 연구의 필요성이 논증에 기초하는 것처럼 논증 자체는 논리적 체계를 갖춘 **근거**(evidence)에 기초한다. 제시된 정보가 적절한 근거가 될 수 있는지는 몇 가지 중요한 요인에 따라 판단할 수 있다. 첫 번째이자 가장 중요한 요소는 적절한 **관련성**(relevance)이다. 전제가 적절한 근거를 필요로 할 때 그 근거는 움직일 수 없는 사실이라기보다는 전제를 지지하는 일종의 데이터를 말한다. 연구논문이나 학술적 비평문에서 제시되는 정보 자체는 근거가 아니다. 정보는 사용되는 방법에 따라 근거로 인정될 수 있다. 즉 전제를 지지하거나 구조화된 임상적 질문에 적절한 해결책을 제시할 수 있어야 적절한 근거가 된다. '정보 소음(정보 공해)' 속에서 원래 주장과 관련성을 입증함으로써만 근거로 제시될 수 있다(Thomas, 2004).

음성진전(vocal tremor)이 정상 음성에서도 관찰된다는 전제에 대해 얘기해 보자. 이런 경우 음성장애가 없는 화자의 음성진전 현상을 보고한 일차 자료는 관련성이 매우 높으므로 전제를 충분히 지지해 주는 근거가 된다. 구개열 아동에게 유용한 여러 대체적 치료 방법이 있다는 주장은 구체성이 약간 부족한데 이를 지지하기 위해 최신 교재나 비평 논문 같은 이차 자료를 제시하는 것으로도 전제의 관련성이 매우 높아진다고 볼 수 있다. 근거는 주장을 보완해 주는 정보이기 때문에 엄격한 배경정보까지 요구하는 정도가 아니라면 주장에 대해 의문을 갖는 비평적 독자에게 매우 유용하다.

또 다른 중요한 고려사항은 근거의 **충분성**(sufficiency)이다. 근거가 적절한지뿐 아니라 전제를 지지하기에 충분한 근거가 제시되었는지도 판단해야 한다. 예를 들면 다수의 정보를 통해 얻은 확실한 근거인가를 판단하는 것이다. 예를 들어, 멜로디억양치료(Melodic Intonation Therapy, MIT)는 다양한 유형의 신경학적 말-언어장애를 치료하는 데 효과적인 접근법이라는 전제가 있다면 대부분의 연구자들은 이를 충분히 지지해 줄 수 있는 정도의 일차 자료가 있다고 예상한다. 이는 논쟁의 여지가 많은 전제에 대해서는 특히 중요한 부분이다. 그러나 모든 경우에 근거를 증거(proof)와 혼동해서는 안 된다. 이에 대해 Pring(2004)은 약간 덜 설득적인 반증이 있다고 해도 어떤 주장이 "합리적인 의심의 여지가 없다"고 지지하려면 충분한 데이터가 수집되어야 한다고 정확히 지적했다.

관련성 및 충분성과 연결하여 고려해야 할 필수요소는 근거의 신뢰성(veracity, 정직성)이다. 즉 독자가 전제를 수용하기 위해서 저자는 지지를 위해 제시한 근거가 믿을 만하다고 독자를 설득해야 한다. 관련성과 충분성도 매우 중요한 이슈이지만 근거의 신뢰성, 정확성 및 합법성도 못지않게 중요하다. 예를 들면 이런 것이다. 근거가 정당하지 않게 선정되거나 잘못 해석된 것은 아닌가? 중대한 반박 연구가 있다는 것을 알면서 무시한 것은 아닌가? 근거가 되는 주장이 연구의 전제를 지지하고 있는가? 강력한 혹은 '수준 있는' 근거가 중요한 역할을 하는 EBP에서 근거의 신뢰성을 판단하는 것은 매우 중요한 과정이다. 이는 제5장에서 좀 더 자세히 논의될 것이다. 여기서는 잠깐 동안의 관찰은 '영감'을, 결정적이지 못한 근거는 '육감'을, 확증이 뒷받침된 근거는 '합리적 신념'을, 결정적인 근거는 '지식'을 유도한다는 Thomas(2004, p. 8)의 근거의 관점을 유지하고자 한다.

〈관련논문 2.5〉는 이중 및 다중 언어 화자의 언어 프로필을 평가할 수 있는 새로운 검사 도구 제작을 위한 연구의 필요성을 언급한 부분이다. 이 예에서 후속 사건이 언급되기 전에 연구의 전제가 제시되도록 논증이 구조화되어 있는 것을 관찰할 수 있다. 전제를 지지하기 위해, 그리고 그 전제를 저자가 제시하고자 하는 주장과 연결시키기 위해 문헌 근거가 어떻게 사용되는지도 잘 나타나 있다.

〈관련논문 2.6〉은 주장이 먼저 나오고 그 뒤에 그것을 뒷받침하는 전제가 나오도록 구조화되어 있다. 말소리장애 아동의 음운처리 과정과 읽기능력 간 연관성 연구의 필요성이 처음 두 문단에 제시되어 있다. 이 예에서는 주장에 대해 기술하면서 그 '근거'를 제시할 것임을 명확히 밝히고 있다. 두 번째 문단은 앞서 언급한 논증을 보증할 만한 새로운 내용으로 시작한다.

논증의 유형 분석 과정을 진행하는 데 Lum(2002)이 정리하여 제시한 논증의 하위 유형을 검토하는 것도 유용한 일이다. 사례에 의한 논증(arguments by example)에서는 관찰이 중요한 전제가 된다. 이러한 일화적 근거(anecdotal evidence)는 미리 계획하여 구조적이고 통제된 환경에서 이루어진 관찰과는 대조적으로 우연히 마주치게 된 경험에 기초를 두고 있기 때문에(Galvan, 2009) 연구 과정을 통해 수집된 근거보다는 신뢰성이 떨어지는 것이 사실이다. 사실 이러한 사례는 검증할 수 있는 것이 아니기 때문에 일화적 근거나 기타 형태의 자기보고는 근거가 될 수 없다는 주장도 있다(Finn, Bothe, & Bramlett, 2005 참조).

관련논문 2.5

이중언어 혹은 다중언어는 오늘날에는 예외라기보다는 정상적인 경우에 해당되며(Harris & McGhee-Nelson, 1992), 미국에서 이중 혹은 다중 언어를 사용하는 인구는 점차 증가하고 있다(U.S. Bureau of the Census, 2003). 이러한 통계 수치상의 변화는 다언어 및 다문화 인구에 대한 연구가 증가하고 있는 세태를 반영한 것이다. 그러나 이중언어 연구는 그 결과가 일관적이지 않다(예: Grosjean, 2004; Marian, 출간 중; Romaine, 1995). 예를 들어, 이중언어 화자의 피질(cortical) 구조(예: Kim, Relkin, Lee, & Hirsch, 1997; Marian, Spivey, & Hirsch, 2003; Perani et al., 1998; Vaid & Hull, 2002), 어휘 처리 과정(예: Chapnik-Smith, 1997; Chen, 1992; Kroll & de Groot, 1997), 음운 및 철자 처리 과정(예: Doctor & Klein, 1992; Grainger, 1993; Macnamara & Kushnir, 1971; Marian & Spivey, 2003) 등의 연구는 이중언어 습득 연령, 습득 양상, 언어 사용 내력, 더 유창한 언어와 더 우세한 언어의 비중 등에 따라 다양한 결과가 나타남을 알려 주고 있다. 이러한 비일관성은 이중언어 연구를 할 때 단일한 평가 도구가 없

기 때문에 더 심화되고 있다. 이중언어 혹은 다중언어 평가자들은 본인은 한 번도 말해 본 적이 없는 언어를 구사하는 화자와 대면하게 될 때가 종종 있다(Roseberry-McKibbin, Brice, & O'Hanlon, 2005). 이런 경우는 대개 임시변통으로 마련한 설문지를 통해 대상자가 스스로를 평가한 내용에 의존해서 평가할 수밖에 없다. 대상자가 언어능력을 스스로 평가하는 도구 중 종합적이고 타당하며 신뢰롭고 이중언어 전반에 걸쳐 활용할 수 있는 도구 개발의 필요성이 본 연구에서 진행하고 있는 'Language Experience and Proficiency Questionnaire(LEAP-Q)'(부록 참조) 제작을 촉발하게 된 것이다.

출처: "The Language Experience and Proficiency Questionnaire(LEAP-Q): Assessing Language Profiles in Bilingual and Multilinguals," by V. Marian, H. K. Blumenfeld, and M. Kaushanskaya, 2007, *Journal of Speech, Language, and Hearing Research, 50*, pp. 940-941. Copyright 2007 by the American Speech-Language-Hearing Association. 승인하에 게재.

논증은 때로 해당 분야에서 전문가로 평가받고 있는 권위 있는 연구자에 의지하기도 한다(Lum, 2002). 전문가의 비평적 기술은 본문에서 '개인적인 의견 교환(personal communication)'으로 인용되기도 하는데 이는 '복구 가능한 자료(recoverable data)' 혹은 '기록할 만한 자료(archival material)'로 인정되는 경우 참고문헌에도 포함시킬 수 있다(APA, 2010). 예를 들어 Richburg와 Knickelbein(2011)은 일부 언어치료사는 "교실 내 음장증폭 시스템(classroom sound-field amplification system)을 설치하라든가 개인 FM 시스템을 선택하거나 피팅하라"(D. F. Smiley, 개인적인 의견 교환, 2010년 7월 6일)는 등 자신의 영역을 벗어난 업무를 수행하고 있다고 했다. 또 다른 예로, Marshall(2010, p. 265)은 울프-허쉬호른(Wolf-Hirschhorn, 염색체 4p 부분결실) 증후군의 유병률에 대해 전문가가 언급한 내용을 직접인용으로 제시하였다.

미국의 10세 이하 아동 중 4p-증후군 동반 아동이 최소한 500명 이상인 것으로 알려져 있

관련논문 2.6

말소리장애(speech sound disorder, SSD)와 읽기장애(reading disability, RD)가 함께 나타날 수 있다는 근거는 수없이 많다. SSD 아동은 종종 음운인식 문제를 보인다(Bird, Bishop, & Freeman, 1995; Larrivee & Shriberg, 2004; Raitano, Pennington, Tunick, Boada, & Shriberg, 2004; Rvachew, Ohberg, Grawburg, & Heyding, 2003; Webster, Plante, & Couvillion, 1997). 읽기 능력 습득 시 음운처리 과정이 중요한 역할을 하므로 SSD 아동 혹은 SSD 전력이 있는 아동 중 읽기 및 철자의 잘못을 보이는 경우가 관찰되는 것은 당연한 일이다(Bird et al., 1995; Larrivee & Catts, 1999; Lewis, Freebairn, & Taylor, 2000, 2002). SSD와 RD가 함께 나타나는 것에 대해 유전적 연관성을 주장하는 체계적이고 직접적인 근거가 다수 보고되고 있다(Lewis et al., 2004; Smith, Pennington, Boada, & Shriberg, 2005; Stein et al., 2004; Tunick & Pennington, 2002).

그러나 SSD와 RD의 중복성이 완전히 인정받는 것은 아니다. SSD는 다양한 하위 유형을 가지고 있으며(Dodd, 1995; Leitao, Hogben, & Fletcher, 1997; Shriberg, Austin, Lewis, McSweeny, & Wilson, 1997), 모든 SSD 아동이 읽기 문제를 보이는 것이 아니라는 주장(Bishop & Adams, 1997)이 대체로 받아들여지고 있다. 최신 연구 중 RD 동반의 위험률이 높은 SSD 아동을 SSD의 하위 유형으로 분류하려는 다수의 시도가 이루어지고 있는데 이는 연구와 임상 모두의 관점에서 매우 중요한 시도이다. SSD의 원인을 밝히려면 말소리 오조음의 문제를 보이는 아동 중 동질성을 갖는 새로운 하위 유형을 분리해 낼 수 있는 신뢰할 만한 도구가 필요하다. 뚜렷이 구분되는 특징을 갖는 하위 유형을 타당하게 분리할 수 있으면 특정 하위 유형에 따라 특정 중재 접근법을 구분하여 적용할 수 있게 되므로 이 과정은 임상적으로 매우 중요하다(Crosbie, Holm, & Dodd, 2005).

출처: "Phonological and Reading in Children with Speech Sound Disorders, by S. Rvachew, 2007, *American Journal of Speech-Language Pathology, 16*, p. 260. Copyright 2007 by the American Speech-Language-Hearing Association. 승인하에 게재.

는데(J. Carey, 개인적인 의견 교환, 2003년 10월 9일), 전 세계적으로는 아직 그 수가 명확히 밝혀져 있지 않다. Battaglia, Carey와 Wright(2001)는 4p 염색체의 문제는 다른 증후군으로 진단이 잘못 내려지는 경우가 많아 정확한 유병률을 파악하기 어려우며 표준 세포유전학 검사로 58% 정도만 추적할 수 있다고 했다. 또한 세포유전학 검사 결과 정상 수치를 보이며 증세를 보이지 않는 아동과 4p 염색체 미세결실 아동은 거의 구분하기 어렵다고 했다.

독자들이 전제를 이해하고 문제의 개괄을 파악하며, 문헌 정보가 매우 드문 경우 유용한 정보를 얻는 데 권위자의 기술이 유용하게 사용되지만 Marshall이 위의 사례에서 언급한 것처럼 또 다른 형태의 증명 가능한 근거를 보조적으로 사용하는 것도 매우 유용하다.

유추에 의한 논증(arguments by analogy)은 서로 다르지만 비교해 볼 점이 있는 전제에 사용된다(Lum, 2002). 유추는 어떤 측면에서 둘 이상의 특성이 서로 비슷하다면 이들은 다른 측면에서도 비슷한 점이 있다는 가정에서 출발한다. 예를 들어, 단순언어장애(specific language impairment) 아동에게 효과적인 보완대체 의사소통기술은 자폐스펙트럼장애 아동에게도 효과적일 수 있다. 이와 비슷하게, 동물 연구에서 얻게 된 발견이 인간 연구에서 나타난 비슷한 발견의 근거로 사용되기도 한다. 유추가 전제에 대한 근거로 사용되지는 않으며 이들은 근거를 시사하는 정도에 그친다는 것에 유의해야 한다.

〈관련논문 2.7〉은 실험용 쥐를 대상으로 노화가 혀와 뒷다리 근육의 수축성에 미치는 영향이 서로 다르다는 것을 실험하고자 하는 연구의 필요성 일부를 보여 준다. 여기서 연구자들은 동물 모델을 사용하는 그들의 논리를 제공하고 있는데 인간의 노화에 의한 변화를 관찰하는 데 동물 실험이 유사한 모델이 될 것으로 생각하는 이유를 설명하고 있다.

지금까지 논의한 논증의 각 유형은 귀납에 의한 논증(argument by induction)의 또 다른 형태라고 볼 수 있다. **귀납법**(귀납적 추론, inductive reasoning)은 제한된 일련의 관찰 내용을 통한 일반화 혹은 추리 과정을 포함한다. 전제는 어떤 형질이나 행동은 일상적이고 예측 가능하다는 저자의 주장을 지지하는 일련의 관찰에 기초를 두고 있다. 그러므로 귀납에 의한 논증은 확률 논리에 기초하

관련논문 2.7

설하신경자극이나 생체실험을 통한 혀근육 수축성 기록 등의 침습적 검사방법은 인간 참여자에게 쉽게 적용하기 어렵기 때문에 동물 모델을 사용하는 경우가 많다. 본 연구에서는 다수의 과학적 견해를 근거로 숙고한 후 실험용 쥐를 대상으로 실험하고자 하였다. 이러한 과학적 견해는 다음과 같은 내용을 포함한다. (a) 중앙값으로 볼 때 실험용 쥐의 생명이 대체로 짧아(대략 33개월, Turturro et al., 1999) 연령 증가에 따른 생리적·형태적 변화를 비교적 짧은 시간에 관찰할 수 있다. (b) 쥐는 비교적 다루기가 쉽기 때문에 엄격한 통제가 필요한 실험, 다수의 변인을 측정하는 실험, 다양한 변인 간의 연관성을 규명하는 실험 등이 가능하다. (c) 두개 부위의 감각운동체계 등 연령에 따른 쥐의 근육 및 신경체계에 대한 선행 연구가 방대하다(Fuller, Mateika, & Fregosi, 1998; Fuller, Wiliams, Janssen, & Fregosi, 1999; Hodges et al., 2004; Inagi,

Connor, Ford, et al., 1998; Inagi, Connor, Schultz, et al., 1998; Nagai et al., 출간 중; Ota et al., 2005; Shiotani & Flint, 1998). (d) 연령 증가와 더불어 나타나는 설치류의 근육량 감소 양상이 인간의 경우와 유사하다고 보고되고 있다(Cartee, 1995와 비교). 노인학 연구에서 실험용 쥐는 노화에 의한 근신경계 변화를 실험하는 데 가장 널리 사용되는 종이다. 이러한 방대한 양의 연구가 있기 때문에 본 연구도 다른 근육에 대한 실험 결과를 보고한 다수의 선행 문헌에 따라 실험을 진행하여 결과를 유도할 것이다.

기 때문에 논리적 근거가 충분한가, 그렇지 않은가(즉 '승산이 높은가', '승산이 낮은가') 둘 중 하나로 판단할 수 있다. 귀납에 의한 논증에서 전제는 오직 주장을 지지하기 위해 제공된다. 논증을 통해 원인과 결과 간의 관계를 확고히 해 주는 경우는 우리 분야에서 매우 흔한데 대체로 귀납법에 기초한 논증의 비중이 크다. 즉 귀납에 의한 논증에서는 이미 관찰로 증명된 내용은 아직 관찰되지 않은 상황에도 그럴듯하게 적용될 수 있다고 본다. 사례, 유추, 권위자를 통해 추론을 했든 안 했든 귀납적 추리에 기초를 둔 전제는 주장의 설명에 도움을 주며 주장을 뒷받침할 다른 근거를 동반할 때 가장 유용하게 사용될 수 있다.

〈관련논문 2.8〉은 취약 X 증후군(fragile X syndrome)을 동반한 남자 아동의 의사소통 및 상징 행동을 설명해 줄 수 있는 연구의 필요성 일부를 제시하고 있다. 여기서 연구자는 유전성 인지장애의 가장 흔한 원인인 취약 X 증후군 성인 남자에 대한 다수의 선행 연구를 제시하고 있다. 첫 번째 문단에서 연구자의 주장을 지지하는 전제를 간략히 제시했고 두 번째 문단에서 본격적으로 연구자의 주장을 제시하고 있다. 똑같은 전제가 8세 이하 남자 아동에게는 일반화시키기 어렵다는 논증이 이어지고 있는데 이 때문에 본 연구가 필요하다는 것을 기술하고 있다.

지금까지 언급한 것과 다른 논증의 형태는 **연역법**(연역적 추론, deductive reasoning)이다. 연역에 의한 논증(arguments by deduction)은 전제가 타당한 근거를 제시했다면 그다음은 논리적 측면에서 볼 때 주장이 뒤따라야 한다(Lum, 2002). 예를 들어 모음이 포먼트 주파수에 따라 다르게 지각되고 포먼트 주파수는 다시 화자의 성도 모양에 따라 달라진다고 보면 화자가 서로 다른 모음을 산출하려면 필수적으로 성도의 모양을 바꿔야 한다. 연역에 의한 논증에서 전제 뒤에는 반드시 명제가 뒤따라야 한다. 그러나 전제가 거짓이라면 결론도 거짓일 수밖에 없다. 그 이유를 이해하기 위해 다음 논증을 한번 보자.

전제 1. 임신 기간 중 과음을 한 모든 여성은 학습장애가 있는 자녀를 출산할 수 있다.
전제 2. 피터슨 부인은 딸 캐롤라인을 임신했을 때 알코올 음료를 하루 평균 3잔씩 마셨다.
명제 3. 따라서 캐롤라인은 학습장애가 있을 것이다.

이 주장을 수용하려면 먼저 임신 기간 중 '과하게' 술을 마신 어머니로부터 태어난 모든 아동은 학습장애 진단을 받게 된다는 것과 '3잔의 알코올 음료를 마시는 것'이 알코올을 '과하게 섭취'하는 것으로 간주한다는 내용을 인정해야 한다. 이 경우 전제 1은 명백히 거짓이므로 결론적으로 명제도 거짓이 된다(캐롤라인이 후에 학습장애를 동반할 수 있다는 데 대한 귀납적 논증은 이보다는 좀 더 신뢰할 만하고 적절할 수도 있다). 논리적인 연역적 추론이 강력한 논증을 제공할 수 있다고 해도 논쟁의 여지가 없는 확고한 근거의 지지를 받는 전제를 제시하기는 어렵다. 대체로 우리 분

관련논문 2.8

취약 X 증후군(FXS) 동반 성인 남자 대다수는 지적 장애를 동반하는데 대개 아동기에는 경중도였다가 성인기에는 중고도로 심화된다(Hagerman, 1995, 1996). FXS 동반 성인 남자는 지적 능력의 문제뿐 아니라 눈 맞춤 회피, 사회적 위축, 제한적인 주의집 중력, 과잉행동, 자폐와 유사한 사회성 문제 등 신체 적·행동적 문제도 동반한다(Cohen et al., 1988; Cohen, Vietze, Sudhalter, Jenkins, & Brown, 1989; Hagerman, 1996). FXS 동반 성인 남자는 정도가 다양하기는 하지만 대개 의사소통 문제를 보 인다(Abbeduto & Hagerman, 1997; Benneto & Pennington, 1996; Dykens, Hodapp, & Leckman, 1994). FXS 청소년 및 성인 연구에 근 거하여 FXS 동반 성인 남자는 지나치게 빠르거 나 일정치 않은 말속도, 대화 시 말 명료도의 저 하, 단어·문장 혹은 주제 수준에서 나타나는 빈번 한 보속 증상 등의 '독특한' 말 산출 양상뿐 아니 라 그들의 인지능력에 상응하는 문법 및 단어 습득 의 지연을 보인다(Abbeduto & Hagerman, 1997; Dykens et al., 1994). FXS 동반 남자 청소년 및 성인들이 단단어 발화에서는 양호한 명료도를 보여 도 일상 대화 수준에서는 빈약한 명료도를 보이는 것이 일반적이지만 이들에게서 단단어의 조음 문제 가 관찰되는 것도 흔한 일이다(Hanson, Jackson, & Hagerman, 1986; Newell, Sanborn, & Hagerman, 1983; Paul, Cohen, Breg, Watson, & Herman, 1984). 이들은 화용적 문제도 종종 보 이는데 여기에는 단어·문장·주제 수준에서의 빈번한 보속 증상, 대화 시 주제 유지의 문제, 시 선 회피, 상호작용 시 부적절한 눈 맞춤 등이 포함 된다(Cohen et al., 1991; Dykens et al., 1994; Ferrier, Bashir, Meryash, Johnston, & Wolff, 1991; Hanson et al., 1986; Sudhalter, Cohen, Silverman, & Wolf-Schein, 1990). 의미론적·통 사론적 지연도 관찰되지만 이러한 지연이 의미론이 나 통사론의 문제를 나타내는지는 명확하지 않다. Scarborough와 동료들(1991)은 평균 발화길이가 3.0 이상인 FXS 동반 성인 남자들이 보이는 문법적 구조의 다양성이 매우 적었으나 좀 더 젊은 성인 남 자에게서는 그런 제한점이 나타나지 않았다고 했다. 이는 좀 더 나이 든 성인 남자에게 형태통사론적 문 제가 있음을 의미한다. 게다가 Sudhalter와 동료들 (1992)은 FXS 동반 성인 남자는 문장완성과제에서 비슷한 정신연령을 보이는 정상발달 아동보다 의미 적으로 정확하지 않은 단어를 더 많이 사용했다고 보고했다.

이러한 선행 연구로부터 FXS 동반 남자 청소년 및 성인은 언어의 음운론적·통사론적·의미론적· 화용론적 측면에서 지연을 보인다는 결론이 도출된 다. 이들은 화용적 기술, 대화 상황에서의 말 명료 도, 그리고 형태통사론적 측면의 문제를 보인다. 이 러한 말-언어 연구는 그동안 남자 청소년이나 성 인을 대상으로 주로 이루어졌으며 아동을 대상으로 다양한 의사소통 영역을 평가한 연구는 거의 없다. 더구나 8세 이하의 어린 아동을 대상으로 한 연구는 더욱 찾기 어렵다. FXS 아동 중 학령전기 및 학령초 기 아동이 FXS를 동반한 청소년과 성인의 경우처럼 의사소통능력의 측면에서 서로 다른 양상을 보이는 지는 명백히 밝혀진 바가 없다.

출처: "Early Communication, Symbolic Behavior, and Social Profiles of Young Males with Fragile X Syndrome," by J. E. Roberts, P. Mirrett, K. Anderson, M. Burchinal, and E. Neebe, 2002, *American Journal of Speech-Language Pathology*, 11, pp. 295-296. Copyright 2002 by the American Speech-Language-Hearing Association. 승인하에 게재.

갑상피열근[thyroarytenoid(TA) muscle]은 발성을 세밀하게 조절할 때(Choi, Berke, Ye, & Kreiman, 1993; Hunter, Titze, & Alipour, 2004), 그리고 음식을 삼키는 동안 기도 보호를 위해 성대를 재빨리 폐쇄시킬 때(Barkmeier, Bielamowicz, Takeda, & Ludlow, 2002; McCulloch, Perlman, Palmer, & Van Daele, 1996; Perlman, Palmer, McCulloch, & Van Daele, 1999) 매우 중요한 역할을 한다. 결과적으로 TA근 기능에 영향을 미치는 질환(예: 반회후두신경병증, 내전형 경련성 발성장애)은 음성, 말소리와 삼킴에 좋지 못한 영향을 미친다. 최근에는 TA근의 기능저하로 생긴 질환 치료에 보상적 접근(예: 성대내 주입술, 갑상성형술, 행동치료)이나 임시적 접근(예: 보툴리눔 독소의 주기적 주입)이 유용하게 사용된다. 이러한 접근법은 많은 경우에 효과적이지만 TA근의 생리적 특성을 정상화시키지는 못한다. 그러므로 TA근 문제의 기능적 측면을 직접적으로 예방, 감소 혹은 전환시켜 줄 수 있는 새로운 치료 접근법의 개발은 이 분야의 임상 영역에 획기적인 개선을 가져올 수 있을 것이다.

출처: "Proteomic Profiling of Rat Thyroarytenoid Muscle," by N. V. Welham, G. Marriott, and D. M. Bless, 2006, *Journal of Speech, Language, and Hearing Research, 49*, p. 671. Copyright 2006 by the American Speech-Language-Hearing Association. 승인하에 게재.

야에서 이루어지는 연역적 논증은 전제가 이미 확고히 정립된 이론이나 논쟁의 여지가 없는 일반적인 원리에 근거하는 경우가 많다.

연역적 및 귀납적 논증은 〈관련논문 2.9〉의 첫째 문단에서 제공되는 연구의 필요성 부분에 잘 나타나 있다. 여기에는 갑상피열근의 기능이 삼킴과 발성에 매우 중요한 역할을 하며 일부 질환이 갑상피열근 기능에 영향을 미칠 수 있다는 전제가 제시되어 있다. 이러한 전제는 일부 질환이 삼킴과 발성 기능을 저하시킬 수 있다는 **연역적 추론**을 유도한다. 최근의 보상적 치료가 갑상피열근 기능을 회복시키지 못한다는 전제는 그로 인해 생긴 질환을 치료하는 데 도움이 되는 최신 치료 접근법이 임상적으로 더 유용하다는 **추론**(inference)을 지지해 준다.

논리적 오류　전제가 정확하지 않거나 근거가 부족할 때 혹은 논리적 추론 과정에 문제가 있을 때 논증은 타당하지 않거나 신뢰할 수 없다. 논증 구성에 잘못이 있는 경우를 **논리적 오류**(오류, fallacy)라고 한다. 논증에 다양한 형태가 있는 것처럼 오류에도 다양한 형태가 있다. 그러한 오류 형태를 모두 언급하는 것은 이 책의 범위를 벗어나는 일이지만 몇 가지 유형은 연구의 필요성을 비평적으로 검토할 때 중요한 역할을 한다. Rottenberg와 Winchell(2008)은 신뢰할 수 있는 논증 구성과 논리적 오류가 있는 논증 구성을 개관했다.

거짓원인의 오류(fallacies of reason)는 신념, 정서, 대중성과 관련된 경우가 많다. 일반적인 신념, 태도 혹은 관습은 객관적 근거를 제시하기 어렵기 때문에 주장을 지지하기에는 부족한 면이 많다.

정서적으로 경박한 단어 혹은 성, 문화, 민족, 장애 혹은 질환에 대한 개인적 편견을 담고 있는 표현들은 이성적 논증－혹은 일반적인 기술적 글쓰기(Hegde, 2010)－에 적합하지 않다. 즉 감정과 편견은 근거나 합리적 추론을 대체할 수 있는 표현이 아니다. 이와 비슷하게 전통 혹은 신기함은 논증을 충실히 진행시킬 수 없다. 새로운 것이 반드시 더 좋은 것은 아니며 오래 지속되어 온 단 하나의 사상이나 관습이 더 우월한 것은 아니다. 선호도, 정서와 신념에 관련된 주제들은 전제를 제공해 줄 수는 있지만 명제를 지지해 줄 논증으로서의 가치는 매우 적다.

주의전환의 오류(fallacies of distraction)는 상관없는 다수의 정보가 포함되어－이런 경우를 '붉은 청어(붉은 청어가 독특한 냄새로 사냥개의 후각을 방해하는 데서 기인한 표현_역주)'라고 한다－독자의 올바른 관점 형성을 방해한다. 주의전환의 오류에는 '잘못된 딜레마'가 포함되는데 이는 또 다른 의견 혹은 가능성이 있지만 소수의 의견만 언급하는 것을 말한다. 그와 반대편 극단에 있는 경우로는 둘 이상의 상관없는 아이디어를 부적절하게 모아서 하나의 전제로 제시하는 것이 있다. 그러한 아이디어 전체가 아니라 하나의 아이디어만이 주장을 지지하면 오류가 나타나는 것이다. 무지로부터의 논증(arguing from ignorance)도 주의전환의 오류 중 하나이다. 이 경우는 어떤 내용이 거짓으로 판명되지 않았기 때문에 결국 그것은 참이라고 가정한다. 바꿔서 말하면 어떤 내용이 참으로 판명되지 않았기 때문에 결국 그것은 거짓이라고 가정한다.

마지막으로 귀납의 오류(fallacies of induction)가 있다. 예를 들어 근거 없는 고정관념(성급한 일반화), 대표성이 없는 표본, 혹은 빈약한 유추를 사용하여 논증을 훼손하는 것이다. 귀납의 오류에 의한 논증은 저자의 주장을 충실히 지지해 주지 못하거나 반박할 수 있는 근거를 제외시키는 것이다. 연구의 필요성을 평가하는 데 연구 영역에 대한 독자의 배경지식은 중요한 역할을 한다. 독자가 연구의 논증을 평가하려면 해당 이론이나 그에 관련된 데이터에 대해 잘 알고 있어야 하는 것이 필수적이지만 미숙한 독자라도 제시된 논증의 논리와 연구자가 제시한 연구 문제를 충분히 이해할 수 있어야 한다.

문헌 검토

문헌 검토(선행 문헌 검토, literature review)는 연구 문제의 기술과 연구의 논리적 근거를 지지하기 위해 짜인 직물과 같다. 문헌 인용은 연구의 필요성을 설명하는 것뿐 아니라 연구 주제를 연구 추세 혹은 연구와 관련된 역사적 관점에 비추어 고찰하는 데도 도움을 준다. 적절한 참고문헌을 통해 연구자는 해당 연구의 전반적 주제가 해당 영역에서 의미를 갖고 있음을 밝히고자 한다. 문헌 인용은 실험을 뒷받침하기 위해 사용된 전제를 지지하는 것뿐 아니라 이전 연구자들이 해당 주제에 대해 밝혀낸 내용과 기초적 개념을 강조해 준다(Rumrill, Fitzgerald, & Ware, 2000).

　문헌 검토는 단순히 주제와 관련된 이전 연구를 종합적으로 요약하는 역할만 하는 것은 아니다. 이는 해당 영역의 비평을 종합하는 과정으로 "일련의 선행 문헌을 해석하고 평가하고 통합하여 새로운 원저를 만드는 과정이다"(Pan, 2008). 훌륭한 문헌 검토는 연구 문제, 연구 목적과 연구의 필요성을 평가하는 데 넓은 시야를 갖게 한다. 그러므로 문헌 검토의 목적은 충분한 배경지식을 제공하여 독자들을 지원하는 것이다. 그러나 지나치게 많은 정보를 제공해서 원래의 연구 목적과 논리적 근거를 잊게 만드는 것은 아니다.

　논문에서 핵심어를 어떻게 정의하고 있는지 제시하는 것은 저자의 책임이다. 이는 서론에서 그 용어를 어떻게 사용할지 설명하면서 제시하기도 하고, 더 일상적인 방법으로 해당 용어에 대해 정의해 놓은 문헌을 적절히 인용하기도 한다. 대개 저자들은 해당 용어에 익숙한 전문가를 대상으로 논문을 쓰지만 독자가 연구 목적을 적절히 파악할 수 있도록 핵심 개념을 명확히 이해시키는 것도 필수적이다. 특히 용어를 독특하게 사용하거나 관점에 따라 다르게 해석될 수 있는 용어를 사용할 때는 더욱 그렇다. 예를 들어 DePaul과 Kent(2000)는 말 명료도가 청자의 친숙도와 숙련도에 따라 어떻게 달라지는지 실험한 연구의 서론에서 본인과 다른 연구자들이 '명료도(intelligibility)'와 '이해도(comprehensibility)'를 어떻게 구분해서 사용하는지에 대해 자세히 설명했다. 이와 비슷하게 Gierut(2007)은 '복잡성(complexity)'의 개념에 대한 다양한 관점에 대해 설명하였다. 로마의 철학자 키케로의 말처럼 "어떤 주제든 실험이 합리적으로 이루어지려면 논의의 주제를 확실히 이해하게 해 주는 정의(definition)부터 시작해야 한다"(Guinagh & Dorjahn, 1945). 이 합리적인 근거에 따라 실험연구에 있어 서론의 중요한 기능은 중요한 용어, 구성과 원리를 이해하고 명확히 해 주는 것임을 명심해야 한다.

　〈관련논문 2.10〉은 음향적 놀람반응(acoustic startle response)과 말더듬의 관련성에 대한 연구논문 서론의 첫 번째 문단이다. 여기서 저자들은 음향적 놀람반응에 대한 정의를 내리고 의미를 명확히 전달하기 위해 몇 편의 문헌을 인용하고 있다. 여기서 이 용어에 대한 전반적 정의가 아니라 연구 목적과 방법에 맞게 한정된 정의를 제시하고 있음을 알 수 있다.

　〈관련논문 2.11〉에서 저자들은 '동시조음 효과(coarticulation effect)'에 대해 간단히 정의한 다음 그와 관련된 논문을 연대기적으로 제시하고 있다. 이 연구의 목적은 아동이나 성인이 사용하는 동시조음의 범위를 설명하는 데 운동학적 분석을 적용하는 것이다. 동시조음을 측정하고 특성을 규명한 연구들을 시간의 흐름에 따라 제시하는 것으로 서론을 시작함으로써 연구자들은 연구의 배경을 제공하고 그런 연구가 전문지식에 기여할 수 있는 기초를 제시하고 있다.

　〈관련논문 2.12〉에는 일상적인 발화속도에 대한 기술통계 논문 서론의 두 문단이 제시되어 있다. 선행 문헌을 인용하면서 저자들은 조음속도, 휴지(pause)의 빈도 및 지속시간이 전반적인 발화

관련논문 2.10

음향적 놀람반응은 대개 갑자기 큰 소리가 났을 때 나타나는 반사적 눈 깜빡임으로 측정한다(Berg & Balaban, 1999; Dawson, Schell, & Böhmelt, 1999; Lee, López, Meloni, & Davis, 1996). 측정 결과 음향적 놀람반응의 강도가 클수록(즉 눈 깜빡임이 강할수록) 신경생리적 반응 혹은 감성적 측면의 수준이 높게 나타난다(Lang, Bradley, Cuthbert, & Patrick, 1993; Lang, Davis, & Ohman, 2000;

Snidman & Kagan, 1994). 음향적 놀람반응의 강도 측정은 강박장애와 같은 정서 문제를 보이는 대상자의 불안 수준을 측정하는 데 사용되어 왔다.

출처: "The Influence of Stuttering Severity on Acoustic Startle Responses," by J. B. Ellis, D. S. Finn, and P. R. Ramig, 2008, *Journal of Speech, Language, and Hearing Research, 51*, p. 836. Copyright 2008 by the American Speech-Language-Hearing Association. 승인하에 게재.

속도에 미치는 영향을 강조하고 있다. 이러한 명료화 작업은 연구방법, 결과 및 결론과 관련해 연구자가 제시한 내용을 독자들이 이해하는 데 필수적이다.

〈관련논문 2.13〉은 교실 상황에서 언어발달장애 아동이 보이는 담화기술 연구논문 서론 중 한 문단을 보여 주고 있다. 이 한 문단에서 저자는 '교실담화(classroom discourse)'를 정의하고, 선행 문헌을 통해 학교 상황과 관련된 이슈를 개관한 후 연구 목적을 달성하기 위해 필요한 가정을 언급함으로써 마무리하고 있다.

일부 사례에서 문헌 검토는 의사소통장애 문헌을 읽는 일반 독자에게 친숙하지 않은 이슈에 대한 배경지식을 제공해 주기도 한다. 예를 들어 Fagelson(2007)은 연구 문제 기술과 연구의 논리적

관련논문 2.11

동시조음 효과—즉 주변의 음성적 분절음이 산출에 미치는 영향—는 성인 화자를 대상으로 하여 광범위한 연구가 이루어졌다. Daniloff와 Moll(1968)의 고전적 연구에서는 하나의 모음을 산출하기 위한 동작은 모음과 동시조음 효과가 음절과 단어 경계를 넘어서 나타나기 전에 이미 네 개 자음 앞에서부터 시작되는 운동학적 근거를 제시하였다. MacNeilage(1970)는 동시조음 효과 때문에 분절음 하나의 음향학적·운동학적 특성이 더 큰 단위에서도 나타남을 강조하면서 말소리 산출의 다양성이 여기저기에서 관찰된다고 하였다. 사실 말소리 조음

이 곧 동시조음이다. 수많은 연구(예: Benguerel & Cowan, 1974; Daniloff & Moll, 1968; Perkell & Matthies, 1992; Recasens, 2002)가 운동학적·음향학적 분석을 통해 성인은 인접한 분절음 사이에 다양한 조음동작을 끼워 넣는다고 보고하였다.

출처: "The Breadth of Coarticulatory Units in Children and Adults," by L. Goffman, A. Smith, L. Heisler, and M. Ho, 2008, *Journal of Speech, Language, and Hearing Research, 51*, p. 1424. Copyright 2008 by the American Speech-Language-Hearing Association. 승인하에 게재.

관련논문 2.12

문헌을 검토하는 과정에서 Grosjean과 Lane (1981), Miller, Grosjean과 Lomanto(1984)는 발화속도의 다양성을 설명하는 데 다음 두 개의 변인이 중요함을 강조하였다. (a) 발화 전체에 걸쳐 나타나는 조음동작 속도, (b) 휴지의 빈도(휴지가 나타나는 횟수)와 조음동작이 계속 이어지는 동안을 구분단위로 하는 휴지의 간격이 그것이다. 발화속도와 조음속도는 둘 다 단위시간당 산출된 단위의 수(예: 분당 음절 수 혹은 단어 수)로 정의하고 있다. 휴지간격은 조음속도가 아니라 발화속도를 계산하는 것이다. 일상적인 상황과 구조화된 상황 둘 다 발화속도와 조음속도는 화자마다 다르게 나타나고 화자 안에서도 다르게 나타난다(Crystal & House, 1982, 1988; Miller et al., 1984; Mullennix & Pisoni, 1990; Munhall, 1989). 이와 비슷하게 발화속도와 조음속도의 다양성은 다양한 인구(청년층과 노년층, 정상군과 신경학적 장애군 등)에서도 나타나는데 화자가 어떻게 해서 수의적으로 조절하는지에 대해서는 논쟁의 여지가 있다.

초기 연구에서 발화속도의 차이는 개인이 사용하는 휴지의 횟수에 따라 달라진다고 보았다(Goldman-Eisler, 1961, 1968; Grosjean & Collin, 1979). 그러나 Miller와 동료들(1984)은 조음속도는 대개 발화속도에 따라 달라진다고 주장하였다. 정상 및 말소리장애 화자의 산출 및 지각에 대한 이론 정립을 위해서뿐 아니라(Perkell, 1997; Pisoni, 2005; van Lieshout, Hulstijn, & Peters, 2004) 임상현장에서 속도의 개념은 매우 중요하기 때문에(예: Yorkston, Miller, & Strand, 2004) 화자마다 다양하게 나타나는 발화속도 및 조음속도의 특성과 한 화자 안에서도 발화속도와 조음속도를 다양하게 변화시키는 기전을 연구하는 것은 매우 중요하다.

근거를 언급하기 전에 외상후 스트레스장애(posttraumatic stress disorder, PTSD)에 대해 간단히 설명해 준다. 또 다른 예에서, Turner와 Parrish(2008)는 이명(tinnitus)과 관련된 재현 가능한 동물 실험 모델을 개발하기 위해 다른 연구자들이 사용한 다양한 기술을 광범위하게 정리하였다. 그러한 기술이 많은 연구자와 임상가에게 알려져 있는 것은 아니라는 것을 알고 저자들은 관련 문헌을 인용·집약시킨 요약을 제시하였다. 다음으로 이 연구에서 사용한 실험 과정의 당위성을 설명하면서 대안 기술의 가치는 독자의 친숙도에 따라 달라질 수 있다고 하였다.

 많은 연구논문에서 문헌 검토와 연구의 필요성, 연구 문제의 기술은 서로 밀접하게 연관되어 있어 명확히 구분하기가 어렵다. 연구 문제의 이해를 위한 핵심어와 핵심 개념의 정의뿐 아니라 연구 필요성을 정당화시키는 것도 선행 문헌의 검토를 통해 이루어진다. 그런 경우의 예가 〈관련논문 2.14〉에 제시되어 있다. 여기에 제시된 두 문단은 중국에 입양된 학령기 아동의 언어기술에 대한 연구논문 중 광범위한 서론의 일부이다. 문헌을 검토하면서 연구자들은 입양 당시 아동의 연령

관련논문 2.13

교실담화 연구는 교실 안에서 이루어지는 의사소통에 대한 체계적 연구를 말하는데 교실담화는 독특한 상호작용 규칙과 탈맥락적 언어(decontextualized languge)를 보인다(Cazden, 1988, 2001). 학교와 가정은 상황 맥락이 매우 다르며 아동이 감당해야 하는 변화도 크다(Cazden, 2001; Cook-Gumperz, 1977; Dillon & Searle, 1981; Edwards & Mercer, 1987). 초등학교 교실에서 수업을 듣는 아동은 지식을 습득하고 지적 능력을 발달시킬 뿐 아니라 교실 안에서 형성되는 규칙과 가치를 통한 사회화 과정도 습득하는데 이들 중 대부분은 담화를 통해서 형성되고 구조화된다(Stubbs, 1976). 교실담화는 교사와 학생 사이에 존재하는 힘의 불균형을 반영하는 것이 특징인데 이로 인해 교사는 대화 상황에서 차례를 정해 주고 발표 내용

을 평가하며 대화의 주제를 선택하거나 배제한다(Edwards & Mercer, 1987). 또 다른 특징은 교사가 이미 답을 알고 있는 질문을 한다는 것(Cazden, 1988, 2001; French & McClure, 1981)과, 교사가 대화를 *시작하고*(Initiate), 학생이 그에 대해 반응하고(Respond), 교사가 그 반응을 평가하는(Evaluate) 3단계 대화 구조(IRE)를 사용한다는 것이다(Cazden, 1988, 2001; Mehan, 1979). 그런 구조는 학교를 갓 입학한 아동에게 매우 중요한데 의사소통 문제를 갖고 있는 아동에게는 더욱 그러하다.

출처: "The Effects of Context on the Classroom Discourse Skills of Children with Language Impairment," by K. F. Peets, 2009, *Language, Speech, and Hearing Services in Schools, 40*, p. 5. Copyright 2009 by the American Speech-Language-Hearing Association. 승인하에 게재.

관련논문 2.14

일부 연구자들은 중국에서 국제입양된 아동의 입양 연령과 언어발달 사이의 관련성에 대해 구체적인 연구를 진행해 왔다. 그 결과 입양 연령은 이후 학령전기 언어능력과 부적 상관을 보이는 것으로 나타났다(Roberts, Pollock, Krakow, et al., 2005; Tan & Yang, 2005). 그러나 이러한 관계가 이후 학령기에까지 이어지는지에 대해서는 서로 상반된 근거가 제시되고 있다. 일부 연구는 입양 연령과 이후 언어발달 간에 부적 상관이 있다고 보고하였다(Dalen, 1995; Groze & Ileana, 1996). 이러한 연구는 아동의 입양 연령이 높을수록 학령기 언어 사용의 문제가 더 크다고 본다. 이와 비슷하게 일부 연구는 입양 연령과 이후 인지발달 간에 상관성이 있음을 제시하였다(Morison & Ellwood, 2000; Rutter & The English and Romanian Adoptees Study Team, 1998).

이와는 대조적으로 일부 연구는 어린 아동의 입양 연령과 언어능력 간의 상관성이 이후에도 지속되지는 않기 때문에 입양 연령이 이후 학령기 언어 수행능력을 예측하는 요인이 될 수 없다고 하였다(Dalen, 2001; Dalen & Rygvold, 2006; Kvifte Andresen, 1992). 그러므로 입양 연령과 이후 학령기 언어 및 문해능력 간의 상관성에 대한 연구는 이후에도 계속 진행되어야 한다. 입양 전의 경험과 입양 연령이 입양 후 아동에게 얼마나 지속적인 영향을 미치는지에 대해서는 아직도 명확하지 않다.

출처: "Oral and Written Language Development of Children Adopted From China," by K. A. Scott, J. A. Roberts, and R. Krakow, 2008, *American Journal of Speech-Language Pathology, 17*, p. 152. Copyright 2008 by American Speech-Language-Hearing Association. 승인하에 게재.

이 이후 언어 및 문해기술 습득과 관련이 있는지 묻는 논증을 이어 가고 있다.

문헌의 부족, 서로 상충되는 연구 결과, 결과를 얻기 위해 적용된 연구방법의 차이가 연구자의 연구 동기를 부여하는 근원이 된다. 예를 들어, 다운증후군을 동반한 아동에서 나타나는 말빠름증 (cluttering) 연구에서 Van Borsel과 Vandermeulen(2008)은 다운증후군 인구 중 이러한 유형의 유창성장애를 보이는 화자의 출현율 연구가 거의 없었을 뿐 아니라 최근까지도 말빠름증은 "언어병리 분야에서 오랫동안 소홀히 다루어져 왔던 영역"임을 지적하였다. 논문 "Can an Oral Mechanism Examination Contribute to the Assessment of Odds of Aspiration?"에서 Leder, Suiter, Murray와 Rademaker(2013)는 흡인 여부를 평가하는 과정에서 구강기능검사의 임상적 유용성에 대한 연구 결과를 제시하였다. 탐구하는 태도와 연구를 통한 근거가 부족하다는 것 모두 연구가 필요하다는 주장의 근거가 되었다.

연구를 비판적으로 평가하는 독자는 연구를 설명하는 데 사용되는 문헌 검토와 관련하여 몇 가지 중요한 문제를 고려해야 한다. 대체로 이러한 문제는 문헌 검토의 구조 및 인용된 문헌의 특성으로 나뉠 수 있다. 문헌 검토를 구성하는 방법은 매우 다양하지만 대개 논문에서 논문으로 진행하기보다는 주제에서 주제로 진행하는 것이 효과적이다. Thomas, Nelson과 Silverman(2011)은 대부분의 저자들이 "논문 간의 관련성을 이론의 틀, 연구 문제 기술, 연구방법(참여자, 기기, 치료법, 설계, 통계분석)과 연구 결과의 유사점 및 차이점에서 찾으려고 한다"(p. 36)고 보았다. 문헌 검토가 서로 연관성 없는 일련의 연구 요약으로 이루어진다면 이는 다양한 참고문헌이 어떻게 해서 서로 연관성을 가지며 그 전체가 어떤 의미를 가지고 있는지 제시하기 어렵다. 각 문장을 읽으면서 비평적 독자들은 "그래서 뭐?"라는 질문을 하게 되는데 이때 문헌 검토가 올바르게 구성되었다면 그 답은 뒤따르는 문장을 통해 제공된다. 이러한 질문과 대답은 독자가 연구 목적이나 특정 연구 문제의 기술에 도달하기까지 계속된다.

독자가 규칙적으로 하게 되는 또 다른 질문은 "어떻게 알았지?" 혹은 "왜 그렇게 생각하지?"이다. 명제는 논증의 결과로 제시되거나 문헌을 통해 지지 근거를 얻음으로써 강화된다. 이러한 문헌 인용은 독자로 하여금 연구자가 자신의 주장을 어떻게 입증할지 파악하게 한다. 그러므로 논증이 이루어지지 않았거나 근거가 제시되지 않은 주장은 주의해야 한다.

독자는 또한 문헌 검토가 선행 문헌에 대해 비판적으로 이루어졌는지, 그 비판이 객관적이고, 선입견에 얽매이지 않고 정당하게 이루어졌는지 판단해야 한다. Haines와 Jones(1994)는 많은 문헌 검토가 "방법론적으로 문제가 있으며" 그 결과 부적절한 결론을 도출할 수 있다고 경고했다. 선행 연구의 데이터를 정확히 보고하고 해석하였는가? 선행 연구의 결론을 공명정대하게 비평했는가? 이 질문들은 대답하기 쉽지 않은데 연구자의 비평이 정당한지 파악하려면 연구자가 인용한 선행 연구를 독자가 충실히 검토해야 하기 때문이다. 그렇더라도 문헌 검토는 이전에 간행된 연구의 약점과 강점을 모두 공평히 판단해야 한다.

독자는 문헌 검토의 구조뿐 아니라 문헌 인용 자체에 대해서도 몇 가지 질문을 던져야 한다. 첫째, 문헌 검토가 얼마나 철저히 이루어졌는가? 연구의 필요성이나 연구 문제의 관점을 바꿀 정도의 중대한 생략이 있지는 않은가? 특정 문헌을 철저히 검토했더라도 독자는 핵심 참고문헌이 생략되지 않았는지 확인해야 한다. 문헌 검토의 적절성을 평가하는 데 중요한 역할을 하는 것이 특정 주제에 대해 독자가 갖고 있는 배경지식 및 전문지식이다. 관련 문헌에 대해 친숙하지 않은 상태에서 문헌 검토의 적절성을 철저히 평가하는 것은 극히 어려운 일이다.

인용한 문헌의 발표연도를 파악하는 것도 중요하다. 문헌 검토를 하면서 저자가 최신 연구의 검토를 등한시한 것은 아닌가? 이는 오래된 참고문헌은 인용하면 안 된다는 의미가 아니다. 일부 오래된 참고문헌은 이후에 이루어진 상당수 연구의 기점 역할을 하여 고전의 위치를 획득하기도 했다. 예를 들어 〈관련논문 2.12〉는 1968년에 간행된 Daniloff와 Moll의 고전적 연구를 언급하였다. 이는 새로운 획을 긋는 연구였기 때문에 이것이 인용되는 것이 놀라운 일도 아니다. (〈관련논문 2.21〉에서는 연구자가 1865년에 간행된 Broca의 논문을 인용한 것을 볼 수 있다!) 여기서 중요한 것은 연구 문제에 대한 적절한 관점과 연구의 논리적 근거에 대한 확신을 갖게 하기 위해 저자가 ―오래되었든, 최근 것이든―반드시 관련 문헌을 인용해야 한다는 것이다. 최근에 발표된 관련 논문이 거의 없는 경우도 있는데 20년 혹은 30년 전에는 큰 관심을 모았지만 최근 5년 혹은 10년간 관심이 급격히 감소한 주제에 대한 관심을 다시 환기시키고자 할 때 그런 경우가 생긴다. 이런 경우 연구자는 새로운 연구의 지지를 위해 오래된 문헌을 참고할 수밖에 없다. 그러나 연구 주제와의 관련성이 최신 논문의 인용보다 더 중요하다. 일부 사례에서는 연구자가 연구를 역사적 맥락에서 고찰해 보고자 할 수도 있고 특정한 측정 방법이나 과정이 오랫동안 합리적으로 이루어져 왔음을 문헌을 통해 증명하고자 할 수도 있다. 어쨌든 특정 주제에 최신 연구가 있고 현재 주제와 관련성이 있다면 그런 논문이 먼저 인용되어야 한다.

다음 질문은 문헌 인용이 연구의 목적 및 논리적 근거와 관련이 있는가 하는 것이다. 다시 한 번 말하지만 검토 문헌의 관련성 평가는 독자가 연구 주제에 대해 충분한 지식을 갖고 있을 때 이상적으로 시행되기 때문에 우리가 관련성에 대한 질문을 제기할 수는 있지만 독자에게 그 답을 제공할 수는 없다. 해당 주제에 대한 깊이 있는 지식 없이 관련성을 평가할 수 있는 쉬운 방법은 없다.

마지막으로 연구를 주의 깊게 평가하는 독자라면 간행되지 않은 연구의 과용, 주장이 불분명한 참고문헌 인용, 확인하기 어려운 간행물에 제시된 내용의 빈번한 인용을 경계해야 한다. 이런 경우 중요한 문제는 연구자가 원서에서 정확한 인용을 했는지, 그로부터 적절한 결론을 도출했는지 등에 대해 독자가 판단하기 어렵다는 것이다. 연구자가 이런 인용을 자주 한다는 것은 연구가 주류를 벗어나 있거나 일반적이지 않거나 중요하지 않다는 것을 의미한다.

요약해서 말하면, 문헌 검토는 연구 결과를 보고하는 논문 서론의 심장부 역할을 한다. 연구에 대한 비평적 독자가 문헌 인용의 적절성을 주의 깊게 평가하는 것은 매우 중요한 일이다. 문헌 검토의 범위가 적절한지, 철저히 이루어졌는지, 최신 논문이 인용되었고 주제와 관련성이 있는지, 이전 연구에 대한 비평이 객관적이고 정확한지 주의 깊게 판단해야 한다. 마지막으로 논문을 읽는 독자는 인용된 문헌의 적절성을 평가할 수 있을 정도의 전문성, 경험과 지식을 갖고 있어야 한다. 그리고 독자는 인용된 문헌의 진가를 판단하고, 이해하고, 평가하기 위해, 필요하다면 인용된 논문의 원서도 검토해야 한다.

연구 질문과 가설

연구논문의 서론은 대개 하나 이상의 연구 질문 혹은 검증 가능한 가설로 마무리된다. 어떤 형식을 사용하든 서론의 이 부분은 연구 문제, 연구 목적, 연구 필요성의 기술이 논리적 절정을 이루어야 한다. 이 때문에 특정 연구 질문이나 가설은 앞서 언급된 내용과 직접적인 연관성이 있어야 한다. 가능하다면 연구자들은 독자가 연구 전략과 방법의 적절성을 연구 질문과 가설에 비추어 판단할 수 있게 해 줘야 한다.

항상 그런 것은 아니지만 특정 **연구 질문**(research question)은 서론의 마무리 부분에서 윤곽이 드러난다. 연구 질문과 관련된 정보는 연구의 논리적 근거와 문헌 검토에서 얻을 수 있으며 이 질문은 전반적인 연구 목적 및 연구 문제 기술과도 밀접한 관련이 있다. 연구 질문이 연구 문제만큼 다양하지만 Drew, Hardman과 Hosp(2008)는 이와 관련하여 유용한 분류체계를 제공하였다. 일반적으로 연구 질문은 무엇을 **설명**하려고 하는 것인지, **차이**를 알아내려고 하는 것인지, 관계를 규명하려고 하는 것인지에 따라 분류할 수 있다. Baumgartner와 Hensley(2013)에 따르면 "제시된 연구 질문의 기본 유형을 구분하는 것은 연구 본연의 특성, 선호하는 연구방법 설계와 데이터 분석 방법을 이해하는 데 도움을 준다"(p. 34). Maxwell과 Satake(2006)가 "하찮은 연구 질문은 하찮은 연구 결과를 낳는다"(p. 50)고 경고한 것도 명심해야 한다.

〈관련논문 2.15〉에서 저자들은 전반적인 목적 혹은 '개관적인 목적' 뒤에 연구 질문으로 이어지는 특정한 목적 혹은 '의도'를 제시하였다. 이 연구는 말더듬 대상자의 비구어적 자질을 측정하는 데 사용하는 다양한 도구를 통해 이들의 건강 관련 삶의 질(health-related quality of life, HRQL)을 평가하는 내용에 대해 언급하고 있다. "무엇인가?" 혹은 "어떤 것이 있는가?"의 질문은 기술적 연

관련논문 2.15

그러므로 이 논문에서 보고하고 있는 본 연구의 전반적인 목적은 최근 말더듬의 비구어적 측면을 측정하기 위해 널리 쓰이는 도구의 내용 및 심리측정 특성을 검토하고자 하는 것이다. 본 연구의 의도는 하나 혹은 그 이상의 도구가 말더듬 대상자의 HRQL을 측정하는 데 널리 사용될 만한 가치가 있는지 판단하고 말더듬 연구와 치료 시 구어 및 비구어적 측면을 측정할 때 갖게 되는 여러 의문점에 대한 정보를 제공해 주는 것이다. 이에 따라 본 연구는 다음의 세 가지 관련 질문을 제시하고자 한다.

1. 대상자 개개인에게 실시하는 임상 평가 과정 중 일부로서 말더듬의 비구어적 측면을 측정할 목적으로 사용되는 기존의 검사 도구들이 대상자 개인을 위한 임상적 의사결정 시 적용되는 기본적 심리측정 기준을 만족시키는가?
2. 말더듬의 비구어적 측면을 측정할 목적으로 사용되는 기존의 검사 도구들이 집단을 위한 임상적 의사결정 시 적용되는 기본적 심리측정 기준을 만족시키는가?
3. 말더듬 대상자 개인을 위한 임상적 의사결정과 집단을 위한 임상적 의사결정 시 기존의 도구들이 심리측정학적으로 적절하게 HRQL을 측정할 수 있는가?

출처: "Psychometric Evaluation of Condition-Specific Instruments Used to Assess Health-Related Quality of Life, Attitudes and Related Constructs in Stuttering," by D. M. Franc and A. K. Bothe, 2008, *American Journal of Speech-Language Pathology, 17*, p. 61. Copyright 2008 by American Speech-Language-Hearing Association. 승인하에 게재.

구 질문의 핵심이며 여기서도 세 가지 질문을 통해 이를 보여 주고 있다.

〈관련논문 2.16〉은 인공와우(cochlear implants, CI) 사용자를 위한 허용 소음 수준(acceptable noise level, ANL) 논문의 서론 중 마지막 문단을 제시하고 있다. 세 개의 연구 질문을 제시하기 전에 연구자들은 연구 문제와 목적을 다시 언급함으로써 서론을 요약하고 있다. 첫 번째 연구 질문 (a)는 차이에 대한 질문이다. 이러한 유형의 질문은 차이, 유사성, 영향, 비교 혹은 결과(효과)에 대해 묻고 있다. 그러나 두 번째 질문 (b)와 세 번째 질문 (c)는 관계에 대한 질문이다. 관계에 대한 질문은 연합, 예측 혹은 연관성 등에 대해 언급한다. 관계에 대한 질문이 '연관성'에 대해 의문을 제기한다고 하더라도 이들이 인과관계의 해답을 구하려고 하지는 않는다.

차이 및 관계에 대한 질문의 또 다른 사례는 말더듬을 동반한 이중언어 사용자(bilingual who stutter, BWS) 연구를 제시한 〈관련논문 2.17〉에서 볼 수 있다. 서론의 마지막 문단인 이 부분에서 연구자는 연구 질문의 유형을 짐작하게 하는 전반적 및 특정적 연구 목적을 제시하고 있다. 특히 연구 질문 1, 2, 3번은 영어와 중국어 간에 나타나는 말더듬의 빈도, 중증도 및 유형의 차이에 대해 질문하고 있는 반면, 4번은 우세 언어의 영향에 대해 언급하고 있다. 즉 우세 언어와 말더듬 행동 간에 관계가 있는가를 묻고 있다.

연구논문의 서론은 하나 이상의 가설로 마무리되기도 한다. 연구 질문과 관련하여 **가설**

관련논문 2.16

요약해서 말하면 소음 속에서 청각장애인의 청각 처리 과정에 대한 연구는 전통적으로 소음 속에서의 말소리 인지를 평가하는 SPIN 검사(Bilger et al., 1984)나 HINT 검사(Nilsson et al., 1994)와 같이 말지각 검사(speech perception test)를 통해 이루어졌다. CI 사용자들이 소음 속에서 소리를 들을 때는 기기 관련 요인과 청자 관련 요인의 영향을 받는다. 보청기 사용자의 다양한 청자 관련 요인 특성을 이해하는 데 ANL 측정이 사용되어 왔다 (Nabelek et al., 2006). 그러나 CI를 사용하는 청취자의 허용 소음에 대한 연구는 아직 미미하다. ANL은 청취자가 소음 속에서 얼마나 소리를 들으려고 하는지 독립적으로 측정해 주며 소음 속 청취 상황에서 말소리 이해를 가능하게 하는 또 다른 측면을 설명해 준다. CI 청취자가 소음 상황에서 말지각 능력이 저하된다는 것은 익히 알려져 있지만 말지각 능력 외의 다른 측면에 대한 양적 정보를 ANL 같은 측정치가 제공해 줄 수 있는지는 확실하지 않다. 그러므로 본 논문의 전반적 목적은 성인 CI 사용자의 배경소음 허용 수준을 조사하고 이를 통해 소음 속 청취 상황에서 나타나는 다양한 청자 관련 요인을 파악하는 데 ANL이 유용한 도구인지 알아보는 것이다. 이에 따라 다음과 같은 세 개의 연구 질문을 제시한다. (a) CI 사용자와 건청인의 ANL이 차이를 보이는가? (b) CI 사용자의 소음 속 말지각 역치가 ANL과 연관성이 있는가? (c) CI 사용자의 주관적 검사 결과와 ANL 간에 상관성이 있는가?

출처: "The Acceptance of Background Noise in Adult Cochlear Implant Users," by P. N. Plyler, J. Bahng and D. Von Hapsburg, 2008, *Journal of Speech, Language, and Hearing Research, 51*, p. 504. Copyright 2008 by American Speech-Language-Hearing Association. 승인하에 게재.

관련논문 2.17

본 연구의 목적은 영어와 중국어를 이중언어로 사용하는 말더듬 화자의 말더듬 행동을 실험하고자 하는 것이다. 특히 서로 다른 구조를 갖고 있는 두 언어를 이중언어로 사용할 때 말더듬이 두 언어에 같은 정도로 영향을 미치는지, 우세 언어와 말더듬 간에 상관성이 있는지 알아보기 위해 두 언어에서 나타나는 말더듬의 중증도와 유형을 비교해 보았다. 이를 위해 영어-중국어 BWS의 말더듬 유형과 중증도를 영어 우세, 중국어 우세, 그리고 두 언어의 균형을 맞춘 경우 등의 세 가지 차원에서 비교하였다. BWS를 세 군 중 하나로 분류하기 위해 준거기준 자기보고식 도구를 사용하였다. 이 도구는 이어지는 절에 그리고 Lim, Rickard, Liow, Lincoln, Chan과 Onslow(2008)의 논문에 더 자세히 설명되어 있다. 여기서 특정 연구 질문을 다음과 같이 제시한다.

1. 영어-중국어 BWS는 한 언어에 비해 다른 언어에서 더 높은 빈도의 말더듬을 보이는가?
2. 영어-중국어 BWS는 한 언어에 비해 다른 언어에서 더 심한 중증도의 말더듬을 보이는가?
3. 말더듬 유형이 언어에 따라 다르게 나타나는가?
4. 말더듬의 유형과 중증도가 우세 언어의 영향을 받는가?

출처: "Stuttering in English-Mandarine Bilingual Speakers: The Influence of Language Dominance on Stuttering Severity," by V. P. C. Lim, M. Lincoln, Y. H. Chan, and M. Onslow, 2008, *Journal of Speech, Language, and Hearing Research, 39*, pp. 1524-1525. Copyright 2008 by American Speech-Language-Hearing Association. 승인하에 게재.

(hypothesis)은 이후의 경험적 근거로 확증되어야 할, 있을 법한 일반론 혹은 추측이다. 연구 질문은 어떤 것이 있고 어떤 차이가 있고 어떤 관계가 있는지 묻지만 가설은 그에 대한 임시 답변을 제공한다. 실험의 방향을 안내해 주는 작업가설(working hypothesis)이나 유용한 근거와 기존의 이론에 비추어 실현가능성 높은 주장을 제안하는 연구가설(research hypothesis)을 포함하는 일종의 예측(혹은 기대)을 나타낸다. 작업가설이 '예감' 정도라면 연구가설은 데이터를 통해 입증할 수 있는 연구자의 주장, 즉 '경험에 의한 추측'에 보다 더 가깝다(Pyrczak & Bruce, 2011). 영가설(null hypothesis)은 통계적 확률에 기초를 둔 또 다른 형태의 예측인데 이에 대해서는 제7장과 제8장에서 자세히 다룰 것이다.

연구 질문과 가설의 근본적 차이는 〈관련논문 2.18〉에 나타나 있다. 이 논문에서 저자는 자폐스

관련논문 2.18

본 연구의 목적은 일반 유아(infant)의 말지각 연구 시 사용하는 실험 패러다임을 이용하여 ASD를 동반한 걸음마기 유아의 청각적 선호도를 조사하는 데 있다. 여기서 검증하고자 하는 가설은 정상발달을 보이는 유아가 보이는 청각적 선호 양상, 즉 모국어의 소리 패턴에 맞게 '조율된' 청각 신호음 선호 양상이 ASD 동반 걸음마기 유아에게서는 관찰되지 않는다는 것이다. 이 가설을 통해 ASD 동반 걸음마기 유아는 주변의 언어 자극에 맞추어 '조율하는'데 실패함으로써 사회적 상호작용뿐 아니라 언어적 경험도 제한된다는 것을 추론할 수 있다. 이러한 제한 때문에 언어 및 의사소통 발달에 지연이 생긴다고 볼 때 이를 반대로 적용하면 정상적인 언어 습득을 유도할 수 있다는 가설을 생각할 수 있다(Kuhl et al., 2005; Tsao et al., 2004). 본 연구에서는 청각적 선호 상황과 수용언어의 현재 및 추후 측정 결과 간의 상관성을 조사함으로써 이 가설들을 검증하고자 한다. 여기에 다섯 개의 구체화된 가설을 제시한다.

가설 1: ASD 동반 걸음마기 유아는 대조군에 비해 같은 발화를 컴퓨터로 합성해서 제시한 경우보다 평상시 발화대로 제시한 경우에 더 낮은 선호도를 보일 것이다.

가설 2: ASD 동반 걸음마기 유아는 대조군에 비해 모국어의 강세 패턴이 우세한 단어에 더 낮은 선호도를 보일 것이다.

가설 3: ASD 동반 걸음마기 유아는 대조군에 비해 휴지가 문법 단위 안에서 나타날 때보다 문법 단위의 경계에서 나타나는 경우에 더 낮은 선호도를 보일 것이다.

가설 4: ASD 동반 걸음마기 유아는 대조군에 비해 외국어의 억양 패턴을 보이는 경우보다 모국어의 억양 패턴을 보이는 경우에 더 낮은 선호도를 보일 것이다.

가설 5: 평상시 발화 및 모국어 발화 패턴에 대한 ASD 동반 걸음마기 유아의 선호도는 수용언어의 현재 및 추후 측정 결과와 상관성이 있을 것이다.

출처: "'Listen My Children and You Shall Hear': Auditory Preferences in Toddlers with Autism Spectrum Disorders," by R. Paul, K. Chawarska, C. Fowler, D. Cicchetti, and F. Volkmar, 2007, *Journal of Speech, Language, and Hearing Research, 50*, p. 1352. Copyright 2007 by American Speech-Language-Hearing Association. 승인하에 게재.

펙트럼장애(autism spectrum disorder, ASD) 아동군의 아동지향어[child-directed(CD) speech]에 대한 선호도가 다른 걸음마기 유아(toddler)군과 대조적인 면을 보인다고 하면서 이 연구가 이루어졌을 때 그 결과로 예상되는 다섯 개의 특정 가설을 제시하였다. 이는 그에 앞서 언급된 전반적 가설에 기초를 두어 제시된다.

〈관련논문 2.19〉는 단순언어장애(SLI) 아동연구논문의 서론 중 마지막 부분이다. 연구자는 출현율과 근접어휘밀도가 서로 다른 단어를 게이팅 과제(gating task, 단어 내의 음향적 단서를 일정 길이로 삭제하여 제시한 후 청자가 어떤 단어로 지각했는지 선택하게 하는 과제_역주)에 포함시켰을 때 SLI 아동, 정상발달을 보이는 아동, 생활연령을 일치시킨 아동의 수행 정도를 비교해 보았다. 연구자가 연구 가설과 그것을 검증하기 위해 사용된 특정 연구 질문을 제시했음을 주의 깊게 관찰해 보자.

이와 조금 다른 구조의 논문을 〈관련논문 2.20〉에서 볼 수 있다. 여기서 저자들은 서론의 마무리 부분에 특정 연구 질문을 제시한 후 그들이 예상하고 있는 특정 가설과 연구 질문을 연결하여 언급하였다.

마지막으로 더 광범위한 예를 〈관련논문 2.21〉에 제시하였다. 이 연구에서 가설은 말 산출과 관련하여 연구자가 개발한 DIVA(Directions into Velocities of Articulators) 모델에서 도출되었다. 연구자는 그 논문의 서론을 인용하면서 가설에 대해 먼저 언급한 후 주장을 뒷받침하기 위한 선행 문

관련논문 2.19

정상발달을 보이는 아동의 어휘음운 표상은 연령이 증가할수록 더 정교해진다는 점, SLI 아동은 충분한 음운표상을 발달시키기 어렵다고 알려져 있는 점 등을 감안하여 본 연구자들은 단어 빈도 및 근접어휘밀도가 SLI 아동의 어휘 접근에 미치는 영향을 조사하고자 하였다. SLI 아동이 전체적 어휘표상을 갖고 있다면 게이팅 과제에서 이들은 또래 아동보다 근접어휘밀도의 영향을 덜 받을 것이다. 게다가 SLI 아동은 고빈도어에 대한 접근은 같은 연령의 또래 아동만큼의 효율성을 보이겠지만 저빈도어에 대한 접근은 그보다 낮은 효율성을 보일 것이다.

여기서 언급하고자 하는 질문은 다음의 두 가지이다. (a) 단어 빈도와 근접어휘밀도가 서로 다른 어휘에 접근할 때 SLI 아동과 CA를 일치시킨 또래 아동은 필요한 음향 정보의 길이에서 차이를 보일 것인가? (b) 고빈도어와 낮은 근접어휘밀도에서 SLI 아동은 CA 일치 아동에 비해 더 나은 결과를 보일 것인가, 아니면 비슷한 결과를 보일 것인가? 즉 SLI 군은 게이팅 과제에 사용한 단어를 구분하는 데 단어 빈도와 근접어휘밀도의 영향을 받을 것인가?

출처: "Lexical Representations in Children with SLI: Evidence from a Frequency-Manipulated Gating Task," by E. Mainela-Arnold, J. L. Evans, and J. A. Coady, 2008, *Journal of Speech, Language, and Hearing Research, 51*, p. 383. Copyright 2008 by American Speech-Language-Hearing Association. 승인하에 게재.

관련논문 2.20

질문과 가설

형용사의 정의에 대한 연구는 아동기에서 성인기까지 이어지는 언어발달을 이해하는 데 중요한 가치가 있다. 앞서 언급한 바와 같이 명사, 특히 구체명사의 정의는 최근 현저한 발달을 보였는데 이러한 발달을 형용사와 같은 다른 문법 범주로 확장시키는 연구가 필요하다. 본 연구의 특정 질문은 다음과 같다. (a) 형용사를 정의한 내용이 연령 및 정의하고자 하는 단어의 빈도에 따라 달라지는가? (b) 형용사를 정의하는 형식이 연령 및 정의하고자 하는 단어의 빈도에 따라 달라지는가?

첫 번째 질문은 형용사의 정의가 정상발달을 보이는 학령전기 아동, 청소년, 성인에 따라 달라지는지에 대한 내용이다. 또한 첫 번째 질문은 동일 연령대가 사용하는 형용사의 정의 내용이 단어 빈도의 영향을 받는지에 대한 내용이다. 선행 연구에서 명사를 정의한 내용에 근거하여, 본 연구자들은 동의어를 사용하고 개념에 대해 설명하며 상위어를 사용할 수 있는 능력은 연령의 증가와 더불어 증진된다는 가설을 제시한다. 형용사가 반의어 관계 같은 심리적 어휘를 표상한다고 본다면 초기에는 부정어나 그 단어가 의미하지 않는 내용을 말하는 것(예: "작다는 것은 크지 않다는 것을 의미한다.")이 일반적이다. 그러나 연령이 증가하여 동의어 관계를 표현할 수 있는 어휘, 예를 들면 동의어와 상위어를 더 많이 습득하게 되면서 부정어의 사용은 차차 감소한다.

단어 빈도와 내용의 측면에서 볼 때, 본 연구자들은 언어 사용자는 고빈도어의 동의어를 더 많이 사용하므로 단어를 정의하는 데도 고빈도어를 더 많이 사용할 것이라는 가설을 제시한다. 고빈도어는 평소에 자주 접하므로 동의어를 습득할 기회도 더 많이 주어지는 어휘라고 볼 수 있다. 두 번째 가설은 저빈도어와 관련이 있다. 언어 사용자는 저빈도어의

의미에 대한 지식이 제한적이기 때문에 더 많은 예를 들려고 하고 관련 개념을 더 많이 언급하며 그로 인하여 그 단어를 정의하는 데 더 많은 실수를 하기도 한다는 가설이다. 세 번째 가설로 본 연구자들이 제시하는 것은, 단어를 정의할 때 상위어의 사용은 단어 빈도보다는 연령의 영향을 많이 받기 때문에 단어 빈도가 상위어 사용에 영향을 미치지는 않는다는 것이다. '조건', '질'과 같은 상위어는 항상 범주의 중심부에 고빈도어를 가지고 있을 뿐 아니라(예: '어두운'), 그 주변에 저빈도어도 가지고 있다(예: '결함 있는').

두 번째 질문은 형용사를 정의하는 형식이 연령에 따라 달라질 수 있는지에 대한 내용이다. 또한 이 질문은 동일 연령대에서 형용사를 정의하는 형식이 단어 빈도의 영향을 받는지에 대한 내용이기도 하다. 선행 연구에 근거하여 본 연구자들은 형용사를 정의하는 데 관습적 형식을 사용하는 것(즉 어떤 형용사를 다른 형용사로 정의하는 것)은 연령의 증가와 더불어 함께 증가한다는 가설을 제시한다. 먼저, 단어 빈도와 관련하여 언어 사용자는 고빈도어에 대한 지식과 연습이 더 많으므로 고빈도어를 정의할 때는 저빈도어보다 형용사를 더 많이 사용하는, 즉 관습적 형식을 주로 사용할 것이라는 가설을 제시한다. 두 번째로 언어 사용자는 저빈도어의 의미에 대해서는 제한적인 지식만을 갖고 있기 때문에 저빈도어를 정의할 때는 고빈도어를 정의할 때에 비해 가장 친숙한 형태인 명사를 더 많이 사용할 것이라는 가설을 제시한다.

관련논문 2.21

이에 대해 본 연구는 최첨단 기술인 fMRI를 사용하여 간단한 말소리 조음 시 작용하는 뇌 영역을 해부학적으로 정밀하게 분석함으로써 이전에 관찰되었던 차이를 규명해 보고자 하였다. 나아가 말소리 산출에 신경계산(neurocomputational) 모델을 적용한 DIVA 모델로 말소리 산출 시 서로 다른 뇌 영역에서 관찰되는 기전을 조사하여 다음 두 개의 특정 가설을 검증하고자 하였다. 이를 통해 본 연구자들은 말소리 산출과 관련된 신경학적 근거를 좀 더 정밀하고 기능적으로 설명하고자 하였다(Guenther et al., 2006).

가설 1: 한 음소 혹은 단순 음절을 산출하면 하전두회(inferior frontal gyrus), 특히 하전두회의 덮개부(pars opercularis region, 브로드만 영역 44번, 브로카 영역 후방부)와 복측 전운동피질(ventral premotor cortex) 인접영역이 활성화되는데 이는 좌뇌에 편재되어 나타날 것이다.

언어 산출의 통제가 좌뇌의 하전두회에 편재되어 있다는 것은 오래전부터 알려진 내용이지만(예: Broca, 1861; Goodglass, 1993; Penfield & Roberts, 1959) 말 산출 과제 수행 시 운동, 청각, 체감각 피질영역 등 대부분의 영역에서 양측 뇌가 다 활성화되는 것으로 나타났다(예: Bohland & Guenther, 2006; Fiez, Balota, Raichle, & Petersen, 1999). 이는 중요한 질문을 야기한다. 대뇌피질의 좌뇌로 편재되어 있다가 양측 뇌로 바뀌는 과정은 언어 산출 중 어느 수준의 처리 과정에서 일어나는가?

DIVA 모델에 따르면 이러한 전이 과정은 뇌가 음절 및 음소 표상 – 말소리 지도(speech sound map) 중 좌뇌 하전두영역(특히 복측 전운동피질과 하전두회 후방부)에서 반응하는 것으로 보인다 – 이 조음기 운동을 통제하는 양측 운동 및 감각 피질을 활성화시키는 지점에서 이루어진다. 이 모델은 *말소리 지도*의 세포는 소리의 의미와 무관하기 때문에 화자가 기본적으로 의미 없는 발화를 해도 활성화된다고 가정한다. 이 가설의 중요한 점은 말소리 산출을 위한 운동 프로그램 저장이 좌뇌에 편중되어 있다고 예측하는 데 있다. 이는 언어학적 의미가 없이 순수하게 운동감각 표상만을 반영한다. 이전의 유사비단어(peudowords) 연구는 하전두 피질의 좌뇌 편재 활성화 양상을 인지하지 못했다. 그러므로 본 연구에서는 통계적으로 강력한 영향력을 가진 관심영역 분석기법(region-of-interest, ROI)에 기초하여 이 이슈를 직접 실험해 보고자 한다. 이를 통해 무의미 단음절 및 이음절 산출 시 하전두 피질 영역의 좌뇌 편재 활성화 양상을 DIVA 모델이 적절히 예측할 수 있는지 실험해 보고자 한다.

가설 2: 소뇌 특히 상부 외충부(superior paravermal region; Guenther et al., 2006; Wildgruber, Ackermann, & Grodd, 2001)는 모음만 산출하는 경우보다 CV 음절을 산출할 때 더욱 활성화되는데 이는 자음 산출이 더 엄격한 타이밍을 요구하기 때문으로 보인다.

DIVA 모델에 따르면 소뇌의 이 영역은 음절 산출을 위한 피드포워드(feedforward) 운동 프로그램의 부호화에도 관여한다. 소뇌 손상은 교대로 나타나는 탄도 운동(ballistic movement)의 어려움, 운동 시작의 지연(Inhoff, Diener, Rafal, & Ivry, 1989; Meyer-Lohmann, Hore, & Brooks, 1977), 운동속도의 감소, 운동시간의 증가, 박자에 맞추어 태핑하는 과제의 수행능력 저하(Ivry, Keele, & Diener, 1988), 시간간격 변별 과제의 수행능력 저하(Mangels, Ivry, & Shimizu, 1998; Nichelli, Alway, & Grafman, 1996), 움직이는 목표물의 속도 판단능력 저하(Ivry, 1997) 등의 다양한 운동 타이밍 문제를 유발한다. 또한 소뇌 손상은 조음기에 운동명령을 내리는 타이밍에 문제가 생기는 실조형 *마비말장애*(ataxic dysarthria)의 원인이 된다(Ackermann & Hertrich, 1994; Hirose, 1986; Kent, Kent, Rosenbek, Vorperian, & Weismer,

(계속)

1997; Kent & Netsell, 1975; Kent, Netsell, & Abbs, 1979; Schonle & Conrad, 1990). 실조형 마비말장애 진단을 받은 사람의 모음 포먼트 구조는 대개 정상이지만 자음에서 자음으로 이동하는 전이구간은 매우 다양하게 나타난다(Kent, Duffy, Slama, Kent, & Clift, 2001; Kent, Kent, Duffy, et al., 2000). 이는 소뇌가 자음산출에 필요한 빠르고 적절한 협응이 이루어지는 운동을 촉진한다는 결과를 제시한다. DIVA 모델이 예측한 대로 음절산출을 위한 피드포워드 명령이 정말로 상부 외층부 영역 일부에서 나타난다면 이 영역은 단모음보다 CV 음절에서 더 활성화될 것이다. 다시 말하지만 이전의 유사비단어 연구는 그런 차이를 규명해 주지 못했다.

출처: "A Neuroimaging Study of Premotor Lateralization and Cerebellar Involvement in the Production of Phonemes and Syllables," by S. S. Ghosh, J. A. Tourville, and F. H. Guenther, 2008, *Journal of Speech, Language, and Hearing Research, 51*, p. 1185. Copyright 2008 by American Speech-Language-Hearing Association. 승인하에 게재.

헌을 제시하였다. 연구의 논리적 근거를 언급하면서 연구 질문을 명백히 제시하기도 하고 암시하기도 하는 것을 주의 깊게 살펴보자.

연구의 제한점

때로 연구자들은 서론에 **연구의 제한점**(limitations of the study)을 포함시키기도 한다. 대체로 두 가지 제한점을 언급하는데 첫째는 연구자의 통제를 벗어나는 제한점이다. 이러한 외부 요인에 의한 제한점의 예는 연구자가 남녀 대상자를 모두 포함하기를 바랐으나 남자 대상자가 우세한 기관에서 데이터를 주로 수집하게 되는 경우이다. 두 번째 유형은 연구자 자신으로 인해 생긴 내부 요인에 의한 제한점으로, 연구 문제의 모든 측면이 단일 연구로는 도저히 충족될 수 없다는 것을 깨달은 경우이다.

연구자가 밝히는 연구의 제한점은 매우 중요하며 독자가 주의 깊게 숙고해야 하는 부분이다. 제한점에 따라 연구 결과의 의미가 빈약해지거나 전무해질 수도 있다. 경우에 따라 제한점은 연구자가 그 문제가 해결될 때까지 연구논문을 제출하지 말았어야 했다는 인상을 줄 수도 있다. 연구자가 서론에서 제한점을 밝히는 것이 이후 논의에서 그 제한점에 대해 언급하고 설명해야 할 책임을 해소해 주지는 않는다. 사실 대부분의 제한점이 논문의 마지막 부분에서 자세히 언급되기 때문에 연구논문의 논의에 대해 다룬 제9장에서 저자가 직접 말하는 연구 제한점에 대해 좀 더 자세히 다룰 것이다.

사례: 연구논문의 서론

검토 목적을 위해 한 연구논문의 서론 전체를 〈관련논문 2.22〉에 제시하였다. 서론에서 연구 문제의 전반적 기술과 핵심어의 정의가 제시되어 있음을 볼 수 있다. 연구의 논리적 근거를 위해 사용한 논증을 주의 깊게 살펴보고, 문헌 검토를 위해 사용된 인용 부분도 주의 깊게 읽어 보자. 마지막으로 다수의 연구 질문 및 그에 대한 가설을 통해 제시되는 연구 목적을 잘 구분해 보자.

관련논문 2.22

대개 호흡의 불편함으로 정의되는 '호흡곤란(dyspnea)'은 건강한 사람도 종종 경험하는 일이지만 심폐기능 및 신경운동계에 문제가 있는 사람들에게서도 흔히 나타난다. 호흡곤란은 그냥 참기에는 불편한 정도로 가벼운 경우부터 죽음을 앞둔 느낌을 받을 정도로 심각한 경우까지 그 정도가 다양하다(Banzett et al., 1990; Hill & Flack, 1908). 전체 미국인 중 40세 이상 인구의 25%(Hammond, 1964), 외래환자의 25%(Kroenke, Arrington, & Mangelsdorff, 1990), 심각한 입원환자의 50%(Desbiens et al., 1999) 정도가 호흡곤란을 경험했다고 한다.

과거에 호흡곤란은 하나의 관점에서만 지각되어 왔지만(예: '숨이 차다'), 100년 가까이 이루어진 연구 결과 매우 다양한 관점으로 지각할 수 있음이 증명되었다. 언어분석을 통해 질적으로 서로 다른 통증(예: 날카로운 통증, 타는 듯한 통증)을 구분해 낸 고전적 통증 연구(Dallenbach, 1939; Melzack, 1975; Melzack & Torgerson, 1971) 이후, 호흡곤란 연구 분야에서도 호흡 문제의 정도를 나타내는 기술어뿐 아니라 호흡곤란 시 동반되는 환기(ventilatory) 문제나 기타 병적 상태를 기술하는 언어도 연구하는 경향이 나타났다(Banzett, Lansing, Reid, Adams, & Brown, 1989; Binks, Moosavi, Banzett, & Schwartzstein, 2002; Elliott et al., 1991; Harver, Mahler, Schwartzstein, & Baird, 2000; Lansing, Im, Thwing, Legedza,

& Banzett, 2000; Schwartzstein & Christiano, 1996; Simon et al., 1989; Simon et al., 1990). 사용된 언어를 연구하는 이러한 경향은 호흡곤란의 질적 측면을 세 가지로 구분할 수 있게 해 주었는데 그 세 가지는 (a) 공기 기아(공기 부족), (b) 호흡 노력과 (c) 흉부 압박감인데 이들은 서로 다른 생리학적 상태에서 비롯된다(Binks et al., 2002; Lansing et al., 2000; Moosavi et al., 2000; Schwartzstein & Christiano, 1996). 화학수용기가 환기가 필요함을 감지하면 환기 욕구가 증가하면서 공기 기아가 나타나는데 환기가 불충분할 때 가장 심각하게 나타난다(Banzett et al., 1989; Banzett et al., 1990; Manning et al., 1992; Wright & Branscomb, 1954). 호흡 노력(육체적 노력)은 호흡기 및 흉곽의 기계적 감각수용기가 평소보다 환기가 더 빈번해졌거나 호흡 저항이 증가했음을 감지하면서 나타난다(Chonan, Mulholland, Altose, & Cherniack, 1990; Gandevia, Killian, & Campbell, 1981; Killian, Gandevia, Summers, & Campbell, 1984; Moosavi et al., 2000). 공기 기아와 호흡 노력 모두에서 수반발사(corollary discharge, 중앙운동통제 체계 중 일부)는 중요한 역할을 한다(Banzett et al., 1989; Gandevia et al., 1981; Killian et al., 1984). 호흡곤란을 잘 설명해 주는 세 번째는 흉부 압박감이다. 이는 기도 협착으로 인해 호흡계 구심성 섬유가 자극을 받으면서 나타나는데 천

(계속)

식의 주요 증세 중 하나이기도 하다(Binks et al., 2002; Moy, Woodrow Weiss, Sparrow, Israel, & Schwartzstein, 2000; Simon et al., 1990).

호흡곤란 때문에 나타나는 발화 문제는 호흡곤란 때문에 나타나는 호흡 문제와 별 차이가 없으며 생리학적 기전도 매우 비슷하다. 예를 들어 혈중 이산화탄소(CO_2) 농도가 높아져 화학수용기 자극이 증가함으로써 호흡을 위한 환기 욕구가 높아지면 말을 하는 중이든 아니든 공기 기아 증세가 나타난다. 또한 호흡운동이 비정상적으로 크고 빨라지거나 강해지면 (보상적 환기 작용을 위해) 말을 하는 중이든 아니든 신체적 노력이 증가하게 된다. 그럼에도 불구하고 음향적·지각적 목표(즉 말) 산출 과제와 동시에 이루어지는 환기 과제를 충족해야 하는 이중 과제 때문에 발화와 관련된 호흡곤란 문제는 호흡과 관련된 호흡곤란 문제와 다른 측면을 보이기도 한다. 이러한 이중 과제는 평소에는 별 문제를 보이지 않지만 환기 요구가 비정상적으로 높아질 때(예: 높은 위치에 있거나 운동 중일 때) 말을 하고자 하는 욕구와 숨을 쉬려는 욕구가 서로 경쟁하는 상태에 놓일 수 있다. 발화와 호흡을 통합하는 인지 활동은 호흡 시 동반되는 대부분의 비구어적 행동에서는 관찰되지 않는 지각적 측면, 즉 정신적 노력의 하나로 간주할 수 있다.

대조적으로, 높은 환기 욕구를 가정한 통제 상황에서 발화 시 호흡 행동에 대한 연구는 비교적 연구가 잘되어 있다(Bailey & Hoit, 2002; Bunn & Mead, 1971; Doust & Patrick, 1981; Hale & Patrick, 1987; Meanock & Nicholls, 1982; Meckel, Rotstein, & Inbar, 2002; Otis & Clark, 1968; Phillipson, McClean, Sullivan, & Zamel, 1978; White, Humm, Armstrong, & Lundgren, 1952). 이산화탄소 수준이 높은 상태에서 호흡을 하는 동안 혹은 운동을 하는 동안 말을 하려고 하면 환기 행동이 더 커지고 흉곽의 면적도 더 커지며 흡기류와 호기류가 증가하고 평소의 구어 상황에 비해 비구어적 상황에서의 날숨이 더 빈번하게 나타난다. 호흡곤란 시의 발화 호흡은 상황 개선을 위해 수정

될 것으로 예상되지만 이 가능성에 대한 연구는 거의 없다.

발화와 관련된 호흡곤란이 임상에서는 흔하게 나타난다는 근거가 늘고 있다. 설문조사 결과 다양한 질환 및 문제를 갖고 있는 사람들은 말을 하는 동안 일정 형태의 호흡 시 불편함을 느낀다고 호소했다. 특히 이러한 연구들은 (a) 만성 폐쇄성 폐질환을 동반한 설문응답자 중 32%가 말을 하는 동안 '점점 숨이 차다'고 보고했으며(American Lung Association, 2001), (b) 다양한 호흡기 질환을 보이는 참여자 모두가 말을 하는 동안 어느 정도 '숨이 찬 것을' 경험한다고 보고했고(Lee, Friesen, Lambert, & Loudon, 1998; L. Lee, 개인적인 의견 교환, 2005년 7월 14일), (c) 경추손상을 동반하고 휠체어로 이동해야 하는 참여자 중 18%가 몇 분 이상 말을 하고 나면 '숨이 막히는' 것을 느꼈다고 하여 발화 시 숨이 막히는 느낌이 가장 흔히 나타나는 증세로 나타났으며(Grandas et al., 2005), (d) 폐암을 동반하고 있는 참여자 중 17%가 말을 하는 동안 '숨이 막히는' 것을 경험했다고 보고하였다(O'Driscoll, Corner, & Bailey, 1999). 이러한 결과는 발화와 관련된 호흡곤란이 임상적 문제로 항상 존재하며 광범위한 의학적 질환과 관련이 있다는 것을 명백히 밝혀 주고 있다. 그럼에도 불구하고 호흡 시 불편함의 유형이나 그 경험 정도에 대한 정보는 매우 적다. 대부분의 경우 참여자들이 사용한 말은 대개 단일 기술어(예: '숨이 차다')의 형태였다. 그러므로 발화와 관련된 호흡곤란과 이를 설명해 줄 수 있는 생리적 기전에 대해서는 아직도 연구할 내용이 많다. 이에 본 연구는 발화와 관련된 호흡곤란의 질적 측면 및 강도에 대한 이해를 넓히는 데 첫발을 내딛고자 한다. 이를 위해 건강한 참여자를 호흡곤란을 유발하는 것으로 알려진 자극(이산화탄소 흡입률 증가)에 노출시킨 후 지각적·생리적 측정 결과를 기록하고자 한다. 다음 문단에서 본 연구자들은 세 개의 연구 질문을 제시하고자 한다.

1. 발화와 관련된 호흡곤란이 다양한 특성을 보이

는가? 그렇다면 그러한 특성은 무엇인가? 일반적인 호흡곤란의 특성에 기초하여 본 연구자들은 발화와 관련된 호흡곤란이 공기 기아(주로 혈중 이산화탄소 농도 증가에 화학수용기가 반응하여 나타남)와 신체적 노력(주로 흉벽 및 폐의 크고 빠른 움직임에 기계적 감각수용기가 반응하여 나타남)의 증세를 나타낼 것으로 예상한다. 게다가 참여자들은 발화와 관련된 호흡곤란을 정신적 노력의 형태로 경험하게 되리라고 예상한다(주로 환기와 발화 사이의 균형을 맞추고자 하는 욕구가 비정상적으로 높아 인지적 자원을 할당할 필요가 높아지면서 나타남).

2. **발화와 관련된 호흡곤란의 정도는 호흡곤란을 유발하는 자극의 수준에 따라 다양하게 나타날 것인가?** 본 연구자들은 발화와 관련된 호흡곤란이 자극 수준(이 경우에는 흡입된 이산화탄소의 수준)이 높아지면 함께 증가할 것으로 예상하였으며, 이는 지각적 경험이 신체 상태를 변화시키는 직접적 요인이 된다고 보았

다. 그렇지만 발화와 관련된 호흡곤란은 자극 강도에 따라 서로 다른 질적 강도를 보일 것으로 예상하였으며 이는 명백히 질적 측면의 차이가 존재함을 나타내는 것으로 보았다.

3. **발화 호흡 행동은 호흡곤란의 강도에 따라 달라지는가?** 본 연구자들은 발화 호흡 행동이 호흡곤란의 강도에 따라 달라진다고 예상하였다. 이는 환기 욕구가 높은 상황에서 발화를 할 때 나타나는 호흡 개선 전략을 호흡곤란이 나타날 때 적용할 수 있다는 것을 의미한다. 본 연구자들은 본 연구로부터 얻은 지식이 호흡곤란 환자들의 발화 관련 호흡곤란을 평가할 수 있는 접근법 개발의 기초를 제공할 것으로 기대한다.

출처: "Speaking-Related Dyspnea in Healthy Adults," by J. D. Hoit, R. W. Lansing, and K. E. Perona, 2007, *Journal of Speech, Language, and Hearing Research, 50*, pp. 361-363. Copyright 2007 by American Speech-Language-Hearing Association. 승인하에 게재.

핵심 용어

가설	명제	연구의 제한점
귀납법(귀납적 추론)	문헌 검토	연구 질문
근거	문헌 인용	연역법(연역적 추론)
기술적 글쓰기	사람 우선 언어	전제
논리적 오류	연구 목적의 기술	필요성
논증	연구 문제의 기술	

비평적 읽기 연습

01. 다음 연구논문의 서론을 읽어 보라.

Perry, J. L., Kuehn, D. P., & Sutton, B. P. (2013). Morphology of the levator veli palatini muscle using magnetic resonance imaging. *Cleft Palate-Craniofacial Journal, 50*, 64–75. doi:10.1597/11-125

구개거근(levator veli palatini muscle)의 구조와 기능에 대한 배경정보가 Perry와 공동연구자들이 제시하는 연구의 논리적 근거를 어느 정도 지지하는가? 어떤 논증이 그들이 제안하는 삼차원 분석의 중요성과 유용성을 뒷받침해 주는가? 이런 논증이 설득력이 있는가? 설득력이 있는 혹은 없는 이유는 무엇인가?

02. 다음 연구논문의 서론을 읽어 보라.

Namasivayama, A. K., & van Lieshout, P. (2008). Investigating speech motor practice and learning in people who stutter. *Journal of Fluency Disorders, 33*, 32–51. doi:10.1016/j.jfludis.2007.11.005

Namasivayama와 van Lieshout가 운동 훈련과 운동 학습에 대해 제공하는 배경지식이 연구의 필요성을 이해하는 데 어느 정도의 도움을 주는가? 문헌 검토와 논리적 근거가 어떤 방법으로 그들이 기술한 연구 목적과 예상 결과(p. 36)를 지지하는가? 문헌 검토 결과 나타난 제한점 혹은 부족한 부분이 어떻게 본 연구의 동기를 뒷받침하는가?

03. 다음 연구논문의 서론을 읽어 보라.

Katagiri, M., Kasai, T., Kamio, Y., & Murohashi, H. (2013). Individuals with Asperger's disorder exhibit difficulty in switching attention from a local level to a global level. *Journal of Autism and Developmental Disorders, 43*, 395–403. doi:10.1007/s10803-012-1578-9

Katagiri와 동료들이 자폐스펙트럼장애에 대해 실시한 문헌 검토의 영역을 어떻게 축소시켰는지(영역을 어떻게 정했는지) 요약해 보라. 이 문헌 검토가 연구자들이 논리적 근거의 집약과 검증 가능한 가설을 발전시키는 데 어떤 도움을 주었는가? 이 논증이 연구의 목적 및 중요성에 대해 충분한 설득력을 제공하는가? 그러한 혹은 그렇지 않은 이유는 무엇인가?

04. 다음 연구논문의 서론을 읽어 보라.

Harrington, M., DesJardin, J. L., & Shea, L. C. (2010). Relationships between early child factors and school readiness skills in young children with hearing loss. *Communication Disorders Quarterly, 32*, 50–62. doi:10.1177/1525740109348790

"초기 아동 요인이 난청 아동의 학교 준비 기술에 미치는 영향이 어느 정도인지" 이해함으로써 "난청 아동의 학업 성취도를 개선시킬 수 있다"(p. 50)고 하는 Harrington과 동료들의 논리적 근거를 설명하라. 왜 저자들은 문헌 검토를 여러 개의 절로 나누어 제시하였는가?(pp. 51-53) 저자들이 서론에서 기술한 연구 목적과 연구 질문이 적절한 정당성을 갖는가? 그러한 혹은 그렇지 않은 이유는 무엇인가?

05. 다음 연구논문의 서론을 읽어 보라.

Mani, N., Coleman, J., & Plunkett, K. (2008). Phonological specificity of vowel contrasts at 18-months. *Language and Speech, 51*, 3–21. doi:10.1177/00238309080510010201

첫째 문단에서 전제와 명제를 구분해 보라. Mani와 공동저자들이 이 문단에서 제시하는 내용의 초점은 무엇이며 그런 점이 연구의 논리적 근거를 수립하는 데 어떤 도움을 주는가? 모음의 고저, 후설성과 원순성을 약간 변화시켰을 때 18개월 유아가 이를 비교할 수 있는지에 대한 연구가 이 논증을 어떻게 지지하는지 논의하라. 연구의 목적과 필요성에 비추어 연구의 근거가 설득력이 있다고 생각하는가? 그러한 혹은 그렇지 않은 이유는 무엇인가?

06. 다음 연구논문의 서론을 읽어 보라.

Kaf, W. A., Barboa, L. S., Fisher, B. J., & Snavely, L. A. (2011). Effect of interdisciplinary service learning experience for audiology and speech-language pathology students working with adults with dementia. *American Journal of Audiology, 20*, S241–S249. doi:10.1177/00238309080510010201

Kaf와 동료들은 서비스 러닝(service learning)에 대해 정의하면서 그 용도에 대해 "청각학 및 언어병리학 전공학생에게 필수적인 교육적 · 임상적 훈련을 제공하고 통합적 팀워크를 지원하는 도구"(pp. S241–S242)로 설명하고 있다. 이 논증이 설득력이 있는지, 있다면 그 이유가 무엇인지, 서비스 러닝은 치매를 동반한 노인 환자에 대한 학생들의 태도를 긍정적으로 전환시킬 것이라는 실험자의 가설을 연구의 논리적 근거가 어느 정도 뒷받침하는지 설명하라.

07. 다음 연구논문의 서론을 읽어 보라.

Wadman, R., Durkin, K., & Conti-Ramsden, G. (2008). Self-esteem, shyness, and sociability in adolescents with specific language impairment(SLI). *Journal of Speech, Language, and Hearing Research, 51*. 938–952.

Wadman과 공동저자들은 단순언어장애, 포괄적 자존감, 수줍음, 과묵함과 사회성에 대해 협의의 정의를 하기 위해 어떻게 선행 문헌을 활용하였는가? 연구의 특정 목적을 지지하기 위해 이러한 정의를 어떻게 활용하였는가?

08. 다음의 검토 논문을 읽어 보라.

Sliwinska-Kowalska, M., & Davis, A. (2012). Noise-induced hearing loss. *Noise and Health, 14*, 274–280. doi:10.4103/1463-1741.104893

소음성 난청에 대한 문헌 검토가 필요함을 지지하기 위해 Sliwinska-Kowalska와 Davis가 진행한 논증은 어떤 것인가? 국제적으로 발표된 문헌 검토를 통해 과거의 결과와 현재의 발견을 비교하는 것이 저자의 연구 목적에 어느 정도 부합한다고 생각하는가? 문헌 검토의 '틀을 제공'하기 위해 제시된 연구 근거와 배경지식이 충분하고 결론의 설득력이 있다고 생각하는가? 그러한 혹은 그렇지 않은 이유는 무엇인가?

09. 다음 연구논문의 서론을 읽어 보라.

Weinrich, B., Brehm, S. B., Knudsen, C., McBride, S., & Hughes, M. (2013). Pediatric normative data for the KayPENTAX Phonatory Aerodynamic System(PAS) Model 6600. *Journal of Voice, 27*, 46-56. doi:10.1016/j.jvoice.2012.09.001

논리적 근거의 토대를 위한 발성 및 후두 공기역학적 측면의 배경정보를 Weinrich와 공동저자들이 어떻게 제공하였는가? 저자들이 어떻게 문헌 검토의 영역을 축소(한정)시켰는지 그 방법을 정리해 보라. 실험을 통해 얻은 규준 자료가 중요하고 유용하다는 것을 뒷받침하기 위해 그들이 제공한 논증은 무엇인가? 논리적 근거에 충분한 정보가 담겨 있고 설득력이 있는가? 그러한 혹은 그렇지 않은 이유는 무엇인가?

10. 다음 연구논문의 서론을 읽어 보라.

Frank, M. C., Tenebaum, J. B., & Fernald, A. (2013). Social and discourse contributions to the determination of reference in cross-situational word learning. *Language Learning and Development, 9*, 1-24. doi:10.1080/15475441.2012.707101

Frank와 공동저자들이 사용한 글쓰기 양식을 설명하라. 이런 양식이 네 번째 문단(p. 2)의 시작을 어떻게 바꾸었는가? 그러한 변화가 연구의 논리적 근거를 제시할 때도 나타나는가? 이러한 두 글쓰기 양식에서 근거가 어떠한 역할을 하는가? 이러한 글쓰기 전략이 독자에게 연구의 중요성을 설득하는 데 효과적인지 논의하라.

11. 다음 연구논문의 서론을 읽어 보라.

Soden-Hensler, B., Taylor, J., & Schatschneider, C. (2012). Evidence for common etiological influences on carly literacy skills in kindergarten. *Scientific Studies of Reading, 16*, 457-474. doi:10.1080/10888438.2011.599902

Soden-Hensler와 공동연구자가 초기 문해기술 문헌을 어떻게 정의하고 어떻게 영역을 한정시켰는지 정리해 보라. 논리적 근거의 집약과 검증 가능한 가설을 발전시키는 데 이러한 검토가 어떤 도움을 주었는가? 연구자가 채우고자 했던 '틈새(차이)'는 무엇으로 지각되는가? 연구자들이 연구의 논리적 근거를 수립하기 위해 사용한 논증의 효과에 대해 논의하라.

12. 다음 연구논문의 서론을 읽어 보라.

Kleinow, J., & Smith, A. (2000). Influences of length and syntactic complexity on the speech motor stability of the fluent speech of adults who stutter. *Journal of Speech, Language, and Hearing Research, 43*, 549-559.

Kleinow와 Smith가 역사적 흐름에 따라 실시한 문헌 검토가 연구 과제의 필요성을 수립하는 데 어떤 도움을 주었는가? 발화길이와 통사적 복잡성이 말더듬에 어떤 영향을 미치는지 측정하기 위해 시공간 지표(spatiotemporal index, STI)를 사용하는 근거를 저자들이 어떻게 논리적으로 발전시켰는가?

평가 체크리스트: 서론

이 평가 체크리스트[1]는 이 장에서 언급한 핵심 포인트를 요약하고 있는데 연구논문의 서론에 대한 비판적 평가를 돕기 위해 만든 것이다.

안내: 체크리스트 우측 하단에 제시된 네 개 범주의 척도는 논문의 각 **부분**을 평가하는 데 이용할 수 있다. 평가 항목은 평정 시 고려해야 할 주제를 구분하는 데 도움을 준다. 각 주제에 대한 의견은 평가 노트에 쓰는데 이는 전반적 평정의 근거가 된다.

평가 항목   **평가 노트**

1. 전반적 연구 문제가 명백히 기술되었다.

2. 논리적이고 확신할 수 있는 근거가 제시되었다.

3. 최신 문헌을 철저히, 정확하게 검토하였다.

4. 연구 목적, 질문, 가설이 논리적 근거를 토대로
   제시되었다.

5. 서론이 명확하고 잘 구조화되어 기술되었다.

6. 전반적 논평:

전반적 평정(서론):

                      빈약함   보통임   양호함   우수함

---

1 여기서는 평가 체크리스트에 간단한 단어를 사용했다. 우리의 목적은 주의 깊게 읽을 만한 가치가 있는 논문의 핵심요소에 독자가 초점을 맞추도록 하는 데 있다. 우리는 연구논문을 읽는 대부분의 독자가 특별한 경우를 제외하면 체크리스트에 제시된 내용을 집중적으로 분석할 필요가 없다고 본다. 또한 문헌에서 관찰되는 다양한 연구 설계 때문에 체크리스트의 모든 항목이 모든 연구논문에 적용된다고 보지 않는다. 이러한 점은 연구방법에 대한 체크리스트에서 더욱 두드러진다. 그렇지만 이 체크리스트는 학생, 현장전문가, 연구논문을 준비하는 연구자, 그리고 편집 자문위원들에게도 교육적 도움을 줄 수 있는 장치를 포함하고 있다.

*이 체크리스트를 평가와 기록 보관을 위해 재사용하는 데 출판사의 승인을 받음

3 | 의사소통장애의 연구 전략

이 장에서는 의사소통장애 문헌에 일반적으로 적용되는 연구 전략에 대해 살펴보고자 한다. 연구에 적용할 수 있는 전략은 매우 다양하면서도 서로 많이 중복되기 때문에 연구를 확연히 구분되는 범주로 분류하는 것은 어려운 일이다. 게다가 동일한 문제에 대한 연구라 하더라도 그 문제의 여러 측면을 검증하기 위해 여러 상이한 연구 전략을 동시에 적용한 대규모 연구 결과를 보고하는 연구논문도 많다. 그러므로 여기서 연구 전략을 분류한다고 해도 연구에 관한 다른 책과 마찬가지로 임의적일 수밖에 없다. 따라서 여기에서는 의사소통장애 분야에서 흔히 이루어지는 연구의 원리, 다양한 연구 전략 간의 차이점, 상이한 연구 문제를 검증하는 데 적용하는 특정 전략의 적절성에 대해 설명하고자 한다.

Bordens와 Abbott(2011)는 연구 전략과 연구 설계를 구분하였다. 그들에 의하면, **연구 전략**(research strategy)은 전반적인 공격 계획인 반면, **연구 설계**(research design)를 이루고 있는 전략을 실행하는 데에는 구체적인 **전술**(tactics)이 적용된다. 그러므로 연구자는 구체적인 연구 설계를 결정하기 전에 전반적인 연구 전략을 먼저 수립해야 한다. 연구 전략은 연구 목적에 따라 달라지는데, 연구의 초점, 목적, 목표에 대해서는 제2장의 내용을 떠올려 보라. 이 장에서는 의사소통장애 연구에 흔히 이용되는 연구 전략을 개괄하고, 이 연구 전략을 실행하는 데 적용할 수 있는 구체적인 연구 설계에 대해서는 다음 장에서 살펴보고자 한다.

양적 연구

양적 연구(quantitative research)는 오랫동안 이루어져 온 유서 깊은 실험연구 방법이다. 양적 연구에서는 연구 결과를 양이나 수로 제시한다. 양적 연구에 이용되는 연구 전략은 관찰한 것을 측정하여 숫자로 나타내는 방법에 관심을 갖는다. 차후 이 수량을 현상 규명이나 인과관계 또는 관련성 조사에 이용한다. 그러므로 양적 연구는 가설을 검증하여 이론을 정교화하고 지식, 기술 및 실제 업무를 발전시키는 데 수량 자료를 근거로 삼기 때문에 공식적이고, 객관적이며, 체계적인 과정이다(Grove, Burns, & Gray, 2013).

실험연구의 변인

실험연구는 변인들 간의 관련성에 관심을 둔다. 그 이름으로 알 수 있듯이 변인은 한 개 이상의 값을 갖는, 측정 가능한 특성을 말한다. 즉 Graziano와 Raulin(2013)이 간단히 명시하였듯이 "변인은 변해야 한다." 변하지 않을 특성을 상수(항수, constant)라 한다. 기하학에서 예를 들면, 한 원의 반지름과 둘레는 두 개의 변인이다. 큰 원과 작은 원을 그린 다음 각 원의 반지름과 둘레를 잴 수 있다. 원의 반지름을 이용하여 원의 둘레를 구하는 공식(c = 2πr)에는 π(파이)가 들어 있는데, 이는 약 3.14159의 고정되어 변하지 않는 값을 갖는다. 그러므로 π는 상수이다. 원의 크기가 달라져도 변하지 않는 값이다. 그러나 원의 반지름과 둘레는 원마다 달라질 수 있는 변인 또는 측정 가능한 수치이다. 의사소통장애 분야에서 흔히 연구하는 변인에는 자극의 특성(말소리의 강도 또는 주파수), 환경 조건(배경 소음 수준), 말 행위(말속도 또는 음성의 기본주파수), 언어 수행(평균 발화길이 또는 언어 샘플 중 안긴문장의 수), 청취능력(말 지각 역치)과 같은 수치가 있다. 변인의 분류 방식에 대한 이해는 연구 전략을 어떻게 이용하여 연구 목표를 달성하는지 이해하는 데 기초가 된다.

독립변인과 종속변인 독립변인과 종속변인의 구분은 매우 중요하다. 실제로 이 개념은 이 장에서 가장 중요한 내용으로, 이 책에서 논의할 다른 모든 내용의 기초가 된다. Kerlinger와 Lee(2000)는 "독립변인은 추정되는 결과인 종속변인의 원인으로 추정되는 변인이다."(p. 46)라고 간단명료하게 설명하였다. 그렇다면 **독립변인**(independent variables)은 행동의 변화를 야기하는 조건으로 개념화할 수 있으며, **종속변인**(dependent variables)은 변화하는 행동으로 볼 수 있다. 예를 들면, 지연된 청각피드백(독립변인)은 말속도(종속변인)의 변화를 유발할 수 있다. 차폐소음(독립변인)은 청각 역치(종속변인)의 변화를 이끈다.

Kerlinger와 Lee(2000)는 독립변인을 "추정 원인"으로, 종속변인을 "추정 효과"로 설명하였음에 주목하라. 그들은 이 설명에서 연구자가 조작한 변인에는 일부 알려지지 않은 변인을 변화시킬 가능성도 있음을 인정하였다. 그렇다면 알려지지 않은 변인의 변화가 종속변인의 변화를 초래하는 것도 가능하다. 이러한 간섭 요인을 잡음변인 또는 **외재변인**(extraneous variable)이라 한다. 외재변인은 독립변인과 종속변인 간의 관련성을 매개한다. 외재변인 단독으로는 종속변인을 변화시키지 못하거나 독립변인이 종속변인에 미치는 영향을 없애거나, 완화시키거나, 심지어는 증가시킬 수도 있다. 외재변인이 독립변인과 종속변인의 관계에 영향을 미치면 실험 결과가 애매해지면서 혼동되는 결과가 나타난다(Baumgartner & Hensley, 2013).

외재 요인이 있음을 알아차리고 이것이 결과에 미칠 수 있는 영향을 최소화하기 위해 상수로 고정시킬 경우, 이를 **통제변인**(control variables)이라 한다. 잠재적 외재변인을 모두 찾아내거나 이를 통제하는 것은 불가능한 일이다. 그러나 연구자는 항상 어느 정도의 요인은 통제하려고 시도한다. 예를 들면, 연구자는 자신의 연구에 있어 발달이 미칠 수 있는 영향을 최소화하기 위해 연구대상을 2학년 학생으로만 제한하기도 한다. 훈련받은 가수와 훈련받지 않은 가수의 음정 맞추기 능력에 대한 연구에서는 사춘기 직전이나 사춘기에 해당되는 사람은 연구대상에서 제외하기도 한다. 모든 실험연구에서는 측정(측량)을 통해 실험 상황(검사 환경, 대상자에게 주는 지시, 연구자 특성)과 대상자 변인(연령, 성별, 문화, 교육 정도, 건강 상태)의 영향을 통제하려 할 것이다. 그러므로 연구 문헌의 비평적 독자들은 연구의 독립변인과 종속변인이 무엇인지 알아야 하며, 결과의 해석에 영향을 미칠 수 있는 외재변인이나 미처 통제하지 못한 변인이 무엇인지도 알아야 한다.

변인들 간의 인과관계에 대해 논할 때 연구자들이 맞닥뜨리는 또 다른 문제는 이 장의 뒷부분에서 논의할 실험연구와 기술연구 간의 구별과 관련되어 있다. 인과관계는 기술연구보다 실험연구 결과로부터 논리적으로 더 잘 추론할 수 있는데, 이는 이 두 종류의 연구에서 독립변인이 갖는 특성 때문이다. **실험연구**(experimental research)에서는 실험자가 (다른 외재변인은 통제하는 한편) 독립변인을 조작하여 그것이 종속변인에 어떤 영향을 미치는지 검증한다. 그러나 기술연구에서는 연구자가 독립변인을 조작하여 종속변인에 미치는 영향이 무엇인지 알아볼 수 없다. 기술연구의 독립변인은 대개 연구자가 조작할 수 없는 것으로, 연구대상자를 분류하는 요인이다. 예를 들면, 기술연구에서는 일부 행동 측면에서 전형적인 발달을 보이는 아동 집단과 언어지연 아동 집단을 비교하고자 할 수도 있다. 그러나 아동의 분류(독립변인)가 그들의 행동(종속변인)에 미치는 영향을 관찰하기 위해 독립변인을 직접 조작할 수는 없다. 일부 권위자들은 기술연구를 자연의 실험이라 부르는데, 자연이 아동의 분류를 결정하는 독립변인을 조작하기 때문이다. 그러므로 기술연구 결과로부터 직접적인 인과관계를 추론하기는 어렵다.

독립변인과 종속변인의 실제적인 구분은 일부 내재적 특성보다는 변인의 사용을 기준으로 한다(Kerlinger & Lee, 2000; Tabachnick & Fidell, 2013). 연구자는 특정 변인을 어떤 상황에서는 독립변인으로, 다른 상황에서는 종속변인으로 정할 수도 있다. 예를 들어, 아동들을 언어발달 정도에 따라 서로 다른 집단으로 분류하는 데 (생활연령 대신) 평균발화길이를 이용할 수 있다. 그러므로 이 경우 평균발화길이는 독립변인 측정치이다. 그러나 또 다른 연구에서는 독립변인의 조작이 아동들의 평균발화길이에 미치는 효과를 연구하고자 할 수도 있다. 이 경우 평균발화길이는 종속변인이다. 연구자가 독립변인과 종속변인을 어떻게 정하였는지 항상 주의하여 살펴보아야 한다.

독립변인을 X라 하고 종속변인을 Y라 하면, 수학의 함수처럼 X와 Y의 관계를 구체적으로 나타낼 수 있다. 한 변인의 값이 정해지면 다른 변인의 값도 결정되는 방식으로 두 변인이 서로 연관되어 있는 경우, 그 한 변수를 다른 변수의 함수라 한다(Jaeger & Bacon, 1962). 그러므로 X와 Y의 함수관계를 알면 X가 변할 때 Y가 어떻게 변하는지 알 수 있다. X값을 알면 두 변인 간의 함수관계로 Y값을 알 수 있는 것이다. 즉 독립변인과 종속변인이 어떤 관련성을 갖는지 알고 독립변인의 값을 알면 종속변인의 값도 알아낼 수 있다.

함수는 그래프 위에 X값과 Y값이 이루는 좌표를 점으로 찍어 나타낼 수도 있다. 함수는 X값이 어떻게 주어지는가에 따라 Y값이 어떻게 달라지는지를 계산하는 방법을 알 수 있게 해 주는 방정식으로도 나타낼 수 있다. 방정식은 그래프 위에 좌표로 표시한 모든 수치를 이어서 하나의 선을 그리는 데도 이용된다. 방정식과 그래프는 동일한 방정식을 나타내는 두 가지 서로 다른 방법일 뿐이다. 방정식은 수학 기호로, 그래프는 X와 Y의 좌표 값을 연결한 선으로 나타내는 방법이다.

연구 결과를 그래프로 제시하는 방식을 이용하면 이 개념을 쉽게 이해할 수 있다. 두 변인의 관계를 검증하는 실험연구 결과를 가상의 그래프로 나타내면 〈그림 3.1〉과 같다. 독립변인 값은 가로좌표(수평선 또는 X축)에 표시하고, 종속변인 값은 세로좌표(수직선 또는 Y축)에 표시한다. 독립변인 값이 가로좌표의 왼쪽에서 오른쪽으로 증가하면, 종속변인 값도 세로좌표의 바닥에서부터 꼭대기를 향해 증가한다. 찍혀 있는 점은 독립변인(X) 각각의 값에 대해 종속변인(Y)이 갖는 평균값을 좌표로 나타낸 것으로, 이 점을 이으면 종속변인의 변화가 독립변인에서의 변화와 갖는 함수관계를 그래프로 나타낼 수 있다.

〈그림 3.1〉은 독립변인의 변화로 인해 종속변인이 어떻게 변하는지를 그래프로 나타낸 것이다. 이 함수는 Y값을 X값과 연관 짓는 방정식으로도 나타낼 수 있다. 〈그림 3.1〉에 나타난 함수는 직선이므로, 함수를 나타내는 데 다음과 같은 단순 선형 방정식을 이용할 수 있다.

$$Y = a + bX$$

이 방정식에 독립변인(X)의 값을 넣고 다른 수치(b)를 곱한 뒤 또 다른 수치(a)를 더하면 종속변인(Y)의 값을 계산해 낼 수 있다. b항은 직선의 기울기로, X의 증가에 따라 Y가 얼마나 빨리 증가하는지를 나타낸다. a항은 X값이 0일 때 좌표평면 위의 직선이 Y축과 만나는 지점의 Y값으로, Y절편이라 부른다. 공식을 알면 그 어떤 X값이 주어지더라도 Y값을 계산해 낼 수 있으며, 자료로 찍은 점을 이용하여 직선을 그릴 수도 있다. a와 b값은 실제 X와 Y값을 넣어서 구할 수 있다. 〈그림 3.1〉의 함수는 정적 선형함수로, X가 증가할수록 Y도 선형적으로 증가한다. 그러나 실제 연구 자료는 다른 함수관계도 가질 수 있다. 예를 들면, 부적 함수에서는 X가 증가할수록 Y가 감소하는데, 이

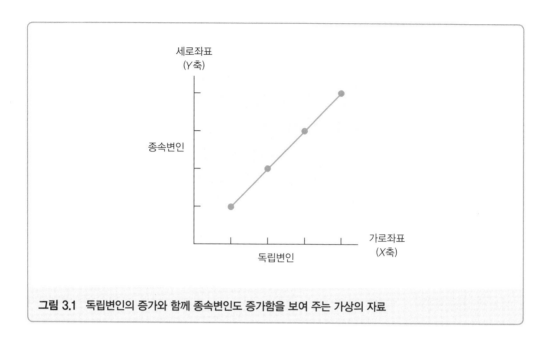

그림 3.1 독립변인의 증가와 함께 종속변인도 증가함을 보여 주는 가상의 자료

경우 직선은 〈그림 3.1〉처럼 오른쪽으로 갈수록 증가하는 대신 감소한다. 또 다른 경우 자료의 좌표로 찍은 점이 직선 위에 있지 않는 경우도 있는데, X와 Y 사이에 곡선의 관련성이 있을 수도 있다. 어떤 경우든 함수는 독립변인과 종속변인이 어떻게 변하는지를 나타내 준다. 함수는 편평할 수도 있다. 즉 X와 Y 사이에 그 어떤 함수관계도 없을 수 있다. 독립변인이 종속변인에 그 어떤 영향도 미치지 않으면, X가 증가해도 Y값에는 전혀 변화가 없을 수 있다.

각 X값에 대한 Y의 평균값과 함께 Y값의 변산도(변량)를 나타내고자 할 때에는 그래프에 또 다른 사항을 포함시킬 수 있다. XY의 각 좌표점마다 수직 막대를 그려 표시할 수도 있는데, 수직 막대의 길이(높이)는 Y값의 평균을 중심으로 흩어져 있는 Y값의 변산도를 나타낸다. 각 X값에 대해 동일한 Y값을 보이는 경우에는 적은 변산도를 보이는 막대로 표시하는데, 이는 각 독립변인 값에 대한 종속변인 값이 촘촘하게(군집을 이루며) 붙어 있음을 의미한다. 하나의 X값에 대해 서로 다른 여러 개의 Y값을 보이는 경우는 각 독립변인 값마다 종속변인 값이 더 분산되어 있음을 의미한다.

역동변인과 속성변인　변인을 역동변인이나 속성변인으로 분류하기도 한다(Hegde, 2003; Kerlinger & Lee, 2000). 조작할 수 있는 변인은 **역동변인**(active variables)이라 할 수 있다. 그러므로 실험에서의 독립변인은 실험자가 조작하거나 그 값을 바꿀 수 있기 때문에 역동변인이다. 예를 들면, 연구에서 청력검사기의 청취 수준을 조작하여 강도를 변화시킨 순음을 청자에게 들려줄 수도 있다.

그러나 실험자가 독립변인을 조작할 수 없는 경우도 많다. 대상자 특성과 같은 변인은 조작할 수 없다. 대상자의 연령, 성별, 지능, 말장애 유형, 청력손실 정도, 사례정보 등은 실험자가 바꿀 수 없다. 이 변인들은 각 대상자에게 이미 존재하거나 '자연이 조작하는' 변인이다. 이 변인들은 대상자의 특성에 해당한다. 흔히 **속성변인**(attribute variable)이라 부르는데, Graziano와 Raulin(2013)은 연구 목적에 맞게 대상자를 분류하는 데 이용하는 특징을 유기체변인이라 칭하였다.

변인 중에는 연구 환경이나 연구자가 그 변인을 이용하는 방법에 따라 역동변인이 되거나 속성변인이 되기도 하는 변인도 있다. 청력손실은 역동변인이 되거나 속성변인이 될 수 있는 변인 중 하나이다. 대개는 이를 대상자의 특성으로 생각하지만, 청력손실의 조작이 일부 종속변인에 미치는 영향을 알아보기 위해 시뮬레이션 방식으로 서로 다른 대상자에게 서로 다른 정도의 청력손실을 모의할 수도 있다. 예를 들면, 청력손실이 소음 환경에서의 말 명료도에 미치는 서로 다른 영향을 모의하기 위한 실험에서 음향의 녹음을 조작할 수도 있다.

실험연구에서의 독립변인은 역동변인이라는 점, 즉 그것이 종속변인에 어떤 영향을 미치는지 알아보기 위해 실험자가 일정한 방법으로 조작할 수 있다는 것이 중요하다. 그러나 기술연구에서의 독립변인은 속성변인으로, 연구자가 그 변인이 종속변인에 어떤 영향을 미치는지 알아보기 위해 조작할 수 없다. 기술연구에서는 속성을 나타내는 독립변인이 갖는 값에 대해 종속변인 값을 비교하는 것만 가능할 뿐이다.

연속변인과 범주변인 연속변인과 범주변인을 구분하는 것도 중요하다(Kerlinger & Lee, 2000; Tabachnick & Fidell, 2013). **연속변인**(continuous variables)은 연속선상에서 측정할 수 있거나 변인이 갖는 값을 서열로 매긴 수치를 나타내는 것으로, 그 변인의 실제 수치를 보다 정교하게 측정하여 나타낼 수 있다. 연속변인은 온도 · 시간 · 거리를 각각 수은주 · 아날로그시계 · 줄자로 재었을 때 읽을 수 있는 수치처럼 한 수치에서 다른 수치로 점차 연속되어 변하는 척도로 잴 수 있는 변인이다. 예를 들어, 소리의 강도는 낮은 음압에서부터 높은 음압에 이르는 연속된 수치로 측정된다. 음향장치의 다이얼을 돌려 음량이나 음질을 조정하는 경우를 떠올리면 된다.

그러나 **범주변인**(categorical variables)은 연속선상에서 측정할 수 있는 변인은 아니다. 오히려 서로 다른 수치를 갖는 변인들을 범주로 나누거나 명명할 수 있을 뿐이다. '불연속변인'이라고도 하는데, 서로 확연하게 구분되는 단계에서나 집단에 대해 측정하는 변인이다. 예를 들면, 청자에게 순음을 양쪽 귀나 한쪽 귀에 들려줄 수 있다. 대상자는 남성 아니면 여성으로 구분할 수 있다. 그러나 많은 변인이 어떻게 측정하는가에 따라 연속변인이 되거나 범주변인이 될 수 있다. 아날로그시계로도 초까지 잴 수 있는 것처럼 연령도 연속변인이다. 그러나 대상자를 '청소년', '중장년', '노년'으로 나누거나 '3세 아동'을 '5세 아동'과 비교할 때의 연령은 범주변인이다. 연속변인과 범주변인의 측정 방법은 확연히 차이가 나는데, 이에 대해서는 제6장과 제7장에서 측정과 자료 정리 및 분석에 대해 다룰 때 논의하고자 한다.

〈그림 3.2〉는 〈그림 3.1〉에 예로 들었던 것과 같은 자료인데, 〈그림 3.1〉과 다른 점은 네 개의 독립변인 값을 연속변인 값으로 나타내는 대신 서열을 매긴 범주변인으로 나타내었다는 것이다.

〈그림 3.1〉의 자료에서는 독립변인의 값이 증가할수록 종속변인도 증가하였다. 〈그림 3.2〉의 자료는 네 개의 서로 다른 독립변인 범주에 대해 종속변인도 서로 다르게 나타나고 있음을 보여 주고 있다. 이 책 전반에서 연속적 독립변인은 선 그래프로, 범주적 독립변인은 막대그래프로 표시하는 기존의 방법을 따르고 있다. 각 X값에 대해 각 Y가 갖는 평균값 외에 Y값의 변산도(분산)를 표시하고자 할 때는 각 막대그래프의 꼭대기에 더 가는 수직선을 그려서 각 독립변인 값에 대해 종속변인이 분산되어 있는 정도를 나타낼 수 있다.

이제 실험연구의 변인에 대한 개념을 살펴보자. 의사소통장애에 관한 연구에 다양한 연구 전략을 적용하게 되는데, 이 연구 전략들 간의 유사점과 차이점에 대해 생각해 보아야 할 것이다. 여기에서는 의사소통장애 분야에서 각 연구 전략을 적용하는 전반적인 목적에 대해 설명하고, 각 연구 전략을 적용한 연구의 예를 들고, 그 장점과 약점에 대해 논의하고자 한다.

실험연구

실험연구를 실시할 때는 하나 또는 둘 이상의 변인을 조작하여 그 영향을 관찰한다(Shaughnessy,

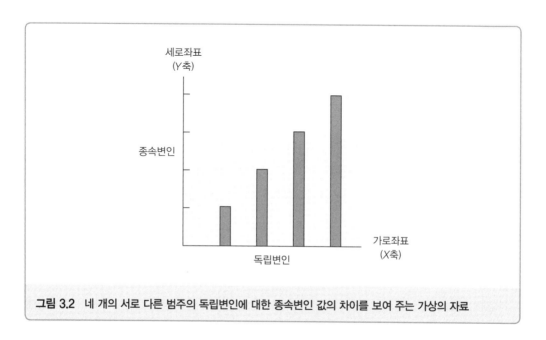

그림 3.2 네 개의 서로 다른 범주의 독립변인에 대한 종속변인 값의 차이를 보여 주는 가상의 자료

Zechmeister, & Zechmeister, 2012). 그러나 실험연구 전략에 있어 변인의 조작이 중요한 만큼 변인을 **통제**하고 그 통제를 유지하는 것도 중요하다. 실험은 측정하는 행동에 미칠 수 있는 다른 영향을 설명하기 위해 통제된 조건하의 통제된 환경에서 수행한다(Drew, Hardman, & Hart, 1996). 제대로 이루어지기만 한다면 실험연구는 변인들 간의 인과관계를 판단하는 데 적용할 수 있는 가장 강력하고도 신뢰성 있는 방법일 것이다(Underwood & Shaughnessy, 1975).

의사소통장애 분야의 많은 연구 문제는 실험연구를 통해 검증되어 왔다. 치료가 말장애나 청각장애가 있는 사람들의 행동에 미치는 영향을 알아보기 위한 실험연구가 이루어지기도 하였다. 이와 같은 실험연구의 연구 질문은 "치료가 행동의 변화를 이끄는가?"일 것이다. 장기적 치료 효과에 관한 실험연구 외에도 실험실이나 클리닉 환경에서의 단기적 인과관계를 알아보는 실험연구도 많이 이루어져 왔다. 예를 들면, "지연된 청각적 피드백이 말 산출에 어떤 영향을 미치는가?"와 같은 연구 질문은 실험연구에서 오랫동안 제기되어 온 질문이다. 자극 특성에서의 변화가 사람들의 반응에 어떤 영향을 미치는지 알아보기 위한 자극-반응 관계의 검증에는 심리신체 실험이 이루어져 왔다. 이 같은 특성의 심리신체 실험은 특히 청각학 분야에서 자주 이루어지는데, 청력 측정에 이용되는 대부분의 임상검사 개발의 기초를 이루고 있다. "순음의 주파수 변화가 청각역치에 어떤 영향을 미치는가?"나 "음성적 균형 단어가 말 명료도에 어떤 영향을 미치는가?"와 같은 질문에 대한 답은 심리신체 실험을 통해 얻을 수 있다.

실험 접근법을 실제로 어떻게 적용하는가에 따라 살펴보면 분류하기 어려운 접근법도 많다. Kling과 Riggs(1971)는 "현재의 연구방법은 매우 구체적이어서 모든 실험에 적용할 수 있는 일반적인 규칙을 정하기 어렵다"는 것을 관찰하여, 실험을 행하는 사람에게 다음의 네 가지 일반적인 특성이 있음을 제안하였다.

1. 실험자는 행동의 특정 측면을 언제 관찰해야 할지 알 수 있게 해 주는 목적이나 질문 또는 가설부터 세우기 시작한다.
2. 실험자는 사건의 출현을 통제하여 최적으로 관찰할 준비가 되었을 때 행동에서의 변화를 관찰한다. 이는 다음의 이유 때문이다.
3. 실험자(또는 다른 사람들)는 동일한 조건에서 이러한 관찰을 반복한다. 이는 관찰 조건을 통제할 수 있기 때문이다.
4. 실험자는 특정 조건을 체계적으로 조작하여 이러한 조작이 행동에 미치는 영향을 측정한다.

Plutchik(1983)은 이용하는 독립변인의 구조를 근거로 하여 실험 유형의 분류를 위한 개요를 제시하였다. Plutchik의 분류는 실험자가 실험연구를 이해하여 독립변인의 조작이 일부 종속변인에 미치는 영향을 연구하는 데 이용할 수 있는 첫 단계로서 도움이 된다. 문헌에서 볼 수 있는 모든 연구가 Plutchik이 분류한 유형에 딱 들어맞는 것은 아니지만, 분류에 대한 이해는 독자로 하여금 독립변인이 종속변인에 어떻게 영향을 미치고 실험자는 이러한 영향을 어떻게 파악할 수 있는지 이해할 수 있게 해 준다. Plutchik의 분류는 연구에 이용되는 독립변인의 개수와 독립변인 수치 중 조작되는 값의 개수에 근거한 것이다. 언뜻 보기에는 그냥 독립변인의 개수를 세고 그 각각의 수치를 재기만 하면 되는 것처럼 간단해 보일 수 있지만, 독립변인과 하나의 독립변인이 갖는 값은 실험자가 독립변인과 종속변인의 기능적 관계를 판단하는 데 매우 중요하다.

이가 실험　이가 실험(bivalent experiment)에서는 실험자가 한 개의 독립변인이 갖는 두 값이 종속변인에 미치는 영향을 연구한다(Plutchik, 1983). 이런 유형의 실험을 이가('두 값') 실험이라고 하는데, 실험자가 조작하는 독립변인이 대상자에게 제시될 때는 두 개의 값만 갖기 때문이다. 연속적 독립변인이라면 연속되는 여러 값 중에서 실험자가 두 개의 값만 선택하여 조작한 값을 독립변인으로 이용한다는 뜻이다. 예를 들어, 실험자는 소리를 '낮은' 강도와 '높은' 강도의 두 가지로만 조작하여 청자에게 들려줄 수도 있다. 범주적 독립변인의 경우에는 실험자가 이용할 수 있는 여러 독립변인 범주 중 두 개의 범주만 선택하여 적용할 수 있다. 독립변인이 양분할 수 있는 것으로, 두 개의 범주로만 분류할 수 있는 경우도 있다. 예를 들면, 양쪽 귀 청취 조건 대 한쪽 귀 청취 조건의 효과를 연구하는 실험도 있다. 어떤 경우든 실험자가 정한 독립변인의 개수에 상관없이 이가 실험에서는 단 두 개만 이용한다.

　Marvin과 Privratsky(1999)가 유치원에서 가정으로 보낸 자료가 아동의 대화 행동에 미치는 영향을 알아보고자 실시한 연구가 이가 실험의 예가 될 수 있을 것이다. 이 실험에서는 유치원 아동들이 (1) 아동 중심의 자료를 집으로 가지고 가는 동안과 (2) 아동 중심이 아닌 자료를 집으로 가지고 가는 동안에 보인 대화 행동을 기록하였다. 〈그림 3.3〉은 이 두 조건(아동 중심 대 비아동 중심 자료) 각각에서 이루어진 학교 관련 대화의 평균 비율을 나타낸 것이다. 이 연구의 결과는 연속되는 독립변인 값에 따라 조작하는 대신 독립변인의 범주를 조작한 것임을 알 수 있게 해 준다.

　또 다른 이가 실험의 예로 들 수 있는 Tye-Murray, Spencer, Bedia와 Woodworth(1996)의 연구에서는 인공와우의 전원을 켠 상태와 끈 상태에서 말할 때 나타난 말소리에서의 차이를 살펴보았다. 아동 20명을 대상으로 (1) 인공와우의 전원을 끈 지 몇 시간 지난 후와 (2) 인공와우의 전원을 켠 지 1~4시간 지난 후라는 두 조건에서 말 샘플을 얻었다. 실험 결과를 보면 두 조건에서 아동들이 산출한 말에는 근본적인 차이가 없음을 알 수 있다. 〈그림 3.4〉는 이 실험연구의 두 조건에서 아동들이 정확하게 산출한 모음의 백분율을 나타낸 것이다. 〈그림 3.4〉를 살펴보면 두 조건에서 모두

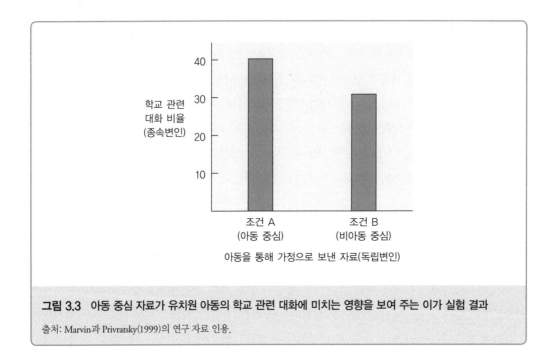

그림 3.3 아동 중심 자료가 유치원 아동의 학교 관련 대화에 미치는 영향을 보여 주는 이가 실험 결과

출처: Marvin과 Privratsky(1999)의 연구 자료 인용.

거의 동일한 정확도로 모음을 산출하였음을 알 수 있다. 인공와우의 전원을 켠 상태에서는 71%, 끈 상태에서는 70%의 모음정확도를 보였다. 다시 말하지만 이러한 이가 실험은 독립변인을 범주로 조작(인공와우 전원 켠 상태 vs. 끈 상태)하였기 때문에 막대그래프로 결과를 제시한다.

독립변인이 하나 이상의 종속변인에 미치는 영향을 연구한 실험도 많다. Marvin과 Privratsky(1999)의 실험에서는 학교 관련 대화뿐 아니라 과거, 현재, 미래 시제 표지, 개시, 학교와 자료 참조물을 포함한 몇 개의 종속변인을 두 가지 조건에서 비교하였다. Tye-Murray 등(1996)의 실험에서는 조음위치, 모음의 (혀) 높이 또는 자음의 유성성과 같은 음운자질 등 몇 가지 종속변인을 두 가지 조건에서 비교하였다. 하나의 독립변인이 몇 개의 관련된 종속변인에 미치는 효과를 검증하는 데 상당히 자주 적용한다. 독립변인의 두 값이 미치는 서로 다른 영향을 검증하려면 이가 실험을 고려해야 한다.

이가 실험의 예로 치료 실시 여부(치료 실시와 미실시)가 조음장애 아동들의 조음 수행에 미치는 효과, 양쪽 귀 자극과 한쪽 귀 자극이 말 지각에 미치는 영향, 유창성 강화와 비강화가 말더듬에 미치는 효과, 지연된 피드백과 정상적 피드백이 말속도에 미치는 효과에 대한 연구도 들 수 있다. 이 예는 모두 독립변인을 조작하여 두 개의 값으로 양분할 수 있기 때문에 양분한 독립변인이 이들 종속변인에 미치는 영향을 검증하는 데 이가 실험이 유용함을 보여 주는 연구 문제이다.

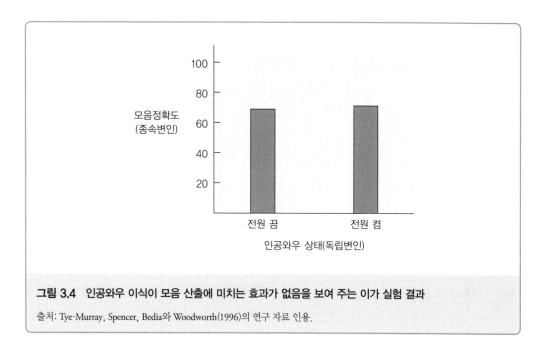

그림 3.4 인공와우 이식이 모음 산출에 미치는 효과가 없음을 보여 주는 이가 실험 결과

출처: Tye-Murray, Spencer, Bedia와 Woodworth(1996)의 연구 자료 인용.

범주적 독립변인도 두 개 이상의 범주로 구성할 수 있다. 이 경우 실험자는 여러 범주의 독립변인 중 두 개를 선택하여 이가 독립변인을 구성한다. 이는 여러 범주 중 두 개에만 관심이 더 많거나 여러 범주 중 두 개만이 양분되는 방식으로 대조되어 있어 보이기 때문일 수 있다. 예를 들어, 청각자극은 한쪽 귀가 아니면 양쪽 귀에 들려주기 때문에 양쪽 귀 청취와 한쪽 귀 청취 자극은 양분 독립변인으로 볼 수 있다. 그러나 청각자극 양식을 왼쪽 한쪽 귀, 오른쪽 한쪽 귀, 실제 양쪽 귀(양분 청취), 가짜 양쪽 귀(양이 청취) 등과 같이 더 전반적인 범주의 독립변인으로도 생각해 볼 수 있다. 실험자는 그냥 단순한 이가 실험이 아니라 두 개 이상의 범주를 조작하기로 결정할 수도 있다.

실험자는 연속적 독립변인을 좀 더 인위적이거나 덜 인위적인 방식으로 양분하여 이가 실험에 이용할 수도 있다. 예를 들어 실험자는 강화 제공과 강화 부재가 비유창성에 미치는 영향에 대해 연구할 수도 있다. 강화의 양은 0과 대량 또는 강화 '있음' 대 '없음'으로 인위적으로 양분할 수도 있다.

이가 실험은 범주적 독립변인(특히 실질적 양분 변수)의 영향을 검증하는 데 유용하지만, Plutchik(1983)은 독립변인이 연속적일 때 그 범위가 제한될 수 있으며 심지어는 잘못된 결론에 도달할 수도 있음을 보여 주었다. 이가 실험은 연속적 독립변인이 가질 수 있는 범위의 모든 값을 충분히 다 반영하지 못하는 경우도 있기 때문에 그 범위가 제한된다. 즉 연속적 독립변인 중 단 두 개의 값만 제시하면 더 많은 독립변인 값이 종속변인과 갖는 것만큼 명확한 그림을 주지 못할 수도 있다. 이가 실험은 검증하는 함수가 선형적이지 않을 경우 잘못된 결론에 이르게 만든다. Plutchik의 분류에서 다음 유형의 실험에 대한 논의가 이 두 문제에 대한 설명이 될 것이다.

다가 실험　다가 실험(multivalent experiment)에서는 독립변인이 갖는 여러 개의 값이 종속변인에 미치는 영향을 검증한다. 이러한 유형의 실험은 연구대상자에게 제시되는 독립변인의 값이 최소 세 개(대개 세 개 이상)는 되는 방식으로 조작되기 때문에 다가(여러 개의 값) 실험이라 부른다(Plutchik, 1983). 가상의 다가 실험 결과를 〈그림 3.2〉에 제시하였는데, 범주적 독립변인 하나에 네 개의 값이 나타나 있다. 독립변인이 연속변인일 때는 다음의 두 가지 이유 때문에 이가 실험보다 다가 실험이 더 적절하다.

먼저 다가 실험은 독립변인이 가질 수 있는 값을 실험자가 충분히 수집할 수 있기 때문에 독립변인과 종속변인이 갖는 관계에 대해 보다 더 큰 그림을 얻을 수 있다. 독립변인 변화의 작용으로 종속변인이 선형적으로 변하면(즉 그래프가 직선을 이루며 상승하거나 하강하면) 이가 실험의 결과는 다가 실험과 유사한 패턴을 보일 것이다. 그러나 이가 실험 결과는 범위가 제한될 수 있기 때문에 다가 실험으로 독립변인과 종속변인의 기능적 관계에 대해 더 큰 그림을 얻을 수 있다.

더 심각한 두 번째 문제는 독립변인의 조작에 따른 종속변인의 변화를 보여 주는 그래프가 직선이 아닌 곡선을 이룰 때 생긴다. 곡선 그래프를 그리려면 최소 세 개의 좌표점을 이용해야 하므로 곡선 함수를 확인하는 데 최소 세 개 이상의 독립변인 값을 이용해야 한다. 이가 실험은 독립변인 값 중 두 개의 값만 알아보기 때문에 그 결과 그래프는 곡선 함수의 형태로 나타날 수 없다. 다가 실험은 곡선 함수가 드러나도록 이루어져야 한다. 이제 연속적 독립변인이 하나의 종속변인에 미치는 영향을 연구하는 데 다가 실험이 적절함을 보여 주는 연구 문헌의 예를 살펴보고자 한다.

Rademaker, Paukloski, Colangelo와 Logemann(1998)은 액상 음식덩이의 양이 정상적인 삼킴기능을 보이는 여성의 여러 종속변인에 미치는 영향에 관한 다가 실험에 대해 기술하였다. 〈그림 3.5〉는 음식덩이의 양이 구강 이동시간에 미치는 영향에 대한 연구 결과를 보여 주고 있고, 〈그림 3.6〉은 음식덩이의 양이 윤상인두근 개방기간에 미치는 영향에 대한 연구 결과를 보여 주고 있다. 음식덩이의 양을 1ml에서 10ml까지 조작함에 따라 구강 이동시간은 감소하나 윤상인두근 개방기간은 증가하였다. 그러므로 〈그림 3.5〉는 음식덩이의 양이 구강 이동시간에는 부적인 영향을 미치고 있음을 보여 주는 반면, 〈그림 3.6〉은 음식덩이의 양이 윤상인두근 개방기간에는 정적인 영향을 미치고 있음을 보여 준다.

여기에서 나타난 두 작용은 크게 보면 모두 선형적이지만, Rademaker와 동료들(1998)이 연구한 다른 두 종속변인처럼 비선형적으로 작용하는 다가 실험을 접하게 되는 경우도 드물지 않다. 〈그림 3.7〉과 〈그림 3.8〉은 각각 음식덩이의 양이 연인두 폐쇄기간과 인두 이동시간에 미치는 영

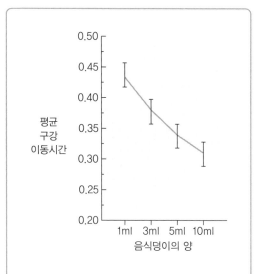

그림 3.5 음식덩이의 양이 구강 이동시간에 미치는 영향을 보여 주는 다가 실험 결과

출처: "Age and Volume Effects on Liquid Swallowing Function in Normal Women," by A. W. Rademaker, B. R. Pauloski, L. A. Colangelo, & J. A. Logemann, 1998, Journal of Speech, Language, and Hearing Research, 41, p. 281. Copyright 1998 by the American Speech-Language-Hearing Association. 승인하에 게재.

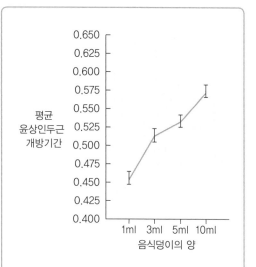

그림 3.6 음식덩이의 양이 윤상인두근 개방기간에 미치는 영향을 보여 주는 다가 실험 결과

출처: "Age and Volume Effects on Liquid Swallowing Function in Normal Women," by A. W. Rademaker, B. R. Pauloski, L. A. Colangelo, & J. A. Logemann, 1998, Journal of Speech, Language, and Hearing Research, 41, p. 282. Copyright 1998 by the American Speech-Language-Hearing Association. 승인하에 게재.

향에 대한 연구 결과를 보여 주고 있다. 음식덩이의 양이 연인두 폐쇄기간에 미치는 영향은 정적인 비선형함수로, 음식덩이의 양이 인두 이동시간에 미치는 영향은 부적인 비선형함수로 나타났음에 주목하라.

〈그림 3.8〉의 예는 이 함수의 형태를 찾는 데 다가 실험이 필요함을 분명히 보여 주고 있다. 만약 독립변인 중 1ml와 5ml 값만 이용한 이가 실험을 실시하였다면 음식덩이의 양이 연인두 폐쇄기간에 미치는 영향은 전혀 없다는 결론을 내렸을 것이다. 만약 독립변인 중 1ml와 10ml 값만 이용하여 이가 실험을 실시하였다면 함수가 가파르게 증가하는 것처럼 보였을 것이므로 음식덩이가 연인두 폐쇄기간에 미치는 곡선적 영향을 판단할 수 없었을 것이다. 그러므로 음식덩이가 연인두 폐쇄기간에 미치는 영향을 검증하는 데 이가 실험은 부적절한데, 이는 독립변인의 비선형적 작용으로 인해 종속변인이 변하기 때문이다. 음식덩이의 양이 인두 이동시간에 미치는 영향도 정적인 비선형함수 대신 부적인 비선형함수라는 점만 제외하고는 동일하다.

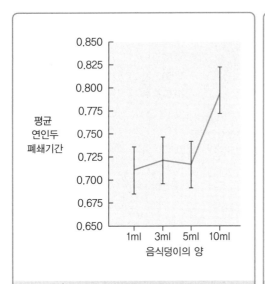

그림 3.7 음식덩이의 양이 연인두 폐쇄기간에 미치는 영향을 보여 주는 다가 실험 결과

출처: "Age and Volume Effects on Liquid Swallowing Function in Normal Women," by A. W. Rademaker, B. R. Pauloski, L. A. Colangelo, and J. A. Logemann, 1998, Journal of Speech, Language, and Hearing Research, 41, p. 282. Copyright 1998 by the American Speech-Language-Hearing Association. 승인하에 게재.

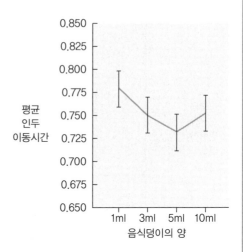

그림 3.8 음식덩이의 양이 인두 이동시간에 미치는 영향을 보여 주는 다가 실험 결과

출처: "Age and Volume Effects on Liquid Swallowing Function in Normal Women," by A. W. Rademaker, B. R. Pauloski, L. A. Colangelo, and J. A. Logemann, 1998, Journal of Speech, Language, and Hearing Research, 41, p. 281. Copyright 1998 by the American Speech-Language-Hearing Association. 승인하에 게재.

요약하면, 다가 실험은 연속적으로 조작할 수 있는 독립변인의 경우 이가 실험보다 더 적절하다. 비평적인 독자들은 독립변인을 양분할 수 없으면 이가 실험을 통해 결론을 도출하는 데 주의해야 한다. 연속되는 독립변인을 조작하여 대상자에게 제시하고자 할 때 이가 실험은 두 가지 제한점을 갖는다. 첫째, 종속변인이 독립변인과 갖는 함수관계는 그 범위가 제한된다. Plutchik(1983)은 이러한 제한점이 독자로 하여금 독립변인이 가질 수 있는 다른 값의 영향을 과잉일반화하도록 만들 수 있다고 주의할 것을 당부하였다. 둘째, 함수가 곡선을 이루면 그 모양을 제대로 판단하는 데 최소 세 개(그 이상이 바람직함)의 독립변인이 필요하므로 이가 실험은 부정확한 결론을 이끌게 될 수도 있다. 이러한 제한점은 여러 개의 독립변인 값을 조작하여 대상자에게 제시할 수 있는 다가 실험을 실시함으로써 극복할 수 있다. 그러므로 다가 실험은 하나의 변인이 다른 변인에 대해 갖는 함수적 종속성, 특히 비선형함수를 검증하는 데 보다 포괄적인 실험 형태가 된다.

매개변수 실험　매개변수 실험(parametric experiment)에서는 실험자가 하나 이상의 독립변인이 종속변인에 동시에 미치는 영향을 연구한다(Plutchik, 1983). 두 번째 독립변인을 매개변수라 부르기 때문에 '매개변수' 실험이라 한다. 한 개의 독립변인이 종속변인에 대해 갖는 주 효과를 또 다른 독립변인이 종속변인에 대해 갖는 주 효과를 검증할 때 동시에 검증한다. 그리고 종속변인의 변화를 유발하는 데 있어 두 독립변인이 갖는 상호작용 효과도 살펴볼 수 있다.

매개변수 실험이 왜 중요하고, 매개변수 실험이 이가 실험과 다가 실험에 비해 갖는 장점은 무엇인가? 첫째, 매개변수 실험은 이가 실험이나 다가 실험에 비해 더 경제적이고 효율적인데, 이는 매개변수 실험이 단일의 연구를 통해 독립변인의 더 많은 효과를 검증하기 때문이다. 그러나 매개변수 실험에는 시간 · 노력 · 비용 절약보다 더 주목해야 할 근거가 있다. 이 복잡한 세상에서 우리가 연구하고 있는 의사소통 행동은 본질적으로 여러 개의 값을 갖는 변수로, 종속변인의 그 어떤 변화라도 그 변화를 일으킨 전체 원인을 설명해 줄 수 있는 단일의 독립변인을 만날 가능성은 매우 낮다. 1명의 화자와 1명의 청력손실 청자 사이에 이루어지는 의사소통을 예로 들면, 화자가 하는 말의 음향학적 특성, 배경 소음 수준, 화자와 청자 사이의 거리, 실내 반향, 청자의 청각장애 유형과 중증도, 청자가 착용한 보청기의 증폭 특성(예: 이득, 왜곡), 청자의 화자에 대한 친숙도, 발화 주제의 친숙도 등 메시지가 청자에게 전달될 때의 명료도에 영향을 미칠 수 있는 여러 변인을 고려하는 것이 중요하다. 그러므로 의사소통장애의 특성과 치료에 관한 연구에 있어 관심을 갖는 종속변인에서의 변화를 유발할 수 있는 여러 관련 독립변인의 동시적 영향을 연구하는 실험을 계획하는 것이 중요하다.

각 독립변인이 종속변인에 미치는 개별적인 영향을 그 독립변인의 주 효과라 한다. 독립변인과 매개변인이 동시에 미치는 영향을 상호작용 효과라 한다. 상호작용 효과는 독립변인이 서로 다른 매개변수 수준에 따라 서로 다른 방식으로 종속변인에 영향을 미칠 때 생긴다.

상호작용 효과는 두 개(또는 그 이상)의 독립변인을 매개변수 실험에서 동시에 연구할 때만 관찰할 수 있다. 상호작용 효과는 두 개의 독립변인이 매개변수 실험에서 서로 상호작용하는 경우도 있으나, 하나의 독립변인 각각이 미치는 영향을 연구하는 두 개의 서로 다른 실험을 진행할 때도 관찰할 수 있다. 독립변인을 매개변수의 각 수준과 서로 교차시켜야 한다. 매개변수 실험에서는 서로 다른 여러 종류의 상호작용 효과를 관찰할 수 있는데, 여기에서는 몇 개의 일반적인 예에 대해 논의하고자 한다.

상호작용 효과는 종속변인의 변화를 독립변인의 변화와 연관 지을 때 모든 매개변수 값에 대해 동일한 형태의 함수가 나타나지 않을 때 생긴다. 예를 들어, 종속변인은 하나의 매개변수 값에 대해서는 독립변인이 증가함에 따라 증가할 수 있으나, 다른 매개변수 값에 대해서는 독립변인이 증가해도 종속변인은 전혀 변하지 않을 수도 있다. 실제로 종속변인은 매개변수의 한 값에 대해서는 독립변인에서의 증가와 함께 증가할 수도 있고 매개변수의 다른 한 값에 대해서는 독립변인의 증가와 함께 감소할 수도 있다. 매개변수의 서로 다른 값에 대한 종속변인의 변화를 독립변인의 변화와 항상 다르게 연관시키는데, 독립변인과 매개변수 사이에서 상호작용이 나타난다.

두 개의 독립변인 사이에 상호작용이 나타난 하나의 매개변수 실험의 예는 Butler와 동료들(2009)의 삼킴 연구에서 발췌한 〈그림 3.9〉에서 찾아볼 수 있다.

〈그림 3.9〉에서는 건강한 성인을 대상으로 침을 삼킬 때의 상인두근 수축과 상식도괄약근 이완 시작에 걸린 시간을 세로축(종속변인)에 표시하고, 가로축에는 대상자의 연령(독립변인)과 성별(매개변수)을 표시한 결과를 볼 수 있다. 젊은 여성과 노년 남성 대상자의 경우 시간이 더 길어졌음에 주목하라. 그러므로 연령과 성별 속성 사이에 상호작용이 나타났다. 이 예에서 독립변인과 매개변수는 이가변수, 즉 두 수준의 변수이다.

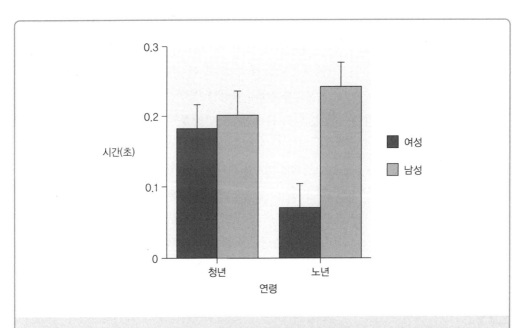

그림 3.9 대상자의 연령과 성별이 삼킴 시 상인두근 수축과 상식도괄약근 이완의 시작에 걸린 시간에 미치는 영향을 보여 주는 매개변수 실험 결과

출처: "Effects of Age, Gender, Bolus Condition, Viscosity, and Volume on Pharyngeal and Upper Esophageal Sphincter Pressure and Temporal Measurements During Swallowing," by S. G. Butler, A. Stuart, D. Castell, G. B. Russell, K. Koch, and S. Kemp, 2009, Journal of Speech, Language, and Hearing Research, 52, p. 247. Copyright 2009 by the American Speech-Language-Hearing Association. 승인하에 게재.

그러나 많은 매개변수 실험에는 다가 독립변인과 이가 매개변인이 포함되어 있다. 〈그림 3.10〉은 Schiavetti, Whitehead, Whitehead와 Metz(1998)의 실험 결과를 보여 주고 있는데, 이는 손가락 철자 과제 길이와 의사소통 방식이 말에서 지각되는 자연스러움(종속변인은 9점 척도로 측정하였는데, 1점은 가장 자연스러운 말이며 9점은 가장 부자연스러운 말에 해당됨)에 미치는 영향에 대한 연구로 이러한 패턴을 잘 보여 주고 있다.

손가락 철자 과제 길이(가장 짧은 글자 수부터 가장 긴 글자 수에 이르기까지 네 수준으로 단어의 철자를 손가락으로 쓰는 과제)는 다가 독립변인이고 의사소통 방식(말로만 대 말과 동시에 손가락 철자 쓰기의 동시적 의사소통)은 이가 매개변인이다. 의사소통 방식의 주 효과가 있었다. 즉 화자들이 말만 할 때에 비해 동시적 의사소통을 이용할 때 더 부자연스러운 소리가 들린다고 지각하였다. 손가락 글자 쓰기 과제 길이의 주 효과도 있었는데, 길이가 증가할수록 부자연스러움

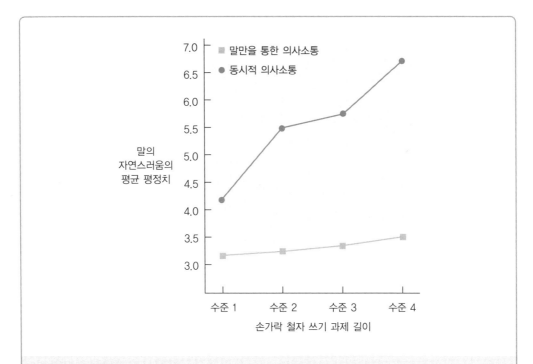

그림 3.10 손가락 철자 쓰기 과제 길이와 의사소통 방식이 말에서 지각된 자연스러움에 미치는 영향을 보여 주는 매개변수 실험 결과

출처: "Effect of Fingerspelling Task on Temporal Characteristics and Perceived Naturalness of Speech in Simultaneous Communication," by N. Schiavetti, R. L. Whitehead, B. H. Whitehead, and D. E. Metz, 1998, *Journal of Speech, Language, and Hearing Research, 41*, p. 13. Copyright 1998 by the American Speech-Language-Hearing Association. 승인하에 게재.

의 인식 정도도 증가하였다. 그러나 동시적 의사소통 조건에서만 부자연스러움이 증가하는 것으로 나타났다. 말만 하는 조건(더 높은 수준의 단어가 더 긴 경우에도)에서 부자연스러움의 지각 정도는 근본적으로 증가하지는 않았으나 동시적 의사소통 방식에서는 부자연스러움의 지각 정도가 뚜렷하게 증가한 것으로 나타났다. 말만 하는 수준의 매개변수 함수는 평편한 것으로 나타났으나, 동시적 의사소통에서는 말에서 지각된 부자연스러움이 손가락 철자 쓰기 과제 길이의 정적 작용으로 인해 증가하였다. 상호작용 효과는 두 수준의 매개변수에 대한 두 개의 상이한 함수 형태를 예로 잘 설명되었다.

상호작용 효과는 독립변인과 매개변인이 다가변수인 매개변인 실험에서도 나타날 수 있다. 매개변수 실험은 하나 이상의 매개변수를 이용할 수 있기 때문에 3~5개 독립변인의 동시적 효과를 검증하는 실험을 보게 되는 경우도 드물지 않다. 그러나 6개 이상의 독립변인을 검증하는 연구를 발견하기는 매우 어려운데, 이는 특히 매우 많은 독립변인들 간의 잠재적인 상호작용의 복잡성을 고려할 때 분석과 해석이 복잡하고 어렵기 때문일 수 있다.

Plutchik(1983)의 분류를 요약하면, 실험은 이가, 다가 또는 매개변수 실험으로 분류할 수 있다. 이가 실험은 하나의 독립변인이 갖는 두 개의 값이 하나의 종속변인에 미치는 영향을 검증하는 실험으로, 독립변인을 양분할 수 있는 경우에 적절하다. 이러한 실험은 연속적으로 조작할 수 있는 독립변인, 특히 비선형함수를 연구할 때는 적절하지 않다. 다가 실험은 하나의 독립변인이 갖는 여러 개의 값이 종속변인에 미치는 영향을 검증한다. 독립변인이 연속적일 때 기능적(함수) 관계를 판단할 때는 이가 실험에 비해 더 포괄적이고 정확한 실험이다. 하나 이상의 독립변인이 종속변인에 영향을 미칠 가능성이 있을 때, 하나의 독립변인과 하나의 매개변인을 동시에 조작하여 이들이 종속변인에 함께 미치는 영향을 결합하여 연구하는 데는 매개변수 실험이 적절하다. 이러한 분류는 검증하는 독립변인의 개수뿐만 아니라 독립변인이 갖는 값의 수에 근거한 것이다. 이가 실험, 다가 실험, 매개변수 실험 중 어떤 유형의 실험이라 할지라도 하나 이상의 종속변인을 이용할 수 있다.

기술연구

기술연구(descriptive research)는 집단 간의 차이, 발달적 경향 또는 연구자가 측정할 수 있는 변인들 간의 관계를 관찰하는 데 이용한다. 이 유형의 연구는 연구자가 독립변인을 조작하지 않아도 특정 시점에서 관찰한 것에 대한 실험적 그림을 그리거나 일정 기간 동안 시간의 경과에 따른 변화를 관찰할 수 있게 해 준다. 이 장의 앞에서 이미 지적하였듯이 실험연구에는 역동적 독립변인이 하나의 종속변인에 미치는 영향을 판단하기 위해 그 역동적 독립변인을 조작하는 것이 포함되는 반면, 기술연구에는 속성 독립변인과 종속변인 간의 관계를 관찰하는 것이 포함된다.

기술연구에서 연구자들은 근본적으로 가능한 한 간섭하지 않도록 노력하는 수동적 관찰자이기 때문에 그들의 존재(또는 그들이 측정에 이용하는 기기나 기술)가 조사 중인 현상의 자연스러움을 최소한으로만 변화시킨다. **자연스러운 관찰**은 '실제 세상'이라는 환경에서 관찰되는 사건에 개입하거나 그 사건을 통제하거나 조작하려는 그 어떤 시도도 하지 않고 일어나는 일을 수동적으로 조심스럽게 기록하는 관찰자에 의해 이루어진다. 자연스러운 관찰의 목적은 "일상적으로 일어나는 행동을 기록하고 나타나는 변인들 간의 관계를 조사하기 위한 것이다"(Shaughnessy, Zechmeister, & Zechmeister, 2012).

기술연구는 행동과학에서 중요한 시도 중 하나이며 의사소통장애 문헌에서 찾아볼 수 있는 연구의 큰 부분을 차지한다. 그러나 기술연구에 대한 일반적인 오해에 대해서도 논의해야 할 것이다. 첫째, 기술연구 결과를 인과관계 진술로 이끌어서는 안 된다. 집단 간의 차이에 대한 기술이나 변인들 간의 관계에 대한 기술은 **원인** 관계를 수립하는 충분한 근거가 되지 못한다(Justice, 2009). 직접적인 인과관계의 발견은 실질적인 실험연구의 범위 안에 있으며, 기술연구에서는 통제 조건 하에서 일이 일어나도록 실험자가 만들기가 불가능하다. 그러므로 연구자가 통제할 수 없는 변인이 많아 결과를 혼동시킬 수 있기 때문에 기술연구로부터 인과관계를 도출하기 어렵다.

둘째, 앞서 말한 인과관계 진술은 일부 사람들로 하여금 기술연구를 열등한 방법으로 폄하하게 만들었다. 기술연구는 열등한 방법이 아니다. 기술연구가 더 적절한 상황이 있고 실험연구가 더 적절한 상황도 있다. 기술연구는 연구자가 실험자의 개입 없이 자연적으로 일어나는 행동에 관심을 갖는 상황에 더 적절하다. 연구자가 인과관계를 검증하기 위해 조건을 조작하기 원하는 상황에서는 실험연구가 더 적절하다.

어떤 상황에서는 실험연구가 바람직한데도, 연구대상자인 사람들에 대한 보호와 같은 윤리적 우려사항 때문에 특정 실험 기법의 적용을 배제하게 된다. 예를 들어, 중이의 병리가 청지각 또는 학업 성취에 미치는 영향을 연구하기 위해 사람을 대상으로 전도성 청력손실을 유발하는 실험연구를 실시하는 것은 비윤리적이다. 그러므로 연구자들은 중이 병리가 있는 아동과 없는 아동에 대한 기술연구에 의존할 수밖에 없다. 이러한 기술연구는 인과관계를 결정하는 실험과 동일하지 않으나 사람에게 병리의 영향을 실험하여 연구하지 못하게 만드는 윤리적 우려사항 때문에 최선의 절충안이 될 수 있다.

실제로 실험과 기술적 조사를 이루고 있는 것이 무엇인지 구별할 수 있게 해 주는 차이가 명확하지 않은 상황도 있다. 독립변인의 통제는 연구자가 진짜 실험을 실행하거나 "기존의 여러 값 중에서 원하는 변인 값을 선택"하여 집단을 미리 배정함으로써 "의도적으로 변인을 조작"할 수도 있다(McGuigan, 1968, p. 149). 그러므로 서로 다른 독립변인 값이 "자연적으로 선정"되고 검증을 위해 연구자가 선택할 수 있다면 기술연구로 칭할 수 있는데, 이는 체계적인 관찰 형태 중 하나이기 때문이다(Salkind, 2009). 그러나 연구자가 특정 변화를 일으키기 위하여 독립변인을 통제하는 것은 실험연구의 특징이다. 두 유형의 연구 모두 궁극적인 목적은 측정된 종속변인을 예측 · 통제하는 것이다.

그럼에도 불구하고 **자연의 실험**(experiments of nature)에 내재하는 문제는 우리가 앞서 예를 든 것과 마찬가지로 중이의 병리와 청지각 간의 관계에 대한 조사와 같은 기술연구에 관한 논란을 이끌었다(Ventry, 1980). Ayukawa와 Rudmin(1983), Karsh와 Brandes(1983) 사이에서 이루어진 *Journal of Speech and Hearing Disorders* 서신 교환은 실험을 실시할 수 없어서 기술연구를 구상해야 하는 연구자들이 직면하는 딜레마의 예를 잘 보여 주고 있다. Shriberg와 동료들(2000)은 중이염과 말장애 같은 변인에 대한 기술연구 설계에 내재되어 있는 문제를 살펴보았다. Casby(2001)는 제10장에서 치료 효능에 대한 연구 결과를 검토하면서 설명한 기법인 메타분석을 적용하여 중이염과 언어발달의 관계에 대한 연구 문헌을 객관적이고 양적으로 평가하여 기술연구에 이용되는 기술 방법에 대해 비평하였다.

또 다른 예는 말더듬의 원인에 관한 것이다. 아동이 말하는 환경과 관련된 여러 조건이 말더듬이 시작되게 만들 수 있다는 가설이 있다. 그러나 아동들에게서 말더듬을 유발하기 위해 환경적 조건을 체계적으로 조작한다는 것은 비윤리적이다. 그러므로 말더듬의 시작과 관련되어 있는 환경적 요인에 관한 많은 연구는 말더듬의 전형적인 시작 시기에 해당하는 말더듬 아동들과 일반 아동들에 대한 기술에 역점을 두어 왔다.

요약하면, 특정 문제를 해결하기 위해 자연적인 관찰이 필요할 때는 기술연구가 적절하다. 변인을 조작하여 인과관계를 검증하고자 할 때는 실험연구가 적절하다. 실험연구가 바람직하지만 불가능한 상황도 있다. 이 같은 상황으로 인해 실험연구 대신 기술연구로 대체할 때는 실험연구로 밝힐 수도 있는 직접적인 인과관계를 파악하기가 불가능해질 것이다.

기술연구에 이용되는 여러 전략에 대해 논의하기에 앞서 기술연구에서 독립변인과 종속변인을 기술하는 데 사용하는 다양한 용어에 대해 언급할 필요가 있다. 앞서 언급하였듯이 실험연구의 독립변인은 역동변인으로 종속변인에 미치는 영향을 검증하기 위해 실험자가 조작할 수 있다. 그러나 기술연구의 독립변인은 조작할 수 없는 속성변인이다.

특정 유형의 기술연구에서는 특정 변인에 따라 대상자들을 **분류**할 수 있으며 일부 준거변인의 측면에서 분류한 대상자들끼리 비교할 수 있다. **분류변인**과 **준거변인**은 각각 **독립변인**과 **종속변인**이라는 용어와 유사하다(Graziano & Raulin, 2013). 예들 들면, 실어증 환자들을 실어증이 없는 일반 화자의 특정 언어 수행에서의 측정치와 비교할 수 있다. 이 경우 분류변인은 현재의 언어 상태(실어증 대 비실어증)이며, 언어 수행은 준거변인이다.

또 다른 유형이 기술연구에서는 한 분류집단에 속하는 대상자들에게서 여러 준거변인을 측정하여 이 변인들 간의 관계를 파악함으로써 하나의 변인이 다른 변인을 예측하는 능력을 판단하기도 한다. 이 경우 변인 중 하나는 **예측(하는)변인**으로 정하고 다른 변인은 **피예측(예측되는)변인**으로 정한다. 예측변인과 피예측변인도 각각 독립변인과 종속변인과 비슷하다. 이 두 쌍의 용어 간의 진정한 차이는 연구자가 독립변인을 조작할 수 있는가 하는 데 있다.

많은 권위자들이 실험연구와 기술연구에 독립변인과 종속변인이라는 용어를 사용하기 때문에 주어진 연구에 사용된 변인의 조작 가능성을 판단하여 그 연구가 실험연구인지 기술연구인지 구분하는 것은 오롯이 독자의 몫이 되는 경우가 많다. 독립변인이 종속변인에 미치는 영향을 판단하기 위해 독립변인을 조작할 수 있다면 그 연구는 실험연구이다. 연구대상자를 일부 조작할 수 없는 차원에 따라 분류하고 특정 준거에 따라 비교하거나 조작 불가능한 예측변인과 피예측변인 간의 관계를 연구한다면 그 연구는 기술연구이다. 그러나 의사소통장애 분야의 많은 연구가 실험연구와 기술연구를 결합한 것임을 알아야 할 것이다.

기술연구에 적용할 수 있는 여러 상이한 전략을 문헌에서 찾아볼 수 있다. 다음에서는 의사소통장애 분야에서 흔히 적용되는 기술연구 전략 중 (1) 비교연구, (2) 발달연구, (3) 상관연구, (4) 조사연구, (5) 회고(후향)연구의 다섯 가지 접근법에 대해 살펴볼 것이다.

비교연구 비교연구(comparative research) 전략은 두 유형 이상의 대상자들이 시간상의 특정 시점에서 보이는 행동을 측정하여 그들 간의 유사성과 차이점에 대한 결론을 도출하는 데 이용하는 전략이다. 실험연구에 대한 논의의 앞부분에서 이미 밝힌 것처럼, 많은 실험연구가 하나 이상의 종속변인을 이용한다. 이는 많은 기술연구에서도 마찬가지이다.

다가 실험 및 매개변수 실험과 유사한 비교연구도 찾아볼 수 있다. 다가 실험을 예로 들면, 연구대상자들을 연속되는 특성에 따라 세 개 이상의 집단으로 구분하여 비교하는 연구도 여기에 해당된다. 그러나 다가 비교연구와 다가 실험의 주된 차이점은 실험연구에서는 이용하는 독립변인을 조작할 수 있으나 비교 기술연구에서는 기존의 분류 기준에 따라 대상자를 선정해야 한다는 점이다.

매개변수 실험과 유사한 비교연구에는 두 개 이상의 분류변인에서 차이가 나는 집단을 동시에 비교하는 연구가 해당된다. 비교연구에는 기존의 변인 간의 차이점과 유사성을 검증하거나 연구자가 관심을 갖는 대상자 분류에 대한 연구도 있다. 이 장의 앞부분에서 이미 기술하였듯이 '자연의 실험'은 실험에서 조작할 수 없는 변인을 연구할 수 있게 해 준다는 이점이 있다. 예를 들어,

Juhasz와 Grela(2008)는 단순언어장애 아동들이 자발적으로 산출한 언어 샘플을 수집하여 일반 아동들의 자발적 언어 샘플과 동사의 통사구조, 주어 및 목적어 생략의 측면을 비교하였다. 또 다른 예로 Lee, Thorpe와 Verhoeven(2009)은 다운증후군 화자들과, 그들과 연령 및 성별을 일치시킨 통제집단이 산출한 발성과 억양의 음향학적 특성을 비교하였다.

그러나 비교연구의 두 가지 제한점도 언급해야 할 것이다. 첫째, 준거변인 차이의 원인에 관한 결론을 도출하기 어렵다. 무엇이 원인인지 밝히기 어려운 데는 다른 변인이 분류변인과 동시에 작용하여 범주변인에 영향을 미칠 가능성도 있기 때문이다. 기술연구는 실험적 통제가 제한되기 때문에 그러한 가능성을 사전에 배제하기 어렵다(Justice, 2009).

둘째, Young(1976, 1993, 1994)은 상이한 집단의 수행에 대한 지식을 얻기 위해 여러 준거 측정치에서의 집단 간 차이를 이용하는 것을 비판하였다. 그는 상관연구 전략을 통해 분류변인 측면에서 차이가 나는 대상자들의 수행을 평가하는 더 나은 전략으로 종속변인과 집단 구성에서 나타나는 변량을 분석할 것을 제안하였으며, 인과관계에 관한 결론을 도출하는 데는 기술 비교연구를 적용하기 어려움을 강조하였다.

발달연구 발달연구(developmental research) 전략은 시간의 경과에 따라 사람들의 행동이나 특성에서 나타나는 변화를 측정하는 데 이용되는데, 대개 성숙이나 노화의 영향을 연구하는 데 이용된다. 그러므로 발달연구는 아동들이 성장함에 따라 나타나는 행동에 관심을 갖기 때문에 매우 어린 아동들을 중심으로 이루어지거나, 노년층의 정상적인 노화과정에서 나타나는 수행상의 변화에 관심을 갖기 때문에 아주 나이가 많은 노인을 중심으로 이루어지는 경향이 있다. 발달연구에서 독립변인은 성숙(예: 신체적 · 인지적 · 정서적 성장 및 경험)이고 대개는 생활연령이나 정신연령 또는 언어연령 지표로 평균발화길이 같은 특정 발달지표를 이용하여 판단한다. 발달연구는 영아의 말 산출을 위한 호흡에서의 신체적 발달(Reilly & Moore, 2009), 성인이 노화과정에서 겪는 청력의 변화(Wiley et al., 1998), 사춘기 이전, 사춘기, 청년의 언어에서 나타나는 추상적 실체의 발달(Nippold, Hegel, Sohlberg, & Schwarz, 1999)과 같은 주제에 관심을 둔다.

문헌에서 세 가지 관찰 계획을 찾아볼 수 있는데, 횡단연구, 종단연구, 반종단연구가 그것이다(Bordens & Abbott, 2011). 횡단적 관찰 계획은 다양한 연령 집단에서 대상자를 선정하여 서로 다른 집단에서 나타나는 행동이나 특성의 평균 차이를 비교하는 계획을 말한다. 횡단연구의 약점은 서로 다른 연령의 대상자 간에 나타나는 차이를 관찰하여 그들이 성숙함에 따라 대상자 내에서 나타나는 차이를 추정한다는 것이다. 예를 들어 Holm, Crosbie와 Dodd(2007)는 전형적인 발달을 보이는 아동 409명을 연령에 따라 여러 집단으로 구분하였다. 각 연령 집단의 말 산출 정확도를 수량화하여 3~7세 아동들의 말 변이와 일관성의 변화에 대해 기술하였다. 일부 발달연구는 Kahane(1982)의 고전적 연구처럼 횡단적 관찰 계획만이 유일하게 적용할 수 있는 관찰 계획일 수도 있다. 그는 사후부검을 통해 얻은 몇 가지 해부학적 표본을 이용하여 사춘기 이전부터 성인기에 이르기까지 사람 후두의 성장과 발달에 대해 기술하였다.

많은 발달연구가 **종단적 관찰 계획**을 따르는데, 이는 동일한 대상자 집단을 시간의 경과에 따라 추적하여 그들의 행동에서 나타나는 변화를 측정하는 연구를 말한다. Law, Tomblin과 Zhang (2008)은 언어장애 아동들을 대상으로 그들이 7세, 8세, 11세가 되었을 때 수용 문법 점수를 측정함으로써 언어발달을 추적하였다. 이러한 장기연구는 대상자들의 나이가 증가함에 따라 그들의 행동이 어떻게 성숙하는지를 직접적으로 보여 준다는 장점이 있다. 실제 발달을 직접적으로 관찰할 수 있다는 장점에도 불구하고 종단연구는 횡단연구에 비해 비용과 시간이 더 많이 들고 더 소모적이라는 제한점이 있다. 종단연구는 자료 수집에 몇 년씩 걸릴 수도 있기 때문에 비용이 많이 들고, 연구대상자나 연구자를 잃게 될 수도 있다. 종단적 관찰이 갖는 비용, 소모성, 시간 소모의 제한점 때문에 종단연구는 주로 적은 수의 대상자만 연구에 포함시키는데, 이로 인해 횡단연구에 비해 일반화가 다소 제한적일 수밖에 없다. 발달을 직접적으로 관찰하기 때문에 종단연구가 더 바람직함에도 불구하고 횡단연구가 비용 측면에서 더 효과적이고 실용적이기 때문에 종단연구 대신 횡단연구가 이루어지는 경우도 많다.

횡단연구와 종단연구의 약점은 최소화하고 장점은 최대화한 논리적 절충안이 **반종단적 관찰 계획**으로, 집단순차연구라고도 한다. 이 계획에는 연구해야 할 전체 연령 범위를 몇 개의 중복되는 연령 범위로 구분한 뒤 특정 연령 범위의 하한 연령에 해당되는 대상자들을 선정하여 그들이 상한 연령에 도달할 때까지 관찰하는 연구가 해당된다. 그 예로 Wilder와 Baken(1974)은 흉곽과 복부의 움직임을 관찰하기 위해 임피던스 호흡운동검사라고 하는 기법을 이용하여 영아의 울기 행동에서 나타나는 호흡 변인을 관찰하고자 하였다. 생후 2~161일 연령 범위에 해당되는 영아 10명을 대상으로 각 영아를 4개월 동안 관찰하였다. 서로 다른 연령의 영아를 한 번만 관찰하거나 영아가 태어나기를 기다렸다가 1년 동안 그들을 추적하여 관찰하는 대신 그들은 보다 효율적인 방식인 반종단적 접근법을 통해 미리 정한 기간 동안 대상자들 사이와 각 대상자 내에서 나타나는 변화를 관찰할 수 있었다.

발달연구, 특히 의사소통장애 문헌에서의 발달연구는 다른 연구 전략도 흔히 결합한다. 많은 발달연구가 전형적으로 발달하는 집단과 발달이 늦된 집단 모두에게서 나타나는 발달 경향을 기술하고 있다. 그러므로 한 연구대상자 집단의 발달지연을 그들의 또래에게서 얻은 규준 자료와 비교하기 위한 연구에서는 발달연구 전략을 비교연구 전략과 자주 결합한다.

상관연구 상관연구(correlational research) 전략은 한 변인에서의 변화가 다른 변인에서의 변화와 상응하는 정도를 검증하고, 한 변인에서의 변화로 다른 변인에서의 변화를 예측하기 위해 두 개 이상의 변인 간의 관계를 연구하는 데 이용하는 연구 전략을 말한다. 상관 및 회귀 분석이라고 하는 통계적 절차에 대한 자세한 내용은 제7장에서 다루지만 상관연구의 논리적 틀은 기술연구 전략으로 살펴보아야 할 것이다. 상관연구는 두 개의 변인을 연구하는 매우 단순한 문제에서부터 여러 변인의 상호관련성을 고려해야 하는 복잡한 연구에 이르기까지 그 범위가 넓다.

상관연구에서는 두 가지 기본적인 질문을 제기한다. 첫째, 변인들이 얼마나 밀접하게 상관되어 있는가? 이 질문에 대한 답은 그 변인에 대한 한 집단의 수행을 연구함으로써 얻을 수 있다. 알맞은 상관계수를 계산하여 두 변인이 공유하는 변량이 얼마나 많은지 그 관계의 정도를 알려 준다. 상관은 관계의 방향도 나타내 준다. 정적 상관은 한 변인에서의 증가가 다른 변인에서의 증가와 연관되어 있음을 나타내는 반면, 부적 상관은 한 변인에서의 증가가 다른 변인에서의 감소와 연관되어 있음을 나타낸다. 0의 상관은 두 변인 간에 관계가 없음을 나타낸다.

변인들 간의 상관은 산포도라고 하는 그래프로도 나타낼 수 있는데, 이에 대해서는 제7장에서 자세히 논의하고자 한다. 여기에서는 상관연구를 쉽게 설명하기 위해 산포도를 언급하고자 한다. 간단히 말해서 산포도는 각 대상자가 두 변인에 대해 얻은 점수 쌍을 의미한다. 그래프는 두 변인 사이의 기능적 관계를 구성하여 나타낸 것으로 실험연구, 비교연구, 발달연구를 위해 구성하여 나타낸 함수와 유사하다.

상관연구에서 답을 얻어야 할 두 번째 질문은 전형적인 대상자의 경우 한 변인에서의 수행으로 다른 변인에서의 수행을 얼마나 잘 예측할 수 있는가와 관련되어 있다. 이 질문은 다른 변인에서 대상자가 얻은 점수에 대한 지식으로부터 특정 변인에 대해 기대하는 점수(예측의 오차 범위 내에서)를 예측하는 공식을 노출할 수 있게 해 주는 회기 분석을 통해 얻을 수 있다.

회기 분석에서는 한 변인(또는 한 세트의 변인)은 예측변인으로, 다른 변인(또는 다른 변인 한 세트)은 피예측변인으로 설정한다. 앞에서 언급하였듯이 일부 연구자들은 예측변인과 피예측변인을 각각 독립변인과 종속변인으로 지정하기도 한다. 예측변인과 피예측변인이라는 용어는 독립변인과 종속변인이라는 용어보다 상관연구에서 검증하고자 하는 변인의 본질을 기술하기에 더 적절하다. 상관연구에서는 독립변인이 종속변인에 미치는 영향을 검증하기 위해 독립변인을 조작할 수 없다. 오히려 두 변인을 측정한 다음 한 변인을 다른 변인의 예측에 이용할 수 있을 뿐이다. 즉 변인들 간에 인과관계가 없다고 가정한다(Chen & Popovich, 2002). 그러나 상관연구라도 독립변인과 종속변인이라는 용어 대신 예측변인과 피예측변인이라는 용어를 사용한 경우도 있다.

그러한 예측 질문의 예는 지원자의 고등학교 배경정보와 표준화 검사에서 보인 수행에 대한 정보를 주고 지원자가 대학에서 얼마나 잘 적응할 것인지 예측하기 위해 대학 입학처에서 실시하는 과제를 이용하는 연구에서 볼 수 있다. 고등학교 평균 성적, 대학 학력평가 점수, 성취도 검사 점수, 면접 점수와 같은 변인을 예측변인으로 설정하고, 대학 평균 성적을 피예측변인으로 설정하였다. 입학처는 전년도 신입생들의 예측변인과 피예측변인을 상관시켜 고등학교 평균 성적, 대학 학력평가 점수, 면접 점수를 이용하여 대학 평균 성적을 예측하는 회귀공식을 개발하였다. 이 공식을 새 지원자의 자료에 적용하여 대학이 그 지원자를 합격시켜야 할지 말아야 할지 결정하기 위한 대학 평균 성적 예측치를 얻을 수 있었다.

두 변인 간 상관연구의 예 중 하나를 Turner와 Weismer(1993)가 실시한 연구의 한 부분에서 찾아볼 수 있는데, 그들은 근위축성측색경화증(ALS)과 연관되어 나타나는 마비말장애 화자의 말속도에 관심을 가졌다. 이 연구의 연구 질문 네 개 중 하나는 ALS 화자와 정상적인 말을 산출하는 화자의 실제(물리적) 말속도와 청지각적 말속도 간의 상관에 관한 것이었다. 연구자들은 말속도의 물리적 측정치가 일부 마비말장애 화자의 말에서 지각되는 말속도를 예측하지 못할 수 있다는 선행 연구의 제언으로 인해 이 두 말속도 간의 상관에 관심을 갖게 되었다. 〈그림 3.11〉에 일반 화자 27명과 마비말장애 화자 27명, 이 두 집단의 물리적 말속도(분당 단어 수)와 그들의 말에서 지각된 말속도를 정도측정법으로 평가한 말속도 평정치의 산포도, 상관계수, 회귀공식을 제시하였다. 두 화자 집단에서 모두 높은 정적 상관이 나타났는데, 약간 다르게 나타난 회귀공식을 보면 일반 화자에 비해 마비말장애 화자에게서 물리적 말속도가 증가함에 따라 지각된 말속도가 약간 더 빠르게 증가함을 알 수 있다.

상관연구의 장점 중 하나는 Young(1976, 1993, 1994)의 비교연구 비평을 언급하면서 이미 기술한 바 있다. 상관연구는 단순히 두 연구대상자 집단의 준거 측정치에서 나타나는 평균 점수의 차이를 살펴보는 것보다 집단 분류의 기초 근거가 되는 준거 측정치에서 나타나는 변량을 측정하는 데도 이용할 수 있다. 상관연구는 인간의 어떤 행동 측면이 일반적인 특성을 공유하는지 알아보는 데 강력한 도구가 되기도 한다. 두 변인 사이에 높은 상관이 있다면 연구자는 한 변인의 값에 대한 지식을 이용하여 다른 변인을 예측할 수 있다. 그러나 제한점도 있다. 상관은 단순한 원인 작용을 의미하지는 않는데, 많은 사람들이 상관 자료에 인과관계를 적용하면서도 이 사실을 놓치고 있는 것 같다(Justice, 2009). 게다가 상관연구에는 상관계수의 해석과 관련된 문제도 있다. 두 변인이 서로 유의하게 상관되어 있다 하더라도 이 두 변인은 연구자가 알지 못하는 제3의 변인과 상관되어 있을 수도 있다. 제3의 변인에 대한 지식이 기존의 두 변인이 실제로 갖는 관련성의 본질을 이해하는 데 중요할 수도 있다. 이 같은 이유와 또 다른 기술적 이유 때문에 상관의 이론적 또는 실제적 의미를 평가하기가 어려워지기도 한다. 때로는 많은 변인들이 서로 상관되어 있음을 밝히려는 시

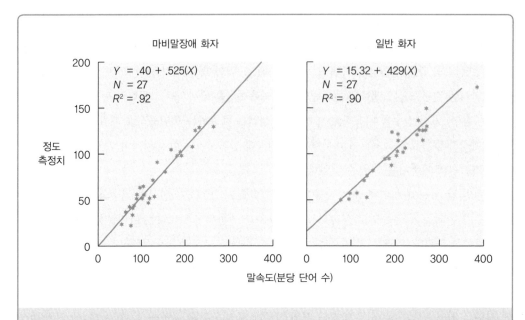

그림 3.11 일반 화자와 마비말장애 화자의 실제 말속도(분당 단어 수)와 지각된 말속도(평정치)의 상관연구 결과

출처: "Characteristics of Speaking Rate in the Dysarthria Associated with Amyotrophic Lateral Sclerosis," by G. S. Turner and G. Weismer, 1993, *Journal of Speech and Hearing Research, 36*, p. 1141. Copyright 1994 by the American Speech-Language-Hearing Association. 승인하에 게재.

도로 동시다발적 접근법을 적용하기도 하는데, 유의하기는 하지만 낮은 상관계수는 변인들 간의 복잡한 상호관련성의 의미를 평가하기 어렵게 만드는 것으로 나타났다.

조시연구 조사연구(survey research) 전략은 주어진 환경에서 사람들을 직접 관찰하는 대신 사람들에게 질문을 함으로써 조건이나 실제 또는 태도의 출현을 면밀하게 조사하는 데 이용한다. 조사연구에는 질문지, 면담뿐만 아니라 때에 따라서는 이 둘을 결합하여 이용하기도 한다. 실제적인 측면에서 질문지는 넓은 범위의 사람들을 대상으로 하여 비교적 제한된 정보를 수집하는 데 더 적절한 반면, 면담은 보다 제한된 범위의 사람들을 대상으로 하여 보다 자세한 정보를 수집하는 데 더 적절하다. 정보의 깊이와 응답자의 범위 사이에 균형이 필요한 경우에는 이 두 방법을 결합하는 것이 더 적절할 것이다. 예를 들어, 상대적으로 제한되거나 표면적인 질문지는 많은 수의 사람들을 대상으로 적용하고, 이 사람들 중 일부를 선정하여 추후 면담을 실시할 수도 있다.

조사연구는 대개 여러 실제적인 이유로 관심을 갖는 대상 전체를 다 포함시키지는 않는다. 예를 들면, 전체 모집단은 그 수가 엄청나고 지리적으로도 넓게 분포하기 때문에 많은 시간과 비용이

드므로 전체 모집단을 대상으로 하는 연구는 엄두도 낼 수 없다. 그러므로 대개는 연구대상이 되는 전체 모집단 중에서 일부를 표본으로 선정하여 연구한 뒤 전체 모집단의 특성으로 추론하게 된다. 이러한 조사연구를 흔히 표본 조사라고 하는데, 표본 조사 자료를 전체 모집단에 얼마나 잘 적용하여 일반화할 수 있는가를 판단하는 데서 문제가 생길 수 있다. 질문지 이용에 관한 문제도 짚고 넘어가야 할 것이다. 질문지를 전체에게 보내는지 아니면 전체 중 표본에게만 보내는지에 상관없이 모든 질문지가 회수되는 것은 아니기 때문에 회수된 질문지는 대상 모집단을 편파적이지 않게 대표하지 못할 수도 있다. 면담과 질문지 둘 다 여러 질문에 대한 응답자 반응의 정확성과 진실성을 판단하는 데 문제가 있다.

의사소통장애 분야에서 자주 이루어진 조사연구는 담당 사례 수나 근무 조건 같은 직업 관련 문제점을 연구하는 데 자주 이용되어 왔다. 예를 들어, Blood와 동료들(2002)은 우리 분야 전문가들의 직업만족도를 조사한 설문지 연구 결과를 제시하였다. 직업적 쟁점에 관한 조사에 더하여 연구 전략에 관한 조사도 장애의 출현율, 상태에 관한 내담자의 자기보고, 아동의 상태에 대한 보호자의 보고 또는 장애의 결과에 대한 장기적 추적 결과와 같은 임상적 쟁점을 연구하는 데 흔히 이용되어 왔다. 임상적 쟁점에 관한 조사연구의 예로는 학교 교사들을 대상으로 한 음성장애 출현율 조사(Roy, Merrill, Thibeault, Parsa, Gray, & Smith, 2004), 말더듬의 생애 역학 조사(Craig, Hancock, Tran, Craig, & Peters, 2002), 농부의 자기보고 형식의 청력손실 및 청각검사 조사(Gomez, Hwang, Sobotova, Stark, & May, 2001), 아동기 언어장애 이력이 있는 성인의 삶의 질 및 행복감 조사(Arkkila, Rasanen, Roine, & Vilkman, 2008), 말더듬 아동의 기질에 관한 부모 보고 조사연구(Anderson, Pellowski, Conture, & Kelly, 2003), 음운인식 평가의 임상적 실제에 관한 전국 조사연구(Watson & Gabel, 2002), 인공와우 이식술을 받은 아동들의 삶의 질 관련 질문지(Schorr, Roth, & Fox, 2009)를 들 수 있다.

회고연구　연구자가 연구 질문을 정식으로 기술하기 전에 파일에 있던 자료를 미리 조사한 경우라면 **회고연구**(retrospective research) 전략을 적용하고 있는 것이다. 클리닉은 일상적으로 특정 장애 환자들에 대한 기록을 남기는데, 연구자는 이 기록을 검토하여 중요한 독립변인과 종속변인을 연구하기도 한다. 때로는 연구자가 이전에 실시했던 연구에서 수집한 자료를 다시 검토한 뒤 이전 자료를 재조사하거나 이전에 조사하지 않았던 일부 측면을 추가로 조사하기도 한다.

권위자들 중에는 이 장에서 비교연구라고 칭한 연구에 대해 회고라는 용어를 사용하는 연구자(예: Plutchik, 1983; Young, 1976)도 있으나, 우리가 보기에는 이 두 연구 전략 간의 차이는 분명하다. 비교연구에서는 연구자가 대상자 선정과 준거변인 측정을 통제할 수 있다. 그러나 회고연구의 연구자는 다른 시기에 다른 사람이 실시한 대상자 분류와 준거변인 측정에 의존해야 한다. 그러므로 연구자가 기존의 파일에 있던 자료의 신뢰도와 타당도를 모르고 있을 위험성도 있다. 예를 들어, 환자 파일에 들어 있는 청력도는 새로 온, 경험이 부족한 대학원생이 절차상 실수를 저지른 결과일 수도 있으며, 검사 당일 너무 혼잡하여 청각검사 장비의 교정이 제대로 되지 않은 상태의 결과일 수도 있다.

이러한 제한점은 연구자가 파일에 들어 있는 모든 측정치를 책임질 수 있거나 자료를 수집한 조건(상황)을 확신할 수 있는 경우라면 신뢰도와 타당도 문제는 극복할 수 있다. 이는 계기조정과 측정방법에 대한 기록을 꼼꼼하게 남겨 둠으로써 가능해진다. 한편 회고연구에 이용되는 기록은 연구자에게 잘못된 정보를 줌으로써 이후에 해당 전문직종에 그 정보가 전수될 수도 있다. 그러므로 회고연구는 연구자가 자료 수집을 관리하고 통제할 수 있으며 재정적인 문제나 다른 관리상의 고려사항 때문에 새로운 자료를 수집하기가 매우 어려울 때만 실시해야 한다.

Yaruss, LaSalle와 Conture(1998)는 1978년부터 1990년 사이의 임상 파일에서 수집한 진단 자료에 대해 회고분석을 실시하였다. 그들은 유창성 평가를 받았던 2~6세 아동 100명의 임상 기록을 다시 살펴보아서 치료에 의뢰된 아동들이 그렇지 않은 아동들과 여러 변인에서 차이를 보였고, 집단 사이에 유의한 중복이 있었음도 발견하였다. 그들은 연구방법 부분에서 세 번째 저자가 선행연구 출판물에서 설명하였던 진단 절차를 자세히 제시하였으며 모든 자료가 "제3저자와 최소 Ph.D. 학위와 자격증을 소지하고 있으며 ASHA가 인증하는 감독자의 감독하에 있는 석사과정 재학 중인 임상가 6명이 수집하였음"을 명시하였다. 그럼에도 불구하고 Cordes(2000)는 이 회고연구에 대해 몇 가지 의문을 제기하였는데, 특히 수년간 검사자 훈련을 어떻게 통제하였는지에 관한 것도 있다. 이러한 의문 제기에 Yaruss, LaSalle와 Conture(2000)는 자신들이 실시한 연구의 임상 절차와 자료를 옹호함으로써 그 비평에 대응하였다. 이와 같은 의견 교환을 통해 회고연구 논쟁의 본질과 과거에 임상 자료를 수집할 때의 조건을 꼼꼼하게 기록해 둘 필요가 있음을 잘 알 수 있다. Shriberg와 동료들(2000)이 상이한 두 인구 집단을 대상으로 중이염과 말장애의 위험성에 대해 실시한 회고연구에서 이루어진 연구 계획에서의 쟁점에 대한 자세한 논의를 통해 수년 동안 다른 환경에서 수집된 자료를 근거로 하는 회고연구 시행과 관련된 여러 문제와 회고연구의 자료 수집 절차를 기술하는 데 이루어져야 할 관리사항에 대해 잘 알 수 있다.

회고연구에서 자료를 분석하는 것과 관련된 대안 중 하나는 선행 연구 자료를 분석하는 것이 될 수 있다. 사실 이전의 연구 자료를 사용하는 것이 임상 파일에 있는 자료를 이용하는 것보다 더 나은 방법인데, 이전의 연구 자료는 이전의 임상 파일 자료에 비해 더 엄격하고 표준화된 조건하에서 수집되었을 가능성이 높기 때문이다. Russell, Penny와 Pemberton(1995)의 연구는 노화에 따른 음성 변화에 대한 종단연구를 위해 회고연구와 새롭게 수집한 자료를 결합한 또 다른 전략을 보여 주는 예이다. 이 연구의 목적을 위해 1945년과 1981년에 여성의 음성에 대해 기록한 고문서를 1993년에 동일한 여성들을 대상으로 하여 수집한 기록과 비교하였다. Russell과 동료들은 연구보고서에 상이한 연령에 도달했을 때의 발화 기본주파수의 비교를 위해 오래전의 기록을 사용한 데 대한 근거로 연구방법 부분에서 그 기록의 정확성 검증 방법을 제시하였다. 그러나 1945년과 1981년에 수집된 자료에는 입과 마이크 사이의 거리, 마이크의 질과 각도 등에 관한 정보가 부족하기 때문에 쉼머와 지터 같은 특정 측정치를 사용할 수 없었던 이유에 대해 설명하였다. 이들은 변동률 측정에 영향을 미치는 변인으로 입증된 바 있다. 이 논문은 특정 연구 목적을 달성하는 데 자료의 질과 적절성을 분석하는 것에 근거하여 상이한 회고연구 자료를 신중하게 사용하고 상황에 따라서는 사용하지 않는 예가 되기도 한다.

실험연구와 기술연구의 통합

이 장을 시작할 때 언급하였듯이 연구논문을 서로 구분되는 연구 전략 범주로 분류하기란 어려운 일이다. 실제로 의사소통장애 논문지에 실린 많은 논문들이 실험연구와 기술연구 전략을 결합하여 적용한 연구이다. 이 논문들은 대개 하나 또는 그 이상의 독립변인 조작이 연령, 성별 또는 병리와 같은 분류 기준이 다른 집단에서 선정한 대상자들의 수행에 미치는 영향을 연구한 것을 요약하여 보고하고 있다. 한 집단에서 종속변인을 실험적으로 조작한 영향을 다른 집단에서의 실험적 조작의 영향과 비교하였다. 이러한 연구는 실험자가 대상자 분류를 직접적으로 조작할 수 없기 때문에 부분적으로는 기술연구인데, 즉 실험자는 대상자에게 장애를 유발하거나 성숙 속도를 더 빠르게 하거나 성별을 바꿀 수 없다. 그러므로 실험자는 연령, 성별, 병리 등 이미 존재하는 분류 기준에 맞는 대상자를 선택할 수밖에 없다.

실험연구와 기술연구를 결합한 연구에서 수집한 자료의 예를 살펴보면 이와 같은 보편적인 연구 전략에 있어서 역동변인과 속성변인을 결합하는 것의 중요성을 이해하는 데 도움이 된다. 실험연구와 기술연구의 혼합연구에서 속성변인과 역동적 독립변인을 잘 결합한 예를 Rochon, Waters와 Caplan(2000)의 연구에서 찾아볼 수 있다. 그들은 알츠하이머 환자의 작업기억과 문장 이해력 사이의 관계를 조사하였다. 이 연구의 한 부분은 두 실험 조건에서 소리를 들려주고 알츠하이머가 없는 노년의 자원 참여자와 알츠하이머 환자를 대상으로 반응시간을 비교하였다. 실험 조건은 (1) 소리만 들려주는 조건과 (2) 컴퓨터 스크린에 제시되는 시각적 자극을 추적하는 반응과 동시에 소리를 들려주는 조건이었다. 〈그림 3.12〉는 두 집단(알츠하이머가 없는 자원 참여자 통제집단 대 알츠하이머 환자집단)에서 소리만 들려주는 조건과 소리와 추적 과제를 동시에 제시하는 조건이 반응시간에 미치는 영향을 보여 주고 있다.

〈그림 3.12〉에서 두 개의 주 효과와 한 개의 상호작용 효과를 살펴볼 수 있다. 실험 조건의 주 효과가 유의하였는데, 소리와 추적 과제 동시 제시 조건에서 소리 제시 조건에 비해 반응시간이 더 느렸다. 집단의 주 효과도 유의하였는데, 알츠하이머 환자들이 통제집단에 비해 더 느린 수행을 보였다. 실험조건과 집단 간의 상호작용 효과도 나타났다. 통제집단은 두 과제의 수행에서 차이를 거의 보이지 않았으나, 알츠하이머 환자들의 수행은 소리만 들려주는 과제보다 소리와 추적 과제를 동시에 제시하는 과제에서 훨씬 더 느렸다. 실험 조건의 주 효과는 어떤 집단에 대해 살펴보는가에 따라 달라진다.

실험-기술 혼합연구의 또 다른 예가 되는 Boike와 Souza(2000)의 연구는 정상 청력의 대상자와 청각장애 대상자 집단에서 서로 다른 압축비가 말 재인에 미치는 영향을 연구하였다. 두 집단의 대상자들에게 무압축(1:1 비율) 조건과 2:1에서 10:1의 범위에 이르는 서로 다른 세 개의 압축비의

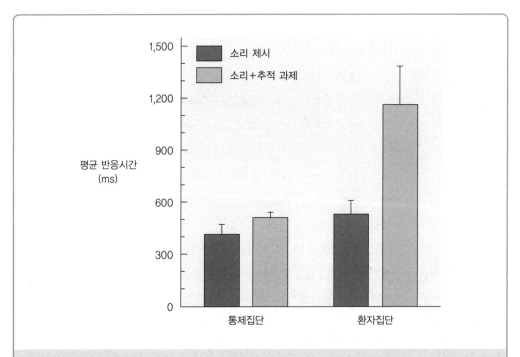

그림 3.12 추적 과제가 알츠하이머 환자집단과 통제집단의 소리에 대한 반응시간에 미치는 영향에 대한 실험-기술 혼합연구 결과

출처: "The Relationship between Measures of Working Memory and Sentence Comprehension in Patients with Alzheimer's Disease," by E. Rochon, G. S. Waters, and D. Caplan, 2000, *Journal of Speech, Language, and Hearing Research, 43*, p. 407. Copyright 2000 by the American Speech-Language-Hearing Association. 승인하에 게재.

소음 상황에서 말소리를 듣게 하였다.

〈그림 3.13〉은 압축비가 청각장애와 정상 청력의 대상자들의 말 재인(세로축에 RAU 점수로 전환하여 표시함)에 미치는 영향을 산포도로 나타내었다. 그래프에는 집단의 주 효과가 뚜렷하게 나타나 있는데, 정상 청력의 청자들이 각 압축비 조건에서 청각장애 집단에 비해 더 나은 수행을 보였다. 압축비와 말 재인의 주 효과는 압축비가 증가함에 따라 감소하였으며, 더 중요한 것으로, 압축비가 청각장애 청자에게서 더 뚜렷하나 정상 청력의 청자들에게서는 그렇지 않은 작용으로 인해 말 재인에서의 이 두 변인의 상호작용 효과는 감소하였다. 즉 소음 상황에서의 말 재인에 압축비가 미치는 영향은 두 청자 집단에서 서로 다르게 작용하는 것으로 나타났다.

여기에서 마지막으로 들 예는 노령인구의 청각에서 나타나는 발달적 변화를 연구하는 시리즈 형식 실험의 한 부분으로 연령이 다른 네 집단을 대상으로 역동변인 두 개의 조작과 함께 하나의 매개변인 실험을 적용한 연구이다. Takahashi와 Bacon(1992)의 실험 결과를 〈그림 3.14〉에 제시하였다.

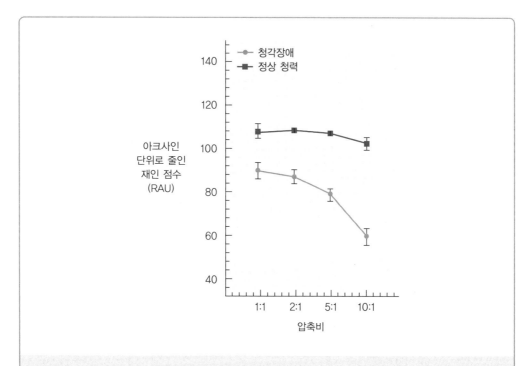

그림 3.13 압축비가 정상 청력과 청각장애 청자의 말 재인에 미치는 영향에 관한 실험-기술 혼합연구 결과

출처: "Effect of Compression Ratio on Speech Recognition and Speech-Quality Ratings with Wide Dynamic Range Compression Amplification," by K. T. Boike and P. E. Souza, 2000, *Journal of Speech, Language, and Hearing Research, 43*, p. 464. Copyright 2000 by the American Speech-Language-Hearing Association. 승인하에 게재.

네 연령의 청자 집단(20대, 50대, 60대, 70대)에게 네 개의 신호 대 잡음비(SNR)의 광역대 소음을 변조한 조건과 변조하지 않은 조건에서 말소리를 듣게 하였다. 역동변인이자 조작한 독립변인은 소음 변조와 SNR이었고, 속성변인은 집단의 연령이었다. 종속변인은 맞게 이해한 말의 비율이었다. 그림의 좌측은 변조한 소음 조건에서 각 SNR에서 네 대상자 집단의 수행 결과를 보여 주고 있고, 오른쪽은 변조하지 않은 소음 조건에서의 수행 결과를 보여 주고 있다. 그림에는 SNR, 소음 변조 여부, 연령의 주 효과와 소음 변조 여부와 연령 간의 상호작용뿐만 아니라 SNR과 소음 변조 여부의 상호작용 효과가 나타나 있다. SNR이 증가함에 따라 말 이해 비율도 증가하였는데, 이는 오른쪽으로 갈수록 선의 기울기가 증가하는 것으로 알 수 있다. 왼쪽의 그래프에서 네 대상자 집단 모두 더 높은 점수를 얻은 것으로 변조하지 않은 소음 조건에 비해 변조한 소음 조건에서 전반적으로 말 이해가 더 좋음을 알 수 있다. SNR과 소음 변조 여부의 상호작용은 왼쪽에 비해 오른쪽 그래프에서 함수의 기울기가 더 가파른 것으로 보아 SNR이 증가함에 따라 소음을 변조한 조건과 변조하지 않은 조건의 작용이 모여 있음을 알 수 있다. 마지막으로 소음 변조 여부와 연령 집단

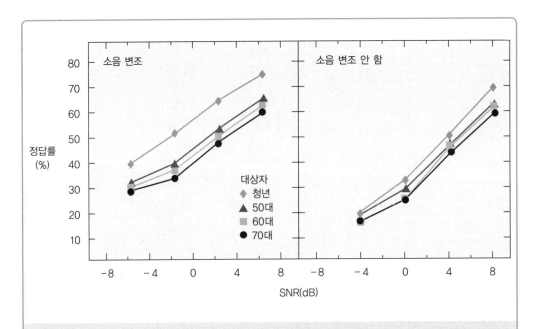

그림 3.14 신호 대 잡음비(SNR)와 소음 변조 여부가 네 연령 집단의 말 이해에 미치는 영향에 관한 실험-기술 혼합연구 결과

출처: "Modulation Detection, Modulation Masking, and Speech Understanding in Noise in the Elderly," by G. A. Takahashi and S. P. Bacon, 1992, *Journal of Speech and Hearing Research, 35,* p. 1418. Copyright 1992 by the American Speech-Language-Hearing Association. 승인하에 게재.

간의 상호작용은 소음을 변조한 조건에서 청년 집단과 노년 집단에서 다르게 나타났으나 소음을 변조하지 않은 조건에서는 그렇지 않은 것으로 나타났다. 즉 변조한 소음이 변조하지 않은 소음에 비해 노년 집단에 비해 청년 집단의 수행을 더 촉진한 것으로 나타났다. 이러한 실험-기술 혼합연구는 다소 복잡하고, 독립변인이 많아지면 의사소통장애 분야에서의 중요성을 충분히 강조할 수 없음을 드러내게 된다. 실험-기술 혼합연구는 의사소통장애 연구 분야에서 많이 이루어지고 있으면서도 중요한 전략이기 때문에 이 책의 뒤에 오는 장에서 더 다루고자 한다.

양적 연구논문의 제목

연구논문의 제목은 독자가 처음으로 보는 것이므로 중요하다. 제목은 독자로 하여금 전문가의 관심을 사는 논문인지 알 수 있게 해 준다. 논문의 제목은 간결하되 연구 주제의 핵심 내용을 담고 있는 것이어야 한다. 미국심리학협회 출판지침(APA, 2010)에 따르면, 논문의 제목은 "연구 주제를 요약"한 것이어야 하며 "그 자체만으로도 충분한 정보를 줄 수 있어야"한다(p. 23). 실제로 제목은 연구자들과 실무자들이 적절하고도 유용한 출판물을 여러 데이터베이스에서 검색할 때 이용하는 논문 색인 작업의 기본이 되는 경우가 많다.

제목은 연구논문의 다른 모든 부분과 마찬가지로 좋거나 나쁘다, 효과적이거나 효과적이지 않다고 판단할 수 있다. 논문의 제목으로 관심을 두는 변인이 무엇인지 확인할 수 있는 경우가 꽤 많은데, 논문 제목의 구조를 분석하는 것이 연구 변인을 더 잘 이해하는 데 도움이 된다. 목표로 하는 변인을 포함시키는 방식 또한 독자로 하여금 제목의 적절성을 판단하는 데 도움이 된다.

"국소마취가 성대의 움직임에 미치는 영향"(Rubin, Shah, Moyer, & Johns, 2009)이라는 제목을 예로 들면, 독립변인(국소마취)과 종속변인(성대 움직임)이 무엇인지 명확하게 확인할 수 있다. 제목은 '영향'이라는 용어를 사용함으로써 연구가 의도하는 바가 국소마취의 여부가 측정된 성대 움직임에 그 어떤 변화라도 유발하는지 여부를 판단하는 것임을 알 수 있게 해 준다. 이와 비슷하게 "비강 충혈완화가 비음치에 미치는 영향"(Pegoraro-Krook, Dutka-Souza, Williams, Teles Magalhães, Rossetto, & Riski, 2006), "이중언어가 아동기 후기의 말더듬에 미치는 영향"(Howell, Davis, & Williams, 2009), "음식덩이의 크기가 정상적인 삼킴 과정 중 인두 접촉 압력에 미치는 영향"(Gumbley, Huckabee, Doeltgen, Witte, & Moran, 2008), "인공와우 사용자의 말 인식에 시간차 확인이 미치는 영향"(Sagi, Kaiser, Meyer, & Svirsky, 2009), "발화길이가 실어증 화자의 입술 운동에 미치는 영향"(Bose & Van Lieshout, 2008)이라는 제목에는 인과관계가 나타나 있다.

그러나 모든 제목이 이렇게 단순한 기본 패턴을 따르지는 않으며, 하나 이상의 독립변인과 종속변인이 포함된 연구도 많다. 예를 들면, "고수준의 소음 조건에서의 말 명료도: 청력손실과 주파수대의 영향"(Summers & Cord, 2007)이라는 제목에서는 종속변인(말 명료도)이 먼저 나오고, 두 개의 독립변인(청력손실 및 매개변수인 주파수대)이 뒤이어 나온다. "보조적 말 보정전략과 비보조적 말 보정전략: 알파벳 단서와 손짓 상징이 마비말장애의 말에 미치는 영향"(Hustad & Carcia, 2005)이라는 제목에는 주제가 먼저 나오고 두 개의 독립변인(알파벳 단서와 매개변수인 손짓 상징), 측정되는 종속변인(마비말장애의 말)이 뒤에 나온다. 마지막으로 "L-도파가 진행성 파킨슨 환자의 호흡과 단어 명료도에 미치는 영향"(De Letter, Santens, De Bodt, Van Maele, Van Borsel, & Boom, 2007)이라는 제목은 독립변인이 하나(L-도파)이고 측정되는 종속변인이 두 개(호흡 및 단어 명료도)임을 알 수 있게 해 준다. 이 제목은 목표 대상(진행성 파킨슨 환자)이 누구인지도 명시하고 있다.

독립변인이 종속변인에 영향을 줄 수 있음을 밝히고 있는 제목이라면 연구하지 않은 또 다른 독립변인도 있을 수 있음을 인정하는 것이다. 이들 변인 중 일부는 통제변인으로서 상수로 존재하는 변인일 수도 있다. 그러한 제목은 독립변인이 종속변인에서 측정 가능한 변화를 야기함을 의미하지만, 다른 변인들도 그럴 수 있다. 예를 들어 "음식물의 특성과 신체 자세가 삼킴관련 근육활동의 지속시간에 미치는 영향"(Inagaki, Miyaoka, Ashida, & Yamada, 2008)이라는 제목에서는 두 개의 독립변인(음식물의 특성과 매개변인인 신체 자세)이 종속변인(삼킴 중 일어나는 다양한 근육활동의 지속시간)에 영향을 미치는지 여부를 검증하고자 하였음을 알 수 있다. "말속도, 길이 및 복잡성이 학령전 말더듬 아동의 단일 말 샘플에서 나타난 비유창성에 미치는 영향"(Sawyer, Chon, & Ambrose, 2008)이라는 제목에서는 세 개의 독립변인(말속도와 매개변인인 길이 및 복잡성)이 종속변인(말 유창성)에 영향을 미치는지 여부를 알아보기 위해 연구하였음을 알 수 있다. 그리고 연구자료(단일 말 샘플)와 목표 연구대상(학령전 말더듬 아동)도 명시되어 있다. 그러나 "친숙도가 중도 마비말상애 아동의 운율적 발성 확인에 미치는 영향"(Patel & Schroeder, 2007)이라는 제목에서는 목표 대상자가 마비말장애 아동이 아니라 검사를 받는 청자임에 주목하라. 이 연구는 아동에 대한 청자의 친숙도(독립변인)가 해당 아동의 말 샘플에서 나타나는 운율 특성의 확인 능력(종속변인)에 영향을 미치는지 여부를 검증하였다. 이 연구는 "시각적 정보가 마비말장애 화자의 말 명료도에 미치는 영향"(Keintz, Bunton, & Hoit, 2007)이라는 연구와 "청취 조건과 청자 특성이 마비말장애 화자의 말 명료도에 미치는 영향"(Pennington & Miller, 2007)이라는 연구와 비슷한데, 이 두 연구는 두 개의 독립변인(청취 조건과 매개변수인 청자 특성)의 영향을 검증하였다.

물론 저자들은 독립변인이 종속변인 측정치에 단독으로 미치는 영향이나 공동으로 미치는 영향을 나타내는 데 다른 여러 표현을 사용하기도 한다. 예를 들면, "후천성 청력손실의 적응에 있어 기대의 역할"(Kent & La Grow, 2007)이라는 제목을 읽은 독자는 연구자들이 기대(독립변인)가 후천성 청력손실의 적응(종속변인)에 미치는 영향을 검증할 것이라 예상할 것이다. "노년층 치매 평가에 있어 난독증 선별검사의 유의성"(Metzler-Baddeley, Salter, & Jones, 2008)이라는 제목의 논문에서는 연구자들이 난독증(독립변인)이 노인의 치매(종속변인)에 미치는 영향을 추적할 것이라 기대할 것이다. 마지막으로 "소뇌 병변이 읽기 및 음운 처리에 미치는 영향"(Ben-Yehudah & Fiez, 2008)이라는 제목은 저자들이 독립변인(소뇌 병변)이 두 개의 종속변인(읽기 및 음운 처리)에 미치는 결과를 검증할 것임을 알 수 있게 해 준다.

연구에 이용될 것이라 기대하는 변인들의 개요를 파악하는 데 제목의 분석이 필요 없는 연구도 있다. 그 예로 "지연된 청각적 피드백 조건에서 여러 청자 집단에 의해 말더듬 화자의 말에서 지각되는 자연스러움"(Van Borsel & Eeckhout, 2008)이라는 제목의 논문을 살펴보자. 독자는 제목으로 이 연구가 청자의 특성(독립변인)이 말의 자연스러움에 대한 판단(종속변인)에 미치는 영향을 검증하고 있을 것임을 알 수 있다. 청각적 피드백을 지연시켜 제시하는 조건에서 말더듬 화자가 산출한 말 샘플이 이 연구에 이용된 연구 자료임을 알 수 있다. 더 직접적인 예로 "연령을 알 수 있게 해 주는 말 단서로서의 말속도와 기본주파수"(Harnsberger, Shrivastav, Brown, Rothman, & Hollien, 2008)라는 제목의 논문을 들 수 있다. 여기에서는 말 샘플과 연관시킨 두 개의 독립변인(말속도와 매개변인인 기본주파수)이 화자의 연령에 대한 청자의 지각에 영향을 미치는지를 검증하였다.

'관계', '연관성', '예측', '특성'과 같은 표현을 기술연구 제목에서 자주 발견할 수 있다. 예를 들어 "단순언어장애 아동의 인쇄물 지식의 예측요인: 실험 및 발달 요인"(McGinty & Justice, 2009)은 상관연구의 제목이다. 여기서 '실험 및 발달 요인'은 예측변인을 말하는 반면, '인쇄물 지식'은 피예측변인을 말한다. 이와 비슷하게 "어린 청력손실 아동들의 초기 아동 요인과 학교준비 기술의 관계"(Harrington, DesJardin, & Shea, 2010)라는 제목은 '초기 아동 요인'이 이후의 학교준비 기술을 예측할 수 있는 정도를 뜻하는 반면, "초기에 반복된 삼출성 중이염과 연관된 말장애의 위험성: 두 개의 회고연구"(Shriberg et al., 2000)는 회고연구 전략과 관심 변인 둘 다 알 수 있게 해 준다. "어린 말더듬 아동들의 기질 특성"(Anderson, Pellowski, Conture, & Kelly, 2003)이라는 간결한 제목에는 실험변인이 무엇인지 알려 주는 정보가 없는 대신 질문지를 기반으로 하는 연구의 기술적 특성을 나타내고 있다. 역으로 Katagiri, Kasai, Kamio와 Murohashi(2013)의 "지엽적 수준에서 전반적 수준으로의 주의력 전환이 힘든 아스퍼거장애"라는 제목은 실험변인뿐만 아니라 결론도 요약해 주고 있다. 그리고 마지막으로 Peterson, Pennington, Shriberg와 Boada(2009)의 논문 제목은 "말소리장애 아동들의 문해에 영향을 미치는 것은 무엇인가?"라고 묻고 있다. 분명히 문해 영역에서의 결과가 피예측변인이지만, 예측변인은 명시되지 않은 채 남아 있다. 이 경우 영향을 미치는 예측변인을 확인하는 것이 연구의 의도이자 제목에 대한 답이 될 것임에 틀림없다.

질적 연구

양적 연구와 질적 연구에 관한 논의를 시작하자면 여러분은 분명 논의할 준비가 거의 다 되어 있을 것이다. 연구의 근거에 관해서는 상당히 많은 종류의 구조화된 논쟁보다는 감정이 북받친 언쟁 위주의 논쟁을 발견할 수도 있을 것이다. 이러한 불일치는 이 두 연구 문화 사이의 충돌(Cizek, 1995)이나 더 구체적으로는 두 인식론적 패러다임 간의 충돌을 무엇으로 잘 설명할 수 있을 것인가에 뿌리를 두고 있다. 양적 연구는 그 내력이 고대에까지 거슬러 올라가는 반면, 현대의 **질적 연구**(qualitative research)는 약 1세기 전 인류학 분야에 기원을 두는 문화기술연구로 거슬러 올라간다. 이러한 '현장연구'는 사회적 관계의 기초가 되는 문화와 행동 패턴을 자연스러운 환경에서 체계적인 관찰을 통해 연구하는 데 이용된다. 통제된 실험실 환경에서 나타난 행동의 결과를 수치로 제시하는 것을 피함으로써, 질적 연구는 행동의 이유나 특정 결과가 어떻게 나타나는지를 설명하는데 도움이 되는 개인과 집단의 사고, 가치, 태도, 개념 및 의도에 대한 이해를 이끈다.

사회과학, 교육, 언어학 분야에서 질적 연구가 많이 이루어지고 있음에도 불구하고 의사소통장애 분야에서는 최근에서야 인기를 얻었다(Ball, Müller, & Nelson, 2014; Damico & Simmons-Mackie, 2003; Knudsen et al., 2012). 이용되는 조사 전략이 보다 '전통적인' 접근법과 매우 다르기 때문에 아직도 질적 연구에 의혹을 갖는 연구자들도 많다. Kidder와 Fine(1987)은 "'한 가지만 중요하게 생각하기'보다 숫자의 정확성을 중시하는 양적 연구자들과 '수 처리'보다 풍부한 세부사항을 선호하는 질적 연구자들은 하나에 대한 선호를 저버릴 뿐만 아니라 다른 것을 불신하기도 한다"(p. 57)고 일갈하였다.

가장 표면적으로 구분하자면 양적 연구 결과는 숫자로 표현되는 반면, 질적 연구 결과는 단어의 형태를 띤다는 데 있다. 물론 숫자 자료도 의미를 갖는 것으로 해석할 수 있으며, 이를 위해서는 일정한 형태의 주관적 판단이 필요하다(Hamlin, 1966; Trochim & Donnelly, 2007). 주관적 판단은 서술에 의존하는데, Birk와 Birk(1972)는 "두 가지 사실을 약간의 강조나 치우침 없이 말로 표현하거나 글로 쓴다는 것은 불가능하다"(p. 29)는 것을 상기시켰다. 마찬가지로 결코 양적이지 않은 질적 조사연구도 많다. 질적 연구 중에는 특정 행동의 출현 횟수를 세는 연구도 있지만 특정 행동이 일어나는 때의 빈도를 세는 연구도 있다(Thomas, Nelson, & Silverman, 2011). 양적 연구와 질적 연구 둘 다 지식을 습득하는 방법으로, 정보를 매우 체계적으로 습득하고 조직화함으로써 지식을 습득한다. 그러나 Maxwell(2013)이 언급한 것처럼 두 연구방법은 "단순히 같은 것을 추구하는 다른 방법은 아니다." 검증하고자 하는 연구 질문의 본질, 질문 방식, 그 답을 얻는 방식에서 유래하는 탐구 방법에 큰 차이가 있다.

예를 들면, Vesey, Leslie와 Exley(2008)는 영양 공급과 수분 보충을 위해 경피 내시경하 위루술(PEG)을 실시할 것인지 여부에 관한 환자의 결정에 영향을 미치는 요인을 알아내기 위한 조사연구를 착수하였다. 진행성 질환에 대한 환자들의 지각과 이러한 지각이 섭식 방법에 대한 스스로의 판단에 어떤 영향을 미치는지가 이 질적 연구의 초점이었다. 또 다른 질적 조사연구에서 Miller와 동료들(2006)은 파킨슨병 환자를 대상으로 삼킴장애의 심리사회적 영향을 알아보았다. 식습관에서의 변화를 기술하는 데 더하여 환자 본인의 관점, 관련 '낙인'과 간병인에 관한 여러 쟁점을 다루었다. Larsson과 Thorén-Jönsson(2007)은 전문통역 서비스를 받은 실어증 환자 몇 명의 경험을 상세히 열거하였다. 그들은 질적 연구 과정에서 자율성, 사생활, '가족 구성원의 부담'과 관련된 여러 쟁점을 다루었다.

양적 연구에서 전략은 이론과 문헌 검토를 통해 도출하여 검증하는 가설 중 하나이다. 그러므로 양적 연구 질문은 이러한 기대와 밀접한 연관이 있다. 그러나 질적 연구에서는 좀 전에 설명한 것과 같이 검증하려는 가설을 미리 설정하지 않는다. 대신 질적 연구의 연구 질문은 연구의 목적과 밀접하게 연관되어 있는데, 연구 질문은 대개 하나의 **탐구**이다. 발견은 질적 연구자가 어떻게 기대하는가와 관련된 것으로, 즉 가설은 행동에 대한 관찰과 해석에서부터 만들어진다. 이러한 발견은 연속되는 연구 단계를 형성하여 추가적인 관찰과 탐구를 위한 새로운 가설을 형성하게 만든다. 그러므로 가장 기본적인 수준에서 양적 연구는 가설 검증을 목적으로 하는 반면, 질적 연구는 가설 생성을 목적으로 한다고 볼 수 있다. Campbell(1999)에 의하면 다음과 같은 오해가 흔히 생길 수 있다.

> 양적 측정이 질적 이해를 대신한다는 오해가 있다. 오히려 질적 이해는 모든 과학 분야에서 선행되는 수량화의 기초로서 완전히 기본적인 것이다. 질적 수준에서의 능력이 없다면 한 사람의 컴퓨터 프린터의 출력물은 호도의 소지가 있거나 의미 없는 것에 불과하다(p. 141).

Creswell(1994)은 질적 연구는 "사회 문제나 인간 문제를 이해하기 위한 탐구과정 중 하나로, 복잡하고 전체적인 그림에 기초하며, 단어로 구축되어 있고, 정보 제공자의 견해를 자세히 보고하며, 자연스러운 환경에서 이루어진다"(pp. 1-2)고 하였다. 그러한 쟁점은 삶의 경험에 관한 학문인 **현상학**(phenomenology)의 큰 관심 분야이다. 질적 연구자들은 다른 사람들이 말하고 행하는 것에 관한 정보를 수집함으로써 개인에 관한 견해를 공유하고, 자신이 이해하고 만나는 세상을 보고자 한다. 이러한 시각을 얻는 것을 질적 연구자들은 **이해**(verstehen, 영어로 to understand)라 부른다. 실제로 이해에 이르는 것이 질적 연구의 목적인 경우가 많다(Willis, 2007). 개인의 관점은 맥락에 민감하기 때문에 질적 연구는 대개 연구자가 특정 개인, 집단 또는 환경에 초점을 맞춘다는 점에서 자기중심적이다. 질적 연구는 실제 상황에서 관찰이 이루어지고 확인된다는 측면에서 현실에 기반을 두며, 자료 수집이 실제 환경 안에서 이루어지기 때문에 자연스럽다.

질적 연구는 양적 연구에 비해 확실히 더 주관적이지만, 다루는 쟁점은 본질적으로 주관적이다. Willis(2007)에 의하면, 질적 패러다임의 기본 원리 중 하나는 우리가 인식하는 실제가 사회적으로 구성된 것이라는 점이다. 이러한 방법에 따라 Eisner(1998)는 "지식은 만들어지는 것이지 그냥 발견되는 것이 아니다"(p. 7)는 것을 주시하면서 "인간의 지식은 경험을 구성한 형태이므로 자연뿐만 아니라 마음의 반영이다"라고 언급하였다. 질적 연구자들은 주관적이면서 '사회적으로 구축된 실제'에 초점을 맞춤으로써 다른 사람들이 세상을 어떻게 이해하고 이러한 이해가 그들의 행동에 어떻게 영향을 미치는지 발견하고자 하였다. 요약하면, 양적 실험은 무엇이 결과를 유발하였는지에 관심을 갖는 반면, 질적 조사연구는 특정한 결과가 왜 나타났는지에 관심을 둔다(Berg & Lune, 2012; Maxwell, 2004).

이러한 동기를 기본으로 하고 있으나 다른 사람의 '관점' 외에는 연구 변인이 없으므로 질적 연구 전략은 실험적이지도 않을뿐더러 순전히 기술적이지도 않다. 오히려 해석적이다(Willis, 2007). Eisner(1998)는 "기술은 무엇인가에 대해 설명하는 것으로 생각할 수 있다면, 해석은 무엇인가의 이유로 여길 수 있다"(p. 95)고 지적하였다. 그러나 질적 탐구의 특징은 전체적이라는 데서 가장 잘 드러나는데, 질적 탐구는 다양하면서도 유연한 기법을 적용하여 부분적 요소가 전체를 이루기 위해 어떻게 통합되고 왜 통합되는지 파악하기 때문이다(Greenhalgh & Taylor, 1997; Thomas et al., 2011).

질적 연구의 유형

양적 연구와 마찬가지로 질적 연구에도 다양한 유형이 있다(Creswell, 2009 참조). 그러나 몇 가지 질적 연구방법은 양적 연구와는 달리 그 어떤 연구에라도 적용할 수 있는 매우 보편적인 방법이다. 그 이유는 많지만, 대부분 Best와 Kahn(2006)이 "창발적 설계 유연성"이라 부르는 것이 주도한다. 즉 질적 연구자들은 스스로 이해하는 것이 많아지면 새로운 탐구를 시작할 때 새로운 탐구 방향을 따르면서 연구방법을 자유롭게 조정한다(Drisko, 2005; Lindlof & Taylor, 2011; Maxwell, 2013). 또 다른 중요한 이유 중 하나는 **자료의 다각화**(triangulation of data)의 필요성이다. 삼각법에서 차용한 용어로, 다각화는 질적 연구자들이 자료를 명확화하기 위해 노력하는 방법을 의미한다. 제4장에서 더 자세히 논의하겠지만, 다각화는 다양한 질적 기법을 이용하여 다양한 사람들과 환경에서 얻은 근거를 제시하는 것을 말한다(Berg & Lune, 2012). 질적 연구자들이 적용할 수 있는 다양한 기법 중 의사소통장애 문헌에서 매우 자주 접할 수 있는 기법은 네 가지로 (1) 관찰연구, (2) 면담연구, (3) 담화연구, (4) 사례연구가 있다.

관찰연구 야구선수 요기 베라는 "쳐다보는 것만으로도 많은 것을 관찰할 수 있다"(Keyes, 1992)라는 유명한 말을 한 바 있다. 사건이 일어날 때 그 사건을 목격하는 것에 대해 연구를 행한다고 볼 수 있는가? Shaughnessy, Zechmeister와 Zechmeister(2012)에 의하면, 과학적 관찰과 비과학적 관찰 간의 차이는 관찰 방법과 목적 둘 다에 있다. "우연히 관찰하게 될 때는 관찰을 편향되게 만드는 요인을 알지 못하며, 관찰에 대한 공식적인 기록을 거의 남기지 않는다"(p. 95)고 하였다. 이와는 대조적으로 **관찰연구**(observational research)는 목적을 가지며, 의도적이고 체계적인 방법으로 이루어진다. 그러한 과학적 관찰은 "일상적인 삶에 대한 우연적이고 대체로 수동적인 인식"은 거의 없으나 "과학의 특징인 의도성과 관찰 과정에 대한 통제를 특징으로 한다"(Kaplan, 1964, p. 126).

모든 관찰 방법의 목적은 가능한 한 포괄적이면서도 정확하게 행동을 기술하는 것이다(Shaughnessy, Zechmeister, & Zechmeister, 2012). 질적 연구 전략의 한 부분으로 적용할 경우, 현상에 대한 관찰은 자연스러운 환경에서 의례적으로 이루어지며, 연구자는 본질적으로 과학적인 기록 도구가 된다. 관찰은 서면으로 자세하게 쓴 형태로 세심하게 유지되는 기록으로 남는데, 시청각 기록과 상황에 따라 다양하게 만들어진 형태와 연관되는 경우가 많다. 관찰의 본질은 상당히 다양함에도 불구하고 질적 연구에는 일반적으로 세 연구 기법이 주로 이용되는데, 은밀한 관찰, 명시적 관찰, 참여적 관찰이 그것이다.

은밀한 관찰을 수행할 때 조사 대상자들은 자신이 관찰되고 있다는 사실을 알지 못한다. 연구자들은 숨거나 거리를 두고 떨어져서 관찰하거나 자신들을 알아볼 수 없게 하므로 연구대상자들이 알아차리지 못한다. 비간섭적 혹은 자연스러운 관찰이라고도 하는데, 이러한 접근법의 장점은 대상자의 행동이 연구자의 존재에 의해 바뀌지는 않는다는 데 있다. Halle, Brady와 Drasgow(2004)에 따르면, 자연스러운 관찰의 장점은 의사소통 상태에 대한 명확한 관점을 제공한다는 데 있으나 연구자들이 "자연스러운 일상 의례 안에서 행동이 나타나기를 기다려야 한다"는 뚜렷한 제한점도 있다.

이와는 달리 **명시적 관찰**을 수행할 때는 대상자들이 연구자들을 알아차릴 수 있다. 직접적 혹은 **반응적** 관찰이라고도 하는 이 기법은 대상자들 스스로가 관찰되고 있다는 것과 관찰의 목적이 무엇인지도 알고 있다. 물론 대상자들은 자신이 관찰되고 있다는 것을 알기 때문에 그 결과로 행동을 조정할 수도 있으나 그 자체도 연구자에게는 중요한 정보가 된다. 명시적 관찰의 예는 Hengst와 동료들(2005)의 연구에서 찾아볼 수 있다. 그들은 몇 명의 실어증 환자들과 그들이 일상적으로 대하는 의사소통 상대 사이에서 일어나는 '일상 활동' 네 가지를 27시간의 대화 상호작용을 통해 비디오로 녹화하였다. 첫 번째 녹화는 가정에서 이루어져 스스로가 관찰되고 있다는 것에 익숙해져 둔감해지도록 만들었다. 그러는 동안 '요리와 식사, 쿠키 굽기, 가족사진 보기, 컴퓨터 사용, 주간 활동 계획, 게임하기 등을 포함하여' 그들이 선택한 다양한 활동을 하는 동안 대화에 참여하게 하였다. 지역 레스토랑, 가게, 행사 등 다양한 장소에서 이루어진 대화도 추가로 녹화하였는데, 이들 장소는 대화 쌍방이 선택한 것이었다.

참여적 관찰에서는 관심을 갖는 현상을 보다 질적으로 이해하기 위해 연구자들이 관찰 대상자들과 상호작용한다. 객관성을 약간 잃을 수는 있으나 참여하는 관찰자들은 대상자들의 관점에서 사건을 바라볼 수 있다. 이러한 유형의 관찰 기법에 참여하는 연구자들은 신뢰, 라포, 신용을 수립하려 애씀으로써 전적으로 참여하고, 그리하여 '내부자의 시각'을 얻을 수 있게 된다. 참여적 기법을 이용하면 전반적으로 질적 방법은 아니라 하더라도 대상자라는 용어가 새로운 '협력적' 의미를 갖는다. 주로 이러한 이유 때문에 질적 보고서에는 **참여자**라는 용어가 자주 나타난다(Willis, 2007). 연구 대상자와 참여자에 관한 쟁점에 대해서는 제6장에서 다룬다.

구조화된 관찰은 보편적인 참여적 관찰 기법이다. 구조화된 관찰을 실시할 경우 연구자들의 개입이 특정 사건의 출현을 유발하거나, 사건을 더 쉽고 효율적으로 기록할 수 있는 상황이 만들어질 수 있다. 예를 들면, 인지발달 단계에 대한 매우 영향력 있는 Piaget(1955)의 이론도 자신의 자녀를 포함하여, 여러 연령대의 아동들에 대한 구조화된 관찰을 통해 개발된 것이다. 그는 아동들에게 다양한 문제를 주어 해결하게 한 다음 아동들이 어떻게 그러한 해결책을 적용하였는지 추론하기 위한 질문을 하였다. 구조화된 관찰은 사람들이 의도적으로 만든 상황에 어떻게 반응하는지를 효율적으로 평가할 수 있게 해 주기는 하지만, 그러한 상황에 대한 반응이 달라질 수 있게 만드는 상황의 "자연스러운 출현"을 반영하지 못하기도 한다(Halle, Brady, & Drasgow, 2004). 즉 관찰자가 더 많이 개입할수록 관찰 결과가 현실을 반영하지 못하거나 자연스러운 행동을 반영하지 못할 위험성도 커진다.

면담연구 면담은 친숙한 면대면 상호작용 형태 중 하나이다. 임상 실무에 널리 이용되는 면담은 질적 연구에서 가장 자주 이용하는 전략이기도 하다. Drew와 동료들(1996)은 면담을 자료를 심층적으로 수집하는 데 있어 "유연하고" "사적이며" "절묘한" 기법이라 칭하였다. 여러 측면에서 **면담연구**(interview research)는 연구자가 면담자로서 맥락을 수립하고 반응을 유도한다는 점에서 참여적 관찰 전략의 형태를 적용한다. 질적 연구의 **연구 질문**은 연구자가 무엇을 이해하고자 하는지 확인하는 역할을 하는 반면, 면담 질문은 연구자가 이를 이해하는 데 사용할 자료를 얻기 위해 고안된 것이다.

관찰기법처럼 면담에도 여러 유형이 있다. **구조화된** 면담은 주로 양적 연구에 이용된다. 연구자가 대상자에게 개별적으로 질문하고 기록한다는 점만 제외하면 조사 연구 전략과 공통점이 훨씬 많다. 구조화된 면담은 미리 정해져 있는 세트의 질문을 바꾸지 않고 이용하며 대개는 정해져 있는 반응만 허용한다. 공식적이고 표준화된 방식으로 구조화된 면담을 실시하려면 면담자는 자료의 수량화와 통계적 분석에 방해가 되는 외재변인을 최소화해야 한다.

이와는 대조적으로 질적 연구는 **반구조화된** 면담이나 **비구조화된** 면담을 적용하는 편이다. 반구조화된 면담은 주제에 의해 조직되고 미리 정해진 반응을 선택하도록 하는 대신 보다 일반적인 개방형 질문으로 구성되어 있다(Seidman, 1998). 전반적인 주제에 따라 조직하기 때문에 반구조화된 면담은 통제력이 면담자보다는 피면담자에게 있고, 면담자가 질문하는 일련의 특정 질문이 피면담자가 그 주제에 어떻게 반응하고 제기한 쟁점에 대해 어떻게 상세히 말하는지로 옮겨 가 있다. 질적 면담은 연구자들이 면담하는 사람들이 사용하는 언어와 개념에 면밀하고도 역동적으로 집중하면서 이루어지는 대화 형식이다. 면담 자체는 이전에 공유한 정보를 토대로 수립하여 유연하고도 조정 가능한 방식으로 이루어진다. 예를 들어, 대부분의 구조화된 형식과는 달리 면담자가 추후 질문을 더 많이 제시하며, 면담자는 피면담자가 잘못 이해하지 않도록 주제를 분명히 해 주거나 더 자세히 다룰 기회를 제공해 준다. 그러한 방향 전환을 장려함으로써 기대하지 못했던 주제와 반응도 탐색할 수 있게 된다. 그러므로 반구조화된 면담은 질적 연구 질문에 대한 답을 얻는 데 적합하다.

Patton(2002)은 녹음이나 전사 자료에서 얻은 반구조화된 면담 자료는 "해석에 충분한 맥락과 함께 말 그대로를 인용한 것으로 이루어져 있다"(p. 4)고 제안하였다. 그는 자료를 얻기 위해 제시할 수 있는 질문의 유형이 행동이나 경험에 근거한 질문, 의견이나 가치에 근거한 질문, 느낌이나 감각적 경험에 근거한 질문, 지식이나 이해에 관한 질문의 일곱 가지가 있음을 확인하였다. 이 같은 다양한 유형의 질문은 면담자가 연구 참여자의 관점을 이해할 수 있게 해 주며 참여자의 생활 경험에 의미를 부여할 수 있게 해 준다.

Klompas와 Ross(2004)는 반구조화된 면담을 이용한 연구의 좋은 예를 보여 주었다. 말더듬 성인을 대상으로 심층면담을 실시하여 말더듬이 삶의 질에 미치는 영향에 대한 인식을 탐구하였다. 교육, 고용, 사회생활, 정체성, 가족 및 결혼생활뿐만 아니라 그들의 신념과 정서적 문제에 관한 쟁점을 다루면서 연구의 동기는 '말더듬의 치료, 상담 및 연구를 향상시키기 위해 개인이 스스로의 말더듬에 부여한 주관적 의미'를 이용하는 데 있었다.

다른 예에서 Barr, McLeod와 Daniel(2008)은 말장애 아동의 형제자매 경험에 대해 연구하였다. 연구자들은 반구조화된 면담을 통해 다양한 맥락에서의 형제자매 관계를 연구하여 질투, 분개, 걱정, 부모의 관심에 대한 표현 등 여러 가지 문제점을 찾아내었다. Dietz, Quach, Lund와 McKelvey(2012)는 "심층적인" 반구조화된 방식으로 임상가들을 면담함으로써 AAC 접근법을 시행하는 데 있어 임상가들의 보완대체 의사소통에 관한 전반적인 경험의 영향을 조사하였다. Fitzpatrick과 동료들(2008)은 반구조화된 면담을 이용하여 학령전 청각장애 아동들의 부모를 대상으로 구어 의사소통기술 촉진에서의 역할에 관한 견해를 알아보았다. 연구자들은 부모의 필요를 더 많이 이해하는 것이 "아동기의 청각 서비스 전달을 향상시키고 신생아 청력 선별에 대한 투자를 극대화할 수 있다"고 보았다. Brady, Skinner, Roberts와 Hennon(2006)은 취약 X 증후군 아동의 어머니들을 면담하여 자녀가 자연스러운 맥락에서 어떻게 의사소통하는지 조사하였다. 저자들은 질적 연구의 탐사적이면서도 가설생성적 특성을 제안하면서 어머니들의 "기대와 역할에 대한 이해가 임상가들로 하여금 어린 아동과 그 가족과 일하는 데 영향을 미칠 수 있는 변인들에 민감해질 수 있게 해 준다"고 하였다.

반구조화된 형식에 비해 비구조화된 면담은 주로 피면담자에 의해 유도된다(Marshall, 1993; Watson & Thompson, 1983; Willis, 2007). 실제로 면담에는 '구조'가 있지만, 단순히 면담자에 의해 부여되는 구조는 아니다. 비구조화된 면담은 몇 개의 문제를 탐구할 뿐만 아니라 훨씬 더 자세히 다룰 수 있다. 대화와 유사하게 개방적이면서도 제약이 없는 면담은 대개 면담자가 피면담자에게 연구 문제를 설명하면서 시작되고 그다음에 피면담자의 관점을 묻게 된다. 면담 질문의 추가는 특정 반응에 근거하여 이루어지는데, 주로 더 분명히 하고 자세한 정보를 얻으려는 목적으로 이루어진다. Deb, Hare와 Prior(2007)는 다운증후군 성인에게서 나타나는 치매의 임상적 징후에 관한 보호자의 관점을 알아보기 위해 비구조화된 면담을 이용하였다. Deb과 동료들은 "정보 제공자가 평가하는 선별용 질문지"를 개발할 목적으로 이들을 다양한 환경(장소)과 상황에서 오랜 기간 동안 이들을 관찰하는 사람들과 연관되어 있는 여러 문제와 행동을 확인할 수 있었다. 임상 실제에 있어 Wilcox와 Woods(2011)는 비구조화된 면담은 내담자와 가족들로 하여금 "정보를 공유하고, 선택하고, 궁극적으로는 중재 과정에 대한 결정을 내릴 수 있게 해 준다"고 하였다. 그러나 "협력하여 더 나은 효과를 얻는 데 중요한 정보를 얻을 수 있게 해 주기 때문에" 우연한 대화에 비해 더 집중적으로 이루어진다고 하였다.

〈표 3.1〉에 구조화된 면담, 반구조화된 면담, 비구조화된 면담의 정의적 특성을 요약하였다. 개별 참여자로부터 자료를 수집하는 것에 더하여 면담 기법은 한 집단의 관점을 수립하는 데도 이용할 수 있다. 이 경우 반구조화된 면담이나 비구조화된 면담을 몇 명의 참여자들에게 집합적으로 실시할 수 있다. 이들을 **포커스 그룹**(표적 집단, 관심 집단, focus group)이라고도 하는데, 연구자와

표 3.1 면담 유형별 특성

구조화된 면담	반구조화된 면담	비구조화된 면담
면담자는 대본으로 만들어진 질문을 순서에 따라 충실히 면담함	면담자는 필요에 따라 표현을 바꾸거나 언어 수준을 바꿀 수 있음	연구 참여자와 자유롭게 주제를 따라가며 대화할 수 있음
면담자는 받은 질문을 알기 쉽게 설명하지 않음	면담자가 원하면 질문을 추가하거나 삭제하거나 순서를 바꿀 수 있음	면담자와 참여자가 새로운 주제를 도입할 수 있음
정해져 있거나 제한된 반응만 허용됨	면담자가 알기 쉽게 설명하고 질문을 추가할 수 있음	면담자와 참여자가 질문하고 설명할 수 있음

포커스 그룹 구성원이 서로 상호작용하여 해당 연구의 관심 문제에 관한 공동의 견해를 공유한다 (Rice & Ezzy, 1999). 예를 들면 포커스 그룹은 거의 항상 동질적이며, 학생, 부모, 배우자, 내담자, 임상가, 보호자 집단 중 하나로 구성될 수도 있다. 마케팅 노력과 자주 연관되기 때문에 포커스 그룹을 이용한 연구는 의사소통장애 문헌에서 놀라울 정도로 자주 이루어지고 있다. 최근의 연구를 예로 들면, Bailey와 동료들(2008)은 언어치료사 포커스 그룹을 구성하여 삼킴장애 학생들을 대상으로 하는 학교 기반 관리에 관한 그들의 견해에 대해 조사하였다. 면담 결과 "의료 서비스에서부터 교육 서비스 전달 모형과 환경에 이르기까지 삼킴장애에 실무를 적용하는 데 있어 주된 어려움이 지각되는 등 보편적 관점이 다양하게" 드러났다. 또 다른 예에서 Legg, Stott, Ellis와 Sellars(2007)는 이미 지원 집단의 구성원이기도 한 마비말장애 또는 실어증 성인 환자들로 이루어진 몇 개의 포커스 그룹을 면담하였다. 그들은 지원 집단이 자신들의 개인적·대인적·심리적 필요를 충족시키는지 여부와 그 방법을 판단하는 데 있어서 지원 집단 구성원들의 관점을 알아보았다.

담화연구 담화는 "이야기, 면담, 일기문, 기타 서면 기록에서 도출한 일련의 단어로, 자연스러운 조사 자료 세트를 구성한다"(DePoy & Gitlin, 2011). 이야기 말하기는 사람만이 갖는 독특한 특성으로 개인의 정체성, 대인 관계, 보편적 목적과 밀접하게 연관되어 있다. 그러므로 사람들은 자연스럽게 말과 글로, 그리고 시각적 담화로 스스로나 다른 사람에게 사건을 설명하고 해석한다. Barrow(2008)는 담화를 우리가 살아가는 "내적 이야기"로 칭하였다. 임상 환경에서 담화는 **치료적 담론**이라 할 수 있다. Lahey(2004)는 다음과 같이 기술하였다.

> 임상가와 내담자 간의 담론은 치료적 치유나 복원 과정이 일어나는 동안의 업무관계에 있어 가장 강력한 요소임에 틀림없다. 치료적 담론을 분석하면 평범한 임상적 만남이 어떻게 구성되는지 알고, 한 사람의 담론 스타일을 알 수 있고, 말하는 연습이 상호작용에서 갖는 임

상적 역할과 정체성을 형성하고 그것이 상호작용에 영향을 미치는 방법에 대해 알 수 있는 기회가 된다(p. 71).

담화는 자서전의 형태를 띨 수 있다. 예를 들면, Gibbons(2006)는 "구개열 화자의 말"이 학교 교사로서의 "자신의 삶과 정체성"에 어떻게 영향을 미쳤는지에 관한 개인적 관점을 이야기하였다. 담화의 형태에 상관없이 한 사람이 사용하는 담화 구조와 어휘에는 사회적, 문화적으로 중요한 정보가 담겨 있기 때문에 그 사람 고유의 경험, 태도, 신념, 가치에 대한 직관을 얻을 수 있다. 놀라울 것도 없지만, **담화연구**(narrative research)와 그에 후속하여 구축되는 프로파일은 그들을 통해 볼 수 있는 삶의 이야기만큼이나 다양하다. Patton(2002)에 따르면, 프로파일은 "조직, 임상 또는 프로그램 기록에서 얻은 서면 자료와 기타 기록이나 메모와 서신, 공식적인 출판물과 보고서, 개인의 일기, 편지, 미술 작품, 사진 및 수집품, 개방형 조사 질문에 대한 서면 반응"(p. 4)을 포함하기도 한다. 담화 프로파일 구성에 이용되는 기록물은 그것을 얻은 맥락을 보존하는 것이 매우 중요하다.

Steinberg와 공동 연구자들(2007)은 자녀의 청력손실에 대한 유전검사에 관한 부모 개인의 인식을 연구하는 데 담화 프로파일을 이용하였다. 이 프로파일은 부모를 개별적으로 면담하고 포커스 그룹의 일부에 포함시켜 얻은 담화를 전사한 자료에 근거하여 각 가족별로 취합하였다. 그들에 의하면, 담화 프로파일은 "부모가 유전검사에 대한 이해를 스스로 어떻게 구축하고 자신의 이전 지식과 사회문화적 맥락, 자녀들에 대한 가치와 신념 체계를 어떻게 유전성 청력손실과 통합시켰는지에 관한 포괄적인 그림을 제공해 주었다."

흔히 질적 연구자들은 많은 양의 자료와 충분한 기술이 필요하다고 말한다. 담화는 대개 여러 출처에서 얻은 심층적인 정보를 통합하여 그 상황에서 무엇을 말하고, 무엇을 하고, 무엇을 생각하고, 무엇을 느끼는지를 포함, 특정 사건이나 상황을 실제적이고 면밀하게 이해할 수 있게 해 준다. 예를 들면, Barrow(2008)는 "장애에 관한 담화"를 조사하여 장애가 한 실어증 여성과 그 친구 및 가족이 뇌졸중과 실어증을 어떻게 이해하는지에 미치는 영향을 탐구하였다. 그는 심층 면담, 관찰 및 기록을 토대로 하여 '내부자의 관점'에 접근하는 데 담화를 이용하였다. Bronken, Kirkevold, Martinsen과 Kvigne(2012)도 의료진과 함께 구성한 실어증 환자의 사적 이야기 말하기를 이용하여 의미를 만들고, 스스로의 이해를 향상시키고, 그들의 "심리적 복지"의 향상을 도왔다. 심층적이고, 전체적이며, 복합적인 이해의 촉진이 담화연구의 목적이다. 실제로 Kovarsky(2008)는 임상적 효과(결과)는 내담자가 자신의 개인적인 관점에서 제공할 수 있는 "주관적이고 현상 중심적인 정보" 없이는 제대로 알 수 없다는 점을 주장하면서, 근거기반 실제가 실현될 수 있게 만들기 위한 노력으로 개인적 경험에 대한 담화를 포함시킬 것을 지지하였다.

사례연구 간단히 말해 **사례연구**(case study research)는 한 개인에 대한 강도 높은 기술과 분석을 이끈다. 사례연구는 확인하고 검증할 변인과 함께 양적 자료를 이용하기도 한다. 어느 정도 치료나 중재가 이루어지기 전과 후에 하나 이상의 특성을 재는 사례연구가 흔히 이루어지고 있으나, 대개는 외재변인을 거의 통제하지 않는다(Shaughnessy, Zechmeister, & Zechmeister, 2012). 그러나 사례연구 전략은 심층적인 질적 조사연구에 있어 몇 가지 이점을 갖는다. 질적 패러다임은 외재변인을 찾아내어 아우른다. 그러므로 Best와 Kahn(2006)에 의하면, 질적 사례연구는 "현재의 상태를 설명해 주거나 변화나 성장에 영향을 미치는 요인 간의 상호작용을 심층적으로 분석하여 파악한다"(p. 259). 그들은 "독특함은 과학적 추상화를 불가능하게 만들 수 있기 때문에" 주로 "전형성"을 근거로 하여 사례를 선정한다고 하였다.

질적 사례연구와 앞에서 논의한 담화, 면담, 관찰 전략을 분간하기가 어려운 경우도 있다. 모든 사례연구에는 이런 연구방법 각각에서 모은 정보가 포함되기도 한다. 그렇다면 사례연구를 규정할 수 있는 것은 초점이다. Damico와 Simmons-Mackie(2003)는 다루는 연구 질문의 특성에 근거하여 세 가지 유형의 질적 사례연구가 있음을 확인하였는데, 본질적 사례연구, 도구적 사례연구, 집단적 사례연구가 그것이다.

본질적 사례연구에서는 특정 개인이나 주제, 장소 또는 사건에 초점을 맞추어 자료를 수집하고 분석한다. 예를 들면 Moreno-Torres와 Torres(2008)는 18개월 무렵에 인공와우를 이식받은 여아를 표적으로 하여 $2\frac{1}{2}$~$3\frac{1}{2}$세에 언어가 발달된 이후에 우려되는 영역을 확인하였다. 또 다른 사례연구에서 Van Lierde 외(2007)는 7세의 슈프린첸-골드버그 증후군 남아의 말, 언어, 음성에서 나타나는 복합적인 문제를 분석하였다. DiFino, Johnson과 Lombardino(2008)는 난독증이 있는 대학생 1명을 대상으로 그 학생이 외국어 선수조건을 달성하도록 돕는 데 언어치료사가 할 수 있는 역할을 알아보기 위해 사례연구를 실시하였다. 환경(장소)에 초점을 맞춰 Zapala와 Hawkins(2008)는 두 곳의 임상 환경에서 부적절한 대화 사생활보호에 대한 의료진의 인식에 기여하는 몇 가지 요인을 조사하였다.

도구적 사례연구는 "보다 전반적인 쟁점이나 연구의 정교화를 위한 직관을 제공"한다(Damico & Simmons-Mackie, 2003). 도구적 사례연구의 좋은 예 중 하나는 Kemmerer, Chandrasekaran과 Tranel(2007)이 실시한 것이다. 그들은 말과 제스처의 관계를 알아볼 수 있는 기회로서 드물게 나타나는 일부 임상적 징후를 보이는 뇌병변 성인 1명의 사례를 제시하였다. 그들은 관찰을 통해 왜 중도 실어증을 보이는 사람들 중에 "자기 말의 의미적 내용을 보완하기 위해… 운동적 사건을 손으로 묘사할 수 있는" 사람들이 있는지를 설명하였다.

최근 **집단적 사례연구**에서 "보다 전반적인 현상을 조사하기 위해" 몇 명의 사례를 병합한 적도 있다(Damico & Simmons-Mackie, 2003). 예를 들어 Pearce, Golding과 Dillon(2007)은 청각 관리에 피질 청각유발전위를 어떻게 이용할 수 있는지 보여 주기 위해 청신경병증이 있는 신생아 2명의 사례를 결합하였다. Davidson과 동료들(2008)은 실어증 노인을 대상으로 하는 집단적 사례연구를 이용하여 '우정'과 우정 관련 대화를 연구한 반면, Angell, Bailey와 Stoner(2008)는 집단적 사례연구를 적용하여 학교 환경에서 삼킴장애 프로그램을 촉진할 수 있는 요인에 대한 조사를 보완하였다. Cardon, Campbell과 Sharma(2012)는 청각중추의 성숙과 피질 가소성을 확연히 보이는 4명의 감각신경성 청력손실 및 청신경병 범주성장애 아동들에 대한 광범위한 '사례보고서'를 발표하였다.

질적 연구논문의 제목

변인에 대한 설명과 변인의 조작을 강조하지 않아도 질적 조사연구의 제목은 양적 실험 및 기술연구의 제목과 많은 측면에서 다르다. 질적 연구의 제목은 연구마다 크게 달라질 수 있으나 대개는 연구 질문의 실험적 · 개인적 · 전체적 본질이 드러난다. 예를 들면, "후두적출술 환자의 상동적 태도와 피해자 책임전가"(Hughes & Gabel, 2008)라는 제목은 특수한 개인들로 이루어진 한 집단에 대한 태도와 낙인에 대한 확인과 이해를 잘 보여 주고 있다.

그러나 가장 보편적인 질적 연구 제목은 아마도 '삶의 경험'이나 '개인적 관점'에서 특정 집단과 관심사항을 확인할 수 있게 해 주는 제목일 것이다. 이러한 제목의 예로는 "어린 취약 X 증후군 아동의 의사소통: 어머니의 관점에 대한 질적 연구"(Brady, Skinner, Roberts, & Hennon, 2006), "뇌졸중 후 발생한 마비말장애에 관한 혼란에 대한 부모의 경험"(Dickson, Barbour, Brady, Clark, & Paton, 2008), "이중언어 및 잔존 언어 유지에 관한 쟁점: 소수문화 배경의 자폐스펙트럼장애 아동 어머니의 관점"(Yu, 2013), "맥락 내 의사소통: 다발성경화증 환자의 경험에 관한 질적 연구"(Yorkston, Klasner, & Swanson, 2001), "성인의 발달성 의사소통장애: 결과 및 성인과 그들 부모의 경험"(Clegg, Ansorge, Stackhouse, & Donlan, 2012), "말더듬 화자의 삶의 경험 및 말더듬이 삶의 질에 미치는 것으로 인식된 결과: 남아프리카인의 개인적 이야기"(Klompas & Ross, 2004)를 들 수 있다. 보다 전반적인 관점 또는 이해는 "아프리카계 미국인 말더듬 남성들의 정체성과 삶의 선택방법에 관한 질적 연구"(Daniels, Hagstrom, & Gabel, 2006)와 "의사소통장애 성인의 의사소통 참여 개입에 관한 질적 연구"(Baylor, Burns, Eadie, Britton, & Yorkston, 2011)라는 제목에 나타나 있는 한편, 일부 요인에 대한 관찰 탐구는 "실어증 화자의 이동전화 사용에 있어서 방해 및 촉진 요인"(Greig, Harper, Hirst, Howe, & Davidson, 2008)이라는 연구에서 찾아볼 수 있다.

특정 개인과 집단의 '인식' 또한 질적 연구의 제목에 나타날 수 있는데, 인식은 경우에 따라서는 양적으로 나타낼 수 있고 실험연구와 기술연구의 변인 중 하나로 이용될 수도 있다. 그러나 "자녀의 의사소통장애, 문해기술 발달 및 언어치료 프로그램에 관한 멕시코 이민자 어머니의 인식"(Kummerer, Lopez-Reyna, & Hughes, 2007)이라는 제목의 연구에서는 질적 연구를 중심으로 한 조사연구임이 명확하게 드러나 있다. 마찬가지로 "효과적 학교 중심 삼킴장애 관리의 촉진요인과 방해요인에 대한 인식"(Angell, Bailey, & Stoner, 2008)과 "말언어장애 아동의 삶의 질에 관한 부모 및 전문가의 인식"(Markham & Dean, 2006)이라는 제목은 전체적이고 탐구적인 특성을 보여주고 있다.

끝으로 질적 연구 제목 중에는 이용한 연구방법이 구체적으로 드러나 있는 제목도 있다. 그러한 제목의 예로는 "실어증과 함께하는 삶에 대한 발언 듣기: 앤의 이야기"(Barrow, 2008)라는 제목의 사례연구와 "청력손실 유전검사에 관한 부모의 담화: 아동 및 가족과 함께 일하는 임상을 위한 청각학적 영향"(Steinberg et al., 2007)이라는 제목의 담화 중심 연구를 들 수 있다.

근거기반 실제에서 질적 연구의 역할

제1장에서 근거기반 실제를 임상가의 지식과 기술, 이용할 수 있는 실험연구 근거 중 최상의 근거에 의한 지지를 받는 중재, 내담자 자신의 필요, 기호 및 관점을 통합하는 임상적 결정 과정이라 기술하였다(ASHA, 2005; Dollaghan, 2004, 2007). 대부분의 실무자들은 다양한 평가와 치료 선택 사항의 가치와 효능을 판단하는 데 있어 문헌이 중추적인 역할을 한다는 것을 알고 있음에도 불구하고, 문헌이 EBP의 다른 측면을 어떻게 지지해 주는지는 충분히 알려지지 못하였다. 제1장의 임상 질문의 구성에 관한 논의를 기억해 보자. 전반적인 배경 질문과 목표로 하는 전경 질문을 구분하였었다. 〈그림 3.15〉에 나타나 있는 바와 같이 상호심사과정을 거친 비평 논문, 개요서, 지도서, 임상 노트는 실무자(A)의 지식 및 기술 개발을 촉진하는 핵심 자원이다. 이러한 자원 중 일부는 보다 구체적인 임상적 고려의 기초를 세우는 데 도움이 되는 문제, 집단 또는 조건에 관하여 가치 있는 배경정보를 제공하는 개별적 기술연구가 될 수도 있다. 전통적으로 양적 실험연구는 중재 기법과 전략(B)의 지지 근거로 이용되어 왔다. 사실 어떤 중재법을 지지하는 연구 근거의 수준은 (제5장에서 설명하듯이) 그 연구에 적용된 실험 통제의 엄격성 정도와 연관되어 있다. 특히 문헌은 특정 문제나 환자 또는 집단, 이용 가능한 중재, 임상 결과(효과)에 초점을 맞춘 전경 질문에 대한 답을 얻는 데 이용된다. 그러나 질적 연구는 EBP의 중요한 구성요소 중 하나인 환자, 가족 및 기타 이해당사자(C)의 견해를 반영하는 데까지 그 역할이 확장된다.

질적 조사연구는 원연구에 참여하지 않은 내담자를 '대변'하지는 않지만, 그러한 논문은 중재와 효과를 촉진 또는 방해하거나 영향을 미칠 가능성이 있는 견해나 태도에 관해 중요한 정보를 제공

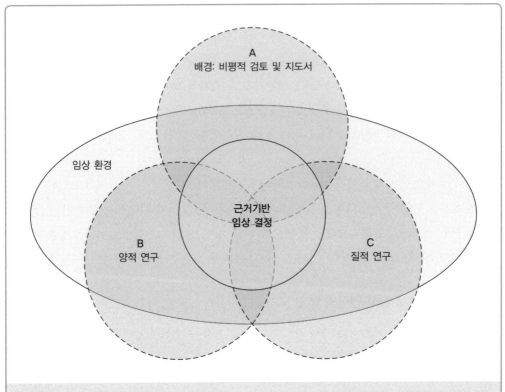

그림 3.15 문헌기반 실제로서의 근거기반 실제. A: 임상가의 지식과 기술을 구축하는 지도서 및 비평적 검토 논문, B: 중재 효과의 근거를 제공하는 양적 실험연구, C: 치료 맥락 내의 서비스에 대한 내담자의 관점에 관한 질적 연구

해 준다. Kovarsky(2008)는 효과가 있으려면 근거기반 실제가 "평가와 중재의 잠재적 수혜자들의 목소리"를 반영해야 한다고 주장하였다. Tetnowski와 Franklin(2003)도 실무자들이 "소사 대상자에게 가장 중요하거나 적절한 결정을 내릴 수 있게 지지해 주는 모든 정보"에 접근할 것을 권고하였다. EBP의 궁극적인 목적은 개별 환자나 내담자에게 도움이 되는 임상이나 실무의 효과를 촉진하는 것이다(Johnson, 2006). 내담자와 타인의 필요, 기호, 견해도 Lohr(2004)가 "과학과 예술의 혼합"이라 칭한 것을 실천하여 임상적 결정을 내리는 데 있어 반드시 다루어야 할 요소이다.

혼합 방법 연구

혼합 방법 연구(mixed-methods research)에 대해 간단히 말하면 질적 연구와 양적 연구 기법을 결합한 것이다. 처음에는 두 접근법이 양립할 수 없는 것처럼 보이지만, 가설을 검증하는 실험을 가설을 만들어 내는 질적 조사연구로 보완하는 데는 분명하고도 논리적인 이유가 있다. Herbert J. Muller(1956)에 따르면, 과학적인 양적 기법은 "막대기와 돌, 동물의 생명이나 인체를 다루는 데는 아주 좋으나 마음이나 정신적 동요에는 적용할 수 없는 것을 따른다"(p. 67). 목표로 하는 방향에 맞는 형태의 연구 질문을 제기함으로써만이 한 현상의 '방법'과 '이유' 둘 다에 대한 답을 찾을 수 있다. 실제로 Best와 Kahn(2006)은 "질적 연구와 양적 연구는 상호 배타적인 이분법 대신 연속체로 고려해야 한다"(p. 271)고 제안하였다.

혼합 방법을 이용하는 연구가 새로운 것은 아니다. 대개 모든 연구자가 면담이나 관찰을 통해 왜 특정 연구대상자가 다른 연구대상자와는 근본적으로 다른 방식으로 수행하는지 판단하려 시도한 경험이 있을 것이다. 이 방법을 통해 외재 요인과 간섭 요인을 찾아내어 새로운 가설을 세울 수도 있을 것이다. 예를 들면, Yorkston과 동료들(2008)은 음성장애 환자들에게 자신들이 개발 중이던 예비 질문지 양식을 완성하게 한 뒤 면담을 통해 각 질문의 명확성, 내용, 형식에 대한 인상을 수집하였다. 비슷하게 Lin, Ceh, Bervinchak, Riley, Miech와 Niparko(2007)는 인공와우 이식술을 받은 어린 아동들을 위한 의사소통 수행 척도를 개발하면서 부모와 농 전문가들에게 포커스 그룹 면담과 반구조화된 면담 둘 다 적용하였다. Miller와 Guitar(2009), Yaruss, Coleman과 Hammer(2006)는 말더듬 조기중재 프로그램을 마친 학령전 아동들에게 적용한 프로그램의 효과를 평가하기 위해 그들의 부모를 대상으로 반구조화된 추적면담을 실시하였다. 이 두 연구는 아동의 말 유창성에서 측정된 변화로 부모의 관점을 보충하였다. Langevin과 Prasad(2012)는 말더듬 교육과 따돌림 인식 및 예방 프로그램이 말더듬 또래를 놀리는 태도의 양적 감소를 이끌 것인지 알아보기 위한 조사를 실시하였다. 사전-사후 비교에서 태도에서 유의한 변화가 일어났음을 보고하면서 연구자들은 "따돌림에 참여하는 역할을 달리함으로써 아동들에 대한 면담"을 추적 연구하여 그러한 혼합 기법 설계가 아동들로 하여금 놀림과 따돌림의 영향을 더 깊이 이해할 수 있게 하였음을 언급하였다. 실제로 Hinckley, Hasselkus와 Ganzfried(2013)는 실어증 환자들을 대상으로 실시한 온라인 조사에서 "조사 과정에서 기입한 내용에 대한 분석에서 드러난 주제"를 조사하기 위하여 포커스 그룹을 구성함으로써 실어증 환자들의 의료 정보 및 자원의 접근성에 대한 온라인 조사를 추적 연구하였다. 혼합 방법을 보다 정교하게 적용한 예에서, Hutchins와 동료들(2009)은 개별적 담화, 이야기 말하기 동안의 어머니-아동 상호작용 관찰, 수용 어휘의 양적 측정을 통해 어머니의 인식론적 관점이 "자녀와 함께 만드는 언어학습 환경"에 어떤 영향을 미치는지 조사하였다.

질적 연구방법과 양적 연구방법의 적용은 여러 측면에서 임상 실제에서 일상적으로 이루어지는 진단 절차와 유사하다. 그러므로 혼합 연구방법을 이용하는 것이 실무자들에게 익숙한 것으로 보일 가능성이 높다. 〈그림 3.16〉에 도식으로 제시한 바와 같이 임상적 가설은 대개 질적 연구 방법에서 얻은 많은 정보를 통해 만들어진다.

내담자, 부모, 가족을 임상에 함께 개입시키는 것은 대개 면담, 개별 담화, 관찰, 과거 임상 기록 등 관련 자료의 검토로 시작된다. 이들은 의사소통장애를 유발하고 지속시키는 요인에 대한 유용한 가설을 수립할 수 있게 도와준다. 일부 기술적인 양적 연구기법의 적용에서처럼 관련된 사례연구와 효과에 관한 지식을 통해 얻은 연구 결과와 임상 경험의 적용도 기대할 수 있다. 정의와 개요를 서술한 임상 문제와 함께 양적인 실험 및 기술 연구방법은 특정 가설의 검증에 이용될 수도 있다. 그러나 이때조차도 질적 기법은 진단을 위한 노력을 보완한다. 이 기법에서 실무자는 행동을 정의하고, 예측하고, 통제할 수 있게 될 뿐만 아니라 어디서, 언제, 왜와 관련된 질문에 대한 답을 얻을 수도 있다. 내담자, 환자, 가족의 관점을 아는 것은 의사소통장애를 이해하는 데 중요하며, 이

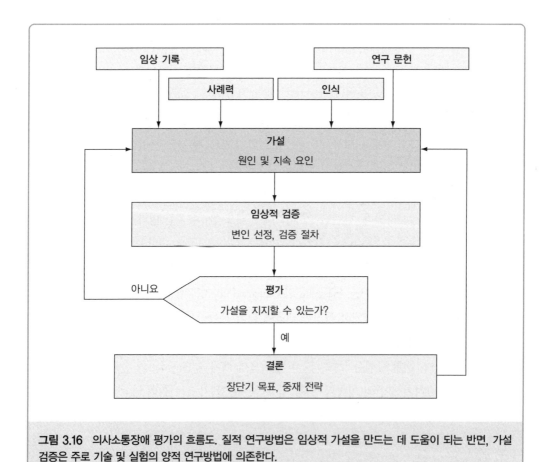

그림 3.16 의사소통장애 평가의 흐름도. 질적 연구방법은 임상적 가설을 만드는 데 도움이 되는 반면, 가설 검증은 주로 기술 및 실험의 양적 연구방법에 의존한다.

는 중재 전략을 선정하는 데 유용한 정보를 줄 뿐만 아니라 임상 결과에도 영향을 미친다.

혼합 방법의 연구는 특히 문제, 변인, 조사 기법을 찾아내어 분명히 하는 데 적절하다(Brinton & Fujiki, 2003; Creswell, 2009; Plano-Clark & Creswell, 2008). 질적 기법은 연구자로 하여금 문헌이나 경험이 부족한 주제를 연구할 수 있게 해 준다. 일단 문제를 이해하고 가설을 수립하고 나면, 양적 기법은 연구자로 하여금 검증을 통해 문제를 '추적'할 수 있게 해 준다. 혼합 방법의 가치는 양적 전략이 연구자로 하여금 많은 양의 객관적 자료를 요약할 수 있게 해 주는 반면, 질적 전략은 연구자로 하여금 "이야기를 들려줄 수 있게" 해 주어 "양적 결과를 사람이 처한 환경에 적용할 수 있게 해 주는 풍부한 기술적 세부사항을" 제공해 준다는 데 있다(Trochim & Donnelly, 2007).

핵심 용어

관찰연구	상관연구	자료의 다각화
기술연구	속성변인	자연의 실험
다가 실험	실험연구	조사연구
담화연구	양적 연구	종속변인
독립변인	역동변인	질적 연구
매개변수 실험	연구 설계	통제변인
면담연구	연구 전략	포커스 그룹
발달연구	연속변인	현상학
범주변인	외재변인	혼합 방법 연구
비교연구	이가 실험	회고연구
사례연구	이해	

비평적 읽기 연습

01. 다음의 실험연구논문의 제목을 보고 종속변인과 독립변인을 확인하라.

Bental, B., & Tirosh, E. (2008). The effects of methylphenidate on word decoding accuracy in boys with attention-deficit/hyperactivity disorder. *Journal of Clinical Psychopharmacology, 28*, 89-92.

Panico, J., & Healey, E. C. (2009). Influence of text type, topic familiarity, and stuttering frequency on listener recall, comprehension, and mental effort. *Journal of Speech, Language, and Hearing Research, 52*, 534-546.

Solomon, N. P., & Munson, B. (2004). The effect of jaw position on measures of tongue strength and endurance. *Journal of Speech, Language, and Hearing Research, 47,* 584-594.

Stepp, C. E. (2013). Relative fundamental frequency during vocal onset and offset in older speakers with and without Parkinson's disease. *Journal of the Acoustical Society of America, 133,* 1637-1643. doi:10.1121/1.4776207

Tseng, C-C., Wang, S-J., & Young, Y-H. (2013). Comparison of head elevation versus rotation methods for eliciting cervical vestibular-evoked myogenic potentials via bone-conducted vibration. *International Journal of Audiology, 52,* 200-206. doi: 10.3109/1499202 7.2012.754108

이 제목에 통제변인이나 연구 전략이 무엇인지 알 수 있게 해 주는 부분이 있는가?(예: 이가, 다가 또는 매개변수)

02. 다음의 연구논문을 읽어 보라.

Moyle, M. J., Ellis Weismer, S., Lindstrom, M., & Evans, J. (2007). Longitudinal relationships between lexical and grammatical development in typical and late talking children. *Journal of Speech, Language, and Hearing Research, 50,* 508-528. doi: 10.3109/14992027.201 2.754108

이 연구는 어떤 연구 전략을 결합하였는가? 이 연구는 비교, 발달, 상관, 혼합 방법 연구 전략을 어떤 방식으로 적용하였는가? 제목에 이러한 전략이 어떻게 반영되어 있는가?

03. 다음의 연구논문을 읽어 보라.

Iverson, J. M., & Wozniak, R. H. (2006). Variation in vocal-motor development in infant siblings of children with autism. *Journal of Autism and Developmental Disorders, 37,* 158-170. doi:10.3109/14992027.2012.754108

연구한 독립변인과 종속변인은 무엇인가? 독립변인은 역동변인인가, 속성변인인가? 연속변인인가, 범주변인인가? 독립변인의 조작으로 인해 어떤 차이가 관찰되었는가?

04. 다음의 연구논문을 읽어 보라.

Ertmer, D. J. (2004). How well can children recognize speech features in spectrograms? Comparisons by age and hearing status. *Journal of Speech, Language, and Hearing Research, 47,* 484-495. doi:10.3109/14992027.2012.754108

연구한 독립변인과 종속변인은 무엇인가? 독립변인은 역동변인인가, 속성변인인가? 연속변인인가, 범주변인인가? 독립변인의 조작으로 인해 어떤 차이가 관찰되었는가?

05. 다음의 논문을 읽어 보라.

Nelson, R. L., & Damico, J. S. (2006). Qualitative research in literacy acquisition: A framework for investigating reading in children with language impairment. *Clinical Linguistics and Phonetics, 20*, 631-639. doi:10.1080/02699200500266760

Nelson과 Damico는 언어장애 아동의 읽기 습득에 대해 더 많이 이해하기 위하여 어떤 사례 연구와 질적 연구 전략을 이용하였는가?

06. 다음 논문의 서론을 읽어 보라.

Hayhow, R., & Stewart, T. (2006). Introduction to qualitative research and its application to stuttering. *International Journal of Language and Communication Disorders, 41*, 475-493. doi:10.1080/13682820500343057

Hayhow와 Stewart는 말을 더듬는 사람들에 대한 질적 연구와 혼합 방법 연구에 어떤 사례를 이용하였는가? 그들은 왜 말더듬같이 고도로 학습된 일련의 행동이자 관찰할 수 있는 다양한 반응을 보이는 만성적 상태가 질적 접근법과 혼합 방법 접근법을 이용하여 잘 연구될 수 있을 것이라 생각하는가?

07. 다음의 질적 연구논문을 읽어 보라.

Bailey, R. L., Parette, H. P., Jr., Stoner, J. B., Angell, M. E., & Carroll, K. (2006). Family members' perceptions of augmentative and alternative communication device use. *Language, Speech, and Hearing Services in Schools, 37*, 50-60. doi:10.1044/0161-1461(2006/006)

Bailey와 동료들은 질적 조사에서 어떤 연구방법을 이용하였는가? 이 연구 참여자와 환경은 어떤 이유로 선정되었는가? 저자가 가족의 기대뿐만 아니라 효과적인 보완대체 의사소통 장치의 사용을 촉진하고 방해하는 것으로 인식한 것은 무엇인가?

08. 다음의 발달 연구논문 중 하나를 읽어 보라.

Puyuelo, M., & Rondal, J. A. (2005). Speech rehabilitation in 10 Spanish-speaking children with severe cerebral palsy: A 4-year longitudinal study. *Pediatric Rehabilitation, 8*, 113-116. doi:10.1080/13638490400025322

Smith, A. B., Lambrecht Smith, S., Locke, J. L., & Bennett, J. (2008). A longitudinal study of speech timing in young children later found to have reading disability. *Journal of Speech, Language, and Hearing Research, 51*, 1300-1314. doi:10.1044/1092-4388(2008/06-0193)

이용한 발달 전략은 무엇인가? 어떤 변인을 연구하였고, 성숙이 그것에 어떤 영향을 미치는가? 제목으로 이 연구의 기술적 특성을 알 수 있는가?

09. 다음의 연구논문을 읽어 보라.

Hustad, K. C. (2008). The relationship between listener comprehension and intelligibility scores for speakers with dysarthria. *Journal of Speech, Language, and Hearing Research, 51*, 562-573. doi:10.1044/1092-4388(2008/040)

이 상관연구의 예측변인과 피예측변인은 무엇인가? 어떤 변인이 각각의 피예측변인을 가장 잘 예측하는 것으로 나타났는가? 제목은 연구에 참여한 집단, 변인, 상관연구 전략을 어떻게 드러내고 있는가?

10. 다음의 논문을 읽어 보라.

Noel, M., Peterson, C., & Jesso, B. (2008). The relationship of parenting stress and child temperament to language development among economically disadvantaged preschoolers. *Journal of Child Language, 35*, 823–843. doi:10.1017/S0305000908008805

이 상관연구의 예측변인과 피예측변인은 무엇인가? 어떤 변인이 각각의 피예측변인을 가장 잘 예측하는 것으로 나타났는가? 제목은 연구에 참여한 집단, 변인, 상관연구 전략을 어떻게 드러내고 있는가?

11. 다음의 질적 연구논문을 읽어 보라.

Dickson, S., Barbour, R. S., Brady, M., Clark, A. M., & Paton, G. (2008). Patients' experiences of disruptions associated with post-stroke dysarthria. *International Journal of Language and Communication Disorders, 43*, 135–153. doi:10.1080/13682820701862228

Dickson과 동료들은 이 질적 연구에 어떤 연구방법을 이용하였는가? 환자의 의사소통장애의 물리적 중증도를 자아정체성, 낙인, 사회경제적 복지의 쟁점과 어떻게 연관시켰는가? 환자의 기대와 말-언어 서비스에 관해 어떤 결론에 도달하였는가?

12. 다음 논문의 서론을 읽어 보라.

Skeat, J., & Perry, A. (2008). Grounded theory as a method for research in speech and language therapy. *International Journal of Language and Communication Disorders, 43*, 95–109. doi:10.1080/13682820701437245

Skeat와 Perry는 '현실에 기반을 둔 이론'을 어떻게 정의하였는가? 말과 언어에 관한 연구에 어떻게 적용할 수 있다고 제안하였는가?

평가 체크리스트: 제목

안내: 체크리스트 우측 하단에 제시된 네 개 범주의 척도는 논문의 **제목**을 평가하는 데 이용할 수 있다. 평가 항목은 평정 시 고려해야 할 주제를 구분하는 데 도움을 준다. 각 주제에 대한 의견은 평가 노트에 쓰는데 이는 전반적 평정의 근거가 된다.

평가 항목	**평가 노트**

1. 제목이 명확하고 간결하다.

2. 제목으로 연구되는 표적 집단과 변인을 알 수 있다.

3. 제목에서 연구 질문이나 연구 유형(예: 질적 · 기술 · 실험 연구)을 알 수 있다.

4. 전반적 논평:

전반적 평정(제목):

빈약함	보통임	양호함	우수함

* 이 체크리스트를 평가와 기록 보관을 위해 재사용하는 데 출판사의 승인을 받음.

4 의사소통장애의 연구 설계

앞 장에서 언급하였듯이 연구 전략은 전반적인 접근 계획으로, 그리고 연구 설계는 전략을 실행에 옮기기 위해 사용되는 구체적인 세부 계획으로 드러난다(Bordens & Abbott, 2011; Johnston & Pennypacker, 2009; Sidman, 1960). 그래서 연구자는 전략을 고안하고 설계를 진행한다고 할 수 있다. Kerlinger(1979)는 연구 설계가 "연구 문제가 개념화되는 방식에 초점을 맞추고 실험과 자료 수집 및 분석에 지침이 되는 체계를 만든다"(p. 83)고 하였다. 애플의 설립자 스티브 잡스는 설계란 단지 "어떻게 보이고 어떻게 느껴지는가"가 아니라 "작동하는 방식"이라고 간단명료하게 설명하였다(Walker, 2003). 그러므로 연구 설계는 연구가 연구답게 제대로 이루어지게 하는 모든 것과 관련되어 있다.

모든 현대적 연구 설계는 실험 개념에 근거하고 있기에, 독립변인은 그것이 종속변인에 미치는 영향을 확인하기 위해 조작되는 것이다. 즉 핵심은, 설계는 특정한 연구 질문에 답하기 위해 독립변인과 종속변인을 선택하고 측정하기 위한 계획의 구현이라는 것이다. 그런데 기술연구에서는 조작 불가능한 독립변인의 구조가 실험에서 조작 가능한 독립변인의 구조와 유사하다는 점을 기억하자. 그러므로 기술연구 설계의 구조는 실험연구 설계의 구조와 독립변인의 조작 가능성이라는 주된 차이점이 있지만 여러 가지 측면에서 유사할 것이다. 이 장에서는 연구 설계의 원리가 질적 연구와 혼합 방법 연구의 독특한 요구에 맞춰 어떻게 변화되는지 이야기할 것이다.

연구 유형과 무관하게, 연구 설계는 연구 질문과 뒷받침하는 증거 그리고 연구 결론을 하나로 묶는 역할을 한다. 연구 설계의 두 가지 목적은 제시된 연구 질문에 답하고, 의미 있는 해석을 방해하는 다른 가능한 설명과 다양한 다른 요인을 통제하는 것이다. 양적 연구에서는 연구자가 관심을 갖고 있는 독립변인과 종속변인의 관계에 대한 실증 자료를 구할 수 있는 설계를 개발하여야 한다. 또한 연구 계획은 연구 질문에 대한 답이 외재변인과 측정 오류에 의해 변질되는 것을 최소화할 수 있도록 체계적으로 구성하여야 한다. 독립변인과 종속변인 간의 관계는 어떤 변인이 다른 변인의 변화에 관련된 정도로 수량화되어 기술되기 때문에 연구 질문에 대한 답을 얻기 위해서는 연구의 맥락 내에서 다른 설명이 가능하지 않도록 가변성을 통제해야 한다. 설계는 가능한 답이 단 한 가지만 남을 때까지 체계적으로 제약을 적용하는 예술이라고 흔히 이야기한다.

양적 연구 설계

적어도 이론적으로는 검증할 가설만큼이나 많은 연구 설계가 존재한다(Kerlinger & Lee, 2000). 그러므로 여기에서는 기술연구와 실험연구 설계를 장황하게 분류하기보다는 의사소통장애 연구에 광범위하게 적용되는 연구 설계의 일부 기본 원리를 중심으로 논의하고자 한다. 여기에서 살펴볼 두 가지 주요 연구 설계 유형에는 집단 설계와 단일대상 설계가 있다.

집단 설계(group designs)에서는 하나 이상의 피험자 집단이 한 수준 이상의 독립변인에 노출된다. 독립변인에 대해 피험자 집단이 보인 수행의 평균치를 조사하여 독립변인과 종속변인 간의 관계를 판단한다. **단일대상 설계**(single-subject designs)는 집단의 평균 수행보다는 피험자 개인의 행동에 초점을 맞춘다. 실제 단일대상 설계는 1명 이상 피험자의 행동을 조사하는 데도 이용하지만, 각 피험자에게서 얻은 자료는 집단 자료로 요약하기보다는 피험자를 개별적으로 평가하는 데 이용한다.

모든 연구 설계를 평가할 때 두 가지 중요한 기준을 적용하는데, 내적 타당도와 외적 타당도가 그것이다. 연구 설계의 **내적 타당도**(internal validity)는 해당 연구가 연구의 범위 안에서 두 가지 목적을 얼마나 달성할 수 있는지에 관한 것이다. 즉 해당 연구가 연구 질문에 대한 답을 얻었는지, 그에 관하여 믿을 만한 근거를 제시하고 있는지에 관심을 갖는다. 먼저 논의할 양적 설계에 있어서 내적 타당도는 변량이 독립변인과 종속변인 간의 관계를 오염시키지 않고 파악할 수 있을 정도로 제대로 통제되있는지 여부에 관심을 갖는다. 연구 설계의 **외적 타당도**(external validity)는 해당 연구의 범위를 벗어나서도 연구 결과를 일반화하거나 전이시킬 수 있는 정도가 어느 정도인지에 관심을 갖는다. 연구 설계는 내적 타당도와 외적 타당도를 지침으로 하여 "무엇을 관찰하고, 이를 어떻게 관찰하며, 관찰을 통해 양적으로 나타난 것을 어떻게 분석하는지" 알 수 있게 해 준다(Kerlinger & Lee, 2000).

집단 연구 설계

실험 설계는 능동적 독립변인의 조작과 종속변인에 미치는 영향을 양적으로 재는 데 관심을 둔다. 실험 설계의 적절성은 변인들 간의 인과관계를 설정할 수 있게 해 주는 근거의 질에 기초한다. 이와는 달리 기술연구 설계는 속성 독립변인(비교연구에서의 피험자 분류나 발달 연구에서의 성숙 수준과 같은)의 수준 선정과 종속변인에서의 차이나 발달적 경향을 평가하거나 예측(독립)변인과 피예측(종속)변인의 관계를 검증하기 위해 종속변인을 측정하는 데 역점을 둔다. 변인들 간의 인과관계나 기술적 연관성을 판단하기 위해 피험자 집단으로부터 양적 자료를 수집하는 모든 연구는 **집단 간**(피험자 간) 설계나 **집단 내**(피험자 내) 설계 또는 **혼합**(집단 간 설계와 집단 내 설계의 결합) 설계 중 하나를 적용한다.

집단 간 설계 집단 간 설계(between-subjects designs)에서는 각 피험자 집단의 수행을 측정하고, 각 집단의 평균 수행을 집단끼리 비교한다. 집단 간 실험에서 서로 다른 피험자 집단은 서로 다른 처치나 서로 다른 수준의 독립변인에 노출된다. 집단 간 기술연구 설계에서는 서로 다른 피험자 집단이 일부 준거변인에서 보인 수행을 다른 집단의 수행과 비교한다. 먼저 집단 간 실험 설계에서 우려되는 문제에 대해 논의한 다음, 집단 간 기술연구 설계와 특별히 관련된 문제에 대해서도 살펴보자.

집단 간 실험 설계에서는 **실험 집단**(experimental group)으로 배정된 피험자 집단에 대해서는 독립변인 또는 실험적 처치를 적용하지만, **통제 집단**(control group)으로 배정된 피험자 집단에게는 그러지 않는다. 측정한 행동에서 두 피험자 집단 간에 차이가 났다면, 이를 독립변인이 종속변인에 미치는 영향의 지표로 삼는다. 이러한 경우에 대한 예로는 실험 집단에는 치료를 실시하고 통제 집단에는 치료를 실시하지 않는 실험을 들 수 있을 것이다. 다음으로는 이 두 집단을 일부 종속변인에 대해 비교하는데, 대개는 특정 수행 또는 반응의 측정치를 비교한다. 예를 들면, Warren과 공동 연구자들(2008)은 발달지연을 보이는 2세 아동들을 두 집단 중 한 집단에 무작위로 배정하였다. 실험 집단은 피험자들이 받은 지역사회 기반 서비스에 추가로 6개월간의 의사소통 조기중재를 받았다. 다른(통제) 집단은 지역사회 기반 서비스 외에는 따로 중재를 받지 않았다. 어휘밀도, 의도적 의사소통 행위의 비율, 구어나 손짓으로 표현한 전체 단어 수와 같은 변인에서 실험 집단의 조기중재 종료 후 6개월과 12개월 뒤에 두 피험자 집단이 차이를 보이는지 비교하였다.

집단 간 설계를 이가(bivalent) 실험으로 설계할 수 있는데, 이 경우 실험 집단인 한 집단을 다른 통제 집단과 비교하여 Warren 등(2008)에 의한 연구에서처럼 치료(독립변인) 유무의 효과를 검증한다. 다가(multivalent) 실험으로 집단 간 연구를 설계할 수도 있는데, 이때는 여러 집단이 회기 길이나 치료 기간 등 다양한 독립변인에 노출되며, 통제 집단은 치료를 받지 않는다. 마지막으로, 집단 간 설계는 매개변수 실험으로 이루어지기도 하는데, 이 경우 여러 집단이 여러 상이한 독립변인(즉 서로 다른 유형의 치료)을 다양하게 조합하여 각 독립변인의 값을 달리하여 치료를 받으며, 치료를 받지 않은 통제 집단과 비교하게 된다.

집단 간 실험 설계의 평가에서 크게 고려해야 할 사항 중 하나는 실험 집단과 통제 집단의 **동질성**이다. 두 피험자 집단이 연령, 성별, 지능, 선행 경험 등의 기타 특징이 다른 두 수준의 독립변인에 노출되면, 이 두 집단은 서로 다른 두 수준의 독립변인에 노출되었기 때문이 아니라 피험자 특성에서의 차이 때문에 종속변인에서 수행의 차이를 보일 수 있다. 그렇다면 피험자 특성에서의 차이는 두 피험자 집단 간의 종속변인에서의 차이를 설명할 수 있는 외재변인 또는 장애변인이 된다. 즉 실험 집단과 통제 집단의 수행에서 나타난 상대적인 차이는 독립변인의 효과를 대신하여 나타났거나 독립변인의 효과에 더하여 두 집단 간 피험자 특성에서의 차이 때문에 나타난 것일 수 있다. 그렇다면 실험자는 실험 집단과 통제 집단이 집단 내에서 독립변인의 분포가 다양한 점을 제외하고는 다른 모든 측면에서는 **집단 동질성**(group equivalence)을 보장할 수 있어야 한다. 집단 간 실험 설계에서는 실험 집단과 통제 집단을 동질적으로 만드는 데 두 가지 기법을 주로 이용하는데, 무선화와 대응이 그것이다.

피험자 무선화(subject randomization)는 피험자를 실험 집단과 통제 집단에 무작위로 배정하는 경우를 말한다. 무작위라고 해서 무턱대고 피험자를 배정한다는 뜻은 아니다. 오히려 무선화는 각 피험자가 실험 집단이나 통제 집단 중 하나에 같은 **확률**로 배정되도록 만들어 주는 집단 할당 기법 중 하나이다. 피험자를 실험 집단과 통제 집단에 무선으로 배정함으로써 종속변인에서 피험자들의 수행에 영향을 미칠 수 있는 알려지거나 알려지지 않은 외재 요인이 두 집단에서 보다 균형을 이룰 수 있게 된다. 연령, 성별, 지능, 사회경제적 지위와 같은 변인이 골고루 분포되지 않으면 한 집단을 다른 집단에 비해 더 지지하는 체계적 편향이 개입될 수 있다. 집단을 동일하게 만드는 기법 중 하나로 Christensen(2007)은 피험자 무선화를 "통제 방법 중 가장 중요하고 기본적이며 알려지지 않은 변량 출처를 통제하는 유일한 기법"(p. 264)이라 칭하였다. 그는 무선화의 목적을 다음과 같이 요약하였다.

무선 할당은 통제해야 할 변인이 모든 집단에서 대략 같은 방식으로 분포된다는 사실 덕분에 집단을 통제한다(이상적으로는 분포가 완전히 동일하다). 대략적으로 분포가 같을 경우, 외재변인의 영향은 일정하게 유지되는데, 이는 외재변인이 종속변인에 상이한 영향력을 행사할 수 없기 때문이다(pp. 268-269).

그러나 Christensen은 무선화가 항상 모든 측면에서 동일한 실험 집단과 통제 집단의 선정을 이끌지 않을 수도 있음을 정확하게 지적하였다. 상대적으로 매우 적은 수의 피험자들로 이루어진 연구의 경우 특히 더 그러하다. 무작위의 확률은 피험자를 실험 집단과 통제 집단으로 배정(그러므로 외재변인의 실험 집단과 통제 집단에서의 분포)하도록 결정하기 때문에, 때에 따라서는 두 집단이 일부 변인에서 차이가 나는 경우도 있다. 실험자는 흔히 이러한 가능성을 무선화 배정 이후 알려진 외재변인에서 집단의 동일성을 확신하기 위해 집단차를 검증함으로써 확인한다. 그러나 Christensen은 실험 집단과 통제 집단이 외재변인에 있어서 동일해질 가능성은 다른 집단 배정 방법보다 무선화 배정을 적용하였을 때 더 크기 때문에 무선화가 피험자를 실험 집단과 통제 집단으로 배정하는 데 있어 체계적 편향을 줄일 수 있는 강력한 기법 중 하나라고 하였다. 게다가 무선화는 편향되지 않은 자료 분석의 중요한 선행 요건 중 하나로, 제8장에 설명한 많은 통계 기법은 실험 집단과 통제 집단으로의 무선화 배정의 가정에 근거하고 있다.

집단 간 실험 설계에서 실험 집단과 통제 집단을 동일하게 만들어 주는 두 번째 기법은 **피험자 대응**(subject matching)이다. 이 경우 실험자는 실험에 적절한 것으로 여겨지는 모든 외재변인이 같아지도록 두 집단의 구성원들을 의도적으로 대응시킨다. 그러므로 실험의 마지막에 실험 집단과 통제 집단 사이에서 나타난 독립변인에서의 차이의 원인은 두 집단이 이들 외재변인에서 차이를 보였기 때문이라 볼 수 없다.

실험 집단과 통제 집단이 외재변인 측면에서 동일해지도록 일치시키는 데 적용 가능한 방법도 많다. 흔히 이용하는 두 기법은 비교할 집단이 외재변인의 분포가 같아지도록 만드는 **전반적 분포 대응법**과 **피험자 쌍 대응**을 통해 실험 집단과 통제 집단에 배정하는 방법이다. Christensen(2007)은 첫 번째 대응법은 다양한 특성을 근거로 피험자 각각을 비교하기보다는 전반적인 빈도 분포(즉 각 외재변인 값을 갖는 사례의 빈도)를 맞추기 때문에 "빈도 분포 통제 기법"이라 칭하였다. Christensen은 두 번째 대응법이 외재변인에서 나타나는 피험자별 차이를 줄여 줄 뿐만 아니라 종속변인과 높은 상관을 보이는 외재변인에서 피험자들이 동일한 값을 보일 때 독립변인이 종속변인에 미치는 영향을 줄일 수 있게 실험의 민감도를 높일 수 있도록 사례별로 피험자를 대응시키기 때문에 "정밀 통제 기법"이라 칭하였다.

전반적 대응법은 실험 집단과 통제 집단이 외재변인의 분포가 비슷해지도록, 즉 두 집단이 각 외재변인에 대해 동일한 평균과 분포를 갖도록 조합함으로써 가능해진다. 예를 들어, 실험 집단과 통제 집단이 연령, 지능, 교육 수준, 성별 같은 요인에서 고른 분포를 보이게 할 수도 있다. 각 집단에 속한 남자와 여자의 인원수가 같아지도록 조합할 수도 있다. 각 집단의 연령 범위와 평균 연령이 같아지도록 만들 수도 있다. 평균 IQ와 최저 IQ에서부터 최고 IQ까지의 범위도 같아지도록 만들 수 있다. 이와 같은 방식으로 두 집단을 대응시킨다.

전반적 대응법이 표면적으로는 집단의 동질성을 보장하기에 적절한 기법으로 보일 수 있으나, 연구에 대한 비판적 독자라면 이 기법에 뚜렷한 약점이 있음을 명심해야 할 것이다. 예를 들면, 개별 피험자들이 갖고 있는 외재변인의 조합이 두 집단에서 같아지도록 적절히 대응시킬 수 없는 경우도 있다는 것이 약점이다. 두 집단이 연령과 IQ에서 같은 평균값을 갖는 것처럼 보일 수도 있으나, 한 집단에서는 더 나이 많은 피험자들이 더 어린 피험자들에 비해 지능이 더 높을 수 있는 반면, 다른 집단에서는 더 어린 피험자들이 나이 많은 피험자들에 비해 지능이 더 높을 수도 있다. 두 집단이 특정 장애변인에서 동일한 것처럼 보일 수 있으나, 두 집단의 각 피험자에게서 장애변인의 상호작용이 반드시 같다는 보장은 없다.

실험 집단과 통제 집단에 피험자 쌍을 대응시켜 배정하는 방법은 전반적 대응법보다 더 효과적이다. 대응 쌍은 한 피험자를 먼저 한 집단에 배정한 다음 외재변인 무리 중에서 앞서 배정한 피험자와 근본적으로 동일한 피험자를 찾아 대응시킨다. 두 사람이 모든 측면에서 완전히 동일한 경우는 없기 때문에 대개는 외재변인에 어느 정도 제한을 둔 상태에서 대응시킨다. 예를 들면, 첫 번째 피험자가 IQ 115의 21세 여성으로 대학 2학년에 재학 중이라면, 실험자는 이 피험자와 대응시켜 다른 집단에 배정할 짝을 찾기 위해 IQ가 112~118에 속하고, 20~22세의 연령 범위에 해당하면서 대학 2학년에 재학 중인 여성을 찾을 것이다. 나머지 피험자도 각 피험자 쌍이 외재변인과 관련하여 나름대로 특유의 패턴을 갖도록 비슷한 방식으로 대응시킨다.

일단 대응 쌍을 조합하고 나면, 그다음 단계는 그 피험자 쌍에 속하는 구성원을 실험 집단과 통제 집단에 배정하는 것이다. 피험자 쌍 대응은 집단을 일치시키기 위해 선정한, 이미 알고 있는 외재변인의 측면에서 실험 집단과 통제 집단을 동일하게 만들어 주지만, 실험자가 간과한 다른 외재변인의 측면에서는 동일하지 않을 것이다. 그러므로 쌍의 구성원을 약간의 편의에 따라 실험 집단과 통제 집단으로 배정하면, 알려지지 않은 외재변인에 있어 동일하지 않은 집단이 되기도 한다. 예를 들면, 일치시킨 피험자 쌍이 서로 다른 두 임상 세팅에서 선택되었고, 한 세팅에서 표집한 구성원을 다른 세팅에서 표집한 구성원과 대응시키는 경우를 생각해 보자. 편의상 한 세팅에서 표집한 모든 피험자를 실험 집단에 배정하고, 다른 세팅에서 표집한 모든 피험자는 통제 집단으로 배정한다. 문제는 두 세팅에서 표집한 피험자 집단 사이에 알려지지 않은 외재변인에서 차이가 있는 경우라면, 이러한 차이는 알려진 외재변인에 대해서는 집단을 일치시켰음에도 불구하고 내적 타당도를 위협하는 결과를 낳을 것이다.

그러나 Campbell과 Stanley(1966), Van Dalen(1979)은 대응 쌍을 피험자 무선화와 결합하여 적용할 경우 집단의 동질성을 보장하는 강력한 기법이 될 수 있음을 제안하였다. 대응 쌍을 조합한 뒤 그 구성원들을 무선으로 배정하는데, 대응 쌍 구성원 중 1명은 실험 집단에, 다른 1명은 통제 집단에 무작위로 배정한다. 이렇게 대응 쌍과 무선화를 결합하면, 종속변인과 상관되어 있는 것으로 알려진 외재변인이 보다 균일하게 분포될 수 있으며 대응 쌍 구성원을 두 집단에 무작위로 배정함으로써 알려지지 않은 외재변인에서 집단차가 나타날 가능성이 줄어든다.

피험자 수가 큰 경우에는 많은 수를 대응시키기 어렵고, 특히 여러 개의 외재변인을 대응시켜야 하는 경우에는 무선화가 더 바람직하다. 무선화만으로도 알려진 외재변인과 알려지지 않은 외재변인에서 집단차가 나타날 가능성을 줄일 수 있기 때문에 처음부터 무작위로 집단에 배정하는 것이 더 효율적이다. 하나 이상의 실험 집단을 하나의 통제 집단과 비교할 때도 대개는 무선화가 바람직하다. 예를 들어, 세 실험 집단을 하나의 통제 집단과 비교하는 경우라면, 2인 1조의 대응 쌍이 아닌 4인 1조의 대응 조를 조합해야 한다. 4명의 피험자를 대응시키는 것은 모든 실험자에게 상당히 어려운 일인데, 특히 4인 1조가 몇 가지 외재변인에서 대응하도록 구성하는 것은 특히 더 어렵다. 무선화를 위해 피험자 4명을 네 집단으로 배정하기보다는 처음부터 네 집단 각각에 피험자를 무작위로 배정하는 것이 훨씬 더 효율적일 것이다.

실험에 참여할 수 있는 피험자가 적을 경우 대응 쌍과 무선화를 결합하여 실험 집단과 통제 집단으로 배정하는 방법이 더 바람직하다고 보는 실험자들도 있다. Christensen(2007)의 연구에서 나타난 바와 같이, 무선화한 뒤에도 집단을 동일하게 만들지 못할 위험성은 피험자 수가 많을 때보다는 적을 때가 더 크다. 그러므로 실험자들은 피험자 쌍을 대응시킨 이후 무선화하는 것이 알려진 외재변인의 측면에서 집단의 동일성을 보장해 준다고 더 확신하는 경우도 많다. 전반적 대응과 쌍 대응의 단점에도 불구하고, 많은 실험자들은 대응시키는 것만으로도 아무것도 하지 않을 때보다 훨씬 더 낫다고 여기는데, 이는 실험 집단과 통제 집단을 조합할 때 대응법만 적용한 연구논문을 문헌에서 많이 찾아볼 수 있다는 것이 그 증거이다.

지금까지 우리는 집단 간 설계를 실험연구와 관련시켜서만 논의하였다. 그러나 집단 간 설계는 기술연구에도 흔히 적용되는데, 기술연구 설계에 적용하는 경우에 대해서도 살펴보자. 비교연구, 횡단 발달 연구와 조사연구에도 나름대로 살펴보아야 할 사항들이 있다.

집단 간 설계는 상이한 집단이 보인 반응을 비교하는 기술연구에서 찾아볼 수 있다. 비교연구에는 일부 분류 변인(예: 구개열 아동 대 일반 아동)에서 차이가 나는 피험자 집단 사이에서 나타나는 종속변인에서의 차이를 기술하는 연구가 해당된다. 횡단적 발달 연구는 연령이 다른 피험자 집단을 비교하기 때문에 집단 간 설계를 적용한다. 서로 다른 분류의 집단(예: 보청기 사용자 대 비사용자)에 속하는 피험자들에게서 얻은 구조화된 면담이나 질문지 반응을 비교하기 위한 목적으로 조사연구가 이루어지기도 한다.

이가 연구인 집단 간 기술연구 설계도 있는데, 이 경우 분류 변인을 두 개의 서로 다른 범주(예: 후두 적출자 대 일반인)로 나눈다. 집단 간 기술연구 설계로 다가 연구를 할 경우에는 연속되는 서열 범주(예: 경도 대 중등도 대 중도 청력손실)에 따라 변인을 분류한다. 마지막으로 집단 간 기술연구 설계는 한 개 이상의 분류 변인(예: 남성 대 여성, 경도 대 중등도 대 중도 말 실행증)에 따라 동시에 범주화할 수 있는 피험자들을 비교하는 데도 적용할 수 있다.

집단 간 실험연구에서 그런 것처럼 집단 간 기술연구에서도 피험자 선정은 중대한 고려사항이다. 그러나 기술연구에서는 연구자들이 피험자들을 무작위로 서로 다른 유형의 집단에 배정할 수 없음을 알아야 한다. 그 대신 연구자들은 이미 다양한 부류(예: 구개열 아동)에 맞아떨어지는 피험자들을 선정해야 한다. 그러므로 집단 간 기술연구 설계의 주요 전략은 분류 변인에 있어 확연히 다른 범주에 해당하는 한편 알려진 외재변인의 측면에서는 동일한 피험자들을 선정하는 것이다. 이는 실제로 만만치 않은 일이다. 조작 가능한 독립변인 대 분류 변인과 함께 집단 간 연구를 설계할 때 부딪힐 수 있는 문제점과 연구 설계에 이용하는 전략에 대한 비교는 Ferguson과 Takane(1989, pp. 237-247)에서 찾아볼 수 있다.

이 설계의 첫 단계는 분류 변인의 각 범주에서 피험자를 선정하는 기준을 정의하는 일이다. 연구보고서를 읽는 사람들은 피험자 선정 기준을 어떻게 정의하고 있는지 주의 깊게 살펴보아야 할 것이다. 분류는 서로 배타적이도록 이루어져야 한다. 즉 피험자들은 각 분류 변인과 관련하여 단 하나의 범주에만 속해야 한다. 예를 들어 와우 청력손실 환자와 전도성 청력손실 환자를 비교한다면, 모든 피험자는 두 집단 중 한 집단의 정의에만 부합해야 한다. 와우 청력손실과 전도성 청력손실 둘 다 보이는 것으로 확인된 환자들은 세 번째 집단인 혼합형 청력손실 집단을 이루게 된다. 독자들은 연구자들이 선정 기준의 정의를 고수하는 데 있어 엄격성의 정도가 다양함을 알아차리게 될 것이다. 잘 정의된 집단을 수립하고 연구에 적용할 수 있는 피험자들의 실제 특성에 대해 합리적으로 일관성을 유지하려면 절충이 필요한 경우도 흔히 있다.

일부 분류 변인은 상대적으로 범주로 나누기 쉽지만, 다른 분류 변인 중에는 피험자들을 서로 배타적 집단으로 정의하는 기준을 더 정교하게 수립해야 하는 경우도 있다. 때로는 피험자들을 분류하기 위해 피험자 선성을 위한 검사 도구의 몇 가지 측정치를 이용해야 하는 경우도 있다. 많은 경우 특정 측정치의 점수 범위를 이용하여 분류의 모호한 경계를 정의하기도 한다. 비판적 독자들은 연구자들이 피험자 집단을 구성하는 데 이용한 검사의 효과를 평가하기 위해 분류에 이용한 검사의 신뢰도와 타당도를 검증한다.

집단 간 기술연구의 두 번째 단계는 피험자들이 외재변인에서 같아지도록 만드는 것이다. 피험자들을 무작위로 여러 부류로 할당할 수 없으므로 연구의 독자들은 모든 외재변인에서 집단의 동질성을 달성하기란 매우 어려운 일임을 알아야 한다. 이와 같이 내적 타당도를 위협하는 요인을 제거하지 못하면 많은 연구자들이 기술연구로부터 인과관계를 추론하기 꺼리는 이유 중 하나가 된다.

무선 분류 할당은 불가능하기 때문에 최선의 대안은 종속변인과 상관되어 있는 것으로 알려진 외재변인에서의 집단차를 최소화하려 시도하는 것이다. 외재변인에서의 차이를 줄이는 보편적 방법 중 하나는 종속변인과 가장 높은 상관을 보이는 것으로 알려진 외재변인에서 여러 집단을 대응시키는 방법이다. 전반적 대응법과 쌍 대응법 둘 다 집단 간 기술연구에서 이러한 목적을 위해 이용되어 왔다. 이 두 기법의 장점과 단점은 앞에서 논의하였다. 두 기법 중 그 어느 것도 비교 집단의 특징에서 나타나는 차이를 완전히 제거하지는 못하지만, 많은 연구자들은 외재변인의 문제를 무시하는 것보다는 이 기법들을 이용하는 것이 더 낫다고 본다. 물론 가장 큰 문제는 종속변인에서의 수행에 영향을 미칠 수 있는 외재변인을 간과하는 데 있다.

정리하면, 집단 간 설계는 실험연구나 기술연구에서 상이한 피험자 집단의 수행을 비교하는 데 이용한다. 실험연구에서는 서로 다른 처치(치료)나 서로 다른 수준의 독립변인에 노출되는 피험자 집단을 서로 비교한다. 기술연구에서는 상이한 부류에 속하는 피험자들의 수행을 비교한다. 효과적인 집단 간 설계에는 외재변인과 관련하여 동일한 집단을 선정하는 노력도 포함된다.

집단 내 설계　집단 내 설계(within-subjects designs)에서는 동일한 피험자들의 수행을 여러 조건에서 비교한다. 실험연구에서 피험자들은 모든 수준의 독립변인에 노출된다. 종단 발달 연구는 동일한 피험자들을 그들이 성숙해 감에 따라 연구하기 때문에 집단 내 기술연구 설계에 해당한다. 상관연구도 한 집단에 대해 서로 상관되어 있는 모든 변인을 측정하기 때문에 집단 내 설계에 해당한다. 여기서는 집단 내 실험연구 설계를 먼저 살펴본 뒤 집단 내 기술연구 설계에 대해 추가로 언급하고자 한다.

집단 간 실험연구 설계에 관해 앞에서 한 논의에서는 피험자 집단을 외재변인에 있어 동일하게 만드는 시도에 대한 평가에 역점을 두었다. 집단 내 실험 설계에서는 한 피험자 집단의 수행에 영향을 미치는 외재변인의 문제가 없으며, 한 피험자 집단만이 연구에 참여하기 때문에 다른 집단이 없다. 즉 피험자들을 실험 집단과 통제 집단으로 배정하는 것은 문제가 아니다. 집단 내 설계의 평가에서 기본으로 하는 관심사항은 다양한 수준의 독립변인을 적용하는 것을 제외하고서는 모든 조건이 동일하다는 것이다. 종속변인에서 관찰된 변화가 독립변인의 효과와 겨루는 장애변인 또는 외재변인의 영향이 아닌 독립변인의 영향으로 볼 수 있는지 확신하려면 뭔가 조치를 취해야 한다.

이들 중 내적 타당도를 위협하는 많은 요인들이 집단 내 실험 조건의 시간적 배열 또는 순서와 연관되어 있을 수 있다. 그러므로 집단 내 실험 설계에서 필요한 전술은 **계열적 효과**(sequencing effect)를 통제하려는 시도이다(Christensen, 2007). 계열적 효과는 피험자들이 몇 개의 치료 조건에 참여할 때 일어날 수 있다. 계열적 효과와 연관되어 있는 문제는 앞에 오는 조건에 피험자가 참여하는 것이 뒤에 오는 조건에서의 수행에 영향을 미칠 수 있다는 점이다.

Christensen(2007)은 두 유형의 계열적 효과를 구분하였다. 첫 번째는 순서 효과로, 실험의 처음과 마지막에서 전반적 수행이 향상되거나 감소될 수 있다. 예를 들어, 피험자들이 실시한 과제 연습 때문이거나 실험 환경에 익숙해져서 실험의 끝으로 갈수록 수행이 좋아질 수도 있다. 그러나 피로 때문에 실험 후반부에서 피험자들이 수행 감소를 보이기도 한다. 두 번째는 전이 효과이다. 전이 효과는 실험의 처음에서부터 마지막에 이르기까지 전반적 수행이 변화하는 것이 아니라 특정 치료 조건에서의 결과가 다음 치료 조건의 수행에 영향을 미치는 것을 말한다. 예를 들면, 강한 소음을 들려주어 인위적으로 유발한 일시적 청각역치 변환(일시적 청력감퇴, TTS) 연구에서, 피험자들이 후속하는 소음에 노출되기 전에 TTS에서 회복하는 데는 충분한 시간이 필요함이 나타났다. 한편 뒤따르는 조건에서의 수행은 첫 번째 소음에 노출되었을 때 남아 있던 TTS의 전이에 의해 영향을 받기도 한다. 이러한 전이 효과는 하나의 치료 조건에 노출시키는 것이 뒤따르는 조건에서의 수행에 영구적이거나 일시적 영향을 미칠 때 생긴다. 일시적 전이는 실험 조건 간의 휴식 기간에 최소화되는 경우가 많지만, 영구적 전이는 보다 심각한 문제로 뒤에서 더 논의할 것이다.

계열적 효과를 줄이는 두 가지 주요한 기법은 실험적 처치 순서의 **무선화**와 **역균형화**이다. **계열 무선화**(sequence randomization)는 피험자들에게 실험 처치 조건을 무작위 순서로 제시하는 것이다. 실험의 시간적 과정에서 처치를 무작위로 분포시키기 때문에 집단 내 설계에서 대부분의 계열적 효과를 근본적으로 없앤다. 그러나 실험자가 본질적으로 무선화할 수 없는 계열적 효과를 검증하고자 하는 경우도 있다. **역균형화**(counterbalancing)는 실험자로 하여금 가능한 모든 처치 순서에 맞춰 계열적 효과를 통제하고 측정할 수 있게 해 주어 피험자들을 각 순서에 무선으로 배정할 수 있게 해 주는 기법 중 하나이다. 처치 조건의 순서로 인하여 수행에서 차이가 나타나면 서로 다른 순서에 참여한 피험자들의 수행을 검증함으로써 그 차이를 잰다. 어떤 의미에서는 실험자가 처치 조건의 순서를 조작하기 때문에 또 다른 독립변인이 된다.

일부에게서는 계열적 효과에 집단 내 설계가 적절하지 않은 심각하거나 영구적인 전이가 해당되기도 한다. 예를 들어, Underwood와 Shaughnessy(1975)는 집단 내 설계에는 전반적으로 부적절한 지시의 효과에 관한 실험을 열거하였다. 어떤 실험자가 피험자들이 특정 과제에서 보이는 수행에 두 종류의 지시가 미치는 서로 다른 영향을 연구하고자 한다고 가정해 보자. 한 세트의 지시에는 수행에 영향을 미칠 수 있는 정보가 포함되어 있지만, 다른 세트의 지시에는 이러한 정보가 제한되어 있다. 피험자들이 항상 정보를 주는 지시를 마지막으로 제공받는다면, 순서 효과가 개입될 수 있다(즉 피험자들은 첫 번째 조건에서 두 번째 조건으로 이동하는 동안 연습을 하게 되거나 피곤해지게 된다). 그러나 지시의 순서를 무선화하거나 균형을 맞추면, 정보를 주는 지시를 먼저 받은 피험자들은 이후에 정보가 없는 지시와 함께 검사받을 때 앞에서 얻었던 정보적 지시를 잊지 않을 것이다. 즉 정보를 주는 지시로부터 정보가 없는 지시로 영구적인 전이가 일어난다.

전이가 영구적일 것 같을 때는 집단 간 설계가 집단 내 설계보다 더 적절하다. 지시의 효과가 수행에 미치는 영향의 예에서 피험자들은 두 집단 중 한 집단에 무선으로 배정된다. 한 집단은 정보가 있는 지시를 제공받고, 다른 집단은 정보가 없는 지시를 제공받게 된다. 무선화나 역균형화로 계열적 효과를 통제할 수 없을 때는 대개 집단 간 설계가 더 적절하다. 계열적 효과를 통제할 수 있는 경우에는 피험자들이 모든 실험 조건에 참여함으로써 스스로 통제 집단처럼 작용하기 때문에 대개는 집단 간 설계가 더 강력한 것으로 여겨진다.

종단 발달 연구는 기술연구에 집단 내 설계를 적용한 예 중 하나이다. 종단 설계는 연구자가 각 연령 범위에서 표집한 여러 피험자 집단의 수행을 측정하는 대신 동일한 피험자들이 나이를 먹거나 성숙해 가는 과정을 따라가기 때문에 집단 간 횡단 설계와는 다르다. 집단 내 발달 연구 설계는 연구자로 하여금 시간의 경과와 함께 피험자들이 나이를 먹고 성숙함에 따른 각 피험자의 발달 속도를 직접 연구할 수 있게 해 준다.

상관연구도 다양한 여러 측정치를 한 집단의 피험자들에게 적용하기 때문에 집단 내 기술연구 설계의 일례가 된다. 계열적 효과는 대개 실시하는 검사의 순서를 무선화하거나 역균형화를 통해 통제한다.

혼합 설계 집단 간 설계로 상이한 피험자 집단끼리 비교할 수 있다. 집단 내 설계에는 동일한 피험자 집단을 상이한 조건에서 비교하는 것도 해당된다. **혼합 설계**(mixed designs)에서는 동일한 연구에서 두 종류의 비교도 가능하다. 집단 간 설계가 맞는 문제도 있고, 집단 내 설계를 통해 더 논리적으로 공략해야 하는 문제도 있다. 문제를 제대로 연구하기 위해서는 혼합 설계로 두 가지를 결합해야 하는 경우도 있다. 적절한 설계에 대한 결정은 대체로 연구 문제에 대한 명확한 이해와 해당 문제에 대한 연구 대안에 대한 논리적 분석에 따라 달라진다. 집단 간 비교와 집단 내 비교를 결합한 혼합 연구 설계와 양적 연구와 질적 연구 요소를 결합한 혼합 방법 연구 전략을 혼동하지 말아야 할 것이다.

많은 연구에서 한 개 이상의 독립변인을 고려한다. 두 개 이상의 독립변인이 한 개의 종속변인에 미치는 영향은 실험연구를 통해 살펴볼 수 있으며, 한 개 이상의 분류 변인은 기술연구를 통해 연구할 수 있다. 하나의 독립변인은 집단 간 비교로 연구하고 다른 독립변인은 집단 내 비교로 연구하는 경우도 흔히 있다. 그러므로 두 전략 각각을 결합한 혼합 설계를 적용한다.

두 개의 독립변인을 조작하는 실험을 실시할 경우, 하나의 독립변인의 영향은 집단 간 설계로 측정하고 다른 독립변인의 영향은 집단 내 설계로 측정하는 것이 더 나은 경우도 있다. 기술연구로 한 유형의 피험자에게 나타난 두 변인 간의 상관을 다른 유형의 피험자에서 나타난 이 두 변인 간의 상관과 비교할 수도 있다. 두 유형의 피험자들에 대해 장기적인 발달을 비교하는 연구도 기술연구로 실시할 수 있다. 기술연구와 실험연구를 결합한 연구에는 두 유형의 피험자에게 있어 하나의 독립변인이 하나의 종속변인에 미치는 영향을 연구하는 집단 내 실험연구도 해당된다. 한 집단에 대한 실험 효과를 다른 집단에 대한 실험 효과와 비교한다. 이 모든 연구는 집단 내 비교와 집단 간 비교를 포함하고 있기 때문에 혼합 설계에 해당된다.

혼합 설계는 집단 간 설계와 집단 내 설계 전략을 결합하기 때문에 두 유형의 설계에 대해 앞에서 한 논의를 혼합 설계에도 적용할 수 있다. 집단 간 설계에 필요한 집단 동질성을 보장하는 데 요구되는 주의사항이 혼합 설계로 비교되는 집단에도 마찬가지로 적용된다. 이와 유사하게 무선화나 역균형화 기법에 대한 제안도 혼합 설계의 집단 내 요인에 적용할 수 있다. 연구의 독자들은 의사소통장애 문헌에서 자주 볼 수 있기 때문에 혼합 설계의 특성을 잘 알고 있어야 할 것이다. 비판적 독자라면 외재변인의 영향을 최소화하기 위한 연구자의 시도를 평가하는 데 있어 혼합 설계의 어떤 부분이 집단 내 비교에 해당하고 어떤 부분이 집단 간 비교에 해당되는지 찾아낼 수 있어야 한다.

단일대상 연구 설계

이미 논의한 집단 연구 설계 외에도 의사소통장애 연구논문에서 잘 사용되는 단일대상 연구 설계가 많이 있다. **단일대상 설계**(single-subject designs)는 오직 1명의 피험자 또는 개별로 평가되는 적은 수의 피험자에게 적용되며, 평균화되는 대규모 집단의 구성원에게 적용되지 않는다. 비록 이러한 연구들이 종종 단일대상 또는 양적 사례연구 설계에 적용되는 것으로 인용되지만, 오직 1명의 피험자에게만 적용될 필요는 없다. 하지만 종속변인에 대한 독립변인 조작의 효과 분석이 한 번에 1명의 피험자에게 초점이 맞춰진다면 보통 단일대상 연구로 간주한다. Ingham과 Riley(1998, p. 758)는 다음과 같이 설명한다.

> 실제로 오직 1명의 피험자를 근거로 한 연구 결과의 보편성은 당연히 불분명하기 때문에 단일대상이라는 용어는 처치 효과를 검증할 때 사용하는 설계에 대해서는 부적절한 명칭이다. 필요한 피험자 수는 집단 연구보다 더 적지만, 정확한 수는 선험적으로 결정할 수 없다. 처치 효과의 보편성이 적절하게 입증되는지는 개별 피험자에 대한 결과를 검증하고 그 보편성을 논증하는 데 얼마나 동일한 결과가 필요한지를 판단하는 연구자에 의해 좌우된다(Sidman, 1960).

이렇듯이 단일대상 설계는 흔히 소규모 집단(small *N*) 설계라고도 하며, 여기에서 *N*은 피험자 수를 나타낸다. 물론 피험자가 1명일 때 $N=1$이다(제5장과 제10장에서 치료 효능 연구와 소규모 집단 설계를 다룰 것이다).

집단 연구 설계는 피험자 간 설계로 한 피험자 집단의 행동 평균을 다른 집단의 평균과 비교하거나 피험자 내 설계로 두 가지 다른 조건에서의 집단행동의 평균을 비교함으로써 이루어진다. 보통 각각의 조건 또는 집단의 피험자에 대해 단 한 가지 종속변인을 측정한다. 다른 집단 또는 다른 조건에서의 측정치 평균을 통계적으로 비교하는 것은 종속변인과 독립변인의 관련성에 대한 결론을 이끌어 내는 데 기초가 된다. 하지만 단일대상 설계의 초점은 통제되고 특정화된 조건에서의 개별 피험자의 행동에 대한 세밀한 분석이다. 각 조건하에서 피험자의 행동을 단지 한 번만 측정하는 것이 아니라 다른 실험 조건하에서 종속변인에 대한 중복 측정이 이루어진다. 단일대상 설계는 시간간격을 두고 종속변인에 대한 연속 측정을 체계적으로 수집하기 때문에 종종 **시계열 설계**라고 부른다.

단일대상 설계는 모든 실험 조건에서 개별 피험자가 종속변인의 모든 수준을 나타내기 때문에 어떤 의미로는 피험자 내 설계와 유사하다. 하지만 단일대상 설계가 피험자 내 설계와 다른 점은 각각의 조건에서 집단의 평균 수행이 어떠한지보다 개별 피험자의 수행을 분석하는 데 초점을 맞춘다는 점이다. 따라서 단일대상 시계열 연구는 피험자 내 반복 측정 설계의 완전한 유형을 나타내는 것으로 간주될 수 있다.

철회설계와 반전설계

철회 또는 **중재 철회** 설계에서 연구자는 독립변인이 부재하거나 철회되었을 때 관찰되는 피험자의 행동과 독립변인(실험 중재)이 존재하는 시점에 관찰되는 행동을 비교한다. 모든 **철회설계**(withdrawal designs)는 최소한 두 가지 구간을 포함한다. 중재 없이 행동 관찰이 이루어지는 몇 회기의 **기초선 구간**(baseline segment)과 몇 회기의 중재에 걸쳐 행동 관찰이 이루어지는 **처치 구간**(treatment segment)이 그것이다. 이러한 관찰은 독립변인의 측정과 관련 있으며 평가 지점 또는 데이터 연속으로 불린다. 독립변인의 크기는 보통 지속시간, 크기 또는 발생 빈도로 측정된다(Portney & Watkins, 2009).

기초선 구간 동안 피험자의 행동은 독립변인의 조작이나 조건 변경을 포함하는 연구자의 중재가 없는 상태에서 반복적으로 측정된다. 시간 경과에 따른 행동의 변이성이 예상되더라도 기초선 구간은 행동에서 적절한 안정성이 관찰될 때까지 지속된다. 기초선 안정성의 기준은 논란의 이슈가 되고 있지만 수준, 경향, 기울기, 변이성을 포함한 몇 가지 행동 특징이 고려되어 왔다(Barlow, Nock, & Hersen, 2009; Byiers, Reichle, & Symons, 2012; Christensen, 2007; McReynolds

& Kearns, 1983; Parsonson & Baer, 1992). 수준, 더 구체적으로 조작적 수준은 기초선 관찰 동안 독립변인의 전체적인 값을 말한다. 경향은 기초선 행동의 그래프가 평평한지, 시간에 따라 증가하는지 또는 감소하는지를 나타낸다. 기울기는 기초선 경향이 명확할 때 시간에 따른 변화율을 말한다. 변이성은 기초선 구간 동안 행동의 변동 범위이다. 일반적으로 안정적인 기초선은 수준에 큰 변화가 없음을 함축하며 매우 적은 범위의 변이성을 나타낸다. Sidman(1960)은 기초선의 적정한 변이성을 5% 범위로 제안하였으나 이 기준은 연구실 환경이 아닌 임상 연구에 적용하기에는 지나치게 엄격하다(Byiers, Reichle, & Symons, 2012; Christensen, 2007). 기초선의 안정성은 행동에 체계적인 상승 또는 하강 경향이 없음을 함축하며, 만약 경향이 명확하다면 처치 구간에서 나타나는 지속적인 행동 경향과 비교할 수 있다. 즉 기초선 기록은 연구자로 하여금 중재 전 피험자 행동을 설명할 수 있도록 해 준다. 또한 그것은 연구자로 하여금 중재가 제공되지 않을 때 피험자의 미래 행동이 어떨지 예측할 수 있게 해 준다(Kazdin, 2003, 2010).

〈그림 4.1〉은 상승 경향(기초선 1)과 수준 변화(기초선 2), 크고 체계적인 변이성(기초선 3), 그리고 체계적인 수준 변화 또는 기울기 방향성이 없는 미미한 변이성을 나타내는 가설적인 기초선 자료의 예시이다.

기초선 측정 결과와 단일대상 설계의 타당성 효과에 대한 더 자세한 분석은 Barlow, Nock과 Hersen(2009)과 Christensen(2007)에 제시되어 있다. 기초선 경향을 시각적으로 평가할 수 있도록 하기 위해 많은 연구자들이 연속 자료에 '가장 잘 맞는' 경향선을 그린다. 이 경향선은 독자들이 기울기, 수준 변화, 평가 지점의 변이성을 관찰하는 데 도움이 된다(Bloom, Fischer, & Orme, 2009; DePoy & Gitlin, 2011; Portney & Watkins, 2009).

일단 안정적이고 신뢰할 만한 기초선이 확립되면 피험자가 처음으로 중재(독립변인)를 받으면서 처치 구간이 시작된다. 특성 구간에서 독립변인의 측정은 처치 구간 동안에도 앞선 기초선 구간에서와 동일한 방식으로 이루어진다. 기초선의 조작적 수준과 비교하여 통제에 따른 처치 동안 피험자의 행동 변화는 독립변인이 종속변인에 미치는 효과의 지표가 된다. 집단 피험자 내 설계에서 각 피험자의 행동은 독립변인의 개별 값에 따라 한 번씩 측정되며, 집단 피험자의 행동 평균은 종속변인에 대한 독립변인의 효과를 알아보기 위해 여러 조건에서 비교된다. 단일대상 설계에서는 피험자의 행동을 독립변인(중재/중재 없음)의 개별 값에 따라 여러 차례 측정하지만 평균화시키지 않는다. 시간에 따른 행동 패턴은 기초선과 처치 조건 간에 비교된다.

관습적으로 철회설계는 기초선과 적용되는 처치 구간의 순서에 의해 정해진다. 단일대상 실험의 가장 간단한 형식은 *ABA* 설계로 알려져 있으며, *A*는 첫 번째 또는 기초선 구간이라고 하며, *B*는 두 번째 또는 처치 구간을 말한다. 처치가 종료되거나 철회되면 이어지는 *A* 구간 동안 일

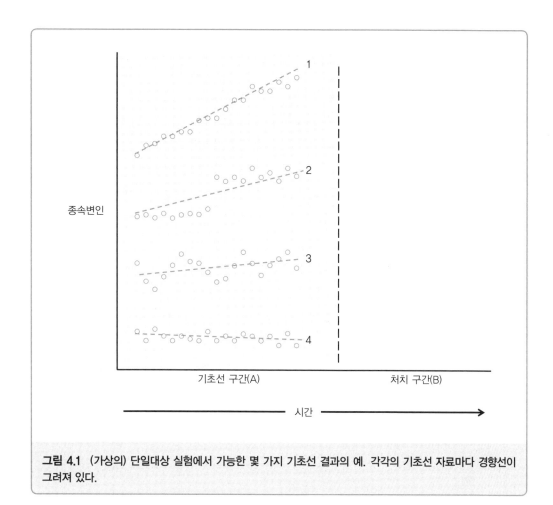

그림 4.1 (가상의) 단일대상 실험에서 가능한 몇 가지 기초선 결과의 예. 각각의 기초선 자료마다 경향선이 그려져 있다.

정 간격으로 독립변인 측정이 지속된다. 설계의 마지막 구간을 흔히 **처치-철회 구간**(treatment-withdrawal segment)으로 부른다. 중재를 철회하는 것과 피험자가 기초선 조건으로 돌아갈 것인지 판단하는 것은 행동 변화가 중재의 영향에 의한 것인지를 판단하는 데 자주 이용된다.

McReynolds와 Kearns(1983)에 의하면 *ABA* 설계의 강점은 "잠재적으로 혼란스러운 요인들이 각 구간에 걸쳐 존재하므로 피험자는 처치 조건과 처치가 없는 조건 동안 외부로부터의 영향에 동등하게 노출되는 것이다"(p. 26). Hegde(2003)는 *ABA*를 "잘 조정된 설계"라고 부르고 다음과 같이 설명했다.

처치가 도입될 때 기초선 측정에 의해 기록된 안정적인 반응률이 극적으로 변화하지만, 처치가 철회되고 기초선 단계로 회귀할 때 확실한 처치 효과가 발생할 것이다. 설계의 기본 논

리는 변인이 존재할 때 효과가 발생하지만 변인이 존재하지 않을 때는 효과가 사라진다는 것
이다. 효과가 발생할 때 다른 요인들은 효과의 존재와 부재의 원인을 설명할 수 없다(p. 328).

또 다른 보편적인 철회 실험은 *ABAB* 설계로 철회 구간 다음에 두 번째 처치 구간이 뒤따른다.
이 두 번째 처치 구간은 **처치-회복 구간**(treatment-reinstatement segment)으로 알려져 있다. 만약
처치 구간 동안 도입된 독립변인이 종속변인에 변화를 일으킨다면, ABAB 설계에서 첫 번째 처치
구간 동안 변화된 행동은 두 번째 *A*(철회) 구간에서 기초선 수준으로 전환되며, 두 번째 *B*(회복) 구
간에서 다시 변화를 나타낸다. Kazdin(2010)에 의하면 ABAB 설계는 관찰된 변화가 우연히 발생
한 것이 아니라 중재에 의한 것이라는 점에서 설득력 있는 증거를 제공해 줄 수 있다. 임상적 견지
에서 ABAB 설계의 확실한 장점은 ABA 설계의 경우에서처럼 실험이 철회와 기초선으로 회귀하
는 결과로 끝나는 것이 아니라 처치의 회복으로 종료된다는 점이다(Hegde, 2003; McReynolds &
Kearns, 1983).

〈그림 4.2〉는 가상의 ABAB 단일대상 설계를 나타낸다. 중간 정도의 변이성과 체계적이지 않
은 수준의 변화 혹은 경향을 보이는 초기 기초선(A 구간)과 첫 번째 처치(B 구간) 동안 종속변인 증
가, 철회 구간 동안에 기초선 A 수준에 가까운 회귀, 처치가 회복되었을 때 최종 B 구간 동안 종속
변인의 또 다른 증가를 보여 준다.

Guitar와 Marchinkoski(2001)는 ABAB 설계를 사용하여 3세 일반 아동이 엄마가 더 천천히 말
할 때 그들의 말속도가 변화되는지를 연구하였다. 기초선(A 구간)을 확립한 후 실험 조건(B 구간)
하에서 엄마의 대화 말속도를 평상시 말속도보다 약 절반 정도로 감소시켰다. 뒤이어 철회 조건(A
구간)이 도입되었고, 엄마의 말속도는 기초선 속도로 복귀하였다. 최종적으로 가장 느린 말속도가
두 번째 실험(B) 구간에 다시 도입되었다. Guitar와 Marchinkoski의 연구 결과, 엄마가 두 번의 B
구간 실험 조건 동안 더 천천히 말했을 때 아동 6명 중 5명의 말속도가 감소되었다.

단일대상 연구에서 Shoaf, Iyer와 Bothe(2009)는 ABAB 설계를 사용하여 비선형 음운론에 기초
한 중재접근법을 평가하였다. 이 연구에서 음운장애가 있는 6세 여자 아동의 기초선(A)에서 단단
어 문맥에서의 파찰음 산출 정확도는 30%로 나타났다. 치료(B) 동안 정확도는 안정적인 50% 수준
까지 증가했다. 치료 철회 후(A) 정확도는 본래의 30% 수준으로 복귀했는데 이는 "처음 B 단계 동
안 보인 변화의 원인이 성숙이라기보다는 치료에 의한 것이라는 점을 암시한다." 결국 치료 회복
(B)이 종료될 때 아동의 파찰음 정확도는 70%까지 증가하였다.

철회설계는 종속변인에 대한 두 가지 이상의 처치 효과를 측정할 때와 같이 하나 이상의 독립변
인을 검증하는 데도 사용될 수 있다. *ABACA* 순서에서 기초선 구간 후 한 가지 형식의 처치가 후

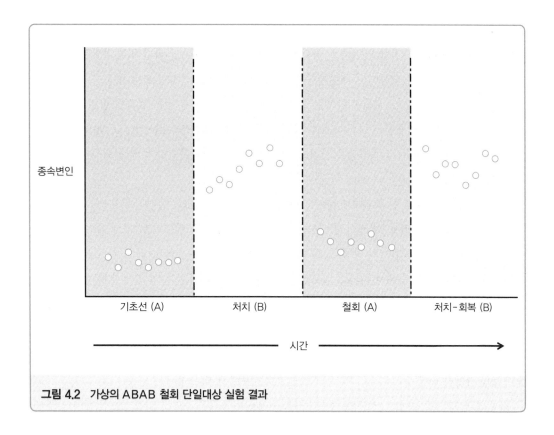

그림 4.2 가상의 ABAB 철회 단일대상 실험 결과

속하고, 철회 구간이 뒤따르고 나서 두 번째 형식의 처치(C로 지정된)가 도입되면 중재 철회가 다시 한 번 이어진다. 보통 두 가지 중재 전략을 대조하거나 하나의 전략에 어떤 변형을 적용했을 때와 적용하지 않았을 때를 비교할 때, 이런 방식으로 두 가지 독립변인을 검증한다. 물론 두 가지 다른 중재를 순차적으로 제공하는 것이 전이 효과를 일으킬 수 있는데, 한 가지 처치에 노출되는 것은 후속하는 처치 동안 피험자의 수행에 영향을 줄 수 있다. 또 다른 *ACABA* 순서는 중재 순서의 효과를 상쇄하는 데 사용된다. 이후 개발된 *ABACA/ACABA* 설계에서는 1명 또는 소수의 피험자를 ABACA 설계로, 그리고 동일한 인원의 다른 피험자를 ACABA 설계로 연구하였다. 하지만 Hegde(2003)는 ABACA/ACABA 설계의 분명한 단점이 "두 번째 처치가 효과를 나타낼 여지가 없을 정도로 첫 번째 처치가 매우 효과적일 수 있다는 것이다."(p. 349)라고 하였다.

철회설계는 강화된 행동이 강화 제공이 철회되었을 때 기초선 수준으로 전환되는지를 알아내는데 흔히 사용된다. 이 과정은 소거로 알려져 있다. 많은 경우에 종속변인은 기초선 수준으로 전환되지 않거나 실제로 오래 기다려도 기초선 수준으로 도달하거나 안정화되지 않는다(Barlow, Nock,

& Hersen, 2009; Kazdin, 2010). 그러한 경우 **반전설계**(reversal design)가 시행될 수 있다. 반전설계는 철회설계와 유사하지만 연구자는 단순히 처치를 철회하는 대신 이전에 훈련했던 목표행동과 양립할 수 없는 다른 행동이나 대체행동을 강화함으로써 기초선 수준으로 행동을 복귀시킨다(Thompson & Iwata, 2005). 실험적 통제는 처치 조건 동안 일어날 수 있는 효과를 반전시킴으로써 나타낼 수 있다. 반전설계에는 다른 가능한 조합들 중 ABA, ABAB와 ABACA/ACABA 순서를 사용하는 설계가 포함된다. 각각의 경우 처치 후 뒤따르는 A 구간은 단순히 중재 철회라기보다는 적극적 반전과 관련되어 있다.

말더듬 행동을 살펴본 연구에서 발췌한 〈관련논문 4.1〉은 단일대상 반전설계의 몇 가지 중요한 특징을 보여 준다. ABABAC 반전설계가 사용되었고 피험자는 9주 동안 27회기에 참여했다. 설계는 기초선(A)과 실험 구간(B)의 반전을 두 차례 사용하였고, 각 구간에 여러 회기가 포함되었다. 실험 설계 부분의 첫 단락에서 저자가 반복반전설계를 사용한 이유를 논의한 부분에 주목하자. 또한 다른 종속변인들(피험자 1의 두 가지 말더듬 행동과 피험자 2와 3의 세 가지 행동)에 대한 실험의 조작 효과를 연구한 점에 주목하자. 이로 인해 연구자는 '목표'행동에 대한 조작 효과뿐만 아니라 다른 행동으로 일반화되는 것도 평가할 수 있다. 두 번째 기초선 후 두 가지 행동 모두에 대한 효과를 평가하기 위해 목표행동이 아닌 다른 행동으로 조작을 바꾼다.

〈관련논문 4.1〉의 〈그림 1〉에 피험자 1의 자료가 제시되어 있다. 두 가지 종속변인(말더듬 행동)이 흰 동그라미와 검은 동그라미로 나타나 있다. 첫 번째 A 구간에서의 두 가지 행동의 적절한 안정성은 첫 번째 B 구간에서 감소되고, 두 번째 A 구간의 첫 번째 기초선 수준으로 다시 증가하며, 두 번째 B 구간에서 감소된다. 비록 진전(tremor) 비유창성(C 구간에서 목표행동이 아님)이 처벌받지 않을 때 다시 증가하기 시작하지만, 두 행동은 세 번째 A 구간에서 다시 증가하고 C 구간에서 감소한다. 〈관련논문 4.1〉은 다중 치료의 다양한 변화 가능성과 소규모집단-시계열 설계를 사용한 여러 개의 종속변인을 보여 주고 있다. 이러한 변화를 논의할 때 주의해야 할 점은 다중 치료의 간섭이 외적 타당도에 위협이 될 수 있다는 점인데, 외적 타당도는 개별 치료 효과와 치료 간 상호작용을 찾아내기 위한 여러 차례의 반복을 통해 가장 잘 해결될 수 있다.

중다기초선설계 성숙, 연습 시간, 연습량의 효과는 철회설계와 반전설계의 내적 타당도에 위협이 될 수 있다. 이러한 약점을 최소화하는 방법은 **중다기초선**을 사용하는 것이다. 또 다른 기초선이 다른 기간 동안 유지되도록 하면서 중재를 시작함으로써 종속변인(목표행동)과 독립변인(중재)이 확립된다. 관련 없는 변인이 반복적으로 시차를 둔 실험변인들의 도입과 일치할 가능성이 없으므로 실험 통제는 독립변인의 연속 도입으로 인한 종속변인의 반복적 변화에 의해 나타난다. 이러한 **중**

관련논문 4.1

실험 회기는 대략 40분이었다. 피험자 1과 3은 일주일에 세 번 회기에 참석한 반면, 피험자 2는 일주일에 네 번 회기에 참석하였다. 피험자 1은 총 27회기, 피험자 2는 총 51회기, 피험자 3은 총 39회기에 참석하였다.

실험 설계

각 피험자의 말더듬 행동은 피험자 간 반복반전설계를 사용하여 관찰되었다. 각 피험자들에게 두세 개의 선택된 말더듬 행동 유형이 개별적으로, 동시에 측정되었고 그중 하나는 처벌 절차에 의해 직접 조작되었다. 실험의 기초선/반전 조건은 반복반전설계(주로 ABAB 설계로 언급되는)에 따라 여러 회기를 거치면서 체계적으로 대체되었다. 이 설계는 독립변인이 조작되는 말더듬 행동(목표 비유창성)의 형태에 미치는 영향을 반복해서 관찰하게 해 준다. 또한 조작되지 않은 비유창성 유형에 미치는 영향도 동시에 측정한다.

기초선

기초선(조건 A) 동안 임상가는 피험자에게 40분간 독백으로 말하거나 혹은 읽도록 지시했다. 피험자가 말하는 동안 임상가는 미소나 끄덕이기와 같은 비수반적(말더듬 순간에 후속하지 않는) 사회적 강화를 평균 60초마다 제공하였다. 게다가 임상가는 각 회기마다 눈 맞춤을 유지함으로써 피험자의 말에 지속적인 관심을 유지하였다. 기초선 회기 동안 실험자는 선택된 개별 말더듬 행동의 발생 빈도를 구분하여 센다. 기초선 회기는 말더듬이 안정되거나 체계적으로 감소하지 않을 때까지 계속되었다. 안정성은 회기 내에서 개별 비유창성 유형의 평균 비유창성 비율이 3회의 회기에서 연속적으로 분당 한 개 이하의 증감 변화를 보였을 때 성취된 것으로 하였다. 기초선 자료가 안정성을 보였을 때 실험 조건이 도입되었다. 조건의 모든 변화는 회기 내에서 도입되었다.

실험 조건

기초선 회기에서와 같이 피험자들은 실험 회기 동안 계속 독백으로 말하거나 읽도록 했다(조건 B). 그리고 임상가는 피험자가 유창하게 말하는 동안에는 관심의 형태로 지속적인 사회적 강화를 제공하였다. 하지만 실험 회기 동안 목표 비유창성이 발생할 때마다 두 가지 처벌 절차 중 한 가지 처벌이 후속적으로 제공되었다. 그중 하나는 긍정적 강화에서 타임아웃이라고 언급되는 처벌로(Costello, 1975), 임상가는 목표 비유창성이 발생할 때마다 즉각적으로 "그만"이라고 말하고 10초간 피험자로부터 눈길을 돌리는 행동을 하였다. 피험자에게는 즉시 말하는 것을 멈추도록 요구하였다. 일정 시간이 흐르면 임상가는 쳐다보고, 미소 짓고, "시작"이라고 말하였다. 다른 처벌 절차는 목표 비유창성이 발생할 때마다 즉각 헤드폰을 통해 50dB, 4,000Hz의 파열음이 1~2초 동안 제시되는 것이었는데, 이는 Flanagan, Goldiamond와 Azrin(1958)에 의해 설명된 절차와 비슷하다.

실험 조건 동안 실험자는 각 피험자의 모든 선택된 말더듬 행동의 발생 빈도를 계속 셌다. 실험 조건은 자료가 안정되거나 변화의 방향과 특성이 확실해질 때까지 계속되었다. 이번에는 독립변인의 도입에 의한 변화가 독립변인의 철회에 의해 반전되는지 아닌지를 평가하기 위해 조건 A가 재도입되었다. 뒤이어 최초의 효과를 되풀이함으로써 종속변인에 대한 독립변인의 통제력도 설명할 수 있도록 실험 조건이 재도입되었다.

차후 조작

피험자 1의 마지막 반전 회기(조건 A) 다음에, 목표 비유창성은 이전에 조작되지 않은 비유창성 유형으로 변화되었다. 이러한 변화는 3회의 회기 동안 지속되었다. 피험자 2의 마지막 실험 조건 동안 변화 양상에 상관없이 모든 비유창성은 타임아웃에 의한 처벌의 목표가 되었다. 이 조건은 연구가 끝날 때까

(계속)

지 지속되었다.

실험 결과

3명의 피험자 각각의 데이터는 말더듬 행동이 다른 행동들과 바로 함께 변화하는 경향이 있음을 보여 준다. 처벌 자극이 하나의 비유창성의 변화 양상에 적용되었을 때, 다른 행동의 변화 양상 역시 직접적으로 조작하지 않았음에도 불구하고 발생 빈도 감소를 나타냈다.

대상자 1

〈그림 1〉은 모든 실험 조건에서 회기별로 수집된 피험자 1의 데이터를 보여 준다. 피험자가 말한 방식은 읽기였고, 측정을 위해 선택된 두 가지 비유창성은 (1) 턱의 진전(tremor), (2) 한 음소나 음절 또는

단음절 단어의 반복이었다. 턱의 진전은 실험 조건 동안 후속 처벌이 적용되는 목표 비유창성으로 선정되었다.

조건 A(기초선)는 회기 5회로 시행되었다. 반복이 분당 평균 4.45인 반면, 턱의 진전은 분당 평균 18.20이었다. 6회기에서 처음 10분 동안 조건 A를 시행한 후 조건 B가 도입되었다. 매번 진전이 발생될 때마다 10초 동안의 타임아웃이 실시되었다. 실험 조건은 진전의 발생 빈도 감소가 기록된 7회의 회기 동안 효과가 있었으며, 또한 치료하지 않은 반복의 발생 빈도의 점진적 감소에 영향을 미쳤다. 조건 A는 12회기의 처음 10분 이후에 5회의 회기에서 회복되었다. 진전과 반복의 즉각적 빈도 증가는 처벌 자극의 기능성과 공변화 현상의 신뢰성을 설명하는 것이다. 16회기에서 실험 조건은 6회의 회기 동

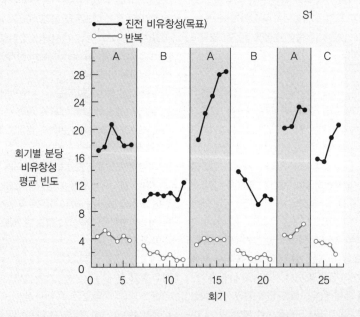

그림 1 대상자 1의 비유창성 데이터. 세로축은 각 회기에 걸친 비유창성의 분당 평균 빈도를 나타낸다. 가로축은 조건 변화가 발생한 위치를 제외한 개별 회기를 나타낸다. 각 조건의 마지막 데이터 지점은 다음 회기의 첫 데이터 지점과 같은 회기에서부터 시작된다. 실험 조건은 그래프의 맨 위에 표시되어 있고 진한 세로 선으로 분리되어 있다. 대상자 1로부터 측정된 선택된 말더듬의 변화 양상은 그래프 위 범례 안에 제시되어 있고 목표 비유창성도 표시되어 있다.

안 회복되었다. 모든 진전에 적용된 연계행동 타임
아웃은 진전의 빈도 감소와 치료하지 않은 반복의
직접적인 동시 변화를 발생시켰는데, 그럼으로써 최
초의 실험 조건 효과를 되풀이하고 나아가 피험자
의 진전과 반복 비유창성 간의 관련성을 입증하였
다. 이 조건의 세 번째 회기(18회기)에서 타임아웃
구간은 데이터에서 분명한 영향 없이 10초에서 5초
로 줄어들었다. 반전된 조건 A는 다시 한 번 21회기
부터 4회의 회기에 걸쳐 도입되었고 본래 기초선 수
준으로 진전과 반복의 발생 빈도가 즉각적으로 증
가되었다. 이 연구와 비슷한 절차를 사용한 연구에
서 말속도는 비유창성 비율과는 상관없는 것으로 밝
혀졌기 때문에 조건에 따라 체계적으로 변화하는 말
속도(단어 산출량)의 변화가 이러한 ABABA 결과
의 원인이 될 수 없을 것이다(예: Costello, 1975;

Martin, 1968).

24회기에서 4회의 회기에 걸쳐 도입된 조건 C에
서는 타임아웃을 더 이상 진전 후에 제시하지 않고
대신 지금까지 치료하지 않았던 반복에 대해 제시하
였다. 반복의 발생 빈도는 감소하는 것으로 관찰되었
다. 당시 치료하지 않은 진전의 비율도 동시에 감소
하였으나 이후에 기초선 수준으로 점진적으로 증가
되었다. 그러므로 진전을 치료할 때는 일관되게 발생
되는 것으로 관찰되었던 직접적인 동시 변화가 치료
목표가 바뀌었을 때는 분명하게 반복되지 않았다.

출처: "An Analysis of the Relationship Among Stuttering
Behaviors," by J. M. Costello and M. R. Hurst, 1981,
Journal of Speech and Hearing Research, 24, pp. 249-250
& 251-252. Copyright 1981 by the American Speech-
Language-Hearing Association. 승인하에 게재.

다기초선설계(multiple-baseline designs)는 종종 피험자 간에 적용되며, 하나의 중재가 제공되고 보편적인 관련 특징을 공유하는 몇몇 피험자를 통해 동일한 목표행동이 측정된다.

또한 중다기초선설계는 하나의 중재법이 몇 가지 종속변인(관련 행동)에 미치는 영향을 연구하기 위해 행동 간에 적용될 수 있다. 각각의 목표행동은 안정적인 기초선이 성취될 때까지 동시에 지속적으로 측정된다. 그다음 중재는 이러한 다른 행동들에 대해 순차적으로 도입된다.

기초선은 상황과 환경, 날짜, 치료사에 따라 다르게 만들어질 수 있다. 따라서 중다기초선은 매우 유연한 설계이다. 중다기초선 접근의 뚜렷한 장점은 처치의 철회나 반전이 필요하지 않다는 점이다. 따라서 중다기초선은 결과적으로 ABAB 설계의 많은 임상적 · 실제적 · 윤리적 걱정거리를 덜어 주고 기초선으로의 회귀가 적절하지 않거나 불가능할 경우 적용될 수 있다(Byiers, Reichle, & Symons, 2012; Kazdin, 2010).

〈그림 4.3〉은 기능적 언어를 거의 표현하지 못하는 아동 4명의 3주간의 언어 자극 프로그램을 통한 어휘 습득에 대한 중다기초선 연구를 보여 준다. 기초선과 치료 중 그리고 치료 후 세 가지 활동에서 아동이 정확하게 인식한 단어 수에 대해 몇 가지 검사를 실시하였다. 치료를 시작하자마자 즉시 각각의 활동에서 행동 변화가 발생한다. 기초선에서 검사 횟수를 달리함으로써, 치료의 시기가 중요한 것이 아니라 그러한 행동 변화가 중재와 관련되어 있다는 것을 시사한다(Bain & Dollaghan, 1991).

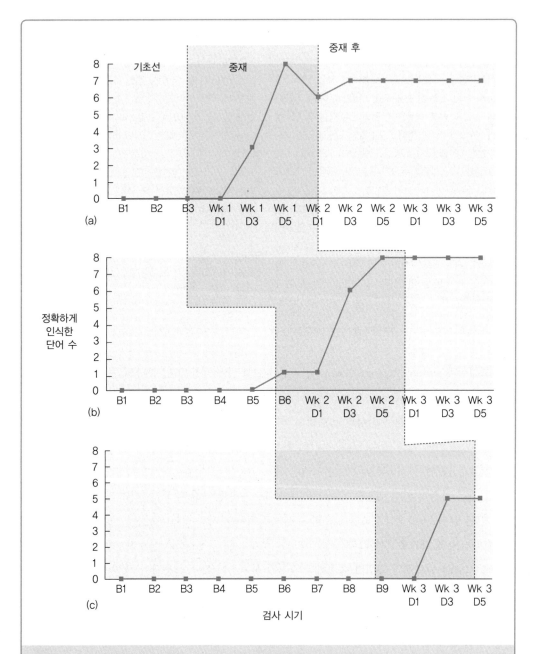

그림 4.3 중다기초선설계를 사용한 연구 결과. (a) 미술과 공작, (b) 음식 준비, (c) 이야기 시간의 세 가지 활동 간의 대상자 1명의 기초선, 언어 자극 중재 기간 중, 중재 후의 단어 인지 결과.

출처: "The Effect of Aided Language Stimulation on Vocabulary Acquisition in Children with Little or No Functional Speech," by S. Dada and E. Alant, 2009, *American Journal of Speech-Language Pathology, 18*, p. 60. Copyright 2009 by the American Speech-Language-Hearing Association. 승인하에 게재.

준거변동설계 준거변동설계(changing-criterion designs)에서 독립변인의 효과는 종속변인이 중재의 일부로 구체화된 순차적 수행 준거에 들어맞게 연속적으로 변화되는 것으로 나타난다. 기초선에 이어서 중재가 연속 구간으로 도입되며 각각의 중재에는 그것에 선행하는 중재보다 행동의 향상에 대한 더 높은 준거가 있다. 따라서 피험자는 각각의 연속 단계를 거치면서 목표행동에 좀 더 능숙해지고(또는 반대의 치료 목표일 경우 바람직하지 않은 행동은 덜 나타내게 된다), 각각의 단계에서 목표행동은 현재의 준거를 만족시켜야 하며, 다음 준거 수준이 적용되기 전까지 어느 정도 안정성을 보여야 한다. 본질적으로 각각의 치료 구간은 다음 치료 단계를 위한 기초선으로서의 역할을 한다.

준거변동설계에서 독립변인과 종속변인 간의 기능적 관계를 확립하는 것은 치료의 철회나 반전이 아니라 강화 준거의 변화에 따른 효과이다. 중다기초선설계와 준거변동설계를 혼합하여, Pratt, Heintzelman과 Deming(1993)은 취학전 청각장애 아동의 모음 산출 정확도를 향상시키기 위한 컴퓨터 기반 프로그램의 효과를 연구했다. 아동들로 하여금 따르게 한 맥락 난이도의 위계는 단모음, CV 음절, 중첩된 음절(CVCV), CVC 음절, CVC 단어, CVC 단어로 그림 명명하기, CVC 단어가 있는 구, CVC 단어가 있는 촉진 구의 순서였다. 각 위계에서 산출 정확성을 증가시키는 데 필요한 준거가 사용되었다. 따라서 아동이 발전함에 따라 프로그램의 기준은 각각의 산출이 목표에 좀 더 근접하도록 조절되었다. 다음 단계의 준거로 나아가려면, 아동들은 연속된 두 회기 동안 피드백 없이 10개 중 최소한 8개를 산출해서 준거에 도달해야 한다.

Christensen(2007)은 준거변동설계에서 몇 가지 중요한 측면을 논의하였는데, 준거변동설계는 피험자의 행동 변화가 "준거의 변화에 따라 동시에 발생하는 어떤 이력이나 성숙 변인에 의한 것이 아니라 실험 처치에 의해 발생하는 것이라는 점을 입증할 수 있도록 특히 고려하여야 한다"(p. 372)고 본 것이다. 이와 같이 설계에서 기초선과 처치 구간의 길이뿐만 아니라 준거 변화에 따른 처치 횟수와 정도도 세심하게 고려하여야 한다. 특히 그는 다음과 같이 언급하였다.

> 기초선 자료는 오직 처치 조건이 관찰된 변화를 발생시킨다는 점을 분명히 할 수 있도록 안정적이거나 처치 조건에서와 반대 방향으로 변화를 나타내야 한다. 개별 처치의 실제 길이에 관해서는, 원칙적으로 각 처치 단계는 행동이 새로운 준거 수준에 도달하고 안정화될 만큼 변화할 수 있을 정도로 길어야 한다(p. 372).

준거와 행동 간의 관련성에 대한 몇 가지 의문점에 대해 Kazdin(2003, 2010)은 준거를 원상태로 되돌리기 전에 더 낮고 안정적인 행동 수준으로 행동을 복귀시키는 **반전 구간**(reversal segment)을 포함할 것을 제안하였다. 이러한 경우에 목표행동의 증가와 감소 모두 다른 어떤 요인이 아니라 중재가 행동 변화에 책임이 있다는 것을 말해 준다. Portney와 Watkins(2009)의 제안처럼, 일반적으로 준거변동설계는 Pratt와 동료들(1993)이 연구에서 사용한 것과 같이 "바이오피드백과 행동수정 같은 동기 요인이나 형성 절차를 포함하는" 처치 중재를 평가하는 데 가장 적절하다.

질적 연구와 혼합 방법 연구 설계

여러 가지 측면에서 연구 설계를 구성하는 개념은 질적 패러다임과 상반되는 것이다. 상기하자면, 질적 연구는 기본적으로 탐색적이며, 유용한 가설을 일반화하고 핵심 변인을 밝혀내는 데 초점을 맞춘다. 지금까지 논의한 집단 설계와 단일대상 설계는 미리 정한 변인을 사용하여 가설을 검증하도록 만들어졌다. 이전 장에서 자세히 설명한 바와 같이 수많은 질적 연구 절차와 연구방법이 있으나 엄격하게 정의된 질적 설계는 없다.

　연구자가 연구 도구의 역할을 하면서, '설계'는 가변적인 질적 방법으로 이루어지며 연구 질문에 대해 가장 최선의 대답을 구할 수 있도록 통합된다. Maxwell(2013)이 설명했듯이 질적 연구에서의 설계는 "설계의 다른 요소들 사이를 오가며 나아가는 연속 과정으로 목표, 이론, 연구 질문, 방법, 타당성 문제에 대한 의미를 서로 평가하는 과정이다." 그는 그러한 연구 설계가 "미리 정해진 시작점이 없으며, 고정된 수순에 따라 진행"하는 것이 아니고, 다양한 설계 요소들 간 "상호작용" 또는 "상호관련성"을 추구한다고 보았다.

　질적 연구 설계는 어떤 방법이 사용되고 어떻게 시행될지에 대한 이론과 맥락을 제공하는 계획이며 그 계획은 끊임없이 개발 중이다. 실험연구와는 달리 질적 설계는 연구자가 해답을 얻고자 시도하는 연구 질문과 연구방법의 계속적인 정교화로 연구가 진전되면서 이루어진다. 초점이 변화할 수 있으며 새로운 이슈가 출현하고 연구의 경계가 확대되고 예측 불가능한 방식으로 변경된다(Drisko, 2005; Lindlof & Taylor, 2011). Daly(2007)는 질적 연구를, 레시피는 사용하지만 자유롭게 추가 재료를 대신 쓰거나 첨가하는 요리사에 비유하였다. 질적 연구에서처럼 이러한 경우 레시피는 '처방 역할'을 한다기보다는 지침을 제공해 주는 역할을 한다. 하지만 질적 연구는 주방에서 흔히 발생하는 일련의 순차적 또는 선형 단계로 간주되어서는 안 된다. 과제나 구성요소에 대한 불변의 정리가 아니라 연구 질문에 대한 정교화와 재조명이 자료 수집 및 분석과 함께 동시에 이루어진다. 본질적으로 연구 설계와 절차는 계속해서 서로 영향을 준다. 이는 질적 연구가 구조나 계획의 도움 없이 무계획적인 방식으로 이루어지는 것을 의미하지는 않는다. DePoy와 Gitlin(2011)에 의하면, 연구는 연구자가 제안한 특정한 연구 질문에 나타난 "설계 요소"에 의해 진행되며, "일상 관찰"과 같은 유형은 "우리 각자의 사고와 행동 절차"와 다르다. 그들은 "설계의 적합성"이 그러한 연구 질문들에 답할 수 있는 능력과 긴밀히 연결되어 있다고 언급했다.

Best와 Kahn(2006)은 질적 연구 설계의 세 가지 주된 특징으로 설계 유연성, 목적 표집, 자연스러운 연구를 들었다. 그들은 설계 유연성은 양적 연구와 질적 연구를 나누는 핵심 특징이라고 하였다. 특히 그들은 이렇게 언급하였다.

> 양적 연구에서는 자료를 수집하고 연구 과정에서 어떤 변화가 나타나기 전에 연구 전반을 상세하게 기술한다. 질적 연구자는 초기에 설계에 대한 아이디어가 있지만 자료를 수집하고 분석할 때 얼마든지 바뀔 수 있다. 연구자는 새로운 정보와 발견을 감안하여 설계를 수정할 수 있다(p. 251).

연구에 참여하는 특정 개인이나 집단을 의도적으로 선정하는 것은 '창발적 설계'를 향한 경향과 관련되어 있다. 관련 없는 요인들을 통제하기 위해 균형화하고 대응시키는 기법과 함께 무작위 표본 수집에 의존하는 양적 연구와는 달리 질적 연구 설계는 연구를 위해 의도적으로 선정되는 피험자의 특징과 긴밀한 관계가 있다. 연구자들이 **준거기반 선정**(criterion-based selection)이라고 부르는 방법으로 선정되는 참여자들은 거의 항상 질적 연구 질문의 중추가 되는데, 이 연구 질문은 "구성요소들이 어떻게 맞물려서 전체를 이루는가" 그리고 특정 환경 내에서 참여자들이 그들의 경험에 어떤 의미를 부여하는지를 이해하기 위한 시도이다(Thomas, Nelson, & Silverman, 2011).

자연스러운 연구는 질적 연구의 또 다른 상징이며, 크게 참여 설계와 비참여 설계로 구분할 수 있다(Willis, 2007). Maxwell(2013)에 의하면 대부분의 질적 연구는 "연구자"와 "참여자" 간 관련성이라는 특징과 관련되어 있으며, "연구자가 이러한 관련성을 어떻게 접근하고 협상할 것인지가 설계에서 중요한 결정이다." **참여 설계**(participatory designs)에서 연구자는 연구되는 환경에 참여자와 함께 일정 수준 참여한다. 연구자의 접촉과 상호작용 구조는 참여자와 형성하는 관계의 성격에 따른다. 반대로 참여자와 계속 접촉하는 것은 이러한 관련성을 지속적으로 재구성한다(Watt, 2007). 모든 질적 연구가 사람들이 세상을 이해하는 방식에 대한 맥락특정적 성격에 초점을 맞추지만 참여적 연구자는 "사람들에게 또는 사람들에 대해 연구를 하는 것이 아니라 사람들과 함께 연구를 하는 것이다"(Heron, 1996). **비참여 설계**(nonparticipatory designs)에서 연구자는 참여자와 상호작용하지 않고, 조작이나 침범 없이 '자연스럽게' 상황이 전개되도록 하고, 체계적으로 관찰하는 것을 선호한다. 자료는 보통 이후의 분석을 위해 자세하게 노트로 기록하거나 비디오 녹화로 수집한다.

혼합 방법 연구 설계는, 양적 방법과 질적 방법을 혼합하는 연구라고 예측되듯이, 문제의 발견부터 연구 질문까지, 자료 수집부터 분석에 이르기까지 연구의 모든 단계에 사용되는 복수의 방법을 사용하는 것이다. 상황에 따라 연구 문제를 가능한 상세하고 완벽하게 다루기 위해 "보완적인 강점과 겹치지 않는 약점을 극대화할 수 있도록 양적 요소와 질적 요소를 혼합한다"(Creswell & Plano Clark, 2011). **혼합 방법 연구 설계**(mixed-methods design)의 목표는 실행 계획을 혼합하여 목표의 일관성을 확립하고 이해를 향상시키는 방식으로 양적 결과와 질적 결과가 서로 지지하도록 하는 것이다(Tashakkori & Teddlie, 2010).

양적 자료와 질적 자료가 연구에 모두 포함될 때 연구자들은 표본으로부터 전집까지 결과를 일반화시키는 동시에 관심 현상을 더욱 폭넓게 이해할 수 있다. 가설은 검증되고 결과는 참여자들의 피드백에 힘입어 분석될 수 있다. 객관적 측정이 흔히 주관적 맥락, 현장 기반 정보에 의해 증대된다. 혼합 방법 설계는 발견한 자연스러운 환경에서의 변인들 간의 관련성을 분석한다. 매우 가변적이지만 Creswell(2014)은 양적 요소와 질적 요소가 순차적인지 동시에 발생하는지에 기초하여 혼합 방법 설계의 몇 가지 유형을 구체적으로 명시하였다. 이들 중에 그가 언급한 순차적 탐사 설계와 순차적 설명 설계가 있다.

순차적 탐사 설계(sequential exploratory design)에서는 질적 자료가 먼저 수집되고 분석된다. 그러고 나서 양적 자료가 수집되는데 이는 질적 자료의 보충이 된다. 이러한 설계는 "초기의 질적 분석에 기초하여 질적 결과를 특정한 전집으로 일반화시킴으로써 새로운 심리 검사/평가 도구를 개발하고 신생 이론을 발달시키고 검증하는 것처럼 연구 변인들이 알려져 있지 않을 때 관련성"을 밝히는 것을 목적으로 한다(Hanson, Creswell, Plano Clark, Patska, & Creswell, 2005). **순차적 설명 설계**(sequential explanatory design)에서는 양적 자료가 먼저 수집되고 분석되며, 질적 자료에 의해 보완된다. 이러한 설계는 특히 연구 결과가 예상되지 않았을 때 관련성을 설명하는 데 사용되며, 연구 결과를 이해하는 데 도움이 된다(Creswell & Plano Clark, 2011).

Creswell(2014)은 **동시적 삼각측량 설계**와 **동시적 내재설계**를 포함하는 동시적 혼합 방법 설계의 몇 가지 유형을 설명하였다. 이름이 암시하듯이 이 설계에서는 양적 자료와 질적 자료가 동시에 수집되고 분석된다. **동시적 삼각측량 설계**(concurrent triangulation design)에서 양적 자료와 질적 자료는 동일한 중요성을 지닌다. 자료 분석은 보통 별도로 이루어지고 어떤 자료가 어느 정도로 "삼각측량인지" 또는 "연구 결과를 확정하고 교차타당화하고, 확증하도록" 수렴되는지를 결정하는 데 사용된다(Hanson, Creswell, Plano Clark, Patska, & Creswell, 2005; Kidder & Fine, 1987). 예로서 Ulatowska와 동료들(2013)은 16명의 실어증 피험자의 '담화 능력'을 전치사, 시간-이유 관계절, 개인적 이야기에서의 참조물을 수량화함으로써 평가하였는데, 전체적 '명확성'과 '응집성'을 평가하는 질적 분석도 함께 이루어졌다. 다른 예로 Povee와 동료들(2012)은 다운증후군이 그들의 가족에게 미치는 기능적 영향에 대해 연구하였다. 이 사례에서 다운증후군 아동이 있는 가족의 기능과 관련된 요인들이 밝혀지고 수량화되었으며 동시에 '가족의 휴일, 활동과 일반적 가족 기능과 관련된 영향'을 밝히는 데 질적 방법이 사용되었다.

동시적 내재설계(concurrent nested design)에서는 양적 또는 질적 요소 중 한쪽에 우선권이 부여된다. 내포된 혹은 내재된 형태의 자료가 우세한 설계 요소를 보완하는 데 사용된다. 일반적으로 동시적 내재설계의 목적은 "당면한 주제에 대한 좀 더 광범위한 관점"을 획득하거나 단일 연구의 한계 내에서 다양한 주제를 연구하는 것이다(Hanson, Creswell, Plano Clark, Patska, & Creswell, 2005). 예를 들면 인공와우 수술을 최대한 어릴 때 받았던 성인을 대상으로 한 Spencer, Tomblin과 Gantz(2012)의 연구는 청력과 말 능력의 관계를 수량화하였지만, 다른 청각장애인들과 상호작용할 때의 "편안함"과 삶의 만족도를 질적으로 평가하는 데 초점을 맞추었다. Danzak(2011a, 2011b)은 영어 학습자인 20명의 이중언어 청소년들의 쓰기능력을 연구하는 데 동시적 내재설계를 사용하였다. 그는 청소년의 쓰기능력을 '어휘, 구문, 담화 수준'에서 측정하였고, 동시에 일기, 설문 답변, 반구조화된 인터뷰 사본을 수집하였다. 이 사례에서 Danzak(2011a)은 양적 자료에 우위를 두었으며, "모든 것을 종합하고" 관점과 의미를 첨가하는 데 질적 분석을 사용하였다.

비록 가끔 양립할 수 없는 요소 간의 "불행한 결혼"으로 묘사되기도 하지만, Kidder와 Fine(1987)은 양적 방법과 질적 방법 간의 구분을 "초점 또는 규모에서의 차이"로 설명하였다.

> 질적 연구가 전체적인 것으로 묘사되는 반면 양적 연구는 실험연구와 동일시될 때 협소하거나 분할된 초점을 가지는 것으로 가정된다. … 망원렌즈-현미경 비유는 질적 방법과 양적 방법이 다른 수준의 활동을 밝혀내고 다른 수준의 설명을 해낸다는 것을 시사하는데, 이들은 다른 질문을 다루므로 서로 경쟁하는 것이 아니다(pp. 58-59).

많은 점에서 혼합 방법 설계는 오디오와 비디오 클립과 함께 그래프, 차트, 사진을 함께 사용해서 효과를 높이는 멀티미디어 프레젠테이션과 유사하다. 적절하게 적용될 때 이러한 포괄적 설계는 연구자로 하여금 개인을 연구하게 해 주고 그들이 어떻게 나아가고 상호작용하고, 환경을 이해하는지 파악할 수 있게 해 준다.

연구 설계의 타당도 문제

연구 설계의 엄청난 다양성을 평가하는 것은 대처할 수 없는 과제처럼 보인다. 양적 집단 설계와 단일대상 설계에서부터 질적 연구에 사용되는 창발적 설계와 혼합 설계의 다양한 형식에 이르기까지 보편적으로 적용되는 요소는 거의 없다. 사실상 연구를 비판적으로 읽는 독자들을 안내하는 것은 연구 설계의 이중 목적인데, 이는 연구 결과의 대안적 설명을 통제하면서 연구 질문에 대답하는 것이다. 이를 기억하면서 이제 내적 타당도와 외적 타당도에 대해 더 자세하게 논의하고자 한다.

내적 타당도

Hammersley(1987)에 따르면 "설명이 묘사하거나 설명, 이론화하고자 의도했던 현상의 특징을 정확하게 나타낸다면 그 설명은 타당하거나 또는 진실이다"(p. 69). 양적 연구에서 연구 설계를 평가하는 데 있어 주된 관심은 연구자가 수집되는 자료의 타당도에 의미 있는 영향을 줄 수 있는 다양한 요인을 통제하거나 설명하고 있는가이다. 즉 결과와 그에 따른 해석은 객관적 신뢰도를 어느 정도는 분명하게 반영해야 한다. 또한 내적 타당도는 진실성이나 진정성, 건전성과 같은 용어가 통제보다 더 적절하게 쓰이는 질적 연구에서 더 중요하다. 질적 연구에서는 자료와 그 해석이 연구되는 참여자 다수의 주관적 실재를 분명하게 반영해야 한다(Greenhalgh & Taylor, 1997). 두 가지 경우 모두 연구자들은 일리 있는 다른 대안적 해석이 없음을 독자에게 확신시켜야 한다. 어떤 연구 설계든지 타당도에 위협이 될 수 있는 것은 구체적으로 언급하여야 비판적 독자가 결과와 결론을 신뢰할 수 있다.

변산성의 통제 Campbell과 Stanley(1966)에 따르면 내적 타당도는 "기본적인 최소한의 것으로 이 것이 없다면 어떤 실험이든 설명할 수 없다. 바로 실험 처치가 실제로 특정 실험 상황에서 차이를 가져왔는가이다"(p. 5). 내적 타당도가 미흡한 실험에서 연구자들은 실험 처치나 통제되지 않은 요인들이 집단 간(또는 집단 내) 차이를 만들었는지 알 수 없다.

실험자와 비판적 독자 모두 종속변인에서의 변화가 사실 실험 처치에 의해 야기되는 것이고 처치 효과를 모방할 수 있는 요인들에 의해 야기되는 것이 아니라는 것을 확실하게 할 필요가 있다. 이를 위해 처치 효과를 설명할 수 있는 대안적 설명이 제거되어야 한다. 일반적으로 대안적 설명이 줄어들수록 실험의 내적 타당도는 더 커진다. 이를 염두에 두고 우리는 이제 실험연구와 기술연구의 내적 타당도에 영향을 미칠 수 있는 다음과 같은 요인을 다루고자 한다. 바로 사건, 성숙, 사전검사, 기기 사용, 통계적 회귀, 차별적 피험자 선정, 손실이다.

사건 내적 타당도에 영향을 미치는 첫 번째 요인은 사건(history)이다. 사건은 실험적 변인과 더불어 첫 번째 측정과 두 번째(또는 그 이상의) 측정 사이에 발생하는 사건으로 정의된다. 바꿔 말하면 이렇다. 실험적 변인 또는 처치의 효과를 복잡하게 만드는 측정 사이에 피험자나 피험자 집단에게 어떤 사건이 발생하였는가? 그러한 경우에 실험자는 결과가 관련이 없는 사건들만의 기능인지, 관련이 없는 사건들이 실험적 처치와 상호작용한 것인지, 아니면 실험적 처치만의 기능인지를 판단할 수 없다.

예시가 사건이 타당도에 미치는 가능한 영향을 명확하게 하는 데 도움이 될 것이다. 실험자가 말을 더듬는 어린 아동 집단에 대해 특별한 치료 접근을 평가한다고 가정하자. 실험자가 모르는 몇몇 피험자들이 지역 학교에서 치료를 받고 있었다. 실험자는 치료 전 유창성과 치료 후 유창성을 평가하였고 특정한 치료가 유창성을 향상시켰다는 결론을 내린다. 말더듬이 감소한 것이 실험 치료 때문이라기보다 학교에서 받은 치료 때문일 수도 있고, 아니면 두 가지 치료 접근(학교 치료, 실험자의 치료)이 상호작용하여 관찰된 결과를 산출한 것일 수도 있는데 둘 다 일리가 있는 설명이 될 수 있으므로 그 결론이 의심스럽다.

실험 설계의 몇 가지 유형은 다른 유형보다 사건에 의해 더 영향을 많이 받기 쉽다. 장기 연구는 자료가 단기간에 수집되는 연구보다 사건에 의해 더 영향을 받을 가능성이 높다. 그러한 경우 사전검사와 사후검사 간에 구간이 더 길수록 사건이 결과에 더 많은 영향을 줄 수 있다.

성숙 성숙(maturation) 효과는 사건과 관련된 효과와 유사하다. 사건은 실험 환경 외부에서 발생하며, 따라서 실험자의 통제 밖에서 일어나는 사건을 지칭한다. 대조적으로 성숙은 실험자에 의해 통제될 수 없는 피험자 자체의 변화를 지칭하며, 그 변화는 적절하지 않지만 실험 처치에 영향을 미치는 효과를 야기할 수 있다. 성숙 요인의 예는 연령 변화, 시간에 따른 생물학적 또는 심리적 과정에서의 변화 등이 있다.

확실히 성숙 효과는 장기 치료연구에서 중요한 역할을 할 수 있다. 어린 아동의 표현언어를 향상시키기 위해 설계된 언어자극 프로그램의 예를 들어 보자. 프로그램은 프로그램 시작 전 언어 수행을 평가받은 2세 아동에게 실시될 수 있다. 그리고 아동 집단이 3세가 되었을 때 치료 프로그램의 효과가 평가될 수 있을 것이다. 언어 수행에서 일어나는 변화 때문에(2세 때 사전검사와 3세 때 사후검사) 실험자는 언어자극 프로그램이 어린 아동의 언어발달을 향상시키는 데 효과적이었다는 결론을 내린다. 신경학적 · 생리적 · 심리적 성숙 과정이 언어 수행의 변화에 역할을 할 수 있음이 확실하기 때문에, 이런 연구가 불가능하진 않겠지만 연구로 출판되는 일은 거의 없다. 더욱이 성숙 과정이나 실시된 치료 한 가지만 있을 때보다 성숙 요인과 실험 치료 간의 상호작용이 향상된 수행을 가능하게 했을 수 있다.

성숙은 의사소통장애의 특정 연구를 혼란스럽게 하는 데 기여하거나 또는 이러한 연구들을 수행하기 어렵게 만든다. 좋은 예가 실어증에 대한 초기 치료 효과를 다룬 예이다. 실어증에 대한 초기 중재가 효과가 있는지 아니면 단순히 자연 회복의 결과인지에 대해서 여전히 논란이 있다. 연구자가 직면하는 주된 어려움은 언어 수행 변화가 치료 프로그램에 의한 것임을 보이기 위하여 성숙 효과(자연회복)를 분리시키거나 제거하는 것이다.

반응적 사전검사   내적 타당도에 영향을 미치는 세 번째 요인은 단순히 검사를 실시한 것이 뒤이어 동일한 검사를 실시했을 때 받는 점수에 영향을 미칠 수 있다는 것이다. 이 효과는 첫 번째 검사에 의해 제공된 연습, 검사 항목과 형식에 대한 친숙도, 검사 불안감 감소 등과 같은 것 때문일 수 있다. 성격상 사전검사-사후검사 설계는 특히 검사-민감성 효과 또는 검사-연습 효과의 영향을 받기 쉽다. 단순한 예로 청능치료실에서 말 변별 측정을 예로 들어 보자. 연구자가 청능 훈련이 말 변별을 향상시키는지 알아보고자 한다고 가정하자. 피험자는 처음에 표준화된 변별 검사를 받고 치료 후 재검사를 받는다. 피험자의 점수는 크게 향상되고 연구자는 치료가 유익하다는 결론을 내린다. 하지만 동등하게 일리가 있는 대안적 가정은, 변별에서 나타난 향상이 단순히 검사 또는 변별 검사 연습의 결과이고 피험자가 치료받지 않고 단순히 재검사만 받더라도 어느 정도의 향상이 관찰될 수 있다는 것이다. 물론 변화의 일부는 치료에 의한 것이다. 확실히 이러한 상황에서 어떤 것이 어떤 것 때문인지 알기는 매우 어려울 것이다. 사전 처치가 실시되었다면 독자들은 처치 후 변화가 처치 효과, 검사 효과 또는 두 가지의 복합 효과로 인한 것인지 질문해야 한다.

여기에서 반응적 측정과 비반응적 측정에 대하여 간단하게 언급하고자 한다. 다른 것들 중에서 Huck, Cormier와 Bounds(1974)는 검사, 조사표와 평가 척도는 연구자가 연구하는 현상을 변화시킬 수 있기 때문에 "반응적 측정"으로 간주될 수 있다고 하였다. Huck과 그의 동료들은 "만약 연구 중에 변인을 수정할 수 있다면, 실험에 주의를 집중시킬 수 있고, 정상적 환경의 일부분이 아니라면, 또는 연구하에 과정을 연습한다면"(p. 235) 어떤 측정이든 반응적이라고 하였다.

Campbell과 Stanley(1966)는 "검사 과정이 수동적 행동의 기록이 아니라 그 자체가 변화에 자극이 될 때마다 반응성 효과가 기대되어야 한다"고 지적했고 "검사 설계가 새롭고 동기를 부여할수록 더 반응성이 있을 것으로 기대된다"(p. 9)고 했다. 이처럼 비디오와 오디오 녹음은 확실히 반응적 측정일 수 있고 연구자는 녹음 기기의 반응적 효과를 감소시키는 데 특별한 관심을 가져야 한다.

대조적으로 '비반응적 측정'은 측정되는 것이 변화하지 않는다. Isaac과 Michael(1995)은 비반응적 측정을 다음의 세 가지 범주로 구분하였다. (1) 신체적 영향—예를 들면 책 사용에 대해 학생들에게 질문을 하는 것보다 책의 실제 사용을 확인하기 위해 도서관 책의 조건을 검사한다. (2) 기록 보관소와 기록—치료실 파일, 출석 기록, 학교 점수를 확인한다. (3) 관심을 끌지 않는 관찰—피험자는 특정 행동이 관찰되는지 알지 못한다. 비록 Isaac과 Michael은 비반응적 측정이 표집 편중과 다른 종류의 왜곡의 영향을 받지 않는 것이 아니라고 강조하지만 Campbell과 Stanley(1966)는 가능할 때마다 그러한 측정을 사용할 것을 강력하게 권고한다.

기기 사용   Campbell과 Stanley(1966)는 기기 사용이 내적 타당도에 주는 위협을 "기기 측정의 교정에 있어서의 변화 또는 관찰자와 채점자의 변화가 측정에 변화를 가져올 때"(p. 5)로 정의한다. 이러한 신뢰도에 대한 위협이 의사소통장애 연구 유형을 초월함이 다음 논의에서 분명해진다. 기기 사용 효과는 어떤 연구의 내적 타당도에도 위협이 될 수 있다.

가장 뚜렷하게 의사소통장애 연구의 타당도에 위협이 되는 기기 사용은 연구에 사용되는 장치의 교정을 불완전하게, 부적절하게, 안정적이지 못하게 한 경우이다. 의사소통장애를 배우는 모든 학생이 그들의 임상 연구에서 교정의 중요성을 배웠기 때문에 여기에서 그 의미를 장황하게 말할 필요는 없다. 적절한 교정과 교정에 대한 지속적 모니터링은 자료가 연구 목적이든 임상 목적이든지에 상관없이 타당한 자료 수집에 있어서 절대적으로 필수 요소이다.

연구논문의 독자들이 연구 기간 동안 기기를 교정하고 유지하는 것을 어떻게 확인할 수 있는가? 많은 경우에서 연구자는 사용된 기기와 교정 기술에 대해 자세한 설명을 제공한다. 독자에게 기기와 교정 절차에 대한 지식이 어느 정도 제공되었다면 기기 적합성은 방법 부분을 주의 깊게 읽어 보면 평가할 수 있다. 하지만 종종 사용된 기기와 교정 절차에 대한 개략적인 설명이 가능한 경우도 있다. 논문을 게재할 수 있는 지면이 할증제이기 때문에 편집자는 기본적인 최소한의 절차로 축소하는 경향이 있다. 그 결과로 "기기를 교정했고 연구하는 동안 교정된 상태를 유지하였다." 또는 "연구 기간 동안 교정 점검은 주기적으로 시행되었다."와 같은 진술을 발견하게 된다.

기계나 전자기기가 타당도에 대한 위협을 제기하는 오류의 원인이 될 수 있는 것이 분명하더라도 평가 척도, 질문, 태도 리스트, 표준화된 언어검사와 같은 것도 도구의 하나이며 그것의 사용 또는 오용이 실험연구나 기술연구에서 수집된 자료의 적합성에 큰 영향을 미칠 수 있다는 것은 잘 밝혀지지 않는다. 표준화되지 않고, 적합하지 않은 신뢰도를 가지거나, 또는 연구 진행된 것과는 다른 표본으로 표준화된 빈약한 지필검사는 내적 타당도에 심각한 영향을 미칠 수 있다. 의사소통장애와 다른 행동 원리에서도 마찬가지로 평가 척도의 개발과 평가에 많은 관심과 연구 노력이 있어야 한다. 평가 척도 자체가 타당도에 기기 사용의 위협이 될 여지를 감소시키기 위해 타당하고 신뢰성 있는 평가 척도 도구를 개발해야 할 필요성을 인식하고 이러한 노력이 이루어져 왔다.

양적 조사연구에서 내적 타당도에 대한 측정 위험은 그것이 설문지든 인터뷰든 조사 도구의 적합성과 직접적으로 관련이 있다. 좋은 설문지를 개발하는 것은 어렵고 복잡한 과제이며 초보자는 쉽게 수행하지 못한다. 질문이 명확하고 모호하지 않은가? 질문이 연구 문제를 언급하고 있는가? 질문이 객관적이고 위협적이지 않는가? 질문이 편견 없는 반응을 유도하는가? 설문지의 적합성을 보장하기 위한 시도로 연구자들은 흔히 도구를 사전검사한다. 즉 대표적인 개인들로 구성된 적은 수의 표본을 대상으로 일차 설문지에 대한 반응과 제언, 의견을 얻을 수 있다. 사전검사는 설문지 개발에 있어서 매우 중요한 부분이며 비판적 독자들은 연구자가 사전검사 실시를 언급했는지 주목해야 한다. 흔히 설문지 자체를 독자들이 검토할 수 있는 것은 아니지만 만약 연구자로부터 요청받을 경우 관심 있는 독자들은 검토해 보는 것이 가능하다는 것을 알아 두자. 조사연구 결과를 보고하는 장문의 연구나 책에 흔히 설문지에 대한 독자들의 검토가 포함된다. 결국 설문조사 연구는 설문을 요청한 만큼만 괜찮다.

조사연구 인터뷰는 설문지 형식보다 몇 가지 장점이 있다. 인터뷰는 더 많은 자료 또는 다른 자료를 조사할 수 있고, 더 깊이 있는 수준으로 가능하며, 인터뷰하는 사람이 응답자와의 관계 형성과 의사소통을 평가할 수 있고 이러한 요인들이 자료 수집 과정에 영향을 미치는지를 판단할 수 있다. 하지만 인터뷰는 시간과 비용이 많이 들며, 인터뷰하는 사람은 훈련받아야 하며, 인터뷰하는 사람과 응답자 간의 상호작용이 자료 수집에 큰 영향을 미친다. 이러한 맥락에서 물론 인터뷰하는 사람과 인터뷰 형식(예: 구조화된/비구조화된 인터뷰)은 내적 타당도에 기기 사용의 위험을 가져올 수 있다.

통계적 회귀 통계적 회귀는 이례적으로 낮은 점수 또는 높은 점수에 기초하여 선정된 피험자가 후속하는 검사에서 변화하여 원래 점수보다 더 좋아지거나(낮은 점수일 경우) 더 나빠지는(높은 점수일 경우) 현상을 말한다. 연구자는 사실상 점수가 단순히 전형적인 평균 점수로 이동하거나 회귀했을 때 처치가 변화를 산출했다고 결론 내린다. 즉 점수가 덜 이례적인 것으로 된다. 이것은 주로 측정 오차가 피험자 선정과 평가에 사용된 검사 도구와 연관 있기 때문에 발생된다. 점수가 더 일탈되어 있고 이례적일수록 아마 더 큰 측정 오차를 포함할 것이다(Campbell & Stanley, 1966).

예를 들면 실험자가 학교 환경에서의 조음 치료 프로그램의 효과를 평가하는 데 관심이 있다고 가정해 보자. 조음선별 검사로 모든 아동을 선별한 후 실험자는 검사에서 가장 수행이 저조한 10 명의 아동을 연구를 위해 선정한다. 즉 그들은 가장 낮은 점수를 나타냈다. 이 아동들을 위해 치료 프로그램이 시작되고 한 달 뒤 아동들은 재검사를 받는다. 향상이 발견되고 실험자는 치료 프로그램이 성공적이었다는 결론을 내린다. 만약 변화가 점점 덜 이례적으로 되어 가는(평균으로 회귀하는), 극도로 이례적인 수행에 의해 야기된 것이라면 결론은 불확실할 수 있다. 만약 중재가 제공되지 않았더라도 재검사 점수는 치료 없이도 얼마간의 향상을 보였을 수 있다.

다른 예로 청각장애인 집단을 대상으로 평가하여 청각 핸디캡 척도(HHS)에서 높은 점수를 받은 것에 기초하여 상담연구에 참여하도록 선정한 경우를 예로 들어 보자. 이 경우 높은 점수는 핸디캡이 심하다는 것을 나타내며 낮은 점수는 핸디캡이 적다는 것을 나타낸다. 상담 프로그램이 시작되고 4회기의 상담 후 HHS로 피험자를 재검사한다. 연구자는 상담 후 점수가 상담 전보다 낮아졌음을 알아내고, 상담 프로그램이 스스로 평가한 청각 핸디캡을 감소시키는 데 성공적이었다고 잘못된 결론을 내린다. 향상된 점수는 단순히 통계적 회귀를 나타내는 것일 수 있으며, 이례적인 점수는 상담 없이도 전형적인 점수가 될 수 있다는 설명이 마찬가지로 가능할 수 있다. 통계적 회귀가 항상 극단 값을 동반하지 않는다는 점이 강조되어야 한다. Campbell과 Stanley(1966)가 지적했듯이 독립적으로 선정된 집단이 극단 값을 나타낸다면 자료가 회귀 효과에 의해 오염될 가능성은 적다. Zhang과 Tomblin(2003)은 임상적 전집의 종단연구에서 회귀에 대한 지도서를 출간했고, Tomblin, Zhang, Buckwalter와 O'Brien(2003)은 유치원 진단 4년 후 언어장애의 측정에 있어서 회귀를 분석하였다.

차별적 피험자 선정 실험연구에서 실험 집단과 통제 집단을 형성하기 위해 사람을 선정할 때 만약 선정이 적합하게 이루어지지 않는다면 내적 타당도에 영향을 미칠 수 있다. 실험 집단과 통제 집단의 피험자 차이가 처치 자체가 아니라 처치 효과로 설명될 수 있기 때문에 내적 타당도가 위협받을 수 있다. 대부분의 실험연구에서 실험적 처치나 조작 전에 피험자들이 중요한 측면에서 동등해야 하는 것은 중요한 필수사항이다. 실험자는 피험자 무작위 배정, 실험 집단과 통제 집단에 피험자를 무작위로 배치하는 것에 의해 동질성을 보장하려고 시도한다. 처치 전 동질성 부재는 실험연구에서 피험자 선정에 의한 내적 타당도 위협을 제기한다.

더 깊이 있는 설명을 위해 음운변동 치료에 대한 실험연구를 다룬 예를 사용하자. 연구자가 어린 아동을 대상으로 한 새로운 음운변동 치료 방법의 효과성을 평가하는 실험을 시도한다고 가정하자. 연구자는 음운변동 문제가 있는 아동들의 표본을 선정하고 다음의 세 집단 중 한 집단에 무작위로 피험자를 배정한다: (1) 치료받지 않은 집단, (2) 표준화된 치료를 받은 집단, (3) 새로운 치료를 받은 집단. 연구자는 무작위 배정을 통해 세 집단에게 사전치료의 차이를 무작위로 분배함으로써 피험자에 대한 사전치료 효과 차이를 감소시키려고 시도한다. 이러한 방식으로 치료 결과에 대한 실험 집단과 통제 집단의 효과 차이는 최소화되고 피험자의 차별적 선정이 내적 타당도에 거의 위협을 주지 않게 된다.

손실 손실은, 더 불길하게 실험적 사망으로 알려진, 실험 집단과 통제 집단 간 또는 다른 비교집단 간 피험자의 차별적 손실을 말한다(Portney & Watkins, 2009). 이것은 연구 절차를 끝내는 데 실패한 피험자가 연구에 계속 참여하는 피험자와 중요한 측면에서 꽤 다를 수 있고, 중도하차한 사람들이 남아 있는 피험자와 얼마나 다른지를 알기 어렵기 때문에 내적 타당도를 위협할 수 있다. 예를 들면 중도하차한 피험자가 실험 처치에서 가장 적은(또는 가장 많은) 효과를 얻을 수 있다. 치료가 중단된 후 피험자를 배치하는 것이 어렵기 때문에 특히 치료 프로그램의 장기 효과 연구에서 후속 연구는 손실 문제에 취약하다.

Roy와 동료들(2003)은 음성장애가 있는 87명의 교사들 중 모든 치료와 연구의 측정을 끝낸 피험자 64명을 대상으로 한 세 가지 다른 치료의 연구에서 손실 문제를 언급했다. 특히 그들은 실험 결과의 마지막 분석에서 피험자에 관한 두 가지 접근을 논의하였는데, '치료할 의도'와 '치료받은' 분석이 그것이다. '치료할 의도' 분석에서는 모든 피험자의 치료가 끝났는지와 관련 없이 최종 분석에 포함된다. 물론 이것은 연구자가 사후검사 측정 연구의 말미에서 중도하차한 사람들을 모두 찾아낼 수 있다는 것을 가정한다. 종종 모두 찾아낼 수 있는 건 아니지만 연구자는 가능한 중도하차한 사람들을 많이 찾아내려고 시도한다. '치료받은' 분석에서는 치료의 모든 과정을 끝낸 피험자들만이 실험에 참여했던 사람을 대표하는 일부로서 최종 분석에 포함된다. 연구자는 이제 치료받은 피험자 집단 자료와 치료할 의도가 있었던 피험자 집단 자료를 비교하여 두 집단 간 사전검사와 사후검사 간에 큰 차이가 있다면 그 차이는 손실이 결과에 미치는 특정 영향을 나타내는 것임을 명확히 한다. Roy와 연구자들(2003)은 중도하차한 모든 사람으로부터 자료를 얻지 못했지만 치료할 의도가 있는 집단과 치료받은 피험자 집단 비교에 있어서는 유사한 결과를 산출하였다. 그럼에도 불구하고 그들은 손실 문제 때문에 결과를 해석할 때 몇 가지 주의를 해야 한다고 하였다. 예를 들면 그들은 하나의 치료집단에서 중도하차한 사람들은 충분한 치료 효과를 인식하지 못했기 때문에 철회했을 가능성이 있으며 이것은 평균적 향상 결과를 부풀릴 수 있었다고 분석하였다. 또한 Roy와 연구자들은 치료받은 피험자의 분석은 치료를 끝낸 집단으로부터 기대되는 것을 반영한다고 지적하였다. 이것이 사실 치료 효과 연구에서 관심이 있는 집단이고, 즉 치료가 이상적 조건하에 이루어졌는지에 대한 논쟁이 될 수 있다. 어떤 경우에든 손실은 대응하기 어려운 이슈이며 Roy와 동료들(2003)은 그 문제를 솔직담백한 태도로 다루었다.

손실은 또한 조사연구에서 보편적 문제이다. 이 맥락에서 손실은 조사에서 지시에 따라 응답하는 데 실패한 많은 사람들을 나타낸다. Babbie(1990)는 최소한 50%의 반응률이 분석과 목적을 보고하는 데 적합한 것으로 고려되며, 60%는 양호한 것이고, 70% 이상은 매우 양호한 것이라고 지적하였다. 응답하지 않은 비율이 높다면 연구자는 편향된 표본, 즉 관심 집단을 대표하지 않고, 응답하지 않은 사람들과는 중요한 측면에서 다른 응답자의 표본을 가질 것이다. 그렇기 때문에 조사연구자는 조사에 참여해 달라는 초기 요청에 응답하지 않은 사람들의 협조를 구하기 위해 많은 시간과 노력과 돈을 사용한다. 신중한 독자들은 조사연구에서 손실 비율을 알아야 하며 응답하지 않은 많은 사람들이 내적 타당도와 외적 타당도에 위협이 될 수 있는지를 확인해야 한다.

요인들의 상호작용 내적 타당도에 대한 마지막 위협은 앞에서 언급했듯이 위태롭게 하는 두 가지 이상의 요인들 간의 상호작용 효과를 다룬다. 이 요인들이 논의에서는 따로 다뤄졌지만 그것들이 서로 상호작용하여 홀로 영향을 미칠 때보다 더 큰 영향을 미칠 수 있고, 더 중요한데, 연구 중인 실험 효과보다 더 클 수 있다는 점은 의심의 여지가 없다. 초기에 언급한 바와 같이 위태롭게 하는 각각의 요인 또는 요인들의 조합은 실험변인들과 상호작용하여 실험 효과로 오인될 수 있는 효과를 산출할 수 있다. 하지만 종종 자료의 해석을 혼란스럽게 하는 것은 피험자 선정과 특히 성숙 같은 다른 요인들 간의 상호작용이다.

한 가지 예로 충분할 것이다. 단순언어장애 2학년 아동을 대상으로 실험적 언어치료 프로그램의 효과를 평가하기 위해 실험 집단을 구성했다고 가정하자. 우리는 통제 집단으로 3학년 단순언어장애 학생들을 사용한다. 치료 프로그램이 시작되고 통제 집단에 비해 실험 집단에서 더 큰 효과가 나타났다. 우리는 실험적 치료 프로그램이 성공이었다는 결론을 내린다. 하지만 성숙의 영향은 두 집단에 다르게 작용할 수 있기 때문에 언어발달에 있어서 더 빠른 성숙과 변화가 더 어린 아동에게 일어날 수 있다는 점에 주목하자. 따라서 치료 프로그램의 효과는 많은 부분에서 프로그램 자체보다 피험자 선정과 성숙의 상호작용에 기인할 수 있다. 만약 실험 집단의 일부가 학교 밖에서 치료를 받아서 사건에 대한 위협이 발생했다면 양상은 더욱 흐려졌을 것이다. 수행을 평가하기 위해 사용된 언어검사가 특히 2학년 아동에게 낮은 신뢰도를 지닌다면 도구는 성숙과 사건과 상호작용할 수 있다. 내적 타당도를 위태롭게 하는 요인들은 단독으로 작용할 수 있고 실험 치료의 효과로 오인될 수 있는 수행과 행동의 변화를 산출할 수 있다는 것이 주된 요점이다.

신뢰성 타당도에 위협이 되는 방식과 관련하여 양적 연구와 질적 연구 간에는 중요한 차이가 있다. 양적 연구자들이 일반적으로 예상되는 타당도 위협과 예상되지 않은 타당도 위협에 미리 대처하기 위해 설계에서 미리 통제를 시도하는 반면 질적 연구자들은 전형적으로 추가 증거를 수집하고 대안적 가설이 타당해 보이지 않도록 하기 위해 설계를 조정함으로써 연구를 시작한 후 대부분의 타당도 위협을 배제하려고 노력한다. 실험적 통제를 강조하는 대신에 질적 설계는 연구 결과와 결론의 **신뢰성**(credibility)을 확립함으로써 내적 타당도를 보장한다. Eisner(1998)에 의하면 질적 연구는,

> 궁극적으로 설득의 문제로 우리가 받아들이는 목표를 만족시키거나 목표에 유용한 새로운 방식으로 사물을 보는 것이다. 질적 연구에 쓰이는 증거는 다양한 자료로부터 온다. 우리는 해석의 '무게'에 의해, 동일한 것과의 관련성에 의해, 그 설득력에 의해 설득당한다. 우리는 우리의 시각으로 보려고 노력하며 그것(해석)이 '맞는' 것 같은지 알아보고자 한다. … 질적 연구에서 결과가 '중요한지'를 판단하는 유의성에 대한 통계 검증은 없다. 결국 중요한 것은 판단의 문제이다(p. 39).

질적 연구에서 내적 타당도는 연구자가 하나의 변인이 다른 변인에 미치는 영향을 설명하는 것 또는 관찰된 관계가 인과관계라는 결론을 정당화되는 정도에 초점을 맞춘다. 해석 자료에 적합하고 참여자의 관점에 충실할 때 결론은 신뢰성 있고 옹호할 수 있는 것으로 간주된다. 따라서 필요한 것은 연구자의 사고가 논리적이고, 응집력 있고 모순이 없는지를 결정하도록 검증하는 방법이다. 즉 관심 현상이 미약하고 정확하지 않은 것으로 증명될 수 있다는 것을 설명할 수 있는 수단이 있어야 한다. 질적 설계에 대한 위협은 전형적으로 "대안적 설명" 또는 "경쟁자 가설"로 나타난다 (Maxwell, 2013). 연구가 신뢰성을 유지하는 데 실패하는 몇 가지 원인이 있지만 일반적으로 질적 설계의 내적 타당도에 위협을 주는 두 가지 중요한 위협은 연구자 편견과 반응성이다.

연구자 편견 질적 연구자가 자료 수집 도구의 역할을 하므로 연구자 편견과 주관성은 불가피하게 예측된다. 또한 각 연구자는 연구에 대한 독특한 관점을 가질 것으로 예측된다. Greenhalgh와 Taylor(1997)에 의하면,

> 질적 연구에서 연구자 편견을 제거하거나 또는 완전히 통제하는 방법은 없다. 이것은 참여자 관찰이 사용되었을 경우 가장 확실하게 그러하다. 하지만 이것은 또한 다른 형식의 자료 수집과 자료 분석의 경우에도 적용된다. … [따라서] 연구자에게 가장 요구될 수 있는 것은 결과가 어디에서 도출되었는지 자세하게 설명하는 것이며 그럼으로써 그에 따라 결과가 해석될 수 있다(pp. 741-742).

내재하는 위협을 인식하면서 Best와 Kahn(2006)은 질적 연구자가 다른 사람의 목소리와 관점을 해석할 때 "그 자신의 목소리와 관점을 성찰"할 필요가 있다고 제안하였다. **성찰성**(reflexivity)은 질적 연구자가 연구 참여자의 관점을 보고하고 설명할 때 "자신의 관점의 문화적 · 정치적 · 사회적 · 언어적 · 관념적 근원"에 지속적으로 주의집중하도록 하어 질직 연구자를 안내한다(Patton, 2002). 유사하게 Mays와 Pope(2000, p. 51)는 성찰성을 "가장 명백히 귀납적 연구에 영향을 미칠 수 있는 이전의 가정과 경험을 포함하여 연구자와 연구 과정이 자료 수집을 형성하는 방식"이라고 설명했다. 그들은 질적 연구자가 논문의 시작 부분에서 참여자와 "거리"가 있는 다른 특징들(예: 연령, 성, 사회적 계급 등)뿐만 아니라 그들의 "개인적이고 지적 편견"을 솔직하게 언급할 때 신뢰성이 향상된다고 제언하였다.

질적 연구의 목적이 참여자의 관점, 사고, 의도, 경험을 정확하게 언급하는 것이므로 바로 그 참여자들이 흔히 연구 결과와 결론이 내적으로 타당한지를 가장 잘 평가할 수 있는 사람으로 간주된다. **멤버체크**(member checking)는 연구 참여자로부터 참여자 자신의 자료에 대한 피드백을 받는 과정으로 연구 신뢰성을 증명하는 보편적 방법이다(Gall, Gall, & Borg, 2014; Lincoln & Guba,

1985). 질적 연구자는 흔히 참여자로부터 받은 정보를 재진술하고, 요약하거나 다른 말로 바꾸어 표현하여 연구자의 생각이 참여자의 관점을 충실하게 반영하고 있는지를 증명한다. 그들의 반응과 비평에 대해 참여자 관점으로 돌아가 예비 결과와 결론을 보고하는 것은 또한 보편적인 일이다. 이 반응들은 보통 교대로 다른 연구 결과와 통합되어 더 풍부하고 종합적 이해를 제공한다. 개인 또는 집단 인터뷰 동안과 후속하는 인터뷰에 사용될 때 멤버체크는 때로는 **응답자 검증**이라고 지칭된다.

연구 결과의 확증과 연구자 편견의 완화는 삼각측량 방법에 의해서도 성취될 수 있다. Denzin (1978)은 삼각측량의 몇 가지 유형을 알아냈는데, 여기에는 다중의 자료를 사용하는 것과 다수의 자료 수집 방법, 자료 수집과 해석에 다수의 연구자를 참여시키는 방법이 포함된다. 이 마지막 삼각측량은 아마 연구자 편견의 현재 논의와 가장 밀접한 관련이 있을 것이다. Mays와 Pope(2000)는 삼각측량을 "단순한 타당도 검사"가 아니라 "더 종합적 분석을 보장하고 성찰적 분석을 장려하는 방법으로" 간주했다. 그럼에도 불구하고 중복성과 교차 점검을 장려함으로써 삼각측량 방법은 좀 더 믿을 만한 설명과 해석을 지지하는 정보의 수렴을 가져온다(Cutcliffe & McKenna, 1999).

연구자 반응성   질적 패러다임 내에서 해석은 자료 수집에서 불가분의 요소이기 때문에 연구자의 영향을 제거하는 방법은 없다. 참여자에 대한 연구자의 영향을 감소시키거나 제거하려고 시도하는 것보다 질적 연구는 "그것을 이해하고 그것을 생산적으로 사용"하려고 시도한다(Maxwell, 2013). 연구자가 참여자의 역할을 했든 비참여자의 역할을 했든 간에 설계는 참여자의 행동과 반응에 미칠 수 있는 연구자의 영향을 설명해야 한다.

편견의 경우 사전에 형성된 연구자의 관념이 자료 수집에 영향을 미쳤을 때 발생한다. **반응성** (reactivity)으로, 연구자가 자료를 수집하여 참여자의 경험과 관점에 대해 진짜가 아닌 설명을 유도하는 과정에서 문제가 집중된다. 예를 들어 연구자는 중심이 되는 질문을 하거나 또는 참여자로 하여금 예정된 해석에 '적합'하도록 반응을 구할 수 있다.

"연구자는 그가 연구하는 세상의 일부"(Maxwell, 2013)이기 때문에 그가 어떻게 참여자에게 영향을 미치는지를 이해하는 것은 중요하고 결과적으로 이것이 수집된 자료에 대한 추론의 타당도에 어떻게 영향을 미치는지를 이해하는 것이 중요하다. Miles와 Huberman(1994)은 질적 연구 설계에서 연구자 반응성을 언급하는 몇 가지 방법을 제안하였다. Tetnowski와 Franklin(2003)은 해석의 다중적인 층을 제공한다는 의미에서 그러한 교차비교를 적층물이라고 지칭했다. 그들에 의하면 "적층물의 진정한 장점, 그것은 평가자가 훈련받은 주관성을 확립하는 것을 (질적 연구에서 그러하듯이) 도와준다."

비교의 필요성과 관련해서, 질적 연구자는 "연구 중인 현상에 대한 형성 중인 설명과 모순되거나 모순되는 것처럼 보이는 자료의 요소"를 무시하지 않을 것으로 기대된다(Mays & Pope, 2000). '부정적인 경우'에 대한 주의는 가능한 대안적 설명을 직접 다룸으로써 신뢰성을 향상시킨다. Mays와 Pope(2000)에 의하면 "공정한 거래는 연구 설계가 명백하게 다른 광범위한 관점과 연결되어 있기 때문에 한 집단의 관점이 어떤 상황에 대한 유일한 진실을 나타내는 것처럼 제시되어서는 안 된다"(p. 51)는 것이다. 이러한 관점에서 포커스 그룹의 일부분으로서 그의 동료와 상호작용할 때와 개인적으로 인터뷰할 때 피험자의 반응을 비교하는 것은 연구자 간 설명을 비교하는 것만큼 계발적일 수 있다.

외적 타당도

외적 타당도는 연구가 시행된 특정 환경으로부터 유사한 상황과 세팅에서 유사한 특징이 있는 개인으로 그 결론을 확장시키는 연구의 능력을 지칭한다. 외적으로 타당할 때 연구 결과는 본래 연구 결과에 포함되지 않았던 개인과의 원인–결과 관계와 행동을 예측하는 데 사용될 수 있다.

양적 연구에서, 연구 설계의 평가에서 주로 고려할 점은 개인 **표본**으로부터 얻은 결과가 더 적은 연구 표본이 선정된, 개인들이 속한 전체 전집에 적용될 수 있는지 또는 **일반화**될 수 있는지에 대한 것이다. 반대로 질적 연구를 일반화하는 것은 연구 초점이 개인 참여자에 대한 풍부하고 심도 있는 이해를 제공하는 데 있기 때문에 보통 비평적으로 중요하게 생각되지 않는다. 집단 구성에 이르기 위해 참여자 간 다양성을 최소화하는 것 대신 질적 연구는 개인과 집단 모두의 관점을 이해하기 위해 이러한 피험자 간의 세부사항과 차이를 적극적으로 탐색한다. 연구 질문에 적합하다면 질적 연구자는 결과가 다른 맥락이나 환경에 전이 **가능**한지를 결정함으로써 외적 타당도를 언급한다.

일반화 아주 단순하게 외적 타당도는 "일반화에 대해 질문한다. 이 효과가 어떤 전집, 환경, 처치 변인, 측정 변인에 일반화될 수 있는가?"(Campbell & Stanley, 1966) 우리가 논의했듯이, 연구 설계의 내적 타당도를 강화시키기 위한 많은 노력은 독립변인과 종속변인을 구체화하고, 관련 없는 변인들의 영향을 감소시키고, 무작위한 변산성과 측정오차를 통제하고, 피험자의 특징을 좁히며, 관련 있는 환경을 제한하고, 엄격한 측정 프로토콜을 따르는 것에 목적을 둔다. 불행하게도 이 노력들은 다른 사람, 환경, 측정 또는 처치 변인으로 결과를 일반화하는 능력을 구속한다. 반대로 결과에 대한 **일반화도**(generalizability)를 확장시키려는 노력이 관련 있는 외재변인 통제를 허술히 함으로써 단일 연구의 내적 타당도를 약화시킬 수 있다. 두 가지 타당도가 모두 중요한데 특히 의사소통장애와 다른 분야에서는 다른 세팅의 다양한 집단으로의 일반화가 중요하다.

외적 타당도에 대한 위협은 내적 타당도에 영향을 미치는 것과는 질적으로 다르다는 점을 지적해야 한다. 내적 타당도에 대한 심각한 위협은 결과를 의미 없고 해석 불가능하게 만들고 따라서 연구자로 하여금 연구된 변인들 간의 관련성에 대한 타당한 결론을 이끌어 내지 못하게 한다. 하지만 외적 타당도에 대한 위협은 내적으로 타당한 결과가 일반화될 수 있는 정도를 제한한다. 어떤 연구든지 내적 타당도를 외적 타당도보다 먼저 고려해야 한다는 것을 분명히 해야 한다. 내적으로 타당하지 않은 결과를 일반화하려고 노력하는 것은 시간과 노력의 낭비이다. Pedhazur와 Schmelkin(1991)은 "연구의 내적 타당도가 확실하지 않을 때 어떤 것으로 또는 어떤 것을 통해 그 결과가 일반화되는지를 탐구하는 것은 이치에 맞지 않다"(p. 229)고 지적했다.

많은 다른 사람들과 환경, 측정 또는 처치로 광범위한 일반화를 기대할 수 있는 단일한 연구는 없다. 외적 타당도는 일반화에 대한 어느 정도의 증거가 존재할 때 성립할 수 있다. 잠정적으로 연구의 독자들은 개별 논문의 결과를 일반화하는 정도를 제한할 필요가 있다. 또한 단일 연구에서 내적 타당도보다 외적 타당도가 더 다루기 어렵고 체계적 연구 프로그램의 일부로서 일련의 연구에서 더 자주 언급된다는 것을 염두에 두는 것이 중요하다. Reynolds(1975)에 따르면,

> 연구의 궁극적 목적은 항상 일반 원리이다. 하지만 단일 실험이 직접적으로 일반 원리를 수립하는 일은 거의 드물다. 단일 실험은 실험자에 의해 조작되는 특정한 **독립변인**과 독립변인의 변화로 인해 변화되는 특정한 **종속변인**들 간의 관계와 연관이 있다. 세계의 연구실에서 반복적으로 성립되는 그러한 관계들 각각이 일반 원리를 형성하는 데 기여한다(pp. 13-14).

일반화는 주어진 주제를 중심으로 하는 누적된 연구에서 시작된다. 연구자는 많은 연구 결과에 대한 비교로부터 일반화 사례를 만든다. 또한 내적 타당도 위협을 통제하려는 노력이 전집과 연구 설계 환경을 더욱 구체화함으로써 종종 외적 타당도를 감소시킬 수 있다. 따라서 내적 타당도 연구가 누적됨으로써 외적 타당도의 한계를 극복하는 데 도움이 된다.

연구논문 독자들의 주된 관심은 연구자들이 개별 연구에 국한되지 않게 결과를 일반화시키는 문제에 대한 해답을 찾으려고 시도하는 방식에 있다. Pedhazur와 Schmelkin(1991)에 의하면 일반적으로 결과를 일반화시키는 두 가지 방식이 있는데, 바로 "목표 전집과 환경, 시간 **등으로** 또는 그것들을 **통틀어서**"이다.

전집, 환경, 또는 다른 변인들을 **통틀어 일반화**는 결과가 개별 연구에 국한되지 않음을 보여 주는 타당한 증거가 제시될 때까지 제한되어야 한다. 예를 들어 연구에 참여한 사람들로부터 성별, 인종, 직업, 교육 또는 사회·경제적 배경이 다른 사람들에 대한 연구 결과를 일반화시키는 것은 합

리적이지 않을 수 있다. 또한 원래의 연구에서 검사된 사람들을 제외하고 환경, 측정, 맥락으로 결과를 일반화시키는 것은 문제가 있을 수 있다. 이러한 변인들을 통해 일반화하는 것의 증거는 치료 효과 연구의 범위 내에서 우리가 제5장에서 더 자세하게 언급하고 있는 **체계적 반복검증 연구**(Sidman, 1960)로부터 비롯되었다. 우리는 현재의 논의를 외적 타당도의 다른 중요한 척도에 대한 논의로 제한하며, 개별 표본으로부터 얻은 연구 결과의 범위가 연구 표본이 선정된 개인들이 속한 전집으로 일반화될 수 있다. Campbell과 Stanley(1966)에 의해 외적 타당도에 대한 네 가지 주요 위협으로 밝혀진 것은 피험자 선정, 상호적 사전검사, 반응 방식, 다중 처치 간섭이다.

피험자 선정   외적 타당도에 대한 주요 위협은 다른 사람들로 일반화시키는 데 있어서 문제를 제기한다. 이 위협은 연구를 위해 선정된 피험자가 어느 정도로 연구자가 일반화시키고자 하는 전집의 대표가 될 수 있는지에 대한 문제이다. 만약 둘 사이에 중요한 차이가 있다면(이 차이는 실험자들에게는 항상 분명하지 않을 수 있다) 의미 있는 일반화가 제한될 것이다. 우리는 일찍이 내적 타당도에 대한 피험자 선정의 중요성을 강조했다. 피험자 선정 절차가 외적 타당도에 동일하게 중요한 위협이 될 수 있다는 점을 명확히 해야 하는데, 특히 피험자 선정이 실험변인과 상호작용하여 오직 특정한 사람들에게만 긍정적 결과를 산출할 수 있기 때문이다. Brookshire(1983)는 실어증 실험 결과의 일반화 문제를 논의하고 다음과 같이 진술했다.

> 어떤 실험에서든 실험 결과가 일반화될 수 있는 전집은 실험에 참여하는 피험자의 특징에
> 의해 결정된다. 실험 결과가 가상의 전집으로 일반화되기 위해서는 실험에 참여한 피험자
> 표본이 전집을 대표해야 한다. 즉 표본은 독립변인과 종속변인(들) 간의 관련성에 영향을 미
> 칠 수 있는 변인들에 관한 한 전집과 유사해야 한다(p. 342).

Brookshire는 연구자가 특정 전집으로 타당한 일반화를 시키기 위해서는 선정된 사람들에게 사용된 관련 변인들과 이 변인들에 대한 사람들의 특징을 보고해야 한다고 진술했다. 그는 일반화를 위해 의도된 목표 전집을 특정화하는 데 관련 있는 18가지 구체적 특징(예: 연령, 실어증의 중증도, 손잡이, 시력, 발병일)을 논의하였다. 중요한 요점은 일반화가 연구된 피험자와 공통된 특징을 가지는 사람들에게만 제한되어야 한다는 것이다. 다른 말로 하면 피험자는 연구자가 일반화시키고자 하는 전집을 대표하여야 하며, 그들의 대표성 정도를 결정하는 피험자의 관련 특징이 논문에 구체적으로 명시되어서 독자로 하여금 결과가 다른 사람들에게도 일반화되는 것을 평가할 수 있어야 한다. 제5장에서 피험자 표집과 선정 절차에 대해 더 자세하게 설명한다.

상호적 사전검사   외적 타당도에 대한 다른 중요한 위협은 다른 측정으로 일반화시키는 문제를 제

기한다. 이 위협은 반응적 사전검사가 종속변인하에서 피험자의 수행을 알아내는 데 있어서 독립변인과 상호작용하는 정도와 관련 있는 것이다. 다시 말해서 반응적 사전검사에 노출된 피험자는 사전검사에 노출되지 않았던 사람들과는 다른 방식으로 실험 처치에 반응할 것이다. 이 처치 효과는 처치 직전에 검사받은 피험자에게만 나타날 수 있으며 전반적으로 특정 사전검사 없이 처치를 받았던 사람들에게는 나타나지 않는다.

　연구자가 대화 상황에 대한 공포를 감소시키도록 설계된 말더듬 치료의 특정한 측면을 평가하는 데 관심이 있다고 가정해 보자. 사전검사에는 말에 대한 다양한 공포를 측정하면서 인터뷰를 하는 것이 포함된다. 치료 프로그램이 시작되고 종결 후 피험자는 다시 그의 공포에 대한 질문에 대답하거나 공포를 극복한 것에 대해 표현하게 된다. 실험자는 말하는 상황에 대한 공포가 유의하게 감소하는 것을 기록하고 치료 프로그램이 성공적이었다고 결론 내린다. 비록 그것이 실험에서 피험자에게는 적용될 수 있지만 사전검사 경험이 없는 개인에게 치료 프로그램이 적용될 경우 성공적이지 않거나 덜 성공적일 수 있다. 이 예에서는 사전검사와 실험 치료의 상호작용 때문에 외적 타당도가 위험에 처한다.

반응 방식　반응 방식의 위협은 다른 환경으로 일반화하는 것에서 문제를 나타낸다. Christensen (2007)은 생태 타당도를 "연구 결과를 환경적 조건의 세팅으로부터 다른 세팅으로 일반화시키는 것"으로 정의하였는데, 반응 방식이 이 일반화를 제한한다. 이 위협은 연구 세팅이 반응적이거나 종속변인하에서의 피험자 수행을 알아내는 데 독립변인과 상호작용하는 정도와 관련이 있다. Campbell과 Stanley(1966)는 "실험 방식의 반응성 효과"가 "비실험적 세팅에 노출된 사람에 대해 실험변인이 미치는 영향에 대한 일반화를 불가능하게 만든다"(p. 6)고 언급했다. 예로서 실험적 언어자극 프로그램을 받기 위해 교실에서 언어치료사의 치료실로 간 아동의 예를 들 수 있다. 언어자극 프로그램이 치료실의 실험적 세팅에 특정화된 효과인가 아니면 언어자극 프로그램이 정상적인 교실 환경에서도 동등하게 효과적일 수 있는가? 실험 방식이 관찰된 효과를 산출하기 위해 치료와 어떻게 상호작용하는가? 만약 상호작용이 있다면 치료 효과는 실험 방식을 경험하지 않은 사람들에게 일반화될 수 없는 것인가? 이 예에서 실험적 언어자극 프로그램은 교실에서 시행될 수 있도록 수정이 가능할 것이며 그 효과는 직접 평가될 수 있다. 만약 치료 프로그램이 치료실에서 근무하는 치료사에 의해 시행되는 데만 국한되어 설계된다면 교실에서의 프로그램 효과에 대한 주장은 없을 것이며 실험자가 '실험 방식'과 유사하게 치료를 일반화하는 것은 정당화될 것이다. 즉 충분한 경험 없이 다양한 세팅으로 일반화를 확장시키는 것보다는 유사한 배경으로 일반화를 제한하는 것이다.

몇몇 문헌은 호손 효과 같은 특별한 반응적 방식을 언급했다. Rosenthal과 Rosnow(1991)는 호손 효과를 "실험적으로 관찰되고 있다는 단순한 사실이 관찰되는 행동에 영향을 미칠 수 있다는 개념"(p. 620)으로 정의했다. 호손 효과는 기본적으로 피험자의 행동 변화가 단지 피험자 자신이 연구에 참여하고 있다는 것을 알기 때문에 발생하는 반응적 방식이다. 피험자가 더 많은 관심을 받을수록 일상적 변화 실험 상황 그 자체가 독립변인에만 영향을 미치는 변화를 모방하거나 동반할 수 있는 행동 변화를 야기하도록 작용한다. 이 효과는 1920년대에 일리노이 주 호손에 위치한 서부 전기회사 전화공장 조립라인에서 일하는 근무자에 대한 연구에서 처음 밝혀지면서 호손 효과라고 이름 붙여졌다. Parsons(1974)는 호손 연구에 대한 재분석을 끝냈으며 호손 효과의 핵심 요소는 피험자의 행동에 대해 피험자에게 피드백과 강화를 주는 것이라고 결론 내렸다. Parsons(1974)는 호손 효과를 "실험자가 피험자의 수행 결과가 피험자가 하는 행동에 어떻게 영향을 미치는지를 인식하지 못할 때 일어나는 혼란"(p. 930)으로 정의하면서 결론 내렸다. 다시 말해 호손 효과는 피험자가 단지 자신이 연구에 참여한다는 것을 인식하는 문제가 아니라 연구 과정에서 그들의 행동 결과를 어떻게 인식하는지와 관련이 있다. 호손 효과의 통제는 집단 간에 실험 처치의 성격에 대한 공지를 확실하게 동일하게 함으로써 가장 잘 이루어질 수 있다.

다중 처치 간섭 다중 처치로 인한 간섭은 다른 처치로 일반화하는 데 문제를 제기한다. 이 위협은 종속변인에서의 피험자 행동을 알아내는 데 있어서 다중 처치의 다양한 부분이 서로 상호작용하는 정도와 관련 있다. 이 효과는 한 가지 이상의 실험 처치가 동일한 피험자에게 실시되었을 때 또는 처치가 일련의 단계로 세심하게 구성되어 있을 때 발생할 가능성이 높다. 외적 타당도에 대한 위협은 다중 처치 연구 결과가 동일한 순서와 동일한 수의 처치를 받은 사람들에게만 일반화될 수 있다는 사실에 근거를 두고 있다.

말더듬 치료의 조건화 구간에 유창성이 강화되고 비유창성이 처벌받는 연구가 그 예가 될 수 있다. 다중 치료 효과 때문에 비유창성 감소를 검사할 때 처벌과 강화 각각의 효과를 찾는 것은 어려울 것이다. 비유창성의 처벌에 대한 각각의 효과와 유창성 강화, 그리고 비유창성 처벌과 유창성 강화의 복합에 대한 개별적인 연구가 필요하다. 즉 치료는 결과를 일반화할 수 있는 치료의 유형을 대표할 수 있어야 한다.

전이성 Lincoln과 Guba(1985)는 **전이성**(transferability)이라는 용어를 질적 연구가 외적으로 타당한 정도를 설명할 때 사용했다. 따라서 전이성은 하나의 맥락에서 유사한 다른 맥락으로 연구 결과를 적용하는 능력이다. Eisner(1998)는 질적 연구의 목적을 "불가사의하고 혼란스러웠을 상황을 우리가 이해하도록 돕는"(p. 58) 것이라고 했다. 그렇게 하면서 연구 결과는 미래의 상황이 발전하는 방식과 왜 그런지에 대한 예측을 더 잘할 수 있도록 해 준다. 하지만 맥락이 구체적이면 외적 타당도는 필수적으로 성립되지 않는다.

전이성과 관련하여 동일한 결과가 유사한 상황에서 관찰될 수 있는 일관성은 연구의 신인성(dependability)이다. 질적 연구자는 연구 설계를 안내해 주는 맥락과 핵심 가정에 대한 철저한 설명을 제공함으로써 신인성과 전이성 둘 다 강화할 수 있다. 질적 연구 문헌의 비판적 독자는 연구 범위에 특별한 관심을 가져야 한다. 어떤 설계는 폭넓은 경향, 패턴, 또는 관점을 설명하도록 구성되는 반면 다른 설계는 몇몇 개인들 중 한 개인의 특정한 관점에 대한 세부적인 정보를 제공하도록 설계된다. 방법, 목적, 창발적 설계는 종종 결과가 전이될 수 있는 정도에 영향을 미친다.

비록 '탄탄한 설명'이 전이성을 강화시킬 수 있으나 연구의 비판적 독자들은 연구 결과가 다른 환경에서 다른 개인에게 '전이될' 수 있는지 없는지를 알아내야 할 책임이 있다. 결국 독자만이 결과가 전이될 수 있는 상황 또는 맥락의 세부사항에 친숙해질 수 있다. 연구 상황의 세부사항과 다른 친숙한 환경의 세부사항을 비교함으로써 독자는 결과의 적절하고 의미 있는 전이를 허용할 만한 충분한 유사성이 있는지를 판단할 수 있다. 물론 이것을 효과적으로 하기 위해서 독자는 연구에 관여된 개인, 세팅, 상황과 관련된 유사성을 결정하기 위해 원래 연구 상황에 대한 충분한 세부사항을 추출할 수 있어야 한다.

예비 연구

내적 타당도와 외적 타당도를 보호하기 위해 양적 연구에 사용되는 설계, 방법, 절차는 고정되고 존중되어야 한다. 관련 없는 요인을 최소화하기 위해 피험자는 미리 조정된 준거를 사용하여 모집되고, 동일한 지시를 정확하게 받고, 연구 프로토콜은 가능한 일관성을 유지한다. 그러므로 실험 연구 동안 높은 타당도 수준을 유지하면서 설계나 방법을 수정할 기회는 없다.

실험 설계의 초기 단계 동안 **예비 연구**(pilot research)가 적은 수의 피험자를 대상으로 실시된다. 일반적으로 출판을 위해 의도된 것도 아니고 다른 연구를 보조하는 자료를 제공하는 것도 아니고, '예비' 실험은 실행 가능성을 평가하기 위해 '시연'을 행하는 방법이다. 따라서 그 목적은 좀 더 공식적인 연구에서 많은 양의 시간을 투자하기 전에 실험을 위한 계획에서 중요한 뜻밖의 일이나 결함을 신속하게 발견하는 것이다. 만약 기대되는 결과를 얻지 못하면 왜 그렇지 못한가? 실험이 궁극적으로 결함이 있는가 또는 실험 설계에 작은 문제가 있는 것인가? 예비 연구는 또한 피험자에게 주는 구체적 지시나 각 시도에 허용된 시간의 양과 같은 연구의 세부사항을 결정할 수 있도록 해 준다. 예비 연구는 몇몇 주기를 거치게 되는 반복적인 과정에서 실험 설계를 수정하고 향상시킬 수 있도록 이끈다. 최종 공식 연구는 의미 있는 표본 크기로 자료를 수집하여야 한다. 예비 연구 자료는 효과 크기를 평가하는 데 사용될 수 있다.

〈관련논문 4.2〉는 마비말장애 화자의 대조적 강세에 대한 연구의 서론 문단으로 예비 연구가 특정한 가설의 근거를 수립하고 발전시키는 데 사용되는 예를 보여 준다. 이 경우에 심한 마비말장애 화자 몇 명의 예비 조사 자료는 덜 심한 사례에서 얻은 자료의 연구와 다른 것으로 보인다.

저자가 절차의 결정을 설명하기 위해 예비 연구를 사용하는 것은 보편적인데 특히 명백히 관련 없는 요인들을 통제하는 것이 실행 가능하지 않거나 피험자가 실험 과제를 수행하는 것을 방해할 때 그러하다. 예를 들면 코러스 읽기, 연장된 말, 노래, 리듬 있는 자극의 유창성 유도 조건에서의 발성을 연구한 예를 들면 Davidow, Bothe, Andreatta와 Ye(2009)는 그들의 연구 절차 수정을 설명하기 위해 예비 조사 결과를 사용했다. 이 경우 그들은 다음과 같이 썼다.

예비 조사에 따르면, 결정은 노래 속도를 통제하지 않는 것이었는데 참여자가 규정된 속도로 노래 부르는 것이 매우 어렵고 부자연스럽기 때문이다. 통제된 말과 노래를 비교해 본 결과 두 가지 조건 모두에서 참여자의 정상적이거나 편안한 속도를 유지했다(p. 192).

관련논문 4.2

마비말장애의 대조적 강세를 다룬 문헌이 소수 있지만 대부분의 연구는 다양한 원인에서 기인된 경도에서 중도의 마비말장애 화자를 포함하고 있다. 그러한 화자들 중에서 말속도 저하와 제한적인 기본주파수(F0) 및 강도 변이 범위는 청자의 지각에 부정적 영향을 미치는 것으로 간주되어 왔다(Pell, Cheang, & Leonard, 2006; Yorkston et al., 1984). Yorkston 등(1984)은 기대되는 운율에서의 일탈이 3명의 경미한 운동실조형 마비말장애 화자가 산출한 대조적 강세를 청자가 건강한 통제집단의 강세에 비해 '기이한' 것으로 판단하도록 유도한다는 것을 발견했다. 더 나아가 Pell 등(2006)은 경도에서 중도의 과소운동형 (파킨슨병과 관련된) 마비말장애 환자는 그들의 운율 범위 내에서 최대한 적절하게 대조를 하는 데 실패했고, 그러므로 청자는 강세의 위치를 인식하기 어렵고, 특히 문장 끝의 위치에서 더욱 어렵다고 하였다. 이 결과들은 고도의 선천적 마비말장애를 가진 화자에 대한 우리의 예비 연구 결과와는 다르다. 이 연구의 예비 연구에서 우리는 뇌성마비로 인한 고도의 마비말장애 화자 3명이 증가된 기본주파수(F0), 강도, 지속시간에 대한 세 가지 단서를 사용하여 대조적 강세를 표시하기 위해 그들의 좁은 운율 영역을 이용할 수 있다는 것을 알아냈다(Patel, 2004). 비록 이 화자들이 건강한 통제집단에 의해 사용된 것과 유사한 단서를 사용했음에도 불구하고 그들은 강도에 좀 더 심하게 의존하는 경향이 있었다.

출처: "Acoustic and Perceptual Cues to Contrastive Stress in Dysarthria," by R. Patel and P. Campellone, 2009, *Journal of Speech, Language and Hearing Research*, 52, p. 208. Copyright 2009 by the American Speech-Language-Hearing Association. 승인하에 게재.

유사하게 Horton-Ikard와 Ellis Weismer(2007)는 초기 어휘 수행에 대한 기술 연구에서 자료가 수집되는 놀이 활동의 적합성을 검사하기 위해 예비 연구를 실시했다. 그들은 다음과 같이 설명했다.

> 예비 연구에서 피크닉 점심 바구니를 꾸리고 꺼내는 인형 놀이 활동을 했다. 예비 관찰로 이 과제가 유아를 일관되게 참여시킨다는 것을 밝혀냈다. 그들은 또한 아래에 설명한 이러한 종류의 인형 놀이 활동과 과제 각 단계 내에서의 시행 횟수가 유아에게 발달적으로 적합하다는 것을 알아냈다(즉 결과는 기초선도 아니고 최고한계점도 아님)(p. 386).

하지만 다른 예에서 Keintz, Bunton과 Hoit(2007)은 파킨슨병을 앓고 있는 화자 집단의 말명료도 평가에 있어서 시각 정보 효과에 대한 연구를 준비하면서 예비 연구를 수행하였다. 4명의 '예비 화자'의 말을 녹음한 후에 그들은 '대화에서의 보통 수행(최초 2명의 평가자와 각 화자의 배우자 또는 가족 구성원에 의해 평가된)과 일치하지 않게 명료도가 높은 말을 산출하는 큰 수행 효과'가 있다는 것을 밝혀냈다. Keintz와 동료들은 수행 효과를 감소시키기 위해 그들의 방법을 크게 수정해서 마비말장애 피험자의 대화에서의 말을 더 잘 반영해 주는 표본을 수집하였다.

절차를 수정하는 것 외에도 예비 연구는 수집된 자료가 분석되고 해석되는 방식을 수정하는 데도 사용될 수 있다. 예를 들어 Turner와 Parrish(2008)는 차이 감지 연구에서 예비 연구로 "광대역 소음에 대한 반응이 통과대역 신호에 대한 반응과 많이 달라서 개별적으로 분석되어야 한다는 것을 제안하였다." 다른 예비 연구는 최소한 더 광범위하고 통제된 연구가 실시될 때까지 임상 실습을 안내하도록 도와주는 예비 증거를 제공하는 데 목적이 있다. 다른 예로 Manassis와 Tannock(2008)은 선택적 함묵증에 대한 다양한 치료 결과를 비교한 통제된 연구를 하나도 살펴볼 수 없었기 때문에 예비 연구를 실시하였다. 그들은 예비 연구를 중재 선택 방향을 잡을 때 초기 단계로 생각했지만 피험자 표집과 결과 측정, 그리고 몇 가지 관련 없는 요인들에 대한 통제를 포함하여 그들의 방법의 단점을 찾아냈다.

양적 예비 연구는 또한 탐색적 기능을 수행할 수 있다. Klein과 Flint(2006)는 예를 들어 "명료도 저하에 가장 기여하는 조음 오류를 많이 보이는 아동들이 보통 사용하는 음운 규칙을 경험적으로 검사하는 과정을 시작할 때" 예비 연구를 사용하였다. Baylis, Watson과 Moller(2009)는 이와 유사하게 예비 연구로 연인두와 심장, 안면장애 문제가 있는 아동들의 과대비성이 해부학적 결함과 함께 연인두 폐쇄의 타이밍이 안 맞는 것 때문이라고 제안하였다. Conklyn과 동료들(2012)은 비유창성 실어증 환자에 대한 멜로디 억양 치료 수정과 그 효과에 대해 연구하였다.

예비 연구는 질적 연구와 혼합 방법 설계를 개발하는 데 사용될 수 있다. Vesey, Leslie와 Exley(2008)는 예를 들어 비구강 섭식과 수분 공급의 대안을 고려할 때 환자의 결정에 영향을 미치는 요인이 무엇인지를 알아보는 예비 인터뷰 연구를 시행하였다. Claesen과 Pryce(2012)는 마찬가지로 보청기를 찾는 환자들의 심리사회적 필요성과 관점에 대한 탐색적 예비 자료를 제시하였다. Crais, Roy와 Free(2006)는 혼합 방법의 예로서 아동의 평가에 있어서 전문가와 부모가 그들의 참여를 어떻게 인식하는지를 평가하는 자기평가 설문조사를 적용하였다. 그들은 "도구의 내용과 사회적 타당도는 처음에 장애가 있는 아동들의 사회문화적으로 다양한 부모와 초기 중재 전문가들의 포커스 그룹으로 예비 검사를 실시해서 확립되었다"고 보고했다.

　예비 연구의 실시와 사용은 연구 설계가 개발되고 실시되는 과정의 중요한 부분을 이해할 수 있는 특별한 기회를 제공한다. 의사소통장애 문헌의 수많은 출판물에서 "예비 연구", "예비 조사"와 가끔 "연구 메모"로 확인된다. 이러한 보고의 저자들은 일반화 또는 전이성에 대한 심각한 위협뿐만 아니라 부적절한 변인과 의심스러운 의존성에 대한 통제 부족을 인정한다. 그렇더라도 이 논문들은 더 강력한 연구 설계에 도움이 될 수 있는 정보를 제공해 주면서 미래의 연구 방향에 대한 '연구 이정표'로서의 역할을 한다.

핵심 용어

계열 무선화	순차적 설명 설계	집단 내 설계
계열적 효과	순차적 탐사 설계	집단 동질성
기초선 구간	신뢰성	집단 설계
내적 타당도	실험 집단	참여 설계
단일대상(소규모 집단) 설계	역균형화	처치 구간
동시적 내재설계	예비 연구	처치-철회 구간
동시적 삼각측량 설계	외적 타당도	처치-회복 구간
멤버체크	일반화도	철회설계
반응성	전이성	통제 집단
반전 구간	준거기반(참여자/피험자) 선정	피험자 대응
반전설계	준거변동설계	피험자 무선화
비참여 설계	중다기초선설계	혼합 방법(양적 및 질적) 연구 설계
성찰성	집단 간 설계	혼합(피험자 간 및 피험자 내) 설계

비평적 읽기 연습

01. 다음 연구논문의 서론과 방법을 읽어 보라.

Leclercq, A-L., Majerus, S. Prigent, G., & Maillart, C. (2013). The impact of dual tasking on sentence comprehension in children with specific language impairment. *Journal of Speech, Language, and Hearing Research, 56,* 265-280. doi:10.1044/1092-4388(2012/10-0290)

주의집중 초점, 문장 이해력, 단순언어장애에 대한 이 연구의 피험자 간 설계와 피험자 내 설계의 구성요소는 무엇인가? 연구된 독립변인들 중에서 어떤 것이 조작 가능하고 어떤 것이 조작 가능하지 않은가?

02. 다음 연구논문을 읽어 보라.

Jacobs, B. J., & Thompson, C. K. (2000). Cross-modal generalization effects of training noncanonical sentence comprehension and production in agrammatic aphasia. *Journal of Speech, Language, and Hearing Research, 43,* 5-20.

이 연구에 사용된 설계는 무엇인가? 이 설계에 사용된 다양한 조건은 무엇인가? 그림 2, 3, 4, 5를 검토하고 이 피험자들에 대한 종속변인에 독립변인이 미치는 효과를 설명해 보라.

03. 다음 연구논문을 읽어 보라.

Ryan, S. (2009). The effects of a sound-field amplification system on managerial time in middle school physical education settings. *Language, Speech, and Hearing Services in School, 40,* 131-137. doi:10.1044/0161-1461(2008/08-0038)

Ryan의 연구가 어떻게 중다기초선설계를 실시했는지를 설명해 보라. 설계가 피험자, 행동, 또는 치료마다 적용되었는가? 기초선과 중재 동안 어떤 종속변인이 측정되었는가?

04. 다음의 소규모 집단 연구논문 중 하나를 읽어 보라.

Ahearn, W. H., Clark, K. M., MacDonald, R. P., & Chung, B. I. (2007). Assessing and treating vocal stereotypy in children with autism. *Journal of Applied Behavior Analysis, 40,* 263-275. doi:10.1901/jaba.2007.30-06

Mathers-Schmidt, B. A., & Brilla, L. R. (2005). Inspiratory muscle training in exercise-induced paradoxical vocal fold motion. *Journal of Voice, 19,* 635-644. doi:10.1901/jaba.2007.30-06

실시된 ABAB 설계를 설명하고 철회 또는 반전이 사용되었는지를 알아보라. 기초선과 치료 동안 어떤 종속변인이 측정되는가?

05. 다음의 소규모 집단 연구논문 중 하나를 읽어 보라.

Kashinath, S., Woods, J., & Goldstein, H. (2006). Enhancing generalized teaching strategy use in daily routines by parents of children with autism. *Journal of Speech, Language, and Hearing Research, 49*, 466–485. doi:10.1044/1092-4388(2006/036)

O'Reilly, M., McNally, D., Sigafoos, J., Lancioni, G. E., Green, V., Edrisinha, C., … Didden, R. (2008). Examination of a social problem-solving intervention to treat selective mutism. *Behavior Modification, 32*, 182–195. doi:10.1177/0145445507309018

사용된 중다기초선설계를 설명해 보라. 기초선과 치료 동안 어떤 종속변인이 측정되었는가? Kashinath와 동료들이 후속 설문지를 사용한 목적은 무엇인가? O'Reilly와 동료 연구자들이 후속 교사 관찰을 계속한 이유는 무엇인가?

06. 다음의 혼합 방법 연구논문을 읽어 보라.

Beilby, J. M., Byrnes, M. L., & Young, K. N. (2012). The experiences of living with a sibling who stutters: A preliminary study. *Journal of Fluency Disorders, 37*, 135–148. doi:10.1016/j.jfluidis.2012.02.002

Beilby와 동료 연구자들이 연구에서 혼합한 양적 기술과 질적 기술은 무엇인가? 이 설계는 말을 더듬는 아동과 형제자매, 부모의 경험과 관점에 대한 심도 있는 이해를 위한 연구자의 목적을 어떤 방식으로 가능하게 하는가?

07. 다음의 질적 연구논문을 읽어 보라.

Litosseliti, L., & Leadbeater, C. (2013). Speech and language therapy/pathology: Perspectives on a gendered profession. *International Journal of Language and Communication Disorders, 48*, 90–101. doi:10.1111/j.1460-6984.2012.00188.x

Litosseliti와 Leadbeater는 언어치료사들 중 여성이 많은 현상에 대한 연구 설계에서 왜 질적 설계를 사용했는가? 그들은 자료를 어떻게 삼각측정했는가? 그들은 결과와 결론의 전이성을 어떤 방식으로 언급했는가?

08. 다음의 질적 연구논문을 읽어 보라.

Grant, J., Schofield, M. J., & Crawford, S. (2012). Managing difficulties in supervision: Supervisors' perspectives. *Journal of Counseling Psychology, 59*, 528–541. doi:10.1037/a0030000

Grant와 동료 저자들은 사회적 구성주의, 현상학적 그리고 성찰적 실천가의 '개념적인 영역'을 어떻게 구별하는가? 이러한 지식과 이해에 대한 관점에 따라 어떤 방식으로 그들이 사용한 질적 기술을 설명하는가? 그들은 결과와 결론을 어떤 방식으로 보고하는가?

09. 다음의 '연구 노트'를 읽어 보라.

Ingham, R. J., Sato, W., Finn, P., & Belknap, H. (2001). The modification of speech naturalness during rhythmic stimulation treatment of stuttering. *Journal of Speech, Language, and Hearing Research, 44,* 841-852. doi:10.1080/13682820600988868

Ingham과 동료들이 연구에서 어떻게 준거변동설계를 포함시키는지를 설명해 보라. 그들은 그들이 사용한 말의 자연스러움 척도의 외적 타당도를 어떻게 평가하는가?

10. 다음 논문의 서론을 읽어 보라.

Wong, P. C. M. (2007). Changes in speech production in an early deafened adult with a cochlear implant. *International Journal of Language and Communication Disorders, 42,* 387-405. doi:10.1080/13682820600988868

Wong이 일측 인공와우 사용자에 대한 연구의 배경과 정당화를 제공하기 위해 설문조사를 어떻게 이용했는가? 연구 목적은 무엇이고 구체적인 연구 질문은 무엇인가?

11. 다음의 '연구 노트'를 읽어 보라.

Ko, E-S., & Soderstrom, M. (2013). Additive effects of lengthening on the utterance-final word in child-directed speech. *Journal of Speech, Language, and Hearing Research, 56,* 364-371. doi:10. 1044/1092-4388(2012/11-0341)

'아동 주도의 말' 연구에서 Ko와 Soderstrom은 어떤 변인을 연구했는가? '예비' 검사가 발표한 방법과 절차(p. 375의 각주 참조)의 실행 가능성을 결정하도록 어떻게 도와줬는가? 그들이 알아낸 내적 타당도와 외적 타당도 위협은 무엇인가?

12. 다음 연구논문의 서론을 읽어 보라.

Anderson, S., Parbery-Clark, A., White-Schwoch, T., & Kraus, N. (2013). Auditory brainstem response to complex sounds predicts self-reported speech-in-noise performance. *Journal of Speech, Language, and Hearing Research, 56,* 31-43. doi: 10.1044/1092-4388(2012/12-0043)

Anderson과 동료 연구자들은 소음 환경에서의 말 산출에 대한 연구에서 설계에 대한 정보를 얻기 위해 어떻게 예비 검사를 사용했는가? 왜 그들은 이어지는 연구에 사용된 방법 기술이 아닌, 논문의 서론에서 예비 검사를 언급했는가?

5 | 치료 효능 연구를 위한 실험 설계

통계학자이자 품질관리 전문가인 W. Edwards Deming(1982)은 우리가 계속하는 것이 적절하지 않거나 효과가 없는 것이라면 그에 대한 경험이 아무리 많아도 가치가 없다고 지적했다. 과학적 방법에 기초하여 Deming은 PDSA 혹은 Deming 사이클로 알려져 있는 접근법을 제시했는데 이는 영업 및 제조업에서도 널리 쓰일 뿐 아니라(Deming, 1952) 근거기반 실제 과정의 개발에도 매우 높은 영향력을 발휘한다(Langley, Moen, Nolan, Nolan, Norman, & Provost, 2009). 〈그림 5.1〉에 제시된 바와 같이 Deming의 방법은 계획(plan)–수행(do)–조사(study)–실행(act)을 반복하는 사이클을 따른다. PDSA 사이클을 간단히 정리해서 개괄해 보면 실험 설계, 특히 중재(intervention) 효과를 판단하거나 증진시키고자 하는 설계에 과학적 원칙이 어떻게 적용되는지에 대한 이해를 넓혀 줄 것이다.

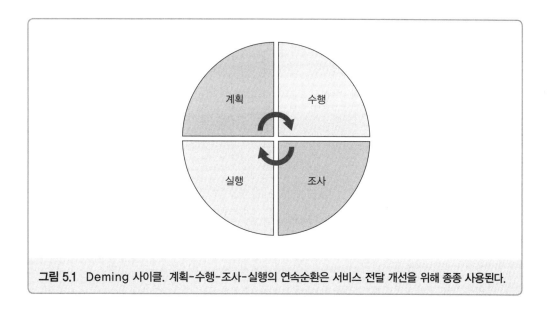

그림 5.1 Deming 사이클. 계획–수행–조사–실행의 연속순환은 서비스 전달 개선을 위해 종종 사용된다.

PDSA 사이클의 첫 단계는 계획이다. 간단히 설명하면 여기서 말하는 계획은 무엇을 이루고자 하는지에 관심을 둔다. 원하는 성과(목표)를 도출하기 위해 반드시 필요한 목적과 과정을 여기서 결정한다. 다음 단계인 수행은 측정과 자료 수집을 통해 초기의 계획을 보완한다. 이어지는 조사에서는 수행 결과를 분석할 자료를 점검한다. 수행 결과의 조사는 측정 가능한 변화가 있는지, 그러한 변화가 정말로 개선을 의미하는지 평가하는 과정이다. 원래 계획의 목표 혹은 목적과 성과를 비교하는 것은 이 사이클의 마지막 단계인 실행 과정 시 필요한 정보를 제공한다. 이 사이클은 새로운 목표와 목적에 따라 다시 반복되며 이를 통해 부가적인 정보를 수집한다.

PDSA 사이클에서 '수행'은 변화를 이끌고자 한다는 것을 의미하는 반면 '실행'은 성과에 도달하고자 한다는 것을 의미한다. 실제 결과와 예상 결과 사이에 의미 있는 차이가 나타나면 계획의 수정이나 계획 수행 시 측정 과정의 수정을 유발한다. 이러한 개념화 과정은 계획하고 자료를 수집하며 결과를 도출하고 이에 대한 피드백 기전을 유지하며 계획, 과정 및 성과를 정당화하기 위한 근거 수립을 강조하기 때문에 서비스와 생산에 커다란 영향을 미친다.

치료 효능

치료(treatment)가 효과적이면 이를 적용했을 때 개선의 목표가 되는 기술 혹은 능력이 임상적으로 의미 있는 변화를 보인다. PDSA 사이클의 관점에서 볼 때 중재의 효과성은 예상 목표나 목적에 맞는 결과가 나타나느냐에 따라 달라진다. 예를 들어 목표가 말 명료도의 개선인 경우에 본질적으로 사회성 기술을 증진시키는 치료 접근법은 명료도 문제를 개선하기 위한 효과적인 치료 방법이 될 수 없다. 이 예의 경우, 어쨌든 이득이 되는 변화(이 경우에는 사회성 기술의 습득)가 있었으니 명료도 개선에는 별로 효과적이지 않지만, 그러한 중재도 **치료 효과**(therapeutic effect)가 있었다고는 할 수 있다. 행동이나 생리적 측면에 긍정적인 변화 혹은 바람직한 변화가 나타났다면 그 변화가 예상한 것이든 못한 것이든 의도한 것이든 아니든 상관없이 치료 효과가 있었다고 할 수 있다(Dollaghan, 2007; Robey, 2004a). 물론 예상한 결과가 나왔을 때도 치료가 효과적이었다고 할 수 있으며 모든 효과적인 중재가 반드시 치료와 관련된 내용이어야 한다는 것도 이치에 맞는 말이다.

본질적으로 치료 효과는 **임상적 의의**(clinical significance)를 갖고 있는 변화를 의미한다. 중재의 임상적 유의성 정도는 행동이나 생리적 측면에서 중요하고 신뢰할 만한 변화, 즉 "전문가가 특정한 환자 혹은 환자군에서 충분한 변화가 나타났다는 임상 소견을 기술할 정도의 변화가 나타났는지"에 따라 달라진다(Bothe & Richardson, 2011). Fox와 Boliek(2012)의 최근 사례에서 이들은 경련성 마비말장애 아동 5명에게 집중적인 음성치료를 시행한 후의 치료 효과에 대해 알아보고자 하였다. 이들은 중다기초선(multiple-baseline) 설계를 사용하여 청자 선호도와 몇 가지 음향적 측정치의 변화를 추적하였다. 또 다른 연구에서 Clark(2012)는 혀의 근력, 혀 운동의 지구성, 속도 및 강도를 증진시키고자 하는 4주 훈련 과정을 25명의 건강한 성인 남녀에게 실시한 후 훈련(치료) 효과의 근거를 알아보고자 하였다. 이 두 연구는 유익한 변화를 보일지 확인하는 '예비 실험'이며 이는 후에 중재 효과를 입증하고 그 효과의 임상적 유의성을 판단하며 임상 현장에 적용할 수 있는 방법을 제시해 줄 수 있는 **실용적 임상실험**(pragmatic trial)으로 이어진다.

행동 혹은 생리적 변화를 객관적으로 추적하는 것뿐 아니라 Stewart와 Richardson(2004)은 중재 효과를 결정할 때 치료 대상자의 관점도 매우 중요함을 강조하였다. 그들은 말더듬 치료의 '사용자'가 특정 치료 과정의 가치에 대해 어떻게 생각하는지 알아보는 질적 연구를 시행하였다. Cox, Alexander와 Gray(2007)는 보청기 피팅의 성공 여부를 평가하기 위해 환자 및 증폭변인의 수량화 실험뿐 아니라 자기보고식 설문조사도 함께 시행하였다. 질적 연구방법을 취하지는 않아도 Cox와 동료들은 "우리의 노력이 도움이 되었다고 환자들이 말해 주지 않으면 중재가 성공적이었다는 결론은 정당화될 수 없다."고 주장한 Stewart와 Richardson의 주장을 뒷받침하였다.

여기서 중요한 것은 치료 접근법이 직관적으로는 아무리 매력적으로 보여도 적절하고 설득력 있는 데이터가 없다면 환자에 대한 가치는 확신할 수가 없다는 것이다(Cox, 2005). 즉 치료 효과 혹은 치료 효과성을 입증하기 위해 **임상적 성과**(clinical outcome)에 대한 자료를 수집하고 조사해야 한다. 제1장에서 언급한 것과 같이 '성과'는 유용한 임상 질문을 구성하는 데 기틀이 되는 환자(Patient)-중재(Intervention)-비교(Comparison)-성과(Outcome), 줄여서 PICO의 핵심요소이다(Huang, Lin, & Demner-Fushman, 2006; Richardson, Wilson, Nishikawa, & Hayward, 1995). 실험 변인(제3장에서 언급)에 대해 환자[혹은 문제(problem), 모집단(population)]는 특정 통제변인으로 간주하고 중재와 비교는 독립변인으로, 성과는 종속변인으로 간주한다. 그러므로 중재 맥락에서의 효과성은 임상적 성과가 중재(수준)에 따라 다양하게 나타날 때 입증될 수 있다.

물론 성과를 측정하는 방법의 선정은 현장 전문가가 평가하고자 하는 치료 이득의 측면이 무엇인가에 따라 달라진다(Golper, 2013; Skeat & Perry, 2008). 이처럼 임상 목적에 적합한 성과 측정 방법을 선정하는 것은 매우 중요하다. 그렇지만 변화에 대한 민감도와 측정 방법의 신뢰도가 적절하다면 어떤 측정 방법으로도 성과를 평가할 수 있다(John & Enderby, 2000; John, Enderby, & Hughes, 2005; Nye & Harvey, 2006). 많은 경우에 치료 과정 후 성과를 장기 목표 혹은 목적에서 예상한 성과와 비교해 보았다. **목표성과**(ultimate outcome)라고 부르는 기대(예상) 목표에 대해 Campbell과 Bain(1991)은 "환자가 궁극적으로 도달하기를 기대하여 임상가가 설정한 수행 수준 및 유형"이라고 설명했다. 이들은 목표성과는 "치료를 진행하는 목적과 중점사항을 제공하고 이에 따라 치료의 계획 및 평가 방향 설정에 도움을 준다."고 했다. 예를 들어 Yu(2013)는 자폐스펙트럼장애 아동의 어머니가 원하는 궁극적인 언어학습 성과에 대해 질적 연구를 시행하였다. Bothe와 Richardson(2011)은 성과와 환자 개인에게 중요한 혹은 가치 있는 임상적 변화가 서로 연관성이 있어야 함을 강조했다. 이들은 **개인적 의의**(personal significance)를 본인 스스로가 판단하는 개선의 정도로 정의하고 "이는 그들 자신의 삶과 관련이 있으며, 더 중요하게는, 그러한 개선이 실제 생활의 기능적인 측면에서도 나타난다."고 했다. 사실 여러 현장 전문가들이 환자 중심의 목표 설정에 큰 관심을 보여 왔다(예: Ingham, Ingham, & Bothe, 2012; Rautakoski, 2010; Tudor & Worrall, 2006). 예를 들어, Venkatagiri(2009)는 말더듬 성인 200명 이상을 대상으로 설문조사를 실시하여 목표성과를 "유창해야 한다는 압박감에서 벗어나는 것"보다는 "유창성"에 두는 응답자의 비중을 파악하고자 하였다. 여기서 연구자는 환자가 생각하는 목표성과의 관심은 자신이 원하는 바를 달성하는 데 적합하고 원하는 바에 관심을 기울여 주는 임상가를 찾는 데서도 나타난다고 하였다. 종결 시 최종결과가 환자가 원하는 기능적 수준과 어느 정도 일치하는지 비교해 보는 것은 중재가 유익했는지에 대한 것뿐 아니라 임상적 기대 수준과 일치하는지 임상가가 평가하는 데도 도움이 된다(예: Serpanos & Jarmel, 2007; Simons-Mackie, Threats, & Kagan, 2005; Thomas-Stonell, Oddson, & Robertson, & Rosenbaum, 2009). 이를 토대로 Laplante-Lévesque, Hickson과 Worrall(2012)은 환자와 임상가가 목표를 상의해서 설정하는 것을 권장하였는데 이는 둘 다의 선호도를 충족시켜 주는 것이 목표성과를 성취하는 데 적절하다는 최신 연구 결과와 일치한다.

　　중재 전후의 성과를 비교해 보는 것이 변화를 설명하는 데 유용하다고 해도 변화의 원인을 설명해 주지는 못한다. 중재를 하는 동안 변화가 나타났다고 해서 그 변화가 중재에 의한 것이라고는 할 수 없기 때문이다. 그러므로 치료 성과에 대한 연구는 치료와 기능적 개선 간의 관계를 입증하고자 하는 의도에서 치료 이득을 규명해 보고자 하는 것이다(Olswang, 1993; Justice, 2008). 성과 연구는 앞서 언급한 바와 같이 특정한 임상 절차를 평소처럼 실제 상황에 적용했을 때 예상한 대로 긍정적 결과가 나타나는 것을 의미하는 **치료 효과성**(treatment effectiveness)을 입증하기 위해 시행된다. 그러나 일상적인 임상 현장에서 일어나는 복잡하고 다양한 상황을 생각해 보면 수많은 가외변인이 통제되지 않은 상태로 존재할 수 있다. 예를 들어 Guitar(1976)는 치료 전 태도, 개인적 특질과 말더듬 치료 성과 간에 중고도(moderately high)의 상관성이 나타났다고 보고했다. 반면 Osborne, McHugh, Saunders와 Reed(2008)는 "높은 수준의 부모 스트레스"는 자폐스펙트럼장애 아동의 조기중재 성과에 부적 영향을 미친다고 했다.

　　치료 성과 측정은 치료의 효율성을 설명하는 데도 사용된다. **치료 효율성**(treatment efficiency)은 다양한 요소의 영향을 받는데 종종 **비용편익분석**(cost-benefit analysis)을 통해 판단한다(Dickson,

Marshall, Boyle, McCartney, O'Hare, & Forbes, 2009). 비용분석은 금전적인 경우뿐 아니라 목표성과를 이루기 위해 필요한 중재의 길이, 빈도 및 강도를 측정하는 데도 적용된다(Boyle, McCartney, Forbes, & O'Hare, 2007; Lass & Pannbacker, 2008; Pannbacker, 1998; Reilly, 2004). "구매자"의 관점에서 볼 때 비용편익분석은 "자원은 가장 효율적인 방법으로 사용된다"는 신념하에, 주어진 성과를 달성하기 위해 "효과성의 '황금 기준'에 비추어" 선정된 중재 방법을 판단한다(Stewart & Richardson, 2004). 긍정적 효과가 없어 치료가 효과적이지 못한 경우에는 효율성을 판단할 수 없다. 그렇지만 임상적 효율성의 이슈는 개인치료 혹은 집단치료 중 어떤 것을 선택할지, 환자에게 적용할 만한 효과적인 치료기법 중 어떤 것을 선택할지 등의 근거기반 임상적 의사결정 시 매우 중요하다.

효과성 연구보다 더 주의 깊게 통제된 임상적 효능 연구(clinical efficacy research)는 "치료 이득을 증명"하기 위해 사용된다(Olswang, 1993). **치료 효능**(treatment efficacy)이 입증되려면 환자 수행 능력의 개선은 (1) 가외요소보다는 치료 자체에서 유도된 것이어야 하며, (2) 실제적이고 재현 가능해야 하고, (3) 임상적으로 중요해야 한다(Bain & Dollaghan, 1991; Dollaghan, 2007). 즉 치료 효능 연구는 내적 타당도, 통계적 유의성, 임상적 유의성을 입증해야 한다(Baken & Orlikoff, 1997, 2000; Behrman & Orlikoff, 1997; Bothe & Richardson, 2011; Meline & Schmitt, 1997; Robey, 2004a). Montgomery(1994)는 이득에 대한 대안적 설명을 제외하기 위해 통제의 개념을 언급하면서 효능에 대해 다음과 같이 언급하였다.

> (효능은) 특정한 임상 절차에서 최선의 상태일 때 나타날 것으로 예상되는 이상적인 개념인 반면 효과성은 실제 임상 현장에서 적용된 절차의 결과로 나타나는 것을 의미한다. 임상 절차의 효능이 떨어지면 실제 적용할 때도 효과가 떨어지기 때문에 다수의 연구가 효능을 입증하는 데 주의가 쏠리는 것은 놀라운 일도 아니다(p. 318).

이어서 연구자는 이 개념을 성인의 청능 재활 시 치료 효능을 정의하는 그의 연구에 적용하였다. 즉 "(청능 재활 시 치료 효능은)주의 깊게 분류된 진단 범주에 따라 청각장애를 진단받은 환자가 특정한 청능 재활 과정에 참여함으로써 이득을 얻게 될 가능성으로 일반적인 신뢰도 및 타당도의 기준에 맞게 정해진 성과 수준 측정 방법에 따라 수행능력을 측정하여 판단한다"(p. 318).

Olswang(1998)은 수없이 많은 다양한 연구 질문이 있고 다양한 치료 조건과 피험자 특성이 독립변인으로 사용되기 때문에 치료 효능 연구를 위한 연구 설계 방법도 매우 다양할 수밖에 없다고 했다. 제3장에서 정리한 도식에 따르면 치료 조건은 인과관계를 실험할 수 있도록 조작 가능한 독립변인(능동변인)이어야 하며, 피험자 특성은 특정 인구에 상관없이 치료 조건의 결과가 일반화될 수 있도록 조작할 수 없는 독립변인(속성변인)이어야 한다. Olswang(1998)은 또한 "연구 질문의 해

답을 위해 필요한 자료는 연구 질문이 결정"하기 때문에 연구 질문에 따라 종속변인이 선정된다고 했으며 손상(impairment), 장애(disability), 핸디캡(handicap)의 차이를 측정하는 경우, 혹은 일반화 정도를 평가하기 위해 치료 중 행동변화와 별도 실험 상황 중 행동변화를 측정하여 비교하는 경우 등 서로 다른 연구 목적을 위해 사용될 수 있는 다양한 유형의 종속변인 측정 방법에 대해 논의하였다. 행동적·생리적 및 피험자 종속변인 측면에서 나타나는 변화의 체계적 분석을 통해 치료 효능 연구는 의사소통 과정 및 그와 관련된 장애에 대한 이해 증진에 의미 있는 기여를 하고 있다. Olswang(1993)에 따르면 우리 학문은 "생물학적/유기체적 변인 및 환경적 변인이 정상 및 장애(전형 및 비전형) 의사소통행동과 상호작용하는 방식, 이런 행동이 습득되고 손실되고 재생되는 방식"의 규명이 중요한 역할을 한다. 그러므로 효능 연구는 예를 들면 치료와 관련된 외부 환경변인이 어떻게 의사소통 결손과 관련된 내부 유기체 변인과 결부되어 변화를 유도하는지 알아보는 연구이다. 이처럼 효능 연구는 "과학적 지식을 발전시키고 이론적·임상적 적용의 대상이 되는 현상을 조사하는 일종의 무기"이다.

치료 성과 연구의 5단계 모델

치료 성과 연구는 Robey와 Schultz(1998)가 5단계 모델로 설명하였다. 이는 자주 인용되는 모델로서 최근 논의된 다수의 개념을 정리하는 데도 도움을 준다. **제1단계 치료 성과 연구**(phase Ⅰ treatment outcome research)는 치료 성과가 있는지 입증하고, 있다면 그 잠재적 정도가 어느 정도인지 측정하며 잠재적으로 유용하게 사용될 수 있는 치료 프로토콜을 구분해 내기 위해 고안되었다. 제1단계 실험은 '1차 치료 효과' 혹은 성과에 초점을 맞추며(Robey, 2004a) 사례연구나 이 장 후반부에서 설명할 사전실험 설계 혹은 준실험 설계의 형태를 취한다. 제1종 오류를 용인한다고 할 때 이러한 연구는 어느 정도의 치료 효과가 나타날지, 중새로 인해 나다날 수 있는 부정저 혹은 해를 끼칠 수 있는 결과가 나타날지, 치료에 대한 깊이 있는 실험이 필요할지에 대한 예비근거를 제공한다.

　제2단계 치료 성과 연구(phase Ⅱ treatment outcome research)에서는 중재의 적절성을 파악하기 위해 연구가 이루어진다. 특히 제2단계 연구는 치료가 적합한 대상자가 누구이고 적합하지 않은 대상자가 누구인지 구분하는 데 도움을 준다(Patsopoulos, 2011). 제1단계 연구가 치료 효과가 종속변인, 치료가 독립변인이 되는 비교적 간단한 구성을 보이는 반면 제2단계 연구는 가설 유도의 비중이 좀 더 크다(Robey, 2004a). 이를 통해 치료 프로토콜을 정비하고 최적의 성과 측정 방법을 확인할 수 있다. 제1단계와 같이 이런 유형의 실험연구는 단일대상 실험 설계 및 소규모 사전 및 준실험 설계를 주로 사용한다.

　　제3단계 치료 성과 연구(phase Ⅲ treatment outcome research)는 좀 더 엄격한 실험 설계와 실험 통제 방법을 사용한다. 제3단계 연구의 가장 중요한 목적은 치료 접근법의 효능을 검증하는 것이다. 제3단계 연구는 진실험 설계를 사용하는 대규모 **임상실험**(clinical trial)에서 사용되는데 진실험 설계에 대해서는 이 장 후반부에서 자세히 설명할 것이다. **제4단계 치료 성과 연구**(phase Ⅳ treatment outcome research)는 효능이 있다고 알려져 있는 중재 방법을 임상에서 효과적으로 적용할 수 있는지 결정하기 위한 연구이다. Robey(2004a)는 제4단계 연구를 "일상적인 임상 실제 상황에서 그 효과가 어느 정도로 나타나는지 평가하기 위한 현장연구"라고 불렀다. 이는 때로 **중개연구**(translational research)라고도 불리는데 제4단계의 임상 실제 실험은 효과적인 치료가 복잡하고 다양한 실제 임상 현장에서도 효과적이고 실용적인지 판단하는 실험이다(Golper, 2013; Kovarsky, 2008; Patsopoulos, 2011; Pring, 2004). 사실 Dollaghan(2007)은 이 연구가 "실험 결과가 보다 더 자연스러운 맥락에서도 재현될 수 있는지 확인하기 위해 실험 초기에 관찰된 결과가 후기까지 진전을 보이는지 관찰하는 것"(p. 60)이며 이 관계는 효능과 효과성의 차이에도 반영된다고 하였다(효능은 주로 실험 상황에서 입증되고 효과성은 주로 임상 실제 상황에서 입증됨_역주).

　　마지막으로 **제5단계 치료 성과 연구**(phase Ⅴ treatment outcome research)는 효과성에 대한 실험을 계속하지만 효율을 더 강조한다. 제5단계 연구는 치료 서비스를 시행할 때 비용효과 측면에서 반드시 시행되어야 하거나 시행되는 것이 이득이 되도록 치료 방법의 수정방안이나 적용방안을 제안하는 연구를 시행한다. 제5단계 연구에서는 주로 환자 혹은 기타 관계자를 대상으로 다양한 만족도, 관점, 가치, 삶의 질 등의 이슈에 대해 질적 연구 혹은 혼합연구를 실시한다. 예를 들어, Fey, Yoder, Warren과 Bredin-Oja(2013)는 무선설계를 사용하여 1시간 단위 회기의 중재(환경중심 의사소통중재)를 주 1회 실시했을 때와 주 5회 실시했을 때를 비교하였다.

결과의 일반화

EBP의 주요 원칙은 환자 개개인의 필요에 가장 적합한 최신 논문을 임상 근거로 사용하는 것이다(Baker & McLeod, 2004). 그러므로 여기서는 치료 성과 연구가 환자를 대상으로 적절히 일반화될 수 있는지 판단하기 위해 결과의 외적 타당도를 개선시킬 수 있는 기본 절차 중 두 가지를 다시 고찰해 보고자 한다.

피험자 무작위 할당　실험을 위한 대상자, 세팅, 시간의 무작위 표본 선정은 결과의 외적 타당도를 증진시키는 데 필요한 핵심 절차이다. 제4장에서 언급한 것과 같이, 무작위 표집은 해당 인구의 모든 피험자가 실험에 참여할 동등한 확률을 갖게 되기 때문에 특정 목표의 일반화를 증진시키고자 하는 목적으로 사용된다. 무작위 표집은 무작위 표집을 하지 않는 표본에 비해 목표 인구의 특성을 더 잘 반영해 줄 일군의 피험자로 구성된다. **단순 무작위 표집**(simple random sampling)에 대한 논의는 주로 연구에 참여하는 피험자의 측면에서 이루어지지만 세팅, 독립변인의 가치, 측정 시간, 자극물, 측정 과정 등에 대해서도 이루어질 수 있다.

　불행히도 대부분의 연구자는 현실적 제약 때문에 모집단 중 적절한 무작위 표본을 선정하기가 어렵다. 단순 무작위 표집이 단순하고 직선적인 것처럼 보이지만 연구에서는 거의 사용되지 않는다. Pedhazur와 Schmelkin(1991)은 가능한 모든 인구 중 잠재적 피험자를 구분해 내는 것은 매우 어렵거나 불가능에 가깝다고 했다. 이들은 전국 각지에 흩어져 있는 피험자들을 선정할 수도 있고 실제로는 적절한 피험자가 아닌 사람들까지도 포함할 수 있다고 지적했다.

　단순 무작위 표집의 어려움으로 인한 현실적 제약이 있기는 하지만 일반화를 증진시킬 수 있는 대안들도 있다. 예를 들어 사람들을 여러 계층의 집단으로 나누어 부분모집단(subpopulation)을 만든 후 각각의 하위집단에서 무작위 표집을 실시하는 방법도 있다.

　이러한 **충화 무작위 표집**(stratified random sampling)에서는 먼저 연구에 적절한 모집단을 범주화된 하위집단 혹은 **층**으로 나누고 여기서 피험자를 무작위로 선정한다. 각 층에서 피험자를 무작위로 선정하기 전에 모집단을 성별로 층화시켜 놓는 것이 일반적이다. 예를 들어 Mendell과 Logemann(2007)은 구인두 삼킴 과정에서 나타나는 일련의 운동을 연구하기 위해 연령과 성별에 따라 층을 만들어 10명의 남성과 10명의 여성을 각각 5개의 연령대로 나눈 하위집단을 만들었다.

　군집표집(cluster sampling)에서 모든 피험자는 특정 집단에 무작위로 할당된다. 예를 들어 연구에 참여시키기 위해 학생들을 교실, 학교, 지역에서 무작위로 선정할 수 있다. **다단계표집**(multistage sampling)으로 알려져 있는 관련 기법에서는 학교 지역을 먼저 무작위로 선정한 다음 그 지역 내의 학교를 무작위로 선정한다. 이러한 무작위 선정 작업은 연구에 참여할 피험자를 얻기 위해 학년, 반 단위 등으로 계속될 수 있다.

표본 크기　일반화는 **표본 크기**(sample size)를 증가시켜도 개선된다. 즉 대체로 표본 크기가 클수록 모집단의 특성에 좀 더 근접하게 된다. 일반적으로 표본의 피험자 수를 늘리면 모집단에서 나타나는 결과를 반영해 줄 확률이 더 높아진다. 그러나 만약 그렇다면, 제4장에서 설명했던 단일대상 연구(혹은 소규모 집단 연구)는 어떻게 되는 것인가? 집단 연구 설계와 단일대상 연구 설계를 비교한 일부 문헌에 따르면 의사소통장애 연구에서 이 두 가지 연구 패턴은 다양한 장점과 단점을 모두 보여 주고 있다. Prins(1993)는 성인 말더듬의 치료 성과 모델에 대해 논하면서 연구 설계와 관련된 중요한 이슈에 대해서도 고찰했다. 단일대상 연구와 집단 연구 중 어떤 것이 더 적절한가는 연구 질문에 따라 달라진다고 지적했다. Prins(1993)에 따르면 "단일대상 접근의 분명한 장점은 각 대상자가 하나의 통제집단을 형성함으로써 실험자가 피험자 매칭 문제나 통제 불가능한 피험자 간 상호 영향을 피할 수 있다."(p. 342)고 했다. 집단 연구 설계에서 매우 중요한 피험자 매칭에 대해 Prins(1993)는 이렇게 경고한다.

> 집단 연구 설계를 사용할 때 피험자가 다른 중재 조건에 놓이게 될 경우 치료 성과에 영향을 미칠 수 있는 다양한 행동적 · 특질적 차원, 예를 들면 장애명, 치료 여부와 가족력, 성별과 연령, 다양한 상황에서의 발화 능력, 성격적 · 사회적 특성, 말운동기능 등의 측정치 등을 매칭시켜야 한다(p. 342).

그러나 Prins는 단일대상 연구에서, 특히 외적 타당도와 관련된 측면에서 그 성과를 피험자의 개별적 특성에 한정해야 하는 필요성에 대해서도 언급했다. "특정 치료 방법이 한 개인에게 효과적인지 평가할 때 사용하는" 사례연구 방법의 한계를 명심해야 한다(Shaughnessy, Zechmeister, & Zechmeister, 2012).

Ingham과 Riley(1998)는 아동 말더듬의 치료 성과에 대한 연구를 평가하는 지침들을 정리했다. 치료와 성과 간의 관계를 입증하는 논의를 하는 과정에서 이들은 단일대상 연구와 집단 연구 설계에 대한 몇 가지 이슈에 대해 언급했다. 이들은 단일대상 연구의 장점으로 신중한 치료 전 측정을 통해 개인 피험자에 대한 깊이 있는 연구가 가능하며 시간에 따른 행동 변화의 양상을 조사할 수 있고 치료의 종료가 행동에 어떤 영향을 미치는지 파악할 수 있다는 것을 강조했다. 또한 이들은 치료 효과가 있는 것으로 입증된 단일대상 연구가 다른 치료 및 연구 조건, 예를 들면 평균 치료시간이나 비용편익분석과 같은 상황에서도 효과적일지 추후관찰하는 연구에 집단 연구가 유용하다고 했다. Robey(1999)와 Wambaugh(1999)는 ASHA의 "Speaking Out Column"에서 집단 연구 설계와 단일대상 연구 설계의 장점을 서로 다른 두 관점에서 제시하였다. Robey(1999)는 법칙정립적 탐구(nomothetic inquiry, 즉 광범위한 혹은 일반적인 원칙의 발견을 위한 탐구)에 있어 집단 연구 설계의 중요성을 지적했는데 대표성 있는 표본을 통해 결론을 일반화할 수 있으며 치료집단과의 비교를 위해 비치료(no-treatment)집단에 표본을 무작위로 할당함으로써 (치료집단의 영향을 받지 않는) 독립적 참조를 제공한다는 것을 강조했다. 이와는 반대로 Wambaugh는 단일대상 연구의 장점에 대해 언급했는데 여기에는 진행 중인 연구 설계를 쉽게 수정할 수 있다는 점, 개인차를 강조하고 통제할 수 있는 측정 방법을 꾸준히 사용할 수 있는 점 등이 포함되었다. 그럼에도 불구하고 Wambaugh(1999)는 다음과 같은 결론을 내렸다.

> 변인 간의 다양한 관계를 입증하기 위해 사용되는 서로 다른 접근법이지만 의사소통장애 연

구에서 단일대상 연구와 집단 연구가 서로 양립할 수 없는 것은 아니다. 이 설계 방법은 상호보완적으로, 혹은 병행해서 사용 가능하다. 둘 다 의사소통장애 영역에서 근거기반 치료 수행에 중대한 기여를 하고 있다(p. 15).

이러한 언급은 의사소통장애 영역에서 집단 연구 설계와 단일대상 연구 설계 모두가 중요한 역할을 한다는 것을 의미하므로 연구논문의 독자들은 두 접근법의 상대적인 장점을 인식해야 한다. 〈표 5.1〉에는 집단 및 단일대상 연구 설계의 긍정적 · 부정적 측면에 대한 중요한 이슈가 정리되어 있다.

연구의 반복검증   일반화를 증진시킬 수 있는 또 다른 효과적인 방법은 연구를 반복검증하는 것이다. 후속 연구에서 반복검증되는 연구는 그렇지 못한 연구보다 외적 타당도 측면에서 더 강력하다. **직접 반복검증**(direct replication)은 결과를 동일한 모집단, 세팅 혹은 변인에 일반화시킬 수 있다(Sidman, 1960). 이런 경우 실험자는 원래 연구의 신뢰도를 확인하고 피험자의 유형, 세팅과 측

표 5.1 집단 연구 설계 및 단일대상 연구 설계의 상대적 장점

설계	장점	단점
집단 연구	비치료집단은 독립적 참조를 제공한다.	단일대상 연구보다는 융통성이 적다.
	피험자는 치료집단에 무작위로 할당된다.	피험자 내 변인을 측정하거나 통제할 수 없다.
	귀납적 추론에 의한 대표성 있는 표본을 통해 결과를 일반화시킬 수 있다.	추론을 위해 무작위 표집이나 세밀한 피험자 매칭이 필요하다.
	메타분석을 통해 표본 크기를 계산할 수 있다.	종속변인의 측정시간을 늘려도 드러나지 않는다.
	소모가 전체적 결과에 별다른 영향을 미치지 않는다.	많은 수의 피험자가 필요하다.
단일대상 연구	개개인이 통제집단으로 작용하여 피험자의 수가 많지 않아도 된다.	집단 연구 설계에 비하면 결과를 일반화하기 어렵다.
	피험자 매칭의 문제를 피할 수 있다.	직접적 혹은 체계적 반복검증이 필요하다.
	피험자 개인의 차원에서 시간의 흐름에 따른 행동 변화를 조사할 수 있다.	피험자 간 다양성에 대해 충분히 설명해 줄 수 없다.
	실험을 하는 동안에도 융통성 있는 실험 방법의 수정이 가능하다.	피험자마다 필요한 측정치를 수집하는 데 시간과 노력이 많이 필요하다.
	피험자 간 차이를 측정할 수 있고 통제할 수 있다.	소모가 전체적인 결과에 영향을 미칠 확률이 더 높다.

출처: 표의 내용은 Ingham & Riley(1998), Prins(1993), Robey(1999)와 Wambaugh(1999)에서 논의된 요인들에 기초하여 정리하였다.

정 방법에 대한 보편성을 검증하기 위해 같은 연구를 같은 피험자 혹은 새로운 피험자군에 반복시행한다. 다른 모집단, 세팅 혹은 변인으로의 일반화는 대개 관심대상이 되는 모집단에서 대표성 있는 표본을 더 많이 표집했을 때 증진된다. 그러나 직접 반복검증은 실험자가 대규모 혹은 무작위 표본을 선정하는 것이 현실적이지 못할 때 일반화를 증진시키기 위해 사용하는 중요하고도 실제적인 기법이다.

체계적 반복검증(systematic replication)에서 실험자는 결과를 다른 피험자, 세팅, 측정 방법 혹은 치료로 일반화시키기 위해 다른 조건 혹은 다른 유형의 피험자를 대상으로 연구를 반복한다. 피험자, 세팅, 측정 방법, 혹은 치료의 일부 특성은 실험자가 결과를 일반화시키고자 하는 모집단, 세팅, 측정 방법, 혹은 치료 방법에 따라 달라질 수 있다. 그러므로 체계적 반복검증은 외적 타당도를 단일대상 연구의 한계 이상으로 확장시킬 수 있는 강력한 도구이다. 연구논문의 독자는 체계적 반복검증을 통해 연구 결과가 일반적 성향을 갖고 있다는 것이 검증될 때까지는 연구 결과의 일반화 가능성을 특정한 피험자 유형, 세팅, 측정 방법과 치료에 한정하여 고찰해야 한다. 물론 결과의 일반화 가능성을 한정시키는 것이 문제를 유발하지는 않는다. 특정한 세팅에서 특정한 유형의 피험자를 대상으로 특정한 측정 방법을 사용하는 연구의 결과는 같은 세팅에서 같은 유형의 피험자를 대상으로 같은 측정 방법을 사용하는 경우에는 일상적으로 적용할 수 있다. 그러나 많은 독자들은 연구 결과가 더 보편적으로 사용될 수 있기를 바라기 때문에 외적 타당도의 증진을 위해 반복검증의 의의에 관심이 더 많다.

불행히도, 행동 연구에서의 반복검증은 생물학, 의학 혹은 물리학에서처럼 일상적으로 시행되지는 않았다. 그러나 최근 반복검증 연구가 증가하고 있는데 이는 행동 연구 결과의 외적 타당도를 증진시키기 위한 반복검증의 필요성을 인지하는 사람이 늘어나고 있다는 것을 의미한다. Smith(1970)는 연구자가 반복검증을 하지 않는 여러 이유에 대해 언급했는데 여기에는 시간, 재정적 지원, 적절한 피험자가 부족한 점, 선행 연구에 대한 반복검증을 꺼리는 점, 흥미 있는 새로운 연구 관심사가 제시된 점 등이 포함된다. 이런 이유들을 언급하면서 Smith(1970)는 "과학적 연구의 목표가 밝혀낸 진실을 널리 공유하는 것이라고 볼 때 반복검증을 소홀히 하는 것은 과학적 무책임으로 간주해야 한다"(p. 971)고 했다.

Smith는 또한 원연구를 수행할 때 반복검증을 위한 데이터도 함께 얻음으로써 반복검증을 막는 장벽을 극복할 수 있다고 했다. 데이터를 얻은 후 원래 논문에 반복검증의 절을 추가하면 된다. Muma(1993)는 의사소통장애 영역에서 더 많은 반복검증 연구가 필요하다고 했다. 그는 10년 이상 발표된 연구 간행물을 조사한 결과 출간된 반복검증 논문은 거의 없다는 것을 발견했다고 보고하면서 연구 문헌 중 반복검증이 불가능한 연구가 일부 포함되어 있을 가능성을 제기했다.

실험연구와 기술연구를 병행하여 실시하는 연구들은 서로 다른 유형의 피험자들에게 실험이 미치는 영향을 비교하기 때문에 대다수가 체계적 반복검증의 형태를 취하고 있다. 제3장의 '실험연구와 기술연구의 통합'에서 인용한 예는 특정 유형의 피험자에게 미치는 실험 효과가 다른 유형의 피험자에게는 어떤 영향을 미치는지를 비교하는 방법을 보여 주고 있다.

의사소통장애 영역에서 외적 타당도 증진을 위한 반복검증의 우수한 사례가 있다. Guitar(1976)는 말더듬 치료의 진전과 연관된 치료전 요인의 상관성 연구에서 직접 반복검증을 사용했고, Monsen(1978)은 농 화자의 명료도를 예측하기 위해 사용되는 음향적 변인에 대해 실시한 회귀분석 연구에서 직접 반복검증을 사용했다. 두 경우 모두 직접 반복검증 결과가 원래 연구 결과와 일치하는 결과를 보였으므로 같은 유형의 피험자, 세팅, 측정 방법의 범위 안에서 원래 연구 결과가 보편적으로 적용될 수 있음을 입증해 주었다.

체계적 반복검증도 추후관찰 논문이나 원래 연구 결과를 반복검증하여 보고하는 논문에서 볼 수 있다. Silverman(1976)이 체계적 반복검증의 우수한 사례를 보여 주었는데 연구자는 혀 짧은 소리에 대한 청자 반응 실험 결과를 다른 피험자에게도 일반화할 수 있도록 다른 유형의 피험자를 대상으로 반복검증하였다. Costello와 Bosler(1976)는 조음치료 효능의 일반화 가능성을 네 개의 서로 다른 세팅에서 평가하였다. Cottrell, Montague, Farb와 Throne(1980)은 발달장애 아동의 단어 정의능력의 개선을 위해 실시한 조작적 조건화 연구의 일반화 가능성을 다른 측정 방법을 통해 실험하였는데 그들이 시행한 원래 연구 결과가 같은 의미부류를 가졌지만 훈련받지 않은 어휘로 어느 정도 일반화가 되는지 실험하였다. Courtright와 Courtright(1979)는 다른 치료 방법에 대한 외적 타당도를 실험하였다. 이들은 자신들이 이전에 실시한 연구의 결과, 즉 모방에 의한 모델링을 언어중재전략으로 간주한다는 결과를 이전 연구에서 실시한 모델링과 흉내 내기를 비교하여 반복검증했고 모델링과 관련 있는 두 개의 서로 다른 치료변인―강화와 모델링을 하고자 했던 목표어―이 모델링의 효과성에 어떤 영향을 미치는지 실험했다.

연구 결과 적용의 보편성을 확증하기 위한 반복검증의 중요성은 음성장애 치료의 효과성에 대해 *Journal of Speech, Language, and Hearing Research*의 편집자에게 보내는 서신교환에서 명백히 드러난다. Roy, Weinrich, Tanner, Corbin-Lewis와 Stemple(2004)은 음성치료에 대해 무작위 표집에 의한 임상실험의 연구 성과를 연이어 실시한 반복검증 연구를 통해 입증하였다. 이에 대해 Roy와 동료들(2004)은 이렇게 말했다.

음성장애를 동반한 교사를 위한 음성증폭기 사용의 효과성을 지지한 본 연구자들의 선행 연구(Roy et al., 2002 참조)에 대해 *JSLHR*에 서신을 보내 연구 결과의 설득력에 의문을 제기한

Dworkin, Abkarian, Stachler, Culatta와 Meleca(2004)에 대해 답변할 기회가 주어져 기쁘게 생각한다. 우리의 첫 번째 답변은 본 연구자들이 2003년에 발표한 무작위 표집을 통한 임상 실제 연구를 Dworkin과 공동저자들이 참고하기 바란다는 것이다. 이 연구는 2002년 연구에서 음성증폭(voice amplification, VA)을 통해 얻은 유의한 치료 성과를 이전 집단보다 더 크고 전혀 다른 음성장애 동반 교사군을 대상으로 반복검증한 연구이다(Roy et al., 2003). 간단히 말하자면 우리는 이전 연구에 참여하지 않은 87명의 음성장애를 동반한 교사를 선정한 다음 그들을 세 치료집단, 즉 음성증폭(VA) 집단, 공명치료(resonance therapy, RT) 집단, 그리고 호흡근 훈련(respiratory muscle training, RMT) 집단 중 하나에 무작위 할당하였다. 실험 결과 VA 집단과 RT 집단만이 음성장애지수(Voice Handicap Index, VHI; Jacobson et al., 1997)의 평균 점수와 치료 후 음성 중증도에 대한 자기보고식 평가 점수의 유의한 감소를 보인 것으로 나타났다. 게다가 치료가 끝난 후 치료의 효과에 대해 어떻게 지각하는지 묻는 설문조사에서 다른 두 치료집단에 비해 음성증폭기를 사용한 집단은 전반적 개선, 음성의 깨끗함, 말하기 및 노래 부르기의 수월함 등에서 유의하게 더 높은 점수를 부여했다. 원래 논문의 결과에 뒤이어 이루어진 반복검증 연구 결과와 비교했을 때 나타난 두 연구 결과의 유사성은 놀랍고도 확고한 것이었다. 사실 Dworkin과 공동저자들이 표현한 관심사의 대부분은 첫 번째 연구에서 VA 집단이 얻은 긍정적 결과의 강건성, 반복 가능성 및 타당도에 대한 것이었는데 이에 대한 답변은 이 반복검증 연구를 통해 제시하였다. Muma(1993)는 "반복검증된 결과는 실제적일 뿐 아니라 연구의 외적 타당도를 입증하고 확인해 주는 기능을 한다"(p. 927)고 했다. 그러므로 이 반복검증 결과에 비추어 볼 때 Dworkin과 동료들이 원래 연구에서 VA 집단이 보여 준 긍정적 치료 성과가 다소 비논리적이고 측정 방법 혹은 연구방법상의 문제가 그런 결과를 도출했다고 비평한 것은 수긍하기 어렵다. 수긍할 만하고 합리적인 결론은 두 연구로부터 얻은 결과가 타당하고 음성장애를 동반한 교사집단 각각에서 얻은 치료 성과는 사실 그대로를 반영한 것임을 나타낸다. 간단히 말하자면 우리는 Dworkin과 동료들이 제목에 제시한 질문, 즉 "음성장애를 동반한 교사들이 정말로 음성증폭기를 통해 치료 효과를 얻을 수 있는가?"에 대한 우리의 대답은 "그렇다"는 것이다.[1]

반복검증 연구의 명백한 실제적 가치는 Roy와 동료들(2004)이 설명한 것처럼 연구 결과를 입증하는 것도 있지만 다양한 피험자, 세팅, 측정 방법 및 치료 방법에 걸쳐 일관적인 결과를 축적함으로써 외적 타당도를 증진시키고 어떤 현상에 대해 충분히 가치 있는 이론적 설명을 제공

---

1 출처: "Replication, Randomization, and Clinical Relevance: A Response to Dworkin and Colleagues (2004)," by N. Roy, B. Weinrich, K. Tanner, K. Corbin-Lewis, and J. Stemple, 2004; *Journal of Speech, Language, and Hearing Research, 47*, p. 358. Copyright 2004 by the American Speech-Language-Hearing Association. 승인하에 게재.

해 준다는 것도 있다. 그러므로 반복검증은 법칙정립적 탐구의 발전에 중요한 계기를 제공한다. Reynolds(1975)가 말한 것처럼, "한 가지 연구만으로는 보편적 원칙을 정립하는 데 충분하지 않다. 맞다고 여겨지는 내용들을 반복해서 검증하고 이를 통해 원칙의 보편성을 증진시키는 데 기여할 수 있도록 해야 한다"(p. 14). Cohen(1997)은 연구자들이 연구 결과를 "이론적으로 유용하게 일반화"하기 위해 주로 귀납적 논리를 사용한다고 언급하면서 "통계 기술을 총명하게 사용하면 그러한 노력을 촉진시킬 수 있다"고 지적했다. 그러나 그는 또한 "통계적 추론에 문제가 있다면" 연구자는 궁극적으로 연구의 반복검증에 의지해야 한다고 덧붙였다.

요약하자면 연구논문 한 편으로는 외적 타당도, 혹은 연구 결과의 보편성이 제한적일 수밖에 없다. 무작위 표집과 직접 반복검증이 특정한 피험자 유형, 세팅, 측정 방법과 치료 방법의 범위 내에서 일반화를 증진시킬 수 있다. 체계적 반복검증은 연구 결과를 다른 피험자, 세팅, 측정 방법과 치료 방법에 일반화시켜 적용할 수 있도록 한다. Hunter와 Schmidt(2004)는 이에 대해 다음과 같이 언급했다.

과학자들은 수 세기 동안 하나의 연구가 주요 이슈를 해결해 주지 못한다는 것을 알고 있었다. 사실 소규모 표본 연구는 그다지 중요하지 않은 이슈조차도 해결해 주지 못한다. 그러므로 과학의 기초는 많은 연구 결과를 축적해서 얻은 것이다. 지식을 축적하는 데는 두 가지 단계가 있다. (1) 사실을 확인하기 위해 다양한 연구 결과를 축적한 뒤에 (2) 그러한 사실을 논리적이고 유용한 형태로 바꾸기 위해 이론을 정립한다(p. 13).

다르게 말하자면 외적 타당도는 연구 설계뿐 아니라 행동법칙을 설명하기 위한 합리적이고 경험적인 근거를 집약시키는 데도 중요한 역할을 한다.

사전실험, 준실험 및 진실험 설계

이 절에서 우리는 앞서 언급한 다수의 자료를 치료 효능 연구를 위한 실험 설계의 평가에 적용할 것이다. 치료 효능 연구 결과는 EBP 패러다임에 있어 매우 중요하기 때문에 많은 사람들이 그 결과 분석에 관심을 표현한다. 이 설계는 피험자 내, 피험자 간 혹은 혼합 비교를 포함하고 있기 때문에 이 책의 앞부분에서 언급했던 개념을 다수 사용할 것이다. 이후의 자료 중 다수는 Campbell과 Stanley(1966)가 교육심리학 연구를 위해 설문조사 설계를 사용한 *Experimental and Quasi-Experimental Designs for Research*에 기초하고 있다. 이러한 연구 설계의 범주와 내적 및 외적 타당도를 위협하는 요인들은 행동 연구에서 강력한 영향을 미친다. 이 범주의 인기는 최근 행동 연구에 대한 다수의 저서에서 그 범주를 적용한 예가 많이 나타난다는 데서도 명백히 드러난다(예: Bordens & Abbott, 2007; Graziano & Raulin, 2013; Kerlinger & Lee, 2000; Shaughnessy, Zechmeister, & Zechmeister, 2012).

Campbell과 Stanley의 범주는 교육심리학, 특히 교수법 연구 시 자주 사용되는 실험 설계 및 준실험 설계로 구성되어 있다. 우리는 의사소통장애 영역의 연구를 다루고 있기 때문에 그 범주에 대한 약간의 수정이 불가피하다. 그러나 우리가 주로 논의하고자 하는 내용은 주로 범주의 체계에 대한 것이고, 치료 성과 평가 시 사용되는 실험 설계의 검증에 대한 개념을 정립하는 데 그들의 연구가 큰 영향을 미쳤음을 여기서 밝히고자 한다.

우리는 이후 제시될 실험 설계의 패러다임을 정리하는 데 Campbell과 Stanley(1966)가 사용한 다소 특이한 표기체계를 적용할 것이다. 치료 전에서 치료 후에 이르는 시간의 흐름은 왼쪽에서 오른쪽으로 제시되며 수직선상에 나타나는 내용들은 동시간대에 나타난 것임을 의미한다. X는 실험적 치료의 수행을 말하고, O는 종속변인에 대한 관찰 및 측정을 말한다. 피험자를 어떤 집단에 무작위로 할당한 경우 해당 집단의 앞에 R을 붙였다. 피험자가 이미 알고 있는 가외변인을 매칭시킨 후 집단에 무작위로 할당했다면 해당 집단 앞에 MR을 붙였다. 실험에 참여하는 집단이 서로 균등함을 입증할 공식적인 방법이 없는 경우에는 두 집단을 구분하기 위해 점선(··········)을 사용하였다.

사전실험 설계

사전실험 설계(pre-experimental designs)는 때로 단일집단 설계라고도 부르는데 주로 예비 연구를 수행하거나 치료 효과 혹은 성과를 기술하고자 할 때 사용된다. 이들은 주로 '약한 설계'로 간주되는데 변인 간의 인과관계를 자신 있게 규명하거나 연구 결과를 연구대상이 된 집단 외의 다른 집단에게도 일반화시키기에는 내적 및 외적 타당도가 적절하지 못하기 때문이다.

성과에 영향을 미칠 수 있는 환경적 요인이나 기타 가외요인에 대해 미약한 정도의 통제만 가능하기 때문에 사전실험 설계는 치료 성과에 대해 빈약한 근거만 제시할 수 있다. 그러나 앞서 언급한 것처럼 기술연구나 예비 연구에서는 치료 성과를 수립하는 과정에서 중요한 역할을 한다(Mościcki, 1993; Robey, 2004a). 어느 정도 근거가 축적되면 사전실험 설계를 채택한 연구는 더 강력한 실험 설계가 어떻게 타당도를 증진시키는지 이해하는 데 참고가 되는 틀을 제시하므로 신뢰로운 사전실험 설계가 임상 현장에서 근거로 사용되는 것이다.

단일집단 사후설계 Campbell과 Stanley(1966)가 첫 번째로 제시한 약한 설계는 단일집단 사후설계

(one-shot case study)로서 다음의 도해로 표시할 수 있다.

X   O

사전실험의 경우에는 특정한 치료에 참여한 단일집단을 한 번만 관찰한다. 예를 들어 조음장애를 동반한 아동에게 조음치료를 실시한 후 조음검사를 실시한다. 그러면 이 점수(종속변인)가 치료(독립변인)가 성공했는지 판단하는 지표가 된다. 중요한 문제는 치료 후 실시한 조음검사의 점수에 대한 기준점이 없다는 것이다. 사전검사도 없고 통제집단도 없다. 치료 전 조음검사를 실시하거나 치료를 받지 않은 다른 집단에 대한 조음검사를 실시한 바가 없어 비교할 대상이 없으므로 조음치료의 효과를 판단할 수가 없다. 조음검사 점수를 기존의 규준점수와 비교한다고 해도 사전검사 혹은 통제집단과 비교하지 않으면 조음능력이 치료 전보다 치료 후에 개선되었다는 근거가 없기 때문에 치료가 효과적이었다고 결론지을 수 없다. Campbell과 Stanley는 비록 주의 깊게 데이터를 모았다고 해도 사후검사 점수를 사전검사 점수나 통제집단의 점수와 비교하지 못하기 때문에 노력을 낭비했다고 보는 경우가 많으므로 이 설계의 사용을 '부당 정밀화의 오류(error of misplaced precision)'라고 했다. 단일집단 사후검사는 치료 성과 연구를 위한 실험 설계로 사용했을 때 내적 및 외적 타당도의 문제에 직면할 위험이 있다. 불가능하지는 않다고 해도 단일집단 사후설계로 타당한 결론을 유도하기는 매우 어렵다.

단일집단 사전사후설계   두 번째 약한 설계는 단일집단 사전사후설계(one-group pretest-posttest design)로 Campbell과 Stanley(1966)는 다음과 같이 도식화했다.

O_1 X O_2

이 설계에서는 한 집단을 대상으로 사전검사, 실험적 치료 및 사후검사를 실시한다. 모든 피험자가 두 개의 조건, 즉 치료 전과 치료 후 조건에서 검사를 받기 때문에 피험자 내 설계로 볼 수 있다. 예를 들어 일군의 아동이 사전 언어검사를 받고 나서 치료를 받은 후 다시 사후 언어검사를 받는 경우이다. 이 설계에 대한 연구논문은 단일집단 사후설계보다 더 자주 발표되고 더 개선된 양상을 보인다. 그러나 이 설계는 내적 및 외적 타당도 측면의 문제 때문에 아직 수많은 문제점을 가지고 있다.

첫 번째 문제는 시간이 미치는 영향인데 사후검사에 영향을 미칠 수 있는 수많은 사건이 실험적 치료뿐 아니라 실험 전체 과정 중에도 나타날 수 있다는 것이다. 아동이 학교에서 사용하는 다양한 언어활동이 치료 후 수행능력에 영향을 미칠 수 있다. 성숙도 위협요인이 될 수 있는데 실험

과정 동안 일어나는 아동의 성장과 발달이 실험적 치료와 상관없이 사후검사에 영향을 미칠 수 있다. 검사 자체도 제3의 위협요인이 되는데 사전검사가 피험자의 수행능력을 증진시켜 사후검사에 영향을 미칠 수 있기 때문이다.

사전 및 사후 검사 시 동일하게 사용되었다는 것을 입증할 수 없으면 기구를 사용하는 것도 위협이 될 수 있다. 특히 사전 및 사후 검사가 인간 관찰자의 판단에 따라 이루어지는 것이라면 더욱 그렇다. 예를 들어, 실험자가 실험적 치료의 결과로 당연히 변화가 일어났어야 한다고 믿고 있다면 이 선입견이 관찰 결과에 영향을 미칠 수 있다(그러한 관찰자의 선입견을 이 장 후반부와 제6장에서 논의할 'Rosenthal 효과'라고 한다).

극단적 점수를 보인 집단이 재검사를 받을 때는 통계적 회귀가 내적 타당도에 대한 위협요인이 될 수 있다. 피험자가 사전검사에서 낮은 점수를 보였기 때문에 치료에 참여할 사람으로 적합하다고 생각되어 선정되었을 경우에 이는 매우 중요한 일이다. 그런 경우 두 번째 검사의 평균점수에 대해 회귀분석을 실시하면 치료 후 나타난 수행능력의 개선이 설득력을 잃게 된다. 외적 타당도에 대한 주된 위협요인은 선정 과정 혹은 사전검사가 좀 더 강력한 설계였다면 더 잘 통제될 수 있었을 실험변인과 상호작용하는 경우이다. 그러므로 이 설계가 단일집단 사후설계보다는 나아 보이지만 이 역시 사전실험 설계의 약점을 갖고 있다.

고정 집단비교 설계 또 다른 약한 설계는 고정 집단비교 설계(static-group comparison design)를 사용하는 것으로 다음의 도해로 나타낼 수 있다.

$$X \quad O_1$$
$$O_2$$

이 사전실험 설계에서는 실험적 치료를 받을 집단을 치료를 받지 않을 다른 집단과 비교하게 되는데 두 집단 모두에게 사전검사는 실시하지 않으며 두 집단에 피험자를 무작위로 할당하거나 피험자를 매칭시켜 두 집단을 동등화시키지도 않는다. 이는 두 개의 서로 다른 집단을 비교하기 때문에 피험자 간 설계에 해당된다. 예를 들어 언어치료가 아동의 언어수행에 미치는 영향을 알아보기 위해 언어치료를 받는 아동과 그렇지 않은 아동을 비교하는 것이다.

이러한 설계에는 두 가지 중요한 문제가 있다. 첫째는 앞서 언급했듯이 사후검사와 비교할 사전검사의 점수가 없는 것이다. 두 번째는 가외변인이 두 집단에 미치는 영향이 동등하다는 것을 입증할 공식적인 방법이 없으므로 두 집단의 차이가 오로지 치료 프로그램에 의해 나타났다고 말할 수 없다는 것이다. 그러므로 두 집단이 갖고 있는 가외변인에 대한 지식이 부족하기 때문에 두 집단에 대한 피험자 선정은 내적 타당도에 대한 위협요인이 될 수 있다. 또한 어떠한 피험자 탈락도 실험 설계의 내적 타당도에 심각한 영향을 미칠 수 있다. 이는 탈락과 관련된 가외변인을 입증할 방법이 없으며 실험적 치료뿐 아니라 어떤 변인이 종속변인에 영향을 미쳤는지 알 수 없기 때문이다. 피험자 선정 및 탈락과 다른 요인과의 상호작용은 외적 타당도에 심각한 위협요인이 되며 이는 다시 가외변인에 대한 지식 부족으로 나타난다.

준실험 설계

앞서 언급한 사전실험 설계와 달리 **준실험 설계**(quasi-experimental designs)는 피험자를 통제집단과 실험집단으로 나누어 비교한다.

그러나 준실험 설계는 쉽게 조작할 수 없는 독립변인과 쉽게 통제할 수 없는 가외변인 때문에 문제가 될 수 있다. 임상 실제 현장에서 흔히 나타나는 또 다른 문제는 모집단에서 비무작위 표본을 선정한 후 이들을 실험집단과 통제집단에 비무작위적으로 할당한다는 것이다. 이럴 경우 두 집단은 **비동등성**(비동질성)을 보인다고 한다. 내적 및 외적 타당도에 위협요인이 되므로 대부분의 준실험 설계는 치료 성과를 위한 근거로서 제한적(limited) 혹은 중간(moderate) 정도의 신뢰성을 갖고 있는 것으로 보인다. 그러나 다른 근거와 함께 제시되면 준실험 설계도 치료 성과를 검증하는 데 중요한 역할을 할 수 있다.

비동등성 통제집단 설계   비동등성 통제집단 설계(nonequivalent control-group design)는 다음의 도해로 나타낼 수 있다.

$$O_1 \quad X \quad O_2$$
$$O_3 \qquad O_4$$

준실험 설계에서 한 집단은 사전검사를 받고 실험적 치료 과정을 거친 후 사후검사를 받게 되어 있는 반면 다른 한 집단은 사전검사 및 사후검사를 받기는 하지만 실험적 치료 과정은 거치지 않는다. 이는 피험자 내 설계(사전검사와 사후검사)와 피험자 간 설계(실험집단과 통제집단)의 요소를 모두 갖추고 있기 때문에 혼합 설계라고 부른다. 두 집단에서 나타나는 **사전검사**와 **사후검사** 간 개선 정도의 차이를 실험적 치료 효과의 지표로 본다. 이런 유형의 연구는 대개 집단 형성이 손쉽게 이루어져 편리한데 문제를 보이지 않는 정상집단 하나를 실험집단으로 하고 다른 정상집단을 통제집단으로 하면 되기 때문이다. 예를 들어 두 개의 서로 다른 치료실 혹은 학교로 구성된 집단을 비교한다고 하자. 한 학교에 소속되어 있는 피험자들을 실험집단으로 하는 한편 치료를 받았을 때의 효과와 받지 않았을 때의 효과를 비교하기 위해 다른 학교 소속의 피험자들을 치료를 받지 않는 통제집단에 포함시킨다. 때로 통제집단에도 정기적인 치료를 시행하는데 이는 새로운 치료기법을 적용한 집단과 기존의 치료기법을 적용한 집단 간의 치료 성과를 비교하기 위해서이다. 어떤 연구는 두 개의 통제집단을 사용하기도 하는데 한 집단은 치료를 받지 않는 집단이고 다른 한 집단은 기존의 치료기법을 적용받은 집단으로 두 경우를 서로 비교해 보기 위해서이다.

이 설계는 통제집단을 도입함으로써 시간, 성숙, 사전검사 효과에 의해 내적 타당도가 오염되는 것을 막아 주기 때문에 기존의 세 가지 설계보다 양호한 설계로 보고 있다. 특히 두 집단이 사전검사에서 비슷한 결과를 보였을 때 더욱 그렇다. 그러나 여기서도 피험자 선정요인과 서로 상호작용하는 기타 요인 때문에 내적 타당도가 위협받을 수 있다. 피험자 집단이 무작위 기법이나 매칭 기법 대신 편리성을 근거로 형성되었으므로 실험자가 설명하거나 측정할 수 없는 선입견이 집단 형성에 작용할 수 있다. 예를 들어 한 집단은 사설 치료실에 다니는 피험자로 구성되어 있고 다른 집단은 공립 복지관에 다니는 피험자로 구성되어 있다면 사설 치료실과 공립 복지관의 차이가 그들의 판단에 영향을 미칠 수도 있다. 보다 더 부유한 대상자들은 사설 치료실에 가는 경우가 더 많기 때문에 가외변인으로 작용할 수 있는 사회경제적 위치가 통제되지 않을 수 있다. 사설 치료실의 대상자는 공립 복지관에 다니는 대상자보다 동기부여도 더 잘되어 있을 수 있는데 이들은 사설 치료실이 제공하는 서비스를 받기 위해 더 많은 치료비를 내기 때문이다. 하지만 공립 복지관의 덜 부유한 대상자들이 오히려 동기부여가 더 잘되어 있을 수도 있는데 이들이 경제적 환경의 개선을 위해 엄청난 노력을 하고 있으며 더 나은 의사소통능력이 더 나은 직장을 얻을 수 있게 해 준다고 믿기 때문이다. 이렇게 선정된 피험자 간의 차이가 내적 타당도에 어느 정도 위협이 되는지는 아직 알려져 있지 않다. 게다가 피험자 선정요인과 시간, 성숙, 피험자 탈락 등의 다른 요인과 상호작용하는 것도 내적 타당도를 위협할 수 있다. 그럼에도 불구하고 비동등성 통제집단 설계는 아마도 그 편리성 때문에 연구논문에 꾸준히 등장하고 있다. 그러므로 독자들은 이 설계가 잠재적으로 갖고 있는 제한점을 항상 염두에 두어야 한다.

시계열 설계 최근 치료 성과 연구에서 큰 관심의 대상이 된 것은 **시계열 설계**(time-series designs)이다. 다수의 피험자를 대상으로 사전 및 사후 검사를 한 번씩 실시하는 대신 시계열 설계는 **코호트**(cohort)라고 부르는 단일 피험자 혹은 소규모 피험자군을 대상으로 비교적 오랜 시간 종속변인을 반복해서 측정한다. 이 설계는 행동수정연구에서 널리 사용되었는데 지금은 의사소통장애 영역에서도 많은 사례가 관찰되고 있다. 시계열 설계를 준실험 설계로 설명하는 데 있어 Campbell과 Stanley(1966)는 "시계열 설계의 정수는 일정 집단 혹은 개인에게 주기적으로 측정을 실시한다는 것과 시계열 측정에 실험적 변화를 도입한다는 것으로 그 결과 시계열에 기록된 측정치에 불연속성이 나타난다."(p. 37)고 했다.

가장 간단한 시계열 설계는 AB 설계인데 이는 다음의 도해로 나타낼 수 있다.

$$\underbrace{O_1 \quad O_2 \quad O_3 \quad O_4}_{\text{A 분절}} \qquad \underbrace{X \quad O_5 \quad O_6 \quad O_7 \quad O_8}_{\text{B 분절}}$$

이 설계에서 종속변인의 반복측정은 실험적 중재를 시작하기 전에 *A* '기초선' 분절에서 이루어진다. *B* '실험' 분절에서는 실험적 치료가 도입되며 종속변인의 반복측정도 몇 차례 더 이루어진다. 이는 각각의 피험자가 두 조건, 즉 기초선과 실험 분절에 모두 참여하기 때문에 피험자 내 설계이다.

시계열 설계의 이러한 형태는 실험적 치료의 철회나 반전이 없다는 것을 제외하면 제4장에서 설명한 ABA 설계 및 ABAB 설계와 비슷하다. AB 설계에서는 실험적 치료가 종속변인에 미치는 영향을 평가하기 위해 기초선에서의 수행능력과 실험 분절에서의 수행능력을 비교한다. 이 설계는 많은 강점을 갖고 있지만 약점 또한 갖고 있다. 그러나 이는 간단한 수정으로 극복할 수 있다. 이 설계의 주요 강점은 기초선에서 종속변인을 반복측정함으로써 성숙, 사전검사, 통계적 회귀 및 기구 사용에 의한 내적 타당도의 위협을 비교적 잘 통제할 수 있다는 것이다. 기초선 분절 동안 실험자는 실험적 중재 없이 피험자의 수행능력을 반복측정하므로 어떤 의미에서 피험자는 기초선 분절 동안 그 자신이 통제집단의 역할을 한다. 기초선 데이터가 안정화되면 성숙, 사전검사, 통계적 회귀 및 기구 사용은 더 이상 내적 타당도를 위협하지 못한다.

〈관련논문 5.1〉은 알츠하이머병(Alzheimer's disease, AD)과 청각장애를 동반한 환자에게 보청기를 착용시켰을 때 착용 전과 비교해 보호자가 보고한 문제행동이 잠재적으로 감소했는지 실험한 논문의 일부이다. 이 사례에서는 AD와 청각장애를 동반한 참여자의 보청기 사용이 일부 문제행동에 어떤 영향을 미치는지 평가하기 위해 AB 중다기초선설계를 사용하였다. 관련논문에서 설명한 것처럼, 이는 기초선(A) 및 치료단계(B)의 길이가 다양한 치료전/치료후 설계(pre/post-treatment design)이다. A 분절은 보청기를 착용하기 전에 보호자가 보고한 문제행동(예: 부정적으로 말하기, 반복해서 질문하기 등)의 빈도로 구성된다. B 분절은 보청기 착용 후 보호자가 보고한 동일한 문제행동의 빈도로 구성된다. 여기서는 AD와 청각장애를 동반한 8명의 피험자가 개별적으로 연구에 참여하였다. 〈관련논문 5.1〉은 연구 설계와 한 명의 피험자가 보여 준 결과를 보여 주고 있다.

AB 시계열 설계는 표면적으로는 사전실험 설계 중 단일집단 사전/사후 설계와 비슷하다. 그러나 기초선에서 이루어지는 반복측정은 기본적으로 내적 타당도의 위협을 감소시키는 데 더 강력

관련논문 5.1

설계

AD와 청각장애를 동반한 참여자에게 실시한 보청기 중재가 참여자의 문제행동에 어떤 영향을 미쳤는지 평가하기 위해 여러 개의 종속변수를 이용하는 중다기초선설계를 사용하였다. 이는 서로 다른 길이의 기초선과 치료단계를 사용하는 치료전/치료후

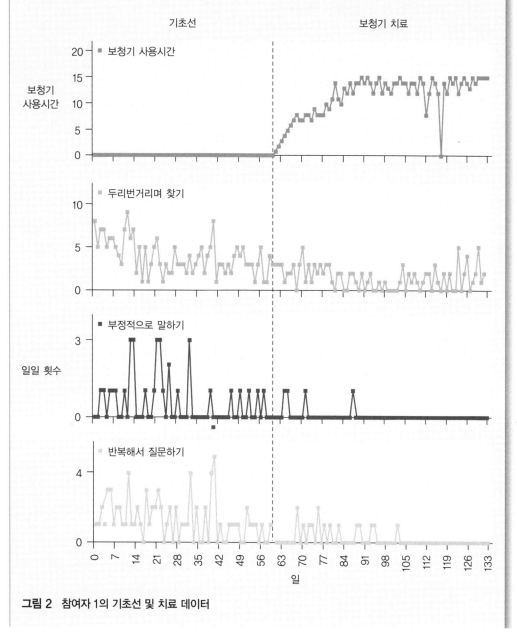

그림 2 참여자 1의 기초선 및 치료 데이터

(계속)

설계이다(McReynolds & Kearns, 1983). 치료단계의 길이가 서로 다른 것은 행동의 변화가 시간의 흐름에 따라 나타난 것이 아니라 치료 시점에서만 나타난 것을 보여 준다. 기초선을 잡는 동안 보호자는 '청각과 관련된' 문제행동의 빈도를 매일 기록하였다. 기초선(보청기 치료 전) 데이터는 참여자의 대표성 있는 행동을 수집하기 위해 1.5~2.5개월에 걸쳐 수집되었다. 이 시기가 지난 후에 보청기 치료가 시작되었다(보청기 치료단계). 보호자는 치료 후에도 대략 2개월간 문제행동에 대한 데이터를 매일 기록하였다. 보청기 치료의 도입은 중다기초선설계에 따라 참여자마다 엇갈리도록 배치되었다.

치료 효과를 평가하기 위해 단일대상 설계를 선택하였는데 여기서는 참여자가 스스로 통제집단이 되므로 통제집단 구성이 필요하지 않기 때문이다. 알츠하이머병이 청각체계에 미치는 영향과 병증의 단계가 매우 다양하기 때문에 적절한 통제집단을 구성하는 것은 매우 어렵다.

출처: "Reduction in Caregiver-Identified Problem Behaviors in Patients with Alzheimer's Disease Post-Hearing-Aid Fitting," by C. V. Palmer, S. W. Adams, M. Bourgeois, J. Durrant, and M. Rossi, 1999, *Journal of Speech, Language, and Hearing Research, 42*, pp. 314-319. Copyright 1999 by the American Speech-Language-Hearing Association. 승인 하에 게재.

한 힘을 발휘한다. AB 설계도 몇 가지 약점을 가지고 있다. 안정된 기초선에서 시작해도 시간이 흐르면서 기초선 단계에서 나타나지 않았던 사건이 실험단계에서 나타나 실험적 치료에 관련된 종속변인에 영향을 미칠 수 있으므로 시간이 위협요인이 될 수 있다. 성숙이 항상 A 분절의 시작에 영향을 미치는 것도 아니고 실험 과정 중 직선적인 진행만 보이는 것도 아니기 때문에 이 또한 위협요인이 된다. 성숙이 지연되어 B 분절의 시작에서야 나타날 수 있으며 실험적 치료의 효과에 영향을 미칠 수도 있다.

Campbell과 Stanley(1966)는 내적 타당도를 높이기 위해 시계열 설계에 통제집단을 추가하는 방법을 제안했다. AB 무작위 통제설계(AB randomized control design)는 다음의 도해로 나타낼 수 있다.

$$\begin{array}{llll} R & O_1 & O_2 & O_3 & O_4 \\ R & O_9 & O_{10} & O_{11} & O_{12} \end{array}$$

A 분절

$$\begin{array}{llll} X & O_5 & O_6 & O_7 & O_8 \\ & O_{13} & O_{14} & O_{15} & O_{16} \end{array}$$

B 분절

AB 무작위 통제설계에서는 실험집단과 통제집단의 피험자를 무작위 할당한다. 이는 피험자 내 설계와 피험자 간 설계 요소를 둘 다 가지고 있기 때문에 혼합 설계로 볼 수 있다. 실험집단의 피험자는 기초선 단계(A 분절)에서 여러 번 검사를 받게 되는데 B 분절에서는 실험적 치료와 더불어 종속변인에 대한 더 많은 측정이 이루어진다. 통제집단의 피험자는 기초선과 '가성(가짜) B 분절'에서 검사를 받는데 실험적 치료는 받지 않는다. 기본적으로 이들은 두 번의 기초선 분절에서 검사를 받는 것이다. 실험집단의 피험자가 B 분절에서 수행능력의 변화를 보이는 반면 통제집단의 피험자는 그렇지 않다면 시간 혹은 지연된 성숙이 두 집단 모두가 아닌, 한 집단의 피험자 행동에만 영향을 미치는 경우는 현저히 감소한다.

AB 설계는 실험적 치료 후 또 다른 기초선 분절을 결합시키는 ABA 설계로 확장하여 강화시킬 수 있다. 제4장에서 언급한 것처럼 ABA 설계는 '철회설계'라고도 하는데 실험조건을 철회한 후 기초선으로 돌아오기 때문이다. Campbell과 Stanley 체계에 따르면 이 설계는 다음의 도해로 나타낼 수 있다.

$$\underbrace{O_1 \quad O_2 \quad O_3 \quad O_4}_{\text{A 분절}} \quad \underbrace{X \quad O_5 \quad O_6 \quad O_7 \quad O_8}_{\text{B 분절}} \quad (\text{X 제거}) \quad \underbrace{O_9 \quad O_{10} \quad O_{11} \quad O_{12}}_{\text{A 분절}}$$

이 설계에서는 A 분절 다음에 B 분절이 오고 실험적 치료가 없을 때 피험자의 수행능력을 관찰하기 위해 다시 기초선 단계가 도입된다. 이는 모든 피험자가 모든 조건에 다 참여하기 때문에 피험자 내 설계에 해당된다. 반전설계는 실험적 치료에 의해 일시적으로 영향을 받을 수 있는 종속변인 연구에 주로 사용된다. 대조적으로 일부 종속변인은 실험적 치료에 의해 영구적인 영향을 받을 수 있으며 두 번째 A 분절에서 기초선으로 회귀하지 못한다. 치료연구에서는 치료실 세팅 이외의 상황에서도 개선된 행동이 지속되어야 하므로 실험적 치료가 끝난 뒤에도 지속될 수 있는 수행능력의 변화가 이루어져야 한다(Barlow, Nock, & Hersen, 2009). 때로 실험적 치료 후의 변화를 장기간 연구하기 위해 다중분절 시계열 설계(multiple-segment time-series designs)를 사용하기도 한다(예: ABABAB, …, AB). 종속변인과 관련된 수행능력은 처음 몇 번 동안의 연습에서는 기초선 수준으로 돌아오기도 하지만 이후의 기초선 분절에서는 개선된 수행능력을 보여 명백한 전이 효과를 보인다. 단기간의 ABA 연구는 극적인 치료 성과를 보이지만 전이 효과는 미약하거나 거의 없을 수 있기 때문에 다중분절 설계는 비용이나 시간적 측면의 소모가 많지만 노력해 볼 가치가 있다.

기초선이 불안정하면 시계열 설계의 내적 타당도가 위협받을 수 있다. 이러한 불안정성은 시간, 성숙, 사전검사, 통계적 회귀나 기구 사용 문제, 혹은 이런 요인들의 상호작용에 의한 결과이다. 또한 이 요인들이 종속변인에 미치는 영향은 시간에 따라 한 가지 형태로만 나타나는 것이 아니므로 데이터의 규칙성을 찾기 어렵고 이로 인해 해석이 어렵게 된다. 물론 기초선 수준에서 인간 행동의 절대적인 안정성을 기대하기는 어려우므로 여기서 말하는 어려움은 기초선 분절에서 얼마나 다양한 요인들이 영향을 미쳤는지 파악하기 어렵다는 것을 주로 의미한다.

전통적인 대규모 표본 설계를 선호하는 사람들은 시계열 설계의 외적 타당도를 문제점으로 지적하는데 이 경우 표본의 수가 적다는 것과 여러 개의 치료기법을 피험자에게 적용할 때 복잡한 문제가 동반될 수 있다는 것이 그것이다. 시계열 설계는 심도 있는 행동분석을 실시하기 때문에 시간 소모가 크므로 대규모 집단의 피험자에게 실시하기는 매우 어렵다. 시계열 설계의 비평가들은 이것이 피험자 선정과 실험적 치료의 상호작용으로 인한 문제를 강조한다고 생각한다. 피험자 선정의 외적 타당도 문제를 해결하기 위해 직접 및 반복검증이 종종 사용된다. 다중 치료로 인한 간섭현상은 서로 다른 치료 방법의 조합을 개인 피험자에게 반복적으로 적용하여 그들의 상대적인 효과성을 계속 평가해 봄으로써 감소시킬 수 있다.

시계열 설계에서 시행되는 반복적인 검사는 세팅의 영향을 받을 수도 있고(Christensen, 2007), 그러한 반복적 검사가 사전검사와 실험적 치료의 상호작용을 부추겨 반복적으로 이루어지는 검사를 정상적으로 거친 피험자에게도 결과의 일반화가 제한적으로 적용될 수 있다. 그러나 다중 검사가 필수적 역할을 하는 집중적 혹은 장기 치료 프로그램에 참여하는 피험자에게 일반화가 제한적으로 나타난다면 이는 큰 문제는 아니다.

실험적 치료와 기초선 분절의 수많은 조합에 대한 연구에도 시계열 설계를 적용할 수 있는데 조합에 따라 점점 복잡해질 수 있다. 이 책에서 설명한 것보다 더 자세한 정보를 얻고 싶다면 Barlow, Nock과 Hersen(2009), Kazdin(1982), McReynolds와 Kearns(1983), Shadish, Cook과 Campbell(2002)에서 시계열 설계에 대한 다양한 검토와 그들의 강점 및 약점에 대해 접할 수 있다.

진실험 설계

Campbell과 Stanley(1966)는 (1) 시작할 당시 실험집단과 통제집단이 동등하고, (2) 성숙이나 통계적 회귀 등으로 내적 타당도가 위협받는 요인을 감소시키기 위해 실험집단과 통제집단이 같은 간격으로 검사를 받는 경우에 적용되는 **진실험 설계**(true experimental design)에 대한 내용을 정리하였다. 이 설계에서는 혼란변수 간의 충돌을 최소화 혹은 통제하기 위해 무작위 표집, 피험자 매칭, 기타 방법을 사용하기 때문에 중재와 성과 간의 인과관계가 성립될 수 있다. 소위 **무작위 통제실험**(randomized controlled trials, RCT)이라고 부르는 이 설계는 연구논문을 통틀어 가장 강력하고 신뢰도 높은 근거를 제공한다고 알려져 있다(Jones, Gebski, Onslow, & Packman, 2001). RCT는 무작위 임상실험, 무작위 비교실험, 무작위 통제임상실험이라고도 부른다.

무작위 사전사후 통제집단 실험 한때 '고전적' 실험방법이라고 알려졌던 기본적인 무작위 사전사후 통제집단 실험(randomized pretest-posttest control-group design)은 다음 도해로 나타낼 수 있다.

$$R \quad O_1 \quad X \quad O_2$$
$$R \quad O_3 \qquad O_4$$

이 혼합 설계에서는 피험자의 절반을 실험집단에 무작위 할당하고 나머지 절반을 통제집단에 무작위 할당하여 두 집단을 만든다. 두 집단 모두 같은 시기에 같은 방법으로 사전 및 사후 검사를 받는다. 이 설계에서 내적 타당도를 위협할 요인들은 잘 통제되는 편인데 이는 다음 논의에서 잘 나타난다.

이론적으로 시간의 흐름에 따라 나타나는 사건들은 O_1-O_2 차이가 받는 영향만큼 O_3-O_4 차이도 영향을 받는데 이 경우는 두 집단의 피험자가 동시에 무작위로 할당되었기 때문에 시간의 영향이 잘 통제된다고 본다. 그러나 시간의 흐름에 따라 나타나는 사건이 두 집단 간에 서로 다른 정도의 영향을 미칠 가능성도 있다(예: 실험집단의 피험자들이 실험 회기 사이에 만나서 커피를 한 잔 마셨다면 이것이 실험에 대한 피험자의 태도에 영향을 미칠 수 있다). 그러한 사건에 대한 주의 깊은 모니터링을 통해 내적 타당도에 대한 위협을 제거할 수 있다. 무작위 표집이 시행되면 두 집단의 성숙 및 사전검사의 영향은 거의 비슷하며 O_2와 O_4 점수가 받는 영향도 비슷하다. 두 집단이 모두 사전검사에서 양극단의 점수를 가지고 있다고 해도 무작위 할당을 하면 통계적 회귀의 정도도 비슷하기 때문에 통계적 회귀 또한 별다른 위협이 되지 못한다. 피험자를 두 집단에 무작위로 할당하여 피험자 할당도 통제되어 있으므로 가외변인 또한 피험자 사이에 무작위로 분포되어 있다고 볼 수 있다.

물론 기자재 사용과 피험자 탈락에도 주의를 기울여야 한다. 기자재를 사용할 때는 기기의 눈금 조정(calibration)을 철저히 하고 측정 시 연구자의 선입견을 배제하기 위해 다른 사람의 측정 과정을 주의 깊게 관찰함으로써 문제를 최소화할 수 있다. 어떤 실험에서든 피험자가 탈락하는 경우가 생기면 내적 타당도가 위협을 받는다. 이 설계에서는 피험자 변인이 가외변인으로 작용한다고 해도(예: 피험자의 동기부여) 피험자 탈락으로 인한 영향은 두 집단에서 비슷하게 나타나기 때문에 한 집단의 피험자 탈락이 다른 집단보다 더 큰 영향을 받지는 않는다. 그러나 연구자가 피험자 탈락률이 높거나 두 집단 간에 차이가 있다고 인지하게 되면 연구자는 실험에 대한 반복검증을 해야 하고 어떤 피험자 변인이 피험자 탈락과 관련이 있는지 규명해야 한다. 어떤 연구 설계든 피험자 탈락률이 높거나 집단 간에 균등하지 않은 분포를 보인다면 내적 타당도가 심각하게 위협을 받을 수 있다. 그러나 피험자를 실험군과 통제군에 무작위로 할당하면 피험자 탈락의 위험요인이 두 군에 무작위로 분배되기 때문에 그러한 문제가 대체로 감소한다.

〈관련논문 5.2〉는 만성 실어증 성인 환자에 대한 집단치료의 효능 연구에서 발췌한 것이다. 28명의 실어증 환자를 즉각치료(IT)와 지연치료(DT)를 받는 두 집단에 무작위로 할당하였다. IT 집단의 피험자는 즉각적인 평가와 치료를 받은 반면 DT 집단의 피험자는 평가는 즉각 받았으나 치료 시작은 지연되었다. DT 집단은 IT 집단이 4개월간의 치료 프로그램을 끝낸 후에 치료를 받았다.

무작위 사전사후 통제실험 설계에서 DT 집단이 통제집단의 역할을 했고 이는 다음의 도해로 나타낼 수 있다.

$$R \quad O_1 \quad X_{IT} \quad O_2$$
$$R \quad O_3 \quad X_{DT} \quad O_4$$

관련논문 5.2

연구방법

연구 참여자

이 연구에 참여한 실어증 환자는 모두 만성적인 실어 증세를 보이는 (발병 후 6개월 이상 지난) 환자들로서 보험의 지원을 받아 개별적으로 적절한 말–언어치료를 받았다. 모든 환자는 단일한 좌뇌 뇌졸중 병력이 의무기록에서 확인되었고 80세 이하이며 주요한 의학적 합병증이나 알코올 중독의 병력이 없었고 SPICA의 백분위점수가 10~90%ile 사이였다. 또한 발병 전에 영어에 대한 문해능력이 있었고 이 연구에 참여하는 데 동의하였다.

연구 참여자 모집공고에 참여 의사를 보인 90명을 대상으로 선정기준에 맞는지 확인하기 위해 전화를 통해 기초적인 선별검사를 실시했다. 이를 통해 선정한 45명에게 전체 검사를 실시했고 의무기록 검토를 통해 뇌의 여러 곳에 병변이 있거나 알코올 중독으로 진단받은 사람들은 제외하였다. 28명이 피험자 선정기준을 모두 충족하여 이들을 치료연구의 참여자로 최종결정하였다.

연구 설계

연구 참여자들을 두 조건 중 하나에 무작위로 할당하였다. 즉각치료(IT) 집단의 참여자는 즉각적인 평가를 받았고 즉각적인 의사소통 치료를 시작하였다. 지연치료(DT) 집단의 참여자는 즉각적인 평가는 받았으나 의사소통 치료는 시일이 지난 뒤에 시작하였다. DT 집단은 IT 집단의 4개월 치료 프로그램이 끝난 후 치료를 시작하였다. 지연기간 동안 사회적 접촉이 미치는 영향을 통제하면서도 집에만 있지 않도록 하기 위해 DT 집단은 운동, 창조/행위예술 활동, 교회활동, 봉사활동 등의 사회활동 중 원하는 활동에 매주 3시간 이상 참여하도록 했다. DT 참여자들은 이 '사회화' 기간이 끝난 후 지연치료가 시작되기 직전에 다시 전체 평가를 받았다.

일단 IT 집단이나 DT 집단에 무작위로 할당된 후 참여자들을 SPICA의 총백분위점수에 따른 초기 실어증 중증도에 따라 경중도(mild-moderate) 집단과 중고도(moderate-severe) 집단으로 분류하였다. 중등도(moderate) 실어증 참여자(SPICA 총백분위점수가 50~65인 경우)는 경중도나 중고도 집단 둘 중 하나에 할당하였다. 집단 간의 균등성은 연령, 교육수준과 발병 후 경과시간에 따라 확보하고자 하였다. 그 결과 7명의 참여자로 구성된 네 개의 집단이 만들어졌다(두 집단은 즉각치료, 다른 두 집단은 지연치료집단). 경도 혹은 중도의 실어증 환자를 IT 집단과 DT 집단 둘 나에 포힘시킨 후 중도나 고도 실어증 환자를 남은 두 집단에 포함시켰다. 치료가 끝나기 전에 5명의 참여자가 연구에서 탈락하였다. IT 집단의 경중도 참여자 1명은 이동이 불편해서, DT 집단의 경중도 참여자 1명은 합병증 때문에, 3명(IT 집단의 경중도 1명, DT 집단의 경중도 1명, DT 집단의 중고도 1명)은 시간적 제약 때문에 더 이상 참여가 어려웠다. 그리고 DT 집단의 1명은 초기 검사 시기는 지났지만 DT 치료가 시작되기 전에 참여하였다. 도합 총 24명의 참여자가 4개월 치료 프로그램을 성공적으로 마쳤다. IT 및 DT 집단의 참여자들은 연령, 교육수준, 발병 후 경과개월 수 (months post-onset, MPO), SPICA 총백분위점수[모두 $p>.20$, 모두 $t(11) \le 1.27$]에서 차이가 없었다. 참여자의 개별 정보와 IT 및 DT 집단의 기술 통계 자료는 〈표 1〉과 〈표 2〉에 제시되어 있다.

표 1 참여자 특성: 연령, 성별, 발병 후 경과개월 수(MPO), WAB 실어증 분류, SPICA 총백분위점수, 교육 수준(교육 연수), 경중도 및 중고도 즉각 및 지연 치료집단의 시작 시 WAB AQ 및 CADL 점수

성별	분류체계	연령	MPO	SPICA 점수(%)	교육 수준	WAB AQ	CADL
				즉각치료(12명)			
경중도							
남	브로카 실어증	46	7	57	16	61.5	120
남	명칭 실어증	67	103	80	20	88	125
남	미분류	58	77	78	15	85.9	134
여	명칭 실어증	38	17	76	14	80.8	131
여	명칭 실어증	72	13	90	16	92.9	136
평균(표준편차)		56.2(14.2)	43.4(43.7)	76.2(12.0)	16.2(2.3)	81.8(12.2)	129.2(6.6)
중고도							
여	초피질성 운동실어증	79	36	35	16	61.4	96
여	브로카 실어증	58	33	35	15	13.1	57
남	초피질성 운동실어증	60	21	58	14	72.8	116
남	브로카 실어증	49	29	30	12	18.9	106
여	브로카 실어증	51	12	30	16	24.2	64
남	브로카 실어증	63	16	61	12	45.9	124
남	전도성 실어증	58	26	47	14	55.9	98
평균(표준편차)		59.7(9.8)	24.7(8.8)	42.3(13.1)	14.1(1.7)	41.7(23.2)	94.4(25.2)
				지연치료(12명)			
경중도							
남	명칭 실어증	52	336	60	16	80.2	113
여	명칭 실어증	80	36	64	11	75.1	102
여	미분류	70	43	78	16	94.3	129
여	명칭 실어증	58	23	67	12	87.7	130
여	명칭 실어증	71	14	88	16	92.8	131
남*	명칭 실어증	52	134	76	20	76.4	129
평균(표준편차)		63.8(11.5)	97.7(124.5)	72.2(10.4)	15.2(3.3)	84.4(8.3)	122.3(12.0)

(계속)

중고도

남	브로카 실어증	47	10	42	18	57.4	121
남	전도성 실어증	48	19	54	14	67.3	107
여	브로카 실어증	65	59	23	18	20.7	70
여	브로카 실어증	71	137	50	18	63.5	104
남	전도성 실어증	59	42	46	16	65.3	114
남	전도성 실어증	55	7	54	16	54.4	123
평균(표준편차)		57.5(9.5)	45.7(49.0)	44.8(11.7)	16.7(1.6)	54.8(17.4)	106.5(19.4)

* 뒤늦게 연구에 참여한 사례. 해당 정보는 치료 전 검사 회기 때 얻은 것이다.

표 2 즉각치료 및 지연치료 집단의 기술통계 결과

	즉각치료(12명)			지연치료(12명)		
	평균	표준편차	범위	평균	표준편차	범위
연령(세)	58.3	11.4	38~79	60.7	10.6	47~80
교육 연수(년)	15	2.1	12~20	15.9	2.6	11~20
발병 후 경과시간	32.5	28.7	7~103	71.7	94.2	7~336
SPICA 점수(%)	56.4	21.2	30~90	58.5	17.7	23~88

출처: "The Efficacy of Group Communication Treatment in Adults with Chronic Aphasia," by R. J. Elman and E. Bernstein -Ellis, 1999, *Journal of Speech, Language, and Hearing Research, 42*, pp. 413-414. Copyright 1999 by the American Speech-Language-Hearing Association. 승인하에 게재.

여기서 X_{IT}는 즉각치료를 말하고 X_{DT}는 지연치료 혹은 통제집단을 말한다. 이 연구의 전반적인 설계는 실험이 진행되는 동안 한 집단의 피험자들은 후반기에 치료에 참여하도록 하기 때문에 치료에서 배제되는 윤리적인 문제를 피할 수 있다. 피험자를 두 치료 조건에 무작위로 할당하기 때문에 이 설계는 내적 타당도를 위협하는 요소들도 잘 통제할 수 있다. 두 피험자 집단의 전반적인 특성은 〈표 1〉과 〈표 2〉에 제시되어 있다.

대체로 무작위 사전사후 통제집단 실험 설계는 강력한 내적 타당도를 보인다. 이 설계를 수정하여 사용하는 몇 가지 방법이 있다. 예를 들어 실험자가 통제해야 한다고 생각하는 가외변인이 있을 경우 집단을 구성할 때 무작위 할당과 더불어 매칭을 함께 사용하기도 한다. 이미 알려진 가외변인을 매칭시킨 피험자 쌍을 만든 다음 그중 1명은 실험집단에, 다른 1명은 통제집단에 무작위로 할당한다. 그런 설계는 다음의 도해로 나타낼 수 있다.

MR　O₁　X　O₂

MR　O₃　　O₄

　매칭은 피험자 특성 중 종속변인과 상호작용하는 것으로 알려진 가외변인을 매칭시키고 쌍을 이루는 피험자를 실험집단과 통제집단에 무작위로 할당하기 때문에 간과하기 쉬운 가외변인의 영향력이 임의로 분포해 있음을 확신할 수 있다.

　일부 연구자는 무작위 사전사후 통제집단 설계를 피험자 간 독립변인(실험집단과 통제집단 비교)과 피험자 내 독립변인(사전검사와 사후검사 비교)의 혼합 설계로 보기도 했다. 이런 경우 특정 행동에 대해 사전검사 및 사후검사를 실시한 결과 나타난 점수를 독립변인으로 본다. Campbell과 Stanley(1966)는 사후검사 점수에서 사전검사 점수를 뺀 이득을 종속변인으로 볼 것을 제안했다. 이런 경우의 실험은 치료 효과의 지표로서 통제집단 피험자의 이득을 실험집단 피험자의 이득과 비교해 보는 단순한 이가(bivalent) 실험이 된다. 이가적인 관점에서 보면 독립변인은 치료 방법이며 그 값은 치료 효과가 있음 및 없음의 두 가지이다.

　사전-사후 검사 이득을 종속변인으로 사용하고 실험적 치료(독립변인)에 서로 다른 값이나 양을 부여함으로써 이 실험을 다가(multivalent) 실험으로 확대할 수도 있다. 예를 들어, 치료가 특정 행동 훈련을 포함할 때 훈련량을 달리하는 다수의 집단을 구성하도록 한다. 단순히 훈련을 하는 경우와 하지 않는 경우를 비교하는 것이 아니라 이 실험을 통해 실험자는 종속변인의 변화가 훈련량에 따라 달라진다는 것을 검증하고자 한다. 이런 설계는 다음의 도해로 나타낼 수 있다.

제1집단　R　O₁　X₁　O₂

제2집단　R　O₃　X₂　O₄

제3집단　R　O₅　X₃　O₆

제4집단　R　O₇　　O₈

　이 경우 제1집단은 특정량의 훈련을 받고 제2집단은 그보다 2배 많은 양, 제3집단은 3배 많은 양의 훈련을 받으며, 제4집단은 훈련을 받지 않는 통제집단의 역할을 한다.

　이 설계는 두 가지 유형의 훈련을 양적으로 다양하게 적용시켜 매개변수 설계로 확대시킬 수도 있다. 예를 들어 다음의 패러다임을 통해 세 가지 서로 다른 훈련량으로 집중훈련 및 분산훈련(Bordens & Abbott, 2007; Willingham, 2002)을 실시하는 실험을 할 수 있다.

제1집단　R　O₁　X_{Massed 1}　O₂

제2집단　R　O₃　X_{Massed 2}　O₄

$$\text{제3집단} \quad R \quad O_5 \quad X_{\text{Massed 3}} \quad O_6$$

$$\text{제4집단} \quad R \quad O_7 \quad X_{\text{Distributed 1}} \quad O_8$$

$$\text{제5집단} \quad R \quad O_9 \quad X_{\text{Distributed 2}} \quad O_{10}$$

$$\text{제6집단} \quad R \quad O_{11} \quad X_{\text{Distributed 3}} \quad O_{12}$$

$$\text{제7집단} \quad R \quad O_{13} \quad \qquad O_{14}$$

첫 번째 세 집단은 집중훈련을 받는 집단으로 제1집단은 특정량의 훈련을 받고, 제2집단은 그보다 2배 많은 양, 제3집단은 3배 많은 양의 훈련을 받는다. 제4집단부터 제6집단은 분산훈련을 받는 집단으로 제4집단은 제1집단과 같은 양의 훈련을 받고, 제5집단은 그보다 2배 많은 양, 제6집단은 3배 많은 양의 훈련을 받는다. 제7집단은 훈련을 받지 않는 통제집단의 역할을 한다. 이 설계는 비용이 많이 들고 수행하기도 힘들지만 제3장에서 언급한 것처럼 다가 실험과 매개변수 설계의 장점 때문에 시도해 볼 가치가 있다.

이와 같은 동등성 사전사후 통제집단 설계는 강력한 내적 타당도를 갖고 있지만 외적 타당도 측면에서는 일부 위험요소와 실험적 치료 간의 상호작용 때문에 제한적인 측면을 보인다. 외적 타당도와 관련된 첫 번째 문제는 피험자 선정과 실험변인 간의 상호작용이다. 피험자 선정에 대해 내적 타당도가 위협받는 요소는 피험자를 실험집단과 통제집단에 무작위로 할당함으로써 최소화할 수 있지만 검증된 치료 효과는 실험에 참여한 피험자와 같은 특성을 보이는 경우에만 효과적일 가능성이 있다. 예를 들어 대학의 언어치료실에 다니고 있는 말더듬 남자 대학생에 대한 치료연구 결과는 말을 더듬으며 남자이고 성인이며 대학생이고 대학 언어치료실에 다니는 경우에만 일반화될 수 있다.

여자, 아동, 대학교육을 받지 못한 사람 혹은 대학의 언어치료실 외의 치료실에 다니고 있는 대상자에 대한 일반화 시도는 신중하게 이루어져야 한다. 그러므로 원래 실험에 참여한 사람과 다른 특성을 보이는 사람에 대한 일반화가 타당하다고 보장할 수는 없다. 이것이 일반화가 절대 일어날 수 없음을 말하는 것은 아니며 일반화가 증명되기 전까지는 확신할 수 없다는 것을 의미할 뿐이다. 피험자 선정과 실험적 치료가 상호작용할 수 있다는 것은 후속 연구가 해당 결과를 더 광범위하게 일반화시킬 수 있다고 검증하기 전까지는 원래 연구 결과를 모든 인구에 동등하게 일반화시킬 수 있는 가능성이 제한적임을 염두에 두어야 함을 의미한다.

이러한 제한점을 극복하고 이를 통해 일반화 대상을 확대시킬 수 있는 방법 중 하나는 다른 유형의 대상자에게 반복검증하는 것이다. 다른 유형의 대상자에게 반복검증하면 다양한 유형의 대상자에 대한 치료 효과를 검증해 봄으로써 피험자 선정과 실험적 치료가 상호작용하는 정도를 명확히 파악할 수 있다.

　이러한 반복검증 시, 실험적 치료는 연구자가 조작할 수 있지만 피험자 선정은 그러지 못하기 때문에 기술연구와 실험연구가 혼합된 것으로 볼 수 있다. 반복검증 실험은 연령, 성별, 사회경제적 위치나 질환의 유형 등 피험자 분류 변인이 다른 사람을 대상으로 실시한다. 무작위 사전사후 통제집단 설계의 반복검증은 다음의 도해로 나타낼 수 있다.

$$\text{첫 번째 실험: 성인} \quad R \quad O_1 \quad X \quad O_2$$
$$R \quad O_3 \quad \quad O_4$$
$$\text{반복검증: 아동} \quad R \quad O_5 \quad X \quad O_6$$
$$R \quad O_7 \quad \quad O_8$$

　이 검증에서 첫 번째 실험에서는 성인 대상자의 실험적 치료 효과를 실험하기 위해 $O_1 - O_2$의 차이와 $O_3 - O_4$의 차이를 비교한다. 반복검증에서는 아동을 대상으로 실험을 진행하며 아동 대상자의 실험적 치료 효과를 실험하기 위해 $O_5 - O_6$의 차이와 $O_7 - O_8$의 차이를 비교한다. 다음으로 성인을 대상으로 하여 얻은 효과가 아동에게도 일반화되는지 알아보기 위해 첫 번째 실험과 반복검증 결과를 비교한다. 이와 같은 체계적 반복검증은 피험자 선정과 실험적 치료의 상호작용으로 인한 외적 타당도의 위협을 감소하는 데 가장 확실한 방법 중 하나이다. 그렇지 않다면 실험 결과는 원래 실험에 참여한 사람과 똑같은 특성을 가진 피험자에게만 적용할 수 있다.

　앞서 언급한 설계의 외적 타당도에 대한 두 번째 문제는 실험적 배치에 대한 반작용 효과(실험에 참여하고 있다는 것을 알고 있는 피험자가 실험 결과에 영향을 미치게 되는 것_역주)에 의한 것이다. 실험에 참여한 사람에게 있어 실험은 대부분 그들의 인생에 처음 있는 일이며 실험 세팅이나 상황의 대부분은 다소간 인위적이다. 피험자는 대개 그들이 실험에 참여한다는 사실은 알고 있지만 그들이 실험의 목적을 알고자 하는 의도는 서로 다를 수 있으며, 실험의 목적이 무엇인지 파악하고 있는 데도 차이가 있을 수 있다. 호손 효과(피험자가 실험에 우호적인 반응을 보이는 것_역주)는 인간을 대상으로 한 실험 시 외적 타당도를 위협하는 요소로 생각되어 왔다. 현재 정부정책은 실험에 참여하는 피험자의 권리를 보호해야 한다고 주장하고 있으며, 연구자들은 실험이 시작되기 전에 피험자로부터 실험에 대한 정보를 전달하고 승낙을 받아야 한다. 피험자들이 실험 후에 실험의 진짜 목적을 듣기로 했다고 해도 이들은 실험 목적에 대한 선입관을 가지고 있을 수 있으며 실험자들이 해 주기를 바라는 대로(혹은 하지 않기를 바라는 대로) 행동할 수도 있다.

　많은 경우에 그러한 반작용 효과를 전적으로 통제하는 것은 불가능하지만 다소 감소시킬 수는 있다. 예를 들어, 일부 연구에서는 피험자가 특정 실험에 참여해 달라는 제안을 받았을 때 나타나는 효과를 실험하기 위해 위약(플라시보)집단을 실험집단 및 통제집단과 비교해 보기도 한다. 위약집단이 통제집단보다 더 큰 개선을 보인다면 반작용 효과가 실험집단의 개선을 가속화시켰다고 볼 수 있다. 반작용 효과는 대부분의 실험에서 나타나는데 그 정도는 피험자가 실험에 참여 중임을 모르거나 믿지 않는 경우와는 다르게 나타날 것이다. 그리고 외적 타당도의 위협을 줄이려면 실험 세팅이 얼마나 '자연스러운지'가 매우 중요하다. 더 '자연스러운' 세팅에서 체계적으로 이루어지는 반복검증은 결과의 일반화 범위를 확대시키는 데 큰 도움을 준다.

이 설계가 갖는 외적 타당도의 세 번째 위협요인으로 우리가 지금까지 논의한 내용은 실험변인이 사전검사와 상호작용하는 것이었다. 사전검사 자체가 피험자가 독립변인에 의해 나타날 결과를 어느 정도 예측할 수 있게 하므로 이에 근거하여 피험자가 더 좋은 결과를 보이도록 만든다면 타당도의 문제는 충분히 나타난다. 사전검사로 인해 사전검사를 받은 피험자가 받지 않은 피험자보다 실험변인에 더 적극적으로 반응하게 된다면 그 결과는 똑같은 사전검사를 거치지 않은 사람에게는 일반화시킬 수 없다. 실험 결과가 항상 똑같은 사전검사를 거친 사람에게만 일반화되기를 원한다면 이 요소가 문제를 일으키지는 않을 것이다. 하지만 다른 치료실의 치료사가 똑같은 사전검사를 거치지 않은 대상자에게 실험에서 사용된 것과 같은 치료를 해 보길 원한다고 가정해 보자. 똑같은 사전검사를 거치지 않고도 같은 결과가 나올 것이라고 예상할 수 있을까? 이전의 설계에서는 그런 일반화를 기대할 수 없으며 다음에 제시될 설계만이 실험변인과 사전검사 간의 상호작용을 적절히 다룰 수 있다.

Solomon 무작위 4집단 설계   Campbell과 Stanley(1966)는 Solomon이 1949년에 처음 사용한 설계가 내적 타당도 매우 강력할 뿐 아니라 외적 타당도에 영향을 미치는 요인, 즉 사전검사와 실험적 치료 간의 상호작용을 성공적으로 통제할 수 있다고 주장했다. Solomon 무작위 4집단 설계(Solomon randomized four-group design)는 다음의 도해로 나타낼 수 있다.

제1집단 R O_1 X O_2

제2집단 R O_3 O_4

제3집단 R   X O_5

제4집단 R O_6

Solomon 설계에서 피험자는 제1집단에서 제4집단까지 무작위로 할당된다. 제1집단은 사전검사, 실험적 치료와 사후검사를 받는다. 제2집단은 사전검사를 받지만 실험적 치료는 받지 않으며 사후검사를 받는다(즉 제2집단은 전통적인 통제집단의 역할을 한다). 제3집단은 사전검사를 받지 않지만 실험적 치료를 받으며 사후검사도 받는다. 제4집단은 사전검사를 받지 않으며 실험적 치료도 받지 않고 사후검사만 받는다. 이 설계는 무작위 사전사후 통제집단 설계가 확장된 형태이기 때문에 제1집단과 제2집단의 비교는 실험적 치료의 효과를 보여 주며 무작위 사전사후 통제집단 설계와 같은 내적 타당도를 갖는다. 게다가 제1집단 및 제2집단과 제3집단 및 제4집단(사전검사를 거치지 않은 집단)을 비교함으로써 사전검사와 실험적 치료의 상호작용을 평가할 수도 있다.

Solomon 설계의 사전검사와 사후검사 결과를 통계적으로 분석하는 것은 제3, 제4 집단의 사전검사 과정을 삭제함으로써 나타난 불균형 때문에 매우 복잡하며 논쟁의 소지도 있다. 무작위 할당은 필히 동등한 사전검사 점수(혹은 사전검사를 받지 않은 집단을 위한 **잠정적** 사전검사 점수)를 근거로 이루어졌어야 한다. 그래서 Campbell과 Stanley(1966)는 사후검사 점수만 검토하면 된다고 제안했다. O_2와 O_5의 평균점수를 O_4와 O_6의 평균점수와 비교하는 것은 치료의 효과성에 대한 지표를 제공해 주고 O_2와 O_4의 평균점수를 O_5와 O_6의 평균점수와 비교하는 것은 사전검사가 어느 정도 내적 타당도를 위협하는지 파악할 수 있는 지표를 제공해 준다. 네 점수를 모두 비교해 보면 외적 타당도를 위협하는 요소, 즉 사전검사와 실험적 치료가 상호작용하는지 알 수 있다. O_2와 O_4의 차이가 O_5와 O_6의 차이보다 크다면 사전검사가 실험적 치료와 상호작용한다는 것이므로 사전검사를 받지 않은 집단의 일반화는 배제해야 함을 의미한다.

Solomon 설계는 교육심리학 분야의 수많은 연구에서 사용되어 왔으며 초보 수화사용자가 자기평가 형식으로 진행하는 수화언어 사용기술 평가 연구에서도 자주 사용되었다(Lodge-Miller & Elfenbein, 1994). Solomon 설계는 치료 효과의 연구방법 개선에 훌륭한 기여를 할 수 있기 때문에 이 설계가 의사소통장애 연구 분야에서도 더 많이 적용되기를 바란다.

통제집단을 이용하는 치료 효과 연구의 윤리적 문제 치료의 효능을 검증하기 위한 연구 설계에 대한 논의를 마무리하면서 통제집단을 이용하는 치료 효과 연구의 윤리적 문제에 대한 연구자들의 언급을 정리해 보기로 한다. 일부 전문가는 말, 언어 혹은 청각 문제가 있는 사람들에게 치료를 보류하는 것을 윤리적으로 심각한 문제가 있다고 하는 반면, 또 다른 전문가는 통제집단이 있어야 치료 효능을 확신할 수 있다고 한다. Kimmel(2007)은 치료를 받지 않는 통제집단을 이용함으로써 잠재적으로 나타나는 윤리적 딜레마에 대해 다음과 같이 말하고 있다.

> 예방적 중재연구를 실험연구로 진행할 경우 치료를 받지 않은 통제집단과 다른 비교집단을 사용하는 데 윤리적 문제가 대두될 수 있다. 이러한 이슈는 해당 인구 전체가 그 실험적 치료로 이득을 볼 수 있는 상황에서 일부만 치료를 받는 것이 과연 정당한가에 대한 질문과 연관이 있다(p. 160).

*Journal of Speech and Hearing Disorders*에서 이루어진 서신 교환도 이러한 논쟁을 반영하고 있다. Kushnirecky와 Weber(1978)는 치료 효능 연구에서 통제집단을 사용하는 근거의 타당성에 대해 다음과 같이 언급했다.

> (실험집단과) 매칭시킨 피험자가 포함되어 있는 통제집단을 사용하지 않았기 때문에 그 자료는 해석의 가치가 상당히 제한적일 수 있다. (중재를 받지 않은) 통제집단의 결과는 때로 이러한 아동은 중재 없이도 개선될 수 있다는 것을 보여 주기도 한다. 실험적 치료를 받은 아동의 언어발달 정도가 언어발달이 지연되지 않은 아동과 같다고 하더라도 통제집단과의 비교가 없으면 치료 방법의 효과성에 대한 어떤 결론도 추측에 지나지 않는다(p. 106).

Lee, Koenigsnecht와 Mulhern(1978)은 이에 대해 통제집단을 사용하는 것이 윤리적으로 절대 허용될 수 없다고 응답하면서 다음과 같이 덧붙였다.

> 치료가 필요한 아동의 치료를 미루게 만드는 연구는 하지 말라고 Kushnirecky와 Weber에게 강력히 권고한다. … 치료가 필요하고 그로 인해 이득을 얻을 수 있는 아동에게 일정 시간 동안이라도 임상적 훈련을 미루게 하는 것은 매우 부조리한 일이다. 특정 치료가 원하는 결과를 제공한다는 것을 보여 주기 위해 한 집단의 아동에게는 치료를 실시하는 한편 이와 비교 대상이 되는 다른 집단의 아동에게는 치료를 미루는 연구 설계는 배제되어야 한다(pp. 107-108).

이 두 서신에 첨부된 편집자의 쪽지는 의사소통장애 전문가는 가능한 치료를 제공해야 할 윤리적 의무도 있지만 동시에 그 효과성에 대해 '충분한 근거'를 갖고 있는 치료를 제공해야 할 윤리적 의무도 있다고 지적했다. 또한 이 쪽지는 통제는 다양한 기초선을 두는 것만으로도 가능하기 때문에 통제라는 것이 항상 통제집단의 치료를 미루는 것만을 의미하는 것은 아니라고 했다. 이 서신 교환을 통해 드러난 주요 논점은 치료를 제공해야 하는 윤리적 의무와 치료 효능을 증명해야 하는 윤리적 의무, 특히 통제집단의 치료를 미뤄야 하는 경우의 윤리적 의무가 충돌할 가능성이 잠재한다는 것이다.

이 서신 교환이 간행된 이후 수십 년이 흘렀지만 이 이슈는 여전히 논쟁 중이다(Onslow, Jones, O'Brian, Menzies, & Packman, 2008). 예를 들어 학령전기 말더듬 아동에 대한 치료 효능 검증은 아직도 과학적으로 이루어진 바가 없다고 하는 주장도 있는데, 치료 효능 연구를 위해서는 치료를 받지 않은 아동으로 구성된 통제집단이 필요하지만 이러한 집단을 구성하기가 매우 어렵기 때문이다. 치료 효과를 검증할 때 치료를 받지 않는 통제집단에 피험자를 할당하고자 하는 강력한 충동이 일어나기도 한다. Curlee와 Yairi(1997)도, 사실 치료 성과를 보고하는 연구에서 "통제집단이 없는 상황에서 제시된 성과 자료는 과학적 근거로 수용되지 못하며 단지 통제되지 않은 예비 연구의 자료 정도로만 인정된다."고 언급했다.

Kimmel(2007)은 치료를 받지 않은 통제집단의 피험자들이 연구가 끝난 후 적절한 치료를 받을 예정이거나 이전에 효과성이 입증되었던 치료라면 치료를 받지 않는 통제집단을 포함시켜도 좋다고 주장했다. 사실 많은 언어치료실이 과중한 치료 건수의 부담을 갖고 있기 때문에 대부분의 언어치료사들이 치료실에 내원한 모든 대상자를 즉시 평가하거나 치료할 수는 없다. 치료가 필요한 대상자들은 무작위로 즉각 치료를 시작하거나 대기자 명단에 오르게 되며 모든 대상자는 치료를 시작할 수 있는 때에 사전검사를 받게 된다. 그러므로 대기자 명단에 있는 사람들을 통제집단에 할당한 뒤 실험이 마무리 시기에 이르렀을 때 이들이 해당 연구의 직접적 혹은 체계적 반복검증을 위한 새로운 실험집단이 되게 할 수 있다. 이는 특히 실험적 치료가 비교적 짧은 시간에 끝날 수 있을 때 적절하다.

시계열 설계의 사용은 또 다른 효과적인 접근법으로서 특히 통제집단의 문제를 잠정적으로 해결해 줄 수 있기 때문에 널리 사용되고 있다(예: Celek, Pershey, & Fox, 2002). 아직도 수많은 훈련 과정에서 통제집단을 대상으로 치료를 미루는 데 대한 윤리적 문제가 논쟁 중인데 시간이 필요하지만 그래도 우리는 조만간 이 문제가 해결되기를 기대한다. 그렇지만 치료 효능 연구는 지속되어야 하며 그 결과가 의사소통 문제의 치료를 희망하는 모든 사람에게 적용될 수 있도록 노력해야 한다.

실험의 근거 수준

EBP의 관점에서 보면 어떤 근거가 다른 근거보다 더 가치 있는 경우가 있다. **근거 수준**(levels of evidence)은 치료 효능을 평가할 목적으로 진행된 연구 결과의 검증력 혹은 신뢰성을 평정하기 위해 사용되는 모든 체계를 일컫는 말이다. 특정 환자군에게 특정 치료 과정을 시행하는 것이 정당함을 검증하는 연구 결과가 어느 정도의 설득력을 갖고 있는지는 매우 다양하다. Robey(2004b)는 "임상적 근거를 찾아내는 과정이 과학적으로 엄격할수록 임상 실제와 관련된 지침 형성에 그 근거가 미치는 영향력은 더 크다."고 지적했다. 후에 그는 "특정 질환 인구에게 적용할 치료 과정과 임상 결과 간의 명확하고도 단일한 연결고리"를 수립하기 위해 특정 치료 과정을 지지하는 연구 근거는 그 결과가 적절한 연관성, 질, 수와 일관성을 보이는지 비평적으로 평가해 보아야 한다고 했다.

'근거 위계'에 대해 수많은 가이드라인이 제시되어 왔으며 지금은 건강 관련 전문가들마다 서로 다른 유형의 위계를 사용하고 있다. 예를 들어 Lohr(2004)는 121개의 근거 등급체계를 검토했는데 대부분의 체계가 한두 종류의 특정한 영역 혹은 특정한 목적에 적합한 것이었다고 하였다. 영국의 근거기반의학센터(the Center for Evidence-based Medicine, CEBM, 2009)는 근거가 진단, 치료, 예후, 혹은 서비스 제공의 효율 중 어떤 것을 위해 사용되는지에 따라 다양한 근거평가 기준을 사용하고 있다. 그 외 미국신경학회(American Academy of Neurology; Fratelli, 1998), 건강관리 연구 및 질 관리국(Agency for Healthcare Research and Quality; West et al., 2002), SIGN(Scottish Intercollegiate Guidelines Network; Harbour & Miller, 2001; SIGN, 2011)에서 영향력 있는 범주 위계를 개발하였다.

몇몇 위계는 과학적 측면의 질과 정밀성, 그로 인해 근거기반 임상 결정에 미치는 영향에 따라 의사소통장애 영역의 치료연구를 범주화할 수 있도록 개선되었다. '신뢰성 수준'의 등급 수는 세 개부터 여덟 개까지 다양한데 일부는 더 정밀한 위계를 위해 '하위수준'을 두기도 한다. 몇몇 문헌에 기초해서 근거 평정척도의 예를 〈표 5.2〉에 제시하였다. 각 연구 유형의 순위를 정하기 위한 등급의 수나 사용하는 특정 기준에 상관없이, 근거의 질이나 신뢰성을 결정하는 데는 몇몇 특성 혹은 주제가 흔히 사용되는데 그러한 주제에는 근거의 수렴성, 실험 상황 통제의 적절성, 연구자 선입견의 감소와 연관성 등이 포함된다(ASHA, 2004; Mościcki, 1993; Robey, 2004a, 2004b).

EBP의 원칙은 수렴적인 근거를 찾는 것이므로 치료 효능은 서로 다른 연구자가 해당 모집단 중 서로 다른 피험자를 대상으로 잘 설계되고 통제된 실험연구를 실시한 후 그로부터 얻어 낸 경험적 근거를 체계적으로 정리한 메타분석과 문헌 검토에 의해 가장 강력한 지지를 얻게 된다. 체계적 문헌 검토와 메타분석의 특성에 대해서는 이 장 후반부에서 자세히 기술하겠다.

실험 상황 통제는 근거등급 설정 시 매우 중요한 고려사항이다. 앞서 논의한 바와 같이 통제는

표 5.2 치료 효능 연구의 등급 평가를 위한 '근거 수준' 위계의 예

수준	신뢰성	설명
I	매우 강함	체계적인 검토, 무작위 통제 임상연구에 대해 적절히 설계된 메타분석
II	강함	무작위 통제 임상연구에 대해 적절히 설계된 메타분석
III	중간	적절히 설계된 비무작위적 준실험연구
IV	제한적	상관성 연구, 통제된 사례연구 등을 포함하는 통제된 비중재성 기술연구
V	약함	사례 보고 등을 포함하는 통제되지 않은 비중재성 연구
VI	매우 약함	해당 분야 권위자의 전문가적 견해

출처: ASHA(2004), Cox(2005), Lass & Pannbacker(2008)와 Robey(2004b)의 정보에 기초함.

치료 결과에 대한 다른 대안적 설명의 설득력을 떨어뜨리기 위해 시행하는 것이다. 근거의 질은 치료를 받은 피험자 집단을, 비슷한 특성을 가졌으나 치료를 받지 않은 통제집단과 대조할 때 높아진다. 피험자를 무작위로 선정하는 것 또한 잘 통제된 연구의 핵심 요소이다. 내적 타당도를 위협하는—그로 인해 연구 결과의 신뢰성에 영향을 미치는—또 다른 중요한 요인은 자료 획득과 분석에 영향을 미치는 선입견이 잠재한다는 사실이다.

실험자가 양적 측정연구에 참여할 때 실험자 스스로가 자료 획득 및 측정에 영향을 미치는 요인이 될 수 있다. Rosenthal(1966)이 이 주제에 대해 자주 언급했기 때문에 연구에서 선입견을 가진 인간 관찰자의 문제를 **Rosenthal 효과**(Rosenthal effect)라고 부르게 되었다. Rosenthal과 Rosnow(2008)는 이렇게 실험자가 미치는 영향을, 실험자가 피험자의 행동에 능동적으로 영향을 미친 것인지 아니면 관찰 과정에서 단순히 실수를 한 것인지에 따라 '상호작용' 선입견과 '비상호작용' 선입견으로 분류했다. 'Rosenthal 효과'와 관련된 이슈에 대해서는 제6장에서 더 자세히 설명하겠지만 여기서 치료 효능 연구는 치료 이득이 강력하다는 것을 입증하고자 실시되는 것이므로 관찰자의 상호작용 및 비상호작용 선입견이 이러한 연구에 중대한 영향을 미친다는 것만은 언급하겠다. 그러므로 선입견이 미치는 영향을 최소화하기 위해 집단 구성원에 대한 정보를 실험자가 **모르**게 했을 때 질적 등급이 높아진다. Lohr(2004)는 특정 연구의 내적 타당도 평가와 연구 결과에 따른 근거 수준 판단 사이의 관계를 다음과 같이 간단히 정리하였다.

> 특정 연구의 질적 등급을 매기는 것과 그 연구에 포함되어 있는 근거들의 검증력을 평정하는 것은 서로 연결되어 있는 주제이다. 이 문맥에서 "질"이란 "연구 설계 및 수행의 모든 측면에서 체계적 및 비체계적 선입견과 추론 오류의 영향이 배제된 정도"(Lohr & Carey, 1999)를 말한다. 이를 확장해서 보면 질적 측면은 피험자를 선정하고 연구대상이 되는 요인 외에 연구 결과에 영향을 미칠 수 있는 요인들로 인한 결과 및 집단 간 차이가 어느 정도인지 측정할 때 연구자의 선입견을 연구의 설계, 수행 및 분석 과정에서 얼마나 최소화시켰는지에 초점을 맞춘다(West et al., 2002)(p. 12).

질적 등급을 매기고 임상적 의문점을 규명하는 연구의 신뢰성을 평정하는 데 영향을 미치는 또 다른 요인에는 연구 결과의 통계적 유의성, 효과의 크기 등이 포함되며 해당 연구가 **실현 가능하고 연관성**을 갖고 있는지도 포함된다. 실현 가능성이란 임상 현장에 연구로 검증된 활동을 적용할 수 있는 것을 의미하는 반면 연관성이란 대개 실험에 참여한 피험자와 그 결과를 일반화시킬 혹은 전이시킬 대상자가 서로 유사함을 의미한다.

마지막으로 과학적 엄격주의의 영향을 가장 덜 받으므로 가장 빈약하다 할 수 있는 근거는 전문가 혹은 기타 공인된 권위자들의 견해이다. 그러나 유효한 임상연구가 없는 경우 다수의 전문가 견해도 임상적 결정을 하는 데 가치 있는 안내자 역할을 할 수 있다. 더 높은 수준의 근거가 유효 하다면 전문가의 판단은 "한 사람이든 같은 의견을 가진 집단이든 회의적인 시선으로 검토해야 하며 엄격한 과학 연구가 제시하는 근거와 상충될 경우 전적으로 무시해야 한다"(Dollaghan, 2004).

Dollaghan(2004)에 따르면 "EBP의 교훈"은 "임상 경험과 환자의 관점을 무시해도 된다는 것이 아니다. 찾아낼 수 있는 최상의 과학적 근거에 대한 배경지식을 제시한다고 보는 것이 더 좋다"(pp. 392-393). 이를 염두에 두면 EBP가 진단, 처치 혹은 중재 방법을 결정하는 데 임상가를 배제함을 의미하는 것이 아니라 유효한 근거를 판단하고 임상적 결정을 내릴 때 그러한 정보를 효과적으로 사용하는 것을 의미하는 것임이 분명해진다. 그러므로 EBP는 '근거 포트폴리오'의 축적이 중요한 일부를 차지하는 하나의 과정으로 볼 수 있다(그림 5.2). 그러나 연관성 있는 연구를 면

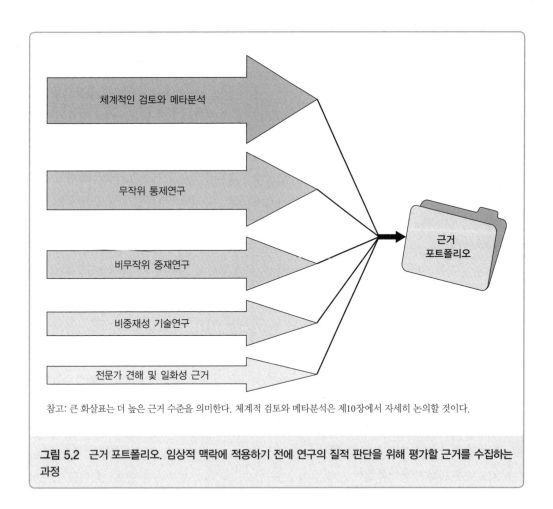

참고: 큰 화살표는 더 높은 근거 수준을 의미한다. 체계적 검토와 메타분석은 제10장에서 자세히 논의할 것이다.

그림 5.2 근거 포트폴리오. 임상적 맥락에 적용하기 전에 연구의 질적 판단을 위해 평가할 근거를 수집하는 과정

밀히 검토해 보면 경험적 근거가 환자 및 그들의 임상적 필요성과 선호도를 분리시켜 임상적 결정
을 하도록 하는 것이 아니라는 것을 알게 된다(Schwartz & Wilson, 2006 참조). 근거의 가치는 임
상가와 환자에게 얼마나 도움을 주느냐에 따라 판단하는 게 더 적절하다.

　　Bernstein Ratner(2006)는 근거기반 의사결정 시 참고해야 할 두 가지 중요한 단서조항을 제시했
다. 첫 번째 주의사항은 효능을 입증한 기록이 부족하다고 해도 전통적 치료 방법에 대해 개방적
사고방식을 가져야 한다는 것이다. Ratner는 치료가 효과적이라는 근거가 없다는 것을 치료가 효
과적이지 않다는 근거로 간주해서는 안 된다고 했다. 즉 근거가 부족한 것이 치료가 효과적이지
못하다는 논쟁의 근거로 사용될 수 없다는 것이다. 오히려 잘 통제된 치료연구 수행의 필요성에
대한 토대가 된다. 그러므로 EBP가 임상 경험은 풍부하나 연구를 통한 근거가 부족한 과거의 임상
적 중재 방법을 모두 버려야 한다고 주장하는 것은 아니다. Haines와 Jones(1994)에 의하면 EBP의
"과제"는 "효과성이 입증된 혁신적 방법에 대한 이해를 증진시키고 효과적이지 못한 혁신적 방법
의 사용을 감소시키는 것이다."

　　Bernstein Ratner(2006)의 두 번째 단서조항은 마치 "각각의 문제 영역"에는 오직 한 개의 "정답"
만 있는 것처럼 생각하지 말라는 것이다. 많은 중재 방법이 저마다의 효능을 갖고 있으며 근거기
반 의사결정 시 수많은 환자 및 임상가 관련 요인이 관여하기 마련이다. 사실 임상적으로 적용하
기에 유효한 효과적이고 효능성 높은 방법은 많이 있기 때문에 임상가는 이 중 환자 개인에 맞는
맞춤식 중재를 실시할 수 있다. 게다가 Konnerup과 Schwartz(2006)가 지적한 바와 같이 임상 현장
에서 EBP의 목적이 "수량화할 수 있고 임상적으로 방어 가능한 표준을 제시하는 것"이라고 해도
EBP는 중재의 효능 이상을 말해 준다. 이들은 "치료 효능은 정책, 프로그램 운영 및 관리, 임상적
서비스 제공, 소비자 평가 등이 포함된 더 큰 그림을 구성하는 일부일 뿐이다"(p. 79)라고 지적하
고 있다.

핵심 용어

개인적 의의	임상실험	치료 효과성
군집표집	임상적 성과	치료 효능
근거 수준	임상적 의의	치료 효율성
다단계표집	제1단계 치료 성과 연구	직접 반복검증
단순 무작위 표집	제2단계 치료 성과 연구	진실험 설계
목표성과	제3단계 치료 성과 연구	체계적 반복검증
무작위 통제실험(RCT)	제4단계 치료 성과 연구	층화 무작위 표집
비용편익분석	제5단계 치료 성과 연구	코호트
사전실험 설계	준실험 설계	Rosenthal 효과
시계열 설계	중개연구	
실용적 임상실험	치료 효과	

비평적 읽기 연습

01. 다음 연구논문을 읽어 보라.

Beeson, P. M., Rising, K., Kim, E. S., & Rapcsak, S. Z. (2010). A treatment sequence for phonological alexia/agraphia. *Journal of Speech, Language, and Hearing Research, 53*, 450–468. doi:10.1044/1092-4388(2009/08-0229)

Beeson과 공동연구자들은 어떤 치료 효과를 규명해 보려고 시도했는가? 측정된 치료 성과는 어떠했는가?

02. 다음 연구논문을 읽어 보라.

Tomblin, J. B., Records, N. L., Buckwalter, P., Zhang, X., Smith, E., & O'Brien, M. (1997). Prevalence of specific language impairment in kindergarten children. *Journal of Speech, Language, and Hearing Research, 40*, 1245–1260.

Tomblin과 공동연구자들이 피험자 선정을 위해 사용한 표집 방법에 대해 설명하라. 이들이 단순 무작위 표집보다 체계적 표집 방법을 선택한 논리적 근거는 무엇인가?

03. 다음 연구논문을 읽어 보라.

Buschmann, A., Jooss, B., Rupp, A., Feldhusen, F., Pietz, J., & Philippi, H. (2009). Parent based language intervention for 2-year-old children with specific expressive language delay: A randomised controlled trial. *Archives of Disease in Childhood, 94*, 110–116. doi:10.1136/

adc.2008.141572

Campbell과 Stanley(1966)의 다이어그램 체계를 사용해서 이 연구의 구조를 개관해 보라. 선입견을 줄이고 내적 타당도를 개선시키기 위해 어떤 통제 방법이 사용되었는가? Buschmann과 공동연구자들은 치료 효과와 치료 효능 두 가지를 어떻게 입증하였는가?

04. 다음 연구논문을 읽어 보라.

Logemann, J. A., Gensler, G., Robbins, J., Lindblad, A. S., Brandt, D., Hind, J. A., & … Miller Gardner, P. J. (2008). A randomized study of three interventions for aspiration of thin liquids in patients with dementia or Parkinson's disease. *Journal of Speech, Language, and Hearing Research, 51*, 173–183. doi:10.1044/1092-4388(2008/013)

Campbell과 Stanley(1966)의 다이어그램 체계를 사용해서 이 연구의 구조를 개관해 보라. 선입견을 줄이고 내적 타당도를 개선시키기 위해 어떤 통제 방법이 사용되었는가? Logemann과 공동연구자들은 연구 결과의 '실제적 의의'를 어떻게 입증하였는가?

05. 다음 논문을 읽어 보라.

Hinckley, J. J., & Douglas, N. F. (2013). Treatment fidelity: Its importance and reported frequency in aphasia treatment studies. *American Journal of Speech-Language Pathology, 22*, S279–S284. doi:10.1044/1058-0360(2012/12-0092)

Hinckley와 Douglas는 '치료 충실성'을 어떻게 정의하고 있으며, 이것이 치료연구에서 중요한 이유는 무엇이라고 설명하는가? '치료 분화성'을 '치료 통합성'과 구분하는 것은 무엇인가? '임상적 경향'은 치료연구에 어떤 영향을 미치는가? Hinckley와 Douglas가 실어증 환자의 치료연구에 대해 보고한 결과는 무엇인가?

06. 다음의 안내서를 읽어 보라.

Byiers, B. J., Reichle, J., & Symons, F. J. (2012). Single-subject experimental design for evidence-based practice. *American Journal of Speech-Language Pathology, 21*, 397–414. doi:10.1044/1058-0360(2012/11-0036)

근거기반 실제를 지지하는 맥락에서 Byiers, Reichle과 Symons가 단일대상 연구에 두는 가치는 무엇인가? 단일대상 및 소규모 집단 연구 설계에서 근거의 질적 수준을 판단하는 데 이들이 사용한 기준에 대해 논하라. 그들의 논지를 치료 효능과 치료 효과의 차이에 연결시켜 설명해 보라.

07. 다음의 연구논문을 읽어 보라.

Pollard, R., Ellis, J. B., Finan, D., & Ramig, P. R. (2009). Effects of the SpeechEasy on objective and perceived aspects of stuttering: A 6-month, Phase I clinical trial in naturalistic environments. *Journal of Speech, Language, and Hearing Research, 52*, 516-533.

doi:10.1044/1092-4388(2008/07-0204)

Pollard와 공동연구자들이 사용한 비무작위 ABA 집단설계에 대해 설명하라. 치료 성과 연구의 '다섯 단계'에 비추어 볼 때 이 연구는 어떻게 해서 제1단계 실험으로 볼 수 있는가? 치료 효능 연구와 다른 점은 무엇인가?

08. 다음의 '임상적 초점' 논문을 읽어 보라.

Davidow, J. H., Bothe, A. K., & Bramlett, R. E. (2006). The Stuttering Treatment Research Evaluation and Assessment Tool (STREAT): Evaluating treatment research as part of evidence-based practice. *American Journal of Speech-Language Pathology, 15*, 126–141. doi:10.1044/1058-0360(2006/013)

STREAT가 EBP를 지지하는 말더듬 치료연구의 비평적 사정을 돕기 위해 어떻게 설계되었는지 설명하라. STREAT는 근거 수준을 어떻게 설명하는가?

09. 다음의 사설을 읽어 보라.

Limb, C. J. (2011). The need for evidence in an anecdotal world. *Trends in Amplification, 15*, 3–4. doi:10.1177/1084713811425751

Limb은 임상 현장의 일화적 근거에 어떤 가치를 두고 있는가? 이 논증을 치료 효능과 치료 성과 연구 간의 차이에 연관시켜 설명하라.

10. 다음의 비평적 검토 논문을 읽어 보라.

Bagatto, M. P., Moodie, S. T., Seewald, R. C., Bartlett, D. J., & Scollie, S. D. (2011). A critical review of audiological outcome measures for infants and children. *Trends in Amplification, 15*, 23–33. doi:10.1177/1084713811412056

청각 관련 성과의 객관적 및 주관적 측정치 유형에 대해 Bagatto와 공동저자들이 설명한 내용을 논하라. 그 유형의 장점과 단점은 무엇인가? 질 높은 성과 측정치로 판단하는 그들의 기준은 무엇인가?

11. 다음의 연구 검토 논문을 읽어 보라.

Persaud, R., Garas, G., Silva, S., Stamatoglou, C., Chatrath, P., & Patel, K. D. (2013). An evidence-based review of botulinum toxin (Botox) applications in non-cosmetic head and neck conditions. *Journal of the Royal Society of Medicine Short Reports, 4*(2), 1–9. doi:10.1177/2042533312472115

경련성 발성장애, 음성진전, 삼킴장애, 말더듬 등 다양한 장애군 치료 시 보툴리눔 독소(보톡스)의 '치료적 역할'을 평가하는 데 Persaud와 공동저자들이 연구 근거 수준을 어떻게 사용했는지 논하라.

12. 다음의 비평적 검토 논문을 읽어 보라.

Barker, R. M., Saunders, K. J., & Brady, N. C. (2012). Reading instruction for children who use AAC: Considerations in the pursuit of generalizable results. *Augmentative and Alternative Communication, 28*, 160–170. doi:10.3109/07434618.2012.704523

Barker, Saunders와 Brady가 치료연구의 외적 타당도를 개선시키기 위해 제안한 방법은 무엇인가? 보완대체 의사소통 방법을 사용하는 심각한 말소리장애 아동을 위한 문해지도에 대해 언급한 문헌들의 검토를 통해 이들이 내린 결론은 무엇인가?

13. 다음의 연구논문을 읽어 보라.

Ciccone, N., Hennessey, N., & Stokes, S. F. (2012). Community-based early intervention for language delay: A preliminary investigation. *International Journal of Language and Communication Disorders, 47*, 467–470. doi:10.1111/j.1460-6984.2012.00149.x

Ciccone, Hennessey와 Stokes가 규명하고자 한 치료 효과는 무엇인가? 임상 실제 상황에서 일어나는 결과를 '번역'하려는 초기 시도를 알리기 위해 이들은 효능에 대한 문헌을 어떻게 사용했는가?

6 연구논문의 방법

서론이 연구논문의 기초라면 방법은 구조적인 뼈대가 될 수 있다. 뼈대를 이해하는 것은 뒤따르는 결과와 논의의 비판적 해석에 중요하다. 저자가 누구를, 무엇을 연구하는지, 어떤 도구를 사용하고 어떻게 그러한 도구가 유용한 자료를 얻기 위해 사용되는지, 즉 절차를 설명하는 부분이 방법이다. 또한 방법은 독자로 하여금 보고된 연구 전략과 연구와 관련된 특정한 연구 설계를 확인하도록 한다. 마지막으로 저자가 내적 타당도와 외적 타당도를 어떻게 다루는지를 주의 깊은 독자들이 알 수 있는 부분이 방법 부분이다.

방법 부분은 앞의 연구 서론에서 윤곽이 잡힌 문제 진술, 목적, 이론적 근거에 대한 논리적 확장이다. 만약 서론의 자료가 명확하지 않거나 이론적으로 설득력이 없다면 주어진 맥락에서 절차가 적절한지 판단하기 어려울 것이다. Rumrill, Fitzgerald와 Ware(2000)는, 방법은 저자가 연구 질문이 어떻게 다루어지는지 또는 가설이 어떻게 검증되는지를 상세하게 기술하는 부분이라고 설명하였다(p. 259). 채택된 방법이 문제에 잘 맞는지를 결정하는 것 외에 저자의 관심 — 이 장에서 우리가 알고 싶은 것 — 은 연구자에 의해 선택된 방법이 적절한지에 대한 것이다.

방법 부분의 구성요소

연구논문의 방법 부분은 누가 또는 무엇이 연구되는지 그리고 자료를 모으기 위해 무슨 방법을 취하는지를 설명한다. 상세한 설명을 제공해서 결과가 재생산 가능한지를 평가하기 위해 재고될 수 있어야 하고 비판적 독자들이 결과와 결론이 타당한지 성찰할 수 있어야 한다. 비록 연구논문의 방법 부분이 연구 설계에 따라 달라질 수 있지만 대부분의 논문은 연구되는 개인, 동물, 또는 어떤 경우에는 생물학적 표본 또는 조직에 대한 설명으로 시작한다. 다음으로는 행동을 관찰 또는 측정하는 데 쓰이는 도구들이 상술되며, 데이터를 획득하고 다루고 분석하는 것과 관련된 프로토콜을 언급하는 연구 절차가 다음으로 상술된다.

피험자(참여자)

지난 몇 년 동안 피험자와 참여자라는 용어 간에 혼동이 있어 왔다. 연구에서 검사받고 평가받는 개인을 '피험자'로 언급하는 것은 과학적 연구에서 오랜 전통이었다. 옥스퍼드 영어사전에 의하면 1883년으로 거슬러 올라가서 '피험자'라는 단어는 실험 대상이 되는 사람을 나타낼 때 쓰인다 (1989년에 '피험자'). 그 용어는 연구 프로토콜에 실험대상이 된 개인들, 연구의 피험자와 같은 사람을 내포한다. 20세기 동안 피험자라는 용어는 기술연구 자료를 제공하기 위해 그 기록(의학적 기록, 학문적 기록)이나 행동이 방해받지 않게 관찰되는 실험용 동물이나 개인을 포함시키는 데까지 그 사용이 확장된다.

2001년에 인간 피험자의 치료와 보호에 대한 관심이 증가하면서 미국심리학회(APA)는 "비개인적인 용어인 피험자"를 연구의 성격과 그 위험 부담 및 수혜사항을 알고 연구에 참여하는 것에 동의한 사람을 의미하는 "참여자"라는 용어로 대체할 것을 제언하였다. 이러한 용어의 변화는 이 사람들이 인간으로서 자율성을 절대 포기하지 않는다는 것을 인정하려는 의도였다(Kimmel, 2007). 본질적으로 그 변화는 관점의 변화—개인에게 연구를 실시하는 것으로부터 개인과 함께 연구를 실시하는 것으로—를 의미하는 것이다.

불행하게도 단일대상 설계와 피험자 내 설계와 같은 용어의 사용은 연구 공동체에서 오랫동안 인식되고 이해되어 왔다(Carey, 2004; Roediger, 2004). 실제로 동의 절차들을 설명하는 최근의 많은 기록들은 피험자 보호로 명칭을 바꾸었으며(Baumgartner & Hensley, 2013), 미국국립보건원(NIH)은 피험자연구보호국(OHSRP)을 운영하고 있고 미국 보건복지부의 인간연구보호국(OHRP) 강령은 "연구에 관련된 피험자의 권리, 복지, 행복을 보호하는 역할을 한다"고 규정했다(OHRP, 2013). 하지만 오랫동안 고수해 온 용어를 바꾸는 것에 대한 저항 외에도 피험자라는 용어가 변화되어야 한다는 주장을 옹호하는 사람들은 몇 가지 이유 때문에 어려움을 겪었다.

첫째, 아동들과 인지적 결함이 있는 성인들처럼 연구에 참여하는 일부 개인들은 그들이 동의하지는 않고 그들을 대신해서 적절한 대리인이 승인을 했을 것이다(Penslar, 1993). 사실 미국심리학회는 이러한 개인들을 "피험자"로 지칭하는 것을 제안했다(APA, 2001, p. 65). 왜냐하면 동의와 보호 절차가 방법 부분에 적절하게 포함되어 있고 피험자와 참여자 간 구분이 명확하지 않기 때문이다. 사람을 '피험자'로 인식하는 것은 더욱이 선입견이 있는 언어의 경우도 아니고 자율성 상실을 암시하는 것도 아니다. 결과적으로 미국심리학회의 출판매뉴얼(*Publication Manual of the American Psychological Association*) 제6판(APA, 2010)은 "100년 이상 피험자라는 용어가 샘플을 설명하는 데 있어서 일반적인 출발점으로 사용되고 그 사용이 적절하다는 점"(p. 73)을 지적하는 이전의 제안을 수정하였다. 게다가 과학적 탐구의 목적으로 관찰되고 연구되는 사람을 설명하는 데 사용되는 구체적인 용어는 연구자들과 연구 규율에 의해 결정되어야 함을 제언하였다.

관련 이슈로는 양적 연구와 질적 연구에 개인이 참여하는 방식 간의 근본적인 차이에 관련되어 있다. 질적 연구에서 연구자는 흔히 그들이 연구하는 사람들과 (여러 가지 방법으로 협력하면서) 상호작용하고 그들의 반응과 의견에 근거하여 절차를 수정하면서 "작업 관계"를 형성한다(Lindlof & Taylor, 2011; Maxwell, 2013; Watt, 2007). 그들은 동료 연구자이자 연구 보조자만큼 연구 시행에 있어서 '참여자'이다. 결과적으로 양적 연구 또는 기술연구에서 '참여자'는 관심 집단을 대표하는 역할을 한다. 이러한 피험자들은 미리 결정된 불변의 프로토콜에 참여하지만 연구의 시행이나 연구 설계에 직접적 역할을 하지는 않는다.

이 책에서 따를 관행은 양적 기술연구와 실험연구를 논할 때는 **연구 피험자**, 질적 연구를 논할 때는 **연구 참여자**로 지칭하는 것이다. 다른 출판물들에서는 얼마간 비일관적인, 다른 관행을 사용한다. **피험자**와 **참여자**라는 용어를 사용하는 것뿐만 아니라 과학적 연구에 참여하는 개인은 또한 연구 과제와 연구 설계의 성격에 따라 **관찰자, 청자, 심사자, 평가자**뿐만 아니라 **응답자**(질문에 대답하는 사람), **피검사자**(검사 연구에 참여하는 사람)로 언급된다. 이 용어들은 모두 의사소통장애 문헌에서 찾아볼 수 있다. 최근 미국언어청각협회(ASHA)에서 간행된 논문에서는 양적, 질적 또는 혼합 연구 패러다임이 사용되는지와 상관없이 '참여자'라는 용어를 선호한다. 하지만 의사소통장애 연구에서 출판된 모든 논문이 이러한 관행을 따르는 것은 아니다.

그들이 인정되는 방법과 관련 없이 연구논문에서 누가 또는 어떤 것이 포함되는지가 어떤 결과가 어느 정도로 일반화되는지에 영향을 미쳤다. 이와 유사하게 비판적 독자들은 피험자가 어떻게 "연구 질문 문맥에서" 설명되는지에 주의를 기울여야 한다(Kallet, 2004). 모집되고 유지된 인원, 포함 근거, 선정 기준은 명확하게 언급되어야 한다. 그들의 성과 연령뿐만 아니라 기본적 인구통계 프로파일이 제공될 수 있다. 의사소통장애 문헌에서 피험자의 의학적 상태를 설명하고 때때로 연구와 관련된 병력을 간단히 설명하는 것은 특히 흔한 일이다. 이 정보를 효율적으로 제공하기 위해 방법 부분에 피험자 또는 대상자 특징을 열거하는 표가 포함된다.

샘플 크기와 선정 기준에 대해 논의하기 전에 용어에 대한 추가 이슈를 언급해야 한다. 최근 젠더(사회적 성)라는 용어가 '생물학적 성'을 의미하는 것으로 점차 보편화되었다. 비록 보편적이지만 연구 공동체의 많은 일원들에게 이것은 관심을 유발한다. *Journal of American Medical Association*의 편집자에게 쓴 편지에서 Wilson(2000)은 "특히 과학적이고 임상적인 출판에서"를 언급하면서 이러한 사용법의 변화에 대한 우려를 나타냈다.

성(sex)과 젠더(gender)의 혼동은 각각의 의미에서 중요한 측면을 흐릿하게 만든다. 전자가 더 객관적인 생물학적 능력과 물리적 신체의 제약을 의미한다. 후자는 특정 문화적·사회적 환경에서 습득되는 사회문화적 역할의 주관적 특징을 의미한다. 이들은 사소한 별개의 관념이 아니라 사실상 유사하며 유전자형과 표현형만큼 중요하다(p. 2997).

이러한 구분은 생물학과 사회학, 심리학, 문화인류학을 벗어난 문제들을 흔히 언급하는 의사소통장애 연구에서 역시 중요한 것이다.

생물학적 성, 즉 여성 또는 남성(여자 또는 남자, 소녀 또는 소년)은 피험자 또는 참여자의 범주적 속성이다. 그것은 개인이 여성성(XX) 또는 남성성(XY)의 핵형과 성호르몬 수준에 의해 조절되는 이차적 성적 특징을 지니는 것에 기초한다. 반대로 젠더는 지속적이고, 적극적인 또는 특징적인 자질로 흔히 간주되는 여성성과 남성성을 말한다. 젠더는 전통적으로 사회에 의해 남성과 여성에게 주어지는 행동과 책임을 말한다. 미국심리학회의 출판매뉴얼에 보면 "젠더는 생물학적 성이 아니고 역할이며 문화적인 것"(APA, 2010, p. 73)이다. 따라서 문화 내에서 그리고 문화 간에 상당히 다양한 학습된 행동이다. 성인 후두의 성별 이형성과 반성 유전성 장애의 결과는 말, 음성, 언어의 남성적이고 여성적인 사용과 같이 사회적으로 결정된 성적 이슈와는 확연히 다른 것이다(예: Carew, Dacakis, & Oates, 2007; McNeill, Wilson, Clark, & Deakin, 2008; Van Borsel & De Maesschalck, 2008).

논의의 요점은 저자가 사용하는 용어를 '감시'하도록 독려하는 것이 아니다. 차라리 이 이슈들은 저자들이 사용하는 용어를 저자가 구체적으로 어떻게 정의하는지를 명확하게 이해해야 하기 때문에 제기된다. 실험 통제 변수가 모호하게 정의될 때 연구 설계와 결과, 결론의 타당도를 적절하게 판단할 수 없을 것이다. 어떤 용어가 선택되는지와 관련 없이 저자는 충분한 정보를 제공해서 그 의미가 명확하고 구체화되어야 한다. 예를 들어 개의 후두절제와 관련된 최근 연구에서 Alipour, Finnegan과 Scherer(2009)는 젠더라는 용어를 표본을 얻은 개별 동물의 성을 지칭할 때 사용하였다. 물론 이 경우에는 저자가 그 생김새가 남성적인지 또는 여성적인지에 대한 것을 지칭하는 것이 아니고 후두가 수컷의 것인지 암컷의 것인지를 지칭하는 것이라는 점에서 의심의 여지가 없다.

모델과 표본 Alipour와 동료들(2009)의 연구는 기술연구와 실험연구의 초점이 인간 피험자 또는 참여자일 필요가 없다는 점을 강조한다. 실험실 동물은, 물론 연구 대상(subjects)으로 사용되는데, 우리가 그 동물들을 참여자라고 부르기는 어렵지만 많은 의사소통장애 연구에서 생물학적 표본과 조직 표본이 이용되고 있다. 제1장에서 어떤 연구들은 측정 가능한, 개념적인, 또는 물리적인 모델을 사용하여 이론을 개발하고자 한다고 언급하였다. 인간과 동물로부터 절제된 생물학적 표본과 조직 표본은 해부학적 변수와 생리학적 변수 간의 인과관계를 검증하고 이론을 시험하는 데 사용되어 왔고 앞으로도 계속 그렇게 될 많은 유형의 물리적 모델에 속한다.

물리적 모델의 사용을 포함하는 연구에서 조직과 표본이 어떻게 획득되고 연구 프로토콜 시작 전에 어떻게 연구를 준비하는지 자세한 설명이 이루어져야 한다. 표본 준비에 대한 충분한 정보가 제공되어야 하며 그럼으로써 독자들은 연구를 복제할 수 있고 최소한 그 연관성을 평가할 수 있다. Alipour, Finnegan과 Scherer(2009) 논문의 방법 부분에서 발췌한 〈관련논문 6.1〉은 어떻게 표본이 '적출되는지', 사용된 표본의 성격과 그들이 실험 기기의 일부로 어떻게 준비되는지, 그리고 자료가 어떻게 추출되는지를 포함하여 후속하는 실험 절차를 설명하는 기술적 구성의 뛰어난 예

관련논문 6.1

방법

아이오와대학교 병원과 클리닉의 심장혈관 연구 실험에 의해 개에게서 적출한 후두 10개가 얻어졌다. 개의 무게는 17~28kg였고, 성대 길이는 12~16mm(자세한 것은 표 1 참조)였다. 각 후두는 이상이 없어 보였다. 이 연구의 주된 매개변수는 성문하압, 기류율, 내전, 그리고 신장(elongation)이다. 기류율은 미세한 회전식 밸브로 조정되며, 기계적 기류 측정기를 통해 모니터링된다(Gilmont rotameter, Model J197; Barnant Company, a division of Thermo Fisher Scientific, Barrington, IL). 내전은 다양한 두께(0.1~1.0mm)의 금속 끼움쇠에 지탱하여 피열연골을 근접시킴으로써 만들어지거나 또는 피열연골이 내전할 때 측윤상피열근과 (측)갑상피열근을 시뮬레이션하도록 갑상연골 각각의 근육 움직임을 끌어당기는 한 쌍의 봉합으로 만들어진다. 성대는 갑상연골 중앙에 붙어 있는 마이크로미터 단위로 조정되는 엘리게이터 클

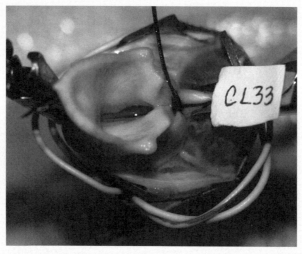

그림 1 적출 후 고정시킨 개 후두에 EGG 전극과 제어 봉합 상태. 후두개와 가성대는 온전함.

(계속)

립으로 갑상연골의 앞부분을 끌어당기거나 두 개의 양측 봉합에 의해 피열연골을 후방으로 끌어당김으로써 길게 늘어난다.

〈그림 1〉은 내전과 신장 봉합으로 절제된 후두가 고정된 모습이다. 뜨거운 열기와 습기가 있는 공기가 3/4-in. 튜브를 통해 들어간다. Synchrovoice EGG(Synchrovoice, Inc., Harrison, NJ)가 발성 동안 EGG 신호를 기록하기 위해 작은 갑상연골 조각 위에 놓인다. EGG 신호는 기본주파수를 추출하기 위해 사용된다. 오디오 신호는 후두로부터 6~10in. 거리에서 마이크로폰(Sony ECM-MS907; Sony Electronics, Tokyo, Japan)으로 기록되고 디지털 오디오 테이프 녹음기(Sony PCM-M1)로 녹음된다. 시간에 따라 달라지는 성문하압은 성대 아래 10cm에 위치한 기관 튜브에 0~1kHz로 올라와 내전하는 압력 에너지변환기(Microswitch 136PC01G1, Allied Electronics, Fort Worth, TX)를 사용하여 녹음된다. 평균 호기류율은 기류계 입력(Gilmont rotameter, Model J197)으로 모니터링되고 습도 조절 기기의 윗부분인 Validyne DP103(Validyne Engineering, Northridge, CA)이 있는 호기류계[Hans Rudolph 4700 Series(Hans Rudolph Inc., Kansas City, Mo)]로 측정된다. 후두의 위쪽은 스트로보스코피 빛으로(Phaser Strobe, Monarch Instrument, Amherst, NH) 비디오 녹화되는 동안 TV로 모니터링된다.

출처: "Aerodynamic and Acoustic Effects of Abrupt Frequency Changes in Excised Larynges," by F. Alipour, E. M. Finnegan, and R. C. Scherer, 2009, *Journal of Speech, Language, and Hearing Research, 52*, p. 467. Copyright 2009 by the American Speech-Language-Hearing Association. 승인하에 게재.

이다.

〈관련논문 6.2〉는 특정 유형의 성대병리 유전자 표현 패턴을 확립하기 위하여 상호보완적인 DNA 미세배열을 사용한 연구의 방법 부분에서 발췌되었다. 비록 그 방법이 고도로 기술적이지만 〈관련논문 6.2〉는 연구에 사용되는 차후의 분석 절차뿐만 아니라 조직 표본을 획득하고 준비하는 것을 설명하는 데 필요한 세부 단계의 좋은 예이다.

관련논문 6.2

방법
표본 획득

후두 표본은 진성대 절제술(TVF, 76세 남환), 성대 폴립(VP, 38세 남환), 육아종(VG, 42세 남환) 환자로부터 수집되었다. TVF는 VP와 VG에 대한 통제 조직으로 사용되었다. TVF는 성문 상부암으로 인해 후두전적출술을 받은 환자에게서 적출된 것이었다. 후두 입구 상부를 제외하고 조직학적 차이는 없었고, 후두에 질병이 없는 것으로 추측되었다. 표본은 수술실에서 RNA 처리 후에 수집되었다. 조직은 24시간 후, 4℃에서 액체질소로 급속냉동되었다. 위스콘신-매디슨대 보건학 인간피험자 임상실험심의위원회에서 조직 표본 획득을 위한 프로토콜을 승인받았다.

표본 준비

구아니딘 이소티오시안산염/페놀 방법(Chomczyn-ski, 1987)을 사용하여, 전체 RNA는 실온(room temperature, RT)에서 조직 표본으로부터 분리되었다. RT에서 조직들은 균질화되었고 50~100mg의 조직당 Trizol 시약(Gibco-BRL; Grand Island, NY) 1ml로 용해되었다. RNA의 온전한 상태를 유지하기 위해 표본은 어떤 DNA도 완전히 분해할 수 있는 RNase-free DNase(Promega Corp.; Madison, WI)와 함께 RT에서 소화되었다. 그 후 RT에서 전체 RNA는 (남아 있는 RNase-free DNase를 제거하기 위해) 페놀/클로로포름 추출되었고, 에탄올에 침전시켰으며, 디에틸렌 열분해탄소(DEPC) 처리된 증류수에 보관되었다. 전체 RNA 산출물은 밀리리터당 RNA 40μg에 상응하는 값인 260nm에서 1광학밀도(OD)로 분광광도법적 분석법으로 수량화되었다. 전체 RNA는 DEPC 처리된 증류수에 저장되어 마지막으로 약 1mg/ml로 농축되었다. mRNA는 RT에서 Oligotex mRNA 정화장비 세트(Qiagen; Chatsworth, CA)를 사용하여 전체 RNA로부터 정화되었다. 이 기술로 mRNA의 poly A 꼬리가 라텍스 구슬에 붙어 있는 poly dT 시퀀스에 결합한다. 스핀 칼럼에서 구슬은 헹궈지고 완충제로 원심 분리되어 리보솜의 RNA를 제거하고 RNA로 이동된다. mRNA는 후에 5mM Tris(하이드록시메틸) 아미노에탄-HCL로 용해시켜 분리되었다. mRNA 표본은 −80℃로 냉동 저장된 200μg/ml의 농축액에서 5μl 용액으로 용액화되었다. 방법적으로 자세한 설명은 Ausubel 등(2002)의 연구를 참고하라.

미세배열

냉동된 mRNA 표본은 유타대 Huntsman 암 연구소 유전자미세배열시설에서 처리되었다. 유리 배열(현미경용 유리 슬라이드)에는 유리 슬라이드의 표면소수성과 작은 반점인 cDNA의 점착성을 강화시키고 cDNA의 확산을 최소화하기 위해 폴리리신을 발랐다. 각 유리 슬라이드에는 4,632개의 개별 cDNA 복제들이 Molecular Dynamics Gen3 Microarray Spotter(Molecular Dynamics; Sunnyvale, CA)로 번식했다. 목표물은 기능적 혹은 구조적 분류를 반영하지 않은 형식으로 유리 슬라이드에 배열되었다. 각각의 유리 슬라이드는 미세배열 형성 용액(Amersham Biosciences; Piscataway, NJ)을 사용하여 RT에서 하루 동안 mRNA의 두 가지 유형으로 혼합되었다. 하나는 Cy3-dCTP(초록색 형광발광)(TVF)로 이름 붙여졌고, 다른 하나는 Cy5-dCTP(빨간색 형광발광)(VG 또는 VP)로 이름 붙여졌다. 배열들은 RT에서 10분마다 고강도의 세척 물질[2×소금과 구연산나트륨(SSC), 0.2%의 도데실황산나트륨(SDS)]로 세척되었고, RT에서 10분마다 저강도의 세척 물질(0.2× SSC, 0.02% SDS)로 세척되었다. 유리 슬라이드들은 증류수(0.5ml, 리터당 1M Tris)에 넣어져서 10초 동안 섞인 후 꺼내졌다. 혼합 패턴은 각 지점마다 혼합 강도(형광 색상의 강도)를 수량화하기 위해 두 가지 색상의 공초점 현미경을 사용하여 컴퓨터에 캡처되었다. 두 가지 신호의 비율이 계산되었고 그래프에 노란색(두 가지 표본이 균등한 신호), 녹색(VG 또는 VP에서보다 TVF에서 더 높음) 또는 빨간색(TVF에서보다 VG 또는 VP에서 더 높음)으로 표현되었다. 그 결과 신호들은 특정한 유전자 발현 활동을 보여 주었다. 즉 차별화된 유전자 발현을 수량화시켜 제공하였다. 각 유리 슬라이드의 복제 네 개가 완성되었다.

출처: "DNA Microarray Gene Expression Analysis of a Vocal Fold Polyp and Granuloma" by S. L. Thibeault, S. D. Hirschi, and S. D. Gray, 2003. *Journal of Speech, Language, and Hearing Research, 46*, pp. 493-494. Copyright 2003 by the American Speech-Language-Hearing Association. 승인하에 게재.

표본 크기　언급한 바와 같이 **모집단**(population)은 연구자가 궁극적으로 관심 있어 하는 개인들의 집단이다. 그것은 전형적으로 발달하는 모든 6학년과 같이 크거나, 베르니케 실어증을 지닌 후두적출자와 같이 적다. 특정 환경에서 특정 참여자가 초점이 되는 질적 연구에서는 종종 관심 있는 전체 전집이 연구되기도 한다(Lindlof & Taylor, 2011; Rice & Ezzy, 1999). 이것은 극도로 드문 의학적 상태와 상황을 연구하는 양적 연구에도 적용된다. 그러므로 연구자들은 관심의 전집 **표본**(sample)을 연구한다. 초반부에 논의한 바와 같이 실험자는 보통 그들의 결과가 전체 집단으로 일반화되길 바라며, 이것은 표본으로부터 수집된 자료가 전집에서 획득한 것과 유사하다는 것을 추론함으로써 이루어진다.

　　의사소통장애 연구의 다양성은 어떤 의미에서 다른 연구들에서 적용되는 표본 크기의 범위에 반영된다. 표본 크기 범위는 단일대상 연구에서부터 수천 명의 피험자를 포함하는 규준 연구에까지 이른다. 따라서 비판적 독자가 고려해야 할 첫 번째 질문은 표본 크기가 연구의 목적에 적절한지이다. 불행하게도 이 질문에 대한 유일한 해답은 없다(Pedhazur & Schmelkin, 1991). 사용된 많은 피험자들이 적절한지를 결정하는 데 연구의 목적, 선행 연구, 일반화 가능성에 대한 재고, 연구 진행 중인 속성에서 발견된 다양성, 그리고 연구 설계 자체가 중요한 역할을 한다. 예를 들면 많은 반복 관찰과 측정점이 있는 피험자 내 설계에서 작은 표본이 사용되어 왔고 그것은 꽤 적절한 것이다. 이러한 종류의 소규모 표본 연구는 예를 들어 언어습득 문헌과 심리음향학적 문헌에서 찾아볼 수 있다. 검사 표준화와 조사 연구에는 대규모 피험자 표본이 요구된다. 피험자 간 설계는 흔히 피험자 내 설계보다 더 큰 표본이 필요하다. 만약 조음장애 아동 대부분에 대한 자료를 일반화하고자 한다면 대규모 피험자가 이용된다. 만약 실험 치료가 작은 집단 차이를 산출하는 것으로 예측된다면 변화가 통계적으로 유의한 차이를 나타내도록 큰 표본이 있어야 한다. 물론 대규모 피험자 표본에서 얻어진 통계적으로 작은 유의한 차이는 임상적 의미나 가치가 적을 것이다. 그러나 큰 치료 차이를 기대한다면 예비 자료나 선행 연구에 근거하여 적은 표본이 적절할 것이다.

　　〈관련논문 6.3〉~〈관련논문 6.5〉는 의사소통장애 문헌에서 찾을 수 있는 표본 크기의 넓은 범위를 보여 준다. 발췌된 세 개의 관련논문은 다른 목적과 이전의 표본 크기 관행, 다른 연구 설계, 자료의 변수, 통계 분석을 반영한다. 표본 크기의 선택에 이런 것들의 고려가 다소 영향을 미친다.

　　〈관련논문 6.3〉은 무작위로 선택된 대규모 피험자 표본 사용의 예이다. 우리는 비판적 독자들이 대규모 피험자가 관심 전집으로부터 무작위로 선택될 때 결과가 일반화되는 것을 더 신뢰한다고 언급했다. 하지만 대부분의 연구는 관심 있는 전집으로부터 무작위로 선택된 피험자를 포함하지 않는다. 가장 보편적 이유는 관심 있는 피험자의 전체 집합을 구할 수도 없고 그러한 무작위 표본 선택 절차 비용은 엄두도 낼 수 없기 때문이다. 실제적 이유로 인해 의사소통장애 연구의 대부

관련논문 6.3

우리는 인구통계학적 대표 인구 수치를 기반으로 하여 영어만 사용하는 1,328명의 6세 아동들의 하위 표본을 만들어 미국의 말 지체의 출현율을 추정하였다(L. D. Shriberg, D. Austin, B. A. Lewis, J. L. McSweeny, & D. L. Wilson, 1997b). 모든 아동의 말과 언어를 "단순언어장애의 역학" 프로젝트(J. B. Tomblin et al., 1997 참조)에서 사전에 평가하였고 이 프로젝트에서 중서부 위쪽 지역의 세 곳의 거주

지역 내의 층화 군집 표본으로 7,218명의 아동들을 선별해 냈다.

출처: "Prevalence of Speech Delay in 6-Year-Old Children and Comorbidity with Language Delay," by L. D. Shriberg, J. B. Tomblin, and J. L. McSweeny, 1999, *Journal of Speech, Language, and Hearing Research, 42*, p.1461. Copyright 1999 by the American Speech-Language-Hearing Association. 승인하에 게재.

관련논문 6.4

청자

연구에는 정상 청력을 가진 80명의 청자가 참여했다. 20명의 청자(남 10명, 여 10명)는 다음의 네 연령집단으로 선정되었다: (a) 6세 0개월부터 7세 11개월, (b) 10세 0개월부터 11세 11개월, (c) 14세 0개월부터 15세 11개월, (d) 18~30세. 청자들은 다음 조건을 만족하였다: (a) 양측 귀가 250~8,000Hz에서 기도, 골도 역치가 15dB HL(hearing level; ANSI, 1996) 이내의 차이이거나 동일하다. (b) 양측 귀의 어음 인지 역치가 15dB HL 이내의 차이이거나 동일하다. (c) 양측 귀가 정상적인 이미턴스 결과를 가진다. (d) 10dB HL 이상의 기도 골도 차가 나지 않는다. (e) 참여에 앞서서 6개월 이내에 중이염을 겪지 않았다고 입증되었다. (f) 분명하게 조음에 이상이 없다. (g) 영어를 모국어로 사용한다. (h) SCAN(11세 이하 아동들을 위한 A Screening Test for Auditory Processing

Disorders; Keith, 1986) 또는 SCAN-A(12세 이상의 청소년, 성인을 위한 A Test for Auditory Processing Disorders in Adolescents and Adults; Keith, 1994)에서 평균과 1SD보다 낮지 않은 하위 검사 점수와 종합 점수를 가진다. (i) 언어 지체나 장애의 병력이 없다. (j) 일반 학교 교육과정을 거쳤다. 오직 영어만 모국어로 사용하는 사람들이 청자로 모집되었다. 왜냐하면 문해 요소가 잔향, 소음 상황에서 음소 인지 능력에 영향을 미칠 수 있다는 결과가 있기 때문이다(Takata & Nabelek, 1990). 청자들은 앨라배마 주 오번-오펠리카 지역에서 지역 신문에 광고를 하여 모집하였다.

출처: "Children's Phoneme Identification in Reverberation and Noise," by C. E. Johnson, 2000, *Journal of Speech, Language, and Hearing Research, 43*, p. 146. Copyright 2000 by the American Speech-Language-Hearing Association. 승인하에 게재.

분은 대규모 무작위 피험자 표본을 사용하지 않는다.

예외는 대규모 기술연구에 흔히 있으며 그 예로 〈관련논문 6.3〉은 미국에 살고 있는 6세 아동들의 말 지체와 언어장애의 출현율을 밝히고자 하였다. 〈관련논문 6.3〉에 설명된 피험자는 층화 군집

관련논문 6.5

방법

참여자

참여자는 9명의 남성(연령범위: 22~37세, $M =$ 27.9, $SD = 5.2$)과 9명의 여성(연령범위: 24~41세, $M = 30.1$, $SD = 5.1$)이었다. 이들은 의학적으로 말, 호흡, 신경학적 또는 심혈관질환의 병력이 없는 비흡연자들이었다. 카페인 섭취나 음식물로 인한 압수용기 반응성 결과의 잠재적 변화를 통제하기 위해

실험 전 3시간 동안 음식 섭취, 4시간 동안 카페인 섭취를 삼가도록 하였다.

출처: "Respiratory Sinus Arrhythmia During Speech Production," By K. J. Reilly and C. A. Moore, 2003, *Journal of Speech, Language, and Hearing Research, 46*, p. 166. Copyright 2003 by the American Speech-Language-Hearing Association. 승인하에 게재.

표집이라 불리는 기법에 기초해서 무작위로 선택된 7,218명의 아동 원표본으로부터 나온 하위 표본 1,328명의 아동들이다. 7,218명 아동들의 원표본은 중서부 세 곳의 거주지역에서 거주 환경에 기초해서 계층화되었다(예: 도시의, 교외의, 시골의 거주 계층). 이것은 다양한 인구통계학적 조건으로부터 나온 대규모 아동 표본을 제공한다. 군집은 지리적 지역과 거주 환경에 따라 정해진 아홉 개의 유치원 아동 집단으로 구성되었다. 〈관련논문 6.3〉이 연구의 초록 부분이지만 피험자 선정 준거에 대한 자세한 설명은 논문의 방법 부분에 나와 있다. 큰 표본 크기와 표집 방법을 감안하면 이 연구의 외적 타당도는 매우 양호하다.

〈관련논문 6.4〉는 생활연령과 다른 중요한 몇 가지 준거에 근거하여 80명의 피험자를 선택한 것을 설명한다. 비록 이 표본이 이전에 보고된 표본만큼 크지 않고 무작위로 선택된 것이 아니지만 그것은 상대적으로 큰 피험자 표본을 대표한다. 또한 이 연구의 목적과 설계는 〈관련논문 6.3〉에 나와 있는 연구와 다르다. 이 연구에서 80명의 모든 피험자가 개별적으로 검사되었다. 방법 부분의 후반부에 다양한 검사 조건이 무작위로 되어 있고 청자 간 역균형화가 이루어졌다는 점이 설명되어 있다.

일부 말과 청각 연구에서 표본 크기와 피험자 선택 방법은 도구와 절차보다는 덜 중요하고 따라서 거의 우연적이다. 이것은 자료의 가변성이 적고 피험자 내 설계에서 수많은 반복 측정이 이루어지는 기초 생리학과 심리음향학 연구에도 적용된다. 예를 들면 〈관련논문 6.5〉에 말 산출 동안의 호흡 부비강 부정맥에 대한 연구의 전체 피험자 선정 부분이 나와 있다. 이것은 연구된 9명의 여성과 남성에 대한 적절한 설명인가? 그것이 중요한가? 간단히 말해서 연구의 성격과 목적은 말 장애나 호흡기, 신경학적 또는 심혈관질환의 병력이 없는 비흡연 남성과 여성의 작은 집단이 자료에 영향을 크게 미치지 않거나 또는 결론을 수정하지 않는다는 것이다. 이 경우 사용된 도구와 절

차가 참여한 개인보다 더 중요하다. 유사한 예가 쉽게 인용될 수 있다. 다시 한 번 피험자 표본의 적절한 크기와 피험자가 선택되는 방식은 연구의 기본적인 목적과 연구 설계의 속성과 자료의 가변성의 많은 부분에 따라 달라진다.

선정 기준   제4장에서 언급했듯이 **피험자 선정**(subject selection)은 실험연구와 기술연구의 내적 타당도와 외적 타당도에 위협이 될 수 있다. 그러므로 연구논문의 주의 깊은 독자들은 보고된 피험자 선정 절차와 피험자 유형이 연구의 적합성을 훼손시키는지를 판단해야 한다. 평가 지침을 제시하기 전에 (자료와 절차 기술뿐만 아니라) 피험자 기술과 관련된 일반적인 지침이 강조될 필요가 있다. 이 지침은 단순히, 하지만 중요하게, 충분한 기술이 제공되어서 독자가 보고된 연구를 최소한 중요한 측면에서 복제할 수 있어야 한다. 정말 최소한, 선행연구의 충분한 절차 기술을 포함하는 레퍼런스가 제공되어야 한다.

의사소통장애에서 대부분의 기술연구가 차이를 다루고 이러한 질문에 대답하고 있다: 말을 더듬는 사람은 더듬지 않는 사람과 차이가 있는가? 메니에르병이 있는 사람은 소음성 난청이 있는 사람과 다른가? 검사 A가 검사 B보다 실어증과 다른 뇌손상 환자들을 구분해 내는 데 더 민감한가? 집단 차이가 포함된 연구(피험자 간 설계)에서 실험자가 집단 형성에 사용되는 준거를 방어하고 설명하는 것은 전적으로 필수적이다. 부적절한 집단 구성, 중복 집단, 방어할 수 없는 준거 선정은 실험연구와 기술연구의 내적 타당도와 외적 타당도를 모두 크게 위협할 수 있다.

〈관련논문 6.6〉에는 정상 발달하는 아동과 SLI 아동으로 구성된 두 연령대(5~8세와 9~12세)의 아동 집단 간 언어능력과 과묵한 행동에 대한 감정 조정기술 간의 관련성을 조사한 논문으로부터 발췌한 방대한 예가 나와 있다. 또한 이 연구에 특정 집단의 수행 비교가 사용되었다. SLI 아동 43명의 포함 준거는 방법 부분의 첫 번째 부분에 자세히 열거되어 있다. 저자는 각 SLI 아동의 담임교사가 성과 연령을 맞추고 부가적인 엄격한 포함준거를 충족하는 같은 반 또래 명단을 제공하였다고 설명하였다. 이 또래 명단에서 무작위 선정된 피험자들은 SLI 아동의 대응짝이 된다. 특정 집단 포함 기준, 그 집단의 성과 연령 대응 짝, 정상 발달 피험자의 무작위 선정은 외재변인을 통제하려는 노력의 우수한 예이다.

피험자 선정 절차가 의사소통장애의 집단 간 연구에 있어서 중요하므로 우리는 예시를 더 선택하였다. 〈관련논문 6.7〉은 말더듬 아동(CWS)과 말을 더듬지 않는 아동(CWNS) 간에 잠재적인 기질 차이를 조사하도록 고안된 연구이다. CWS와 CWNS 간 동질성을 보장하기 위해 저자는 조심스럽게 성, 연령, 인종 측면에서 두 집단의 피험자를 짝 지었다. 또한 저자는 Hollingshead 사회적 지위의 2요인 지표를 실시하여 집단 간 사회경제적 상태를 균등하게 하였다.

관련논문 6.6

방법

참여자

참여자들은 SLI 아동 43명과 젠더와 생활연령을 일치시킨 정상 발달 아동 43명의 총 86명으로 구성되었다. 각 집단에 대한 설명은 다음과 같다.

SLI 아동

두 곳의 지역 학교에서 모집되었다. 언어치료사들은 그들의 케이스에서 다음 규준에 맞는 아동들을 의뢰하였다.

1. 생활연령이 5~8세 사이 또는 9~12세 사이
2. 비언어성 혹은 동작성 IQ 지수가 80 이상이고 언어장애의 근거가 되는 정신지체(MR)는 제외하였다. 학교에서 받은 최근 IQ 검사 점수는 적용 가능할 때 사용되었다. 사용된 검사는 Kaufman Assessment Battery for Children(Kaufman & Kaufman, 1983), Leiter International Performance Scale(Leiter, 1984), fourth edition of the Stanford-Binet Intelligence Scale(SB; Thorndike, Hagen, Sattler, & Delaney, 1986), Matrix Analogies Test(Naglieri, 1985), Woodcock-Johnson Psycho -Educational Battery-Revised(WJ-R; Woodcock & Johnson, 1989), Wechsler Intelligence Scale for Children-Third Edition(WISC-III, Wechsler, 1991)이다. IQ 점수가 사용될 수 없는 케이스는 Test of Nonverbal Intelligence-Second Edition(TONI-2; Brown, Sherbenou, & Johnsen, 1990)을 실행하였다. 특정한 비언어성 IQ(SB, WJ-R) 측정 결과 산출이 되지 않은 검사로 평가받은 5명의 아동은 합성 IQ 점수가 80 이상일 경우 적합한 것으로 간주되었다(가장 낮은 종합 IQ 지수는 86이었다).
3. 학교 SLP에 의한 언어장애 진단과 언어치료

서비스 등록

4. 수용 및 표현 언어의 공식적 측정에서 평균에서 1SD 이하에 속하는 수행을 보인다. 아이들에게 서비스를 받을 자격을 주기 위해 SLP에 의해 사용된 검사들은 이 기준을 척도로 이용되었다. 실제 검사들은 SLI 아동들의 수용 및 표현 기술에 대한 프로파일 범위를 보여 준다. Comprehensive Assessment of Spoken Language(CASL; Carrow-Woodfolk, 1999)를 사용한 이후의 검사들로 이런 생각을 확인하였다. CASL의 구문 구조에 대한 하위검사(표현)와 단락이해 하위검사(이해)를 근거로 하여 22명의 참여자들은 표현보다 이해에서 더 나은 수행을 보였다. 그중 17명의 아동은 이해 하위검사에서 표준편차 이상인 표준 점수를 나타내거나 또는 표현 하위검사 점수보다 더 높은 점수를 나타냈다. 5명의 아동이 7.5점이거나 산출보다 이해에서 더 낮은 점수를 나타냈고(표준편차의 1/2), 1명은 표준편차보다 더 큰 차이를 보였다. 나머지 16명의 아동은 두 개의 하위검사에서 서로 7.5점인 표준 점수를 보이며 상대적으로 비슷한 산출과 이해 점수를 받았다. 두 하위검사 간의 상관관계와 과묵점수(reticence score)는 통계학적으로 유의미하지 않았다.
5. 학교에서 실시한 순음청력 선별검사에 의해 정상 청력 상태로 나타났다.
6. 정서 또는 행동 장애의 공식적 진단이 없다. 이 기준은 학교 기록과 학교 현장 자료를 근거로 하여 평가되었다.

최종 표본은 더 어린 집단에서는 11명의 남아(평균 연령: 7세 6개월, *SD*=9개월), 나이가 많은 집단에서 12명의 남아(평균 연령: 10세 9개월, *SD*=8개월)로 구성되었다. 어린 집단과 나이가 많은 집단 모두에 10명의 여아가 포함되었고 각각은 6세 6개월의 평균 연령(*SD*=12개월), 10세 4개월의 평균 연령(SD=10개월)이었다.

정상 언어 발달 아동

각각의 SLI 아동들과 젠더와 연령이 같은 정상 언어 발달을 보이는 급우들로 선정하였다. 각각의 SLI 아동들의 학교 선생님은 다음과 같은 규준을 만족하는 같은 반 친구들의 목록을 만들었다.

1. SLI 아동과 같은 젠더와 학급의 아이들
2. 각각의 SLI 아동과 비교하였을 때 생활연령이 6개월 이내인 아이들. 이 기준에 맞지 않는 3명의 아동의 경우에 다른 기준을 만족시켜야 했다. 이 아이들은 각각 대응하는 SLI 아동과 7개월, 8개월, 11개월 이내였다.
3. 교사의 보고와 학교생활 자료에 의해 학습, 행동, 의사소통에 특별한 교육이 요구될 정도의 문제를 보이지 않는 아이들

아이들은 SLI 아동들과 맞는 친구 명단 중 무작위로 선택되었다. 최종 표본은 어린 집단에서는 11명의 남아(평균 연령: 7세 6개월, SD=10개월), 나이가 많은 집단에서 12명의 남아(평균 연령: 10세 9개월, SD=8개월)로 구성되었다. 어린 집단과 나이가 많은 집단 모두에 10명의 여아가 포함되었고 각각은 6세 7개월의 평균 연령(SD=13개월), 10세 4개월의 평균 연령(SD=11개월)이었다.

인종과 사회경제적 지위

두 집단의 아동은 크게 백인, 중산층에서 뽑혔다. 모든 참여자의 사회경제적 지위의 측정은 2000년 인구조사의 블록그룹 자료로부터 얻어 냈다(U.S. Census Bureau, 2003). 연구에 참여한 학교 근방에서 빈곤수준 이하의 소득 수준인 가족의 평균비율은 1% 이하였다(M=0.32, SD=0.49). SLI 집단의 인종은 백인 34명, 히스패닉계 3명, 아시아인 2명, 아프리카계 미국인 2명, 혼혈 2명이었다. 정상 언어 발달 집단의 인종은 백인 39명, 히스패닉계 3명, 아시아인 1명이었다.

출처: "The Relationship of Language and Emotion Regulation Skills to Reticence in Children with Specific Language Impairment," by M. Fujiki, M. P. Spackman, B. Brinton, and A. Hall, 2004, *Journal of Speech, Language, and Hearing Research, 47*, pp. 640–641. Copyright 2004 by the American Speech-Language-Hearing Association. 승인하에 게재.

관련논문 6.7

방법
참여자

참여자들은 3세 0개월부터 5세 4개월 사이의 총 62명의 아이들이고 말더듬 아동(31명, 평균 연령=48.03개월), 일반 아동(31명, 평균 연령=48.58개월)이었다. 말더듬 아동은 일반 아동과 연령(±4개월), 젠더(여아 6명, 남아 25명), 인종(3명의 아프리카계 미국인, 28명의 백인)을 매칭시켰다. 각각의 참여자들의 사회경제적 지위는 Hollingshead 사회적 지위 2요인 지표를 사용하여 결정되었는데 이것은 각각의 참여자들의 '세대주'(표본의 95.2%인 두 부모 가정의 아빠, 표본의 4.8%인 편부모 가정의 엄마) 직업과 교육 수준을 포함한다. 사회적 지위에 따른 집단 간 유의미한 차이는 없었다. $t(52)$=0.12, p=.90(말더듬 아동의 사회적 지위 점수 평균=26.17, SD=14.76, Hollingshead 분류 II의 최하위/일반 아동의 사회적 지위 점수 평균=26.67, SD=14.87, Hollingshead 분류 II의 최하위).

참여자 모두 미국 영어를 모국어로 사용하였으며 신경학적 · 청각적 · 심리적 · 학업적 · 인지적 문제

(계속)

가 없었다. 모든 참여자는 (a) 아래에 설명된 세 개의 표준화된 말 언어 검사에서 20%ile 혹은 그 이상의 점수를 받았고, (b) 청력 선별검사를 통과했으며('집단 분류를 위한 기준' 절 참조), (c) 종합적인/말운동 기능 선별 검사(Selected Neuromotor Task Battery, SNTB)를 통과했고, (d) 이 연구를 하는 동안 조음, 언어, 말더듬에 대한 사전치료를 받지 않았다. 모든 참여자는 말더듬과 언어/음운 간의 관계에 대한 진행 중인 일련의 연구에 참여자가 되었다(예: Anderson & Conture, 2000; Melnick, Conture, & Ohde, 출간 중; Pellowski & Conture, 2002). 말더듬 아동들은 그들의 부모에 의해 이 연구에 참여한 것으로 확인되었다. 부모들은 (a) 무료로 널리 읽히는 월간 부모 잡지(Nashville Parent, 구독자 수 23만 명 추정)에 실린 광고와 (b) 테네시 중부 지역의 SLP, 의료인, 주간 탁아 시설 등을 통해 이 연구를 들었거나, 참여자들은 (c) 어린 시절 말더듬 초기 평가를 위해 Vanderbilt Bill Wilkerson Hearing and Speech Center로 보내진 아이들이었다. 대략적으로 말더듬 아동의 60%는 잡지 광고를 통한 것이었고 나머지 40%는 전문적인 의뢰와 초기 임상적 말더듬 평가를 위한 것으로 나뉘었다. 모든 일반 아동은 잡지 광고에 대한 부모의 응답으로 참여한 것으로 확인되었다.

구간축소절차를 사용하여 부모 인터뷰 동안 말더듬 아동의 TSO(말더듬 시작 시기)에 대한 보고도 포함되었다. 이에 따라 면접자는 말더듬 시작 시기를 체계적으로 좁혔다(Yairi & Ambrose, 1992). 다음 예시는 Yairi와 Ambrose(1992)에 의해 설명된 것이다.

면접자: 아이의 말더듬이 언제 시작되었나요?
부모: 지난 겨울이요.
면접자: 겨울 언제인가요?
부모: 크리스마스쯤이요.
면접자: 크리스마스 이후인가요? 이전인가요?
부모: 이후였던 게 확실해요.
면접자: 새해 첫날 이후인가요? 이전인가요?
부모: 이후요. 새해 첫날에는 더듬지 않았어요.
면접자: 며칠 이후였나요? 몇 주 이후였나요?

부모: 연휴를 보내고 돌아온 하루 또는 이틀 후였어요. 제가 학교로 복직하기 바로 전이었거든요. 제가 분명히 기억해요.
면접자: 언제 복직하셨나요?
부모: 1월 5일이요.
면접자: 그럼 우리는 꽤 가깝게 좁힌 것 같네요.
부모: 1월 3일에서 5일 사이였던 것 같아요.(p. 785)

이 과정을 근거로 하면, 이 연구에 참여한 31명의 말더듬 아동의 부모 보고에서 TSO 평균은 12.93개월이었고(범위: 4~23개월, SD=5.12개월), 모든 말더듬 아동은 23개월 혹은 그 이하의 TSO를 나타냈다.

집단 분류 기준
말더듬 아동(CWS)

말더듬 아동 집단으로 배정된 아동들은 (a) 수집된 자발화 중 100단어당 3번 또는 그 이상의 단어 내 비유창성(WWD: 음소/음절 반복, 음소연장, 깨진 낱말)과 그리고(혹은) 단음절 전체 낱말 반복을 보였다(Bloodstein, 1995; Conture, 2001). (b) 말더듬 정도 측정 검사 3판(SSI-3; Riley, 1994)의 전체 점수에서 11점 혹은 그 이상의 점수를 받았다(중증도에서 적어도 '경도'에 해당하는 점수임). 9명의 말더듬 아동은 경도, 20명은 중등도, 2명은 중도로 분류되었다.

말을 더듬지 않는 아동(CWNS)

말을 더듬지 않는 아동으로 배정된 아동들은 (a) 수집된 자발화 중 100단어당 단어 내에서 2번 또는 이보다 적게 반복을 보였거나 단음절 전체 반복을 보였고(Conture & Kelly, 1991), (b) 말더듬 정도 측정 검사 3판(SSI-3)의 전체 점수에서 10점 혹은 그 이하의 점수를 받았다(중증도에서 적어도 '경도'보다 낮은 점수임).

출처: "Temperamental Characteristics of Young Children Who Stutter," by J. D. Anderson, M. W. Pellowski, E. G. Conture, and E. M. Kelly, 2003. *Journal of Speech, Language, and Hearing Research, 46*, pp. 1223-1224. Copyright 2003 by American Speech-Language-Hearing Association. 승인하에 게재.

내적 타당도에 직접적으로 영향을 미치는 피험자 선정의 또 다른 측면은 피험자가 극단 점수에 근거하여 선정되었는지이다. 극단 점수에 의한 피험자 선정은 회귀 효과를 만든다. 즉 사후치료 점수의 뚜렷한 변화가 실제 치료 효과에 영향을 미치는 것보다 덜 심하게 점수에 영향을 미친다(평균으로 회귀). 비판적 독자들은 치료 프로그램의 연구에서 회귀 효과에 특히 주의해야 한다. Zhang과 Tomblin(2003)은 평균으로의 회귀가 임상 전집의 종단 연구에 어떤 방식으로 영향을 미칠 수 있는지에 대한 훌륭한 지도서를 제공하였다.

〈관련논문 6.8〉은 말더듬 측정에서 평균으로의 회귀에 대한 연구의 논의 부분에서 발췌했다. 사전치료 대기 기간 동안 회귀를 측정하였고 결과를 선행연구와 비교하였다. 비록 발견한 회귀량이

관련논문 6.8

치료에 앞서서 2~3회 말더듬 대상자를 평가한 출판된 6개 연구는 모두 통계적으로 유의미하지 않은 향상 추세를 보고했다. 이 향상은 그들의 말더듬이 악화되었을 때 치료를 받으러 왔고 자연적으로 약간 향상되었다는 증거일 수 있다. 이렇게 소수의 연구들로부터 데이터를 종합하기 어려움에도 불구하고, 향상 시간에 대한 실험은 효과 크기 통계를 반영함으로써 첫 세션 후에 빠르면 3개월 만에 이 향상이 이루어질 수 있음을 보여 준다.

본 연구는 132명의 참여자를 이용하여 치료를 기다리고 있는 말을 더듬는 많은 사람들이 유의미하게 말더듬이 향상되었음을 나타내 준다. 이것은 말더듬의 중증도가 거의 평균 수준으로 감소되었음을 입증해 주는 것이다. 현재 데이터 분석에서 참여자들이 대기 상태에서 시간을 보낼 무렵 초기 3개월 이내에 향상이 발생한다는 것과 그 이후에는 향상을 더 이상 보이지 않음이 나타났다.

평균으로의 회귀는 치료 전후 결과 설계에서 치료로 인한 향상에 대한 추정을 혼란스럽게 만들 수 있는 효과를 보여 준다. 효과를 고려하는 두 가지 방식이 있다. 먼저, 말을 더듬는 사람들은 3개월 동안 또는 안정적 기초선이 입증될 때까지 대기 명단에 있을 수 있는데 이렇다면 치료의 효과가 평균으로 회귀 때문에 혼란스럽지 않을 것이다. 두 번째로,

만약 참여자가 치료를 신청하자마자 즉시 치료를 받았다면, 치료 후 작지만 한정할 수 있는 향상의 일부분이 평균으로의 자연적 회귀에 의한 것일 것이며 따라서 치료 효과는 수정되어야 할 것이다.

출판된 보고 6편과 본 연구 자료를 종합하면 이런 효과의 규모는 작다[평균 효과 크기=0.21(SE=0.04)]. 사전-사후 효과의 크기에서 이 양을 뺀 것이 대략적인 실제 치료 관련 향상이다. 현실적으로 보면 평균 중증도가 처음에 17%SS인 성인 말더듬화자 집단은 3개월 후에 평균 14%SS로 자연적으로 향상될 것이다. 그리고 이 지점을 넘은 향상은 뒤따르는 치료의 효과 때문일 것이다.

말에 대한 태도와 말 상황에 대한 반응의 자기 보고 평가 또한 향상 추세를 반영하지만, Gregory(1972)와 현재 연구에서는 변화가 말 측정에서 나타난 변화보다 훨씬 더 작았다. 이 향상 추세는 작아서 자기 보고 평가를 사용해서 치료에 의한 변화를 계산할 때 무시할 수 있다.

출처: "Regression to the Mean in Pretreatment Measures of Stuttering," by G. Andrews and R. Harvey, 1981, *Journal of Speech and Hearing Disorders, 46*, pp. 206-207. Copyright 1981 by the American Speech-Language-Hearing Association. 승인하에 게재.

적더라도 말더듬 치료 효과의 사전검사와 사후검사 연구에서 회귀의 수정을 포함하기 위한 제안에 주목하자. 실제 유창성 말 점수뿐만 아니라 의사소통 태도와 의사소통 상황에서의 반응에 대한 측정에 대해 언급한 것에 주목하자. 다른 말장애에 대한 유사한 연구가 치료 실험 설계를 향상시키는 데 도움이 될 것이다.

집단 간 연구에서 피험자 선정 준거와 관련하여 해야 하는 질문은 다음과 같이 요약될 수 있다. (1) 집단 구성을 위한 준거는 명확하게 정의되고 방어 가능한가? (2) 집단을 구별하는 변수에서 집단 간 중복이 있는가? (3) 배제 준거는 정의되어 있고 방어 가능한가? (4) 중요한 외재변인에서 집단은 비슷한가? (5) 피험자는 극단 점수에 근거하여 선정되었는가? 이러한 질문들은 기본적으로 내적 타당도 문제를 다룬다. 외적 타당도와 관련하여 질문은 이것이다. 피험자는 저자가 일반화하기 원하는 전집과 중요한 측면에서 비슷한가?

최종 요점 한 가지에 잠시 주목하자. 연구논문의 저자는 피험자가 연구에 참여하는 데 자발적인지, 보수를 받았는지(아니면 무보수인지)를 밝혀야 한다. 표본 선정과 연구 결과에 대한 자발성 효과에 대한 철저한 논의는 이 책의 범위를 벗어난다. 그러나 우리는 이 주제와 관련된 몇 가지 관점에 대해 Bentley와 Thacker(2004)뿐만 아니라 Rosenthal과 Rosnow(1975)와 Russell, Moralejo와 Burgess(2000)를 찾아보기를 권한다. 보수를 받건 안 받건 자발적 피험자들은 연구자가 일반화시키기 원하는 전집과 중요한 관점에서 다를 수 있고 따라서 외적 타당도에 영향을 미칠 수 있다(Kass, Myers, Fuchs, Carson, & Flexner, 2007).

피험자와 참여자 보호 과학 연구에서 진실성과 윤리는 연구자뿐만 아니라 학문 분야 내 전문가 집단 전체의 관심 대상이다. 여기에는 학생, 임상가 그리고 연구 문헌으로부터 이익을 얻는 모든 사람이 포함된다. 1974년에 미국 정부는 연구에서 해롭고 기타 비윤리적인 관습에 대항할 보호 장치가 부족하다는 것을 인식하고 의학 및 행동연구의 인간 피험자 보호를 위한 국가위원회를 설립한다. 1979년에 이 위원회는 벨몬트 보고서라는 문서를 마련했는데 이 문서는 미국에서 연구 수행 기초를 제공하였다. 특히 보고서는 연구에서 인간 피험자와 참여자를 보호하는 데 기본적인 세 가지 원칙을 확립하였다.

1. **인간 존중**: 결정이 존중받는 '자율성 있는' 개인에 대한 윤리적 인식
2. **선행성**: 인간을 해로운 것으로부터 보호하고 '가능한 이익을 최대화하고 가능한 해로운 것은 최소화하는' 윤리적 의무
3. **공정성**: '이익'의 분배뿐만 아니라 '부담'의 분배도 공정하고 공평한 개인 선정의 윤리적 필요성

존중, 선행성, 공정성을 확보하기 위한 노력으로 연구 활동에 참여하기 전에 모든 인간 피험자와 참여자를 위한 연구 계획이 **임상실험심의위원회**(institutional review board, IRB)에 의해 검토되었다. 인간 피험자로 연구를 실시하는 대학, 병원 그리고 다른 기관에 의해 설립되고 적절한 절차에 따라 구성된 IRB는 다양한 배경의 다섯 또는 그 이상의 위원, 연구 공동체 내 또는 밖에 있는 위원을 포함한다. 연구 프로토콜이 윤리 원칙을 지킨다는 IRB(또는 동등한, 독립적, 객관적 리뷰 패널)로부터의 승인은 흔히 연구 저널의 방법 부분에서 진술된다. 사실상 많은 논문들이 IRB 또는 출판을 위한 검토위원회의 승인을 요구한다.

연구 대상으로서 동물을 이용하고 보호하기 위한 구체적 윤리 지침과 규칙이 몇 개의 정부 기관과 전문 단체에 의해 발표되었다. 미국국립보건원의 동물실험복지위원회(The Office of Laboratory Animal Welfare, 2002)는 인간 보호와 연구실 동물의 처우에 대한 안내지침을 규정하였다. IRB는 인간 피험자와 참여자, 동물이 포함된 연구에 대한 책임과 윤리적 실시를 확인하기 위해 **실험동물운영위원회**(institutional animal care and use committee, IACUC)를 확립하였다. ASHA(2009)의 연구윤리강령(Guidelines for the Responsible Conduct of Research: Ethics and the Publication Process)에 의하면 연구자들은 "위험-이익 분석을 통해 습득될 지식이 동물을 인간적으로 이용하고 치료하는 것을 정당화해 준다는 점을 분명히 하기 전에 그리고 연구에 동물을 사용하는 것을 결정하기 전에 대안적 연구 방법 절차"를 고려할 뿐만 아니라 IACUC 승인을 받을 책임이 있다는 것을 명시하고 있다.

Shaughnessy, Zechmeister와 Zechmeister(2012)는 질적 연구에 참여자를 쓰든 실험에 인간 피험자나 동물을 쓰든지 간에 "윤리적 방법으로 연구를 실시하지 못하는 것은 전체 과학적 접근을 저해하고 지식의 발전을 방해하며 과학적이고 학문적인 사회에 대한 공공의 존중을 악화시킨다"고 조언하였다. 청각학과 언어병리학 직종에 대한 존중은 상당 부분, 의사소통장애 분야를 발전시키기 위해 연구하는 과학적이고 학문적인 공동체에 대한 존중에 기초한다.

사전 동의　자발적으로 연구에 참여하는 **사전 동의**(informed consent)는 윤리적 연구 실시의 초석이다. 잠재적 참여자는 동의하기 위해 연구의 속성과 목적을 인식해야 한다. IRB에 의해 승인되면 연구자는 모든 적절한 정보를 포함하는 양식을 사용하여 동의를 얻어야 하며 그 내용은 동의를 하는 모든 사람이 이해할 수 있는 언어로 제시되어야 한다.

동의 양식이 연구 성격과 포함 준거에 해당하는 개인에 따라 달라지기는 하지만 몇 가지 기본적 요소가 있다. 여기에는 다음과 같은 것이 포함된다.

- 연구와 연구 목적에 대한 설명이 포함된 진술

- 사용되는 도구에 대한 기술, 연구 절차, 예상되는 참여 시간
- 절차에 따른 위험 요소에 대한 기술과 경험할 수 있는 불편사항
- (보상 조건과 함께)가능한 잠재적 이익에 대한 기술
- 사생활과 비밀보장 정도 기술
- 연구 실시에 대한 질문, 의견, 염려에 대해 연락을 취할 사람에 대한 정보와 함께 연구책임자의 신원
- 참여가 자발적인지와 어떤 이유로든 불이익 없이 연구 도중 언제든지 동의를 철회할 수 있다는 점에 대한 진술

물론 동의하는 개인이 자격이 있어야 하고 동의하기 위한 법적 능력이 있어야 한다. Maher (2002)는 예를 들어 언어장애가 결정능력에 미칠 수 있는 영향 때문에 실어증 환자로부터 사전 동의를 받는 문제를 논의하였다. 그녀는 실어증이 있는 개인의 정보를 이해하는 능력과 의사결정 과정 능력에 대해 광범위한 가정을 하기보다는 차라리 각 개인을 검사할 필요가 있다고 하며 말, 언어, 청각 장애가 있는 모든 사람의 사전 동의 절차를 고려할 때 주의해야 한다는 것을 강조했다.

실어증이 있는 사람들처럼 그들의 이익을 방어하는 능력이 저해될 수 있는 소위 **취약한** 사람들에게 특별한 고려와 절차가 필요하다. 그런 사람들의 다른 예는 인지 · 신체 · 정서적 장애, 그리고/또는 정신장애를 지닌 아동, 죄수, 학생, 그리고 피고용인이 있다(Pope & Sellers, 2012a, 2012b; Sykes & Dullabh, 2012). 적절한 법적 대리인에 의해 사전 동의가 제공됐을 때조차 여전히 연구 피험자는 연구에 대한 적절한 설명을 들은 후에 참여하길 기꺼이 '동의'해야 한다(Christensen, 2007). 그럼에도 불구하고 피험자가 취약한 집단으로부터 뽑힌 모든 경우에는 추가적인 정당화와 보호 장치가 필수적이다.

사생활과 비밀보장 IRB에 의해 다뤄지는 중요한 윤리적 관심사는 피험자와 참여자의 사생활과 비밀을 보호해 주는 것이다. **사생활**(privacy)은 다른 사람들이 개인 정보에 언제, 그리고 어떤 상황에서 접근하는지를 통제하는 능력이다. 사생활은 또한 원치 않는 침해를 방지하는 데 목적이 있다. **비밀보장**(confidentiality)은 반대로 특정 정보나 자료를 정해진 개인에게 구속하는 능력을 말한다. 비밀보장은 따라서 피험자나 대상자의 신원 보호와 연관이 있다. 사생활과 비밀보장은 유지될 것으로 기대된다. 어떤 개인 정보도 허가 없이 접근되거나 다른 사람들에게 알려지는 일이 없어야 한다. 연구 피험자 또는 참여자의 적절한 사생활과 비밀보장이 지켜지지 못한다면 개인의 사적 자율성은 존중받지 못하게 된다.

사생활과 비밀보장은 여러 방법으로 유지될 수 있는데 자료와 개인 정보에 접근을 제한하고, 식

별할 수 있는 정보를 제거하도록 자료를 부호화하고 암호화하며, 자료를 종합적 양식으로 보고하고, 모든 개인 정보를 가명으로 대체하는 방법이 있다. 연구 피험자와 참여자에게 치료를 제공하는 연구자는 미국 의료정보보호법(Health Insurance Portability and Accountability Act, HIPAA)의 사생활 조항에 의해 법적으로 구속된다. ASHA(2005)의 윤리위원회에서 마련한 인간 피험자 보호의 구체적 지침에서처럼 "HIPAA의 적용을 받는 개인을 담당하는 연구자들은 보호받는 건강 정보를 사용하거나 밝히기 전에 연구 참여자로부터 동의를 받아야 한다."

도구

연구에 사용된 도구의 기술은 방법 부분의 핵심 구성요소이다. 때로는 연구자가 서두 부분에서 연구 중 변수를 발생시키고 측정하기 위해 사용한 도구를 밝히는 곳이 여기이며, 비판적 독자가 연구 전략이나 설계로 전해지는 내적 타당도에 영향을 미치는 방법론적 위험요소를 밝힐 수 있는 곳도 여기이다.

연구 피험자 기술에 뒤이어 사용되는 서두와 제시 순서는 매우 가변적이다. 일부 논문은 처음에 실험 과제의 세부 내용을 구조화하기도 하며 다른 논문은 자료 수집과 측정 과정을 설명하면서 시작한다. 방법의 도구 부분이 어떤 순서인지와 관계없이 두 가지 기본적인 평가 질문에 대답해야 한다. (1) 독립변인(분류, 예측변인)에 대한 적절한 선정과 측정이 되었는가? (2) 종속변인(준거, 예측결과)에 대한 적절한 선정과 측정이 되었는가? 연구자의 변인 선정에 대한 이유가 서론 또는 방법 부분에 나오지만(그리고 이 이유는 독자의 입장에서 주의 깊은 검토가 요구된다), 변인에 대한 측정은 항상 거의 도구나 절차와 함께 설명된다. 여기에서 우리의 목적은 비판적 독자가 실험연구와 기술연구에서 사용된 도구로 인해 내적 타당도에 위협이 될 수 있는 인자를 평가할 수 있도록 일반 지침을 마련하는 것이다.

자료 취득 양적 연구에서 자료 취득은 변인을 측정하는 연구자의 능력에 크게 의존한다. 그러므로 의사소통 변인의 유효한 수량화에 필요한 중요한 측정 자질을 밝히고 측정을 정의하는 것에 신중해야 한다. Stevens(1946)는 측정에 대한 간단명료한 정의를 제시하고 있다.

> 규칙에 따라 사물이나 사건에 숫자를 배정. 숫자가 다른 규칙에 의해 다른 종류의 단위와 측정으로 이를 수 있도록 배정될 수 있다. 문제는 (a) 숫자 배치의 다양한 규칙, (b) 결과적 단위의 수학적 자질(또는 집단 구조) 그리고 (c) 각 유형의 단위로 만들어지는 측정에 적용 가능한 통계 조작을 분명하게 하는 것이다(p. 677).

이 정의는 Nunnally(1978)에 의해 보강되었는데 그는 "측정은 속성 수량화를 나타내는 방식으로 대상에 수를 배정하기 위한 규칙으로 구성된다"는 한 가지 기본 원칙을 첨가하였다. 그는 더 나아가 이 측정 규칙들이 명확하게 진술될 필요가 있다고 하였는데 특히 규칙이 덜 명확해질 수 있는 사례인 "심리적 자질"을 측정할 때 더 그러하다.

따라서 측정은 대상이나 사건에 대한 추상화 과정인데 왜냐하면 우리가 사건이나 대상 자체를 측정하는 것이 아니고 그것의 **자질**이나 속성을 선정하기 때문이다. Graziano와 Raulin(2013)은 측정을 시도하기 전에 각 자질의 성격을 주의 깊게 고려하는 것이 중요하며 실제 적용되는 규칙이 명확한지 주의 깊게 살펴볼 것과 측정 절차를 사용하는 사람에 의해 다른 종류나 양의 기술이 필요하지 않아야 한다고 강조하였다. 다른 사람들이 측정 도구를 사용할 때 또는 동일한 자질에 대한 대체 측정을 할 때 유사한 결과를 얻어야 한다. 따라서 의사소통장애 연구에서 중요한 목적은 명확하고 실제적인 규칙으로 말, 언어, 청각 변인을 측정하는 것이다.

DePoy와 Gitlin(2011)은 양적 연구 패러다임에 사용되는 절차와 기술이 "자료 수집으로부터 연구자의 영향을 제거하고 정보를 획득하는 데 편견 없고 통일된 접근을 보장하도록 고안되었다"고 하였다. 목적은 자료를 가능한 있는 그대로(즉, 해석되지 않은) 그리고 객관적으로 취득하는 것이다. John W. Black(1975)에 의하면 측정은 단지 "그것이 이루어지는 조건하에" 의미를 지니는 "숫자"일 뿐이다. 그는 다음과 같이 말한다.

> 측정의 의미를 해석하는 것은 단지 실험자 또는 '독자'에 의한 추론과 추정이며 그들은 그렇게 측정의 합법성에 대해 의심하지 않는다. … 측정은 실험의 계획과 절차를 반영한다는 생각을 내재하고 있다(pp. 7-8).

연구자가 "특정한 측정을 사용하는 규칙"을 수립하는 과정을 간략히 요약하며 Nunnally(1978)은 다음과 같이 언급하였다.

> 중요한 고려사항은 규칙 체계가 모호하지 않아야 한다는 점이다. 규칙은 정교한 연역적 모델로부터 발달했고 그것은 이전의 경험에 기초하며, 상식으로부터 비롯되거나 또는 단지 예감으로부터 생긴다. 하지만 푸딩의 증거는 측정이 중요한 현상을 잘 설명하는 데 얼마나 도움이 되는지이다. 결과적으로 모호하지 않게 사물의 속성을 수량화하는 규칙 체계는 합법적 측정 방법을 구성하며 과학적 유용성을 위해 다른 측정과 경쟁할 권리가 있다(p. 5).

의사소통장애에서 측정은 많은 형식이 있다. 우리는 일반적으로 신체적 변인에 대한 **도구적 측정** 또는 행동 변인에 대한 **관찰자 측정**으로 분류한다. 예를 들면 전자 계기는 기류 같은 생리적 변인이나 포먼트 주파수와 같은 음향학적 변인을 측정하는 데 사용된다. 행동 관찰은 평균발화길이 같은 언어 변인과 비유창성의 빈도와 같은 말 변인을 측정하는 데 사용된다.

말, 언어, 청각 행동의 측정은 자기보고(예: 질문지 또는 인터뷰), 말 샘플의 지각적 평가, 언어 샘플의 전사와 분석, 청각 검사(예: 말 지각 역치와 말 변별), 그리고 공식적 언어와 말 검사 양식으로 행동에 대한 관찰에 따른다. 그러나 의사소통장애에서 도구적 분석의 중요성은 부인할 수 없다. Baken과 Orlikoff(2000)는 "말 신호와 그 물리적 기초에 대한 객관적인 관찰은 효과적인 실제에 반드시 필요하다"고 지적하면서 기술적 진보가 많은 말과 음성 측정에서의 향상을 초래했다고 주장했고 여기에는 다음과 같은 것이 포함된다.

- 수정이 요구되는 비정상적 기능에 대한 보다 유효한 특정화로 진단의 정확도 향상
- 치료 효과의 긍정적 판별과 증빙서류작성, 단기 평가(비정상적 기능을 수정하는 접근방식인가?)와 장기 모니터링(치료 시작 이후 얼마나 말 행동이 변화되었나?)
- 치료 방법의 선택 폭 확장. 대부분의 측정 기술이 환자에게 어떤 것이 잘못되었는지 보여 주는 수단을 제공하며 치료에 유용한 피드백을 제공해 준다(p. 2).

기술 진보와 말 산출 기저의 생리학적 · 음향학적 측면에 대한 이해는 지난 몇 년에 걸쳐서 도구적 측정을 많이 향상시켰다. 하지만 틀림없이 개인용 컴퓨터는 도구적 측정 절차의 사용 증가에 추진력이 되었다. Baken과 Orlikoff(2000, p. 3)는 "상업적으로 유용한 컴퓨터 시스템의 향상으로 인해 측정하고 수치화하고 인덱스 기능을 이끌어 내는 것이 갑자기 용이해졌다. 사실상 그것은 해야 할 일이 되었다."고 지적한다.

정교한 도구가 고성능 컴퓨터와 결합되어 의사소통장애에서 모든 측정 문제에 대한 완전한 해답을 주고 있다. 치료사는 도구 측정의 원칙 또는 규칙을 알아야 한다. Baken과 Orlikoff(2000)는 다음과 같은 경고를 제공한다.

플롯의 확산, 비율의 도표화, 지수의 정교화, 인덱스의 추출이 반드시 더 나은 진단, 심화된 통찰, 또는 향상된 중재를 나타내진 않는다. 자료는 당면한 문제와 관련된 정도까지만 가치 있고, 유효하고, 신뢰할 수 있으며, 해석 가능하다. 측정의 유일한 가치가 그 해석에 있으므로 측정은 그것을 선택하고 획득하는 치료사의 지식과 기술 이상의 것은 아니다(p. 3).

측정은 다음 중 한 가지 또는 조합을 사용하여 얻어질 수 있다: **도구**(예: 하드웨어, 전자 기기, 변환기), 측정 **장치**(내경측정기, 자, 시간계측기), **행동검사**(검사, 조사, 설문지). 우리가 언급했듯이 질적 연구에서 자료 수집은 본질적으로 주관적이며 측정 기기에 의존하는 경우는 드물다. 질적 패러다임에서 연구자는 자료 수집의 '도구'로 간주된다. 여기에서 우리의 목적을 위해 논의를 계측

과 행동검사로 제한한다.

앞서 말한 것처럼 기기 측정과 행동 측정 모두 의사소통장애 치료와 연구에서 중요한 역할을 한다는 것은 확실하다. 여기서 연구 독자에 있어서의 주된 이슈는 사용된 측정의 질에 대한 평가의 중요성이다. 측정이 계측적인가 행동적인가와 관련 없이 의사소통 변인의 정확한 수량화는 유효하고 믿을 만한 결과를 산출하도록 설계된 신중한 측정 절차를 통해서만 가능하다.

측정 수준   명확한 측정 규칙 이슈를 언급하면서 Stevens(1946, 1951)는 사물이나 사건에 숫자를 할당할 때 조작의 기초로 네 가지 측정 척도 또는 수준을 구체화하였다. 비록 Stevens 척도의 수, 특징, 적절성에 있어서 일부 논쟁이 있으나(Haber, Runyon, & Badia, 1970) 그의 원래 측정 체계는 현대 자료의 통계적 처치에 영향력이 있으며(Kerlinger & Lee, 2000; Siegel, 1956) 이 논의에 사용된다. 어떤 수준의 측정이 사물과 사건에 수를 할당하는 데 사용되는지 아는 것은 연구 결과를 조직화하고 분석하는 데 사용되는 절차의 적절성을 파악하는 데 중요한 단계이다.

Stevens에 의해 정리된 네 수준의 측정은 가장 단순한 것에서 복잡한 수준으로 배열되는 명목, 서열, 등간, 비율이다. 〈표 6.1〉은 측정의 네 수준 각각의 예와 특징에 대한 정의를 보여 주고 있다. Stevens(1951)가 지적했듯이 이 척도는 숫자 척도의 속성과 사물이나 사건의 자질에 숫자를 할당하는 경험적 조작 간에 일치하는 다양한 정도를 반영한다. Graziano와 Raulin(2013)은 추상적 수 체계의 네 가지 특징을 논의했는데 그것은 자질을 측정하는 데 사용되는 경험적 조작과 매치하는 것이다: 정체성, 규모, 구간의 동등성, 진정한 영점(또는 측정되는 속성의 부재). 측정의 네 수준을 정의하는 데 네 가지 특징이 사용되며 명목에서 서열에서 구간에서 비율로 누적해서 적용된다.

명목 척도   명목 수준은 가장 단순한 단계이다. 명목(nominal)이라는 단어는 이름을 뜻하는 라틴어 단어에서 유래하였고 명목 측정 과정은 사물이나 사건의 속성을 본질적으로 이름 짓는 것이다. **명목 척도**(nominal level of measurement)에서 사물이나 사건의 속성은 각 범주의 구성요소에 대한 속성이 측정되어 균등하게 결정되는 상호 배타적 범주로 분류된다. 명목 척도에 적용되는 유일한 수학적 속성이 정체성이다. 이름 붙여진 각 구성요소는 측정되는 속성과 동일하다. **정체성**은 "각 숫자가 특정한 의미를 지닌다"라는 뜻이다(Graziano & Raulin, 2013). 그 예는 성(여성=1, 남성=2) 또는 선별 검사 결과(통과=1, 실패=0), 또는 진단 범주(말을 더듬는 사람=1, 더듬지 않는 사람 =2)에 숫자를 할당하는 것이 있다. 이 세 가지 예에서 각 범주의 구성요소는 명목 척도의 동일한 목적으로 간주된다. 따라서 성의 측정과 관련하여 모든 남성은 집단으로서 동일하고 모든 여성은 집단으로서 동일하다. 선별 검사 결과와 관련해서는 집단으로서 통과는 모두 동일하고 실패도 모두 동일하다. 진단 범주와 관련하여 말을 더듬는 사람들은 집단으로서 모두 동일하고 더듬지 않는

표 6.1 측정 수준

척도	특징	예
명목	상호 간에 배제적 범주 또는 명명된 집단 구분	선별 검사에서 통과/실패 준거 비유창성 유형(연장 대 반복) 청력손실 유형(전도성, 감각신경성, 또는 혼합성) 자극 범주(유의미 대 무의미 음절) 진단 범주(말더듬 대 더듬지 않음) 음운 산출(정확한 대 정확하지 않은)
서열	1. 상호 간에 배제적 범주 또는 명명된 집단 구분 2. 서열 또는 순서가 있는 수준	서열 있는 중증도 집단(경도, 중등도, 중도) 자극 복잡성(쉬운, 중간, 어려운) 사회경제적 배경(하류의, 중산층의, 상류의) 계급 서열(예: 첫 번째, 두 번째, 세 번째 등) 피험자의 어떤 속성에 의해 평가된 정도에 따라 집단 구성원을 순위화(예: 목 쉰 음성이 지각되는 정도)
등간	1. 상호 간에 배제적 범주 또는 명명된 집단 구분 2. 서열 또는 순서가 있는 수준 3. 척도나 인접한 구간 간의 연속적 거리에서 단위의 등가성	행동검사에서 표준점수(예: PPVT-R, TOLD, CELF) 등간 척도로 얻어진 평가 섭씨와 화씨 기온
비율	1. 상호 간에 배제적 범주 또는 명명된 집단 구분 2. 서열 또는 순서가 있는 수준 3. 척도나 인접한 구간 간의 연속 거리에서 단위의 등가성 4. 척도 값 중에서 비율의 등가성이 측정될 수 있음 5. 척도에서 진정한 영점이 존재	모음 지속 성대 개시 시간 소리 주파수 소리 강도 공기 압력 공기 흐름 말더듬 빈도 오류 음소 수 교호운동 비율 말 명료도 점수

사람들도 동일하다.

  명목 척도에 행해지는 유일한 수학적 조작은 각 범주 구성요소의 발생 빈도를 세는 것이다. 때로는 범주가 숫자로 할당되나(예: 통과=1, 실패=0; 여성=1, 남성=2), 이 숫자들은 단지 식별 목적으로 이름 붙여진 것이고 규모를 나타내진 않는다. 전화번호, 사회보장번호, 또는 축구선수들의 등번호는 명목 척도에서 식별의 용도로 숫자를 사용하는 좋은 예이다. 여러분은 각 범주의 항목들의 발생 빈도를 세는 것을 제외하고 이 식별 숫자들에 대해 수학적으로 의미 있는 조작은 할 수 없다. 예를 들어 여러분은 두 개의 전화번호를 더할 수 없으며 그것을 합한 숫자로 전화 걸거나 두 번호에 모두 걸 수 없다. 여러분은 등번호가 19번인 축구선수가 숫자가 더 크다는 이유로 등번호가 12번인 축구선수보다 경기를 더 잘한다고 말할 수 없다. 더 큰 사회보장번호를 지닌 사람이라고 해서 더 많은 이익을 받는 것은 아니다.

서열 척도 서열 척도(ordinal level of measurement)는 적은 것에서부터 많은 것까지 그 규모를 순위 매기며 범주 구성요소의 정체성뿐만 아니라 사물이나 사건의 속성의 규모를 고려한다. 규모(magnitude)는 "더 작은 것부터 더 큰 것까지 내재적 순서를 가진 숫자"(Graziano & Raulin, 2013)를 의미한다. 예를 들면 8은 5보다 더 크고 18.3은 18.2보다 더 크다.

서열 척도에서 사물이나 사건은 측정되는 속성의 가치보다 더 크게 또는 더 적게 결정됨으로써 상대적 순위로 위치한다. 신장의 서열 척도를 예로 들면 아동들의 키를 잴 때 자로 재지 않고 시각적으로 키가 작은 순서부터 키가 가장 큰 순서로 집단을 구성할 수 있다. 음성의 쉰 목소리나 말더듬 중증도와 같은 속성은 청자의 판단 절차에 의해 가장 경도부터 중도까지 서열화할 수 있다. 서열 척도로 우리는 사건이나 사물을 속성과 관련하여 어떻게 차례로 서열 지을 수 있는지 알지만 측정되는 각 사물 간의 크기 차이는 알 수 없다. 학급 서열이 좋은 예이다. 1등과 2등 학생 간의 차이는 평균 점수에서 2등과 3등 학생의 차이와 반드시 동일할 필요는 없으며 그것은 95가 될 수도, 94와 90이 될 수도 있다. 그들은 1, 2, 3등이 되지만 1등과 2등의 차이는 1점인 반면 2등과 3등의 차이는 4점일 수 있다.

등간 척도 등간 척도(interval level of measurement)는 정체성이나 규모를 포함하며, 측정하는 속성의 인접한 샘플 간 구간의 동등함을 나타내 준다. 등간 척도는 사물이나 사건 간 측정하는 속성의 거리의 동일성이나 구간의 동등함을 결정하는 것을 포함하지만 속성의 부재를 나타내는 진정한 영점을 포함하지는 않는다. 동일 구간으로 "단위 간의 차이는 척도의 어느 곳에서나 동일하다"(Graziano & Raulin, 2013). 예를 들면 5와 6 간의 차이는 112와 113 간의 차이 또는 112,354와 112,355 간의 차이와 동일하다.

등간 척도의 가장 보편적인 예는 섭씨 또는 화씨 척도의 온도 측정을 들 수 있다. 온도계의 온도 표시는 온도가 올라가고 내려감에 따라 수은의 부피 변화를 나타내 주는 유리 표면에 그려진 동등한 구간으로 나타난다. 하지만 영점은 임의적이며 온도의 부재를 나타내지는 않는다. 우리는 60과

70도 간의 차이는 70도와 80도 간의 차이와 동일하지만 온도 간의 비율 동등성은 구체적으로 명시할 수 없다. 의사소통장애에서 몇 개의 변인(예: 말의 자연스러움; Martin, Haroldson, & Triden, 1984 참조)은 동등 등간 척도(예: 1~9점 척도)로 측정될 수 있다. 많은 표준화된 행동검사 점수는 등간 척도로 측정되는데 지능, 성격, 성취도에 대한 심리검사는 평균으로부터 얼마나 떨어져 있는지에 기초하여 점수를 주지만 진정한 영점은 없다. 많은 언어검사가 이런 방식으로 만들어지고 등간 척도로 결과를 낸 표준점수가 있다(예: PPVT-R, TOLD 또는 CELF의 표준점수).

비율 척도 비율 척도(ratio level of measurement)는 정체성, 규모, 구간의 동등성을 포함하며 구성요소 간의 비율을 구체적으로 명시한다. 비율 척도는 **진정한 영점**의 확립과 측정하려는 성질에서 사물이나 사건 간 비율의 동등함을 요구한다. 이 경우 0은 "변인의 양이 하나도 없음"(Graziano & Raulin, 2013)을 의미한다. 즉 진정한 영점은 측정하려는 속성이 부재함을 나타낸다. 대부분의 물리적 특성은 비율 척도이다(예: 길이, 고도, 무게, 압력, 속도).

많은 행동적 속성은 비율 척도로 측정될 수 있는데 특히 특정 행동의 발생 수의 총합을 기초로한다. 말더듬 빈도를 예로 들면 말 샘플에서 셀 수 있다. 그것은 0개의 비유창성(말더듬 행동 없음)이 있을 수 있고, 10개의 비유창성의 두 배를 나타내는 20개의 비유창성이 샘플에 있을 수도 있다. 또 다른 예로 말 명료도는 청자에 의해 정확하게 이해된, 화자가 말한 단어의 수를 세는 단어 인지검사에 의해 측정될 수 있다. 화자는 명료도 0점일 수 있으며 이는 그 또는 그녀가 말한 단어 중 정확하게 인식된 단어가 하나도 없다는 것을 나타낸다. 그리고 청자는 40%의 명료도를 보이는 화자보다 80%의 명료도를 나타내는 화자일 때 단어를 두 배로 인지할 수 있다.

수준의 선택이 가능하다면 선호되는 순서는 비율, 구간, 서열, 명목 척도이다. Stevens(1951)는 등간 척도보다 비율 척도에 의해, 서열 척도보다 등간 척도에 의해, 명목 척도보다 서열 척도에 의해 통계 조작이 더 많이 가능하다고 하면서 이러한 선호도 순서를 주장했다(Stevens, 1951; 특히 p. 25 표 6 참조). Stevens(1958)에 따르면,

> 각 척도는 그 사용법이 있다. 하지만 비율 척도는 자연의 규칙성을 가장 잘 탐구하게 해 주는 가장 강력한 척도이다. … 왜 우리가 다른 유형의 척도일 때 불편한가 하는 질문을 할 수 있다. 거의 대부분 우리는 어쩔 수 없이 약한 형식의 척도를 사용한다. 강력한 형식을 발견하면 우리는 신속하게 그것을 사용한다(p. 384).

비록 연구자들은 가장 높은 수준의 척도(예: 비율 척도)를 사용하고자 하지만 높은 수준의 척도를 사용하는 데 제한 또는 적절성의 결여로 인해 더 낮은 수준의 척도를 사용할 수밖에 없다. 각 척도의 통계 조작은 제8장에서 논의한다.

측정 신뢰도   많은 요인이 의사소통장애 연구에서 이루어지는 측정의 질에 영향을 미칠 수 있다. 신중히 주의해야 하는 구체적 요인들의 무리는 측정의 구체적 성격에 좌우된다. 연구의 독자들은 그들이 읽는 연구논문에서 행해지는 척도의 질을 평가하는 측정 경험에 의존할 필요가 있다. 우리는 이제 Thorndike, Cunningham, Thorndike와 Hagen(1991)이 "측정 절차의 질"로 용어 정의 내린 신뢰도와 타당도라는 특별히 중요하고 일반적인 주제로 이동한다.

측정 신뢰도(reliability of measurement)는 시행되고 있는 연구의 필수적 부분이다. 그것은 일반적으로 우리가 측정에서 의존할 수 있는 정도를 지칭한다. 행동 연구에서는 신뢰도에 대한 두 가지 정의가 현재 사용되고 있다. 첫째, 신뢰도는 **측정 정밀도**(measurement precision)이다(Kerlinger, 1979; Pedhazur & Schmelkin, 1991; Thorndike, Cunningham, Thorndike, & Hagen, 1991). 측정 절차가 동일한 피험자에게 반복된다면 정확한 측정은 합리적으로 안정적인 것이 되어야 한다. 정확하지 않은 측정은 반복해서 측정하면 더 변동이 생긴다. Cordes(1994)는 의사소통장애에서 신뢰도라는 용어의 가장 보편적 사용은 "획득된 자료의 전반적 신뢰성"과 관련이 있으며 신뢰도와 일반적 동의어는 "의존할 수 있음, 일관성, 예측성, 안정성"이며 신뢰도에 대한 이러한 관점은 "동일한 피험자가 유사한 상황하에 다시 검사된다면 자료는 재생산될 수 있는가"라는 질문에 대한 것이라고 언급했다(p. 265).

신뢰도의 두 번째 정의는 **측정 정확도**(measurement accuracy)이며 그것은 수학적 점수 모델(고전적 검사 이론으로도 불림)에서 비롯된다. Cordes(1994)는 이 두 번째 정의가 "더 일반적인 신뢰도의 하위 유형이며, 그 용어가 일관성, 의존할 수 있음, 재생산성 또는 안정성으로 정의될 때"(p. 265)라고 제안하였다. 고전적 검사 이론에서 측정의 신뢰도는 진점수 변인의 비율에서 관찰점수 변인으로 정의된다. Pedhazur와 Schmelkin(1991)은 진점수 모델을 '진'과 '오류' 요소로 구성된 점수로 간주한다.

$$X = T + E$$

X는 관찰점수를, T는 진점수를, 그리고 E는 무작위의 오류를 각각 나타낸다.

이 개념화에 따르면 진점수는 오류가 존재하지 않는 '이상적 또는 완벽한 측정 조건하'에 관찰된 점수이다. 그러나 '이상적 조건'이 대부분 획득 불가능하므로 측정에 있어서 어느 정도 오류는 항상 있을 것이다. 고도로 통제된 조건하에서조차 무작위한 오류는 예측할 수 없는 방식으로 진정한 측정으로부터 더하기 또는 빼기를 하게 된다.

진점수와 무작위 (측정) 오류의 개념은 〈그림 6.1〉에 나타난 두 가지 가설적 측정에서 도식적으로 나타나 있다. 이 그림은 관찰점수를 진점수와 측정 오류로 나누고, 각각의 상대적 기여를 관찰된 점수로 나타낸다. 첫 번째 측정 절차가 두 번째 것보다 오류가 적다는 것을 알 수 있다. 첫 번째 측정 절차로부터 얻은 관찰점수는 두 번째 측정 절차로부터 얻은 점수보다 개인의 진점수에 더 가까워진다. 고전적 검사 이론에서 오류가 더 적은 측정이 관찰점수가 진점수에 더 정확한 접근을 제공하기 때문에 더 신뢰가 간다.

Pedhazur와 Schmelkin(1991)은 측정 절차의 신뢰도에 영향을 미치는 두 가지 유형의 오류를 논의하였다. 첫 번째 유형의 측정 오류는 체계적인 것이다. 체계적 오류는 반복 측정했을 때 일관적으로 발생된다. 체계적 오류의 예로 강도 다이얼이 10dB HTL에 맞춰져 있을 때 오디오미터를 20dB HTL의 산출로 일관적으로 부적절하게 조절했을 때를 들 수 있다. 두 번째 유형의 측정 오류는 반복 측정 동안 예측할 수 없는 방식으로 발생된 비체계적 오류이다. 우리는 오디오미터를 비체계적 오류의 예로 다시 사용할 수 있다. 산출된 소리의 주파수를 통제하는 오디오미터의 전기회로망에 간헐적인 고장이 발생했다고 가정하자. 주파수 다이얼이 1,000Hz에 맞춰져 있다면 간헐적 고장으로 인해 검사자가 알아차리지 못하는 상태에서 900~1,100Hz 사이 어느 지점에서 주파수 산출에 변동이 생길 것이다. 이러한 상황에서 검사자는 주파수계로 각각의 산출을 모니터링하지 않는 한 실제 산출 주파수를 정확하게 알지 못하게 된다.

측정 오류는 많은 원인으로 인해 발생하는데 많은 저자들이 다른 관점에서 잠재적 신뢰도 영향 요인에 대해 설명하였다. Lyman(1978)은 신뢰도에 영향을 미칠 수 있는 다섯 가지 일반적인 측정 오류 원인을 열거하였다: (1) 피험자의 특징, (2) 검사자-채점자의 행동, (3) 검사 내용의 측면, (4) 시간 요인, (5) 상황 요인. Thorndike와 Hagen(1977)은 측정 신뢰도를 저해하는 세 가지 중요한 원인을 밝혔다: (1) 측정되는 사람이 실제로 날마다 변화한다, (2) 과제가 동일한 측정의 두 가지 형식으로 달라질 수 있고, 또는 한 가지 측정 중 상이한 부분에서 다를 수 있다, (3) 측정은 결국 믿을

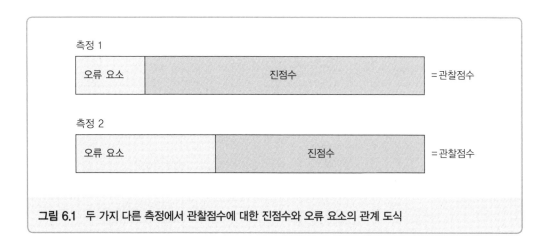

그림 6.1 두 가지 다른 측정에서 관찰점수에 대한 진점수와 오류 요소의 관계 도식

만한 행동의 특징이 아닌 한정된 행동의 샘플을 제공한다. Isaac과 Michael(1971)은 측정되는 사람의 특징에 대해 일반적인 대 특정한, 그리고 일시적인 대 지속적인 측정 오류의 원인을 제시하였다. Ebel(1965)은 도구 자체와 관련된 측정 오류를 감소시키기 위해 검사 특징을 향상시키는 여섯 가지 방법을 논의하였다. Kerlinger와 Lee(2000)는 기분, 기억, 피로와 같은 피험자의 일시적 변화에 영향을 미치는 요인들을 열거하였다: 측정 상황 변화 영향, 그리고 측정 오류를 가져오는 중요한 원인의 영향, 알려지지 않은 이유.

행동 연구에서 측정의 신뢰도를 평가하는 데 사용되는 몇 가지 다른 방법이 있으며 이 방법들은 신뢰도 평가의 세 가지 넓은 범주로 고려된다: 안정성, 등가성, 내적 일관성. 선정된 특정 방법은 고려되는 특정 오류 원인에 주로 달려 있다(Pedhazur & Schmelkin, 1991). 각각의 접근은 장단점이 있으며 Cordes(1994)는 의사소통장애 연구의 신뢰도 평가에 접근할 때 제한점을 잘 논의하였다. 〈표 6.2〉는 세 가지 넓은 범주 내에서 측정 신뢰도를 평가하기 위한 다른 방법들을 요약하고 있다.

측정 안정성 측정 안정성(stability of measurement)을 평가하기 위한 기본적 방법은 검사-재검사 방법이다. Pedhazur와 Schmelkin(1991)은 검사-재검사 방법이 "측정의 일관성 또는 반복성"(p. 88)과 긴밀하게 연관된다고 보았다. 이 방법은 정확한 측정의 완전한 반복과 두 측정 결과를 서로 연관시키는 행위를 포함한다. 때로 안정성계수로 부르는 결과적 상관계수는 측정 신뢰도의 추정치로 간주된다(예: Stuart, Passmore, Culbertson, & Jones, 2009). Cordes(1994)와 Pedhazur와 Schmelkin(1991)은 검사-재검사 신뢰도 추정 방법이 신뢰도 과대평가로 이끌 수 있는 전이 효과에 특히 취약하다고 주장한다.

측정 등가성 측정 등가성(equivalence of measurement)을 평가하는 기본적 방법은 대안 또는 동형 방법이다. 이 신뢰도 평가 방법은 때로는 검사-재검사 신뢰도와 관련된 잠재적 전이 효과를 피하기 위해 사용된다. 측정 등가성을 사용한 신뢰도 평가는 동일한 자질에 대해 두 개의 다른 측정 형식에서 나온 점수를 연관시켜 실시한다. 결과적 상관계수는 때때로 등가계수 또는 동형 신뢰도라고

표 6.2 신뢰도 범주와 평가 방법

신뢰도 종류		
안정성	등가성	내적 일관성
검사-재검사	대안 또는 동형 형식	반분
		Cronbach의 α
		Kuder-Richardson 20

불리며 신뢰도 평가로 간주된다. 신뢰도 평가를 위해 동등한 형식을 사용하는 것의 주된 제한점은 실제적 측정 등가성의 결정에 있어서 동등한 형식을 구성하는 것과 관련된 어려움이다(Pedhazur & Schmelkin, 1991; Thorndike, Cunningham, Thorndike, & Hagen, 1991).

측정의 내적 일관성 **측정의 내적 일관성**(internal consistency of measurement)을 평가하는 한 가지 보편적 방법은 반분법이다. 이 신뢰도 측정 방법은 검사–재검사 신뢰도와 측정 등가성의 이론적 제한과 단일한 측정 방법을 실시하는 것의 실제적 제한점과의 사이지점에서 발달되었다. 반분 신뢰도는 어떤 의미에서 두 개의 반쪽 측정이 두 개의 대안 형식을 구성한다는 대안 신뢰도의 변형이다. 반분법 접근은 주어진 측정이 반으로 나뉘어서 구성되는 항목을 필요로 한다(예: 검사에서 짝수 대 홀수 번호 질문). 각 절반은 신뢰도 계수 측정용으로 다른 한쪽과 관련된다(Pedhazur & Schmelkin, 1991).

내적 일관성 신뢰도를 위해 반분자료로 자주 사용되는 상관계수는 **Spearman-Brown 예측 공식**(Spearman-Brown prediction formula; Eisinga, Grotenhuis, & Pelzer, 2012; Thorndike, Cunningham, Thorndike, & Hagen, 1991)으로부터 나온다. 100개 항목 검사의 신뢰도를 평가하기 위해 반분법을 사용하여 단 50개 항목 짝의 상관계수를 만들어 낼 것이다. 효과적인 검사 길이는 반으로 잘릴 것이다. Spearman-Brown 공식은, 검사 길이가 길어지면 더 큰 행동 표본은 더 적절하고 더 일관적인 측정을 가능하게 하므로 그 신뢰도가 더 커진다는 가정에 기초한다(Anastasi & Urbina, 1997). 본질적으로 Spearman-Brown 공식은 검사 항목에서 반분 감소에 대해 수학적으로 보정하며 전체 100개 항목의 두 가지 버전에 해당되는 상관계수에 기대되는 수치가 나온다. 이러한 이유로 Spearman-Brown 공식은 때로는 Spearman-Brown으로 지칭된다.

내적 일관성 신뢰도 평가 두 가지 방법은 **Cronbach의 α**와 **Kuder-Richardson 공식 20**(KR-20)인데 이 방법은 측정하는 항목 중 가능한 모든 반분 상관의 평균을 추정하는 신뢰도 계수를 제공한다(Cronbach, 1990). Cronbach의 α 절차는 복수의 대답으로 점수화되는 검사 항목에 사용된다(예: 복수 선택 항목, "항상, 때로는, 절대로 아닌" 또는 "강력하게 동의한다, 동의한다, 동의하지 않는다, 강력하게 동의하지 않는다" 또는 5점 척도와 같은 대답). 예를 들어 Bagatto와 Scollie(2013)는 청각/구두 수행에 대한 부모 평가 척도의 내적 일관성을 평가하기 위해 Cronbach의 α를 사용했다. KR-20은 Cronbach의 α와 개념적, 계산적으로 유사하지만 그것은 이분법적으로 점수화된 항목에 사용된다(예: 어음 청력검사에서 단어인지 검사처럼 "바른–바르지 않은"). 두 방법 모두 신뢰도 지수로서 전반적인 측정 수행과 관련된 검사 항목의 동질성을 나타낸다.

이전에 논의했던 신뢰도 평가 방법의 세 가지 범주는 시간적인 동요(즉 안정성), 동일한 형식 간의 차이(즉 등가성), 그리고 내적 항목의 일관성(즉 내적 일관성)과 관련된 측정 오류와 관련이 있다. 하지만 이 세 가지 방법은 측정을 하는 관찰자나 관찰자들로부터 발생하는 측정 오류를 설명해 주진 않는다. 실험 설계가 관찰자 행동에 대한 평가를 요구하게 될 때 Graziano와 Raulin(2013)은 "최소한 두 독립적인 관찰자"가 "동일한 행동의 표본을 평가"하는 데 이용된다고 권고하였다. 행동 연구에서 관찰자와 관련된 보편적 측정 오류 평가 방법은 '관찰자 간' 그리고/또는 '평가자 간' 일치이다. 그러한 일치는 일반적으로 상대적으로 간단한 방법으로 관찰자 간 신뢰도 계수로 계산된다. 즉 평가자 간 일치 수를 일치와 비일치 수의 총합으로 나눈다. 두 관찰자가 목표행동에 대한 각자의 모든 평가에서 일치하면 완벽한 관찰자 간 신뢰도가 발생한다. 이 결과는 1.0의 상관계수로 나타난다(그리고 100을 곱하면 100% 일치로). 물론 관찰자들이 각 평가에 대해 일치하지 않는다면 평가자 간 신뢰도는 0이 된다. 계수로 보고되건 퍼센트 일치로 보고되건 평가자 간 신뢰도는 정확한 동일 행동을 점수화하는 "관찰자 간 가변성 또는 비일관성 수준"을 나타내 준다(Kearns, 1990). "관찰자 간 수용 가능한 일치 수준"은, Kearns(1990)에 의하면 "일반적으로 관찰되는 행동 변화가 목표 행동이 점수화되는 방식에서의 가변성의 결과가 아니라 진정한 변화임을 나타내 주는 지표로 간주된다"(p. 79).

Abraham과 동료 연구자들(2013)은 예를 들어 시골에 거주하며 저임금을 받는 어머니가 그들의 자녀와 말할 때의 발화를 전사한 사람들로 팀을 이루어 "일치 신뢰도"를 측정하였다. .99 이상의 평균 일치 신뢰도를 보고하면서 그들은 이것이 다른 요인들 중에서 "초기의 집중적인 전사 훈련"과 "어머니의 제한된 발화 수와 발화 길이"로 인해 거의 완벽한 신뢰도를 나타낸 것이라고 하였다. Plumb과 Wetherby(2013)는 또한 유아의 발성을 전사하는 데 대하여 평가자 간 신뢰도를 측정하였고 이 경우에 계수 .81과 거의 90% 이상의 일치율을 나타냈다고 보고하였다. Horton-Ikard(2009)는 아프리카계 미국영어(AAE)를 사용하는 아동의 담화 능력에 대한 연구에서 언어 전사와 AAE 형식의 코딩에 대한 평가자 간 신뢰도를 밝혔다. 하지만 어떤 경우에는 관찰자가 다른 두 상황에서 동일한 사건을 얼마나 안정적으로 측정하는지 아는 것이 중요하다. 그러한 경우 두 번의 다른 기회에 1명의 관찰자에 의해 이루어진 측정이 비교되며 '평가자 내' 신뢰도 계수가 계산된다.

관찰자 일치 계수를 〈표 6.2〉에 나열된 측정 범주의 견지에서 고려해 보는 것은 솔깃한 일이다. 이러한 점에서 **관찰자 간 일치**(interobserver agreement)는 등가성의 일반적 범주, **관찰자 내 일치**(intraobserver agreement)는 안정성의 범주에 놓일 수 있다. 그렇게 범주화하는 것이 직관적일 수 있지만 그렇게 하는 것은 개념적으로 현명하지 못하다. Kearns(1990)는 "비록 신뢰도와 평가자 내 일치라는 용어가 응용 학문에서는 바뀌어 가며 사용되어 왔지만 이 용어들은 사실상 그 개념과 성질에 있어서 다르다"(p. 79)고 제안한다. 유사하게 Cordes(1994)는 신뢰도 평가의 평가자 간 일치 방법이 진점수 모델의 개념적 기초를 사용하지 않으며 신뢰도를 "믿을 만함 또는 재생산 가능성"의 견지에서 언급하지 않고 있다고 지적한다. 오히려 평가자 간 일치 신뢰도 평가는 단지 측정 일관성, 또는 그것의 부족을 언급하며, 그것은 '관찰자 간의 차이'로 인한 것일 수 있다. Cordes(1994)에 의하면 "관찰 자료의 신뢰도"는 "특정한 숫자 수준으로 모호하게 기술되는 관찰자 일치 통계치로 보고하는 것보다 더 복잡하다"(p. 276).

관찰자 내 그리고 관찰자 간 일치 측정은 그것이 관찰자가 동일한 대상을 측정하고 있다는 것을 우리에게 알려 주기 때문에 중요한 것이다. 하지만 그것은 측정이 '진점수' 의미에서 정확한지를 알려 주지는 않는다. 두 관찰자가 정확하지 않은 측정을 제공하는 데 있어서 완벽하게 일치할 수 있다. 따라서 관찰자 내 그리고 관찰자 간 일치는 관찰자가 서로 일관적임을 보여 주기 때문에 신뢰도를 확립하는 데 있어서 첫 번째로 중요한 단계이다. 하지만 측정 자체의 정확도와 정밀도에 대한 더 많은 정보가 관찰자 일치 지표에 동반되어야 한다.

자주 물어보게 되는 질문은 "신뢰도 계수가 얼마나 높아야 되는가? 0.6이 신뢰도 계수로 충분한가 또는 더 높아야 하는가?"이다. Pedhazur와 Schmelkin(1991)은 최소한의 수용 가능한 신뢰도 수준에 대한 지침을 사용하였는데 이 수준은 연구 초기 단계에는 낮은 상관계수로도 지지될 수 있지만 개인에 대한 중요한 선정과 배치 결정을 할 때 측정이 사용될 경우 높은 신뢰도를 요구한다. 그러한 공식에 대해 현명하게 의문을 제시하며 Pedhazur와 Schmelkin(1991)은 수용 가능한 신뢰도 계수는 법령에 의해 획득될 수 없으며 오히려 "그것은 사용자가 주어진 특정 연구 상황에서 얼마만큼의 오류를 견딜 수 있는지를 결정하는 것이다(예: 점수가 어떤 목적으로 사용되었는지, 연구 비용)."(p. 110)라고 지적한다.

신뢰도 자료 해석은 때때로 측정표준오차 계산에 의해 가능해진다. Thorndike와 동료들(1991)은 측정표준오차를 "동일한 개인을 연속해서 측정할 때 얻어지는 표준편차"(p. 102)라고 정의하였다. 실제로 측정표준오차는 주어진 측정의 정확도를 평가하는 데 사용되는 관찰점수의 표준편차의 추정치이다. 측정표준오차는 측정이 반복해서 여러 번 이루어졌을 때 일어날 수 있는 개인 점수의 가변성을 나타낸다. 일반적으로 적은 측정표준오차는 높은 측정 신뢰도와 관련이 있다. Thorndike와 동료들(1991)은 측정표준오차의 계산과 해석에 대한 훌륭한 논의를 제공하였다.

측정 신뢰도 평가에 있어서 비판적 독자들은 신뢰도 계수와 측정표준오차를 모두 살펴볼 것이다. 신뢰도가 좋은 측정은 높은 상관계수와 낮은 측정표준오차를 나타낸다. 신뢰도가 낮은 측정은 낮은 상관계수와 높은 측정표준오차를 나타낸다.

앞에서 논의했듯이 측정 오류는 여러 가지 다양한 원인으로 발생한다. Cordes(1994)는 의사소통장애 연구에서의 전통적 신뢰도 평가 방법은 종합적이지 않으며 오류 원인 중에서 포착하고 구별하는 데 실패할 수 있다고 지적하였다. Cronbach, Gleser, Nanda와 Rajaratnam(1972)은 측정 신뢰도 평가에 있어서 가장 종합적으로 사용할 수 있는 방법으로서 설명되고 있는 일반화 가능성 이론의 개념을 발전시켰다(Cordes, 1994). 일반화 가능성 이론은 측정에서 검사자가 "여러 개의 오류 원인(예: 피험자, 장소, 평가자, 항목, 시간)을 동시에 알아내고 구별해 낼 수 있게 함으로써 고전적 검사 이론을 확장시키고 있다"(Pedhazur & Schmelkin, 1991). Cordes(1994)와 Pedhazur, Schmelkin(1991)은 일반화 가능성 이론이 아마도 계산적 복잡성 때문에 꽤 드물게 사용될 것이라고 지적했다. 일반화 가능성 이론에 대한 논의와 그 적용은 Shavelson, Webb과 Rowley(1989)에 의해 제공되었다. 의사소통장애 연구에서 일반화 가능성 이론의 사용은 말과 읽기 능력 평가에 관한 연구인 Demorest와 Bernstein(1992), Demorest, Bernstein과 DeHaven(1996)의 연구에 잘 나타나 있다. 우리 책에 나타난 더 많은 일반화 가능성 이론 연구의 소개는 의사소통장애 연구에 보편적으로 사용되는 측정 신뢰도에 대한 이해를 발달시킬 것이며, 궁극적으로 더 신뢰할 만한 측정 형식의 향상을 이끌어 낼 것이다. 예를 들어 Scarsellone(1998)은 일반화 가능성 이론이 말 언어 연구의 관찰 자료 수집에서 다양한 오류 원인을 평가하는 데 사용되는 예를 보여 주었다.

일반화 가능성 이론의 개념적·통계적 기초는 O'Brian, O'Brian, Packman과 Onslow(2003)에 의해 논의되었다. 또한 동반 논문에서 이 저자들은 말의 자연스러움 평가에서의 다양한 측정 오류 원인을 계산함으로써 일반화 가능성 이론을 실제적으로 적용하였다(O'Brian, Packman, Onslow, & O'Brian, 2003). 동반 논문에서의 논의는 연구자가 관찰 자료를 검사하고자 할 때 이 분석 방법의 사용 예를 확실하게 보여 준다.

측정 타당도 측정 타당도(validity of measurement)는 측정의 '진실성'을 말한다(Shaughnessy, Zechmeister, & Zechmeister, 2012). 따라서 측정 타당도는 측정하고자 하는 바를 얼마나 잘 측정하는지로 정의될 수 있다(Kerlinger & Lee, 2000; Thorndike, Cunningham, Thorndike, & Hagen, 1991). 신뢰도가 측정의 일관성, 정밀도 또는 정확도라면 타당도는 실제 측정의 진실성 또는 옳음이라고 할 수 있다. 믿을 수 있는 측정은 반복 가능하고 정확할 수 있지만 진실되지 않고 옳지 않을 수도 있다. 예를 들면 정육점의 저울은 일관적이고 정확하게 실제 맞는 고기 무게보다 반 파운드 더 나가게 무게를 잴 수 있다. 그러한 저울은 믿을 만하지만 타당하지는 않으며 이 가게의 손님들은 그들이 구매하는 모든 고기에 대해 일관적이고 반복적으로 반 파운드 더 추가 비용을 지불하게 된다. 그렇다면 신뢰도는 타당성을 보장하지 않지만 타당성에는 신뢰도가 필수적이다. 즉 타당하기 위해서 측정은 우선 믿을 만한 것이어야 한다. 일단 신뢰도가 성립되면 측정 타당도는 평가될 수 있다.

Kerlinger와 Lee(2000)가 지적하였듯이 문제가 되는 측정이 물리적인 것이라면(예: 순음의 음압을 측정하는 것) 그 타당도를 결정하는 것은 보통 어렵지 않다. 물리적 측정은 일반적으로 연구자가 측정하고자 하는 속성의 직접적 유사물을 어느 정도 나타낸다. 하지만 행동이나 인지적 측정의 타당도는 흔히 더 결정하기 어렵다. 어떤 경우에 특정 인간 행동이나 성격을 직접 측정하는 것은 매우 어렵기 때문에 연구자가 그러한 것들에 대한 추론을 하기 위해 간접적 측정에 의존할 수밖에 없다. 이러한 일은 언어 연구에서 언어적 수행에 대한 자료가 언어능력과 언어처리 전략을 추론하는 데 사용될 경우 종종 발생한다. 그러한 간접적 측정의 타당도는 확립하기 어려우며 불가능할지 모른다. 측정 타당도를 검사하는 기본적인 세 가지 방법이 있다: 내용타당도, 준거타당도, 구인타당도(Anastasi & Urbina, 1997; Kerlinger & Lee, 2000; Thorndike, Cunningham, Thorndike, & Hagen, 1991).

내용타당도   측정의 **내용타당도**(content validity)는 측정하고자 하는 행동이나 특징을 얼마나 잘 수집했는지 알아보기 위해 검사 항목의 내용을 논리적으로 검토함으로써 확증된다. 측정의 다양한 부분은 측정해야 하는 행동이나 특징을 대표해야 한다. 이것은 보통 측정되는 행동이나 특징을 우선 모두 기술함으로써 결정되며 그리고 얼마나 이 행동과 특징을 잘 수집했는지 알아보는 측정을 체크함으로써 이루어진다. 예를 들면 연구자가 아동 집단의 언어 수행을 측정하고자 한다고 가정하자. 먼저 연구자는 그들이 수집하고자 하는 언어 수행의 측면을 구성하는 모든 행동의 개요를 보여 줄 것이다(예: 특정 동사의 과거형과 미래 시제 사용 또는 주어와 목적어 간 문법 관계의 이해). 그리고 나서 측정이 이러한 가능한 행동들의 세계를 얼마나 잘 보여 주는지 결정할 것이다.

내용타당도는 기본적으로 연구자가 그들이 측정하고자 하는 바를 얼마나 잘 반영해 주는지를 알아보기 위해 논리적이고 합리적으로 측정을 평가하는 주관적 절차이다. 이 분석은 흔히 연구자에 의해 행해지거나 또는 이 과업을 위해 연구자에 의해 모집된 평가자 패널에 의해 행해진다. 그러한 경우 분석은 경험적으로 엄격한 측정 타당도가 아니라 좀 더 합리적인 것이 되지만 평가자의 특정 입장에 의해 발생할 수 있는 오류에 좌우될 수 있다. 하지만 많은 경우 내용타당도는 확증될 수 있는 유일한 유형의 타당도이다.

때로는 **안면타당도**(face validity)라는 용어가 내용타당도와 교대로 사용된다. 하지만 Anastasi와 Urbina(1997)는 안면타당도를 진술하면서 이 두 가지를 분명히 구분하였다.

기술적 의미에서 타당도가 아니다. 그것은 검사가 실제적으로 측정하는 것이 아니고 표면적으로 측정하는 것처럼 보이는 것을 나타낸다. 안면타당도는 피험자와 안면타당도를 사용하기로 결정한 관리자에게 검사가 '타당하게 보이는지'를 나타내는 것이다. 궁극적으로 안면타당도의 문제는 라포와 공적 관계를 염려해야 한다(p. 117).

안면타당도가 기술적 의미에서 타당도로 간주되지 않는다는 것은 사소한 문제이다. Anastasi와 Urbina(1997)는 "만약 검사 내용이 관련 없고, 부적절하고, 어리석고, 유치해 보인다면 검사의 실제 타당도에도 불구하고 결과는 매우 비협조적일 것이다."(p. 117)라는 점에서 안면타당도는 특정 측정에서는 바람직하다고 지적했다.

준거타당도 준거타당도(criterion validity)는 측정이 외부의 타당 준거와 얼마나 관련이 있는지를 검사하는 것에 의해 확립된다. 측정해야 하는 행동이나 특징의 알려진 지표와 측정이 얼마나 관련되어 있는지에 대한 정도는 그 준거타당도로 나타난다. 준거타당도의 두 가지 유형은 외부 준거의 적용 시간과 관련하여 서로 다르다.

첫 번째는 **공인타당도**(concurrent validity)인데 Hoffman, Loeb, Brandel과 Gillam(2011)에 의하면 "동일한 능력을 평가하는 두 검사 간 결과의 일관성"을 말한다. 공인타당도는 동시에 측정과 외부의 타당 준거를 시행함으로써 확립된다. 예를 들어 기존의 것보다 시간이 덜 소요되고 덜 복잡하고 비용이 덜 드는 측정을 발전시키는 것은 중요하다. 공인타당도의 짧은 버전은 긴 버전과 얼마나 잘 관련이 있는지 검사하는 것에 의해 성립될 수 있다. 공인타당도는 또한 측정이 검사 상황 밖의 실제 세계에서 수반되는 발생과 얼마나 잘 연관되는지를 결정할 때 중요하다.

두 번째 준거타당도 유형은 **예측타당도**(predictive validity)인데 이는 측정이 미래 사건이나 행동을 예측하는 데 사용되는 것이다. 그런 경우 측정이 먼저 시행되고 시간이 흐르면 준거 측정이 실시된다. 예를 들면 대학교 입학 담당자는 고등학교 학생들이 대학에서 얼마나 학업 성취를 잘할지 예측하는 데 대학위원회 점수를 이용할 수 있다. Snowling과 동료 연구자들(2011)은 6세 학생의 음성학에서의 진전을 6개월 후 읽기 능력에 대한 표준화 검사에서 위험군의 또래 아동과 비교하면서 후기 난독증을 예측하기 위해 교사들이 사용하는 평가에 대한 예측타당도를 추정하였다. 유사하게 치료연구는 치료 과정 동안 환자들이 얼마나 많이 향상될지를 예측하기 위해 특정한 사전지표 측정을 사용하는 것을 포함할 수 있다.

준거타당도를 결정하는 데 있어서 가장 큰 어려움은 외부 타당 준거에서 적절한 선정을 하는 것에 있다. 거기에는 아무것도 존재하지 않을 수 있으며 또는 하나를 측정하는 것도 매우 어려울 수 있다. 외부 타당 준거 자체는 타당할 필요가 있고 믿을 만한 것이어야 하며 측정 가능한 것이어야 한다. 많은 측정이 단지 측정할 수 있는 적절한 외부 타당 준거가 없다는 이유로 인해 준거타당도 검사에 좌우된 적이 없었다.

구인타당도 구인타당도(construct validity)는 측정되는 행동이나 특징의 이론적 구성이나 설명을 측정이 어느 정도로 반영하는지 경험적이고 합리적으로 검사하는 것에 의해 확립될 수 있다. 구인

타당도는 Hoffman과 동료들(2011)에 의해 설명된 바와 같이 "측정을 발전시킨 개념적 기초를 정확하게 반영하는 측정 능력"이다. 측정이 왜 타당한지 검사하기 위해 경험적이고 이론적인 고려를 모두 하므로 Kerlinger와 Lee(2000)는 구인타당도를 "현대 측정 이론과 실제의 가장 중요한 발전 중의 하나"라고 불렀다. 우리가 제1장에서 강조한 바와 같이 이론은 어떤 현상에 대한 경험적인 설명이다. 그러한 설명이 존재한다면 만약 그렇다면 측정이 타당하고 이론이 맞다면 측정 결과는 이론을 확증할 수 있다.

구인타당도는 몇 가지 방식으로 확립될 수 있다. 예를 들면 이론은 연령에 따라 특정 행동이 증가하는 것을 예측할 수 있다. 측정은 다른 연령의 사람들에게 실시될 수 있고 만약 측정된 행동이 연령에 따라 증가하는 것으로 밝혀진다면 연령 측면의 이론과 연관된 측정의 구인타당도는 확립될 것이다. 또한 이론은 다른 종류의 사람들(예: 병리적 대 정상)을 특정 방식으로 점수화한다. 만약 측정이 있는 경험적 검사가 이것을 확인한다면 측정은 이론 측면과 연관된 구인타당도를 가질 것이다. 이론은 또한 특정한 실험적 조작이 측정에 영향을 미쳐야 한다는 것을 진술할 것이다. 예를 들면 약물 투여는 점수를 감소시켜야 하는 반면 강화는 측정에서 점수를 증가시킬 것이다. 만약 실험이 이 효과를 확인하고자 시행된다면 측정은 이론 측면과 관련된 구인타당도를 지니게 될 것이다. 요인분석은 수많은 변인을 일반적 성질을 밝혀 주는 보편적인 적은 수의 일반 변인으로 감소시키는 통계적 기술이며 구인타당도를 형성하는 데 사용될 수 있다. 이것은 측정이 특정한 이론적 구성에 적절한 것으로 알려진 다른 측정들과 얼마나 공통점이 있는지를 결정하는 것을 포함할 것이다.

초반부에 논의했던 준거타당도 측정은 검사와 측정을 서로 관련시키며 전적으로 잠재적 이론의 이슈로부터 분리된다. 구인타당도 상황에서 **수렴타당도**(convergent validity)는 "검사가 동일한 구성을 측정하는 다른 평가의 유사한 결과를 산출하는지"이고 **확산타당도**(divergent validity)는 검사가 "측정된 구성의 영역을 벗어난 독립요인들인지"에 관심을 둔다(Greenslade, Plante, & Vance, 2009). 예를 들면 Adamchic과 동료들(2012)은 구인타당도를 평가하기 위해 이명에 대한 질문과 이명 증상 측정을 위한 몇 가지 시각 아날로그 척도의 결과를 비교하였다. Langevin과 동료들(2009)은 이와 같이 말을 더듬는 아동의 또래에 대한 태도를 측정하여 놀림과 희생에 대한 태도를 나타내는 측정과 그 척도를 비교하였다.

수렴타당도와 확산타당도를 확인하기 위해서는 검사 도구의 내적 일관성이 아이템 분석과 통계적 기술에 의해 평가되어야 하는데 각 측정 항목들은 전반적 측정이 그러한 것처럼 구인(construct)을 측정하고 있는지 알아보기 위해 측정의 각 항목과 전반적 점수 사이에 상호 관계가 있는지 확인하기 위한 기술을 사용한다. 확산타당도는 특히 검사 측정이 다른 이론적 개념을 측정하는 다른 검사와 강한 상관관계가 없다는 것을 나타내 주는 **변별타당도**(discriminant validity)와 관련이 있다 (Andrade, Biazevic, Toporcov, Togni, Carvalho, & Antunes, 2012; Langevin, Kleitman, Packman, & Onslow, 2009).

구인타당도를 확립하는 데 가장 큰 문제는 수행을 예측하거나 정의하는 데 사용되는 이론적 구성의 타당도와 정확도에 있다. 이것은 예측타당도와 공인타당도에서 적절한 외부 타당 준거를 발견하는 문제와 유사하다. Thorndike와 동료들(1991)은 검사나 측정의 구인타당도는 만약 측정이 이론적 예측과 일치한다면 확립되며, 만약 예측이 확인되지 않는다면 그것은 타당하지 않은 측정 결과이거나 정확하지 않은 이론이거나 혹은 둘 다 해당되는 것이라고 지적했다.

기기 아날로그 또는 디지털 전자 기기는 의사소통장애의 기본 연구와 응용 연구에서 계속해서 중요한 역할을 한다. 우리가 정상(또는 장애가 있는) 과정에 대해 알고 있는 많은 부분은 대부분 전 세계에 걸쳐 병원, 클리닉, 연구실에서 측정, 기록, 시스템 분석을 가능하게 해 준 기술적 향상으로 인한 것이다. 모든 연구가 정교한 전자 기기에 의존하거나 이를 필요로 하는 것은 아니다. 예를 들어 상대적으로 간단한 오디오와 비디오 녹음 시스템 사용은 아동이 어떻게 언어를 습득하는지를 더 잘 이해하는 데 큰 영향을 미쳤다. 하지만 비판적 독자는 기기를 중요하게 다룬 연구논문을 읽어야 한다.

비록 기기가 복잡할 수 있지만 장비가 배치되는 목적은 합리적으로 간단하다. 기기는 시그널을 생산하고(예: 오디어-주파수 발진기), 시그널을 측정하고(예: 소리 수준의 미터), 시그널을 저장하고(예: 디지털 저장 미디어), 시그널을 조정하고(예: 전기 스위치), 시그널을 수정하고(예: 밴드패스 필터), 시그널을 분석한다(예: 컴퓨터 하드웨어와 소프트웨어). 연구자(또는 치료사)는 알려진 조건하에 자료를 획득하는 것을 돕고 지료의 영구적 녹음을 제공하기 위해 자료 습득 절차를 표준화하는 데 기기를 사용한다. 가장 중요한 전자 기기는 감각적으로 직접 관찰할 수 없는 사건의 측정을 가능하게 해 주는 전자 기기이다(Baken & Orlikoff, 2000).

기기 배열에는 기본적으로 신비한 것은 없다. 그들은 보통 입력 전환, 시그널 조절, 출력 전환을 포함한다. **입력 전환**(input transduction)은 현상을 감지하고 시그널로 전환시켜 주는 수단을 포함한다. **시그널 조절**(signal conditioning)은 보통 측정을 돕거나 측정을 획득하기 위해 시그널이 수정되고 조작되는 통제적이고 체계적인 방식을 말한다. 시그널과 결과 측정은 저장될 수 있다. **출력 전환**(output transduction)은 시그널이나 결과 측정이 관찰되는 수단을 말한다. 스피커, 프린터, 컴퓨터 모니터는 출력 전환의 보편적인 예이다.

기기 배열에 대한 의문은 의사소통장애의 많은 훈련 프로그램에 의한 임상적 혹은 연구실 장비에 왜 이렇게 적은 관심이 집중되었는지이다. 이것은 연구논문의 많은 독자들이 공포와 두려움으로 기기 부분에 접근하는 마땅한 이유가 되는 것이다. 염두에 두어야 할 또 다른 점은 기기가 통계학처럼 도구라는 점이다(Orlikoff, 1992). 따라서 통계학처럼 섬세한 기기 배열은 부적절한 연구 문제를 향상시킬 수 없으며 빈약한 연구 설계를 수정할 수 없다.

논문의 기기 부분을 읽을 때 연구자나 학생들이 사용하는 몇 가지 지침이 있다. 먼저 그리고 최소한 시스템의 기본적인 구성요소는 생산자와 모델 넘버에 의해 확인되어야 한다. 이것은 관심 있어 하는 독자로 하여금 동일하거나 비슷한 기기를 사용하여 시스템을 똑같이 하게 하는 것이 가능하다. 그것은 또한 독자가 기기의 구성요소들이 저명한 회사에서 제조한 합리적으로 표준화된 부품인지를 확인할 수 있게 한다. 특별한 연구용으로 새로운 기기가 개발되면 독자가 부품을 재구성할 수 있도록 충분한 정보가 제공되어야 한다. 회로 도표, 사진, 선 그리기 등과 같은 것이 이러한 목적을 위해 포함되어야 한다. 여기서의 요점은 재적용 목적을 위해 충분한 세부사항이 제공되어야 하고 잘 정비된 말언어청각 연구실 기기의 표준화된 장비의 부품인지 독자가 확인할 수 있게 해야 한다는 점이다. 구성요소 간 상호관련성을 보여 주는 블록 도표는 기기 배열을 설명하는 유용한 장치이다.

다른 준거는 이전에 보고된 연구의 연구자에 의해 동일한 또는 유사한 기기 배열이 사용되어 왔는지 또는 동일한 현상을 연구한 다른 연구자에 의해 사용되었는지이다. 이전 연구의 레퍼런스는 기기의 적절성을 평가하는 데 상당한 가치가 있다. 그러한 레퍼런스가 없다면 특히 주문제작한 기기를 접할 때 독자들은 **계측오차**(instrumentation error)의 가능성에 주의해야 한다.

사용되는 기기의 기본 특징이 기기 부분에 보고되어 있고 독자가 기기가 당면한 과제에 적절한지를 평가하는 데 도움을 주는 가치를 지닌다. 이어폰의 주파수 반응 기능, 선형적 감쇠기, 증폭기기의 강도 범위는 기기 부분에 제공되어 있는 기술적 정보 종류의 예이다.

〈관련논문 6.9〉는 호흡과 후두 반응을 유도했을 때 구강내압 변화를 검사한 연구에 사용된 기기를 자세하게 설명하고 있다. 분명히 저자에 의해 제공된 기기 설명은 재적용이 가능한 것이다. 하지만 기기 배열의 적절성은 호흡과 후두 반응과 같은 측정을 사용하는 기기에 익숙한 사람에 의해 가장 잘 평가될 수 있을 것이다.

치료사와 학생에게 기기의 원리를 가르치는 것은 분명히 이 책의 영역 밖의 일이다. 전문가들에게 말과 청각 분야의 장비를 이해시키기 위한 시도는 많이 이루어지고 있다. 기술적 향상이 이루어짐에 따라 의사소통장애 전문가들은 현재의 연구를 따라가기 위해서 그리고 전자 기기에 점점 더 많이 의존하게 되는 이 분야에서의 연구를 계속 따라잡을 수 있도록 준비하기 위해서 기기에 대한 교육을 꾸준히 받고 도움을 받아야 한다. 기기에 대한 지식은 의사소통장애 전문가에게 과거

관련논문 6.9

장비

음향학적 신호는 역동적인, 다방향의, 소형 마이크(Shure Model SM11)로 전환되었다. 마이크는 마스크의 손잡이로 종종 사용되는 구멍을 통해 배출구를 낸 호흡유량계 마스크 안에 위치되었다. 두꺼운 발포고무는 마이크를 공간 안에 밀폐하고 마이크 주변에 공기가 반드시 누출되지 않게 하기 위해 사용되었다. 입과 마이크 사이의 거리는 3.5cm로 고정되었다. 모든 조건이 마스크 내에 포함되므로 마스크 안의 공명은 문제가 되지 않는다. 따라서 마스크와 관련된 어떤 공명도 모든 조건에서 동일하다. 신호는 두 개의 채널이 있는 DAT 녹음기(Tascam Model DA-P2)를 사용하여 디지털 오디오 테이프(DAT; Fuji)로 저장되었다.

구강기류는 주위에 배출구를 낸 호흡유량계 마스크와 고주파수 압력 변환기(Glottal Enterprises, Syracuse, NY; Model PTW-1)를 이용하여 변환되었다. 이 마스크를 사용하는 것은 과제로 인한 참여자의 어떤 수행도 변경하지 않는다(Huber, Stathopoulos, Bormann, & Johnson, 1998). 구강압력은 참여자의 왼쪽 입안 입술 사이에 위치하는 1mm 내부 지름(2mm 외부 지름)의 구강압력 튜브를 통해 감지되었다. 구강압력 튜브의 말단 끝은 저주파수 압력 변환기(Glottal Enterprises, Model PTL-1)와 연결되어 있다. 호기 움직임(respiratory movement)은 Hixon과 Hoit(즉 Hixon, Goldman, & Mead, 1973; Hoit & Hixon, 1987)에 의해 개발된 절차를 이용한 선 모양 자력계를 이용하여 변환되었다. 한 세트는 흉곽의 움직임을 추적하기 위해 흉골의 중간지점에 위치되었고 한 세트는 복부의 움직임을 추적하기 위해 배꼽 바로 위에 위치되었다. 자력계는 양면 셀로판테이프로 참여자의 피부에 부착되었다. 자력으로부터의 신호는 데이터 수집 동안 x-y 오실로스코프에 모니터링되었다.

모든 신호는 IBM-호환 컴퓨터와 A-D/D-A 판(Data Translation Inc., Marlboro, MA; Model DT2821)을 통해 CSpeech SP(Milenkovic, 1997)에 온라인으로 디지털화되었다. 구강기류, 구강공기압력, 자력계 신호는 앤티 에일리어싱(anti-aliasing)을 위해 4,200Hz에서 저주파 통과 필터링되었고 최대 전압 분할(±10V)을 이용하여 10kHz의 표본율로 디지털화되었다. 마이크 신호는 데이터 수집이 완료된 후 각각 디지털 오디오 테이프에서 컴퓨터로 디지털화되었다. 마이크 신호는 앤티 에일리어싱을 위해 8kHz에서 저주파수 필터링되었고 최대 전압 분할(±10V)을 사용하여 20kHz의 표본율로 A-D/D-A 판을 통해 IBM-호환 컴퓨터로 디지털화되었다.

폐용량은 주위에 배출구를 낸 호흡유량계 마스크로 통합된 기류 신호에 의해 얻어졌다. 이 절차는 선행문헌에서 호흡계로 측정한 용량과 ±5% 이내의 차이를 보이는 것으로 나타났다(Stathopoulos & Sapienza, 1997).

출처: "Respiratory and Laryngeal Responses to an Oral Air Pressure Bleed During Speech," by J. E. Huber and E. T. Stathopoulos, 2003, *Journal of Speech, Language, and Hearing Research, 46,* pp. 1211-1212. Copyright 2003 by the American Speech-Language-Hearing Association. 승인 하에 게재.

에 음성학 전사, 생리학 해부, 또는 언어학에 대한 지식과 같은 전통적 도구만큼 중요한 도구이다.

〈관련논문 6.10〉에서 저자들은 과소비성(hyponasality)과 비강 기도의 결함을 평가하는 데 쓰인 두 가지 측정 기술(비강 공명과 비강 단면 면적의 측정)을 비교한 연구에 사용된 기기를 말로 설명한 것을 보완하기 위해 블록 도표를 사용하였다. 교정과 특정 측정 절차를 세심하게 설명하였다.

관련논문 6.10

비강 공명의 기기적 평가

6200모델 나조미터는 마이크로 컴퓨터 시스템을 기반으로 Kay Elemetrics에서 만들어졌다(그림 1). 이 기기를 이용하면 참여자가 하는 말의 구강음 및 비강음 성분이 윗입술 위에 놓인 소리 분리기 양측에 달린 마이크를 통해 감지된다. 각각의 마이크로부터의 신호는 사용자 기반의 전자 기기 측정기준에 의해 걸러지고 디지털화된다. 데이터는 IBM PC로 처리된다. 결과 신호의 처리는 비강(음향학적)에너지 대 비강(음향학적)에너지＋구강(음향학적)에너지의 비율이다. 이 비율에 100을 곱하면 '비음치(nasalance)' 점수로 표현된다.

검사 전 제조사가 제공한 설명서에 따라 나조미터는 눈금과 헤드기어가 조정되어야 한다. 각각의 참여자는 비음으로 구성된 표준화 문단을 읽도록 요구된다(부록 참조). 읽기를 잘 하지 못하는 참여자는 검사자(Rodger Dalston)를 따라서 문장을 산출한다.

비강 단면 면적의 측정

최근 호흡기 모니터링 기술의 발전은 비강 기도의 결함을 객관적으로 설명할 수 있도록 하였다. 한 접근법은 말 연구를 위해 Warren에 의해 개발된 기술을 사용하여 비강 기도 단면 면적을 측정하는 것이다(Warren & DuBois, 1964). 이 공기역학적 기술의 타당도는 여러 연구소에서 입증되어 왔다(Lubker, 1969; Smith & Weinberg, 1980, 1982, 1983). 그리고 연구는 기류 장애를 정의하는 데 성공적이라고 증명하였다(Warren, 1984).

비강 단면 면적을 측정하는 데 사용되는 방법은 이론적인 유압 원리를 수정한 것인데 특정 구조물의 가장 작은 단면 면적은 기류가 그 사이를 통과할 때 전후의 압력을 동시에 측정한 후 나타나는 압력차로 계산할 수 있다고 가정한다. Warren과 그의 동료들이 1961년부터 말 연구에서 사용한 이 방법은 (Warren & DuBois, 1964) 비강 기도 개방성을 평가하기 위해 구체적으로 수정되었다. 방정식은 $k=0.65$이고 공기 밀도＝$0.001gm/cm^2$일 때 적용된다.

$$면적 = \frac{비강\ 기류의\ 비율}{k\left[\frac{2 \times 구강 - 비강\ 압력\ 하락}{공기\ 밀도}\right]^{\frac{1}{2}}}$$

보정계수 k는 이전에 보고된 유사 연구로부터 얻어졌다.

〈그림 2〉는 최근 연구에서 사용되는 공기역학적 평가 기술을 설명한다. 구강-비강 압력 하락은 두 가지 카테터와 연결된 압력 변환기로 측정되었다. 첫 번째 카테터는 참여자의 입 중간에 위치되었고,

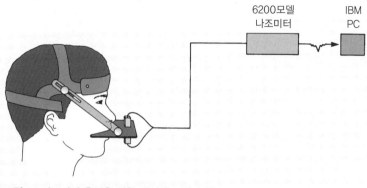

그림 1 나조미터 측정을 위한 계기화 도식 표현

(계속)

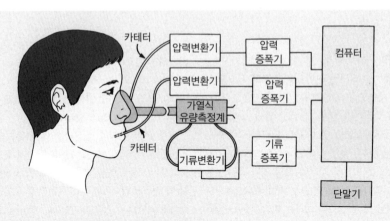

그림 2 비강 단면 면적 측정을 위한 계기화 도식 표현

두 번째 카테터는 코 앞에 있는 비강 마스크 내에 위치되었다. 비강 기류는 잘 조절된 비강 마스크에 연결된 가열식 호흡유량계로 측정되었다. 각각의 참여자는 가능한 한 편하게 코로 들이마시고 내쉬도록 요구된다. 그 결과에 의한 압력과 기류 패턴은 컴퓨터로 전달되고 분석되며 하드카피에 기록된다. 비록 비강 면적은 흡기 또는 호기 동안 측정될 수 있지만 최근 논문에서 이들은 호기류의 정점에서 측정되었다.

출처: "A Preliminary Investigation Concerning the Use of Nasometry in Identifying Patients with Hyponasality and/or Nasal Airway Impairment," by R. M. Dalston, D. G. Warren, and E. T. Dalston, 1991, *Journal of Speech and Hearing Research, 34*, pp. 13-14. Copyright 1991 by the American Speech-Language-Hearing Association. 승인하에 게재.

기기 교정 전자 및 기계적 기기가 잘 작동되게 유지하려면 교정이 표준으로 잘 맞춰져야 한다. 예를 들어 오디오미터는 현재의 표준으로 교정되어야 한다(American National Standards Institute, 2010). 주어진 연구에서 기기의 적절한 교정은 도구로 인해 나타날 수 있는 내적 신뢰도를 저해할 수 있는 요소를 감소시키기 위해서 필수적인 것이다. 교정은 실험 도중 고장 때문에 잘못되어서는 안 된다. 따라서 연구자가 연구 도중 기기의 교정을 주기적으로 점검하는 것이 중요하다. 한 기기로 이루어진 측정이 다른 기기로 이루어진 측정과 반드시 동일하지는 않기 때문에 연구 동안 기기가 변동되어서는 안 된다(Read, Buder, & Kent, 1990, 1992).

독자들이 기기 교정에 대해 할 수 있는 세 가지 질문은 (1) 교정이란 무엇인가, (2) 교정 목적을 위해 어떤 기기가 사용되는가, (3) 교정은 언제 시행되는가이다. 연구논문의 방법 부분은 교정의 적절성에 대해 독자들이 확신을 갖도록 충분한 정보를 제공해야 하며 **교정 효과**(calibration effects)가 잘못된 자료에 영향을 미치지 않는다는 것을 확인시켜 주어야 한다. 불행하게도 교정 절차는 연구논문에서 짧게 나와 있는 경우가 있다. 따라서 사용된 교정 절차의 적절성을 평가하는 것이 어려울 수 있다. 그 결과로 독자는 교정의 적절성을 판단할 때 연구자의 진실성과 정직성에 의존해야 할 것이다.

〈관련논문 6.11〉은 보톡스 주입 전과 후의 내전형 경련성 발성장애 화자의 말 명료도와 일반인의 말 명료도를 비교한 연구에서 발췌하였다. 이 연구에서 청자는 모든 화자의 발화가 녹음된 오디오 자료를 듣고 화자가 말한 것을 들은 대로 표준 키보드를 이용하여 타이핑해서 컴퓨터 데이터베이스에 입력한다. 청자에게 제시된 화자의 발화를 동일하게 조절된 강도 수준에서 되돌려 재생하여 듣는 것이 중요하다. 이것은 소음계로 되돌려 재생 수준을 모니터링함으로써 이루어지는데, 이는 저자에 따르면 소음계의 제조회사 지침에 따라 교정된 것이다. 이 교정 절차가 이루어지는 정확한 시간은 명시되어 있지 않다. 하지만 논문의 절차 부분에서 저자는 각 사운드 파일이 54~56dB RMS re: SPL 범위의 청취 수준으로 제시된다고 하였다. 이 진술은 교정 절차가 화자의 발화를 실제로 검토하기 전에 각각의 청자에게 개별적으로 이루어진다는 것을 의미한다.

관련논문 6.11

이 연구를 위한 기기 구성은 두 대의 컴퓨터 단말기로 이루어져 있다. 통제 시스템은 사운드블라스터 16비트 오디오 산출 회로를 갖춘 233MHz Dell Optiplex GXMT 5133 컴퓨터였다. 통제 시스템을 통한 산출은 최대 총 산출 용량의 대략 75%로 설정된 Crown D-75 전치증폭기(Crown Audio, Inc., Elkhart, IN)의 왼쪽 채널로 입력되었다. 전치증폭기는 Tucker-Davis Technologies PA-4 프로그램 작동이 가능한 감쇠기(무선 신호의 감도를 줄이는 기기; Tucker-Davis Technologies, Alachua, FL)와 인터페이스로 접속되었으며 지속적으로 25dB의 음향학적 신호를 약화시키도록 설정되었다. 음향 신호는 부스 천장으로부터 80cm에 설치된 Grason-Stadler 스테레오 스피커를 통해 음향 시스템 KE-132-음향 처리 부스 내부에 주어졌다. 반응 단말기는 일련의 포트를 통해 통제 시스템과 인터페이스로 접속되었다. 모든 청자의 반응은 통제 시스템에서 텍스트 파일로 저장되었다.

통제 시스템을 통해 주어진 음향 산출은 각각의 청자 세션에 앞서 눈금이 조정되었다. 1/2in. 스탠드 고정 마이크는 말하는 사람으로부터 1m 떨어진 곳에 앉은 성인의 키, 각도, 귀와 근접한 위치에서 소리가 처리되는 부스 안의 산출 스피커로부터 1m 떨어진 곳에 위치되었다. 조정된 소리 파일(전자후두에 의해 발생한 복합음)은 통제 시스템을 통해 말하는 이에게 재생되었다. 25dB로 설정된 Larson-Davis 감쇠기와 함께 54~56dB re: SPL의 쾌적 청취 수준은 Quest 155 소음계(Quest Technologies, Inc., Oconomowoc, WI)로 입증되었다. Quest 소음계의 교정은 제조사의 표준화된 교정 설명서에 따라 유지되었다. 이 교정의 통상적인 방법은 통제 시스템으로부터 소리가 처리되는 부스로의 음향 출력의 변화가 없음을 보증한다.

출처: "Speech Intelligibility in Severe Adductor Spasmodic Dysphonia," by B. K. Bender, M. P. Cannito, T. Murry, and G. Woodson, 2004. *Journal of Speech, Language, and Hearing Research, 47*, pp. 24–25. Copyright 2004 by the American Speech-Language-Hearing Association. 승인하에 게재.

〈관련논문 6.12〉는 소음과 소리의 반향 환경에서 아동의 말소리 지각 능력을 검사한 연구로부터 발췌하였다. 이 연구에 사용된 말소리 자극의 제시와 녹음 기기가 명확하게 제시되어 있다. 세 번째 문단에서 연구자가 어떻게 적절한 음압 수준과 신호 대 잡음비를 청자에게 제시하는지를 주목하자. 이 방법 부분의 또 다른 중요한 측면은 청자 반응에 대한 평가자 간·평가자 내 신뢰도 설명이다.

이 부분의 마지막 예는 〈관련논문 6.13〉이다. 여기서 흥미로운 점은 기기의 교정이 사용되었다는 점뿐만 아니라 생리학적 교정 절차가 함께 실시되었다는 점이다. 후자의 교정 절차에 대한 필요성 또한 설명되어 있다.

관련논문 6.12

말 자극의 녹음을 위한 기기

자극은 강당의 앞쪽 중앙에 위치된 스테레오 카세트 테이프 데크(Optimus, Model No. SCT-88)에 의해 스테레오 수신기(Optimus, STA-825)와 확성기(Optimus, Model No. 1050)로 재생되었다. 여러 사람들이 웅얼거리는 St. Louis의 Auditec이 배경소음으로 사용되었다. 같은 기기가 웅얼거리는 소리를 재생하기 위해 사용되었고 웅얼거리는 소리는 말 자극을 전환하는 확성기의 좌, 우 1.8m에 위치하는 두 개의 확성기(Optimus, Model No. 650)를 통해서 전환된다.

말 자극은 KEMAR(Knowles Electronic Mannequin for Acoustics Research)로 녹음되었다. KEMAR은 말 자극을 변환시키는 확성기의 진동판으로부터 대략 10m에 0° 방위각으로 위치되었고, 이것은 강당의 임계 거리(critical distance)를 완전히 넘어선 것이었다. KEMAR은 강당의 좌우 벽으로부터 각각 4.5m, 뒷벽으로부터 2m 거리에 위치되었다. 말 자극은 이관 공명을 여과하는 전치증폭기를 갖춘 KEMAR의 이관에서 0.5in. 압축 마이크로폰(Etymotic Research, Model No. ER-11)을 통해 녹음되었다. KEMAR의 오른쪽 귀 안 마이크의 출력은 디지털 오디오 테이프(DAT) 데크(Panasonic, Model No. SV-3700)의 Channel 1로 보내졌고, 왼쪽 귀 안 마이크의 출력은 디지털 오디오 테이프(DAT) 데크의 Channel 2로 보내졌다.

녹음에 사용된 말과 배경소음의 음압 수준(SPL)은 KEMAR의 오른쪽, 왼쪽 이관에서 측정되었다. 녹음을 위한 말 수준은 92dB SPL(운반구 안 단어 "say"에서 모음 /e/의 최고치와 각 NST 항목에서 자음들의 최고치 간의 평균), 결과적으로는 +52dB S/N(강당의 가장 낮은 소리 수준 40dB) 배경 소음을 더하여 녹음하기 위해 여러 사람들이 웅얼거리는 SPL은 79dB SPL이었다(운반구 안 단어 "say"와 비교하여 +13dB S/N로 만들어짐). 이것은 선생님이 학급 안에서 유지하고자 하는 신호 대 잡음비(S/N)와 가깝다(Pearsons, Bennett, & Fidell, 1977).

실험 프로토콜과 말 자극 제시를 위한 기기

NST의 디지털 테이프 녹음은 눈금이 조정된 청력 측정기로 DAT를 통해 재생되었고(ANSI, 1996) 청자는 TDH-39 이어폰으로 들었다.

각각의 청자는 그들로부터 1.5m, 0°의 방위각에 있는 캠코더의 입력과 연결되어 있는 소형 마이크를 썼다. 각 캠코더는 동시적으로 높은 질의 청각-시각 신호를 19in. 비디오 모니터로 실험자들에게 전송하였다. 실험자들은 점수를 매기고 후에 신뢰도 점수를 계산하고자 청자들의 반응을 비디오로 녹화하려고 통제실에 있었다.

신뢰도

모든 청자의 수집된 비디오테이프 자료는 독립적으로 검사자 내와 검사자 간 신뢰도 평가를 위해 한 평가자가 두 번 판단한 것과 2명의 평가자가 한 번 판단한 것으로 전사되었다. 신뢰도는 다음의 공식을 따른다. [(일치＋불일치)/일치]×100. 일치는 음소가 맞거나 틀리거나로 한 평가자가 같은 평가를 두 번 하거나(검사자 내), 2명의 평가자가 독립적으로 판단한 것으로 규정되었다(검사자 간 신뢰도). 1명의 평가자의 전사 자료는 각 SL에서 각각의 청자 조건에서의 청자의 자음 정확도와 모음 확인 점수를 결

정하기 위해 사용되었다. 이 평가자는 모든 청자의 테이프를 두 번 전사하였다. 검사자 내 신뢰도는 이 두 가지 세트의 전사 자료 간에 계산되었다. 검사자 간 신뢰도는 청자의 자음 정확도와 모음 확인 점수를 결정하기 위해 사용된 서로 다른 2명의 평가자 전사 자료로 계산되었다. 검사자 내와 검사자 간 신뢰도는 9%였다.

출처: "Children's Phoneme Identification in Reverberation and Noise," by C. E. Johnson, 2000, *Journal of Speech, Language, and Hearing Reserach, 43*, pp. 147–148. Copyright 2000 by the American Speech-Language-Hearing Association. 승인하에 게재.

관련논문 6.13

기기 교정

6개의 생리적 데이터 채널을 위한 교정(calibration) 신호는 참여자 참여 전에 기록되었다. 네 개의 EMG 채널을 측정하기 위해 주문제작한 투입 시뮬레이터는 50, 100, 200, 500마이크로볼트에서 단일 압력 신호를 발생시키는 데 사용되었다. 성문하압 채널은 U-튜브 압력계를 사용하여 측정되었고 0~24cm까지 물의 압력이 기록될 수 있었다. 기류 채널의 측정은 공기 공급 실린더에 부착된 호흡유량계와 Brooks 유량계 사이의 직접적인 연결을 이용하여 시행되었다. 호기류율은 0~1,000cc/sec까지 100cc/sec단계로 기록되었다.

생리학적 교정

EMG 신호의 규모는 기록된 전극과 근육 내 전극 위치 간 거리 간의 작용이기 때문에 어떠한 참여자 간 근육 비교도 완벽한 EMG 마이크로볼트 값으로 만들 수 없었다. 이 위치는 참여자 간에 중복될 수

없었다. 따라서 생리적 측정은 데이터를 정상화하고 참여자 간 비교가 가능하도록 통합되었다. 첫 번째 실험 과제 전에 즉각적으로 참여자는 공기 흡입의 교정 조작(calibration maneuver)을 수행하였고 모음 /a/를 그들의 음역에서 중간 음에서부터 가장 높은 음까지 온음계 단계로 발성하였다. 이러한 과제 수행의 다른 시점에서 수행은 네 가지 근육 각각으로부터 높은 수준의 활동을 보기 위해서였다. 교정 조작 동안 얻은 EMG 자료로부터 근육 활동의 계량은 교정 조작 동안 발생되는 각 근육의 최대 활동을 반영하면서 100에서부터 그 채널의 소음 수준의 평균 기초선인 0까지 형성되었다.

출처: "Laryngeal Dynamics Associated with Voice Frequency Changes," by T. Shipp and R. E. McGlone, 1971, *Journal of Speech and Hearing Research, 14*, p. 763. Copyright 1971 by the American Speech-Language-Hearing Association. 승인하에 게재.

행동검사 Kerlinger(1979)의 정의와 같이 과학적 "관찰"은 "사건을 언급하고, 그것의 수를 세고, 그것을 측정하고, 그것을 녹음하는 것에 의해 구해지는 유형의 자료이다." 행동검사에는 다양한 유형의 지필검사, 조음검사, 언어검사, 말변별검사, 청력 검사, 태도검사와 같은 엄청나게 다양한 표준화 검사와 비표준화 검사가 포함될 수 있다. 분명히 연구자는 독립변인과 종속변인의 측정을 위해 이러한 자료 가운데 어떤 종류든 사용할 수 있다. 이러한 검사의 주된 문제는 내적 타당도와 외적 타당도에 심각한 위협이 있을 수 있다는 점이다. 따라서 비판적 독자는 연구에 사용된 행동 검사의 적절성을 주의 깊게 평가할 필요가 있다. 대부분의 의사소통장애 전문가들은 학업이나 임상의 수련 과정을 통해 행동검사에 적절하게 노출되어 왔다.

표준화 검사 의사소통장애의 많은 연구논문들은 연구 방법 부분에서 변인 측정을 위해 **표준화 검사**(standardized instruments) 사용을 보고하고 있다. 일부 경우에 연구자가 사용된 검사의 신뢰도와 타당도에 대한 선행 연구의 참고 자료와 표준화 자료를 포함하는 검사 지침 인용을 제공하기도 한다. 예를 들면 말이 늦은 어린 아동의 의사소통능력을 비교한 논문에서 저자는 VABS(Vineland Adaptive Behavior Scales)를 사용하여 각 아동의 주 양육자를 인터뷰하였다. 〈관련논문 6.14〉에는 VABS의 정상 규준 자료와 신뢰도와 타당도 수치가 나와 있다. 또한 VABS의 준거타당도를 증명하기 위해 보고된 이차적 연구가 있다.

〈관련논문 6.15〉는 동일한 논문에서 발췌한 것이다. 이 예에서 저자는 그 신뢰도와 타당도를 확립시킨 언어발달조사(Language Development Survey, LDS)에 대해 이전에 보고된 연구를 사용하고 있다. 이 연구에 사용된 체크리스트 양식은 선행 연구를 기초로 정당화되었다.

〈관련논문 6.16〉은 어휘-의미적 접근을 사용한 치료를 실시해서 의사소통능력이 향상된 중증

관련논문 6.14

VABS 영역은 각 15개의 연령 집단에서 200명의 참여자를 포함하여 생후 18년 11개월까지 3,000명의 개인으로 표준화되었다. 광범위한 신뢰도 평가와 타당도 분석을 거쳤으며 이 두 가지 모두 이 지표들의 우수한 성능을 시사한다(VABS Manual, 1984). 또한 Rescorla와 Paul(1990)은 VABS 표현 의사소통 점수가 LDS 점수와 높은 상관관계($r = .85$)를 가진다는 것을 발견하였다. VABS 표현 점수가 표현 언어의 직접적 측정과 밀접한 상관성을 갖는다는

것을 제시하며, 정상 집단에서 VABS 표현 의사소통 점수와 이 연령 수준에서의 MLU를 비교한 결과 .78의 상관관계를 나타냈다.

출처: "Communication and Socialization Skills at Age 2 and 3 in 'Late-Talking' Young Children," by R. Paul, S. S. Looney, and P. S. Dahm, 1991, *Journal of Speech and Hearing Research*, 34, p. 860. Copyright 1991 by the American Speech-Language-Hearing Association. 승인하에 게재.

관련논문 6.15

언어발달조사(LDS)는 아동의 초기 어휘에서 흔한 300개의 단어 체크리스트이다. 이 연구에서 사용된 것과 같은 체크리스트 형식의 표현어휘 부모 보고는 Dale, Reznick, Bates, Morisset(1989) 그리고 Reznick, Goldsmith(1989)에 의해 표현어휘량의 탁월한 지표로 밝혀졌다. Rescorla(1989)는 위에서 설명한 규준을 사용하는 LDS가 영유아용 표준화된 언어검사와 비교하였을 때 높은 신뢰성, 타당성, 민

감성을 보이고 언어 지연을 확인하는 데 적절하다고 보고하였다.

출처: "Communication and Socialization Skills at Age 2 and 3 in 'Late-Talking' Young Children," by R. Paul, S. S. Looney, and P. S. Dahm, 1991, *Journal of Speech and Hearing Research, 34*, p. 859. Copyright 1991 by the American Speech-Language-Hearing Association. 승인하에 게재.

관련논문 6.16

치료 전 평가와 치료 후 평가

치료 전과 치료 후 단단어 처리능력을 평가하기 위해 PALPA(Psycholinguistic Assessments of Language Processing in Aphasia; Kay, Lesser, & Coltheart, 1992)의 하위검사를 선정하여 시행하였다. PALPA에서 선정된 하위검사는 단단어 읽기(시각 어휘 결정과 활자 단어-그림 매칭), 청각적 이해(구어 단어-그림 매칭), 따라 말하기, 활자 이름대기, 받아쓰기(표 2 참조)이다. 또한 Pyramids and Palm Trees Test(Howard & Patterson, 1992)의 그림 버전이 의미 관계 능력을 검사하기 위해 실시되었다. 이 검사는 단순히 두 가지 영역에서 목표그림과 의미적으로 연관된 그림을 연결시키는 것을 포함한다. 부차적으로는 쓰기 처리 과정을 평가하는데, 참여자로 하여금 소문자로 제시된 글자는 대문자로 쓰게 하고 그 반대도 똑같이 실시하게 하는 전환 과제를 사용하여 평가한다. 각 참여자가 직접 활자 단어를 베껴 쓸 때 근육을 움직이

는 능력에 대한 부가적 정보를 얻을 수 있다.

각 참여자의 비구어 인지능력에 대한 것은 두 가지 측정으로 얻을 수 있다. CPM(Coloured Progressive Matrices; Raven, Court, & Raven, 1990)은 시각적 문제 해결 능력에 대한 정보를 제공한다. WMS-R(Wechsler Memory Scale 개정판; Wechsler, 1987) 중에서 Tapping Forward Subtest는 시각적 기억 지속시간에 대한 정보를 제공한다. 마지막으로 WAB(Kertesz, 1982)의 구어 언어 영역은 쓰기를 제외한 영역(즉 청각적 언어이해력과 구어 표현력)에서 치료 후 어떤 변화가 발생했는지를 검사하는 데 다시 실시될 수 있다.

출처: "Writing Treatment for Severe Aphasia: Who Benefits?" by P. M. Beeson, K. Rising, and J. Volk, 2003, *Journal of Speech, Language, and Hearing Research, 46*, p. 1041. Copyright 2003 by the American Speech-Language-Hearing Association. 승인하에 게재.

실어증 환자의 치료 효과를 검사하는 연구에서 발췌하였다. 특히 이 연구에서는 상업적으로 이용이 가능한 치료 효과를 평가하기 위해 사용되었다. 이 부분은 연구를 동일하게 반복하기 위한 목적으로 적절한 정보를 제공한다. 또한 각 검사의 출처가 저자에 의해 밝혀져 있다.

표준화 검사가 잘 알려져 있고 폭넓게 사용된다고 해서 반드시 그 신뢰도와 타당도가 적절한 것은 아니다. McCauley와 Swisher(1984)는 취학전 아동을 대상으로 한 30개의 언어검사와 조음검사의 심리측정적 특징을 재고하였다. 그들은 정상 표본의 크기와 기술, 검사 절차 설명, 검사자의 자격, 정상 표본 집단의 검사 점수에 대한 통계적 분석과 같은 요인뿐만 아니라 검사의 신뢰도와 타당도 기록을 평가하는 30개 검사의 매뉴얼을 평가하는 데 10개의 준거를 적용하였다. 그들의 분석은 신뢰도와 타당도 같은 기본적인 요인들의 기록이 결여된 많은 검사를 발견해 냈고, 다음과 같은 결론을 내렸다. "개별적 준거를 충족시키지 못하는 검사들은 미흡한 수행을 보고하는 것이라기보다는 정보가 부족한 데서 비롯된다." 이는 사용자에게 "검사가 타당한지 타당하지 않은지 그리고 그의 연구 목적에 맞게 믿을 만한 것인지에 대해 의문을 갖게 만든다"(McCauley & Swisher, 1984, p. 41).

McCauley와 Swisher(1984)는 검사 저자와 출판사는 검사 개발의 필수적인 단계로 신뢰도와 타당도에 대한 경험적 증거를 수집해야 하며 검사 사용자는 그것을 구매하기 전에 검사의 적절성을 평가함으로써 구매자로서의 상당한 영향력을 행사할 수 있음을 제안하였다. Sturner와 그의 동료들(1994)은 말·언어선별검사에 대해 심리 측정 검사를 실시하고 진단 검사에 대한 연구인 McCauley와 Swisher의 연구와 유사한 결론을 이끌어 냈다. 비판적 독자의 교훈은 연구에 사용된 표준화 검사의 신뢰도와 타당도의 증거를 찾아야 된다는 것이며 검사가 유명하다고 해서 그 검사가 신뢰할 수 있고 타당한 것이라고 가정해서는 안 된다는 점이다.

비표준화 검사　많은 연구가 상업적으로 표준화되지 않거나 출판되지 않은 행동결과를 사용한다. 그러한 행동겨과를 사용하는 연구자는 그 검사로 이루어진 측정의 신뢰도와 타당도를 나타내는 것이 중요하나. 〈관련논문 6.17〉에는 두 개의 **비표준화 검사**(nonstandardized instruments)로서 청소년의 속담 이해를 측정하는 속담 이해 과제(Proverb Comprehension Task, PCT)와 단어 지식 과제(Word Knowledge Task, WKT)의 예가 나와 있다. 검사 개발의 세심한 근거가 실제 설명보다 먼저 나와 있다. 저자가 검사 개발을 어떻게 설명하고 두 측정의 타당도를 어떻게 확립하는지(검사 설계) 주목하자. 그리고 검사-재검사 절차에 의해 측정 신뢰도를 어떻게 확립시키는지를 주목하자.

〈관련논문 6.18〉은 아동의 파생접미사(형태소) 산출과 이해를 평가하기 위해 사용할 수 있는 검사의 개발과 시행을 설명하는 연구에서 발췌하였다. 검사의 산출 부분은 청자의 판단을 요구한다. 이러한 판단의 신뢰도를 확립하고자 저자는 의사소통장애 문헌에서 흔히 사용되는 두 가지 신뢰도 추정치를 계산하였다: 평가자 내와 평가자 간 일치율.

요약한다면 연구논문의 방법 부분에 있는 행동 측정의 적절성 평가에 있어서 기본적인 과제는

관련논문 6.17

속담 이해 과제(PCT)

PCT는 20개의 다른 속담에 대한 학생들의 이해능력을 검사하기 위해 고안되었고, 이전 연구(Nippold et al., 1998)에서 사용되었던 과제를 수정하였다. 각 속담은 하나의 주동사와 두 개의 명사를 포함한 5~7개 단어의 간단한 서술 문장으로 구성되었다. 속담의 반은 명사가 명확한 사물을 언급하는 "구체적"으로 분류되었고(예: "두 명의 선장이 배를 가라앉힐 것이다.", "한번 물에 데인 고양이는 차가운 물도 무서워한다."), 다른 반은 명사가 명확하지 않은 개념인 "추상적"으로 분류되었다(예: "질투는 진정한 우정에 의해 파괴된다.", "실제보다 기대가 낫다."). 명사의 구체성 또는 추상성은 이전에 출간된 연구에 의해 입증되었다(절차에 대한 더 자세한 설명은 Nippold & Haq, 1996 참조). PCT의 모든 속담은 동일한 연구(Nippold & Haq, 1996 참조)에서도 청소년과 성인에게 친숙하지 않은 것이었다. 각각의 속담은 평균 친숙도가 5점 리커트 척도에서 2점보다 낮게 측정되었다(1점은 전에 들어 보거나 읽어 보지 못했던 것, 5점은 전에 많이 들어 봤거나 읽어 본 것). 구체적이고 추상적인 속담 두 세트는 친숙성에 있어서 다르지 않았다[$t(18) = .39$, $p > .05$]. 친숙하지 않은 속담은 과거의 학습으로부터 그 의미를 회상하는 것과는 반대로 학생들이 그 표현을 적극적으로 해석하는 능력을 검사하는 데 사용된다.

PCT에서 각 속담은 짧은 이야기 단락으로 제시되었다. 주제에 중점을 둔 이야기들은 미국 청소년들에게 흥미가 있는 것이었다(예: 스포츠, 학교, 데이트, 자동차 등). 각 이야기는 네 개의 문장으로 구성되었고 마지막 문장에서 이야기 안에서 지명된 개인이 속담을 말하였다. 학생들은 이야기를 묵독하고 네 개의 선택지 세트로부터 속담에 가장 적합한 설명을 골랐다. 과제의 문제 예는 〈표 1〉에 제시하였다. 20개의 문제는 무작위로 제시되었다.

과제 설계

PCT를 고안하기 위해 고려한 점은 각 문제의 정답이 과도하게 명확하지 않게 하는 것이었다. 그러므로 네 개의 선택지는 길이, 문법 구조, 이야기와의 관련성이 비슷해야 하지만 오직 하나의 선택지는 속담의 정확한 이해를 반영하였다. 이것이 사실임을 증명하기 위해 과제의 예비 단계가 대학교 학부생 또는 대학원생 5명의 성인 집단($n = 5$)을 대상으로 실시되었다. 이 집단은 평균 연령이 36세였다(범위 = 23~52세). 과제는 개인별로 실시되었고, 이들은 각 이야기를 소리 나지 않게 읽고 속담의 의미를 가장 잘 설명하는 선택지에 동그라미 치도록 지시받았다. 그들은 또한 만약 혼란스럽거나 다른 부적절한 어떤 문제가 있다면 지적하도록 요구받았다. 만약 2명 또는 그 이상이 문제를 틀리거나 같은 방식 안에서 개선될 수 있다고 제시하면 그 문제는 수정되었다. 이 과정에 의해 최초 다섯 개의 문제에 대한 약간의 수정이 이루어졌다.

PCT가 수정된 후, 타당도 측정을 받았다. 이것의 목적은 단순히 이야기와 그에 따른 대답 선택지를 읽고 문제를 해결할 수 있는지를 알아보기 위한 것보다는 실제로 개인이 각각의 문제에서 맞는 답을 찾기 위해 속담을 이해하는 게 필수적인지를 증명하는 것이었다. 만약 전자의 상황이 가능했다면, 이 과제는 속담 이해보다는 읽기 이해의 하나였을 것이다. 이것을 성취하기 위해 PCT는 성인 집단(52명, 학부생 24명, 졸업생 27명)에게 실시되었다. 이 집단은 평균 25세였다(범위 20~47세). 그들은 학교 내 강의실에서 집단으로 과제를 실시하였다. 성인의 반은 완성된 형태의 과제를 받았고, 나머지 반은 미완성 형태의 과제를 받았다. 이 두 가지 버전은 무작위로 할당하였다. 미완성 형태에서 속담은 각 문제에서 제거되었고 오직 이야기 문맥과 정답 선택지만 남겼다. 성인들은 각 문제를 소리 나지 않게 읽고 가장 적절한 속담 이해(완성 형태) 또는 이야기(미완성 형태)로 제시된 답을 선택하도록 요구받았다.

(계속)

PCT의 완성본을 받은 성인은 평균 18.54의 평균 점수를 얻었다(SD=1.56, 범위=14~20, 93%의 정확도). 반대로, 미완성 형태를 받은 성인들은 11.27의 평균 점수를 얻었다(SD=2.15, 범위=8~15, 56%의 정확도). 최대 점수는 두 형태에서 모두 20점이었다. 집단 간 통계학적으로 상당한 효과가 있는지 보기 위해 일원분산분석을 실시하였고[F(1, 50)=195.62, p<.0001], 완성 형태가 미완성 형태보다 쉽다고 나타났다. 이것은 과제를 적절히 수행하기 위해 실제로 대학교 학생들에게 속담이 정말 필요하다는 것을 보여 주었다. 이 학생들은 본실험에 참여할 청소년들 가운데 가장 나이가 많은 청소년에 비해 평균적으로 나이가 7세 많았는데, 이것은 청소년들이 더 나은 수행을 위해 더 많은 노력이 요구되며, 특히 이야기를 읽고 답을 선택하여 단순히 문제를 푸는 아이들에게는 더 어려워서 안전할 것으로 추정된다. 타당도를 측정한 결과, 이 과제는 수정이 더 이상 필요하지 않을 것으로 간주되었다. PCT의 최종 버전은 5번째 등급의 읽기 수준으로 쓰였다(Fry, 1968).

단어 지식 과제(WKT)

WKT는 PCT의 속담에 들어 있던 각각 20개의 구체적·추상적 명사에 대한 학생들의 지식을 평가하기 위해 글씨로 쓰인 다중 선택 과제로 고안되었다. Kucera와 Francis(1967)의 단어 빈도 규준은 프린트된 미국영어 단어 100만 개가 넘는 언어 자료 안에서 각 단어가 얼마나 자주 쓰이는지를 결정하기 위해 사용되었다. 구체적·추상적 속담에서 각 명사의 빈도 수치는 언급되었고 각 속담의 두 개 명사의 빈도 수치는 각 속담의 단어 빈도 수치를 합하여 산출한 것의 평균이었다. 예를 들어, "모든 말은 그들의 짐이 가장 무겁다고 생각한다."라는 속담에서 117(말의 빈도 수치)과 25(짐의 빈도 수치)를 합한 후 단어 빈도 수치 71을 산출하였다. 합해진 값은 구체적 명사의 한 쌍에서 14~233의 범위를 가졌고(평균=63.60, SD=63.73), 추상적 명사의 한 쌍에서 10~377의 범위를 가졌다(평균=63.60, SD=

113.06). 두 가지 세트에서 합해진 단어 빈도 수치 값이 차이가 없다는 것을 알아보기 위해 일원분산분석을 실시하였다[F(1, 18)=0.00, p>.0001]. 이것은 추상적·구체적 명사에서 단어 빈도치의 어떠한 효과로 인해 혼동되지 않고 명백한 비교가 가능하다는 것을 뜻한다.

과제 설계

WKT의 각각의 단어는 네 가지의 가능한 정의를 따랐다. 그중 하나는 의미를 가장 잘 설명하는 것이다. 모든 선택지 답은 아리스토텔리안 스타일로 쓰였고 공식적인 형식의 정의는 두 가지 상위 범주 용어를 모두 포함하며 최소한 단어의 주된 특징을 포함하였다. 아리스토텔리안 정의는 구체적이고 비공식적인 문어 형식이기 때문에 사용되었다. Webster의 신국제사전 3판(1987)은 단어들의 정확한 정의에 대한 주된 참고자료로 사용되었다. 실험을 설계할 때 학생들이 단어와 관련된 의미적 자질을 이해했는지를 평가할 수 있도록 각 단어의 정확한 정의가 관련된 속담에 적용 가능한지를 확실히 하는 것이 고려할 점이었다. 예를 들어, "기대"라는 명사는 문맥에 의해 다른 의미로 추정될 수 있으나 WKT에서 "실제보다 기대가 낫다."라는 속담과 일치하는 정답은 "어떤 일이 일어날 것이라고 믿는 상황"이다. 각 명사 보기들도 아리스토텔리안 스타일로 쓰여 있고 길이와 문법적 구조에 있어서 정답과 비슷했다.

과제가 글씨로 쓰인 후에 대학교 학부생들로 이루어진 5명의 성인 집단에게 실시되었다. 이 집단의 평균 연령은 35세였다(범위=19~52세). 각 성인은 개별적으로 과제를 실시하였고 혼란스러운 항목을 지적하도록 요구받았다. 그들의 피드백에 따라 일부 수정이 이루어졌다. 〈표 2〉는 WKT의 문제 예시를 보여 준다. 단어는 무작위로 제시되었다.

재검사 신뢰도

PCT와 WKT는 현재의 조사를 위해 고안된 실험 도구이다. 이 두 측정은 평가의 안정성을 얻는 것이 매우 중요하다. 이것을 얻기 위해 나이 많은 집단으로부터 16명의 학생(남학생 7명, 여학생 9명)이 무작위로 선택되어 두 번의 PCT와 WKT를 하였고 첫 시행 5주 후 두 번째 시행을 하였다(PCT와 WKT의 첫 시행 점수는 본실험에 사용되었다). 두 번째 과제를 시행하기 위해 사용된 절차는 첫 번째 때 사용된 것과 동일하였다.

결과

재검사 신뢰도 측정은 보고된 집단 데이터로 적절한 안정성을 보여 주었다(Salvia & Ysseldyke, 1981). PCT에서 16명의 학생은 첫 시행에서 평균 15.69점을 받았고($SD = 2.63$, 범위 = 10~19), 두 번째에서 평균 15.88점을 받았다($SD = 2.66$, 범위 = 10~19).

WKT에서 그들은 첫 시행에서 평균 37.88점을 받았고($SD = 1.93$, 범위 = 34~40), 두 번째에서 평균 37.63점을 받았다($SD = 1.78$, 범위 = 33~40). PCT($r = .87$, $p < .0001$)와 WKT($r = .72$, $p < .002$)의 두 시행의 점수 간 상관계수는 통계적으로 상당히 강한 정적 관계였다.

출처: "How Adolescents Comprehend Unfamiliar Proverbs: The Role of Top-Down and Bottom-Up Processes," by M. A. Nippold, M. M. Allen, and D. I. Kirsch, 2000, *Journal of Speech, Language, and Hearing Research, 43*, pp. 623–624, 625 & 626. Copyright 2000 by the American Speech-Language-Hearing Association. 승인하에 게재.

관련논문 6.18

신뢰도

평가자 내 · 평가자 간 신뢰도 측정은 산출 과제에서 아동의 반응을 점수화하여 계산되었다. 이해 과제 점수는 오직 동그라미 치는 반응을 포함하기 때문에 이 과제에 대한 신뢰도는 측정되지 않았다. 산출에 대한 평가자 내 신뢰도를 측정하기 위해 12개(20%)의 반응이 무작위로 선정되어 저자에 의해 두 번 점수화되었다. 처음 점수는 아이들 반응의 온라인 판단을 기반으로 하였고, 두 번째는 산출 오디오 테이프를 기반으로 하였다. 전 참여자는 평균 99.31%의 일치율을 얻었다. 평가자 간 신뢰도를 계산하기 위해 동일한 반응이 오디오 테이프를 통해 훈련받지 않은 평가자에 의해 두 번 점수화되었다. 전 참여자에게서 평균 87.84%의 일치율을 얻었다. 두 평가자 간의 점수 차이는 주로 오디오 테이프로부터 쉽게 차이를 보이지 않는 소리가 유사한 반응(예: "BLIDed"와 "BLIDit", "DAZERous"와 "DAZERess")에 의한 결과였고 오디오 테이프를 후에 다시 들어 해결하였다.

출처: "Children's Comprehension and Production of Derivational Suffixes," by J. Windsor, 1994, *Journal of Speech and Hearing Research, 37*, p. 411. Copyright 1994 by the American Speech-Language-Hearing Association. 승인하에 게재.

타당하지 않고 믿을 만하지 않은 측정이 내적 타당도에 저해가 되는 것을 알아내는 것이다. 만약 표준화 검사가 보고된다면 신뢰도와 타당도 정보가 가능하기 때문에 검사는 간소화될 수 있을 것이다. 만약 비표준화 검사가 사용되었다면 과제는 더 어려워질 수 있다. 여기에서 비판적 독자는 검사가 구성된 방식과 적절성을 결정하기 위해 사용된 방식을 평가해야 한다. 사용된 행동검사의

설명은 명확하고 종합적이어서 독자로 하여금 검사가 타당한 결과와 믿을 만한 결과를 산출할 수 있을지를 판단할 수 있도록 해야 한다.

절차

방법 부분의 절차 부분에서 연구자는 자료를 가지고 피험자에게 무엇을 행하는지를 설명한다. 절차는 레시피 또는 청사진과 유사하며 연구를 전개시켜 발전시키고, 실시하고, 평가하는 단계를 설명하는 것이다. 그것은 피험자 선정과 표집에서부터 최종 자료 분석에 이르기까지 연구를 반복하는 데 지침을 줄 수 있다. 그 편의와 단순성을 위해 현재의 장을 세 개의 전형적인 방법 부분으로 나누었다. 선정된 논문의 몇 가지 이슈만 읽어 봐도 중복되는 부분이 많다는 것을 금방 알아차릴 수 있을 것이다. 일부 절차는 방법의 **자료** 부분에 설명되어 있고, 피험자 선정 절차는 **절차** 부분에서 다뤄지고 있다. 사용되는 포맷이 다양함에도 불구하고 비판적 독자는 연구자가 내적 타당도와 외적 타당도를 어떻게 다루고 있는지를 확인해야 할 책임이 있다. 이 장의 앞부분이 피험자 선정과 자료에 따른 타당도 위험에 대해 주로 다루고 있기 때문에 이 부분은 나머지 타당도 저해 요소를 다루기로 한다.

타당도를 위협하는 요인을 감소시킬 수 있는 근본적 방법이 적절한 실험 설계를 사용하는 것과 기술 설계를 시행할 때 특별한 예비책을 사용하는 것이라는 점은 이 시점에서 분명해진다. 예를 들면 잘못된 피험자 선정 준거로 피험자 간 설계를 했을 경우 적절하지 않은 관심이 검사 조건의 역균형화와 무선화에 주어지기 때문에 피험자 내 설계의 경우보다 훨씬 덜 적절하다. 하지만 만약 무선화와 역균형화가 사용되지 않으면 피험자 내 설계도 잘못될 수 있다. 그렇다면 요점은 비판적 평가자가 연구자가 사용한 설계 유형을 알아내고 그 설계의 적절성을 평가하기 위해서는 다양한 설계의 장점과 단점을 유념해야 한다. 이러한 비판 능력 발달에 도움을 주기 위해 챕터의 남은 부분에는 연구 문헌으로부터 발췌한 상당히 긴 관련 자료가 포함되어 있다. 뒤이어 오는 내용은 독자가 어떻게 연구 설계 유형을 알아내고 연구자가 타당도를 위협하는 요인을 다룰 것인지에 대한 것이다.

과제와 프로토콜 **연구 프로토콜**(research protocol)은 피험자에 의해 수행되는 일련의 과제와 독립 변인의 조작, 종속변인에서의 측정 변화이다. 그것은 전적으로 각 개별 요소의 단계적 기술이며 각 부분이 모두 모여 실험을 구성한다. 참여자 또는 피험자가 대상자 또는 환자로 간주되는 임상적 연구에서 Rumrill과 동료 저자들(2000)은 프로토콜은 제공된 모든 중재에 대한 충분한 설명을 제공할 뿐만 아니라 "연구를 실행하는 데 있어서 기기를 사용하는 프로젝트 임원의 자격에 대한 간략한 요약을 제공해야 한다"고 조언한다. 그들은 또한 프로토콜 부분에는 어떻게 연구가 종료되는지에 대한 설명이 포함되어야 하고, 연구되었던 개인에게 후속 서비스에 대한 보고와 진술이 이루어져야 한다고 제안한다.

과제와 프로토콜에 관련된 많은 요인들은 측정의 질에 영향을 미칠 수 있다. 비록 의사소통장애 연구에서 측정의 질에 영향을 미치는 요인들에 대한 피곤한 논의는 이 책의 범위를 넘어서나 몇몇 핵심 요인들은 독자가 그들이 읽는 연구에서 이루어지는 측정의 질을 평가하는 데 따라야 할 중요한 지침을 제공해 준다. 말, 언어, 청각 분야의 측정에서 고려되는 특정한 요인들을 검토하고 있는 일부 출처가 있다(Baken & Orlikoff, 2000; Haynes & Pindzola, 2012; Katz, Medwetsky, Burkard, & Hood, 2009 참조). 우선 의사소통장애의 측정에서 조정될 필요가 있는 몇 가지 특정 요인들을 고려하고 나서, 행동적 측정과 도구적 측정에 궁극적으로 필요한 신뢰도와 타당도의 일반적 질을 논의한다.

검사 환경　열악한 검사 환경은 말, 언어, 청각의 도구적 측정이나 행동 측정을 쉽게 위협할 수 있다. 예를 들면 연구 자료는 검사 환경의 산만함, 소음, 방해, 열악한 조명에 의해 나쁜 영향을 받을 수 있다. **검사 환경 효과**(test environment effects)가 측정에 미치는 정도는 검사에 따라 달라지지만 몇 가지 확실한 예는 즉각 기억해야 한다. 청각 역치 측정은 환경 소음에 의해 영향을 받으며, 이는 교육 환경과 산업 환경에서의 문제로 연구실이나 치료실에서 실시된 연구에서 더 잘 통제될 수 있다.

아동 측정에 대한 연구는 환경에서의 산만함에 의해 더 영향을 받을 수 있는데, 즉 새롭고, 색깔이 다양한, 그들의 주의를 끌 수 있는 자극물로 채워져 있는 경우에 그러하다. 올바른 반응을 위해 적절한 시각적 지각이 포함되는 측정은 적절한 조명이 있는 환경에서 이루어져야 한다. 참여자가 각성 반응을 요구하는 과제에 주의를 집중해야 할 경우 편안한 온도가 필요하다. 또한 언급된 바와 같이 그러한 요인들이 다른 대상자들의 수행에 차별적으로 영향을 미치지 않도록 유지하는 것이 중요하다. 요약하면 검사 환경은 검사에 적절해야 하며 측정에 미치는 악영향을 피하기 위해 참여자 간 동일하게 유지해야 한다.

검사 환경은 내적 타당도와 외적 타당도에 모두 영향을 미칠 수 있다. 내적 타당도와 관련하여 만약 측정이 하나의 환경과 다른 환경에 따라 달라진다면 검사 환경이 구체적으로 명시되어야 한다. 또한 만약 측정이 다른 환경에서 이루어질 필요가 있다면 모든 측정에서 환경의 동일성이 확인되어야 한다. 만약 환경 변인이 통제될 필요가 있다면 충분한 설명이 제공되어 향후 연구에서 동일하게 행해질 수 있어야 한다. 〈관련논문 6.19〉는 소리의 반향 환경과 소음 환경에서 자연스럽

관련논문 6.19

구어 자극 녹음 환경

448m³(14m×10m×3.2m) 강연홀에서 소리 반향의 녹음이 이루어졌다. 강연홀은 리놀륨 마루에, 콘크리트 블록 벽으로 되어 있으며, 천장에는 음향 타일 시설을 갖췄다. 구어 자극을 녹음하는 동안 강당은 실험자, 장비, 책상을 제외하고는 비어 있었다. 정밀한 모듈식 소리 수준 측정기(Bruel & Kjaer, Model No. 2231S)의 옥타브 밴드 필터(Bruel & Kjaer, Model No. 1625)와 소리 측정 모듈(Bruel & Kjaer, Model No. BZ7109)을 사용하여 강당의 앞, 중간, 뒤에 소리 수준 측정기를 만듦으로써 강당 곳곳을 둘러싼 소음 수준(2dB 이내)은 유지되었다. 주변 소음 수준은 40dB SPL이었고, 옥타브 밴드 필터를 통해 얻은 수준은 다음과 같다: 중간 주파수 125Hz에서 37dB, 250Hz에서 33dB, 500Hz에서 24dB, 1,000Hz에서 9dB, 2,000Hz에서 9dB, 4,000Hz에서 10dB, 8,000Hz에서 11dB.

정밀 모듈식 소음 수준 측정기, 옥타브 밴드 필터, 반향 모듈은 강당의 평균 소리 반향 시간을 검사하기 위해 사용되었다. 반향 모듈을 가진 소리 수준 측정기는 방 한구석에 위치되었고 특정 주파수 파동을 만들어 냈다. 이 파동은 증폭기로 보내졌고 강당의 확성기를 통해 변환되었다(Optimus, Model No. 650). 소리 수준 측정기의 0.25in. 압축 마이크는 강당 곳곳에서 반향되는 특정 주파수 파동을 변환시켰다. 소리 수준 측정기와 반향 모듈은 소멸하는 특정 주파수 파동 비율을 계산하였다. 다음의 옥타브 밴드 필터를 통해 측정된 강당의 반향 시간은 250Hz에서 1.29초, 500Hz에서 1.24초, 1,000Hz에서 1.40초, 2,000Hz에서 1.34초, 4,000Hz에서 1.28초, 8,000Hz에서 1.04초였다. 강당의 평균 반향 시간은 1.3초로 계산되었다. 이것은 500Hz, 1,000Hz, 2,000Hz 옥타브 밴드 필터를 통해 얻어진 각각의 반향 시간의 평균이다. 무반향 녹음(조용한 곳에서 하나, 소음 속에서 하나)은 무반향 공간에서 만들어졌다. 이 녹음을 위해 사용된 기기는 앞에서 설명한 반향 녹음에서 사용한 것과 동일했다.

출처: "Children's Phoneme Identification in Reverberation and Noise," by C. E. Johnson, 2000, *Journal of Speech, Language, and Hearing Research, 43*, p. 147. Copyright 2000 by the American Speech-Language-Hearing Association. 승인하에 게재.

게 산출된 무의미 음질에서 아동의 음운인식을 검사하는 연구에 사용된 녹음 환경을 설명하고 있다. 방에 대한 명확하고 완벽한 설명으로 인해 향후 연구에서 다시 연구될 때 녹음 환경을 동일하게 할 수 있다.

의사소통장애 연구에서는 청각학 연구에서 차폐를 제거하는 로우백(lowback) 소음 수준을 적절하게 유지하는 것이 중요하고 말 분석을 위해 소음이 없는 녹음을 하는 것이 중요하기 때문에 배경 소음 수준과 사용된 방의 종류를 보고한다. 독순(lip reading)에 대한 연구에서는 조명이 중요하기 때문에 방의 조명 특징을 보고한다. 주어진 연구에 환경 변인이 영향을 미칠 수 있는 경우에는 구체적으로 명시해야 한다.

외적 타당도와 관련하여 환경은 '반응적 장치'로 작용하여 일반화가 특정한 환경에서의 개인 기능에 국한될 수 있다. 비판적 독자가 직면하는 문제는 검사 환경이 독자가 일반화되기를 기대하는 환경과 일반화가 어려울 만큼 다른가이다. 검사나 치료가 이루어지는 환경에 대한 적절한 설명은 독자가 환경에 대한 가능한 반응성을 평가하는 데 도움을 줄 것이다. 연구자가 반응적 장치의 외적 타당도에 대한 위협에 대해 논의하거나 결과가 다른 환경으로 일반화되는지에 대해 체계적으로 반복해서 검사하는 것이 더욱 바람직할 것이다.

〈관련논문 6.20〉은 말더듬에 대한 연장된 말 치료 결과에 대해 살펴본 연구이다. 〈관련논문

관련논문 6.20

1960년대 말더듬 치료에서 행동 패러다임의 영향과 함께 부드럽게 이어서 말하는 것(레가토 발성)에 대한 관심이 다시 일어났다. Goldiamond(1965)는 단일대상 연구에서 말더듬이 DAF를 이용한 매우 느린 말속도로 제거될 수 있고 그 결과로 인한 말더듬이 없는 말이 더 자연스럽게 들리는 말로 형성될 수 있다고 주장하였다. Goldiamond는 이것을 레가토 발성 패턴의 연장된 말(prolonged speech, PS)이라고 불렀다. 그 후 북미, 유럽, 호주의 말더듬치료센터는 말더듬을 조절하기 위해 Goldiamond의 PS를 변형시킨 개인 행동 치료 프로그램을 개발하였다(Ingham, 1984 참조). 상업적 말더듬 학원처럼 이 프로그램은 대체로 매우 집중적이다. 느린 말속도에서 그들의 말더듬을 조절한 참여자들은 그 뒤에 조직적으로 좀 더 정상적인 소리의 말을 형성했다. 이 말더듬이 없는 말은 이제 치료실 밖에서 사용되었다. 이 프로그램이 말더듬 학원과 몇 가지 측면에서 유사함에도 불구하고 대부분의 치료 프로그램은 참여자로 하여금 치료실 기본 치료 단계의 장점을 일반화하고 유지하는 것을 도와주도록 설계된 절차를 포함한다. 그리고 Ingham(1993)에 의해 진술된 바와 같이 행동주의 말더듬 치료는 "치료 목표의 수량화와 임상적으로 중요한 환경과 의미 있는 치료 기간을 통해 관련 있는 행동에 대한 체계적 평가를 포함한다"(p. 135). …

현재 놓여 있는 결과에 의해 제기되는 마지막 이슈는 외적 타당도이다. 이것은 말더듬 치료에 특화된 임상가들이 같은 치료를 시도하는 일반적 임상가보다 더 나은 결과를 얻을 가능성이 크다는 것이다(Onslow & Packman, 출간 중). 이것은 오직 이 치료에 사용되었던 특정한 PS 패턴 특징을 찾기 위한 작업이 시작되었기 때문에 현재의 보고에서 다루는 특별한 고려점이다(Onslow, van Doorn, & Newman, 1992; Packman, Onslow, & van Doorn, 1994). PS 패턴에 대한 객관적인 설명이 부족하기 때문에 일반적인 치료사들이 여기에서 보고된 치료를 실시하고자 노력하게 되지는 않을 것이다(Onslow & Ingham, 1989). 이러한 문제는 그들이 개발한 특화된 임상가들의 기관 외의 세팅에서 PS 프로그램을 수행하기 위한 시도의 결과들에 의해 개선되었다(Franck, 1980; Mallard & Kelley, 1982). 이 보고에서의 치료 결과는 출판된 결과 자료가 다른 치료실에 어느 정도로 존재하는지에 대한 질문에 좋은 이유를 제공한다(Onslow, 1996). 이는 실증(경험)적인 방법으로 직접적으로 이 문제를 탐구하는 데 필수적이고, 만약 비특화된 임상가들이 일반적으로 특화된 임상가들에 의해 얻는 것과 동등한 결과를 얻는 데 실패한다면 이것은 그 간격을 연결하기 위해 요구되는 훈련을 결정하는 데 필수적이다.

출처: "Speech Outcomes of a Prolonged-Speech Treatment for Stuttering," by M. Onslow, L. Costa, C. Andrews, E. Harrison, and A. Packman, 1996, *Journal of Speech and Hearing Research, 39*, pp. 734-735 & 745. Copyright 1996 by the American Speech-Language-Hearing Association. 승인하에 게재.

6.20〉의 첫 번째 문단은 논문의 서론 부분이고 두 번째 문단은 논의 부분이다. 첫 번째 문단에서 저자는 말더듬 치료 연구의 외적 타당도와 관련하여 다른 시간과 다른 환경의 중요성에 대해 논의하였고, 두 번째 문단에서는 그들의 결과와 다른 치료 연구 결과에 대한 외적 타당도 문제를 논의하고 있다.

요약하면 검사 환경은 두 가지 이유로 방법에서 중요한 부분을 차지한다. 첫째, 환경은 환경이 측정에 얼마나 영향을 미치는지를 평가하는 것에 의해서 내적 타당도를 결정하는 데 중요하기 때문이다. 둘째, 연구 환경의 성격은 다른 환경으로 일반화하는 것과 관련하여 결과의 외적 타당도를 결정하는 데 중요하기 때문이다.

피험자 지시　피험자가 그 과제를 마치도록 지시를 하는 것은 측정되는 전집에 적합해야 하고 명확해야 한다. Cronbach(1990)는 예를 들어 공식 검사를 하는 사람들에게 주는 지시의 효율적 절차를 요약하였는데 모든 피험자에게 주어지는 지시는 표준화되어야 하고 명확해야 하며, 알아들을 수 있어야 하며, 정중해야 함을 강조하였다. 그는 지시가 "완전해야 하며 모호함이 없어야 한다."는 것을 강조하였고 검사자는 피검사자의 상태를 표준화해야 한다고 하였다. 검사 환경과 마찬가지로 지시는 피험자 간 모두 변함이 없어야 한다. 오랜 기간 관심 주제인 이슈는 다문화 인구와 장애가 있는 개인의 측정에 영향을 미칠 수 있는 **피험자 지시 효과**(subject instruction effects)의 가능성에 대한 것이었다(Thorndike, Cunningham, Thorndike, & Hagen, 1991, pp. 16-17, 그리고 제14장과 제15장 참조). 지시의 명확성에 영향을 미치는 언어적 차이와 언어 능력의 차이가 두 가지 이슈로 명확하다. 예를 들어 모국어가 ASL인 농 아동의 측정에는 수화로 된 영어가 아니라 ASL로 된 지시가 포함되어야 한다.

피험지 지시는 도구의 부분으로 간주될 수 있는데 왜냐하면 지시는 연구자가 희망하는 반응 또는 행동을 이끌어 내고자, 그리고 피험자마다 일관적 반응을 유지하기 위해 시도하는 도구이기 때문이다(Lam, Tjaden, & Wilding, 2012 참조). 부적절하고, 적당하지 않고, 빈약한 어휘로 제시된 지시는 내적 타당도를 위협하는 요인이 될 수 있다. 많은 경우에 지시는 간단하며 사실상 표준화된 검사 도구 시행에서는 구체적으로 명시되어 있다. 다른 경우에는 연구자가 지시를 개발해야 할 것이다. 지시의 목적은 지시 자체가 아니며 연구자에 의해 구체적으로 명시될 필요가 있다. 비평적 평가자는 다음 두 가지 질문을 해야 한다. (1) 지시가 과제에 적절한가? (2) 반복 연구나 임상적 적용에 충분한 설명을 제공하는가?

〈관련논문 6.21〉은 상당히 긴 분량인데 비디오와 오디오로 녹음한 말 자료에 대해 말의 자연스러움을 구간 척도 절차에 따라 평가하는 것의 구인타당도를 살펴본 연구에서 두 평가자 집

관련논문 6.21

EAI 평가

20명의 평가자는 무작위로 EAI 평가 과정에 배정되었다. 5명의 평가자만이 주어진 세션 안에 참여하였다. 일반적으로 평가 과정과 지시는 Martin과 동료 연구자들(1984), Martin과 Haroldson(1992)의 연구에서 사용한 것과 동일했다. 비디오 모니터 앞에 앉은 평가자들에게 20개의 자연스러움 9점 척도(1점 "매우 자연스러움", 9점 "매우 부자연스러움")가 주어졌다. 평가자들에게 다음의 지시를 읽도록 하였다.

우리는 무엇이 말소리를 자연스럽게 또는 부자연스럽게 만드는지 연구하고 있습니다. 당신은 짧은 말소리 샘플들을 보고 들을 것입니다. 이 샘플들은 몇 초의 침묵으로 구분되어 있습니다. 각 샘플은 샘플 번호에 의해 소개될 것입니다. 당신의 과제는 각 말소리 샘플의 자연스러움 정도를 평가하는 것입니다.

만약 말소리 샘플 소리가 당신에게 매우 자연스럽다면 1점에 동그라미를 치십시오. 만약 말소리 샘플 소리가 당신에게 매우 부자연스럽다면 9점에 동그라미를 치십시오. 만약 말소리 샘플 소리가 매우 자연스러움과 매우 부자연스러움 사이의 어딘가라면 적절한 점수에 동그라미 치십시오. 적절할 때, 양끝 점수(1점과 9점)에 동그라미 치는 것을 머뭇거리지 마십시오.

"자연스러움"은 당신에 의해 정의되지 않습니다. 말소리가 당신에게 얼마나 자연스러운가 또는 얼마나 부자연스러운가에 따라 평가하십시오.

DME

다른 20명의 평가자는 DME 평가 과정에 참여하였다. 위와 같이 5명의 평가자만이 주어진 세션 안에 참여하였다. DME 평가 과정과 지시는 Metz와 동료 연구자들(1990)의 실험에서 DME 평가자들이 사용한 것과 비슷하였다. 평가자들은 비디오 모니터 앞에 앉아 프로토콜 평가지(샘플 1부터 20까지 각 숫자 옆에 빈칸이 있는 목록들)를 받았다. 평가자들에게 다음의 지시를 읽도록 하였다.

우리는 무엇이 말소리를 자연스럽게 또는 부자연스럽게 만드는지 연구하고 있습니다. 당신은 짧은 말소리 샘플들을 보고 들을 것입니다. 이 샘플들은 몇 초의 침묵으로 구분되어 있습니다. 각 샘플은 샘플 번호에 의해 소개될 것입니다. 당신의 과제는 각 말소리 샘플의 자연스러움 정도를 평가하는 것입니다.

당신이 첫 번째 샘플을 보고 들었을 때 당신이 생각하는 이것의 자연스러움 정도를 숫자로 쓰십시오. 그런 후 두 번째 샘플을 들으십시오. 만약 두 번째 샘플 소리가 첫 번째 샘플 소리보다 더 자연스럽다면 첫 번째 샘플보다 더 작은 숫자를 주십시오. 만약 두 번째 샘플 소리가 첫 번째 샘플 소리보다 더 부자연스럽다면 첫 번째 샘플보다 더 높은 숫자를 주십시오. 두 개의 샘플 간 자연스러움의 비율과 대응하는 두 개의 숫자 간 비율을 만들려고 노력하십시오. 숫자가 높을수록 더 부자연스러운 두 번째 샘플 소리가 첫 번째 샘플과 관련이 있어야 하고, 숫자가 낮을수록 더 자연스러운 두 번째 샘플 소리가 첫 번째 샘플과 관련이 있어야 합니다. 만약 첫 번째 샘플에 "10"을 주었고 두 번째 샘플 소리가 두 배로 자연스럽다면 두 번째 샘플에는 "5"를 줍니다. 만약 세 번째 샘플 소리가 첫 번째 샘플보다 두 배로 부자연스럽다면 세 번째 샘플에는 "20"을 줍니다.

"자연스러움"은 당신에 의해 정의되지 않습니다. 말소리가 당신에게 얼마나 자연스러운가 또는 얼마나 부자연스러운가에 따라 평가하십시오.

우리는 기준/비율 없이 DME를 사용하기 위해

(계속)

Engen(1971)의 제안을 따랐는데, 첫 번째 화자를 평가하기 위해 평가자들이 어떤 숫자라도 선택하도록 하고, 화자의 자연스러움 또는 부자연스러움에 비례하는 숫자로 다음에 화자의 말소리의 자연스러움을 평가하도록 하여 평가자들을 자유롭게 하였다. 더 나아가 기준/비율 있게 혹은 없이 DME 사용의 세부사항은 다음의 연구에서 찾을 수 있다: Engen(1971); Lane, Catania, & Stevens(1961); Schiavetti, Sacco, Metz, & Sitler(1983). Metz 등

(1990)이 설명한 것과 유사한 방식으로 DME와 EAI 평가자 모두 많은 수평선들의 상대적인 길이를 척도로 하여 각각의 평가 절차를 연습했다.

출처: "Psychophysical Analysis of Audiovisual Judgments of Speech Naturalness of Nonstutterers and Stutterers," by N. Schiavetti, R. R. Martin, S. K. Horoldson, and D. E. Metz, 1994, *Journal of Speech and Hearing Research, 37*, p. 48. Copyright 1994 by the American Speech-Language Association. 승인하에 게재.

단에게 주어진 지시를 상당히 자세히 설명해 주고 있다. 동간 척도(EAI) 평가 절차가 Martin과 Haroldson(1992)의 연구를 복제하여 사용되었다. EAI(Equal-Appearing Interval) 평가자에게 제시되는 지시는 Martin과 Haroldson의 연구 지시를 그대로 취하여 사용하였다. DME(Direct Magnitude Estimation) 절차를 사용하는 평가자에게 주어지는 지시는 오디오 녹음 말 자료의 자연스러움에 대해 등간 척도의 구성타당도를 평가한 Metz, Schiavetti와 Sacco(1990)의 연구에서 사용된 절차와 유사하였다.

〈관련논문 6.22〉에 제시한 예는 말더듬 측정에서 시간-구간 평가 훈련의 효과에 대한 연구이다. 저자는 그들의 지시를 자세하게 설명하였고, 말더듬 평가를 하는 피험자에게 인쇄된 지시문을 제공하였다. 다른 연구자들이 절차를 복제할 수 있을 정도로 지시가 충분히 자세하게 제시되어 있다.

관찰자 편견　사람이 평가받을 때는 다른 피험자의 행동 표본이나 다른 실험 조건에서 참여한 피험자의 행동을 측정하거나 평가할 때 **관찰자 편견**(observer bias)에 의해 그 평가가 영향을 받을 수 있다. 예를 들면 평가자의 기준은 실험 회기마다 달라질 수 있고, 평가자는 연구 목적에 대한 지식에 의해 영향을 받을 수 있으며, 관찰자는 다른 집단의 피험자 행동에 대한 그들의 기대에 부분적으로 의존하여 판단할 수 있다(예: 구개파열 아동과 일반 아동).

Rosenthal(1966)은 양적 측정 시스템의 일부로서 인간 실험자의 영향에 대해 광범위하게 저술하였고 인간 관찰의 편견 문제를 "Rosenthal 효과"라고 불렀다. Rosenthal과 Rosnow(2008)는 실험자가 실제적으로 피험자의 행동에 영향을 미치는지 또는 단순히 그것을 관찰할 때 실수를 범하는 것인지에 근거하여 이러한 실험 효과를 "상호작용" 관찰자 대 "비상호작용" 관찰자로 범주화하였다. **비상호작용 효과**(noninteractional effect)는 관찰자가 실제적으로 피험자의 수행에 영향을 미치지 않지만 피험자 행동의 기록에 영향을 미칠 때 발생한다. 즉 관찰자의 기대는 그가 피험자의 행

관련논문 6.22

각 세션을 시작할 때, 평가자들은 테이블 앞에 18in. 컬러TV 비디오 모니터가 놓인 조용한 방에 앉았다. 테이블 위에는 지시문이 프린트되어 있었고 비디오 모니터의 볼륨 조절 리모컨과 컴퓨터 마우스가 놓여 있었다. 마우스는 레이저 비디오디스크 플레이어의 뒤로 감기를 조절하고 말 샘플에 대해 참여자가 버튼을 눌러서 말 샘플에 대한 평가를 녹음하도록 하는 펜티엄 시리즈 컴퓨터와 연결되어 있었다.

각 평가 세션을 시작할 때, 평가자들은 그들이 되풀이하여 아홉 개의 2분 길이 말 샘플(아홉 명의 말을 더듬는 사람 각각으로부터 하나씩)을 보고 들을 것이라고 지시하였다. 그들은 개인별 말을 더듬는 위치와 기간을 표시하기 위해 컴퓨터 마우스 버튼을 누르도록 지시받았다.

만약 당신의 판단에서 화자가 말더듬 문제가 있으면, 가능한 말더듬 시작 시 마우스 버튼을 누르고 더듬는 동안 계속 누르고 있으십시오. 각각의 말더듬 동안 버튼을 누르려고 노력하고 말더듬이 끝날 때 손을 떼십시오. 물론 몇몇 경우는 말더듬이 너무 짧아서 버튼을 누르자마자 말더듬이 끝나서 즉시 손을 떼어야 할 것입니다.

말더듬은 평가자들에 의해 정의되는 것은 아니지만 그들은 말의 모든 분리나 중단이 말더듬이 아니라는 것을 교육받았고, 정상적 비유창성 또는 수용할 수 있는 비유창성은 말더듬으로 간주되지 않는다는 것을 교육받았다. 평가자들은 이 지시를 충분히 이해한 후, 화자 한 사람을 무작위로 선택하여 과제를 수행해 보는 것을 네 번 연습하였다. 평가자들이 과제에 안정감을 느낀다고 보고하면 평가 과제를 스스로 시작하였고 평가자들은 아홉 개의 2분 정도의 말 샘플을 모두 판단하였다.

각 평가 세션 동안 평가자는 5분씩 휴식 시간을 가지면서 전체 평가 과제를 5분씩 세 번 완료하였다(2분 샘플에서 말더듬의 위치와 지속시간 인식). 세 평가 세션은 이어졌기 때문에 모든 평가 과제의 아홉 번 반복을 포함하는데 이 연구의 아홉 번의 시도로 아래에 언급되었다. 샘플은 각 평가자, 각 시도마다 SMAAT 소프트웨어에 의해 무작위로 제시되었다.

출처: "Effects of Time-Interval Judgment Training on Real-Time Measurement of Stuttering," by A. K. Cordes and R. J. Ingham, 1999, *Journal of Speech, Language, and Hearing Research, 42*, p. 866. Copyright 1999 by the American Speech-Language-Hearing Association. 승인하에 게재.

동을 측정하는 것에 대해 편견을 갖도록 한다. 이 실험자 효과의 종류는 관찰자 효과(예: 행동 관찰에 있어서 체계적 오류)를 포함하며, 해석자 효과(예: 행동 해석에 있어서 체계적 오류), 그리고 의도적인 효과(예: 자료 기록에 있어서 정직하지 못하고 부주의함)를 포함한다.

비상호작용 관찰자 편견의 예는 인두피판 수술 전과 수술 후에 녹음된 구개파열 아동의 말 샘플의 과대비성을 평가하도록 했을 때 발생할 수 있다. 관찰자는 수술 후에 과대비성이 덜 심할 것으로 예상하기 때문에 무의식적으로 수술 후 녹음 자료를 낮은 비음도로 평가할 수 있다. 이것은 실제 아동 말의 과대비성에 영향을 미치지 않지만 보고 자료에 영향을 미칠 것이다. 기대 효과는 연구 학습, 반응시간 연구, 심리생리학 연구, 동물 연구를 포함하여 광범위한 영역에서 발견될 수 있음을 주목하는 것이 중요하다(Christensen, 2007).

상호작용 효과(interactional effect)는 실험 동안 피험자와 관찰자의 상호작용이 실제 피험자의 행동에 영향을 미칠 때 발생한다. 즉 실험자가 독립변인과 상호작용하여 피험자의 행동에 영향을 미치는 것이다. 예를 들면 Topál, Gergely, Miklósi, Erdohegyi와 Csibra(2008)는 10개월 영아 앞에서 물건을 감출 때 사물찾기 보속오류를 범하는 것이 81%에서 41%로 줄었다고 하였다. "이 실험에서 정상적으로 숨겨 놓은 물건에 대해 주어지는 의사소통 단서를 실험자가 사용하지 않고" 실시하였다.

Rosenthal과 Rosnow(2008)는 연구 피험자의 행동에 실제적으로 영향을 미치는 인간 관찰자와 연관된 다섯 가지 요인을 요약하였다: (1) 실험자의 생리사회적 특징(예: 성, 연령, 인종, 신체 활동성), (2) 실험자의 심리사회적 특징(예: 불안, 적대감, 권위 의식 같은 성격 특징), (3) 상황적 변인(예: 실험 전 실험자의 경험 또는 동일한 실험에서의 이전 시도, 피험자와의 친숙도), (4) 모델링 효과(예: 실험자가 하는 것처럼 피험자가 행동), (5) 자기충족 예언(예: 실험자의 기대와 피험자의 지속적 치료가 피험자 행동에 영향을 미칠 때).

실험자는 실험자 편견을 통제하기 위해 몇 가지 다른 방법을 사용할 수 있다. 연구의 비판적 독자는 그러한 방법에 주목해야 하며 방법 부분의 어딘가에서 찾으려고 시도해야 한다. 실험자의 기대치를 통제하는 방법 중 하나는 블라인드 기법을 사용하는 것으로 실험자는 가설을 알지만 피험자가 어떤 처치 조건에 있는지는 모른다. Barber(1976)는 **연구자**(연구를 설계하고 감독하고 분석하고 보고하는 사람)와 **실험자**(피험자를 검사하고 자료를 수집하는 사람)를 구분하고, 실험자 편견을 통제하는 다른 방식으로 연구자와 실험자가 동일한 사람이 아니라는 것을 주장하였다. 또 다른 방법은 절차를 자동화하는 것으로, 가능하다면 전자·기계적 기기로 반응을 녹음하고 분석하는 것이다. Barber(1976)에 의하면 실험자 편견은 엄격한 실험 프로토콜을 사용하고 연구자에 의해 설계된 프로토콜이 실험자에 의해 수행되고 있는지를 자주 점검하는 것으로써 감소시킬 수 있다. 실험자 요인에 대한 통제로서 다른 특징을 가진 다른 실험자가 그 연구에 사용될 수 있다. 또는 다른 실험자를 사용하여 연구를 복제할 수 있는데 특히 실험자 특징이 첫 연구의 자료가 틀렸음을 입증할 수 있게 될 때 그러하다.

놀랍게도 의사소통장애 연구에서 실험자 편견의 문제는 거의 관심을 받지 못했다. Hipskind와 Rintelmann(1969)은 순음과 어음 청력검사에서의 실험자 편견 효과를 연구하였고 이전의 청력검사 결과의 정반응과 오반응에 대한 정보가 검사 경험이 있는 실험자와 경험이 없는 실험자의 편견에 영향을 미치지 않는다는 것을 밝혀냈다. 유사하게 Mencher, McCulloch, Derbyshire와 Dethlefs(1977)는 신생아의 청력 선별검사에서 유의한 관찰자 편견을 배제하였다. 그러나 말과 청각 분야의 연구에서 실험자 편견에 다소 민감하다는 것을 밝히는 출판된 체계적인 연구는 없었다. 의사소통장애 문헌의 몇몇 연구에서 실험자 편견을 감소시키거나 제거하려고 시도하는 통제 절차를 소개하고 있다. 관찰자 효과와 해석자 효과에 대한 좀 더 자세한 정보는 Barber와 Silver(1968)와 Barber(1976)에서 찾을 수 있다.

다른 세 가지 관련논문의 예에는 내적 타당도를 위협하는 실험자 편견을 감소시키기 위한 연구자의 시도가 나와 있다. 〈관련논문 6.23〉에는 청력손실(HL)이 있는 1세 아동 집단과 정상 청력인 또래 아동 집단의 말 산출을 비교한 연구 방법 절차가 나와 있다. 자료가 어떻게 획득되고 다뤄지는지에 주목하자. 특히 연구자가 어떤 집단의 피험자가 배정되었는지를 모르는 상태에서 분석을 실시했다는 점에 주목하자.

〈관련논문 6.24〉에 나타난 다음 예는 일란성 쌍둥이와 이란성 쌍둥이의 말더듬 연구에서 발췌하였다. 두 가지 진단, 접합자 구조 그리고 말더듬에 대한 진단이 내려진 것에 주목하자. 두 경우 모두 자신이 해야 하는 진단을 내리는 동안 다른 진단에 대해서는 알지 못하는 '블라인드' 평가자가 사용되었다. 또한 접합자 구조에 대한 두 가지 판단을 사용하는 것에 주목하자. 하나는 쌍둥이와 접한 사람이고 하나는 접하지 않은 사람인데 이는 말더듬 일치에 대한 판단에 대해 가능한 정보를 주지 않기 위해서이다.

세 번째 관련논문은 청각 측정 절차에서 실험자 편견을 제거하는 것의 중요성을 보여 준다. 〈관

관련논문 6.23

절차

1명의 부모와 바닥에 앉아서 기본 장난감을 가지고 노는 각각의 아이가 녹화되었다. 이 장난감은 더 큰 프로젝트에서 검사를 받은 아이들 중 12~48개월 아이들의 흥미를 끈 것으로 선택되었다. 특히 이 장난감에는 곰돌이 인형, 플라스틱 트럭, 플라스틱 안에 움직이는 것이 보이는 블록, 플라스틱 차 세트, 20cm 크기 인형 다섯 개의 가족 세트 대략 여덟 개, 펠트 판과 펠트로 된 인형·옷·애완동물, 장난감 전화기, Peggy Rathmann의 "잘 자, 고릴라"라는 보드북이 들어 있었다. 디지털 비디오테이프는 소니 디지털 핸디캠을 사용하였다. 소니 FM 송신기는 고음질 오디오 신호 보장이 되는 것이었고, 아이들은 옷 안에 송신기를 착용하였다. 대부분의 녹화 세션은 20분으로 유지되었고 신호의 오디오 부분은 48.1KHz에서 16bit 역동적 범위로 샘플이 녹음

되었다. 청각장애가 있는 3명의 아이들에게는 20분 녹음 시간을 적용하지 않았다. 녹음된 세션 길이는 17.2분, 15.7분, 14.5분이었다. 비디오테이프는 검사 현장에서 만들어졌고 제2연구자가 있는 실험실로 보내졌다. 실험실 조교는 비디오 신호에서 오디오 신호를 분리시켰다. 오디오 신호만 포함한 CD들은 분석을 위해 오직 제1저자에게만 보내졌다. 제1저자와 제3저자는 모든 분석을 했고, 수화를 사용하든 안 하든 말하는 이의 청력 상태는 분석이 완전히 끝날 때까지 블라인드 처리되었다.

출처: "Speech Production in 12-Month-Old Children With and Without Hearing Loss," by R. S. McGowan, S. Nittrouer, and K. Chenausky, 2008, *Journal of Speech, Language, and Hearing Reserach, 51*, p. 882. Copyright 2008 by the American Speech-Language-Hearing Association. 승인하에 게재.

관련논문 6.24

접합자 구조 진단

쌍둥이는 다음과 같은 네 가지 기준에 따라 일란성 쌍둥이(monozygotic, MZ)와 이란성 쌍둥이(dizygotic, DZ)로 나뉜다: (a) 혈액 분류의 아홉 가지 시스템인 ABO, Rhesus, MNSs, P, Lutheran, Kell, Lewis, Duffy, Kidd(Race & Sanger, 1968)로 혈액 검사 허가가 22쌍에 대해 승인되었는데 그 중 HLA 조직 범주화가 가능한 6개, (b) 전체 융선 수와 최대 손바닥 ATD 각도(Holt, 1968), (c) 두개 계수(Weiner & Lourie, 1969), (d) 신장.

일곱 쌍에서 최소한 하나의 혈액형 차이가 존재했으므로 이란성 분류가 확실했다. 네 가지 준거에 의해 관찰된 짝 내 차이와 유사성을 고려하여 이란성 가능성이 계산되었다(Maynard-Smith & Penrose, 1955; Race & Sanger, 1968). 계산된 이란성 확률이 .05 미만이었지만 쌍 중에서 세 경우가 일란성으로 분류되었고 .95보다 크지만 쌍 중 네 경우가 이란성으로 분류되었다. 확률에 의한 마지막 분류는 홍채 색, 머리 색과 형태, 귓불 붙음, 손금 형태에 쌍 내 차이와 함께 합쳐져서 조사되었다. 접합자 구조는 2명의 평가자에 의해 평가되었는데 1명은 쌍둥이와 직접 접촉을 하였고 다른 1명은 프로필과 얼굴 전체 사진과 모든 관련 자료를 기반으로 하여 진단하였다. 그러므로 두 번째 평가자는 말더듬 일치에 대해 아무 정보가 없었다. 두 평가자의 접합자 구조 분류는 모든 케이스에서 의견이 일치했다.

말 표본과 말더듬 진단

각 참여자에서 두 개의 500단어 말 샘플을 녹음하였다. 기본 설명 "책이나 영화 이야기를 말해 보세요."를 듣고 독백하기, 실험자와 함께 기본 주제에 대해 대화하기. 60명 참여자들의 녹음은 무작위로 오디오 테이프에 배열되었고 말더듬은 쌍둥이를 만난 적이 없고 쌍둥이 또는 접합자 구조에 대한 지식이 없는 언어치료사에 의해 진단되었다. 그러므로 말더듬 진단과 접합자 구조 분류의 독립성은 보장되었다.

출처: "Concordance for Stuttering in Monozygotic and Dizygotic Twin Pairs," by P. M. Howie, 1981, *Journal of Speech, and Hearing Research, 24*, p. 318. Copyright 1981 by the American Speech-Language-Hearing Association. 승인하에 게재.

련논문 6.25〉는 4주 동안 아동의 말에서 단어 지속시간의 친밀도 효과에 대한 검사를 한 연구의 예이다. 새로운 단어가 실험 '초반부'에 아동에게 소개되었고 그들의 산출 지속시간과 실험 '후반부' 동안 산출된 동일한 단어의 지속시간이 비교되었다. 단어 지속시간을 구하기 위해 음향학적 분석이 사용되었다. 잠재적 실험자 편견을 제거하기 위해 음향학적 측정 분석을 수행하는 사람은 단어가 실험의 초기 또는 후반부에서 나오는지 알지 못하였다.

실험자 편견의 문제는 기본적으로 실험자에 의해 이루어진 측정의 타당도를 결정하는 것이다. 실험자의 편견이 없을수록 실험자에 의한 측정이 더 타당해진다. 실험자 편견과 밀접하게 관련된 이슈는 이 측정을 하는 실험자의 신뢰도이다.

연구자는 실험자의 신뢰도를 두 가지 방법으로 체크한다. **실험자 간 신뢰도**(interexperimenter reliability)는 둘 이상의 실험자가 측정할 때의 일관성을 말한다. **실험자 내 신뢰도**(intraexperimenter

관련논문 6.25

단어와 모음 지속시간은 광대역(300Hz)으로 세팅된 Kay 5500 sonograph를 이용하여 측정되었다. 세션 테이프의 순서를 섞어서 재녹음하여 제작한 마스터 테이프로 측정하였다. 1차 평가자는 초기 또는 후반에 토큰 지시를 인식하지 못하였다. 진폭과 스펙트로그램 표시 둘 다 측정의 시작점과 끝점을 결정하기 위해 사용되었다. 단어 시작은 처음 0에서부터 시각적으로 진폭이 증가하는 곳과 상응하는 음성의 시작 또는 스펙트로그램 표시상의 올라간 곳 또

는 마찰음의 경우에 시각적 소음의 시작에서부터 측정되었다. 단어 상쇄는 지점의 끝 또는 마지막 폐쇄음이 끝나는 곳으로 측정하였다.

출처: "Effect of Familiarity on Word Duration in Children's Speech: A Preliminary Investigation," by R. G. Schwartz, 1995. *Journal of Speech, and Hearing Research, 38*, p. 79. Copyright 1995 by the American Speech-Language-Hearing Association. 승인하에 게재.

reliability)는 특정한 측정을 할 때 실험자 1명의 일관성을 말한다. 〈관련논문 6.26〉은 음성장애가 있는 목소리를 평가할 때 훈련받지 않은 평가자의 평가 20개를 대상으로 청자 내 · 청자 간 신뢰도를 평가하도록 설계된 두 가지 절차를 설명하였다. Cronbach의 α 상관계수가 청자 간 신뢰도를 평가하는 데 사용되었고, Pearson 상관계수가 청자 내 신뢰도를 평가하는 데 사용되었다.

　마지막 예로 충분할 것이다. Caruso와 동료들(1994)은 말을 더듬는 사람과 유창한 사람의 조음 협응 능력에 세 단계의 다른 인지적 스트레스가 주는 영향에 대해 연구하였다. 조음 협응 능력

관련논문 6.26

신뢰도

집단 항목의 내적 일관성에서 보수적 측정으로 청자 간 신뢰도를 평가하기 위해 Cronbach의 α 상관계수를 사용하였다(Cronbach, 1970). 이 측정은 다른 모든 청자의 집단 평균과 각 자극에 대한 개인 청자들의 평가 간 상관을 측정하는 것을 포함한다. 값은 0과 1 사이에 변할 수 있다. 최근 연구에서 Cronbach의 α가 각 3명의 청자 과제에서 충분한 신뢰성을 보여 주면서 기식성 정도에서 0.95, 거친 정도에서 0.96, 비정상성에서 0.98로 측정되었다.

　청자 내 일치율은 각 청자에게 무작위 표본을 첫 번째와 두 번째로 제시하였을 때의 각 평가 간의 Pearson 상관계수를 산출하여 평가되었다. 개

별 상관계수는 0.26~0.95의 범위에 이르며 평균 상관계수는 기식성의 경우 0.69, 거친 음성의 경우 0.74, 비정상성의 경우 0.81이었다. 이 값은 다른 연구에서 얻은 것과 비슷하였고 청자의 능력을 반영할 뿐만 아니라 첫 번째와 두 번째 제시에서 다른 무작위 순서의 문맥 효과를 반영한다. 예를 들어 Kreiman 등(1992)은 검사-재검사 신뢰도로 .47~.71의 범위를 획득했다.

출처: "Perception of Dysphonia Voice Quality by Naive Listeners," by V. I. Wolfe, D. P. Martin, and C. I. Palmer, 2000, *Journal of Speech, Language, and Hearing Research, 43*, p. 700. Copyright 2000 by the American Speech-Language-Hearing Association. 승인하에 게재.

은 다양한 음향학적 측정을 사용하여 평가된다. 〈관련논문 6.27〉은 평가자 내 · 평가자 간 음향학적 측정의 신뢰도 평가를 보여 준다. 신뢰도 상관계수는 보고되지 않았으며, 오히려 실제적 측정-재측정 차이가 보고되었다. 연구의 소비자는 정확한 평가자 간 · 평가자 내 측정 차이 크기를 알고 있어야 하며 그럼으로써 측정 신뢰도를 직접 평가할 수 있다. 반대로 비유창성 인식에 대한 잘 확립된 일치 척도를 사용한 평가자 간 · 평가자 내 신뢰도가 보고되었다.

측정의 적절성 기기가 변인에 대해 신뢰할 수 있고 타당한 측정을 제공하는 데 사용되었다고 가정하고 독자는 연구의 특정 목표를 달성하기 위해 선정된 **측정의 적절성**(appropriateness of measurements)에 관심을 가져야 한다. 다른 말로 방법 부분은 논문의 서론에 나타나 있는 목적과 이유의 측면에서 평가되어야 한다. 〈관련논문 6.28〉은 말더듬 치료 결과를 예측하는 데 사용된 치료 전 측정을 다룬 논문의 서론과 방법 부분에서 발췌하였다. 첫 부분은 말더듬 중증도, 성격, 말더듬에 대한 태도를 치료 효과의 치료 전 예측치로 사용한 연구자의 논리 전개를 서론에서 보여 준다. 두 번째 부분은 방법 부분에서 발췌되었으며 저자가 이러한 세 가지 일반적 변인을 측정하는 데 있어서 도구를 어떻게 선정했는지 보여 주고 있다.

측정의 적절성에 대한 다른 측면은 연구자가 다양한 가능한 옵션 중에서 가장 적당한 측정 종

관련논문 6.27

신뢰도

모든 세 가지 조건에서 말 더듬는 사람과 말 더듬지 않는 사람으로부터 얻은 말 샘플의 대략 10% 무작위 부분 집합이 실험자에 의해 재분석되었고 또한 신뢰도를 평가하기 위해 두 번째 평가자에 의해 분석되었다. 각각의 음향학적 측정에서 평균 평가자 내 측정의 차이와 범위(괄호 안)는 단어 지속시간 −1.41msec(0∼29msec), 모음 지속시간 −4.59msec(0∼26msec), 자음−모음 전이 한도 −15.00Hz(0∼62Hz), 자음−모음 전이 지속시간 −4.00msec(0∼22msec), 제1포먼트 중간 주파수 −12.26Hz(0∼62Hz), 제2포먼트 중간 주파수 −14.83Hz(0∼93Hz)였다. 각각의 음향학적 측정에서 평균 평가자 간 측정의 차이와 범위(괄호 안)는 다음과 같다: 단어 지속시간 −1.88msec(0∼33msec),

모음 지속시간 −3.11msec(0∼39msec), 자음−모음 전이 한도 −13.74Hz(0∼93Hz), 자음−모음 전이 지속시간 −4.67msec(0∼30msec), 제1포먼트 중간 주파수 −4.63Hz(0∼62Hz), 제2포먼트 중간 주파수 −18.59Hz(0∼93Hz). 일치에 대한 측정(Sander, 1961)은 비유창성(일치/불일치+일치)의 확인을 위해 계산되었다. 비유창성 판단에 있어서 평가자 내 일치율은 90%였으며, 평가자 간 일치율은 92%였다.

출처: "Adults Who Stutter: Responses to Cognitive Stress," by A. J. Caruso, W. J. Chodzko-Zajko, D. A. Bidinger, and R. K. Sommers, 1994, *Journal of Speech and Hearing Research, 37*, pp. 748-749. Copyright 1994 by the American Speech-Language-Hearing Association. 승인하에 게재.

관련논문 6.28

최근 모든 연구에서, 치료 전 측정과 치료 후 결과 간의 유일한 높은 상관관계는, 치료 전 중증도 평가가 치료 종료 직전의 중증도 평가와 정적 상관관계($r = 0.78$)가 있다는 것을 밝혀낸 Gregory(1969)의 연구결과이다. 이 결과가 놀라운 것은 아니지만 심하게 말을 더듬는 사람들은 심한 중증도에서 치료를 시작하기 때문에 치료 동안 큰 범위의 변화가 있을 수 있다. 더욱이 이 상관관계는 결과가 언제 측정되는지에 따라 달라진다. 치료 9개월 후의 중증도 변화는 치료 전 중증도와 상관관계가 있으며, 상관이 0.78에서 0.48까지 떨어졌다.

Gregory의 참여자들이 보여 준 것처럼 치료 몇 개월 후에 즉각 나타나는 말더듬 중증도 변화는 흔하지 않다. 많은 말더듬 화자들이 치료 후 상당히 악화된다는 오랜 임상적 견해를 지지하는 자료들이 있다(Ingham & Andrews, 1973; Perkins, 1973). 사실상 치료에 의해 가장 많이 향상된 사람들은 후에 가장 많이 악화될 수 있다(Prins, 1970). 따라서 치료 후 즉각 말더듬을 측정한 연구는, Lanyon(1965, 1966), Prins(1968)와 Gregory(1969)처럼, 치료에 있어서 가장 중요한 임상적 결과를 평가하지 않았을 것이다. 장기적 결과는 치료가 어떻게 말을 더듬는 사람에게 영향을 미치는지에 대한 더 정확한 평가이다. 여기에 인용한 연구 중에서 오직 Perkins(1973)만 치료 영향의 예측요소를 찾기 위해 장기적 결과를 사용하였다.

말더듬 치료의 장기 결과에 대한 유용한 예측요소의 부족은 더 많은 조사가 필요함을 보여 준다. 그들 스스로에 의한 성격 측정이 효과적 예측요소가 아님에도 불구하고 그들은 예후에 대한 사전 말더듬 치료의 명시적 측정과 잘 결합되어야 할 것이다. 성격의 측정과 말더듬의 단계, 몇몇 태도의 평가 또한 결과 예측에 도움을 줄지도 모른다. 이것은 특히 인지적 변인이 명시적 행동의 결정에 중요하다는 최근 근거를 고려하면 가능할 것으로 보인다(Kimble, 1973).

현재 연구는 치료 전 말더듬 측정, 말더듬에 대한 태도, 성격 요인, 치료의 장기적 결과에 대한 예측을 복합적으로 평가하도록 설계되었다.

연구의 기본 설계는 집단 1 대상의 치료 전 측정을 획득하고, 치료 1년 후의 유창성을 평가하는 것이다. 이것을 따르기 위해 다중회귀분석이 실시되어 사전 측정치가 피험자의 결과를 어느 정도 예측하는지를 결정하였다. 회귀분석으로부터 이끌어 낸 등식은 그들의 치료 전 측정치에 근거하여 집단 2 피험자의 결과를 예측하는 데 사용되었다. 집단 2 피험자의 예측된 결과와 실제 결과 간의 상관관계가 집단 1 피험자의 결과에 대한 교차 타당도를 제공하였다.

치료 전 측정

성격, 말더듬에 대한 태도, 말더듬의 양을 포함한 사전치료 데이터는 참여자들이 병원에 들어왔을 때 수집되었다.

성격은 Eysenck Personality Inventory의 외향성과 신경증 척도(Eysenck & Eysenck, 1963)에 의해 평가되었다. 신경증과 외향성은 이전 말더듬 치료 프로그램의 성공 및 실패와 관련되어 있다고 보고되었다(Brandon & Harris, 1967).

말더듬에 대한 태도는 Erickson의 Scale of Communication Attitudes의 단축형(Erickson, 1969; Andrews & Cutler, 1974)과 Stutterer의 Self-Rating of Reactions to Speech Situations의 축약 버전(Johnson, Darley, & Spriestersbach, 1963; Cutler, 1973)으로 측정되었다. 말더듬 화자의 자기 평가 형식의 회피 행동 반응만이 사용되었는데 그것이 태도와 가장 관련이 있기 때문이다. 임상적 경험은 이 평가의 회피와 반응 부분에서 높은 점수를 받은 말더듬 화자가 그들의 실제 말더듬 수준과는 관계없이 말더듬에 의해 정서적으로 영향을 더 많이 받는 경향이 있음을 시사한다.

위의 평가뿐만 아니라 피험자가 치료를 시작하면

(계속)

말더듬 정도가 측정되었다. 대화하는 동안 분당 더 듬은 음절 비율(pre%SS)과 분당 음절 수(preSPM)가 측정되었다. 이 측정치는 청자의 중증도 평가와 높은 상관관계가 있으며, 신뢰할 만하다(Young, 1961; Andrews & Ingham, 1971). 다중회귀분석에 사용되는 말더듬 점수는 %SS와 말더듬 빈도와 말속도를 결합한 측정치인 '알파' 점수이다. 알파 점수는 말속도가 유창성 평가에서 중요한 요인으로 간주되기 때문에 개발되었다(Ingham, 1972; Perkins, 1975).

치료 후 측정

피험자는 3주의 치료 프로그램을 마치고 18개월 후 그들을 모르는 관리 자문과 접촉하였고, 치료 장소와 다른 지역의 사무실에서 미팅을 하였다. 대화 5분이 표본으로 녹음되었고 후에 실험자에 의해 점수화되었다. 결과 측정은 더듬은 음절 비율(post%SS), 알파 점수(postalpha), 말더듬 빈도의 변화(% 변화)이다. 이 마지막 점수, % 변화는 다음 공식으로 계산되었다.

$$\frac{pre\%SS - post\%SS}{pre\%SS}$$

출처: "Pretreatment Factors Associated with Outcome of Stuttering Therapy," by B. Guitar, 1976, *Journal of Speech, and Hearing Research, 19*, pp. 591 & 592-593. Copyright 1976 by the American Speech-Language-Hearing Association. 승인하에 게재.

류를 선정했는지에 대한 것이다. 다른 종류의 측정이 다른 종류의 질문에 대답하는 데 다소 적절하다. 많은 다른 종류의 측정이 다른 측면의 특정 문제를 연구하는 데 적용될 수 있다. 〈관련논문 6.29〉에서 저자는 기저의 말운동 조절 과정을 연구하기 위해 분석적 측정 절차인 시공간 척도(STI)를 사용하는 것의 장점을 논의하고 있다. 구체적으로 그들은 시간에 걸친 이동 궤적 측정이 지정된 시간에 구해진 이동 궤적의 전통적 측정보다 더 우월하다고 주장하였다.

마지막으로 피험자에게 신용된 도구의 적절성에 대한 문제를 다룬다. 성인에게 실시한 표준화된 검사가 아동에게는 적당하지 않을 수 있다. 한 사회경제적 집단의 아동을 대상으로 개발된 검사가 다른 수준의 사회경제적 배경의 아동에게 적용될 경우 타당하지 않을 수 있다. Arndt(1977)는 예를 들어 노스웨스턴 구문 선별 검사(Northwestern Syntax Screening Test, NSST)를 몇 가지 근거로 비판하였는데 그중 한 가지는 검사가 표준화에 사용된 샘플의 성격, 즉 한 지역의 중간에서 상위중산층의 아동으로 표집되었기 때문에 적용에 제한이 있다고 하였다. 또한 규준이 6~11세까지 미치지 않고 있다(Lee, 1977). 연구자와 치료자 모두 검사의 제한점을 알아야 하며, 그에 따라 검사를 사용해야 한다. 반복하면 연구의 비판적 독자는 사용된 도구나 실험된 표본에 적절한지를 판단해야 한다.

자료 분석 보통 방법 부분에는 자료가 어떻게 구성되고 요약되고 평가되는지에 대한 설명이 나와 있다. 자료가 어떻게 분석되는지는 서론에서 제시되고 정의되는 연구 질문과 방법 부분에 요약

관련논문 6.29

말운동 산출에 대한 연구는 주로 운동 산출의 변하지 않는 양상을 알아보기 위해 일정 시점의 측정을 사용해 왔다(예: Ackermann, Hertrich, & Scharf, 1995; Kent & Moll, 1975; Kuehn & Moll, 1976; Zimmermann, 1980a, 1980b). 이 연구들에서는 전체로서 운동 궤적을 고려하기보다는 운동의 시간적·공간적 양상을 특징짓기 위해 특정 부분을 선택하였다. 소수의 연구에서는 하나의 말운동을 위한 운동 궤적이 속도 프로파일에 보편적 패턴이 있는지 알아보기 위해 분석되었다. 그러므로 초기 연구들은 운동의 근본적인 운동학적 변수들을 대표하기 위해 시간 안에 하나의 포인트에만 집중하였고(예: 이동, 최고 속도, 기간), 일부 조사에서는 종 모양의 속도 프로파일, 일반적인 많은 팔 운동이 단일한 말운동을 특징짓는지 알아보았다. 1995년에 우리는 6개의 음절 구의 아랫입술 운동의 전체 궤도 분석을 소개하였다(Smith et al., 1995). 각각의 다성 성분 운동 궤적의 연속적 진폭과 시간 정상화 후에 한 가지 조건에서의 여러 차례 세트 시도에 대한 평균 궤적이 계산되었다. 세트의 표준편차는 정상화된 시간의 기능으로 계산되었다. 평균 궤적은 운동의 기저 *패턴*의 양상을 나타냈고 반면에 표준편차의 누적된 합(STI)은 단일 기저 형판 또는 운동 순서의 *안정성*에서 어느 정도로 집중되는지를 나타내 준다.

초기 연구의 발표 이후로 우리는 많은 말운동 조절에 대한 이슈[(a) 단일 음운의 변경과 관련된 패턴과 안정성에서의 변화(Goffman & Smith, 1999), (b) 아동기의 성숙(Smith & Goffman, 1998; Goffman & Smith, 1999)과 노화(Wohlert & Smith, 1998), (c) 언어적 처리 과정에 대한 부담(Maner, Smith & Grayson, 출간 중), (d) 말더듬(Kleinow & Smith, 출간 중)]와 이와 관련된 안정성과 패턴의 변화를 검사하기 위해 이러한 분석 절차를 사용해 왔다. 우리는 말운동 통제 과정에 대한 초창기 연구에서 사용된 분석 절차로는 접근할 수 없는 말운동 통제의 측면을 포착하는 데 유용한 시공간적 합성 안정성 척도 계산에 뒤따르는 연속적 정상화 기술을 밝혀냈다. STI는 전통적 측정을 대체하기 위함이 아닌 단일 값에서 말하는 이의 복합적 산출에 대한 정보를 제공하고자 추가 분석으로 제시되었다. 이 지표는 조절의 시간적·공간적 양상에 기인한 가변성을 반영하는 복합 지표이다. 이것은 또한 전체 운동 궤적을 넘어선 가변성이 단일 값에 통합되었다는 의미로 복합적이다.

출처: "On the Assessment of Stability and Patterning of Speech Movement," by A Smith, M. Johnson, C. McGillem, and L. Goffman, 2000. *Journal of Speech, Language and Hearing Research, 43*, pp. 227–278. Copyright 2000 by the American Speech-Language-Hearing Association. 승인하에 게재.

되는 연구 설계에 의해 좌우된다. 자료 분석은 실제적으로 설계의 일부분이며 연구방법의 중요한 구성요소이다. 그러므로 자료 분석 방법에 대한 설명은 연구논문의 전반부와 뒤따르는 결과 부분의 연결이다. (연구 설계 이유와 제한점을 포함하여)방법에 대한 명확한 이해가 없으면, 결과 전개와 해석은 평가하기 어려워질 수 있다.

경험적 연구에 사용되는 조직화와 분석 기술은 흔히 **통계학**(statistics)으로 지칭되는데, 그 이름처럼 수학 분과에서 나왔기 때문이다. 통계치(statistics)라는 용어는 표본을 숫자로 설명하는 것을 말하기도 하는데 이는 표본이 포함된 전집에 대한 수적 설명자를 지칭하는 비슷한 용어인 **매개변수**

(parameter)와 반대되는 것이다. 이러한 사용에서 통계치라는 용어는 전체 전집이 연구에 직접적으로 사용될 수 있는 경우가 드물기 때문에 매개변수의 계산된 추정치로 지칭될 수 있다.

예를 들어 5세 아동의 평균 조음 오류 수를 알아내고자 한다고 가정하자. 5세 아동이 산출한 평균 오류 수(즉 관심의 전집)는 매개변수가 될 것이다. 이 전집의 특징에 대한 직접 측정을 위해 영어를 사용하는 모든 5세 아동을 검사하지 않고 영어를 사용하는 5세 아동의 평균 조음 오류 수를 알아내기 위해 200명의 표본을 선정한다. 5세 아동 표본이 산출한 조음 오류 수의 평균은 통계적이고, 매개변수를 추정하는 데 사용된다. 다른 말로 하면 통계치는 표본의 특징을 설명하는 수이고, 매개변수는 전집의 특징을 설명하는 수이다.

연구자가 결과를 설명하고 결론을 도표화하고 연구로부터 추론을 하는 것을 통계적 도구가 도와준다. 대부분의 연구자는 종종 조직화된 데이터베이스와 통계 분석 소프트웨어를 사용한다. 자료 수집과 저장, 분석에 사용된 모든 소프트웨어가 연구와 그 적용 절차 부분에 사용된 도구로 간주된다.

〈관련논문 6.30〉은 말더듬이 청자의 기억, 정신적 노력에 미치는 영향에 대한 연구의 방법 부분을 발췌한 것이다. 여기에서 저자는 변인이 어떻게 조작적으로 정의되고 측정되는지 설명하고, 뒤이어 그들이 사용한 통계적 모델의 선정 이유를 포함하여 자료 분석이 나와 있다. 비록 통계 방법에 대한 방대한 내용은 이 책의 영역 밖이지만 통계학의 일부 기본 개념이 제7장과 제8장에서 연구 결과 부분을 언급하면서 논의된다.

관련논문 6.30

데이터 분석

참여자들로부터 네 가지를 측정하였다: (a) 자유 회상, (b) 단서 회상, (c) 이야기 이해, (d) 정신적 노력. 자유 회상은 청각적으로 제시된 말 자료를 듣고 생성해 낼 수 있는 필수 정보 단위의 총수의 비율로 정의된다(예: 산출된 단위 수를 텍스트에 있는 총수로 나눈 수). 필수 정보 단위는 사람, 장소, 날짜, 위치 또는 행동이 정확해야 하고 텍스트와 관련이 있어야 한다고 정의되었다(Shadden, 1998). 단서 회상은 친근하거나 친근하지 않은 이야기의 내용에 대한 8개의 질문에 대해 청자가 정확하게 답변한 수로 정의되었다. 이야기 이해는 친근하거나 친근하지 않은 이야기에 대한 네 개의 질문을 참여자에게 제공하였을 때의 반응으로 결정되었다. 점수 방식은 각 이해 질문에서 각각 정확하고 적절한 답을 2점으로 주는 DeKemel(2003)에 의한 방식으로 고안되었다. 1점은 타당하고 부분적으로 올바른 것으로 간주되는 반응에, 0점은 부정확하거나 완전하지 않은 반응에 주었다. 청자는 각 이야기에서 총 8점을 얻을 수 있다(네 개의 질문, 각 2점씩). 정신적 노력은 9점 척도(1점은 매우 낮음, 9점은 매우 높음)에 청자가 동그라미 치는 것으로 측정되었다. '정신적 노력'의 의미에 대한 정의 또는 설명은 어느 참여자에게도 추가적으로 제공되지 않았다. 정신적 노력에 대한 이 9점 척도는 Gopher와 Braune(1984)의 연구에서 사용되었으며, 그들은 척도가 듣기 과제 동안 청자의 정신적 노력 수준을 측정할 수 있는 믿을 만한 지표임을 보여 주었다.

통계 분석

이 연구의 세 연구 질문은 텍스트 종류(이야기/설명), 주제 친숙도(친숙한/친숙하지 않은), 말더듬 빈도(0%, 5%, 10%, 15%)에 따른 청자의 회상과 이해, 정신적 노력에 차이가 있는지 여부에 초점을 맞추었다. 반복측정된 삼원변량분석(ANOVA)이 각각의 네 가지 종속 측정치에 대해 실시되었다. 더 나아가 동질성과 구형성을 포함하여 ANOVA 가정은 분석을 진행하기 전에 충족되었다. 집단 내 요인은 두 가지 텍스트 유형(요인 A)이고, 두 가지 수준의 주제 친숙도(요인 B)였다. 집단 간 요인은 각 청자(0%, 5%, 10%, 15%)에게 주어진 말더듬 빈도(요인 C)였다. 이 실험이 대상자마다 크게 달라질 수 있는 청자 회상을 포함하기 때문에 ANOVA의 반복측정이 선택되었다. 이러한 유형의 분석은 반응의 가변성 증가에 따른 잠재적 오류를 감소시키는 데 도움이 된다.

신뢰도

데이터 분석 후 대략 2주 뒤 첫 번째 저자가 각 표본 내에 들어 있는 유창한, 비유창한 말을 두 번 측정하여 평가자 내 신뢰도를 결정하였다. 평가자 간 신뢰도는 첫 번째 저자의 두 번째 유창/비유창 측정과 말더듬 인식에 대해 집중 훈련을 받은 대학원생의 측정을 비교함으로써 결정되었다. 각 평가자는 각 말더듬 순간을 평가하기 위해 독립적으로 16개의 말 표본을 들었다. 항목별 일치율(Kazdin,

1982)이 평가자 내·평가자 간 신뢰도를 계산하기 위해 사용되었다. 평가자 내 신뢰도는 모든 말 표본의 말더듬 빈도에서 100%를 보였다. 9/11(64 말더듬 순간), Harriet Tubman(59 말더듬 순간)과 parakeet(62 말더듬 순간) 말 표본에 포함된 모든 말더듬 빈도에 대해 100%의 평가자 간 신뢰도를 나타냈다. Titanic 말 표본 5%와 10%에서 말더듬 순간(30)에 대한 평가자 간 신뢰도는 100%였다. 15%의 말더듬 표본(29 말더듬 순간 중 28)에 대해 평가자 간 신뢰도는 97%였다.

자유 회상 측정의 신뢰도를 측정하기 위해 평가자 내와 평가자 간 신뢰도 측정치가 얻어졌다. 평가자 내 신뢰도는 첫 번째 저자가 무작위로 자유 회상 반응의 10%를 선택하고 정확히 회상한 필수 정보 단위 수를 총계 내었다. 데이터 분석 대략 2주 후 첫 번째 저자는 자유 회상 반응을 재측정하였다. 항목별 일치율을 사용하여 평가자 내 신뢰도가 9/11, Harriet Tubman, Titanic, parakeet 말 표본에서 각각 96%, 97%, 95%, 94%였다. 말 표본을 선택하여 첫 번째 저자와 대학원생 간의 자유 회상 측정치로 얻어진 평가자 간 신뢰도는 각각 93%, 94%, 95%, 96%였다.

평가자 내, 평가자 간 신뢰도 측정치는 또한 이야기 이해 질문 반응에서 항목별 일치율을 사용하여 구하였다. 평가자 내 신뢰도는 97%였고, 평가자 간 신뢰도는 93%였다.

출처: "Influence of Text Type, Topic Familiarity, and Stuttering Frequency on Listening Recall, Comprehension, and Mental Effort," by J. Panico and E. C. Healey, 2009, *Journal of Speech, Language, and Hearing Research, 52*, pp. 539–540. Copyright 2009 by the American Speech-Language-Hearing Association. 승인하에 게재.

핵심 용어

검사 환경 효과	사생활	측정 안정성
계측오차	사전 동의	측정의 내적 일관성
공인타당도	상호작용 효과	측정의 적절성
관찰자 간 및 관찰자 내 일치	서열 척도	측정 정밀도
관찰자 편견	수렴타당도	측정 정확도
교정 효과	시그널 조절	측정 타당도
구인타당도	실험동물운영위원회(IACUC)	통계학
내용타당도	실험자 간 및 실험자 내 신뢰도	표본
등간 척도	안면타당도	표준화 검사
매개변수	연구 프로토콜	피험자 교수 효과
명목 척도	예측타당도	피험자 선정(효과)
모집단	인간 존중, 선행성, 공정성	확산타당도
변별타당도	임상실험심의위원회(IRB)	Cronbach의 α
비밀보장	입출력 전환	Kuder-Richardson 공식 20(KR-20)
비상호작용 효과	준거타당도	Spearman-Brown 예측 공식
비율 척도	측정 등가성	
비표준화 검사	측정 신뢰도	

비평적 읽기 연습

01. 다음 논문을 읽어 보라.

Ambrose, N. G., & Yairi, E. (2002). The Tudor study: Data and ethics. *American Journal of Speech-Language Pathology, 11*, 190–203. doi:10.1044/1058-0360(2002/018)

Tudor(1939) 연구에 대하여 Ambrose와 Yairi가 제기한 윤리적 이슈를 설명하라. Tudor의 연구가 어떤 방식으로 벨몬트 보고서(National Commission for the Protection of Human Subjects in Biomedical and Behavioral Research, 1979) 원칙과 지침을 시작하고 있는가? 윤리적 고려와 더불어 Ambrose와 Yairi가 밝힌 Tudor 실험에서의 내적 타당도와 외적 타당도 설계 결함은 무엇인가?

02. 다음 논문의 서론과 방법 부분을 읽어 보라.

Marshall, R. S., Basilakos, A., & Love-Myers, K. (2013). Further evidence of auditory extinction in aphasia. *Journal of Speech, Language, and Hearing Research, 56*, 236-249. doi: 10.1044/1092-4388(2012/11-0191)

Marshall과 동료 연구자들의 연구에서 피험자의 포함 준거와 배제 준거는 무엇인가? 그들의 준거 선정이 내적 타당도와 외적 타당도에 위협이 되는 것을 어떻게 언급하고 있는지 설명해 보라. 가능한 피험자 교수 효과는 어떻게 언급되고 있는가?

03. 다음 논문의 서론과 방법 부분을 읽어 보라.

Hustad, K. C., & Lee, J. (2008). Changes in speech production associated with alphabet supplementation. *Journal of Speech, Language, and Hearing Research, 51*, 1438-1450. doi: 10. 1044/1092-4388(2008/07-0185)

Hustad와 Lee의 연구에 참여한 화자와 청자의 피험자 준거는 무엇인가? 그들이 열거한 연구 질문을 특별히 고려해 보고 그들의 준거 선정이 내적 타당도와 외적 타당도에 위협이 되는 것을 어떻게 언급하고 있는지 설명해 보라.

04. 다음 연구논문의 서론과 방법 부분을 읽어 보라.

Gillam, S. L., Fargo, J. D., & St. Clair Robertson, K. (2009). Comprehension of expository text: Insights gained from think-aloud data. *American Journal of Speech-Language Pathology, 18*, 82-94. doi: 10.1044/1058-0360(2008/07-0074)

Gillam과 동료 연구자들의 연구에 참여한 학령기 아동의 피험자 선정 절차를 설명해 보라. 피험자 포함 준거는 무엇이며 그들은 연구 질문에 적절한가? 배제 준거는 무엇이고 내적 타당도와 외적 타당도에 위협이 되는 것을 어떻게 언급하고 있는가?

05. 다음 논문의 서론과 방법 부분을 읽어 보라.

Hopkins, W. D., & Wesley, M. J. (2002). Gestural communication in chimpanzees(Pan troglodytes): The influence of experimenter position on gesture type and hand preference. *Laterality, 7*, 19-30.

Hopkins와 Wesley가 피험자 선정, 실험 과제, 절차에서 내적 타당도와 외적 타당도 위협을 어떻게 언급하는지를 설명해 보라. 〈관련논문 6.4〉에 설명된 검사 절차에서 역균형화가 어떻게 사용되는지를 설명해 보라.

06. 다음 연구논문의 서론과 방법 부분을 읽어 보라.

Cabell, S. Q., Justice, L. M., Zucker, T. A., & McGinty, A. S. (2009). Emergent name-writing abilities of preschool-age children with language impairment. *Language, Speech, and Hearing Services in Schools, 40*, 53-66. doi: 10.1044/0161-1461(2009/07-0099)

Cabell과 동료들이 발달 중인 문해능력에 대한 그들의 연구에 사용한 피험자 표집과 선정 방법을 설명해 보라. 그들의 연구 절차에서 관련이 없는 요소는 무엇인가? 연구자들은 어떤 방식으로 예측 타당도를 언급하고 있는가? 왜 이것이 연구 질문의 중심이 되는가?

07. 다음 논문을 읽어 보라.

Feldman, H. M., Dale, P. S., Campbell, T. F., Colborn, D. K., Kurs-Lasky, M., Rockette, H. E., & Paradise, J. L. (2005). Concurrent and predictive validity of parent reports of child language at ages 2 and 3 years. *Child Development, 76*, 856-868. doi: 10.1111/j.1467-8624.2005.00882.x

Feldman과 동료들이 공인 타당도와 예측 타당도를 어떻게 평가했는지를 설명해 보라. 그렇게 하는 것의 목적은 무엇이며 그들의 원리가 그들이 재고한 연구 문헌에 의해 어떻게 지지되고 있는가? 타당도를 평가하는 데 사용된 다양한 방법에 대한 논의를 간략하게 요약해 보라.

08. 다음의 연구논문을 읽어 보라.

Forster, K. I. (2000). The potential for experimenter bias effects in word recognition experiments. *Memory and Cognition, 28*, 1109-1115. doi: 10.1111/j.1467-8624.2005.00882.x

Wigal, J. K., Stout, C., Kotses, H., Creer, T. L., Fogle, K., Gayhart, L., & Hatala, J. (1997). Experimenter expectancy in resistance to respiratory air flow. *Psychosomatic Medicine, 59*, 318-322.

Forster와 Wigal과 동료들에 의해 평가된 실험자 편견의 성격은 무엇인가? 각각의 케이스에서 실험자 편향이 연구의 타당도를 어떻게 위협하는가?

09. 다음 연구논문의 서론과 자료와 방법 부분을 읽어 보라.

Lewejohann, L., Reinhard, C., Schrewe, A., Brandewiede, J., Haemisch, A., Görtz, N., Schachner, M., & Sachser, N. (2006). Experimenter bias? Effects of housing conditions, laboratory environment and experimenter on behavioral tests. *Genes, Brain and Behavior, 5*, 64-72. doi: 10.1111/j.1601-183X.2005.00140.x

Lewejohann과 동료들이 실험쥐 연구에서 실험실 효과와 실험자 편견을 어떻게 평가하였는지 설명해 보라. 왜 연구자들은 '질이 높은' 조건과 '비구조화된' 주거 조건의 차별적 효과도 연구했는가?

10. 다음 연구논문의 서론과 방법 부분을 읽어 보라.

Jerger, S., Tye-Murray, N., & Abdi, H. (2009). Role of visual speech in phonological processing by children with hearinig loss. *Journal of Speech, Language, and Hearing Research, 52*, 412-434. doi:10.1044/1092-4388(2009/08-0021)

Jerger와 동료 연구자들은 청력손실이 있는 아동과 비교 집단인 정상 아동의 표본을 확립할 때 내적 타당도와 외적 타당도에 대한 위협을 어떻게 언급하였는가? 신뢰도 위협이 어떤 방식으로 실험 절차와 자료 분석에 영향을 미치는가?

11. 다음의 연구논문을 읽어 보라.

Fitzpatrick, E., Angus, D., Durieux-Smith, A., Graham, I. D., & Coyle, D. (2008). Parents' needs following identification of childhood hearing loss. *American Journal of Audiology, 17*, 38 –49. doi: 10.1044/1059-0889(2008/005)

Fitzpatrick과 동료들의 연구에서 사용한 질적 방법의 원리는 무엇인가? 참여자의 포함 준거와 배제 준거를 설명해 보라. 저자가 '의도적으로 최대 열일곱 가족의 표본'을 구성한 이유는 무엇인가?

12. 다음의 혼합 방법 연구논문을 읽어 보라.

Overby, M., Carrell, T., & Bernthal, J. (2007). Teachers' perceptions of students with speech sound disorders: A quantitative and qualitative analysis. *Language, Speech, and Hearing Services in Schools, 38*, 327–341. doi:10.1044/0161-1461(2007/035)

Overby와 동료들이 혼합 방법 연구에서 질적 방법으로부터 양적 결과에 이르기까지 어떻게 주제를 관련시키고 있는가? 교사에 의해 사용된 오디오 테이프 전사와 평가 척도에 대해 그들은 어떻게 신뢰도를 평가했는가?

평가 체크리스트: 방법

안내: 체크리스트 우측 하단에 제시된 네 개 범주의 척도는 논문의 방법을 평가하는 데 이용할 수 있다. 평가 항목은 평정 시 고려해야 할 주제를 구분하는 데 도움을 준다. 각 주제에 대한 의견은 평가 노트에 쓰는데 이는 전반적 평정의 근거가 된다.

평가 항목	평가 노트

피험자/참여자

1. 피험자, 참여자, 혹은 표본이 적절하게 설명되어 있다.
2. 표본 크기가 적절하였다.
3. 준거 선정이 적절하고 명확하게 정의되어 있다.
4. 배제 준거가 적절하고 명확하게 정의되어 있다.
5. 차별적 피험자 선정이 내적 타당도에 위협이 되지 않는다.
6. 피험자 선정과 치료의 상호작용이 외적 타당도에 위협이 되지 않는다.
7. 피험자와 참여자에 대한 적절한 보호의 근거가 제시되어 있다.
8. 전반적 논평:

전반적 평정(피험자/참여자):

빈약함	보통임	양호함	우수함

도구

1. 도구와 행동검사는 적절하였다.
2. 교정 절차는 바람직하고 적절하였다.
3. 도구와 행동검사의 신뢰도와 타당도에 대한 근거가 제시되어 있다.
4. 독립(분류, 예측)변인의 선정과 측정은 적절하였다.
5. 종속(준거, 피예측)변인의 선정과 측정은 적절하였다.
6. 전반적 논평:

전반적 평정(도구):

빈약함	보통임	양호함	우수함

절차

1. 과제와 연구 프로토콜이 적절하게 구조화되어 있다.

2. 검사 환경이 설명되어 있고 적절하였다.

3. 피험자 지시는 적절하고 일관적이었다.

4. 실험자와 관찰자의 편견이 통제되었다.

5. 절차가 연구 설계에 맞게 적절하였다.

6. 절차가 내적 타당도 위협을 감소시켰다.

    a. 사건

    b. 성숙

    c. 반응적 사전검사

    d. 손실

    e. 위 항목들의 상호작용

7. 절차가 외적 타당도 위협을 감소시켰다.

    a. 반응적 배열

    b. 상호적 사전검사

    c. 피험자 선정

    d. 다중 치료

8. 자료 분석과 통계 방법이 명확하게 설명되었고 적절하였다.

9. 전반적 논평:

전반적 평정(절차):

	빈약함	보통임	양호함	우수함

전반적 평정(방법):

	빈약함	보통임	양호함	우수함

* 이 체크리스트를 평가와 기록 보관을 위해 재사용하는 데 출판사의 승인을 받음.

CHAPTER

7

연구논문의 결과: 조사결과

체계적으로 기록된 관측은 하나의 데이터다. 조사결과(findings)란 수집되어, 정리되고, 분석된 모든 데이터를 말한다. 궁극적으로 이들 조사결과는 연구자가 연구 목적을 충족시키기 위한 수단으로 선택하고 이행한 연구 설계가 정당했는지를 결정할 것이다. 조사결과는 결과(results)로도 알려져 있다.

앞선 장들에서 논의한 바와 같이, 질적 연구방법에는 일반적으로 데이터 수집과 해석이 통합되어 있다. 동시에 수집을 하고 분석을 하면, 질적 연구자는 추가 데이터의 출처와 유형에 접근할 수 있다. 이는 특히 연구 목적이 가설을 만들어 내고 다듬는 것일 때 해당된다(Lindlof & Taylor, 2011; Thomas, Nelson, & Silverman, 2011). 질적 연구자들의 조사결과나 결과는 '최근에 생겨난 주제'나 '동향'을 확인할 수 있도록 데이터를 줄이거나 집중시키는 기술 방식들에 초점을 맞춘다. 질적 연구 데이터에 대한 해석은 연구자의 배경과 경험 그리고 편견에 따라 달라질 수 있다. 따라서 연구자가 무엇에 근거하여 해석을 했는지 어떻게 결론에 도달했는지를 결정할 수 있도록 독자들은 기술적 정보를 충분히 제공받아야 한다(Best & Kahn, 2006). 반면에 양적 데이터는 조사결과 자체를 바꿀 수 있는 주관적 편견이나 해석을 피하고자 하는 의도에서 수집된다. 수량 척도는 관찰된 것들을 객관적으로 기술하고 더 나아가 데이터를 통계적으로 분석할 수 있게 한다. 따라서 이러한 척도는 양과 지속시간, 속도, 정확성 등에 관한 질문에 답하는 데 더할 나위 없이 적절하다. 양적 조사는 수량 데이터가 제공하는 명료성과 정확성에 기반을 둔 근거를 통해 최선의 답을 찾을 수 있는 연구 문제를 제기한다.

데이터 수집과 분석 방법에 대한 선택을 넘어, 양적 조사결과는 연구자의 영향을 모두 배제할 것으로 기대된다. 이러한 데이터 '격리'는 양적 연구논문의 결과 부분에서는 조사결과에 대한 그 어떤 논의나 설명 또는 해석을 피해야 한다는 사실에 반영되어 있다. 따라서 논문의 결과 부분에 논의나 설명, 해석 등이 포함되어 있다면, 비판적인 독자는 특히 신중하고 분별력이 있어야 한다. 논문의 결과 부분에는 주로 표와 그래프가 두드러지게 많은데, 본문은 제시된 표와 그래프의 내용을 간결하게 기술하고, 이후 이어지는 논의와 결론의 근거로 작용할 다양한 특성으로 독자들을 이 끄는 기능을 한다.

연구 결과 부분에 대한 평가에서 중요하게 고려해야 할 사항은 결과가 연구 문제와 어떠한 방식으로 연결되어 있는가 하는 점이다. 연구 데이터를 연구 문제와 결부시키는 것은 연구 데이터를 하찮은 것이 아닌 바로 그것이 결과라고 특징짓는 것이다. 그래서 연구 결과는 서론에 명시된 일 반적인 연구 문제와 관련하여 분명한 방식으로 구성되어야 한다. 결과와 연구 문제가 분명하게 연 계되어 있지 않으면, 비교적 간단한 데이터도 독자들을 혼란스럽게 할 수 있다. 반면에 결과를 연 구 문제와 긴밀하게 결부시켜 구성하면 복잡한 데이터도 쉽게 이해될 수 있다. 저자가 연구 결과 부분에서 연구 문제에 계속 초점을 두어야 할 책임이 있듯이, 독자는 연구논문의 이 부분을 읽고 평가하는 동안 연구 문제를 잊지 않도록 유념해야 한다.

양적 연구 결과 정리

데이터 수집이 완료되면 원데이터(raw data)가 쌓이게 된다. 처리되지 않은 이러한 데이터는 보기 적절하게 배열되거나 정리되어 있지 않다. 이러한 데이터는 연구 설계의 구조와 관련하여 해석될 수 있도록 정리할 필요가 있다. 따라서 연구자의 첫 번째 과제는 독자들에게 결과를 일목요연하게 제시할 수 있도록 원데이터를 정리하는 것이다. 데이터 구성과 분석 기법은 연구자가 연구로부터 결론을 도출하고 추론을 하도록 돕는 통계적 도구다. 실험연구와 기술연구는 모두 특정 결론이 수 집된 데이터에 비추어 얼마나 타당한지를 보임으로써 연구 문제에 답하는 데 도움이 되는 데이터 구성과 분석 절차를 사용한다. 다수의 동일한 통계 기법들이 실험연구나 기술연구의 데이터 분석 에 사용되기 때문에, 데이터 구성이나 분석에 사용된 기법이 어떤 연구가 실험연구인지 혹은 기술 연구인지를 나타내는 것은 아니다.

데이터 분포

양적 조사연구에서 하나 이상의 변인에 대한 측정치가 수집되면, 수집된 수치는 항상 분포를 이 룬다. 분포는 명목 수준 측정의 경우 서로 다른 범주에 속하는 사물이나 사건의 속성에 대한 빈도 수이며, 서열 수준 측정의 경우에는 상대적인 속성 값을 순서대로 배열한 것이다. 등간 수준 측정 과 비율 수준 측정에서의 분포는 해당 척도의 각 점수 값에서 발생한 사례 수의 목록을 포함한다. 명목 수준 측정과 서열 수준 측정의 분포는 비교적 간단명료하며, 주로 범주의 빈도나 상대적 순 위를 보여 주는 표나 그림에서 확인할 수 있다. 반면에 등간 수준 측정과 비율 수준 측정의 분포는 그 특성을 결정하는 데 있어서 좀 더 주의할 필요가 있다. 그러하기에 앞으로 이루어지는 대부분의 논의는 등간 수준 측정과 비율 수준 측정의 분포에 관한 것이다. 등간 수준 측정과 비율 수준 측정의 분포를 기술하는 데 있어서 대부분의 쟁점은 동일하다.

등간 수준 측정과 비율 수준 측정의 분포는 주로 다음과 같은 네 가지 특성, 즉 **집중경향**(central tendency), **변산도**(variability), **왜도**(skewness), **첨도**(kurtosis) 등으로 기술된다. 연구 결과에 대한 분석을 진행하기에 앞서, 연구자는 주로 이들 특성을 확인하고 적어도 처음 두 가지 특성에 대한 정보를 제공함으로써 독자들이 정리된 데이터를 검토하여 결과에 대한 전반적인 패턴을 볼 수 있게 한다. 이러한 정보를 제공하는 두 가지 방법은 표나 그래프 제시 혹은 요약 통계치 산출이다. 이들 두 가지 방법은 다음 두 절에서 논의된다.

표와 그래프 제시 많은 연구자들이 추가적인 데이터 분석을 수행하기에 앞서 점검 차원에서 표나 그림 형태로 데이터의 분포를 제시한다. 표 또는 그래프 제시는 분포의 네 가지 특성을 시각적으로 볼 수 있도록 분포의 전체적인 윤곽을 드러내는 이점이 있다. 빈도표, 히스토그램, 다각형, 누적 **빈도 분포**(frequency distributions) 등은 표와 그래프를 제시하는 흔한 수단이다.

이러한 기본적인 데이터 정리 기법 몇 가지를 설명하기 위해 일련의 가상 데이터가 마련되었으며, 〈표 7.1〉에서 확인할 수 있다. 피험자 80명에 대한 이 데이터는 원점수 형태로 표 앞부분에 제시되어 있는데, 연구자의 노트에서 볼 수 있는 것과 동일한, 처리되지 않은 원래 그대로의 데이터 형태다. 데이터는 빈도표에 **그룹화되어** 있는데, 해당 점수를 얻은 사례 수는 빈도(f) 열에 표시된다. 누적 빈도(cum f) 열은 각 점수 값에 대해 해당 값 혹은 그 이하의 점수를 얻은 사례 수를 보여 준다. 따라서 6이라는 점수를 보게 되면, 우리는 16명의 피험자가 6점을 받았고 49명의 피험자가 6점 이하의 점수를 받았음을 알 수 있다.

경우에 따라, 연구자가 상당히 적은 수의 값들로 작업을 하면서 여러 변인에 대한 개별 피험자의 데이터를 함께 남겨 두고 싶어 한다면 **그룹화되지 않은** 데이터의 사용도 가능하다. 이러한 정리 유형은 단순히 빈도와 누적 빈도를 보여 주는 것이 아니라 순서대로 나열된 점수 값을 보여 준다. 추가적으로, 앞으로 보게 될 몇 가지 지수 산출 기법은 이 장에 제시된 예와는 다소 다를 것이다.

〈그림 7.1〉은 이러한 가상의 점수 세트가 어떻게 그래프로 제시될 수 있는지를 보여 준다. 〈그림 7.1a〉는 점수를 히스토그램(막대그래프)으로 보여 준다. 각 막대의 중간에 찍혀 있는 점이 그래프의 수평축에 표시되어 있는 점수 값 바로 위쪽에 있다는 점을 주목하라. 이 중간점들을 그래프에 기록하고 직선으로 연결한 결과는 〈그림 7.1b〉에 표시된 빈도 다각형이다. 〈그림 7.1c〉는 누적 빈도 다각형을 보여 준다. 이것은 〈표 7.1〉의 빈도(f) 열이 아닌 누적 빈도(cum f) 열을 그래프로 표

표 7.1 그룹화된 데이터를 사용하여 원점수를 빈도 및 누적 빈도 표로 변환한 가상의 예

원점수								그룹화된 점수	빈도(명)	누적 빈도(명)
4	4	3	6	8	8	2	5	10	5	80
7	9	2	7	4	5	6	6	9	6	75
3	8	3	6	3	4	5	9	8	9	69
6	5	4	1	4	7	8	4	7	11	60
2	4	2	10	1	2	5	3	6	16	49
5	8	6	7	5	6	5	7	5	13	33
7	9	5	7	6	9	5	6	4	8	20
5	6	6	8	9	7	5	5	3	5	12
6	7	6	9	10	6	7	8	2	5	7
6	8	6	7	10	10	10	6	1	2	2
									$N=80$	

현한 것이다. 누적 빈도 다각형의 두드러진 특징은 그래프가 항상 상승세이거나 안정적이라는 점이다. 이 그래프는 분포에서 항상 지금까지 누적된 점수를 나타내기 때문에 절대 하락하지 않는다.

반면에 빈도 다각형은 각각의 점수 지점에서 발생한 사례의 빈도를 보여 주기 위해 상승하거나 하강한다.

분포의 전체적인 형태와 나열된 데이터 분포의 네 가지 특성은 그림을 통해 도표로 시각화될 수 있다. 〈그림 7.2〉는 세 가지 다른 형태의 분포를 보여 준다.

〈그림 7.2a〉는 각 점수의 출현 빈도가 동일함을 나타내는 직사각형 모양의 분포이다. 〈그림 7.2b〉에 제시된 분포는 종 모양[소위 **정규분포**(normal distribution)]으로, 이는 중간 점수의 발생 빈도는 높고, 더 높거나 낮은 점수의 발생 빈도는 낮음을 나타낸다. 〈그림 7.2c〉는 양봉 분포로서, 중간 점수에서 단일의 군집화가 나타나는 것이 아니라 높은 점수와 낮은 점수의 양 끝 쪽으로 두 개의 군집화가 나타남을 보여 준다. 다음 네 개의 그림(〈그림 7.3〉~〈그림 7.6〉)은 이전에 나열한 데이터 분포의 네 가지 특성 각각을 그래프로 보여 준다.

〈그림 7.3〉은 **집중경향**이 다른 세 가지 분포를 보여 준다. 집중경향(혹은 평균)은 분포의 중앙에 집중되어 있는 점수들을 조사해 확인할 수 있다. 〈그림 7.3a〉는 가장 낮은 평균을 지닌 분포이고, 〈그림 7.3c〉는 가장 높은 평균을 지닌 분포이며, 〈그림 7.3b〉는 그 둘 사이의 평균을 지닌 분포이다.

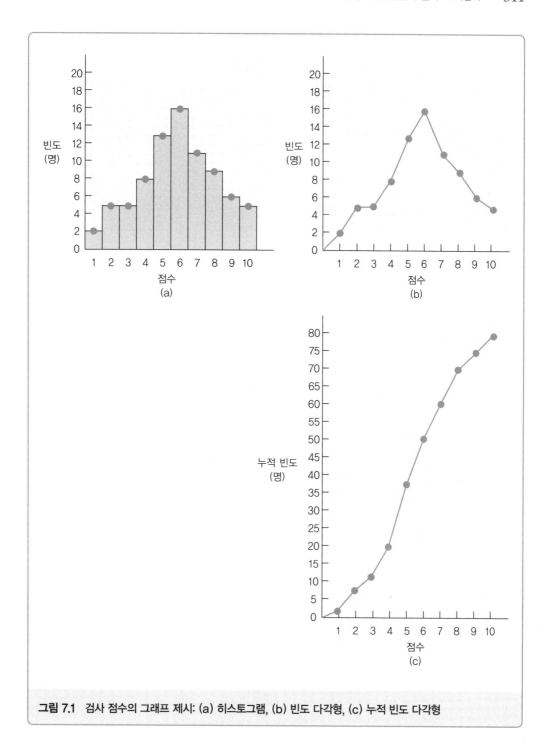

그림 7.1 검사 점수의 그래프 제시: (a) 히스토그램, (b) 빈도 다각형, (c) 누적 빈도 다각형

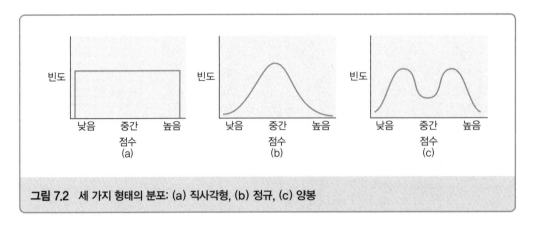

그림 7.2 세 가지 형태의 분포: (a) 직사각형, (b) 정규, (c) 양봉

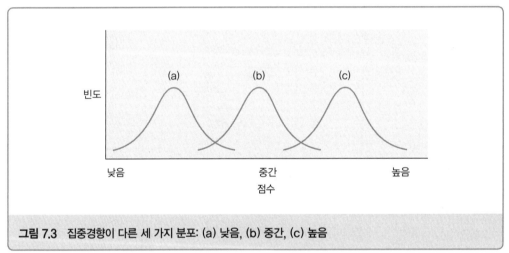

그림 7.3 집중경향이 다른 세 가지 분포: (a) 낮음, (b) 중간, (c) 높음

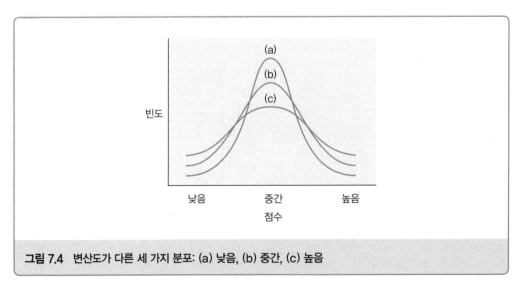

그림 7.4 변산도가 다른 세 가지 분포: (a) 낮음, (b) 중간, (c) 높음

여러 가지 집중경향치를 산출하는 방법은 〈표 7.2〉에 제시되어 있으며 다음 절에서 논의된다.

〈그림 7.4〉는 **변산도**가 다른 세 가지 분포를 보여 준다. 변산도(혹은 점수들이 분포의 중심에서 퍼져 있는 정도)는 분포의 폭을 검토해 확인할 수 있다. 〈그림 7.4a〉는 가장 작은 변산도를 지닌 분포이고, 〈그림 7.4c〉는 가장 큰 변산도를 지닌 분포이며, 〈그림 7.4b〉는 그 둘 사이의 변산도를 지닌 분포이다. 다양한 변산도 측정치를 산출하는 방법은 〈표 7.3〉에 제시되어 있으며 다음 절에서 논의된다.

빈도 분포는 표나 그래프 형태로 제시될 수 있는데, 각 유형마다 몇 가지 고유한 이점을 지닌다. 일반적으로 그래프 형태의 빈도 분포(즉 빈도 히스토그램 또는 다각형)는 전반적인 분포 형태를 즉각적으로 파악할 수 있게 하고, 분포의 특성을 독자들에게 보여 주는 데 있어서 좀 더 극적인 효과를 지닌다. 반면에 표로 제시된 빈도 분포는 데이터의 특정 값을 검토하거나 피험자 내 혹은 피험자 간 비교를 하는 데 보다 편리하다. 일부 논문의 저자들은 두 가지 유형의 이점을 모두 얻고자 빈도 분포표와 빈도 분포 그래프를 함께 제시하기도 한다.

〈관련논문 7.1〉은 발달 지연을 보이는 어린 아동들을 대상으로 언어 이전 발성과 이후 표현어휘를 조사한 것으로, 아동의 언어는 구조화된 상호작용과 비구조화된 놀이 상황에서 측정되었다. 관련논문에는 두 상황에서 산출된 단어 수를 정리한 빈도 분포표, 데이터 분포에 대한 간략한 본문 설명, 집중경향과 변산도에 대한 요약 통계치가 포함되어 있다. 표를 보면, 왼쪽 열에 포함되어 있는 단어 수는 10단어 간격으로 나뉘어 있고(가장 낮은 수준은 0단어이고 가장 높은 수준은 50단어 이상임), 다음 두 개의 열은 개별 상황에서 10단어 간격 각각에 해당하는 데이터를 지닌 아동의 수를 나타내고 있다. 빈도 분포를 살펴보면 구조화된 상호작용에서보다 비구조화된 놀이에서 비언어적인 아동이 거의 두 배 이상 많은 것으로 나타난다. 반면에 최빈치(mode) 혹은 가장 자주 발생하는 값(1~9단어 구간)은 두 분포에서 동일하게 나타난다(즉 구조화된 상호작용에서는 28명의 아동이, 비구조화된 놀이에서는 25명의 아동이 1~9단어 구간에 포함됨). 대부분의 아동이 0단어 구간에서 20~29단어 구간 사이에 밀집되어 있고 소수의 아동들만이 30~39단어 구간에서 50단어 이상 구간에 흩어져 있기 때문에, 두 상황에서의 빈도 분포는 양의 왜도를 보인다. 이 데이터를 가지고 모눈종이에 빈도 히스토그램이나 빈도 다각형을 그려서 그래프로 표현된 데이터의 왜도를 확인해 보는 것도 좋은 연습이 될 것이다.

표와 히스토그램은 범주(명목 수준)의 빈도 분포나 순위(서열 수준)의 빈도 분포를 보여 주기 위해 제시될 수도 있다. 일례로 Stevens와 Bliss(1995)는 단순언어장애(SLI) 유무에 따른 아동의 갈등 해결 능력을 조사하였다. 이들은 역할놀이를 하면서 13가지 범주의 갈등 해결 전략 중 하나를 사용한 각 집단의 고연령 아동과 저연령 아동의 수를 제시하기 위해 빈도 분포표를 사용하였다.

관련논문 7.1

아동들은 평균적으로 분당 3.95번 발성을 산출하였다($SD=2.95$). 자음을 포함한 발성의 비율은 분당 1.14번이었다($SD=1.22$). 발성을 포함한 의사소통 행위의 비율은 분당 1.11번이었다($SD=.99$). 아동의 표현어휘 비율은 12개월 후에 측정되었다. 평균에는 평가 회기에 단어를 산출하지 않았던 아동들도 포함되어 있다. 연구가 마무리될 때 7명을 제외한 모든 아동이 구조화된 상호작용에서 단어를 사용하였다. 아동들의 표현어휘 비율은 분당 .66이었다($SD=.8$). 아동들이 사용한 평균 단어 수는 13개였다($SD=15.35$). 범위는 0~79개로 나타났다. 비구조화된 놀이 회기에서 12명의 아동이 말을 하지 않았다. 15분 회기 동안 사용된 평균 단어 수는 11.31개였다($SD=15.54$). 범위는 0~87개로 나타났다(개별 회기 단어 사용에 대한 내역은 표 1 참조).

표 1 두 상황에서 해당 단어 수를 산출한 아동의 수

단어 수	아동 수	
	구조화된 상호작용	비구조화된 놀이
0단어	7	12
1~9단어	28	25
10~19단어	12	9
20~29단어	5	4
30~39단어	3	5
40~49단어	0	1
50단어 이상	3	2

출처: "The Relationship Between Prelinguistic Vocalization and Later Expressive Vocabulary in Young Children with Developmental Delay" by R. B. McCathren, P. J. Yoder, and S. F. Warren, 1999, *Journal of Speech, Language, and Hearing Research, 42*, p. 920 & p. 921. Copyright 1999 by the American Speech-Language-Hearing Association. 승인하에 게재.

Witter와 Goldstein(1971)은 서열 수준에서 측정된 종속변인에 대한 데이터 분포를 보여 주기 위해 빈도 히스토그램을 사용하였다. 다섯 가지 보청기를 통해 전달된 음성의 질에 대한 판단을 조사한 Witter와 Goldstein의 히스토그램은 각 보청기에 대해 매우 좋음에서 매우 나쁨까지 5점 척도로 평가된 청취자의 반응 순위 빈도를 보여 준다. 히스토그램에 포함되어 있는 각 막대의 높이는 각 보청기에 대해 청취자가 그렇다고 평가한 횟수를 나타낸다. 제시된 그래프는 어떤 보청기가 매우 좋음, 매우 나쁨 혹은 보통으로 평가되었는지를 분명하게 보여 준다.

독자는 또한 전체 사례에 대한 백분율이나 비율을 사용하여 상대적인 빈도로 모든 데이터를 나타내는 빈도 분포를 접할 것이라 예상할 수 있다. 일례로 〈관련논문 7.2〉는 아동의 음소인식(PA) 기술을 평가하기 위해 임상가들이 사용하는 방법을 전국적으로 조사한 연구 내용이다.

서로 다른 평가 방법의 사용에 대한 절대 빈도와 상대 빈도(%)에 대한 데이터는 〈표 6〉에서 확인할 수 있다. 공식 검사를 사용한다고 답한 임상가들(설문 응답자의 41.8%)이 실제 사용하는 검사의 절대 빈도와 상대 빈도는 〈표 7〉에서 확인할 수 있다. 표에 제시된 평가 방법과 공식 검사는 두 개의 서로 다른 명목 수준의 종속변인 범주이며, 사용된 각 범주에 대한 빈도가 보고된다. 독자

관련논문 7.2

음소인식(PA) 평가 절차

응답자로 하여금 자신의 직장에서 가장 빈번하게 사용하는 PA 평가 방법이 무엇인지 답하도록 하였다(표 6 참조). 보이는 바와 같이, PA 기술에 대한 평가는 공식적인 표준화 검사(41.8%)가 가장 많이 사용되었다. 응답자의 27% 정도는 자신이 일하는 곳에서 개발한 비공식적 절차를 사용한다고 보고하였다. 응답자의 대략 20%는 아동의 PA 기술을 평가하기 위해 출판된 준거참조검사나 표준화 정보가 들어 있지 않은 출판된 검사를 사용한다고 답하였다. 응답자의 8%만이 지역 기반의 규준 정보가 들어 있는 자신의 직장에서 개발된 PA 평가 절차를 사용한다고 답하였다.

평가 실제에 대한 추가 정보를 얻기 위해, 현재 이용 가능한 출판된 검사 목록을 응답자에게 제시한 후 자신이 일하는 곳에서 사용하는 검사에 모두 표시하도록 요청하였다. 이들 검사 목록과 반응자의 백분율은 〈표 7〉에 제시되어 있다. 가장 빈번하게 사용하는 것으로 보고된 공식

표 6 응답자가 자신의 직장에서 사용한다고 보고한 음소인식 평가 방법의 빈도

평가 방법	빈도(%)	
공식 표준화 검사	114	(41.8)
비공식 절차(지역 규준 없음)	74	(27.1)
출판된 준거참조검사	35	(12.8)
출판된 검사(표준화 정보 없음)	23	(8.4)
비공식 절차(지역 규준 있음)	22	(8.1)
평가하지 않음	4	(1.5)

표 7 응답자가 자신의 직장에서 사용한다고 보고한 공식 검사의 빈도[a]

평가 도구	빈도(%)	
Phonological Awareness Test (Robertson & Salter, 1995)	101	(37.0)
Lindamood Auditory Conceptualization Test (Lindamood & Lindamood, 1979)	89	(32.6)
Test of Phonological Awareness (Torgesen & Bryant, 1994)	83	(30.4)
Comprehensive Test of Phonological Processes in Reading(Wagner & Torgesen, 1997)	26	(9.5)
Rosner Test of Auditory Analysis(Rosner, 1975)	25	(9.2)
Yopp-Singer Test of Phoneme Segmentation(Yopp, 1988)	17	(6.2)
평가하지 않음	3	(1.1)

[a] 응답자는 사용하고 있는 모든 검사에 답하도록 요청받음

적인 PA 평가 척도는 Phonological Awareness Test(Robertson & Salter, 1995), Lindamood Auditory Conceptualization Test(Lindamood & Lindamood, 1979), Test of Phonological Awareness(Torgesen & Bryant, 1994)이었다.

출처: "Speech-Language Pathologists' Attitudes and Practices Regarding the Assessment of Children's Phonemic Awareness Skills: Results of a National Survey," by M. Watson and R. Gabel, 2002, *Contemporary Issues in Communication Science and Disorders, 29*, pp. 176-178. Copyright 2002 by the National Student Speech-Language-Hearing Association. 승인하에 게재.

는 평가 방법과 공식 검사 모두 사용 빈도순으로 최다에서 최소까지 표의 상단에서 하단으로 나열되어 있음을 알 수 있다.

〈관련논문 7.3〉은 삼출성중이염에 대한 연구에서 가져온 것으로, 생후 첫 3년간 매해 측정된 순음 평균 청력치에 해당하는 아동의 백분율을 나타내기 위해 빈도 다각형을 사용한 예이다. 그래프의 세 선은 각각 생후 1년, 2년, 3년에 해당하는 아동의 데이터를 나타내며, 이 선들은 각각 순음 평균 청력치 5dB 구간에 속한 피험자의 비율을 표시한 것이다. 대부분의 아동은 10dB HL 미만에서 21~25dB HL 사이에 군집화되어 있고, 소수의 아동만이 26~30dB HL에서 36~40dB HL 사이에 퍼져 있기 때문에 세 가지 분포 모두 양의 왜곡을 보인다. 나아가 독자는 1년에서 3년으로 연령이 증가함에 따라 분포가 왼쪽 방향으로 더 이동한 것을 알 수 있다. 고연령 아동들이 왼쪽으로 더 많이 이동했다는 것은 이들이 평균적으로 더 낮은 순음 청력 수준을 보임을 의미하기 때문에 이는 결국 연령 증가에 따라 청력이 향상되었음을 나타낸다.

비판적 독자는 연구자가 누락된 데이터를 어떻게 설명하는지에 대해서도 주목할 필요가 있다. 때로는 일부 데이터가 손실되거나 분석에 사용되지 못할 수 있다. 이는 아마도 장비 고장 혹은 일

관련논문 7.3

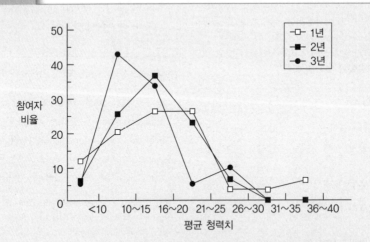

그림 1 생후 1, 2, 3년 동안 OME 아동이 보인 평균 청력치의 분포. 데이터는 청력 수준(HL) 범주에 따라 데시벨(dB)로 표시됨. 네 개 주파수(500, 1,000, 2,000, 4,000Hz)의 평균값이 제시되며, 각 아동의 평균 청력을 햇수로 범주화하여 구분함

출처: "Effects of Otitis Media with Effusion on Hearing in the First 3 Years of Life," by J. S. Gravel and I. F. Wallace, 2000, *Journal of Speech, Language, and Hearing Research, 43*, p. 638. Copyright 2000 by the American Speech-Language-Hearing Association. 승인하에 게재.

부 피험자의 과제 미완성(예: 탈락) 때문일 수 있다. 저자는 누락된 데이터를 해명하기 위해 특정 연구에서 어떤 일이 있었는지를 반드시 독자에게 설명해야 한다. 또한 저자는 연구의 타당성을 위해 (만일 존재한다면) 누락된 데이터가 갖는 함축적 의미에 대해서도 언급해야 한다. 표나 그림에 입력된 데이터의 수치가 본문에 쓰인 숫자와 다르거나 조건에 따라 달라진다면 그때마다 저자는 본문이나 각주에서 그 이유를 설명해야 한다. 일부 저자는 연구방법 부분에서 누락된 데이터나 점수 개수의 변동에 대해 설명을 하는 반면, 다른 저자는 기다렸다가 연구 결과 부분에서 이러한 불일치를 설명할 것이다. 다시 말하지만, 이는 주로 개별적인 스타일의 문제다. 하지만 모든 저자는 자신의 독자에게 수의 불일치나 데이터의 누락을 논문 어딘가에서 설명해야 할 책임이 있다.

기술 통계

빈도 분포의 사용과 함께 혹은 그것을 대신하여 연구 데이터를 정리하는 두 번째 방법은 수치 형태로 요약하는 것이다. 이러한 **요약 통계**(summary statistics)는 빈도 분포보다 작은 공간을 사용하여 데이터의 전반적인 분포를 기술한다. 또한 요약 통계는 대부분의 분석 기법이 기초로 하고 있는 기반을 제공한다. 따라서 적절한 요약 통계의 선정은 데이터를 적절히 분석하는 데 있어서 결정적으로 중요하다. 의사소통장애 문헌에서 마주치게 되는 대부분의 논문은 요약 통계를 사용하여 정리한 데이터를 제공한다.

요약 통계는 다음과 같은 질문, 즉 "분포의 평균이나 전형적인 값은 무엇인가?", "분포가 나타내는 값들에 얼마나 많은 다양성 혹은 분산이 존재하는가?" 등에 답함으로써 데이터의 특성을 수치로 '기술'하기 때문에 **기술 통계**(descriptive statistics)라고도 불린다. 그래프와 표를 통해 이러한 질문들에 대한 답을 그림상으로 제시할 수는 있지만, 기술적인 데이터 축소 접근법들이 추후 데이터 분석에 용이한 좀 더 정확한 양적 정보를 제공한다.

많은 논문에서 각 조건이나 집단에 대한 데이터의 집중경향과 변산도를 기술하는 데 통계를 사용하고자 서로 다른 조건이나 집단을 비교한다. **집중경향** 통계량은 특정 집단에서 '전형적인' 혹은 '평균적인' 것이 무엇인지를 설명하고, **변산도** 통계량은 데이터가 해당 집단의 '전형적인' 혹은 '평균적인' 사례로부터 얼마나 퍼져 있는지를 설명한다. 또한 기술 통계에는 데이터 분포의 '형태'를 설명하는 왜도와 첨도 측정치가 포함된다.

집중경향 측정 **집중경향**의 공통적인 세 가지 측정치는 최빈치, 중앙치, 평균이다. **최빈치**(mode)는 분포에서 가장 빈번하게 발생하는 점수다. **중앙치**(median) 혹은 한가운데 점수는 데이터가 순서대로 정렬될 수만 있다면 정해질 수 있다. 중앙치는 분포에서 데이터의 상반부와 하반부를 구분하는 점수를 말한다. 이 수치는 얼마나 많은 점수가 있는지를 센 다음 어떤 점수가 분포의 중앙에 있는지를 찾아내는 것으로 결정된다. 만일 중앙치가 40이라면, 분포에 있는 점수들의 절반은 40보다 아래에 있고, 나머지 절반은 40보다 위에 있음을 알 수 있다. 집중경향을 나타내는 또 다른 지수는 데이터 세트 수치의 **평균**(mean) 혹은 산술평균이다. 평균은 데이터 세트에 포함되어 있는 모든 수치를 더한 후에 수치의 개수로 나누어 산출한다. 〈표 7.2〉에서는 〈표 7.1〉의 가상 데이터로 세 가지 집중경향 측정치를 산출하는 방법에 대해 설명하고 있다.

〈표 7.2〉와 이 장에 있는 다른 표에 통계 수식과 표기법이 포함되어 있다는 점을 기억하라. 이 수식과 표기법은 통계량 계산을 검토하고자 하는 사람들을 위해 제시되었으며, 그 내용은 두 권의 기초통계학 교재(Guilford, 1965; Siegel, 1956)에서 가져왔다. 대부분의 통계량 계산에는 수많은 대체 수식과 표기법이 존재한다. 한 가지 유형의 표기법이나 공식이 동일한 정보를 얻기 위한 다른 기법보다 본질적으로 우수하다고 생각해서는 안 된다.

변산도 측정 요약 통계의 또 다른 주요 범주에는 데이터 세트의 산포, 확산 또는 이질성의 정도를 나타내는 통계량이 포함된다. **변산도**(variability)에 대한 지수로 알려져 있는 이 범주의 주요 통계

표 7.2 집중경향 측정치 산출

점수			
X	f	$cum\ f$	fX
10	5	80	50
9	6	75	54
8	9	69	72
7	11	60	77
6	16	49	96
5	13	33	65
4	8	20	32
3	5	12	15
2	5	7	10
1	2	2	2
			$\sum fX=473$

평 균$=\overline{X}=\dfrac{\sum f(X)}{N}=\dfrac{473}{80}=5.91$

최빈치=가장 빈번하게 발생하는 점수는 6.0이다.

중앙치=사례의 상반부(1/2 N)를 사례의 하반부로 구분하는 점수.

이 데이터의 경우에는 상반부 40사례와 하반부 40사례를 구분하는 점수이다.

*cum f*칸을 검토해 보면, 이 점수는 5점과 6점 사이에 있다.

보간법에 의해 산출된 정확한 수치는 5.43이다.

량에는 범위, 변량(σ^2), 표준편차(SD 혹은 σ) 및 사분편차(Q) 등이 있다.

범위(range)는 데이터에 분포되어 있는 최솟값부터 최댓값까지의 단순한 거리이다. 범위는 몇 가지 방식으로 표현될 수 있다. "점수는 __에서 __ 사이이다." 혹은 "범위는 __점이다." 등을 예로 들 수 있다. 범위가 작을수록 분포 내에 존재하는 변산도는 작아진다. 반대로 범위가 클수록 분포 내에 존재하는 변산도 또한 커진다.

변량(variance)은 데이터에 분포되어 있는 값의 평균을 구한 다음, 각각의 값이 평균으로부터 얼마나 떨어져 있는지를 알아냄으로써 결정된다. 편차의 절반은 음수(즉 평균 미만)이고 절반은 양수(즉 평균 초과)라는 사실을 처리하기 위해 이들 편차점수를 각각 제곱한다. 편차점수들을 제곱하지 않으면 그 합은 언제나 0이 되어 쓸모가 없게 된다. 변량을 산출하기 위해 제곱한 편차점수들을 합산한 후 평균을 구한다. 변량은 제곱하는 과정 때문에 원래의 측정 단위로 제시될 수 없다. 따라서 데이터가 평균에서 얼마나 퍼져 있는지에 대한 절대적인 지표로는 주로 사용되지 않는다. 하지만 변량은 데이터를 정리하고 분석하는 데 있어서 특별히 중요한 두 가지 용도가 있다.

첫째, 변량은 변산도를 나타내는 가장 중요한 수치이며, 이후 설명할 일부 통계량의 산출에 사용된다. 이러한 통계량에는 변인들 간의 관계를 분석하기 위한 상관계수 혹은 피험자 집단 간의 차이를 분석하기 위한 변량분석이 포함된다. 둘째, 변량의 제곱근은 모든 점수가 분포의 평균으로부터 벗어나 있는 평균적인 양을 잴 수 있는 유용한 척도이며, 기존의 측정 단위로 제시된다. 분포 점수들의 평균적인 산포의 양을 **표준편차**(standard deviation, SD)라고 하며, 연구 데이터를 정리하는 데 있어서 가장 중요한 통계량이다. 작은 SD는 분포 점수들이 평균으로부터 그다지 흩어져 있지 않다는 것을 나타낸다. 즉, 해당 집단이 상대적으로 동질적임을 뜻한다. 반면에 큰 SD는 분포 점수들이 평균으로부터 넓게 흩어져 있음을 나타낸다. 즉, 집단이 상대적으로 이질적임을 뜻한다.

SD의 해석은 통계학자들이 정규분포곡선이라고 부르는 모형에 의존하며, 분포되어 있는 값은 평균을 중심으로 양측에 대칭으로 배열되어 있다고 가정한다. 정규분포곡선 모형과 그 용도는 이후에 논의될 것이다. 변산도의 또 다른 척도인 **사분편차**(semi-interquartile range, Q)는 분포 값이 집중경향치를 중심으로 대칭으로 정렬되지 않은 경우에 사용되며, 분포 점수 중에서 가운데 50%를 차지하는 점수들의 절반 범위를 나타낸다.

〈표 7.3〉은 〈표 7.1〉과 〈표 7.2〉에 제시된 가상 데이터 세트에 대한 몇 가지 변산도 척도의 산출 방법을 보여 준다. 일반적으로 SD가 범위의 1/4에서 1/6 정도면, 해당 표본은 대부분의 통계 작업에서 주로 발견되는 전형적인 것이다. 마찬가지로, SD가 사분편차의 대략 1.5배 정도면, 그 분포는 크게 편향되지 않은 것이다(Guilford, 1965).

표 7.3 변산도 측정치 산출

X	f	cum f	fX	X-X̄	(X-X̄)²	f(X-X̄)²
10	5	80	50	+4	16	80
9	6	75	54	+3	9	54
8	9	69	72	+2	4	36
7	11	60	77	+1	1	11
6	16	49	96	0	0	0
5	13	33	65	−1	1	13
4	8	20	32	−2	4	32
3	5	12	15	−3	9	45
2	5	7	10	−4	16	80
1	2	2	2	−5	25	50
			$\sum fX = 473$			$\sum f(X-\overline{X})^2 = 401$

(표 6.2에서) $\overline{X} = 5.91$ 중앙치 = 5.43   최빈치 = 6.0
범위 서술 = "점수는 1~10 사이이다."

$$표준편차^* = SD = \sigma = \sqrt{\frac{\sum f(X-\overline{X})^2}{N}} = \sqrt{\frac{401}{80}}$$
$$= \sqrt{5.01} = 2.23$$

사분편차 $= Q = \dfrac{P75 - P25}{80}$

P75 = 사례의 상위 25%를 하위 75%와 구분하는 점수. 이 데이터에서 P75는 7.0이다.
P25 = 사례의 상위 75%를 하위 25%와 구분하는 점수. 이 데이터에서 P25는 4.0이다.

Q = 가운데 50%를 차지하는 점수들의 절반 범위 $\dfrac{7.0-4.0}{2} = \dfrac{3.0}{2} = 1.5$

* 편차점수($X-\overline{X}$)를 산출할 때 평균은 6.0으로 반올림하였음.

왜도 측정   〈그림 7.5〉는 대칭성이 다른 세 가지 분포를 보여 준다.

왜도(skewness)는 분포의 대칭성 결여를 의미한다. 대칭 분포(그림 7.5a)는 오른쪽과 왼쪽이 동일해 보인다. 따라서 특정 방향으로 편향되어 있지 않다. 부적 편포(그림 7.5b)는 대부분의 점수가 높은 값 주변에 집중되어 있는 반면 소수의 점수가 분포의 왼쪽 끝 매우 낮은 값으로 퍼져(혹은 왜곡되어) 있는 상태를 말한다. 정적 편포(그림 7.5c)는 대부분의 점수가 낮은 값 주변에 집중되어 있는 반면 소수의 점수가 분포의 오른쪽 끝 매우 높은 값으로 퍼져(혹은 왜곡되어) 있는 상태를 말한다.

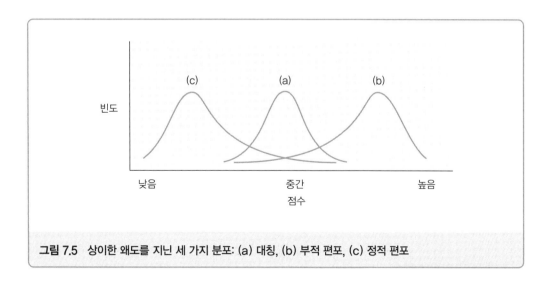

그림 7.5 상이한 왜도를 지닌 세 가지 분포: (a) 대칭, (b) 부적 편포, (c) 정적 편포

왜도 통계량(Sk라 불림)은 때때로 분포의 비대칭 정도를 나타내기 위해 산출된다(Kirk, 2008). Sk 통계량은 (변량에서처럼 편차들의 제곱이 아니라) 평균보다 위나 아래에 있는 편차들의 세제곱으로 계산된다. Sk가 0이면 좌우대칭 분포를 나타내고, 0보다 크면 정적 편포를 나타내며, 0보다 작으면 부적 편포를 나타낸다. 또한 왜도는 집중경향의 지수, 특히 평균과 중앙치를 비교하여 알아낼 수 있다. 정적 편포는 평균을 증가시키고 부적 편포는 평균을 감소시키지만, 두 유형 모두 중앙치에는 영향을 미치지 않는다. 따라서 평균이 중앙치보다 크면 해당 분포는 정적 편포이고, 평균이 중앙치보다 작으면 해당 분포는 부적 편포이다.

첨도 측정 〈그림 7.6〉은 첨도가 다른 세 가지 분포를 보여 준다. **첨도**(kurtosis) 혹은 분포의 중앙에 점수가 집중되어 있는 일반적인 형태는 분포 중앙의 모양이 평평한지 또는 뾰족한지를 검토하는 것으로 그래프를 통해 확인할 수 있다. 첨도는 또한 분포의 꼬리 부분의 굴곡에도 영향을 미친다. 첨도는 종종 종 모양의 정규분포와 관련해 평가된다(그림 7.6a). 정규분포는 평평함과 뾰족함의 중간 형태를 보이기 때문에 **중첨**이라고 불린다. **급첨** 분포(그림 7.6b)는 중첨 분포보다 뾰족하고 **평첨** 분포(그림 7.6c)보다 평평하다.

첨도 통계량(Kur로 불림)은 분포의 첨도 정도를 나타내기 위해 때때로 산출된다(Kirk, 2008). Kur 통계량은 평균보다 위나 아래에 있는 편차의 네제곱으로 계산된다. Kur가 0이면 정규 혹은 중첨 분포를 나타내고, 0보다 크면 급첨 분포를 나타내며, 0보다 작으면 평첨 분포를 나타낸다.

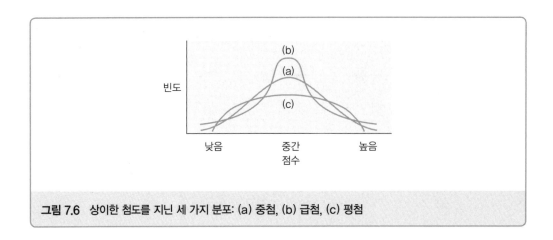

그림 7.6 상이한 첨도를 지닌 세 가지 분포: (a) 중첨, (b) 급첨, (c) 평첨

명확한 데이터 정리의 몇 가지 특성

연구논문의 저자는 데이터 분포를 기술해 주는 적절한 요약 통계를 제시해야 한다. 일반적으로, 등간 및 비율 수준 측정치가 정규분포를 이룰 경우에는 평균과 표준편차를 보고한다. 앞에서 잠깐 논의했던 바와 같이, 분포가 종 모양이고, 중첨이며, 좌우 대칭이고(즉 어느 방향으로도 편포되어 있지 않으며), 중앙에 점수가 모여 있으며, 극단(꼬리)으로 갈수록 점수가 더 작아진다면 정규분포로 간주한다. 반면에 정규분포가 아닐 경우에는 중앙치와 사분편차를 주로 보고한다. 때때로 정규성의 부재를 뒷받침하기 위해 평균과 중앙치를 비교하거나 왜도와 첨도 측정치를 보고하기도 한다. 적절한 데이터 정리는 데이터 분석의 전제이며, 데이터 분포의 특성은 측정 수준이나 연구 설계와 같은 다른 요소들과 함께 앞으로 사용될 통계 분석의 유형을 결정한다.

적절한 통계의 선정은 데이터의 측정 수준, 관측 횟수, 분포의 정규성 또는 왜도와 같은 요소들에 달려 있다. 상당히 많은 등간이나 비율 측정치가 정규분포 혹은 정규분포에 가까운 경우 주로 측정치의 평균과 표준편차를 보고하여 요약된다. 이러한 데이터 특성 중 하나 이상이 결여(즉 작은 N, 왜곡된 분포, 명목 또는 서열 수준의 측정)될 경우 집중경향은 주로 중앙치와 최빈치로, 변산도는 범위의 형태(예: 전체 범위, 사분편차)로 데이터가 요약되어야 함을 의미한다.

경우에 따라, 특히 소수의 숫자만 제시된 경우 기술 통계는 본문에만 서술되어 있을 수 있다. 표와 그래프의 제시는 데이터에 대한 전반적인 분포를 설명해 주기 때문에 연구 결과 부분에서 귀중한 추가사항이 될 수 있다. 요약 통계에 대한 도표 제시는 다양한 조건이나 피험자 집단의 결과를 한눈에 볼 수 있게 전체적으로 요약해 주는 이점이 있다. 집단 간의 차이, 독립변인의 변화에 따른 종속변인의 변화, 척도에 따른 수행의 차이 등은 적절한 요약 통계의 그림으로 제시될 경우 즉각적으로 독자를 이해시킬 수 있다. 한편 도표가 갖는 단점도 있다. 각 조건이나 집단에 대한 요약 통계의 정확한 값을 찾아내는 데 어려움이 있을 수 있는데, 세로나 가로 좌표가 총구간으로 표시될 때 특히 그렇다. 일부 그림은 매 10번째 점수 구간 혹은 매 5번째 점수 구간으로만 적혀 있어서 그러한 총구간 사이에 있는 정확한 점수들의 보간이 어려울 수 있다. 요약 통계를 표로 제시하는 것은 독자에게 그리 극적이거나 즉각적인 인상을 심어 주지 못할 수 있지만 어떤 집단이나 조건에 대한 요약 통계의 정확한 값을 쉽게 검색할 수 있다는 장점이 있다.

〈관련논문 7.4〉는 히스토그램 형식으로 제시된 빈도 분포를 보여 준다. 이 그림은 환경중심 언어훈련을 받은 아동 20명과 의사소통 훈련을 받은 아동 20명을 대상으로 의사소통발달검사(Sequenced Inventory of Communication Development, SICD)의 표현 연령에서 치료 후에 얼마나 변화(치료 전과 치료 후의 비율 변화로 측정)가 있었는지를 나타낸다. 히스토그램의 막대 높이는 가로축에 제시된 각 SICD 비율 변화 점수를 달성한 피험자 수를 나타낸다. 진한 막대는 각 점수 변화를 달성한 환경중심 언어훈련 프로그램 집단의 아동 수를 나타내며, 옅은 막대는 각 점수 변화를 달성한 의사소통 훈련 프로그램 집단의 아동 수를 나타낸다. 이 히스토그램을 살펴보면 다음과 같은 정보가 드러난다. (1) 환경중심 언어훈련 프로그램 집단 피험자의 점수 분포는 정규분포

관련논문 7.4

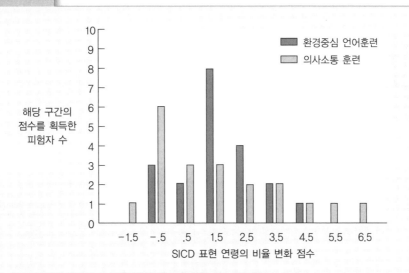

그림 1 치료 집단의 SICD-E 비율 변화 점수에 대한 히스토그램

출처: "An Exploratory Study of the Interaction between Language Teaching Methods and Child Characteristics," by P. J. Yoder, A. P. Kaiser, and C. L. Alpert, 1991, *Journal of Speech and Hearing Research, 34*, p. 162. Copyright 1991 by the American Speech-Language-Hearing Association. 승인하에 게재.

형태에 가깝다, (2) 의사소통 훈련 프로그램 집단 피험자의 점수 분포는 정적 편포다, (3) 두 집단의 집중경향은 비슷하다(환경중심 언어훈련 프로그램 집단의 평균은 1.61, 의사소통 훈련 프로그램 집단의 평균은 1.78), (4) 피험자 간 변산도는 환경중심 언어훈련 프로그램 집단($SD=1.22$)에서 더 작았고, 의사소통 훈련 프로그램 집단($SD=2.14$)에서 더 컸다. 따라서 〈관련논문 7.4〉의 히스토그램은 전반적인 결과를 즉각적이고 극적으로 보여 준다. 하지만 구체적인 점수를 얻은 피험자의 정확한 빈도를 좀 더 자세히 검토하려면 〈관련논문 7.1〉과 〈관련논문 7.2〉에 제시되어 있는 빈도표 형식이 더 용이하다.

요약 통계를 표와 그림으로 제시하는 과정은 〈관련논문 7.5〉와 〈관련논문 7.6〉에서 찾을 수 있다. 이들 관련논문에는 청취 조건이 말 인식에 미치는 영향을 다룬 상이한 두 연구의 기술 통계 표와 그림이 들어 있다. 〈관련논문 7.5〉에 제시되어 있는 표는 네 연령 집단의 피험자들이 네 가지 청취 조건에서 네 개의 소음도(SL)로 자음을 식별한 점수(정답률)를 보여 준다. 64개(4연령×4수준×4조건)의 셀 항목에는 청취자 항목별로 평균이 제시되어 있으며 바로 옆 괄호 안에는 표준편차를 제시하였다. 추가적으로, 각 SL 데이터 집단의 맨 아래 칸에는 각 청취 조건에 따른 네 연령 집단의 평균(과 표준편차)을 또한 제시하였다. 데이터의 복잡성에도 불구하고, 이 표의 명료성과 체계성은 데이터를 상당히 이해하기 쉽게 해 준다.

〈관련논문 7.6〉의 그림은 세 집단, 즉 정상 청력 집단(EN), 청각장애가 있지만 단어 인식은 양호한 집단(EHIG), 청각장애가 있고 단어 인식이 저조한 집단(EHIP)의 노인 청취자를 대상으로 조용한 조건과 시끄러운 조건에서 얻은 무의미 음절 인식 점수(백분율 정확도)를 보여 준다. 여섯 개 막대 각각의 높이는 두 청취 조건에 대한 각 집단의 평균 수행 수준을 나타낸다. 두 조건 모두에서 음절 인식 수행의 순위는 EN, EHIG, EHIP의 순서로 동일하였다. 그런데 모든 청취자의 수행은 시끄러운 조건에서보다 조용한 조건에서 더 나은 것으로 나타났다. 또한 이 막대그래프의 중요한 특징은 각 조건에서 세 집단 각각에 대한 측정치의 표준편차가 포함되어 있다는 점이다. 표준편차를 나타내는 표시는 그래프의 각 막대 상단에 위치한 양 끝에 가로선이 있는 가는 선(주로 오차막대라고 불림)이다. 표준편차는 정상 청력 집단에서 가장 작았고 청각장애 집단에서 더 컸는데, 특히 단어 인식이 양호한 집단보다 저조한 집단이 더 컸고, 시끄러운 조건보다 조용한 조건에서 다소 작았다.

〈관련논문 7.7〉의 〈그림 1〉은 유아를 대상으로 한 청력검사 연구에서 가져왔다. 이 그림은 집중경향과 변산도 데이터를 함께 제시하기 위해 선 그래프를 사용하였다. 가로축에 표시된 독립변인은 아동의 임상적 역치(CT)에 대한 dB 단위의 신호 수준이며 통제 조건(소리가 제시되지 않음)은 맨 왼쪽에 표시되어 있다. 세로축에 표시된 종속변인은 유아가 시각강화청력검사(visual

관련논문 7.5

표 1 청취 조건, 소음도(SL) 및 연령 집단에 따른 청자의 자음 식별 점수 평균과 표준편차(괄호 안)

집단	청취 조건							
	통제		반향		소음		반향 + 소음	
30dB SL								
성인	63.4	(13.4)	55.4	(9.7)	58.2	(12.4)	55.4	(11.2)
14~15세	58.9	(14.3)	47.5	(10.3)	51.4	(11.4)	46.1	(7.5)
10~11세	57.8	(12.2)	47.2	(9.9)	50.6	(10.0)	43.1	(10.5)
6~7세	47.5	(13.5)	39.2	(13.7)	40.7	(12.2)	35.9	(9.4)
평균	56.9	(14.7)	47.3	(12.5)	50.2	(13.2)	45.1	(11.0)
40dB SL								
성인	74.7	(10.4)	62.4	(8.2)	62.0	(10.3)	53.3	(9.7)
14~15세	69.6	(11.2)	58.2	(9.6)	57.0	(9.7)	48.6	(8.5)
10~11세	67.1	(11.1)	52.2	(9.0)	53.9	(10.2)	46.2	(11.3)
6~7세	58.1	(11.7)	46.8	(8.7)	43.7	(10.2)	39.9	(8.0)
평균	67.4	(12.7)	54.9	(10.7)	54.1	(12.2)	47.0	(10.7)
50dB SL								
성인	80.5	(6.9)	62.2	(9.3)	66.0	(8.9)	58.1	(8.0)
14~15세	75.4	(10.7)	61.0	(9.3)	59.6	(8.7)	48.6	(7.6)
10~11세	70.3	(11.1)	55.7	(9.1)	56.8	(10.9)	46.3	(8.9)
6~7세	61.3	(10.3)	50.3	(9.9)	46.9	(9.5)	42.9	(11.2)
평균	71.9	(12.3)	57.3	(10.6)	57.3	(11.8)	49.0	(10.7)
60dB SL								
성인	80.1	(7.9)	65.3	(8.7)	65.7	(8.2)	58.3	(7.7)
14~15세	77.9	(7.5)	60.3	(9.9)	59.9	(9.1)	52.3	(7.8)
10~11세	72.5	(11.4)	57.4	(10.4)	55.3	(9.4)	45.0	(9.0)
6~7세	64.5	(10.8)	52.2	(10.5)	46.8	(10.2)	40.4	(10.4)
평균	73.7	(11.4)	58.8	(11.0)	56.9	(11.6)	49.0	(11.2)

출처: "Children's Phoneme Identification in Reverberation and Noise," by C. E. Johnson, 2000, *Journal of Speech, Language, and Hearing Research, 43*, p. 149. Copyright 2000 by the American Speech-Language-Hearing Association. 승인하에 게재.

관련논문 7.6

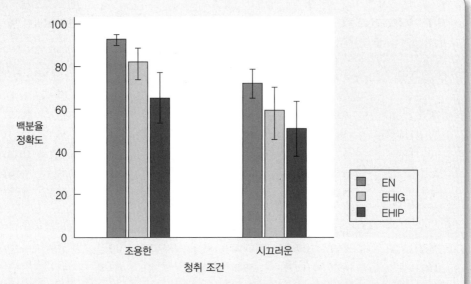

그림 1 청취 조건에 따른 세 청취 집단의 평균 NST 점수와 표준편차(EN = 정상 청력 노인, EHIG = 청각장애와 양호한 단어 인식 점수를 지닌 노인, EHIP = 청각장애와 저조한 단어 인식 점수를 지닌 노인)

출처: "Frequency and Temporal Resolution in Elderly Listeners with Good and Poor Speech Recognition," by S. L. Phillips, S. Gordon-Salant, P. J. Fitzgibbons, and G. Yeni-Komshian, 2000, *Journal of Speech, Language, and Hearing Research, 43*, p. 223. Copyright 2000 by the American Speech-Language-Hearing Association. Reprinted with permission. 승인하에 게재.

reinforcement audiometry, VRA) 과제를 수행하면서 확성기와 옆에 있는 강화물을 향해 머리를 돌리기까지 지연된 초 단위의 평균 반응시간이다. 두 개의 선은 통제 조건(소리 없음)과 신호 조건(네 개의 강도 수준)에서 측정된 8개월 유아 20명(점선)과 12개월 유아 20명(실선)의 평균 수행을 나타낸다. 각 선에 연결된 수직 막대는 독립변인의 각 값에 대한 각 연령 집단 평균의 1*SD*를 나타낸다. 점선으로 된 수직선은 8개월 유아에 대한 *SD*를 나타내고, 실선으로 된 수직선은 12개월 유아에 대한 *SD*를 나타낸다. 본문에서는 그림에 제시된 데이터의 패턴을 기술하고 있다. 독자는 각 강도 수준에서의 집단별 평균 수행을 비교할 수 있으며, 두 집단의 변산도와 집중경향이 다른지의 여부 또한 결정할 수 있다. 예를 들면, 평균 반응 지연시간은 강도가 증가함에 따라 짧아지며 유아들 간의 변산도도 마찬가지로 줄어든다.

앞에서 언급했듯이, 모든 논문이 요약 통계로 평균과 표준편차만을 사용해 정리될 수 있는 데이터를 포함하고 있지는 않을 것이다. 요약 통계는 작은 표본 크기, 편포, 피험자 집단이나 실험 조

관련논문 7.7

반응 지연

〈그림 1〉은 두 연령 집단의 각 신호 수준에서의 평균 반응 지연시간을 보여 준다. 그래프는 데이터에 대한 세 가지 중요한 특성을 보여 준다. 첫째, 지연시간은 역치 음압 레벨(SPL)에 가까워질수록 체계적으로 감소하였다. 그래프에 표시되어 있는 오차막대는 평균 역치의 1표준편차(SD)를 나타낸다. 전반적으로 SD를 보면 피험자 간 변이성이 신호 수준이 증가함에 따라 감소함을 알 수 있다. 둘째, -10 시행에서의 지연시간 평균과 SD는 C(통제) 시행에서의 측정치와 동등하였다. C 시행에서의 평균 지연시간은 대략 4초인데, 8초에 걸친 무작위 반응에 기초해 예측할 수 있는 수준이었다. 셋째, 지연시간은 연령 집단 간에 동등하였다. 사실 이러한 지연시간은 유아들이 보이는 변이성을 고려할 때 매우 유사하다고 볼 수 있다.

출처: "Operant Response in Infants as a Function of Time Interval Following Signal Onset," by M. A. Primus, 1992, *Journal of Speech and Hearing Research, 35*, p. 1423. Copyright 1992 by the American Speech-Language-Hearing Association. 승인하에 게재.

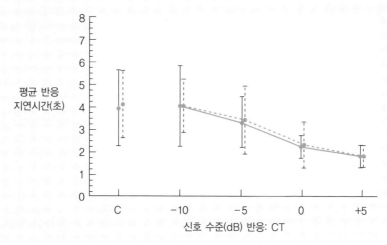

그림 1 신호 조건에 따른 8개월 유아(점선)와 12개월 유아(실선)의 평균 반응 지연시간. 수직 막대는 평균 지연시간의 1표준편차를 나타냄

건 간 변량 차이 등의 이유로 평균과 표준편차를 포함하여 혹은 그것을 대체하기 위해 중앙치와 범위 형식으로도 제시될 수 있다.

〈관련논문 7.8〉은 아프리카계 미국 아동을 대상으로 취학전 언어 척도-3(Preschool Languge Scale -3, PLS-3)에서의 수행을 다룬 연구에서 가져왔다. 〈표 1〉은 아프리카계 미국 아동과 유럽계 미국 아동의 PLS-3 총점수와 이해 및 표현 점수 분포에 대한 요약 통계를 보여 준다. 〈표 1〉에서는 분포의 중요한 네 가지 특성, 즉 집중경향, 변산도, 왜도 및 첨도를 모두 제시하고 있다. 〈그림 1〉은 총

관련논문 7.8

결과

분포 특성

〈표 1〉에는 인종에 따른 PLS-3 총점수, 청각적 이해 점수 및 표현 의사소통 점수의 분포 특성이 제시되어 있다. 또한 〈그림 1〉에서는 701명의 아프리카계 미국 아동의 PLS-3 총점수에 대한 분포를 볼 수 있다. 아프리카계 미국 아동 표본의 평균은 86.09, 표준편차는 12.79였다. 아프리카계 미국 아동 표본의 평균은 표준화된 표본($M=100$, $SD=15$)의 평균보다 대략 −1 SD 수준이었다. 중앙치는 85였다. 이러한 14점의 평균 차이는 통계적으로 유의하였다($t(700)=-28.92$, $p<.001$). 본 연구에 포함된 아프리카계 미국 아동의 87%는 평균이 100인 규준 표본보다 낮은 점수를 받았다. 아프리카계 미국 아동의 52%는 −1SD 미만의 점수를 받았다. 언어지체 판정에 보수적인 준거점수 2 SD를 적용할 경우(즉 표준점수=70), 아프리카계 미국 아동 표본의 10%가 유의한 언어지체를 보이는 것으로 나타났다. 독립표본 t검정 결과를 보면, 아프리카계 미국 아동의 PLS-3 총점수는 유사한 SES 출신의 유럽계 미국 아동의 총점수와 유의한 차이가 없었다[$t(749)=$ −1.76, $p=.77$].

특히 바닥효과로 인해 PLS-3 점수의 분포가 정규성에서 벗어나 있는지를 살펴보기 위해 왜도와 첨도 값을 검토하였다. 〈표 1〉에서 볼 수 있듯이, 아프리카계 미국 아동 표본의 PLS-3 총점수에 대한 왜도 값은 .46, 첨도 값은 .49로 둘 다 0에 꽤 가까운 것으로 나타나, 점수들이 비교적 정규분포를 이루고 있음을 알 수 있었다. 다만 PLS-3 청각적 이해 검사의 첨도 값은 1.0을 초과하였다(첨도=1.08). 규준 표본의 왜도와 첨도 값은 PLS-3의 기술지침서에 나와 있지 않다. 따라서 아프리카계 아동 표본의 왜도와 첨도 값을 더 적은 수의 유럽계 아동 표본의 것들과 비교하였다. 검토 결과 두 집단의 왜도와 첨도 값은 전체적으로 비슷한 것으로 나타났다.

출처: "The Performance of Low-Income African American Children on the Preschool Language Scale-3," by C. H. Qi, A. P. Kaiser, S. E. Milan, Z. Yzquierdo, and T. B. Hancock, 2003, *Journal of Speech, Language, and Hearing Research, 46*, pp. 580–581. Copyright 2003 by the American Speech-Language-Hearing Association. 승인하에 게재.

표 1 아프리카계 미국 아동과 유럽계 미국 아동의 PLS-3 점수의 분포 특성

	아프리카계 미국 아동($n=701$)			유럽계 미국 아동($n=50$)		
	청각적 이해 표준점수	표현 의사소통 표준점수	총점수	청각적 이해 표준점수	표현 의사소통 표준점수	총점수
평균	86.17	88.61	86.09	88.62	89.96	88.20
표준편차	12.67	12.58	12.79	11.41	14.30	13.24
중앙치	86	87	85	90	87	85
범위	54~139	56~134	52~141	67~124	65~132	66~131
왜도	.56	.62	.46	.44	.84	.81
첨도	1.08	.39	.49	.69	.46	.94

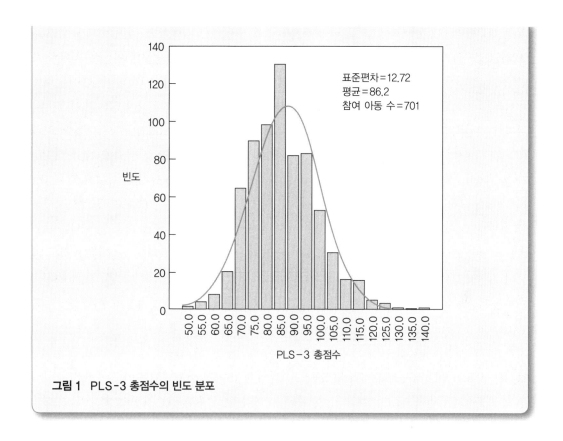

그림 1 PLS-3 총점수의 빈도 분포

점수에 대한 빈도 분포를 히스토그램으로 제시하고 있는데, 비교를 목적으로 평활화된 정규분포 다각형과 겹쳐서 보여 주고 있다. 또한 그림의 배경에는 요약 통계량이 제시되어 있다. 독자들은 본문에 기술된 내용 속에서 분포의 정규성을 검토하기 위해 왜도와 첨도가 왜 계산되었는지에 대한 설명을 찾을 수 있을 것이다.

질적 연구 결과 정리

질적 연구자는 자신의 연구 참여자가 말하고, 행동하며, 생각하고, 느끼는 것을 풍부하고 진정하게 이해할 수 있도록 해 주는 데이터를 여러 출처에서 다량으로 얻어 내는 자신의 능력에 의존한다. 제3장에서 논의했던 바와 같이, 질적 연구의 주요 초점은 연구 참여자의 사회적으로 구성된 주관적 실재다. 질적 조사결과를 요약하는 것이 많은 양의 수치 데이터를 다루는 것보다 더 간단하고 쉬울 것이라 생각할 수 있으나 실제로 그러한 경우는 드물다. DePoy와 Gitlin(2011)에 의하면, 양적 연구의 강점은 "현상을 기술할 수 있는 정확한 언어를 제공"하는 "숫자의 명확성에 주로 달려 있다." 반면에 질적 연구에서는 요약 통계가 적용될 수 있는 숫자에 대한 행과 열 대신에, 응집력 있고 접근하기 쉬운 방식으로 맥락화되어야 하는 많은 양의 풍부한 문서 데이터와 그 밖의 가공물들이 존재한다. 질적 연구자가 직면하는 딜레마는 지나치게 많은 요약으로 인해, 결과가 양적 기법이 더 적합했을 피상적인 기술에 그칠 수 있다는 점이다. 그러나 지나치게 많은 데이터가 제시되면, 우선시되는 테마, 주제 혹은 '본질'이 상실될 수 있다. 따라서 질적 연구자는 자신의 해석에 대한 신뢰성, 철저성 및 의미성에 독자가 설득될 수 있도록 충분한 자료를 제시해야만 한다.

질적 데이터의 정리와 해석은 연구자가 중요한 패턴과 추세를 파악해 내는 능력에 필수적이다. 데이터 분석은 전형적으로 연구자의 노트와 연구 참여자의 언어적 · 비언어적 행동을 상세하게 전사한 내용에서 나온 원문의 근거를 검토하고, 선택하며, 분류하고, 표로 만들 뿐 아니라 재조합하는 것을 포함하는 다수의 통합 단계들로 구성된다. 그러나 주요 테마가 발견되는 방식은 선택된 질적 연구의 유형에 크게 좌우될 것이다(Creswell, 2013; Knudsen et al., 2012; Sandelowski, 1998). 각각의 유형은 "세계를 가시적으로 만드는 일련의 해석적이고 물질적인 관행들"로 구성된다(Denzin & Lincoln, 2011). 이용 가능한 별개의 질적 접근법이 몇 개나 되는가에 대해서는 의견 차가 존재하지만, Creswell(2013)은 다섯 가지 기본 유형, 즉 1) 내러티브 연구, 2) 사례연구, 3) 현상학적 연구, 4) 근거 이론 연구, 5) 문화기술지 연구 등을 파악해 냈다. 이들 접근법은 연구 목적 및 구체적인 연구 문제와 관련이 있으며 데이터 분석 방법을 알리는 데 중요한 기능을 한다.

제3장에서 소개한 바와 같이, **내러티브 연구**(narrative research)는 개인이나 소집단 사람들이 기억해 낸 개별적인 경험 이야기를 수집하고 모으는 것을 포함한다. 내러티브는 삶의 경험이 미친 영향과 그 결과, 특정 환경과 상황에 대한 개인적 관점 혹은 반추, 행동이나 무행동의 동기, 중요한 전환점 또는 삶의 선택, 자아 정체성 등을 집중적으로 다룬다. 내러티브는 때때로 사진, 그림, 녹음과 같은 가공물의 뒷받침을 받아 다양한 방식으로 이끌어 낼 수 있다. 마찬가지로 이를 평가하는 방법도 다양하다. 예를 들면, 내러티브는 주제별로(무엇을 말했는지에 따라), 구조적으로(어떻게 말했는지에 따라), 맥락상으로(원래의 행동이나 이후의 스토리텔링이 언제, 어디서 발생했는지에 따라) 혹은 이데올로기적으로(특정 사회적 세계관, 사고방식 또는 대의명분에 따라) 분석될 수 있다.

사례연구(case study research)는 개인, 소집단 또는 하나의 조직에 대해 심층적으로 기술하고 분석하는 데 초점을 둔다. 하지만 내러티브와 달리 사례연구는 다양한 정보원과 다양한 관점을 기반으로 수행된다. 예를 들면, 사례연구를 위한 데이터에는 종종 보고서와 문서, 참여자뿐 아니라 가족 · 친구 · 간병인 및 기타 이해 관계자와의 면담, 포커스 그룹 토의, 내러티브를 수반한 여러 가지 가공물 등이 포함된다. 사례연구는 조사결과의 높은 전이 가능성(일반화 가능성)과 이해 가능성으로 인해 널리 사용된다. 사례 분석은 해당 사례의 전체성이 고려되는 **총체적인 것**과 해당 사례의 선택된 측면이 분석되는 **내포적인 것**으로 나뉠 수 있다(Creswell, 2013). 또한 연구자가 하나 이상의 사례를 선택하면 교차 사례 분석도 가능하다(예: Baylor, Burns, Eadie, Britton, & Yorkston, 2011; Danzak, 2011).

내러티브와 사례연구 접근법의 몇 가지 특성을 공유하는 **현상학적 연구**(phenomenological research)는 삶의 경험을 공유하는 참여자 집단에 초점을 맞춘다. 여러분이 생각하는 바와 같이 현상학은 **인생 경험에 대한 연구**이다(Kleiman, 2004). 현상학적 접근은 어떤 사례나 이야기 자체보다는 특별한 개념, 생각 또는 현상에 관심을 둔다. 예를 들면 현상학적 연구에서는 음성 복원 기술에 대한 장벽과 촉진제, 삼킴장애 환자의 삶의 질, 보청기 착용 대학생이 경험하는 오명 등을 다룰 수 있다.

근거 이론 연구(grounded theory research)의 목적은 집단, 사례, 현상 등을 초월하여 많은 참여자의 현상학에 의해 형성된 과정, 행동 또는 상호작용을 설명할 수 있는 **통일된 이론**을 개발하는 것이다(Starks & Trinidad, 2007). 근거 이론 연구에서는 상당한 규모의 참여자들을 대상으로 반구조화된 면담을 시행하는 것이 가장 흔하다. 근거 이론 연구는 기술이 아니라 진정한 현실 데이터에 근거한 가설을 형성하기 위해 수행된다. 즉, 개인과 집단이 특정 환경과 상황에서 생각하고, 느끼며, 행동하는 방식을 설명하는 이론을 만들어 내고자 하는 것이 목적이다. 근거 이론의 강점은 그것이 해당 사건에 얼마나 잘 부합하는지, 참여자의 관심사와 관련이 있는지, 실행 가능한 설명을 제공하는지, 새롭고 적절한 데이터가 나타났을 때 수정될 수 있는지 등에 따라 판단된다(Glaser, 1992; Martin & Gynnild, 2011).

마지막으로, **문화기술지 연구**(ethnographic research)는 연구자가 문화를 공유하는 집단의 관점을 기술하고, 설명하며, 이해하기를 원할 때 사용하는 질적 접근법이다(Lambert, Glacken, & McCarron, 2011). 사례연구와 마찬가지로, 문화기술지는 데이터 분석을 위해 총체적 · 내포적 · 교차문화적 비교 접근법을 취할 수 있다. 예를 들면, 문화기술지 연구에서는 말더듬에 대한 다양한 문화권의 태도를 비교하거나 도시, 교외 및 지방에 거주하는 AAC 사용자의 관점을 집중적으로 다룰 수 있다. Centeno와 동료들(2007)은 언어병리학에 문화기술지와 사회언어학을 적용한 몇 가지 예를 제공하면서, 이러한 분석이 "문화, 언어, 의사소통 및 인지 간의 불가분한 관계"를 어떻게 명료화할 수 있는지를 보여 주었다.

어떤 질적 접근법이 선택되든 관계없이, 연구방법은 데이터 수집 과정과 해석을 긴밀히 통합할 것이다. 따라서 질적 연구논문의 방법과 결과 부분의 특성은 양적 연구보다 덜 분명하다. 〈관련논문 7.9〉는 뇌손상을 입은(ABI) 환자 31명의 관점을 다룬 현상학적 연구논문의 방법 부분에서 가져

관련논문 7.9

데이터 분석

본 질적 고찰은 지역사회 기반의 사후재활 프로그램에 소속된 ABI 구성원들을 대상으로 반구조화된 면담을 통해 수행되었다. 질적 분석을 사용한 이유는 ABI 생존자들이 보고하는 성공적인 삶의 질에 대한 주관적인 판단을 알아보는 데 있어서의 효과성 때문이었다(Glover, 2003; Koskinen, 1998). 면담 내용은 전사 방법을 훈련받은 대학원생에 의해 전사되었으며, Seidman의 현상학적 접근법에 따라 분석되었다(Seidman, 1998).

저자들은 무작위로 9개의 면담 표본을 가지고 시작하였다. 전사된 각각의 면담 내용을 분석하였고 광범위한 현장 노트를 작성하였다. 이러한 접근법이 선택된 이유는 "사례연구가 근거가 수집되고 있는 해당 현상에 대한 주의 깊은 기술을 포함하는 초 패러다임적이고 초학문적인 발견법"으로 간주되어 왔기 때문이다(VanWynsberghe & Khan, 2007). 다시 말해서, 사례연구는 연구자로 하여금 분석의 단위를 제한하도록 허용하는 보편적으로 수용되는 패러다임이다.

주제 코딩 및 주제 그룹화와 관련된 매뉴얼 테크닉을 사용해 주제별 분석이 완성되었다(Seidman, 1998). 첫째, 초기 면담을 통해 흥미로운 아이디어들이 파악되었다. 이들 아이디어를 범주별로 그룹화하면서 가려내기(winnowing)를 지속하였다. 이러한 분석을 통해 범주들이 드러나게 되면서, 이들 범주의 이름(즉 테마)이 생기기 시작하였다. 우리는 독립적으로 아홉 개의 면담 각각에서 범주 목록을 파악해 냈고, 이로 인해 범주를 파악하고자 과거 경험이나 문헌 지식에 기대지 않을 수 있었다. 이 접근법은 이러한 처리에 적합한데, 그 이유는 연구자가 연구 초기에 분석의 단위를 밝히지 못하도록 하기 때문이다. 분석 단위는 연구가 진행되면서 뚜렷해져야만 한다(VanWynsberghe & Khan, 2007).

저자들은 자신들의 조사결과를 서로 비교하여 원 데이터로부터 28개의 하위주제를 파악해 낼 수 있

었다. 이어서 저자들은 이들 하위주제를 위계에 따라 주요 테마로 코딩하였다. 이에 따라 네 개의 주요 테마가 드러났으며 이들 각각에 대한 정의가 마련되었다. 예를 들어 진술된 내용이 처음에 파악되었던 하위주제들 중 어느 하나에 포함된다면 해당 테마, 즉 '사회적 지원 네트워크'와 같이 코딩하였다. 테마에 대한 파악과 분류명은 연구자들 간에 의견일치가 이루어졌다.

네 개의 주요 테마는 데이터 분석을 통해 얻어졌다. 첫째, 가족과 지역사회로 구성된 강한 사회적 지원 네트워크에 대한 요구가 존재하였다. 둘째, 참여자들은 상황에 대처하고 감정을 조절하는 능력이 뇌손상 후 성공에 중요한 요인이었다고 밝혔다. 셋째, '새로운 자신'에 대한 수용이 뇌손상 후 성공적이고 생산적인 삶에 중요하였다. 마지막으로, 참여자들은 권한부여 의식을 심어 주는 활동들에 참여했다고 밝혔다.

이어서 저자들은 네 개의 주요 테마를 점검표로 활용하여 전사된 31개의 면담 각각에 적용하였다. 해당 테마가 참여자의 면담에서 확인되면 해당 칸에 체크하였다. 면담에 응한 참여자가 특정 테마를 보고했는지를 결정하기 위한 신뢰도 분석은 연구자들이 각각의 면담을 독립적으로 검토하여 수행하였다. 각각의 면담에 들어 있는 것으로 인정된 주요 테마의 판별에 대한 연구자 간 일치도는 97%로 나타났다($M=120$, $SD=0.033$, 범위=118~122). 해당 테마를 보고한 구성원의 백분율이 각각 산출되었다. 주요 테마의 목록과 자신의 면담 내용에 그것을 보고한 구성원의 백분율은 〈표 3〉을 참조하라.

사례연구

31개의 초기 면담 표본에서 네 개의 사례가 선정되었다. 이들 사례는 주요 테마 각각에 대한 예를 제공하고 있는데 크게 대조적인 상황에 처했던 매우 다른 사람들에게서 나왔다. 이들 네 사람이 31개의 면담 중에서 선택된 이유는 전체 참여자를 대표할

표 3 연구 참여자들이 뇌손상 후 성공적인 회복과 생산적인 삶을 이끈 것으로 보고한 주요 테마

테마	참여자	
	N	%
1. 사회적 지원 네트워크	27	87
2. 슬픔과 대처	30	98
3. 뇌손상 수용 및 자신에 대한 재정의	26	84
4. 권한부여	18	58

대한 예를 들었고, 그러한 예를 통해 자신의 삶을 성공적이고 생산적으로 이끌어 가고 있었다.

이들 네 사람의 이야기는 ABI에 따른 삶뿐 아니라 성공적인 회복과 생산적인 삶을 살아가기 위한 몸부림을 노련하게 설명하고 있다. 이들 네 사람과는 추후 정보를 얻기 위해 대면으로 혹은 전화상으로 접촉하였다. 참여자들에게는 면담 과정에서 진술한 내용을 좀 더 명확히 하고 신상정보와 병력을 알아내기 위한 질문이 주어졌다. 이들은 본 논문에 자신들의 이야기를 싣도록 허락하였다.

수 있는 두드러진 예를 제공했기 때문이다. 각 참여자들의 개인적인 경험에 근거하여, 연구자들은 이들 네 사람이 31명의 참여자 모두가 제기한 이슈를 거론할 수 있는 최적의 사례라는 데 동의하였다. 게다가 이들은 면담 과정에서 네 개의 주요 테마 각각에

출처: "The Use of Narratives to Identify Characteristics Leading to a Productive Life Following Acquired Brain Injury," by M. R. Fraas and M. Calvert, 2009, *American Journal of Speech-Language Pathology, 18*, pp. 318-319. Copyright 2009 by the American Speech-Language-Hearing Association. 승인하에 게재.

왔다. 연구방법에 대한 기술이 어떻게 이야기처럼 읽히는지 또한 데이터 해석 및 결과가 연구 절차의 이후 단계에 어떠한 방식으로 영향을 미치는지에 주목하라. 또한 최근에 만들어진 이러한 설계가 조사결과를 사용해 추가 분석을 위한 네 개의 사례연구 판별을 도움으로써 연구자들이 순수 현상학적 접근법으로부터 한 걸음 더 나아갈 수 있도록 촉진했음을 주목하라.

Fraas와 Calvert(2009)는 논문의 결과에서 자신들이 파악한 네 가지 주요 테마(즉 '사회적 지원 네트워크', 'ABI에 따른 슬픔과 대처', '뇌손상 수용 및 자신에 대한 재정의', '권한부여')와 그에 따른 '하위주제'들을 자세히 다루고 있다. 여기서 저자들은 중요한 개념을 설명하고 자신들의 해석을 뒷받침하기 위해 사례연구에 기술된 예를 광범위하게 사용하고 있다. 기술적인 예를 사용하는 것[**예시**(exemplars)로 불림]은 질적 연구논문에서 매우 일반적이다. 예시는 현실 세계의 "사건, 사고, 발생, 에피소드, 일화, 장면 및 행사" 등으로서 개념에 대한 적절하면서도 접근 가능한 실례를 제공한다(Lofland, 1974). Lindhof와 Taylor(2011)에 따르면, 예시는 다양한 형태를 취할 수 있지만 "간략한 발췌"가 일반적이다. 예를 들면 내러티브나 인터뷰 내용을 전사한 후 그 안에서 뽑아낸 어떤 기술이나 상호작용 같은 것들이 이에 속한다. 예시는 연구 결과의 신뢰성, 진실성 및 전이 가능성을 강화하는 데 있어서 중요한 역할을 하기 때문에 단순한 추가사항이라고 볼 수 없다.

질적 데이터 코딩

〈관련논문 7.9〉는 질적 연구에서 가장 보편적으로 사용하는 분석 도구 중 하나인 데이터 코딩을 강조하고 있다. Fraas와 Calvert(2009)의 예에서처럼, 가공되기 전의 질적 자료는 방대한 양의 전사된 혹은 직접 입수한 원문 정보의 형태를 취한다. 연구자는 어떤 주제(예: 사건, 개념, 아이디어 등)에 대해 공통점이 있는지 혹은 다수 발생하는지를 찾기 위해 이들 자료를 숙독해야 한다. 코딩은 원문의 부분들에 라벨 코드를 할당하여 데이터를 주제별로 색인화하는 과정이다. 코드 자체는 주로 연구 주제와 관련이 있는 것으로 파악된 핵심어, 용어 또는 구절 등이다(Saldaña, 2013). 이를 통해 연구자는 주제를 모으고 이를 보다 쉽게 비교하고 대조할 수 있다. 데이터 코딩은 여러 출처에서 얻은 데이터의 다각화, 집단이나 범주의 구성, 그리고 궁극적으로 연구결과를 구성할 주제 및 하위주제로 나타나는 패턴 파악을 촉진한다.

개방코딩(open coding)의 경우, 코딩된 데이터는 처음에 넓은 범주로 배치되는데 이것은 때때로 "도메인"이라 불린다. 범주화된 데이터는 나타날 수 있는 하위 범주를 파악하기 위해 면밀히 검토된다. 이러한 과정은 연구자가 각각의 도메인을 정의하거나 범위를 정하는 속성이나 특성을 이해하는 데 도움이 된다. 이러한 개방코딩 과정은 고찰 중인 현상을 기술하는 데 유용할 것으로 보이는 처리 가능한 한정된 범주 세트로 데이터를 줄이는 데 도움이 된다.

축코딩(axial coding)은 범주 내, 범주 간 관계를 발견하기 위해 코딩된 데이터를 체계적으로 검토하는 것을 포함한다. 축코딩에서는 여러 범주를, 주요 테마로도 알려져 있는, 연구의 "핵심 현상"과 관련된 더 큰 범주로 통합시키는 것이 일반적이다(Creswell, 2013). Daly(2007)가 기술했던 바와 같이, "범주가 구축되는 핵심 '축'"을 결정하는 것은 인과관계, 대응 전략, 결과 및 기타 유의미한 맥락이나 상황 요인들을 파악하는 데 중요하다. 개방코딩에서 원래는 별개의 범주였던 것들이 축코딩의 결과로 하위 범주 혹은 하위 테마가 될 수도 있다.

특히 근거 이론 연구에서 데이터 코딩은 한 단계 더 나아갈 수 있다. **선택코딩**(selective coding)은 핵심 범주나 주요 테마를 작업 가능한 모형에 맞추는 과정으로서, '범주들을 상호 연관시키는' 가설을 형성한다. 범주들과 그들 간의 상호관계는 코딩된 데이터를 다양한 방식으로 재조합하여 탐색할 수 있는데, 이는 범주화가 행동이나 사건의 내용, 이유 및 **방법**을 기술하고 설명하는 스토리를 어떻게 구성하는지를 연구자가 이해하는 데 도움이 된다.

결과를 제시할 때, 질적 연구논문에서는 종종 연구에 사용된 데이터 코딩의 구조에 대한 정보를 상당히 포함시킨다. 실제로 비판적인 독자는 데이터가 어떻게 처리되고 코딩되었는지 또한 데이터가 어떻게 범주화되고 하위 범주화되었는지 주목해야 한다. 제시될 데이터 예시가 어떻게 선택되었는지에 주의를 기울이는 것 또한 중요한데, 그 이유는 이들 예시가 종종 코딩된 개념을 정의하는 데 사용되기 때문이다. 또한 예시는 처리되기 전 원문 자료와 데이터 분석에 사용된 코딩 체계의 연결을 명료하게 해 준다. 그런데 예시는 〈관련논문 6.7〉(제6장)에서처럼 양적 연구에서도 발견된다. 〈관련논문 6.7〉에서는 면담자와 부모 간 대화를 전사한 내용으로, '괄호 치기'라는 인터뷰 절차의 개념을 명료화하기 위한 예시가 포함되어 있다(Anderson, Pellowski, Conture, & Kelly, 2003).

질적 데이터 보고

질적 데이터는 다양한 방법으로 배열되고 제시될 수 있는데, 그 대부분은 관련된 방법론과 목적에 따라 선택된 질적 연구의 유형에 달려 있다. 그럼에도 불구하고, 질적 연구 결과는 신뢰할 수 있고 정당한 데이터 분석을 바탕으로 '상세한 그림을 그리거나' 혹은 '일관된 이야기를 해야' 한다. 저자가 연구 결과를 어떻게 구성했는지 살펴보는 것은 독자가 조사결과를 이해하고 이후 논의 및 결론의 적절성을 판단하는 데 매우 유용할 수 있다(Sandelowski, 1998).

질적 연구 결과는 시간이나 순서를 기반으로 하는 **연대기 형식**으로 제시될 수 있다. 연구자가 발견한 조사결과를 맨 처음부터 나중까지 연대순으로 기록할 수 있다. Chenail(1995)에 따르면, 이러한 형식은 "유물"이 "발굴된" 순서에 따라 제시되는 "고고학적 방식을 연상시킨다." 혹은 삶의 사건을 연대순으로 기록하기 위해 참여자가 경험한 사건의 순서를 따라갈 수 있다. 대부분의 현상학적 연구에서처럼 여러 참여자들의 사건을 포함할 경우 그 결과는 흔히 '공통의 이야기'를 구성하기 위해 하나의 예시에서 또 다른 예시로 논리적 전환을 허용하는 스토리텔링 **내러티브**로 배열된다.

질적 연구 결과는 매우 빈번하게 해석의 **복잡성** 측면에서 진행된다. 예를 들면, 범위를 계속 좁혀 가거나 기술이 보다 깊고 **빽빽해지도록** 조사결과를 제시하는 패턴을 따를 수 있다. 이러한 제시 형식은 다수의 출처에서 나온 다수의 예시가 포함된 경우 특히 흔한데, 독자 입장에서는 더 단순한 예시나 더 광범위한 개념을 먼저 접하고, 복잡성과 세부사항을 이후에 추가하는 것이 더 쉽기 때문이다. 결과는 복잡성보다 오히려 양에 따라, 즉 조사결과가 얼마나 빈번한지, 흔한지, 군집하는지 또는 전형적인지에 따라 순서가 정해질 수 있다.

특히 근거 이론 연구 및 문화기술지 연구에서, 연구 결과 부분은 고찰의 초점이 되는 **이론**이나 세계관에 따라 구성될 수 있다. Chenail(1995)에 따르면, 이러한 제시 유형은 환자와 실무자 간의 상호작용을 자세히 밝히고자 하는 임상연구에서 특히 일반적이라고 한다. "구체적인 결과를 이론적으로 적절한 맥락에서 제시하고 논의하는 것은 어떤 개념적 공식들이 데이터에 근거하고 있는지를 보여 준다"(Knafl & Howard, 1984). 맥락과 관련하여 또한 연구의 목적에 따라, 질적 연구 결과는 조사결과의 중요성이나 적절성에 따라 제시될 수 있다.

양적 데이터 분석

양적 연구자는 처리되지 않은 다량의 원문을 상대하는 대신 정리되지 않은 수많은 숫자를 가지고 씨름해야 한다. 두 경우 모두에서 데이터 분석은 미처리 '데이터'를 가지고 그것으로부터 '조사결과'를 결정할 수 있는 비결이다. 조사결과는 연구에 사용된 방법의 결과이며, 연구는 선택된 연구설계에 의해 결정된다. 또한 앞에서 논의한 바와 같이, 연구 설계의 선택은 연구 목적에 따라 결정된다. 이것을 염두에 두고, 데이터 분석을 연구 문제에 대한 해답을 얻는 수단으로 생각하는 것이 유용하다.

이 장 초반부에서 독자들이 결과 패턴을 연구 문제와 관련지어 파악할 수 있도록 하기 위해 수치 데이터를 정리하는 방법에 대한 이슈를 다루었다. 이러한 양적 요약을 넘어, 단순한 기술 이상으로 조사결과를 분석하기 위해 사용할 수 있는 통계 절차들이 존재한다. 이들 절차는 다소 중복될 수도 있지만, 일반적으로 관계의 통계 분석을 제공하는 절차와 통계적 **차이**를 탐색하는 절차로 분류될 수 있다.

그런데 많은 연구논문들이 결과 부분에 추가적인 분석을 포함하지 않은 채로 단지 데이터를 정리한 기술 통계만을 제공하고 있다는 점을 지적할 필요가 있다. 저자가 분석 기법을 제외하기로 결정하는 이유는 다양할 수 있다. 일례로 데이터를 정리하기 위해 사용된 기술 통계가 크게 눈에 띄는 차이나 차이 없음을 보여 줄 경우, 추가적인 데이터 분석은 당연한 것을 단지 장황하게 논하는 꼴이 될 수 있다. 혹은 연구 문제가 집중경향과 변산도에 대한 기술적 측정치만으로 충분히 답을 얻을 수 있는 방식으로 표현되었을 수도 있다. 어쨌든, 여러분은 데이터에 대한 기술적인 정리만을 제시하는 논문을 접할 수 있으며, 많은 경우에서 그것이 전적으로 적절할 수 있음을 인식해야 한다.

이 장의 나머지 부분에서는 변인들 간의 관계를 검토하기 위해 상관관계 통계를 사용하여 데이터를 분석하는 예를 다룰 것이다. 그런 다음 제8장에서는 추리 통계를 사용하여 집단 혹은 조건 간의 차이를 검토하는 데이터 분석을 다룰 것이다. 데이터 분석 기법의 선택과 적용은 일부는 연구 문제에 따라, 일부는 연구에 의해 산출된 데이터의 수준에 따라 각각 결정된다. 기본적으로 분석 기법은 **상관** 또는 **추론** 중 하나이다. 선택은 해당 기법이 데이터 사이에 존재하는 관계를 평가하기 위해 사용되느냐 아니면 차이를 평가하기 위해 사용되느냐에 달려 있다. 또한 정확한 분석 절차의 선택은 검토되는 변인의 수, 사용된 표본의 크기와 특성, 연구계획의 유형 등에 따라 달라진다. 데이터 분석 기법은 그 유래와 방법론적 가정이 기반하고 있는 '계통'에 의한 분류 및 기술을 따르는 것으로 보인다.

이 책은 통계 교재가 아니기 때문에 절차적 '계통'에 속하는 각 기법을 상세히 논의하지는 않는다. 우리의 목적에서 보면, 다양한 계통의 데이터 분석 기법들이 다소 강력하고(데이터 내의 추세나 차이를 탐지할 수 있고), 다소 잘 알려져 있으며, 다소 존중된다는 것을 보여 주는 것으로 충분하다. 그런데 각각의 기법은 다른 기법들과 차별화되고 적절한 상황에서 특히 유용한 고유 특성을 지니고 있다. 이 장 후반부와 제8장에서는 이러한 각 기법에 관해 기술하고 의사소통장애 문헌에서 어떻게 다뤄질 수 있는지 그 몇 가지 예를 제시한다.

정규 곡선 모형

우리는 이미 정규 곡선 모형의 가정에 기초한 통계적 절차를 언급하였다. 글을 진행하기에 앞서 이 모형의 기본 개념을 요약하는 것은 적절하다. 정규 곡선 모형은 많은 사람들(또는 동물들)에게서 나온 신체적 혹은 심리적 변인의 측정치가 그래프로 제시될 때 특징적인 분포 유형을 형성하는 경향이 있다는 관찰에 기초한 구성 개념이다. 이 분포는 친숙한 대칭의 종 모양 곡선으로, 분포의 중앙에 값이 집중되어 있으며 극단으로 갈수록 값이 점점 더 줄어드는 것으로 나타난다(그림 7.7 참조). 이 곡선의 일반화 가능성과 수학적 특성을 처음으로 기술한 사람은 가우스다. 그래서 이 곡선은 때때로 가우스 곡선이라고도 불린다. 데이터가 전형적으로 닮는 분포이기에 '정규' 곡선으로도 알려지게 되었다.

〈그림 7.7〉을 살펴보면 정규분포의 대칭성을 확인할 수 있다. 대부분의 사례는 분포의 중앙에 몰려 있으며, 분포의 좌우 양극단 더 낮은 점수 값과 더 높은 점수 값에서는 사례가 더 적음을 볼 수 있다. 사례의 대략 2/3는 평균에서 ± 1SD 이내에 속한다. 사례의 대략 95%는 평균에서 ± 2SD 이내에 속한다. 대략 99%의 사례는 평균에서 ± 3SD 이내에 속한다. 완벽한 가우스 분포 또는 정규분포는 실제로 존재하지 않는다. 하지만 관계와 차이 분석에 사용되는 통계 절차를 위한 수학적 모델로 채택되기에 타당할 만큼, 정규분포와 실제 수집되는 데이터 간에는 충분한 유사점이 존재한다. 실제 데이터가 모형과 유사한 정도는 모형과 모형에서 파생된 통계 절차의 유용성을 결정한다. 데이터가 표본 혹은 모집단에서 발생하는 방식으로 정규분포에 근접하지 않는다면, 정규 곡선 모형과 이를 기반으로 한 통계 절차를 적용할 수 없다. 따라서 모형의 가정과 이를 기반으로 한 방법이 분석해야 할 특정 데이터 세트에 맞는지를 확인할 필요가 있다. 이러한 고려사항은 정규 곡선 모형을 기반으로 하는 통계(모수 통계) 대 정규 곡선 모형을 기반으로 하지 않는 통계(비모수 통계)에 대한 논의로 이어진다.

모수 통계와 비모수 통계 모수 통계(parametric statistics)는 표본 데이터가 수집되는 모집단에 대

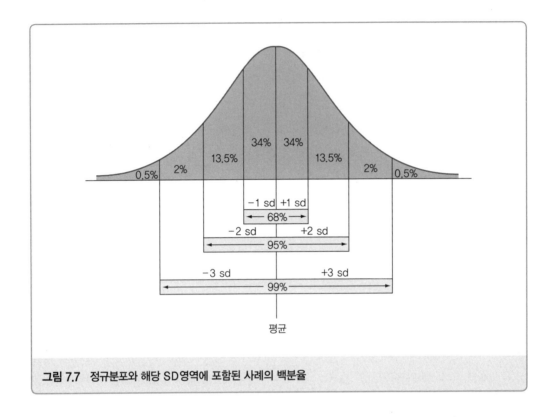

그림 7.7 정규분포와 해당 SD영역에 포함된 사례의 백분율

한 특별한 가정에 기반하고 있다. 통계 작업에서는 종종 모집단 수량을 모수라고 하고 표본 수량을 통계량이라고 하기 때문에, 모수 통계라는 용어는 모집단에 대한 특별한 가정에 의존하는 데이터 분석 절차에 적용되어 왔다.

모수 통계의 기저를 이루는 모집단(및 그로부터 추출된 표본)에 대한 몇 가지 가정이 존재한다.

1. 모수는 **정규분포**를 이루어야 한다.
2. 매개변인의 측정 수준은 **등간** 또는 **비율**이어야 한다.
3. 분석할 데이터의 분포가 두 개 이상일 때(예: 두 개의 피험자 집단 또는 서로 다른 조건에서 하나의 피험자 집단이 검사됨), 두 분포의 데이터 **변량**은 동일해야 한다.
4. 표본이 커야 한다. '크다'에 대한 합의되거나 절대적인 정의는 없지만, 대부분의 통계학자들은 30명의 피험자를 충분히 큰 것으로 간주한다(Hays, 1994).

이러한 가정이 모두 충족될 수 있을 때 데이터 분석으로 모수 통계가 적절하다. 이러한 가정 중 하나 이상이 심각하게 위배된다면 모수 통계는 부적절할 수 있다.

모집단에 대한 가정이 충족될 수 없는 경우, 연구자는 **비모수 통계**(nonparametric statistics)를 사용한다. 비모수 통계는 모수의 분포에 대한 가정에 의존하지 않기 때문에 종종 **분포 무관 통계**라고도 불린다. 비모수 통계는 명목 척도 혹은 서열 척도로 측정된 데이터를 처리한다. 연구자가 등간이나 비율 수준의 데이터를 가지고 있는데 정규분포가 아니라는 점(혹은 목록에 제시된 다른 가정들 중 하나를 충족하지 못한다는 것)을 알게 된다면, 비모수 검정을 사용할 수 있도록 데이터를 등간 또는 비율 수준에서 명목 또는 서열 수준으로 **변환**시킬 수 있다. 일례로 등간 수준의 점수는 등간 척도의 분할점수를 사용해 '통과' 또는 '실패'로 분류할 수 있다. 혹은 등간 척도 점수에 기초하여 모든 피험자를 순서대로 나열한 다음, 해당 순위를 비모수 통계 분석을 위한 데이터로 사용할 수 있다. 물론 원래 데이터가 이미 명목 또는 서열 수준이라면 모수 통계 절차 대신 비모수 통계 절차를 사용해야 할 것이다.

모수적 통계 분석에 대한 비모수적 대안을 이용하는 것이 데이터를 분석하는 '가장 안전한' 방법인 것처럼 보일 수 있지만 실제로는 그렇지 않다. 모수 통계는 비모수 검정보다 더 강력하다(즉 차이와 관계에 더 민감하다). 따라서 목록에 제시된 가정들이 충족될 수 있을 때는 모수 통계가 선호된다. 이 장의 나머지 부분에서는 특정 분석에 대한 모수적 절차를 일반적으로 기술한다. 그런 다음 각각의 모수 통계에 대한 비모수적 대안을 고려한다. Peterson(1958)이 말했듯이, "데이터 분석은 판에 박힌 통계 작업이 아니라 지속적인 비판적 평가와 해석이 필요한 작업이다"(p. 11).

이변량 기술 통계

지금까지 우리는 하나의 변인에 대한 기술 요약 통계, 즉 일변량 분포를 설명하는 절차를 논의하였다. 그런데 서로 다른 변인들 간의 관계를 설명하기 위해 기술적인 데이터 축소 접근법을 사용할 수도 있다. 이변량 기술 통계는 두 변인 간의 연관성을 검토하기 위해 사용될 수 있다. 이러한 데이터 축소 접근법은 한 변인 값의 변화가 다른 변인 값의 변화와 어떤 관계가 있는지를 설명해 준다.

관계 기술 연구자들은 종종 데이터 세트에 존재하는 관계의 강도와 방향성을 결정하거나 주어진 표본 혹은 모집단의 변인들 간에 전반적인 연관성이 있는지를 결정하고 싶어 한다. 이를 위해 두 개 이상의 점수, 순위 혹은 분류 세트를 특정 표본에서 추출하여 분석 대상으로 삼는다. 두 변인 사이의 관계는 **산포도** 또는 **산점도**를 사용해 그래프로 나타낼 수 있다. 각 피험자는 변인에 대한 점수 쌍이나 순위 쌍을 갖게 되며, 이러한 쌍들은 해당 변인을 나타내는 축을 지닌 이변량 그래프에 표시된다. 〈표 7.4〉는 10명의 피험자에 대한 세 세트의 점수 쌍을 보여 준다. 이 데이터 세트에 해

표 7.4 10명의 피험자에 대한 세 세트의 점수 쌍

실례 A			실례 B			실례 C		
이름 첫 글자	첫 번째 변인 점수	두 번째 변인 점수	이름 첫 글자	첫 번째 변인 점수	두 번째 변인 점수	이름 첫 글자	첫 번째 변인 점수	두 번째 변인 점수
RB	4	16	CJ	21	8	DS	21	2
CS	6	14	DD	53	5	BC	83	1
JD	8	17	NS	14	9	WD	45	7
WM	3	13	IV	67	6	MC	17	4
SV	2	11	TY	82	4	HC	62	8
BP	7	18	BH	98	1	DR	91	3
BD	1	12	GS	34	10	AT	37	9
TM	5	15	JF	47	7	JN	99	6
FD	10	19	RF	94	2	RP	72	5
MC	9	20	TD	76	3	JF	56	10

당하는 산점도는 〈그림 7.8〉에 나와 있다.

산점도를 검토하면 관계의 방향성을 알 수 있다. 어떤 변인의 점수가 다른 변인이 증가함에 따라 증가하는 경향이 있다면 그 관계는 정적이다(그림 7.8a). 어떤 변인의 점수가 다른 변인의 증가에 따라 감소한다면 그 관계는 부적이다(그림 7.8b). 이러한 관계는 〈그림 7.8〉의 세 부분에서와 같이 그래프 전체에 걸쳐 산점도가 움직이는 방향을 보고 알 수 있다. 또한 그래프 상에서 데이터 점들이 함께 무리를 이루는 밀도를 통해 관계의 강도를 알 수 있다. 〈그림 7.8a〉와 〈그림 7.8b〉의 빽빽하게 결집된 점들은 강한 관련성을 나타내는 반면, 〈그림 7.8c〉에서처럼 점들이 넓게 분산되어 있는 경우는 약한 관련성을 나타낸다.

산점도는 유용하지만 변인들 간 연관성의 정확한 지수는 제공하지 않는다. 이러한 이유로 대부분의 관계는 상관계수로 보고된다. 산출 방법에 따라 많은 유형의 계수가 존재하지만, 가장 흔히 사용되는 계수는 **Pearson 적률상관계수**(Pearson product-moment correlation coefficient, r, 모수적 지수)와 **Spearman 등위상관계수**(Spearman rank-order correlation coefficient, *rho*, 비모수적 지수)이다. 때로는 부분상관, 다중상관, 양분상관, 양류상관, 사분상관 혹은 파이(phi) 상관계수 등이 쓰일 수 있지만 이러한 것들은 Pearson 및 Spearman 상관계수와 본질적으로 동일한 방식으로 해석된다(Chen & Popovich, 2002).

상관계수는 두 가지 요소, 즉 부호와 수치로 구성된다. 부호는 관계의 방향성을 나타낸다(−는

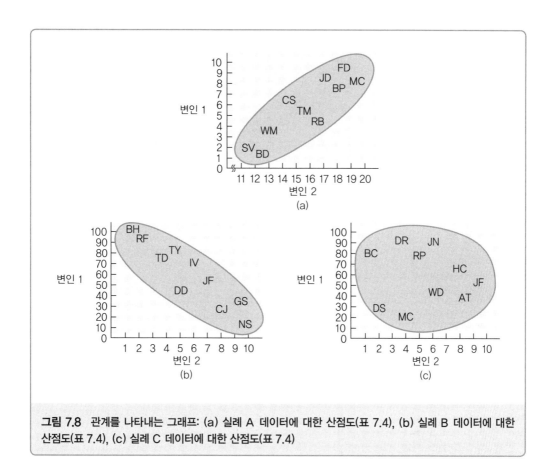

그림 7.8 관계를 나타내는 그래프: (a) 실례 A 데이터에 대한 산점도(표 7.4), (b) 실례 B 데이터에 대한 산점도(표 7.4), (c) 실례 C 데이터에 대한 산점도(표 7.4)

부적 관계나 역전 관계, +는 정적 관계). 수치는 관계의 강도를 나타내며 0.00(관계없음)에서 1.00(완전한 관계)까지의 절댓값을 가질 수 있다. 따라서 상관계수는 〈그림 7.9〉의 해석 가이드에서 볼 수 있듯이 −1.00(완전한 부적 관계)에서 +1.00(완전한 정적 관계)까지의 범위 값을 지닐 수 있다.

이러한 지수들을 해석할 때 혼란스러운 점 하나는 계수의 강도와 방향성이 독립적이라는 사실이다. 흔히 우리는 음수가 양수보다 덜 바람직하거나 중요하지 않다고 생각한다. 그런데 상관관계에서는 그렇지 않다.

예를 들어 여러분에게 다음과 같은 두 개의 상관계수를 주고, 어느 것이 더 강한 관계를 나타내는지 질문을 한다면,

$r_{ab} = -0.79$

$r_{ac} = +0.63$

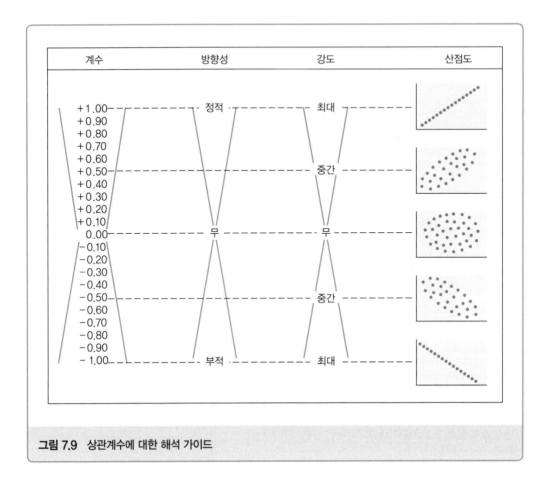

그림 7.9 상관계수에 대한 해석 가이드

그 답은, 부적 계수임에도 불구하고, $r_{ab} = -0.79$이다. 덧붙이자면, 아래에 기입된 ab와 ac는 어떤 변인이 상호 관련되어 있는지를 독자에게 알려 주고자 하는 통계적 관습이다. 이 경우 r_{ab}는 두 변인 a와 b의 상관관계이고, r_{ac}는 두 변인 a와 c의 상관관계이다.

또한 다음과 같은 계수

$$r_{ad} = -0.43$$
$$r_{bc} = +0.43$$

은 변인 a와 d의 관계가 부적이고, 변인 b와 c의 관계가 정적임에도 **동일한** 강도의 관계를 지니고 있음을 나타낸다.

Pearson 적률상관계수는 계산에서 실제 점수를 사용하는 반면, Spearman 등위상관계수는 순위나 순위로 변환된 점수를 사용해 계산한다. 일반적으로 Pearson 계수는 등간 또는 비율 수준에서

표 7.5 〈표 7.4〉와 〈그림 7.8〉에 제시된 실례 A, B, C 데이터에 대한 상관계수

데이터 세트	Pearson *r*	Spearman *rho*
A	+0.91	+0.92(매우 강한 정적 상관)
B	−0.93	−0.93(매우 강한 부적 상관)
C	−0.10	−0.13(매우 약한 상관)

표 7.6 가상의 상관행렬 표

변인	*a*	*b*	*c*	*d*	*e*
a	1.00	0.64	0.14	−0.39	0.04
b	0.64	1.00	0.79	−0.60	0.43
c	0.14	0.79	1.00	0.98	0.16
d	−0.39	−0.60	0.98	1.00	−0.37
e	0.04	0.43	0.16	−0.37	1.00

측정된 표본 크기 25개 이상의 데이터에 사용되는 반면, Spearman 계수는 서열 데이터나 표본 크기가 25개 미만인 경우에 사용된다. 이들 상관계수나 앞에서 나열했던 방법들 중 어떤 방법을 사용하든, 연구자는 특정 데이터를 분석하기 위해 선택한 절차를 명시해야 한다. 예를 들어 보이기 위해, 〈표 7.4〉의 데이터 세트에 대한 Pearson과 Spearman 지수가 계산되었다(표 7.5 참조).

다변량 연구에서 변인 쌍들 간의 관계를 보여 주는 상관계수의 전체 목록을 보고하는 대신, 많은 실험자들은 이들 데이터를 급간상관표(table of intercorrelations) 또는 상관행렬(correlation matrix)로 제시한다. 이러한 방식으로 독자들은 행과 열 머리에서 원하는 변인 쌍의 정확한 위치를 찾아내어 두 변인 간의 상관관계를 확인할 수 있다. 〈표 7.6〉은 다섯 개의 변인에 대한 상관행렬을 보여 준다. 표를 참조하면 독자는 변인 *b*와 변인 *d*의 상관관계가 −0.60임을 알 수 있다. 나머지도 같은 방식으로 찾아보면 된다. 밑줄이 그어진 대각선 값 아래 항목들이 중복됨을 유념하라. 이러한 중복을 이유로, 연구보고서에서는 종종 음영 부분이 생략된다. 또한 밑줄 친 대각선 값은 각 변인과 자체 상관관계를 나타내며, 동일한 +1.00은 완벽한 정적 상관관계를 나타낸다.

통계적 유의성

통계 분석은 집단 간 차이의 유무 또는 변인들 간의 관계에 대한 결정을 내리는 데 관심을 갖는다.

주로 얻어진 데이터에 비추어 **영가설**(null hypothesis, H_0로 표시)의 타당성을 검토함으로써 이루어진다. 영가설은 집단 간에 차이가 없거나 변인 간에 관계가 없음을 나타낸다. 예를 들면, 어떤 종속변인에 대한 두 피험자 집단의 평균 간에 차이가 없다거나 예측변인과 피예측변인 간에 상관관계가 없다고 설정될 수 있다. 영가설을 검정한다는 개념은 통계적 추론의 기초일 뿐 아니라 차이를 검정하고 관계를 분석하기 위한 모든 방법의 바탕이 된다.

영가설 검정 통계 분석에 익숙하지 않은 경우, 영가설의 개념은 종종 혼란을 초래한다. 일례로 여러분은 연구자가 어떤 변인은 다른 변인과 관련이 없다 — 또는 영향을 미치지 않는다 — 고 가설을 세우는 이유가 궁금할 것이다. 이러한 소위 **부정적인 조사결과**는 지식을 추가하고, 이론을 수정하거나 변경하며, 더욱 생산적인 연구를 제안한다는 점에서 가치 있다. 하지만 영가설은 사실 연구자의 **대립가설**(active hypothesis)이 아니다. 제2장에서 상세히 논의했던 이들 가설(흔히 H_1, H_2, H_3 등으로 표시)은 근거와 이론을 바탕으로 관찰될 차이와 관계에 대한 연구자의 최선의 예측을 나타낸다.

통계 분석 방법은 가설을 증명할 수는 없지만, 주어진 근거를 고려해 볼 때 사실일 것 같지 않음을 보임으로써 해당 가설이 **틀렸음**을 입증할 수 있다. 통계 분석의 대상이 되는 것은 영가설 — 대립가설의 역을 주장하는 — 이다. 이러한 방법을 기반으로 영가설을 기각할지 아니면 **채택**할지를 결정한다. 영가설의 타당성을 반박할 수 없는 경우, 흔히 **영가설을 기각하는 데 실패**한 것으로 언급되는데, 그 이유는 통계적 검정이 가설을 입증할 수 없기 때문이다(Fisher, 1973). 영가설은 데이터 세트에서 관찰된 차이나 공변량이 우연에 의한 것이라고 가정한다. 하지만 영가설을 '채택'한다고 해서 그것이 실제로 그렇다는 것을 입증하지 못한다. 그럼에도 불구하고 연구자의 영가설 기각이 정당화되는 정도는 대립가설이 '옳은 것으로 입증된 정도'에 달려 있다.

많은 면에서 영가설 검정은 피고인의 '유죄가 입증될 때까지 무죄'로 간주한다는 법에서의 무죄추정과 유사하다. 검찰이 '합리적 의심을 넘어' 죄를 증명할 수 있는 강력한 증거를 제시해야만 하는 것처럼, 통계적 가설 검정에서 영가설은 '합리적 의심을 넘어' 가설을 부정하는 데이터를 연구자가 제시할 수 있을 때까지 타당한 것으로 간주된다. 데이터가 영가설을 설득력 있게 부정할 수 있는지 그 여부를 결정하는 것을 **유의성 검정**(significance testing)이라고 한다.

제1종 오류와 제2종 오류 연구자가 영가설에 대한 결정을 내릴 때 네 가지 중 하나가 발생할 수 있다. 즉 가설은 참 또는 거짓일 수 있고 연구자는 그것을 기각하거나 기각하지 않을 수 있다. 〈그림 7.10〉은 이러한 상황의 우연성을 보여 주는데, 연구자가 내릴 수 있는 두 가지 **정확한 결정**을 확인할 수 있다. 즉, 영가설이 참일 때 기각을 하지 않거나 영가설이 거짓일 때 그것을 기각하는 것

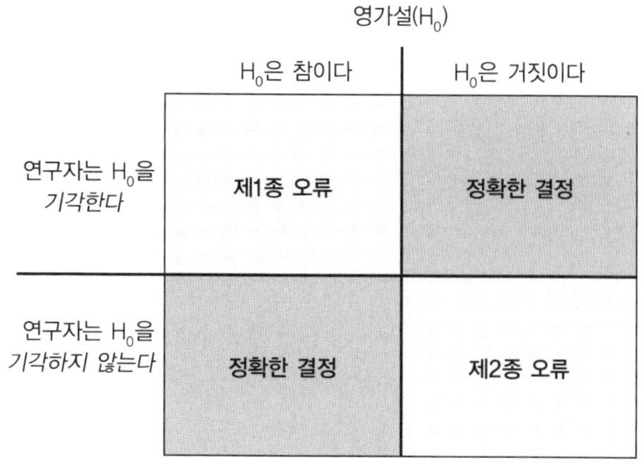

그림 7.10 영가설 결정과 관련한 우연성

이다. 또한 두 가지 부정확한 결정이 내려질 수 있다. 즉, 영가설이 참인데 기각을 하고[**제1종 오류**(Type I error)], 영가설이 거짓인데 기각을 하지 않는 것[**제2종 오류**(Type II error)]이다.

만약에 연구자가 표본 데이터에 근거하여 두 집단이 다르다고 결론을 내린다면, 그러한 결정은 정확할 수도 있고(두 집단이 다를 경우), 제1종 오류(두 집단이 다르지 않을 경우)를 범한 것일 수도 있다. 만약에 연구자가 표본 데이터에 근거하여 두 집단이 다르지 않다고 결론을 내린다면, 그러한 결정은 정확할 수도 있고(두 집단이 다르지 않을 경우), 제2종 오류(두 집단이 다를 경우)를 범한 것일 수도 있다. 통계 분석은 영가설에 대한 기각이 제1종 오류일 확률을 제시함으로써 영가설에 대한 연구자의 결정을 돕는다. 또한 통계 분석은 제2종 오류를 범할 확률을 제시함으로써 연구자가 영가설을 기각하지 않도록 도울 수 있다. 불행히도 제2종 오류를 범할 확률은 제1종 오류를 범할 확률만큼 쉽게 결정되지 않는다. 독자는 집단 간 차이를 보고하는 논문에서 제1종 오류를 범할 확률에 대한 분석을 발견하기는 쉽고, 집단 혹은 조건 간에 차이가 없음을 보고하는 논문에서 제2종 오류를 범할 확률에 대한 분석을 찾기는 어려울 것이다.

유의 수준 제1종 오류를 범할 확률을 **유의 수준**(level of significance)이라고 한다. 연구자가 영가설을 기각하고 두 데이터 세트에 차이가 있다고 결론을 내릴 때, 두 데이터 세트를 비교하는 통계적 검정 결과 영가설을 기각하는 제1종 오류를 범할 확률이 매우 적은 것으로 나타났기에 그러한 결정을 한 것이다. 이러한 확률은 비교와 관련된 유의 수준[**알파**(alpha)라고도 함]을 명시해 표현한다. 명시된 유의 수준은 연구자가 표본 데이터에서 나타난 차이를 우연히 발생하지 않았다고 확신하는 정도를 보여 준다. 실제로 유의 수준은 때때로 비교를 위한 신뢰 수준이라고도 한다. 두 데이터 세트의 비교는 피험자 간 비교일 수 있는데, 특정 종속변인에 대한 두 피험자 집단의 평균 비교를 예로 들 수 있다. 또한 두 데이터 세트의 비교는 피험자 내 비교일 수 있다. 예를 들면, 서로 다른 두 실험 조건에서 평가된 특정 종속변인에 대한 단일 피험자 집단의 평균을 비교하는 것이다.

통계 분석 결과 표본의 차이가 영가설을 참으로 만들 개연성이 매우 낮은 것으로 나온다면 연구자는 제1종 오류를 범할 확률이 낮기 때문에 영가설을 기각할 것이다. 반면에 통계 분석 결과 표본의 차이가 영가설을 참으로 만들 수 있는 것으로 나온다면 연구자는 제1종 오류를 범할 확률이 충분히 낮지 않기 때문에 영가설을 기각하지 않을 것이다. 연구자가 영가설을 기각하려면 제1종 오류를 범할 확률은 얼마나 낮아야 하는가? 다시 말해서, 연구자가 데이터 집단 간에 차이가 있다고 결론을 내리려면 표본 데이터 집단의 비교를 위한 유의 수준은 얼마여야 하는가?

어떤 유의 수준이 채택되어야 하는지에 대한 절대적인 답은 없지만, 관습적으로 특정 수준이 선호되어 왔다. 가장 자주 사용되는 유의 수준은 0.05와 0.01이다. 이 수치는 제1종 오류를 범할 확률이 0.05(100번 중 5번) 또는 0.01(100번 중 1번)임을 의미한다. 다시 말하자면, 통계 분석에 의해 산출된 유의 수준이 데이터 집합 간의 차이는 (영가설이 참인 경우) 100번 중 5번만 우연히 발생할 수 있음을 보인다면, 영가설은 기각될 것이고 그 차이는 "0.05 수준에서 유의하다."라고 불릴 것이다. 때때로 유의 수준은 문자 p(확률 probability의 첫 글자)를 사용한 다음 제1종 오류를 범할 확률의 값을 명시하여 나타낸다. 일례로 연구자는 "두 집단 간의 차이는 유의하였다($p = 0.05$)."라고 기술할 수 있다. 연구자는 유의 수준을 0.05나 0.01에서 임의로 선택할 수 있다. 0.01의 유의 수준은 0.05 유의 수준에 비해 제1종 오류를 범할 확률이 낮기 때문에 더 엄격하거나 보수적이라고 할 수 있다. 달리 말하면, 모든 것이 동일할 경우 0.01의 유의 수준에 도달하려면 0.05의 유의 수준에 도달하는 것보다 두 표본 데이터 세트의 차이가 더 커야 한다.

유의 수준의 선택은 복잡한 과정이며, 이에 대한 논의는 이 장의 범위를 벗어난다. 그러나 일반적으로 해당 연구가 이전에 탐색되지 않은 영역이거나 또는 연구자가 추후연구의 가능성을 확인하고자 하는 경우에는 좀 더 관대한 유의 수준이 합리적일 것이다. 반면에 연구자가 충분히 다듬어진 가설을 검토하거나 복제연구를 수행하는 경우에는 더욱 엄격한 유의 수준이 요구될 것이다.

유의 수준에 대해 마지막으로 두 가지를 차례대로 언급하면 다음과 같다. 첫째, 많은 독자들이 유의하다는 용어를 임상적 관련성 혹은 이론적 의의를 갖는 결과의 의미로 받아들인다는 점이다. 하지만 반드시 그런 것은 아니다. 임상적 관련성이나 이론적 의미가 거의 또는 전혀 없는 집단 간의 매우 적은 차이가 영가설을 참게 만들 개연성을 매우 낮춘다는 의미에서 통계적으로 유의할

수 있다. 아마도 그러한 의미에서 유의하다라는 용어보다 신뢰 수준이라는 용어가 더 적절하다. 후
자는 연구 결과가 단지 우연에 의해 발생하지 않았다는 연구자의 확신을 나타낼 뿐이기 때문이다.
두 집단의 데이터에서 나타난 통계적으로 유의한 차이가 이론적 또는 임상적으로 중요한지 여부
는 저자에 의해 논문의 결과 부분보다 논의 부분에서 더 자주 다루어지는 합리적인 문제이다. 둘
째, 많은 연구자들은 통계적 유의성 검정 절차로 결과를 분석하지 않기를 원한다. 이러한 관점의
지지자들은 복제 연구와 자신들의 연구 결과가 갖는 의미에 대해 좀 더 강력한 이론적 검토를 원
한다. Carver(1978)는 통계적 유의성 검정에 대해 길게 비판하면서 이러한 견해를 제시하였다. 연
구의 소비자는 모든 연구논문이 통계적 유의성 검정을 포함하고 있지는 않으며, 그러한 검정이 없
다고 해서 연구 결과가 임상적으로 또는 이론적으로 중요하지 않다거나 연구자의 데이터 분석에
결함이 있음을 의미하는 것이 아님을 알아야 한다. 그것은 단지 특정 연구자가 통계적 유의성 검
정에 반대하는 Carver 캠프에 있음을 의미하는 것일 수 있다. 의사소통장애 연구 문헌의 일부 논문
들(예: Attanasio, 1994; Meline & Schmitt, 1997; Young, 1993, 1994)은 효과 크기 측정의 중요성
보다 강력한 실험 설계 사용, 복제연구에 대한 일상적 고려 등을 강조하면서 Carver와 유사한 방법
론적·통계적 요점을 제기하였다.

통계적 유의성 검정에 대한 이들 비판에도 불구하고, 이러한 통계 절차는 의사소통장애 연구를
비롯한 많은 행동과학 분야에서 흔히 볼 수 있다. Harlow, Muliak과 Steiger(1997)는 영가설의 유의
성 검정에 대한 찬부양론과 관련해 상세한 심포지엄을 개최하고, 과학적 추론의 실제를 위한 여덟
가지 권고사항을 제시하였다. Harlow(1997)는 전통적인 영가설의 유의성 검정 접근법과 관련하
여 심포지엄 주제에 대한 전체적인 견해를 다음과 같이 요약하였다. "합리적이고 구체적인 가설을
사용하면 그리고 효과 크기, 검정력, 신뢰 구간, 타당한 판단과 같은 다른 과학적 입력으로 보완하
면, 좀 더 고찰할 가치가 있는 가설들을 강조하는 데 매우 효과적일 수 있다." 그녀의 권고는 결과
적으로 필히 "비판적 사고와 타당한 판단"을 하면서 "과학자는 이러한 방법들을 자신의 과학 연구
프로그램에 통합하도록 촉구되어야 한다"는 것이다.

일방검정과 양방검정 데이터 분석의 결과를 평가할 때 또 한 가지 중요한 고려사항은 연구자
가 **일방(방향)검정**[one-tailed (directional) test]을 택했는지 아니면 **양방(비방향)검정**[two-tailed
(nondirectional) test]을 택했는지 여부다. 이 결정은 연구에서 제기된 문제나 가설과 관련하여 이루
어진다. 연구자가 방향 가설을 설정했다면 일방검정이 적용된다. 일방검정을 요구하는 진술의 예
를 들면, "집단 X의 점수는 집단 Y의 점수보다 높을 것이다.", "점수는 유의하게 평균 이하일 것이
다.", " X범주에는 Y범주보다 더 많은 사람들이 속해 있을 것이다." 등이다. 연구자가 비방향 연

구 문제나 가설을 고려하고 있다면 양방검정을 적용한다. 양방검정을 요구하는 진술의 예를 들면, "집단 X의 점수와 집단 Y의 점수에는 차이가 있을 것이다.", "점수는 평균과 유의하게 다를 것이다.", "X범주에는 Y범주와는 다른 수의 사람들이 속해 있을 것이다." 등이다.

비판적인 독자는 일방검정보다 양방검정이 더 엄격하거나 보수적임을 인식해야 한다. 즉, 양방검정을 사용할 경우 차이가 유의하다고 주장하려면 집단 간 차이가 더 커야만 한다. 다소 작은 차이는 양방검정에서 유의하지 않지만 일방검정에서는 유의할 수 있다. 전형적으로 일방검정은 연구자가 집단이나 조건의 차이가 한 방향이어야 한다는 것을 미리 의심할 만한 이유가 있을 때 사용된다. 보다 자유로운 일방검정을 선택하는 것이 적절한가에 대해 다소 논쟁이 있기에 좀 더 보수적인 통계학자와 연구자는 일반적으로 보다 엄격한 양방검정을 권장한다. 일례로 Cohen(1988)은 연구자들에게 일방검정을 피하도록 강력히 충고한다. 하지만 독자들은 문헌에서 일방검정과 양방검정을 모두 발견하기를 기대해야 하며, 양방검정으로 발견된 유의한 차이가 어느 정도는 일방검정으로 발견된 차이보다 더 유의함을 인식해야 한다.

자유도　특정 분석 절차를 선택하고 적용하는 데 있어 표본 크기의 중요성은 **자유도**(degree of freedom) 개념에 의해 강조된다. 주어진 통계 절차의 결과를 해석하기 위해, 연구자는 통계적 유의성에 대한 표를 활용하기 전에 데이터의 자유도(df)를 먼저 알아야만 한다. 가장 기본적인 의미에서, df는 데이터의 확실한 특성이 알려지면 데이터 세트의 값 중에서 자유롭게 변화할 수 있는 수를 나타낸다. 일반적으로 점수 세트의 평균 또는 합이 알려지면 df는 각 분포 점수의 수에서 1을 뺀 것과 같다($df=n-1$).

df의 수를 결정하는 공식은 분석을 위해 사용된 절차에 따라 다르며, df의 수는 분석이 기술되고 해석될 때 항상 보고되어야 한다. df는 주로 논문의 결과 부분에서 사용된 특정 데이터 분석 결과와 함께 표 또는 본문에 표시된다. 다양한 분석 절차 모두에 대해 df를 계산하는 기법을 설명하는 것은 이 책의 범위를 벗어난다. 하지만 독자들은 각각의 분석 절차는 통계적 유의성을 결정하는 데 있어 정확한 df의 수를 고려해야만 한다는 것을 알아야 한다. 저자들은 주로 논문의 결과 부분에 df를 표시하는데, 이는 편집자와 독자에게 좀 더 친숙한 통계 분석을 통해 df가 분석에서 정확하게 설명되고 있음을 보여 주기 위해서다.

상관분석

연구자들은 종종 (1) 둘 이상의 변인 사이에 존재하는 관계의 강도와 방향성, (2) 한 변인에 대한 수행이 다른 변인에 대한 수행을 어떤 방식으로 예측할 수 있는지 등을 검토하고 싶어 한다. 첫 번째 문제에 대한 검토는 **상관계수**(correlation coefficients)의 계산과 산점도의 작성을 통해 이루어지는 반면, 두 번째 문제에 대한 검토는 **회귀분석**(regression analysis)을 통해 이루어진다. 상관계수를 보고할 경우 연구자는 이 지표가 갖는 통계적 유의성, 즉 상관계수가 0과 현저하게 다른지에 대한 진술을 동반할 수 있다. 표본이 충분히 큰 경우에는 매우 작은 상관관계에 대해서도 통계적 유의성을 얻을 수 있기 때문에 작은 상관계수는 조심스럽게 해석되어야 한다. 예를 들어 표본 크기가 200인 경우, 0.14의 상관관계는 통계적으로 유의한 것으로 간주된다(Guilford, 1965). 그러나 이러한 지수의 실제적인 유용성은 제한적인데, 그 이유는 그다지 크지 않은 상관관계이기 때문이다.

주어진 크기의 상관계수가 갖는 실제적인 의미를 평가하기 위해 종종 **결정지수**(index of deter -mination)로 알려진 통계가 사용된다. 이 지수는 r^2로 알려진 상관계수의 제곱이며 공유된 변량 차원에서 두 변인 간에 실제적인 중첩이 얼마나 되는지 그 양을 나타낸다. 예를 들면 상관관계 r_{de} = +0.50은 설명되는 변량 차원에서 변인 d와 e 사이에 실제적인 중첩은 단지 25%(0.50^2)만이 존재함을 나타낸다. 이러한 예는 〈그림 7.11〉에 제시되어 있는데, 두 개의 변인 영역, 즉 영역 G와 영역 H를 보여 준다.

두 변인(G와 H) 간의 상관관계가 r_{gh} = +0.60인 경우, 이는 두 영역의 36%(0.60^2)가 실제적으로 중첩되며 전체 영역의 64%에 대한 변산도를 설명하지 못함을 의미한다. 〈그림 7.11〉은 −0.30과 +0.20의 상관관계에 대한 결정지수를 또한 설명한다. 음영 처리된 영역은 두 변인에 의해 중첩되거나 공유되는 변량의 양을 나타낸다. 물음표가 있는 흰색 영역은 상관관계에 의해 설명되지 않는 변량을 나타낸다. 상관관계의 통계적 유의성은 그 질을 나타내는 하나의 지표일 뿐이며, r^2 값은 상관관계의 의미를 판단할 수 있는 좀 더 실제적으로 유용한 지표임을 쉽게 알 수 있다.

상관계수를 적절히 해석하는 데 필요한 또 다른 고려사항 중 하나는 상관관계가 해당 변인들 사이에 인과관계가 존재함을 의미하는 것이 아니다라는 점이다. 따라서 변인 a와 변인 b 사이에 상관관계가 있다면, 그것은 두 변인이 설명 가능한 방식─하나의 변인이 한 방향으로 움직이면 다른 변인도 같은 방향으로(정적 관계) 움직이거나 반대 방향으로(부적 관계) 움직이는 **경향**이 있다─으로 밀접히 관련되어 있거나 함께 변하는 것을 의미하는 것으로 해석되어야 한다. 어느 한 변인이 필연적으로 다른 한 변인을 변화시키는 것이 아니다.

인과관계를 상관관계에 속하는 것으로 생각하는 것 외에, 상관계수에 대한 또 다른 흔한 오해가 있다. 그것은 바로 계수를 백분율이나 비율로 직접 변환시키는 것이다. 흔히 학생들은 만약 우리가 두 변인 사이의 상관관계가 +0.58임을 알고 변인 중 하나에 대한 데이터를 가지고 있다면 나머지 변인에 대한 데이터가 58%일 것이라고 정확히 예측할 것으로 생각하는 경향이 있다. 이것은 정확하지 않으며, 그러한 종류의 진술을 하는 연구자는 부정확한 행동을 하고 있는 것이다. 대신에

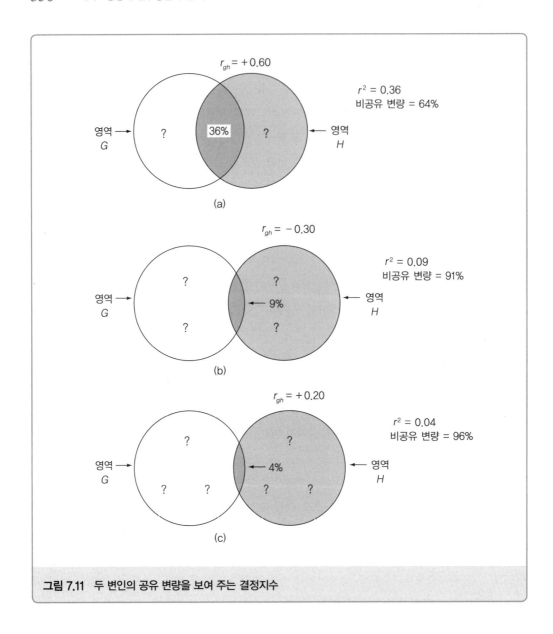

그림 7.11 두 변인의 공유 변량을 보여 주는 결정지수

+0.58의 상관관계는 두 변인 사이에 중간 정도의 정적인 관계가 있음을 나타내므로, 일반적으로 한 변인에서 높은 점수나 순위를 차지한 사람은 아마도 다른 변인에서도 높은 점수나 순위를 차지하는 경향이 있을 것이다. 앞 문장의 수식어구, 즉 "일반적으로", "아마도", "경향이 있다" 등에 주목하라. 이들 수식어구는 상관계수에 대한 해석의 머뭇거리는 특성과 관계가 완벽하지 않으면 어떤 표본이나 모집단의 일부 사례는 대다수 사례들과 같은 방식으로 행동하지 않을 가능성이 있음을

나타낸다.

상관분석은 변인 간의 관계를 이해할 수 있게 할 뿐 아니라 연구자로 하여금 다른 변인의 값을 알면 또 하나의 변인 값을 예측할 수 있게 한다. 일례로 어떤 연구는 치료 전 검사 점수, 예후 지표 또는 장애의 중증도와 같은 요인(독립변인으로 지정) 정보를 통해 치료 프로그램의 성공 정도(종속변인으로 지정)와 같은 어떤 수행 준거를 예측하는 데 관심이 있을 수 있다. 이를 수행하기 위해 연구자는 피험자 표본에 대한 데이터를 모으고 모든 독립변인을 종속변인과 관련짓는다. 예측의 방향성으로 인해, 독립변인은 예측변인이라 하고 종속변인은 피예측변인이라고 하는 경우가 흔하다. 상관계수로 표현된 관계는 각 변인이 서로 다른 변인 및 준거와 어떻게 관련되는지를 보여 주는 상호연관표로 제시될 수 있다. 드물게는, 단일 요인이 준거와 강한 관계를 갖는 것으로 드러나기도 하는데, 이는 회귀방정식에서 유일한 예측변인으로 사용될 수 있다. 그러나 대부분의 경우 상관관계의 배열은 단일 변인보다 좀 더 엄밀하게 준거를 예측하기 위해 여러 변인을 조합하여 사용해야 함을 나타낸다.

연구자는 이제 예측인자들에 대한 최상의 선형 조합을 찾기 시작한다. 최상의 선형 조합이란 각 예측변인과 준거의 관계를 인정하고, 예측변인들 간의 중첩(상관관계)을 최소화하며, 예측변인들의 조합 강도를 최대화하는 것을 의미한다. 시행착오를 통해 예측변인에 대한 최적의 조합을 찾는 이러한 작업을 시도하는 대신 연구자는 **다중회귀분석**(multiple-regression analysis)으로 알려진 통계 기법을 사용한다. 간단히 말해서, 이 기법은 연구자가 예측을 최대화하기 위해 예측방정식에 어떤 예측변인을 입력해야 하는지 그 순서를 수학적으로 결정할 수 있게 해 준다. 또한 방정식에 입력된 각각의 예측변인에 가중치를 부여하고, (단계적 다중회귀에서) 방정식의 예언 타당도에 새로 추가된 변인들의 기여도를 나타내 준다. 이 방법을 사용함으로써, 연구자는 처음에 20개 변인 각각의 관계를 조사할 수 있다. 그런 다음 연구자는 준거를 최선으로 예측하기 위해 주어진 순서대로 또한 회귀방정식에서 부여한 가중치를 반영하여 결합될 수 있는 서너 개의 변인을 지정함으로써 분석을 결론지을 수 있다.

다중회귀분석의 성공과 의의는 연구자가 고려해야 하는 다양한 요인에 달려 있다. 이들 요인으로는 (1) 분석을 위한 초기 변인 선택의 신중함, (2) 변인 측정과 관련된 신뢰도 및 타당도, (3) 연구에 사용된 표본의 크기 및 대표성, (4) 준거 척도의 신뢰도 및 타당도, (5) 부등식에 나타나는 예측변인 데이터를 모두 수집하는 데 있어서의 실현 가능성 등을 예로 들 수 있다. 불행히도 이 절차의 매력은 종종 오용을 야기한다.

관계 분석　상관관계와 회귀는 밀접하게 관련된 통계 절차로, 변인들 간의 관계를 검토하기 위해 하나의 분석 패키지로 함께 완료되는 경우가 흔하다. 그러나 일부 연구자는 어떤 변인에 대한 수행에서 또 다른 변인에 대한 수행을 예측하기보다 관계의 강도와 방향성에 좀 더 관심을 가질 수 있기 때문에 두 분석 중 하나의 분석만을 완료한다.

상관분석과 회귀분석은 두 변인 사이의 관계가 비교적 단순한 경우에 수행될 수도 있고, 여러 변인 간의 관계가 좀 더 복잡한 경우에 시도될 수도 있다. 우리는 분석 결과가 학술지 논문에 어떻게 제시될 수 있는지를 보여 주기 위해, 먼저 이변량 상관분석과 회귀분석의 예로 시작한 다음 좀 더 복잡한 다변량의 예를 제시할 것이다.

산점도는 각 피험자에 대한 두 측정치의 교차점을 보여 줌으로써 두 변인 간의 관계를 도표로 보여 준다. 두 변인이 정적 상관관계에 있는 경우 피험자는 두 측정 값 모두에서 높은 점수를 받거나, 중간 점수를 받거나, 낮은 점수를 받는 경향이 있어서 산점도의 점 패턴은 그래프 오른쪽 위를 향하게 된다. 만약 두 변인이 부적 상관관계에 있다면, 한 변인에서 높은 점수를 받은 피험자는 다른 변인에서 낮은 점수를 받는 경향이 있어서 산점도의 점 패턴은 오른쪽 아래로 기울게 된다. 상관이 없는 변인들은 특정한 순서 없이 그래프 여기저기에 점이 흩어져 있는 산점도를 형성한다.

두 변인 사이의 관계에 대한 강도는 산점도를 통해 대략적으로 관찰할 수 있다. 상향 경사 패턴의 중심에 점이 빽빽하게 모여 있는 것은 강한 정적 상관을 나타내는 반면, 상향 경사 패턴의 중심 주변에 점이 좀 더 널리 퍼져 있는 패턴은 약한 정적 상관을 나타낸다. 마찬가지로 하향 경사 패턴의 중심 주변에 점이 몰려 있거나 퍼져 있는 것은 강하거나 약한 부적 상관을 나타낸다.

〈관련논문 7.10〉에는 객관적 말 명료도 점수와 주관적 말 명료도 점수 간의 관계를 보여 주는 두 개의 산점도가 예시되어 있다. 측정된 점수는 비율 또는 백분율 점수를 통계 분석에 보다 적합한 형태로 변환하는 데 주로 사용되는 절차인 합리적 아크사인 단위(RAU) 변환을 통해 지수화되었다. 청취자의 말 이해 능력은 객관적인 전사 절차와 주관적인 척도 평정 절차를 통해 측정되었으며, 개별 청취자는 청취 조건이 다른 데이터 풀을 확보할 수 있도록 돕기 위해 여러 번 청취 시도에 참여하였다. 관련논문에 제시되어 있는 첫 번째 산점도(그림 2)는 정상 청력을 지닌 28명의 피험자로 구성된 집단의 데이터를 보여 준다. 이들 피험자는 다양한 말 명료도 점수를 제공하기 위해 몇 개의 서로 다른 신호 대 말소리잡음 비율로 말을 청취하였다. 각각의 검은 점은 명료도 점수 쌍(하나는 객관적 점수, 다른 하나는 주관적 점수)을 나타낸다. 상관관계가 완벽(즉 $r = +1.00$)하다면 그리고 회귀방정식이 1.00의 기울기와 0의 y절편을 지닌다면 대각선은 모든 점이 자리한 곳을 나타낸다. 이는 객관적 명료도 측정치와 주관적 명료도 측정치가 모두 동일한 점수임을 의미한다. 이 대각선은 실제 데이터의 회귀선은 아니지만 각 피험자의 점수 쌍이 얼마나 비슷한지를 보여 주기 위해 비교의 목적으로 사용된다. 상관관계는 그래프 배경에 $r=0.82$로 제시되어 있는데 이

관련논문 7.10

데이터는 28명의 피험자를 대상으로 측정된 두 개의 객관적 명료도 점수와 두 개의 주관적 명료도 추정치로 구성되어 있다. 이들 백분율 데이터의 변량을 동등화하기 위해, Studebaker(1985)가 기술했던 것처럼 분석에 앞서 모든 값을 합리적 아크사인 단위(RAU)로 변환하였다. 합리적 아크사인 단위의 척도는 −23부터 123까지 확장된다. 20~80까지의 범위에 있는 값들은 해당 백분율 점수의 대략 한 단위 내에 속한다.

〈그림 2〉는 일반인 청취자의 주관적 명료도 데이터와 객관적 명료도 데이터 간의 관계를 보여 준다. 각각의 점은 한 개의 점수 쌍을 나타내는데, 피험자당 두 개의 점수 쌍이 존재한다. 다소 개별적인 차이와 네모로 표시된 한 피험자의 일탈에도 불구하고, 이들 데이터는 대각선에 의해 잘 묘사되어 있다. 즉, 이들 청취자의 객관적 명료도 점수와 주관적 명

료도 점수는 필연적으로 동일함을 제안하고 있다. 두 점수 사이의 선형 상관계수는 .82였다(만약 일탈 점수를 보인 피험자를 분석에서 제외시킨다면 상관계수는 .87이 된다).

말 명료도 데이터는 피험자당 4~6개의 객관적 점수와 주관적 점수 쌍으로 구성되었다. 〈그림 10〉은 이들 두 점수 사이의 관계를 보여 준다. 각각의 표시는 하나의 점수 쌍을 나타낸다. 두 점수 간의 상관계수는 .85였고 회귀선이 제시되어 있다.

출처: "Comparison of Objective and Subjective Measures of Speech Intelligibility in Elderly Hearing-Impaired Listeners," by R. M. Cox, G. C. Alexander, and I. M. Rivera, 1991, *Journal of Speech and Hearing Research, 34*, pp. 907 and 912. Copyright 1991 by the American Speech-Language-Hearing Association. 승인하에 게재.

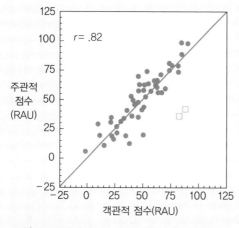

그림 2 일반 청취자 28명의 주관적·객관적 명료도 데이터

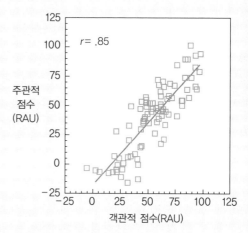

그림 10 청각장애 청취자 15명의 주관적·객관적 명료도 데이터

는 강한 정적 상관관계를 나타낸다. 또한 모든 데이터가 대각선 근처에 매우 가깝게 몰려 있는데, 한 피험자의 수행만이 일탈되어 있는 것으로 나타났고, 만약 이 피험자의 점수가 제거된다면 *r*은 약간 더 높았을 것이다(+0.87)라는 저자의 언급에 주목하라. 관련논문에 제시되어 있는 두 번째

그림은 청각장애 청취자 집단의 산점도를 보여 주며 상관계수(+0.85)와 이들 데이터의 산점도에 그려진 실제 회귀선을 포함하고 있다. 두 개의 산점도와 상관관계는 객관적 명료도 검사와 주관적 명료도 검사 간의 관계에 대한 강도와 방향성에서 청각장애 청취자와 일반 청취자가 유사함을 보여 준다.

〈관련논문 7.11〉은 청각 및 발성 변인 간의 관계에 대한 상관관계와 회귀분석 결과를 자세히 보여 준다. 초록은 청각 및 발성 변인을 측정하고 비교하는 방법을 설명하고 있고, 발췌된 본문과 그림은 회귀분석의 결과를 상세히 보여 준다. 그림 속 각각의 그래프는 가로축의 청각 측정치와 세로축의 두 후두 반응시간 측정치(LRT) 간의 관계를 보여 주는 산점도이다. 최상의 LRT(BLRT)와 청각 측정치의 데이터 포인트는 각 산점도에 진한 네모 점으로 표시되어 있다. 평균 LRT(MLRT)와 청각 측정치의 데이터 포인트는 각 산점도에 옅은 네모 점으로 표시되어 있다. 각 산점도에는 두 개의 회귀선이 그어져 있는데, 하나는 BLRT용이고 다른 하나는 MLRT 예측용이다. 진한 선은 0보다 큰 유의한 상관관계가 있는 회귀방정식용이고, 옅은 선은 0보다 큰 유의한 상관관계가 없는 회귀방정식용이다. 각 그래프의 오른쪽에 있는 부호 설명표에는 각 예측에 대한 회귀방정식, r^2(공유 변량의 백분율) 그리고 상관관계가 0보다 큰 확률이 제시되어 있다. 그림에 표시된 정보의 양이 많기 때문에 캡션에 제시된 자세한 설명을 참조하라.

모든 관계가 선형 회귀방정식에 적합한 것은 아니다. 때때로 두 변인 간의 관계는 곡선형이어서, 데이터에 가장 적합하고 독립변인으로부터 종속변인을 예측하는 회귀방정식은 이차함수, 로그함수 또는 지수함수와 같은 곡선을 형성하는 공식이다. 〈관련논문 7.12〉는 발달성 음운장애에 관한 연구에서, 일반 아동(초록색 또는 흰색의 동그란 점)과 지체 아동(파란색 또는 검은색의 동그란 점)이 정확하게 산출한 자음의 백분율 데이터를 산점도로 보여 주고 있다. 초기, 중기, 후기에 발달하는 소리들에 대한 두 집단의 발달연령이 지수화되었다. 이는 상대적 연령과 같은 새로운 독립변인을 도출하기 위해 일반 아동에게서 일찍 발달하는 소리들의 연령에 비례하여 이루어졌다. 그림은 상대적 연령 측정치(독립변인)로부터 정확한 자음 산출 백분율(종속변인)을 예측하기 위한 곡선형 회귀방정식을 보여 준다. 또한 X와 Y 간의 상관관계(즉 X와 Y 사이에 공유된 변량의 백분율)로부터 도출된 r^2가 제시되어 있다.

많은 연구들이 한 번에 두 개가 아닌 여러 변인 간의 관계를 동시에 조사한다. 즉, 이변량이 아닌 다변량 상관연구를 수행하는 것이다. 이러한 경우 두 변인의 가능한 조합 모두에 대해 상관계수를 계산하고, 모든 변인을 세로축과 가로축에 나열하는 상관행렬표에 제시한다. 각 쌍의 상관계수는 두 변인이 교차하는 표의 칸에 입력되는데, 하나는 수직 목록에 다른 하나는 수평 목록에 제시된다. 그다음 결과에 대한 논의는 다양한 변인 쌍들 사이에 존재하는 관계의 상대적 강도에 초

관련논문 7.11

일반인을 대상으로, 후두의 반응시간(LRT)과 자극을 고속과 저속으로 제시하여 얻은 청성뇌간반응(ABR) 검사의 정점 간 간격을 비교하여 청각 및 발성 체계 간의 상호작용을 탐색하였다. 신경계장애나 언어장애의 이력이 없고 정상 청력을 지닌 34명의 피험자가 연구에 참여하였다. 정점 간 간격은 21.1초당 클릭 수와 91.1초당 클릭 수의 속도로 두 귀에 대해 기록된 ABR을 통해 얻어졌다. LRT 반응은 피험자로 하여금 시각적 단서에 따라 가능한 한 신속하게 /s/를 발음한 다음 /a/를 발음하도록 하여 얻었다. 두 개의 반응시간 측정치, 즉 평균 후두 반응시간(MLRT)과 최단 후두 반응시간(BLRT)이 얻어졌다. 각각의 반응시간 측정치와 각각의 ABR 정점 간 간격 간에 선형 회귀분석이 수행되었다. 두 LRT와

관련해 정적 선형 관계가 유의한 것으로 나타났다 ($p<.05$). 하나는 파형 III와 V 간의 정점 간 간극에서 나타났고, 다른 하나는 파형 I과 V 간의 정점 간 간극에서 나타났는데, 둘 다 고속 자극 제시 조건에 대한 기록에서 나왔다. 이러한 결과는 일반인, 말더듬 및 경련성 발성장애 화자를 대상으로 뇌간 단계에서 청각체계와 발성체계가 상호작용한다고 제안한 일부 문헌의 결과를 지지한다.

〈그림 1〉은 다음을 보여 준다: (a) 종속변인 BLRT, MLRT 그리고 독립변인 IPI III-V L90의 개별 데이터 포인트($n=25$)와 최적선, (b) 종속변인 BLRT, MLRT 그리고 독립변인 IPI I-V L90의 개별 데이터 포인트($n=19$)와 최적선, (c) 종속변인 BLRT, MLRT 그리고 독립변인 IPI III-V R20의 개

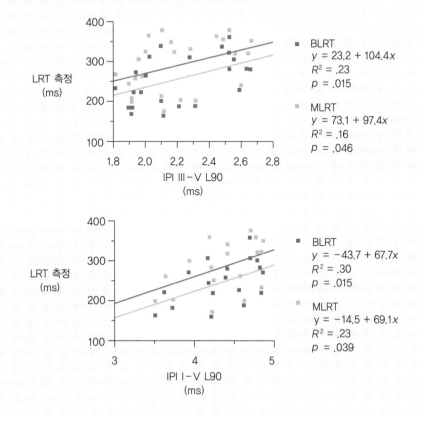

(계속)

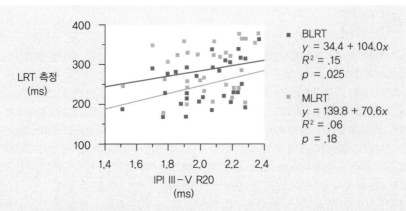

그림 1 첫 번째 그래프는 1,000분의 1초 단위로 측정된, 종속변인 BLRT(진한 혹은 파란 네모 점들)와 MLRT(옅은 혹은 초록 네모 점들) 대 독립변인 ABR 정점 간 간격 IPI III-V L90의 개별 데이터 포인트(n=25)에 대한 최적선을 보여 준다. 가운데 그래프는 1,000분의 1초 단위로 측정된, 종속변인 BLRT(진한 네모 점들)와 MLRT(옅은 네모 점들) 대 독립변인 ABR 정점 간 간격 IPI I-V L90의 개별 데이터 포인트(n=19)에 대한 최적선을 보여 준다. 마지막 그래프는 1,000분의 1초 단위로 측정된, 종속변인 BLRT(진한 네모 점들)와 MLRT(옅은 네모 점들) 대 독립변인 ABR 정점 간 간격 IPI III-V R20의 개별 데이터 포인트(n=33)에 대한 최적선을 보여 준다. MLRT와 ABR 측정치 간의 선형 관계는 통계적 유의성을 충족시키지 못했기 때문에 BLRT와 ABR 측정치 간의 관계보다 선이 더 옅다. 각 그래프의 우측 해당 종속변인의 이름 밑에는 회귀방정식, R제곱 값 그리고 유의 수준이 제시되어 있다.

별 데이터 포인트(n=33)와 최적선.

〈그림 1〉에서 볼 수 있는 바와 같이 선형 관계의 기울기는 정적이다. 이는 ABR 정점 간 간격이 길수록 LRT 수행이 더 좋지 않음을 예측하고 ABR 정점 간 간격이 더 짧을수록 LRT 수행이 더 양호함(즉 더 짧은 BLRT 또는 MLRT)을 예측한다는 뜻이다.

출처: "Relationships Between Selected Auditory and Phonatory Latency Measures in Normal Speakers," by S. V. Stager, 1990, *Journal of Speech and Hearing Research, 33*, pp. 156, 159, and 160. Copyright 1990 by the American Speech-Language-Hearing Association. 승인하에 게재.

점을 맞출 수 있다. 또한 행렬표에 나열된 종속변인을 예측하기 위해 하나의 회귀방정식에서 독립변인에 대한 다양한 조합을 사용하여 회귀분석을 수행할 수 있다. 다중상관행렬표와 그에 수반되는 다중회귀분석의 예는 〈관련논문 7.13〉에 나와 있는 몇 가지 음향학적 측정치와 말 명료도의 관계를 다룬 연구에서 찾을 수 있다. 이 관련논문의 본문에는 상관분석, 회귀 데이터 표, 그리고 종속변인 말 명료도를 예측하는 데 사용된 음향학적 특성인 일련의 독립변인에 대한 상관행렬표 등이 기술되어 있다. 또한 회귀분석을 통해 말 명료도를 예측할 수 있는 최적의 독립변인 네 개를 어떻게 선택하는지 그 방법이 기술되어 있다. 〈표 5〉는 선택된 변인, 독립변인의 회귀방정식에 입력되는 기울기 및 절편계수 그리고 r^2 통계치를 보여 준다. 〈표 6〉에서는 변인들의 모든 가능한 쌍에

관련논문 7.12

〈그림 7〉은 회귀방정식의 결과 적합도를 보여 주는 산점도이다. 이 산점도는 〈그림 6〉의 자음정확도 데이터를 연령 변환 백분율로 나타내기 위해 연결되지 않은 산점들을 함께 제시하고 있다. 이 방정식은 변량의 93.3%를 설명하고 있으며 표준오차는 6.83%이다. 관습적인 통계학적 준거에 의하면, 이 방정식과 해당 적합도는 일반 아동과 말 지체 아동의 말소리 정상화에 대해서 타당하게 특성을 규정해

준다고 주장할 수 있다. 〈그림 7〉의 추세는, 세 개의 말소리군과 두 집단 사이에 시제 표지(temporal markers)만이 상이할 뿐, 두 집단 모두 단일의 정상화 과정이 존재한다는 입장과 일치한다. 이러한 결과는 Bishop과 Edmundson(1987)이 제안한 말소리 발달에 대한 세 가설 중 하나와 구문론에 대한 Curtiss, Katz와 Tallal(1992)의 연구 결과와 매우 일치한다.

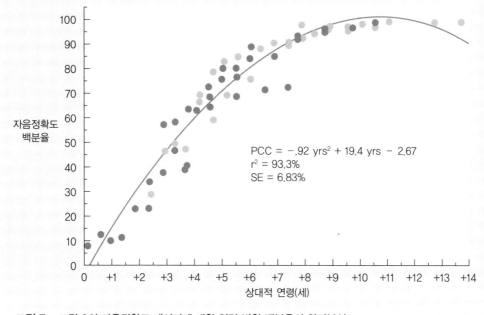

$$PCC = -.92 \ yrs^2 + 19.4 \ yrs - 2.67$$
$$r^2 = 93.3\%$$
$$SE = 6.83\%$$

그림 7　그림 6의 자음정확도 데이터에 대한 연령 변환 백분율의 회귀분석

대한 Pearson의 상관계수를 제시한 상관행렬표를 볼 수 있다.

　변인들 간의 관계를 분석하기 위해 서열 데이터가 사용될 수 있다. 일례로 Spearman 등위상관분석은 순위를 나타내는 데이터에 흔히 사용된다. 〈관련논문 7.14〉는 〈관련논문 7.13〉에 제시된 것과 유사한 상관행렬표를 보여 준다. 이 관련논문의 〈표 3〉에 입력된 상관관계는 Pearson의 상관관계가 아니다. 각각의 상관계수는 Kendall의 등위인 타우(tau)로서, Spearman의 로(rho)와 같은 서열 데이터로 계산된 비모수 상관관계이다. 본문에서는 비모수적 접근이 사용된 이유를 기술하고

관련논문 7.13

분석

어떤 음향학적 측정치 혹은 측정치의 조합이 지각된 명료도 측정치의 변량을 유의하게 설명하는지를 결정하기 위해 모든 음향학적 측정치를 다중회귀분석 틀에 통합시켰다. 다변량분석의 잠재적인 예측(독립)변인은 7개의 음향학적 측정치(예: 발성개시시간, 모음 지속시간)였다. 준거 또는 피예측(종속)변인은 명료도 백분율이었다. 명료도 백분율 점수는 분석에 앞서 아크사인 값으로 변환되었다. 모든 가능한 부분집합 회귀분석 프로그램이 사용되었다(Dixon, 1981). 이러한 회귀분석은 다양한 크기의 부분집합(부분집합의 크기는 방정식에 포함된 독립변인의 수를 말한다)을 조사하기 때문에 예측변인의 '최량' 부분집합을 결정할 수 있다. 또한 이 절차는 연구자가 방정식에 입력할 예측변인을 파악하고 순위를 결정할 때 도움이 된다.

결과

회귀분석 결과, 음소 명료도 점수의 변량 중 62.6%를 네 개의 변인이 설명할 수 있는 것으로 나타났다. 그 네 개의 변인은 마찰음과 파찰음 대조, 전설모음과 후설모음 대조, 고모음과 저모음 대조 그리고 긴장모음과 이완모음 대조이다. 〈표 5〉에는 이들 부분집합 데이터가 제시되어 있다. R^2, 종속변인 y 와 y의 예측 값 간 상관계수의 제곱 그리고 수정된 R^2이 포함되어 있다.

상관행렬표는 〈표 6〉에 제시되어 있다. '최량' 부분집합을 구성한 네 개의 변인은 측정된 명료도 점수들과 0.79의 다중 상관관계를 보여 주었다.

모든 가능한 부분집합 접근법은 1~7개의 변인들로 조합된 부분집합을 고려하여 제공된 데이터를 비판적으로 비교할 수 있게 해 준다. 네 개가 넘는 변인을 합산했을 경우에는 예측 효율성을 눈에 띄게 증가시키지 못했다. 주어진 모든 음향학적 변인들을 포함하고 있는 부분집합(모든 종속변인이 입력되어 수행된 다중회귀분석의 전체 방정식과 동등한)은 변량의 62.9%를 설명하였다. 변량에 대한 설명력을 단지 0.3% 늘리기 위해 세 개의 대조 변인을 합산하는 것은 실제 임상 및 이론적 관심에서 봤을 때 정당화되지 않는다.

말 명료도와 네 가지 말에 대한 음향학적 측면, 즉 마찰음과 파찰음 대조 및 세 종류의 모음 대조 간에 나타난 다중 상관관계는 이들 네 요인이 명료도에 강하게 영향을 미침을 보여 주었다. 단어 명료도와 음향학적 요인의 관련성을 검토한 이 연구의 일반적인 결론은 모음 매개변인인 지속시간과 F1, F2 포먼트 위치 그리고 마찰음과 파찰음 지속의 매개변인이 말 명료도 점수의 주요 예측변인이라는 것이다.

표 5 다중회귀분석: 다중상관계수 제곱(R^2), 수정된 R^2, 멜로우스의 Cp, 각 변인의 상관계수, 예측변인의 최량 부분집합에 대한 t 통계량

R^2 (0.626155)	수정된 R^2 (0.490211)	CP (2.08)
변인	상관계수	T 통계량
마찰-파찰	0.520324	2.29
전설-후설	−0.172504	−2.80
고-저	0.0874958	1.38
긴장-이완	−0.283510	−2.68
절편	169.448	

표 6 각각의 대조에 대한 음향학적 측정값 간 상관관계

		vvic 1	vvfc 2	snc 3	fac 4	fbv 5	hlv 6	tlv 7	int 8
vvic	1	1.000							
vvfc	2	−0.223	1.000						
snc	3	−0.530	0.703	1.000					
fac	4	0.214	−0.080	−0.322	1.000				
fbv	5	0.449	−0.456	−0.307	0.377	1.000			
hlv	6	−0.337	0.461	0.228	−0.309	−0.589	1.000		
tlv	7	−0.087	0.745	0.472	0.344	−0.153	0.263		
int	8	−0.238	−0.010	−0.187	−0.031	−0.574	0.408	−0.214	1.000

출처: "Acoustic-Phonetic Contrasts and Intelligibility in the Dysarthria Associated with Mixed Cerebral Palsy," by B. M. Ansel and R. D. Kent, 1992, *Journal of Speech and Hearing Research, 35*, pp. 303-304. Copyright 1992 by the American Speech-Language-Hearing Association. 승인하에 게재.

있다. 또한 결과에 대한 논의는 비유창성 측정치와 연령 및 말더듬 발생 간격의 데이터 사이에 존재하는 관계의 상대적 강도를 강조할 것임을 밝히고 있다. 이 관련논문의 강조점은 다른 변인들의 조합으로부터 한 변인을 예측하는 데 있는 것이 아니라 다양한 관계의 강도와 방향성에 있다.

앞에서 논의했던 상관과 회귀 방법은 순위나 점수 값을 할당할 수 있는 변인들 사이에 존재하는 연관성의 강도 및 방향성을 양적으로 기술한다. 그런데 연구자들은 때때로 두 개 이상의 변인—적어도 그중 하나가 명목 변인일 때—사이에 연관성이 있는지 그 여부를 확인해야 하는 과제에 직면한다. 이는 특히 범주의 빈도수로 보고될 수는 있지만 서열이나 등간 척도로는 만족스럽게 표현될 수 없는 설문지나 인구통계학적 데이터를 사용하는 연구들과 관련이 있다.

그러한 범주적 명목 수준의 데이터를 정리하기 위해, 연구자들은 **분할표**(contingency table, 교차표라고도 함)를 사용할 수 있다. 분할표는 한 변인의 속성이 또 다른 변인의 속성과 관계가 있는 이차원의 빈도 분포이다. 하나의 변인에 대해 사용된 범주들이 분할표의 어느 한 축에 열거가 되면, 두 번째 변인에 대한 범주들은 다른 한 축을 따라 열거가 된다(Moore & Notz, 2006). 분할표는 두 개 이상의 변인에 대해서도 생성될 수 있지만 다소 어색하며 연구 문헌에서도 자주 발견되지 않는다. 분할표의 항목은 특정 조합 값을 얻은 피험자의 빈도수이다. 〈표 7.7〉은 두 개의 행과 두 개의 열을 지닌 분할표를 보여 준다. 두 개의 행과 두 개의 열로 인해 2×2 분할표로 알려져 있다. 〈표

관련논문 7.14

데이터 분석

(비)유창한 말에서 얻어진 여덟 개의 측정치 모두에 대한 평균(표준편차와 함께), 중앙치 및 범위가 산출되었다. 더욱이 이들 측정치 사이에 존재하는 가능한 관계를 검토하기 위해 Kendall의 등위상관계수(T)가 계산되었다. 몇 가지 이유에서 비모수 분석 방법이 선정되었는데, 가장 큰 이유는 분포의 정규성과 변량의 동질성을 위배하지 않고자 했기 때문이다. 게다가 분석 대상이 되는 각 아동의 소리 연장과 소리/음절 반복의 절대적인 빈도수의 차이는 비모수적 절차가 적절함을 보여 주었다. 통계 분석에 앞서, 발생 빈도의 백분율로 표현된 두 측정치(즉 비유창성 빈도와 SPI)가 아크사인 변환을 거쳤음에 주목할 필요가 있다.

상관분석

〈표 3〉은 평균 연령, 보고된 말더듬 발생 시기와 데이터 수집 시기까지의 간격, 그리고 이 연구에 참여한 말더듬 아동(N=14)의 말 (비)유창성에 대한 여덟 가지 측정치 사이에 존재하는 Kendall의 등위상관계수(T)를 보여 준다.

11개의 상관관계가 .05 수준 혹은 그보다 더 엄격한 수준에서 통계적으로 유의한 것으로 나타났다. 이들 데이터를 가지고 상관분석을 수행한 주된 목적은 미래 연구를 위해 두드러지는 행동들을 알아내는 하나의 방편으로 특정 (비)말 행동 사이에 존재하는 관계를 관찰하고 기술하기 위해서다. 따라서 이 연구의 기술적 특성으로 인해 수정된 알파 값은 사용되지 않았다. 이 절의 나머지 부분은 유의한 것으로 나타난 11개의 상관관계를 논의하는 데 할애할 것이다.

출처: "Duration of Sound Prolongation and Sound/Syllable Repetition in Children Who Stutter: Preliminary Observations," by P. M. Zebrowski, 1994, *Journal of Speech and Hearing Research, 37*, pp. 257 and 259. Copyright 1994 by the American Speech-Language-Hearing Association. 승인하에 게재.

표 3 연령, 개시부터의 간격 및 (비)유창한 말 측정치 간 Kendall의 등위상관계수(T)

	연령	간격	SP	SSR	UNITS	RATE	FREQ	SPI	OVER	ARTIC
연령	—	.49*	.36	-.14	.23	.11	.24	.26	-.12	.17
간격	—	—	.12	-.05	.26	.07	.25	.22	-.23	.01
SP	—	—	—	.05	.09	.01	.31	.45*	-.54**	-.42*
SSR	—	—	—	—	.18	-.42*	.02	.01	-.16	-.02
UNITS	—	—	—	—	—	.41*	-.15	-.15	.04	.20
RATE	—	—	—	—	—	—	-.23	-.07	.28	.12
FREQ	—	—	—	—	—	—	—	.47*	-.45*	-.24
SPI	—	—	—	—	—	—	—	—	-.49**	-.43*
OVER	—	—	—	—	—	—	—	—	—	.71**
ARTIC	—	—	—	—	—	—	—	—	—	—

주: SP=평균 소리 연장 시간, SSR=평균 소리/음절 반복 시간, UNITS=소리/음절 반복 사례당 평균 단위반복 수, RATE=소리/음절 반복 사례당 평균 반복 속도, FREQ=100단어당 평균 비유창성 빈도수, SPI=소리 연장 지수, OVER=분당 낱말 수로 측정된 전반적인 말속도, ARTIC=초당 소리 수로 측정된 조음 속도.
*p<0.05
**p<0.01

표 7.7 범주적 수행 척도에 대한 일반 화자와 구개열 화자의 가상 수행 데이터를 보여 주는 2×2 분할표

	구개열 화자	일반 화자
통과	3	17
실패	13	6
	$X^2=9.39$	
	$C=0.44$	

7.7〉의 칸에는 정상 화자와 구개열을 지닌 화자의 통과/실패 수행에 대한 가상 데이터가 입력되어 있다.

분할표는 그 자체로 유용하지만, 주로 추가적인 데이터 분석이 수반되므로 연구자는 변인들 간에 유의한 관계가 있는지 그 여부를 결정할 수 있다. 이러한 데이터에 적용할 수 있는 두 가지 흔한 분석 기법은 **카이제곱**(chi square, X^2)과 **분할계수**(contingency coefficient, C)다. 앞에서 논의했던 분할표의 데이터에 카이제곱을 적용하면 9.39의 값이 산출된다. 0.01 수준에서 통계적 유의성을 갖는 데 필요한 임계값을 카이제곱 확률표에서 찾아보면, 자유도(df)가 1일 때 이 데이터 집합에 필요한 값은 6.64임을 알 수 있다(Siegel, 1956). 따라서 이 카이제곱은 0.01 수준을 넘어 통계적으로 유의할 것이다. 즉, 두 범주 변인 간에 존재하는 상관관계는 100번에 한 번 이하로 우연히 발생할 수 있음을 나타낸다.

요약하면, 카이제곱 분석은 분할표에 나열된 실제 관찰한(O) 빈도를 분석 중에 생성되거나 유사한 데이터를 갖는 일부 이론 또는 이전 경험을 바탕으로 연구자가 상정한 기대(E) 빈도와 비교할 것을 요구한다. 연구에서 실제로 관찰한 것과 기댓값으로 추정한 것 사이에 불일치가 충분히 크다면 산출된 카이제곱 값은 통계적으로 유의할 것이다. 분석 결과는 데이터에서 결정된 df를 사용하여 유의성에 대한 통계표를 참조하여 평가해야 한다는 점을 유념하라. 유의성에 대한 표들은 검토 중인 변인들 사이에 통계적으로 유의한 관계가 있다는 결론을 허용하기 위해 다양한 df와 함께 요구되는 카이제곱 통계량의 최솟값만을 제공한다. 카이제곱 분석은 변인들 간에 존재하는 관계의 강도나 방향성을 보여 주지 않는다. 단지 변인들 간에 관계가 존재할 가능성이 우연이나 일반적인 확률을 벗어나는 정도를 보여 준다. 분할계수는 관계의 정도 혹은 강도를 측정하는 데 사용되며 카이제곱 값을 사용하는 공식으로 계산할 수 있다. 〈표 6.7〉의 데이터에 대한 분할계수(C)는 0.44이고, 이 계수는 2×2 표에 대한 C의 상한이 1.0이 아니라 0.707이라는 점을 제외하고는 앞에서 논의한 다른 상관계수와 거의 동일하게 해석된다.

C의 상한선은 분할표에서 검토 중인 범주의 수에 대한 함수이다(Siegel, 1956). 분할표의 행(r)과

열(c)의 수가 같을 경우(표 7.7 참조), C의 상한선은 다음과 같이 계산된다.

$$C = \sqrt{\frac{r-1}{c}}$$

따라서 2×2 분할표의 경우, C의 상한선은 $\sqrt{1/2} = 0.707$이다. 3×3 분할표의 경우, C의 상한선은 $\sqrt{2/3} = 0.816$이다.

카이제곱은 이변량 관계의 유의성을 확인하기 위해 종종 사용되지만, 각각의 변인에 대해 하나의 값 혹은 범주로 피험자를 분류할 수 있는 한 다변량까지 확장하여 사용할 수 있다. 따라서 카이제곱은 2×3×5 분할표 또는 3×6×2×7 분할표에도 사용할 수 있다. 유일한 어려움은 이러한 데이터를 제시하고 3원과 4원 관계의 의미를 해석하는 방법을 찾는 데 있다.

카이제곱은 명목 수준의 데이터들 간에 관계가 있는지를 결정하기 위해 사용되지만, 집단 간 차이를 분석하기 위한 방법으로도 사용될 수 있는 매우 융통성 있는 절차다. 그래서 이 방법은 관계를 보여 주는 절차와 차이를 기술하는 절차를 연결하는 역할을 한다. 카이제곱을 적용하는 데 있어서 주된 차이는 다음 장에서 살펴보게 될 연구 문제나 가설의 성격에 달려 있다.

핵심 용어

개방코딩	빈도 분포	정규분포
결정지수	사례연구	제1종 오류
근거 이론 연구	사분편차(Q)	제2종 오류
기술 통계	상관계수	중앙치
내러티브 연구	선택코딩	집중경향
다중회귀분석	알파	첨도
대립가설	양방검정	최빈치
모수 통계	영가설(H_0)	축코딩
문화기술지 연구	예시	카이제곱(χ^2)
범위	왜도	평균
변량	요약 통계	표준편차(SD)
변산도	유의성 검정	현상학적 연구
분할계수(C)	유의 수준(α)	회귀분석
분할표	일방검정	Pearson 적률상관계수(r)
비모수 통계	자유도(df)	Spearman 등위상관계수(rho)

비평적 읽기 연습

01. 다음 질적 연구논문을 읽어 보라.

Reddy, R. K., Welch, D., Thorne, P., & Ameratunga, S. (2012). Hearing protection use in manufacturing workers: A qualitative study. *Noise and Health, 14*, 202-209. doi:10.4103/1463-1741.99896

Reddy와 동료들은 주제와 하위주제의 위계를 도출하기 위해 어떤 코딩 절차를 따랐는가? 주제와 하위주제를 명료화하기 위해 예시는 어떻게 사용되었는가?

02. 다음 질적 연구논문을 읽어 보라.

Danzak, R. L. (2011). The interface of language proficiency and identity: A profile analysis of bilingual adolescents and their writing. *Language, Speech, and Hearing Services in Schools, 42*, 506-519. doi:10.1044/0161-1461(2009/07-0099)

Danzak가 이 연구를 수행한 목적은 무엇인가? 선택된 질적 연구의 '유형'은 어떤 면에서 그러한 목적에 부합하는가? 결과를 보고하고 명료화하기 위해 '데이터 제시'와 예시는 어떻게 사용되었는가?

03. 다음 연구논문을 읽어 보라.

Claesen, E., & Pryce, H. (2012). An exploration of the perspectives of help-seekers prescribed hearing aids. *Primary Health Care Research and Development, 13*, 279-284. doi:10.1017/S1463423611000570

Claesen과 Pryce가 이 연구를 수행한 목적은 무엇인가? 선택된 질적 연구의 '유형'은 어떤 면에서 그러한 목적에 부합하는가? 연구자들이 이 연구를 '예비연구'로 간주하는 이유는 무엇인가?

04. 다음 연구논문의 서론, 방법, 결과 부분을 읽어 보라.

Rossiter, S., Stevens, C., & Walker, G. (2006). Tinnitus and its effect on working memory and attention. *Journal of Speech, Language, and Hearing Research, 49*, 150-160. doi:10.1044/1092-4388(2006/012)

"실험과제 1"에서 Rossiter와 동료들은 이명집단과 통제집단의 읽기폭 원점수(그림 1 참조)에 대한 빈도 분포의 차이를 어떻게 설명하고 있는가? 읽기폭과 특성불안 간의 관계를 기술하기 위해 무슨 통계량을 사용했는가? "실험과제 2"에서 특성불안과 관련된 기초선 수행을 평가하기 위해 사용한 상관분석과 회귀분석을 기술하라.

05. 다음 연구논문을 읽어 보라.

Sweeting, P. M., & Baken, R. J. (1982). Voice onset time in a normal-aged population. *Journal of Speech and Hearing Research, 25,* 1391-1411.

Sweeting과 Baken은 어떤 '데이터 축소' 전략을 사용했는가? 이들은 25~39세, 65~74세, 75세 이상 등 연령에 따른 세 피험자 집단의 발성 개시시간(그림 1과 2)의 상대적인 빈도 분포를 어떻게 해석하고 있는가?

06. 다음 지도서를 읽어 보라.

Thomas, M. C., Annaz, D., Ansari, D., Scerif, G., Jarrold, C., & Karmiloff-Smith, A. (2009). Using developmental trajectories to understand developmental disorders. *Journal of Speech, Language, and Hearing Research, 52,* 336-358. doi:10.1044/1092-4388(2009/07-0144)

개인이나 집단을 일치시키는 방법과 발달궤도를 따르는 방법의 통계학적 기반을 기술하라. 발달궤도를 사용하여 Thomas와 동료들이 논의한 세 가지 비교 유형은 무엇인가? 그리고 그 세 가지 유형의 목적은 무엇인가?

07. 다음 연구논문을 읽어 보라.

Coleman, R. O. (1976). A comparison of the contributions of two voice quality characteristics to the perception of maleness and femaleness in the voice. *Journal of Speech and Hearing Research, 19,* 168-180.

남성과 여성의 음성의 질, 기본주파수 및 성도 공명에 대한 청자의 평가 사이에 존재하는 관계를 분석하기 위해 Coleman은 어떤 방식의 등위상관 방법을 사용했는지 기술하라.

08. 다음 연구논문을 읽어 보라.

McClean, M. D., Levandowski, D. R., & Cord, M. T. (1994). Intersyllabic movement timing in the fluent speech of stutterers with different disfluency levels. *Journal of Speech and Hearing Research, 37,* 1060-1066.

McClean과 동료들이 스피치 타이밍 데이터의 변산도를 기술하기 위해 중앙치와 사분편차를 사용한 이유는 무엇인가? 가변성, 지속시간 측정치 그리고 연구자들이 평가한 비유창성 수준 간의 관계는 어땠는가? 피험자들을 별개의 집단으로 나누기 위해 어떤 히스토그램이 사용되었는지 논의하라.

09. 다음 연구논문을 읽어 보라.

von Hapsburg, D., Davis, B. L., & MacNeilage, P. F. (2008). Frame dominance in infants with hearing loss. *Journal of Speech, Language, and Hearing Research, 51,* 306-320. doi:10.1044/1092-4388(2008/023)

von Hapsburg와 동료들이 발표한 논문의 분할표(표 4, 5, 6 참조)에는 어떤 정보가 제시되어 있는가? 표에 제시된 어떤 정보가 결과 평가를 위해 활용되었는지 기술하라.

10. 다음 연구논문을 읽어 보라.

Rudy, K., & Yunusova, Y. (2013). The effect of anatomic factors on tongue position variability during consonants. *Journal of Speech, Language, and Hearing Research, 56*, 137-149. doi:10.1044/1092-4388(2012/11-0218)

히스토그램을 사용한 데이터 분포에 대한 평가는 Rudy와 Yunusova의 통계 분석 절차에 어떤 영향을 미쳤는가? 이들이 Pearson 상관계수를 보고하는 대신 Spearman 등위상관 비교를 사용한 이유는 무엇인가?

11. 다음 연구논문을 읽어 보라.

Hunter, E. J., Halpern, A. E., & Spielman, J. L. (2012). Impact of four nonclinical speaking environments on a child's fundamental frequency and voice level: A preliminary case study. *Journal of Language, Speech, and Hearing Services in Schools, 43*, 253-263. doi:10.1044/0161-1461(2011/11-0002)

Hunter와 동료들이 서로 다른 말하기 환경에서의 기본주파수(그림 1)와 음압 레벨(그림 2)을 특징짓기 위해 분포 히스토그램을 어떻게 사용했는지 기술하라. 〈표 1〉과 〈표 2〉에는 어떤 요약 통계가 제시되었고, 그러한 정보는 독자가 음성의 기본주파수와 평가된 dB SPL 데이터를 각각 이해하는 데 어떤 도움이 되는가?

12. 다음 연구논문을 읽어 보라.

Proctor, A., Yairi, E., Duff, M. C., & Zhang, J. (2008). Prevalence of stuttering in African American preschoolers. *Journal of Speech, Language, and Hearing Research, 51*, 1465-1479. doi:10.1044/1092-4388(2008/07-0057)

Proctor와 동료들이 조사한 예측변인과 피예측변인은 무엇인가? 그들은 어떤 변인을 통계적으로 유의하다고 보고했는가? 파이(Φ) 상관계수는 무엇이며 어떻게 사용되는가?

8

연구논문의 결과: 통계적 추론

이전 장에서 살펴본 바와 같이, 일변량분석과 이변량분석은 서로 다른 조건이나 집단에서 얻은 데이터의 분포적 특성 또는 변인 간의 관계를 기술하기 위해 사용할 수 있다. 그러나 이러한 요약 통계와 달리 **추리 통계**(inferential statistics)는 연구자가 연구 결과에 의미를 부여할 수 있도록 데이터를 분석하는 역할을 한다(Graziano & Raulin, 2013; Kranzler, Moursund, & Kranzler, 2007). 추리 통계는 비교를 목적으로 각각의 조건이나 집단의 요약 통계치를 참고하여 연구자가 표본에서 얻은 조사결과로 모집단의 특성을 **추론**할 수 있게 해 준다(Baumgartner & Hensley, 2013). 이러한 통계 분석 유형은 연구자로 하여금 결론을 도출하고 "양적 이야기를 할 수 있게 해 주는"(DePoy & Gitlin, 2011) 체계적인 분석 방법이다. 특히 DePoy와 Gitlin(2011)은 추리 통계를 "실험연구를 하는 연구자들이 시냇물의 한쪽(문제)에서 반대편(해답)으로 가는 데 사용하는 징검다리"로 보았다.

많은 연구 문제들이 둘 이상의 피험자 집단 간 차이에 관심을 갖는다. 예를 들면 어떤 연구자는 특정 언어 척도에서 정상 청력을 지닌 아동 집단과 청각장애 아동 집단 간에 차이가 있는지를 알고 싶어 할 것이다. 혹은 동일한 집단 내 피험자들 간에 차이가 나타나는지 궁금할 수 있는데, 청각훈련을 받기 전과 후에 청각장애인들의 어음 변별 점수에 차이가 있는지를 알아보고자 하는 경우를 예로 들 수 있다. 즉, 연구자들은 **집단 간 차이**와 **집단 내 차이**에 관심이 있을 수 있다. 이러한 분석을 통해 연구자들은 표본 데이터에서 나타난 차이가 표집 오류나 우연 때문에 얻어진 결과가 아니라고 결론을 내릴 수 있을 만큼 큰 차이인지를 판단하고자 한다. 달리 말하면, 연구자는 집단 간 또는 집단 내 차이를 결론짓기 전에 제1종 오류가 일어났을 확률을 검토할 것이다.

추리 통계의 특성과 기반이 되는 수학적 이론들은 상당히 복잡하지만, 적절한 통계적 검정 절차를 선정하는 것이 양적 연구의 핵심이다. 통계적 검정은 오류 없이 자료를 계산하고 보고해야 할 뿐만 아니라, "모아진 데이터에 적절하다"고 판단될 정도로 "사용된 검정 절차를 선택할 때 가정했던 것들이 신빙성이 있어야 한다"(Max & Onghena, 1999). 〈표 8.11〉(이 장 뒤편 참조)에는 자주 사용되는 분석 방법과 그 방법을 적용할 수 있는 상황들이 요약되어 있다. 각각의 분석 방법이 적용되는 측정 수준과 어떤 것들이 모수적 방법이고 어떤 것들이 비모수적 방법인지도 제시되어 있다. 비록 〈표 8.11〉에 의사소통장애 연구에서 사용되는 모든 통계 방법이 포함되어 있는 것은 아니지만 비판적 읽기를 시작하는 학생들이 문헌에서 자주 마주칠 만한 것들은 대부분 정리되어 있다. 또한 어떤 통계 방법이 집단 간 비교(독립 표본 검정) 또는 집단 내 비교(대응 표본 검정)에 더적절한지도 제시되어 있다. 아울러 어떤 분석 방법이 두 표본 집단을 비교할 때 적절하고, 어떤 분석 방법이 둘 이상의 표본 집단을 비교할 때 적절한지도 파악할 수 있다.

차이 분석

우리는 먼저, 단일 독립변인에 대한 두 집단의 데이터 차이가 유의한지를 알아보는 통계 방법들을 논의하고자 한다. 이러한 절차는 서로 다른 두 개의 피험자 집단이나 서로 다른 두 조건(예: 조용한 곳에서 말하기와 소음 속에서 말하기)으로 나눈 한 집단의 피험자들을 비교하는 데 사용될 수 있다. 달리 말하면, 이러한 절차들은 집단 간 비교(즉 독립적이거나 서로 상관이 없는 표본들)나 집단 내 비교(즉 독립적이지 않거나 상관이 있는 표본들)에 사용될 수 있다.

위에서 언급한 두 집단 단일 변인 분석 상황에서는 차이의 유의성을 알아보기 위한 기본적인 모수 통계 절차로 z비(z ratio)와 t검정(t test, 발명자인 William Sealy Gosset의 필명이었던 Student에서 착안하여 "Student's t test"라고 부르기도 함)을 이용한다. z비는 표본이 클 때(일반적으로 30 이상) 사용하며, t검정은 더 작은 표본에 적절하다. 기본적으로, 이 두 통계 절차(그리고 다양한 부차적 절차들)는 평균 차이의 이론적 분포를 검토하여 해당 연구 결과에서 나타난 값의 차이를 이론적 분포와 비교한다. 만약에 연구에서 나타난 차이가 이론적 분포의 평균 차이에서 뚜렷하게 벗어난다면 특정 유의 수준(앞 장에서 기술한 바와 같이 보통 0.05나 0.01 수준)에서 유의하다고 판명된다. 이러한 절차는 통계 교과서에서 찾을 수 있는 설정된 공식이나 표를 이용해 수행될 수 있다.

z비의 경우, 통계적으로 유의한 차이 값은 양방검정에서 1.96(0.05 수준)과 2.58(0.01 수준), 일방검정에서 1.65(0.05 수준)와 2.33(0.01 수준)이다. t검정에서는 통계적으로 유의한 차이 값이 데이터의 자유도에 따라 달라진다. 따라서 자유도에 따른 유의한 t 값을 알아보기 위해 t 분포표를 참고해야 한다. 이 두 통계 절차를 사용하는 연구자는 연구에 보고된 데이터의 z비 또는 t 값뿐 아니라 연구에서 설정한 유의 수준을 함께 명시해야 한다.

두 집단의 평균 비교와 한 집단의 처치 전후 평균 비교에 z비를 적용한 예는 〈표 8.1〉에서 찾아볼 수 있다. 〈표 8.2〉와 〈표 8.3〉에는 t검정을 적용한 유사한 예가 제시되어 있다. 〈표 8.1〉과 〈표

표 8.1 z비 요약표

	다른 집단			동일 집단	
	$H_0: M_1 = M_2$			$H_0: M_1 = M_2$	
	$H_1: M_1 \neq M_2$			$H_1: M_1 \neq M_2$	

	집단 1	집단 2		시험 1	시험 2
N	35	41	N	40	40
M*	29.5	31.2	M	53.1	55.4
σ	5.3	4.8	σ	7.9	8.1
σ_M	0.91	1.76	$r_{M_1 M_2}$†	— 0.80	—
σ_{D_M}	— 1.18	—	σ_M	1.3	1.3
			σ_{D_M}	— 0.83	—

z비 공식: $\quad z = \dfrac{D_M}{\sigma_{D_M}}$

$(D_M = M_2 - M_1 \text{일 때}) = \dfrac{31.2 - 29.5}{1.18}$

$\qquad\qquad\qquad\quad = 1.44$

1.44의 z비는 양방검정에 필요한 0.05의 유의 수준 (1.96)보다 낮다. 즉, 두 집단의 평균 차이는 유의하지 않으며 이러한 결과는 100번 중 5번 이상 우연히 나타날 수 있다.

결정: 영가설을 채택한다.

z비 공식: $\quad z = \dfrac{D_M}{\sigma_{D_M}}$

$(D_M = M_2 - M_1 \text{일 때}) = \dfrac{55.4 - 53.1}{0.83}$

$\qquad\qquad\qquad\quad = 2.77$

2.77의 z비는 양방검정에 필요한 0.01의 유의 수준 (2.58)보다 높다. 즉, 두 조건의 평균 차이는 통계적으로 유의하며 이러한 결과는 100번 중 1번 이하 우연히 나타날 수 있다.

결정: 영가설을 기각하고 대립가설을 채택한다.

---

* 평균 점수를 나타내기 위해 M이 사용될 수 있음.
† 시험 1과 시험 2의 상관관계는 이전 분석에서 얻어 냈고 그것으로 σ_{D_M}을 계산함.

8.2〉에 제시된 수치들은 개별 값이 아닌 집단의 평균을 의미한다. 〈표 8.3〉의 t검정에서는 평균 쌍 차이와 쌍 차이의 편차를 계산에 이용하였다.

표에는 통계 절차를 통해 검정된 영가설(H_0)과 해당 영가설의 대립가설(H_1, H_2 등등) 또한 제시되어 있다. 각각의 통계 절차는 집단 간 점수의 차이가 없다는 가설(H_0)의 확률을 논한다. 만약 얻은 통계치가 영가설이 맞을 확률이 매우 낮음을 시사한다면(즉 통계치가 유의 수준을 충족한다면) H_0은 기각되고 대립가설 중 하나를 선택하게 된다.

모수 통계 수행에 필요한 가정이 충족되지 않았을 때(예: 데이터가 등간 척도 또는 비율 척도가 아니거나 표본 크기가 매우 작은 경우), 연구자는 비모수 통계 절차를 데이터에 적용한다. 이러한 절차에는 한 집단을 대상으로 시간의 흐름에 따른 변화를 살펴보는 **Wilcoxon T검정**(Wilcoxon T test, Wilcoxon 대응 쌍 부호 순위 검정으로도 알려져 있음)과 집단 간 차이를 알아보는 **Mann-**

표 8.2 t검정 요약표(독립 집단)

$$H_0: \overline{X}_1 = \overline{X}_2$$
$$H_1: \overline{X}_1 > \overline{X}_2$$

지시적 가설, 일방검정을 사용한다.

	집단 1	집단 2
N	21	23
$\overline{X}$	15.7	13.5
σ	3.7	3.9
*$\sum x^2$	287	349
$\overline{X}_1 - \overline{X}_2$	— 2.2	—

t 계산 공식(평균값의 차이): $\dfrac{\overline{X}_1 - \overline{X}_2}{\sqrt{\left(\dfrac{\sum x^2_1 + \sum x^2_2}{N_1 + N_2 - 2}\right)\left(\dfrac{N_1 + N_2}{N_1 N_2}\right)}}$

$t = 1.88$ 자유도 $= 42$
자유도 42에서 일방검정에 필요한 $t = 1.68$(유의 수준 0.05)

산출된 t 값 1.88은 자유도 42에서의 일방검정에 필요한 t 값 수치보다 높다(유의 수준 0.05). 즉, 이 두 집단의 평균 차이는 통계적으로 유의하며, 이러한 결과는 100번 중 5번 미만으로 우연히 나타날 수 있다. 집단 1의 평균은 집단 2의 평균보다 유의하게 높다.

결정: 영가설을 기각하고 대립가설을 채택한다.

* 분석 과정에서 얻은 정보, 계산 결과는 제시하지 않음.

Whitney U검정(Mann-Whitney U test)이 있다. 이러한 절차의 수행에는 각각의 절차에 해당하는 표의 수치와 대조하는 과정이 요구된다. Wilcoxon과 Mann-Whitney 절차는 〈표 8.4〉와 〈표 8.5〉에 예시되어 있다. 차이를 기술하기 위한 비모수 통계 절차에 대한 더 자세한 설명은 Siegel과 Castellan(1988)에서 찾아볼 수 있다.

이제 우리는 비교 대상 집단이 둘 이상이거나 검정 대상 집단의 조건이 둘 이상인 경우를 살펴보고자 한다. 이러한 상황에서 대부분의 연구가 사용하는 모수 통계 절차는 **변량분석**(analysis of variance, ANOVA)이다. ANOVA에서 계산하는 통계치는 F비(F ratio)라고 하며, 분석 결과는 주로 요약표로 보고된다. F비를 판단하려면 F 분포표에서 해당 값을 찾아보아야 한다. 요약표에는 유의

표 8.3 *t* 검정 요약표(관련 집단)

$$H_0: \overline{X}_1 = \overline{X}_2$$
$$H_1: \overline{X}_1 \neq \overline{X}_2$$

주: 본 절차는 차이 비교를 위해 평균이 아닌 사전과 사후 검사의 점수 쌍을 활용한다.

$N=18\,\overline{X}_1=21.8\,\overline{X}_2=22.7$

대상자 18명의 원자료

대상자	사전검사	사후검사	대상자	사전검사	사후검사
a	23	28	j	28	27
b	24	22	k	27	27
c	16	18	l	18	15
d	15	16	m	21	23
e	18	23	n	26	27
f	16	18	o	19	25
g	21	20	p	21	19
h	25	23	q	26	26
i	26	28	r	23	24

본 데이터를 이용한 분석 과정에서 얻은 정보는 다음과 같다.

$$M_d = 1.0 \sum x_d^2 = 110$$

t 검정 공식: $t = \dfrac{M_d}{\sqrt{\sum x^2 / N(N-1)}}$

해당 자료의 *t* 값=1.69
통계적으로 유의한 차이를 드러내기 위해 필요한 *t* 값(양방검정, 자유도=17)
  2.1(유의 수준 0.05)
  2.9(유의 수준 0.01)

t 값 1.69는 자유도 17에서 통계적으로 유의한 차이를 드러내기 위해 필요한 *t* 값보다 그 수치가 낮기 때문에 영가설을 수용한다. 즉, 사전검사와 사후검사의 점수 차이는 통계적으로 유의하지 않으며, 이러한 결과는 100번 중 5번 이상 우연히 나타날 수 있다.

결정: 영가설을 채택한다.

성을 판단하기 위해 필요한 *F* 값(또는 보고된 *F*의 *p* 값)과 자유도(*df*)가 명시되어 있어야 한다.

우리는 ANOVA가 기반으로 하고 있는 이론적 가정이나 *F*비의 계산 절차를 상세히 설명하지 않을 것이다. 그러나 평균값의 차이 검정을 위한 통계방법으로서의 ANOVA에 대한 전반적인 논리

표 8.4 Wilcoxon 대응 쌍 부호 순위 검정(T) 요약

$$H_0: \sum Ranks_1 = \sum Ranks_2$$
$$H_1: \sum Ranks_1 \neq \sum Ranks_2$$

중재 전과 중재 후에 측정한 대상자 7명의 가상 데이터

대상자	중재 전	중재 후	차이 d	d 순위	저빈도 부호 순위
a	17	19	+2	2	
b	17	16	−1	1	1
c	20	14	−6	5	5
d	13	21	+8	7	
e	16	19	+3	3	
f	14	21	+7	6	
g	19	14	−5	4	4

$T=10$

본 절차로 데이터의 T 통계량을 얻을 수 있다. T는 저빈도 부호 순위의 합이다. 이 값은 통계적 유의성을 결정하기 위해 요구되는 값과 비교되는데, 참고로 이들 값은 Siegel과 Castellan(1988), Gibbons(1993)의 부록에 표로 정리되어 있다. 본 자료의 T값은 10이고, $N=7$일 때 알파=0.05에 필요한 T 값이 2이며, 알파=0.01에 필요한 T 값은 0이다.

주: 본 절차에서 관측된 T는 유의 수준에서 필요로 하는 값보다 반드시 작아야 한다.

관측된 T는 유의 수준 0.05를 충족시키기 위한 값보다 크다. 따라서 중재 전후의 점수 차이는 유의하지 않으며, 이러한 결과는 100번 중 5번 이상 우연히 나타날 수 있다.

결정: 영가설을 채택한다.

Wilcoxon T는 다음 공식을 사용해 z점수로 변환될 수 있다.

$$z = \frac{T - u_T}{SD_T}$$

본 데이터의 z점수는 0.11로 유의 수준 0.05를 충족시킬 수 없다. 이러한 변환을 위해서는 많은 표본($N>25$)이 필요하다. 그러나 Siegel과 Castellan(1988)은 더 적은 표본에서도 z점수 변환이 가능하다고 주장하면서, u_T와 SD_T 계산을 위한 공식을 제공하였다. z는 0의 평균과 유의성 측면에서 T와 반대 방향의 표준편차를 지닌다. T 값이 클수록 z점수는 0에 가까워지며, T 값이 작을수록 z점수가 높아져 좀 더 유의한 값을 지니게 된다 (즉 제1종 오류를 범할 가능성이 낮아진다).

는 제시할 것이다. 집단들의 평균에 차이가 있다면 집단 간 변량이 집단 내 변량보다 클 것이다. 집단 간 변량은 모든 점수의 전체 평균에 대한 집단 평균의 변량으로 간주될 수 있다.

예를 들면, 나이가 다른 아동들이 특정 언어 과제에서 서로 다른 수행능력을 보이는지 알아보고

표 8.5 Mann-Whitney U 검정 요약

$$H_0: \text{Ranks}_1 = \text{Ranks}_2$$
$$H_1: \text{Ranks}_1 \neq \text{Ranks}_2$$

어휘검사에 대한 두 집단 총 10명의 가상 데이터

집단 1 점수	순위	집단 2 점수	순위
20	7	23	9
15	4	16	5
18	6	13	3
25	10	12	2
10	1	22	8
	$R_1 = 28$		$R_2 = 27$

Mann-Whitney 절차는 U 값을 결정하고, 이 값을 통계적 유의성 충족에 필요한 값과 비교하는 것이다. 비교에 필요한 값은 Siegel과 Castellan(1988), 그리고 Gibbons(1993)가 부록에 제시한 표를 참고하면 된다. 집단별 대상자 수가 각각 5명일 때 본 가상 데이터의 U 값은 12이고, 유의 수준 0.05 충족을 위한 값은 4이며, 유의 수준 0.01 충족을 위한 값은 2이다.

주: 관찰된 U 값이 유의 수준에서 요구하는 값보다 작아야만 통계적으로 유의하다.

관찰된 U 값은 유의 수준 0.05 충족에 필요한 값보다 더 크다. 따라서 집단 1과 2의 차이는 통계적으로 유의하지 않으며, 이러한 결과는 100번 중 5번 이상 우연히 나타날 수 있다.

결정: 영가설을 채택한다.

자 하는 연구자가 있다. 이 연구자는 횡단연구 방법을 활용해 네 연령 집단(5세, 6세, 7세, 8세)을 구성하고, 각 집단마다 100명씩을 배정한 후, 일원변량분석(one-way ANOVA)을 통해 총 400명 아동의 과제 수행을 평가한다(표 8.6 참조). 이러한 절차를 일원변량분석이라고 부르는 이유는 독립(분류)변인이 한 개이기 때문이다. 다시 말하자면, ANOVA의 구조 또는 평균의 차이를 검정하는 '방법'의 수는 연구에서 다뤄지는 독립변인의 수에 따라 결정된다.

같은 연령 집단 내에서도 아동 100명 간에 편차가 나타날 수 있기에 각 집단마다 평균과 변량이 나타날 것이다. (전체 평균에 비해서) 각 집단 평균 간 변량이 각 집단 내 변량보다 크다면, F비에서 볼 수 있듯이 연령에 따라 유의한 차이가 있는 것이다. 이러한 ANOVA의 결과로 나오는 F비는 집단 간 변량(집단 간 평균제곱 또는 MS between이라고 함)을 집단 내 변량(MS within이라고 함)으로 나눈 비율이다. 집단 간 변량이 집단 내 변량보다 훨씬 큰 경우에는 F비가 클 것이고, 그 값이

표 8.6 네 연령 집단의 평균 비교를 위한 일원변량분석 설계

	독립(분류)변인 = 연령			
	집단 A(5세)	집단 B(6세)	집단 C(7세)	집단 D(8세)
종속(준거)변인	$\overline{X}_a$	$\overline{X}_b$	$\overline{X}_c$	$\overline{X}_d$
	σ_a	σ_b	σ_c	σ_d
	$N_a=100$	$N_b=100$	$N_c=100$	$N_d=100$

H_0 = 네 집단 간 평균에는 차이가 없다.
H_1 = 네 집단 간 평균에는 차이가 있다.

자유도와 알파값을 충족할 만큼 크면 통계적으로 유의해진다. 집단 간 변량이 집단 내 변량보다 크지 않은 경우에는 F비가 작아지고 통계적으로 유의하지 않게 된다. 앞에서 언급한 가상의 횡단 연구에 대해 ANOVA를 실시하고 요약한 결과는 〈표 8.7〉에서 찾아볼 수 있다.

　연구의 변인이 독립 혹은 분류 변인(즉 나이 또는 진단명) 하나뿐이라면 〈표 8.7〉과 같이 일원 변량분석을 수행하고 그 결과로 나타나는 F비를 보고한다. F비는 집단 내 평균 제곱에 대한 집단 간 평균 제곱의 비를 말하는데, 이는 분석과정에서 계산된다. 이제 앞에서 언급한 기본적인 문제를 포함하고 있는 좀 더 복잡한 상황으로 한 단계 더 나가 보자. 만약에 연구자가 성별 또한 언어 수행에 영향을 미칠 것이라고 생각한다면, 연구는 피험자들을 네 개의 연령 집단으로 나누는 것에

표 8.7 일원변량분석 요약표(본문의 예시 사용)

요인	제곱의 합	자유도(df)	평균 제곱	F비
집단 간(연령)	53.19	3	17.73	3.1
집단 내	2,265.12	396	5.72	
총합	2,318.31	399		

$$F = \frac{MS_{between}}{MS_{within}} = \frac{17.73}{5.72} = 3.1$$
$$F_{required}(3/396df) = 2.62(p=0.05)$$
$$= 3.83(p=0.01)$$

관찰된 F비 3.1은 유의 수준 0.05와 0.01을 충족시키는 데 필요한 값의 사이에 있다. 따라서 네 집단 간에는 통계적으로 유의한 차이가 존재한다. 이러한 차이는 100번 중 1번 이상 5번 미만으로 우연히 나타날 수 있다.

결정: 영가설을 기각하고 대립가설을 채택한다.

더하여 각 연령 집단을 남자 아동 집단과 여자 아동 집단으로 구분하는 방식으로 설계될 것이다. 따라서 연구는 이제 4×2 설계가 되며, 연령과 성별을 관심 변인으로 하는 이원변량분석이 수행될 것이다. 〈표 8.8〉에는 4×2 설계를 위한 가상 데이터와 검정될 통계적 가설이 제시되어 있다. 연구자는 분석 과정에서 하나 이상의 질문을 하게 될 것인데, 정리하면 다음과 같다.

1. 아동의 언어 수행은 연령에 따라 차이가 있는가?
2. 아동의 언어 수행은 성별에 따라 차이가 있는가?

이 두 가지 질문은 ANOVA의 주 효과와 관련이 있다. 이에 더하여 추가적인 질문이 제기될 수 있다. 즉, 언어 수행과 관련하여 연령과 성별의 상호작용이 존재하는가? 다시 말해, 남자 아동과 여자 아동은 연령에 따라 다른 언어 수행 패턴을 보이는가? 이에 따라 ANOVA는 세 가지 변량—연령에 대한 변량(MS 연령), 성별에 대한 변량(MS 성별), 연령과 성별의 상호작용에 대한 변량(MS 연령×성별)—을 측정한 후 이 세 개의 결과 자료를 여덟 개의 집단 내 변량과 비교하게 된다. F비 또한 연령에 대한 F비, 성별에 대한 F비, 상호작용에 대한 F비, 세 가지로 계산된다. 이 중 어떤 하나가 통계적으로 유의할 수 있으며, 모두 유의할 수도 있고, 모두 유의하지 않을 수도 있다. 지금까지 논의한 예는 〈표 8.9〉에 요약되어 있다. 이 표에서 연구 수요자에게 가장 중요한 정

표 8.8 이원변량분석 수행을 위한 4×2 설계

	독립(분류)변인: 피험자의 연령			
	집단 A(5세)	집단 B(6세)	집단 C(7세)	집단 D(8세)
남자	$\overline{X}_{ma}$	$\overline{X}_{mb}$	$\overline{X}_{mc}$	$\overline{X}_{md}$
	σ_{ma}	σ_{mb}	σ_{mc}	σ_{md}
	$N_{ma}=50$	$N_{mb}=50$	$N_{mc}=50$	$N_{md}=50$
여자	$\overline{X}_{fa}$	$\overline{X}_{fb}$	$\overline{X}_{fc}$	$\overline{X}_{fd}$
	σ_{fa}	σ_{fb}	σ_{fc}	σ_{fd}
	$N_{fa}=50$	$N_{fb}=50$	$N_{fc}=50$	$N_{fd}=50$

H_0(성별의 주 효과): 남자 아동 집단과 여자 아동 집단의 평균에는 차이가 없다.
H_1(성별의 주 효과): 남자 아동 집단과 여자 아동 집단의 평균에는 차이가 있다.
연령의 주 효과에 대한 H_0과 H_1은 위와 동일하다.
H_0(성별과 연령의 상호작용): 성별에 따른 여러 연령의 상호작용 효과로 인한 평균 차이는 존재하지 않는다.
H_1(성별과 연령의 상호작용): 성별에 따른 여러 연령의 상호작용 효과로 인한 평균 차이가 존재한다.

보는 F비가 제시되는 맨 오른쪽 칸에 있다. 이 수치들을 표 바로 아래에 나와 있는 유의 수준과 비교하여 통계적 유의성을 판단한다. 유의 수준을 나타내기 위해 자주 사용되는 표기법 또한 표에서 확인할 수 있는데, 별표 한 개(*)는 0.05 수준에서 통계적으로 유의함을, 별표 두 개(**)는 0.01 수준에서 통계적으로 유의함을 나타낸다.

이제 다시 상호작용이라는 개념으로 돌아와 좀 더 자세히 이야기해 보자. 이미 보아 왔듯이, 연구자가 하나의 독립 또는 분류 변인을 다루는 설계에서 더 나아가 여러 개의 독립 또는 분류 변인을 다루는 설계를 하기 시작하면 각 변인의 주 효과뿐 아니라 변인 간 혹은 변인 내 상호작용에 대해서도 고려를 해야 한다. 이러한 상호작용은 이름 그대로 주 효과에 기인하는 단일 작용이 아니라 둘 이상 변인들의 공동 작용으로 일어난다. 자료를 그래프로 제시했을 때 나타나는 모양 때문에 때로는 상호작용을 교차효과라고도 한다. 앞에서 언급한 예에서는 성별

표 8.9 이원변량분석 요약표(본문의 예시 사용)

요인	제곱 합	자유도(df)	평균 제곱	F비
집단 간(연령)	54.00	3	18	5.8**
집단 간(성별)	12.10	1	12.1	3.9**
연령×성별 상호작용	38.10	3	12.7	4.1**
집단 내	1,215.20	392	3.1	
총합	1,319.40	399		

*$p < .05$
**$p < .01$

F비 계산		통계적 유의성 충족을 위한 F비		
		유의 수준		
		0.05	0.01	
연령의 F	$=\dfrac{18.0}{3.1}=5.8$	2.62	3.83	($df = 3,392$)
성별의 F	$=\dfrac{12.1}{3.1}=3.9$	3.86	6.70	($df = 1,392$)
연령×성별 상호작용의 $F=\dfrac{12.7}{3.1}=4.1$		2.62	3.83	($df = 3,392$)

각 F 값은 다음과 같이 평가될 수 있다.
  연령에 대한 주 효과의 F 값은 연령 간 유의한 차이를 드러낸다.
  성별에 대한 주 효과의 F 값은 성별 간 유의한 차이를 드러낸다.
  연령과 성별의 상호작용에 대한 F 값은 상호작용 효과가 유의함을 드러낸다.

과 연령이 유의한 상호작용 효과를 드러냈다. 이는 다양한 연령과 성별의 수행을 보여 주는 〈표 8.10〉과 〈그림 8.1〉에서 확인할 수 있다. 눈여겨볼 부분은 도표에서 성별과 연령이 평행하지 않다는 점이다. 전반적으로는 여자 아동이 남자 아동에 비해 높은 수행을 보였으나 여자 아동의 강점이 모든 연령대에서 동일하게 나타나지 않고, 8세가 되면 여자 아동과 남자 아동의 점수가 실질적으로 같아진다. 즉, 남자 아동과 여자 아동 간 수행의 차이는 연령이 높아질수록 작아지고, 8세가 되면 남자 아동이 여자 아동을 따라잡는다고 볼 수 있다.

연구 분야마다 상호작용할 경향성이 있는 변인들을 찾아내서 연구해 왔다. 우리가 제시한 예에

표 8.10 언어 수행에 미치는 연령과 성별의 주 효과 및 연령과 성별의 상호작용을 설명하는 가상 평균

피험자 성별	피험자 연령				
	집단 A(5세)	집단 B(6세)	집단 C(7세)	집단 D(8세)	연령 통합
남자	12.0	16.0	21.0	24.0	18.25
여자	17.0	20.0	23.0	23.0	20.75
성별 통합	14.50	18.00	22.00	23.50	

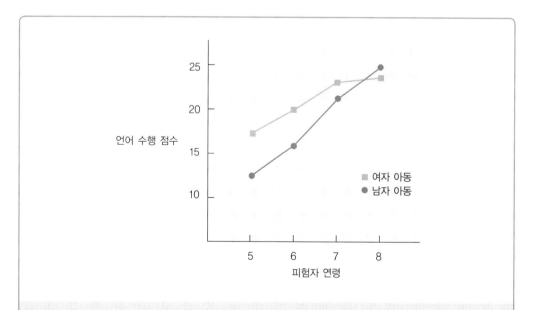

그림 8.1 가상 자료를 이용한 이원(4×2)변량분석에서 두 독립(분류)변인의 상호작용을 보여 주는 그래프 형태

서는 이른바 이원상호작용이라는 것을 다루었다. 변인이 세 개인 설계에서는 이원상호작용과 삼
원상호작용을 둘 다 검토해야 한다. 예를 들면, 의사소통장애 연구에서는 성별, 진단명 그리고 치
료 기간이 어떤 성과 변인에 영향을 미치는지 살펴보고자 할 것이다. 이 경우에 ANOVA는 다음과
같은 주 효과와 상호작용을 다룬다.

1. 성별(S)
2. 진단명(C)
3. 치료 기간(T)
4. 성별(S) × 진단명(C) 상호작용
5. 성별(S) × 치료 기간(T) 상호작용
6. 진단명(C) × 치료 기간(T) 상호작용
7. 성별(S) × 진단명(C) × 치료 기간(T) 상호작용

현실적인 관점에서 이야기하자면, 대부분의 연구는 세 개 이상의 변인 간 상호작용을 다루지 않
는다. 복잡한 상호작용은 설명하기도 어려울 뿐 아니라 표본 크기를 비롯하여 연구 수행을 위해
설계상으로 고려해야 할 부분들이 연구자에게 난관이 되기 때문이다. 더욱이 연구 결과를 발표할
경우에는 상호작용 효과를 조심스럽게 평가해야 한다. 사실 어떤 연구에서는 주 효과보다 상호작
용 효과가 더 중요한 부분일 수도 있다. ANOVA에서는 주 효과와 상호작용 효과가 모두 유의한
경우가 종종 있다.

연구자가 ANOVA 절차를 수행하여 집단 간에 유의한 차이가 있음을 파악하고 나면, 집단 간 차
이가 어디에서 발생했는지를 확인하기 위해 추가 분석을 할 수 있다. 역사적으로는 F비가 유의한
것으로 결정이 날 경우 t검정을 통해 짝 지어진 표본의 평균을 비교하는 것이 일반적이었다. 그러
나 최근에는 수학적·논리적 이유들로 인해 t검정 대신 다른 절차들을 이용하는 경우가 흔하다.
Tukey, Duncan, Newman-Keuls, 그리고 Scheffé 검정 등을 예로 들 수 있다. 여러분은 유의한 차이
를 확인하기 위해 이러한 분석을 언급한 연구보고서들을 종종 발견할 것이다.

의사소통장애 연구에서 ANOVA에 적합한 설계에 비모수 통계 방법을 적용하는 것은 데이터가
명목 척도나 서열 척도로 되어 있을 때이다. 이러한 척도에는 비모수 통계 방법을 사용해야 한다.
〈표 8.11〉에 나와 있는 바와 같이, 모수 ANOVA와 다소 상응하는 비모수 절차는 **Kruskal-Wallis 검
정**(Kruskal-Wallis test, H), **Friedman 검정**(Friedman test), **Cochran의 Q검정**(Cochran's Q test), **독립
표본 카이제곱(X^2) 검정**[chi square(X^2) test for independent samples] 등을 들 수 있다. 각 검정 방법
에 대한 논의는 Siegel과 Castellan(1988)에서 찾아볼 수 있다. 일반적으로, Kruskal-Wallis 등위 일원

표 8.11 분석 절차 요약

측정 수준	상관 분석 방법		차이 분석 방법	
			유관 표본	독립 표본
명목	비모수적방법	분할계수(C) 카이제곱(X^2)	Cochran의 Q검정	독립 표본 카이제곱(X^2) 검정
서열		Spearman 등위상관계수(Rho)	두 표본 두 표본 초과	Wilcoxon 부호순위 검정(T) Friedman 이원변량분석	Mann-Whitney U검정 Kruskal-Wallis 일원변량분석(H)
등간, 비율	모수적방법	Pearson 적률상관계수(r) 다중회귀분석	두 표본 두 표본 초과	대응 표본 t검정 Z비 ANOVA(F) ANCOVA(F) MANOVA (T^2, Λ, F)	독립 표본 t검정 Z비 ANOVA(F) ANCOVA(F) MANOVA (T^2, Λ, F)

변량분석과 Friedman 등위 이원변량분석은 다수의 표본(집단)이 동일한 모집단에서 추출되었으며 유사한 평균 등위 값을 갖는다는 가설을 검정한다. Cochran의 Q검정은 관련 집단(혹은 한 집단에 대한 반복 측정)의 빈도 또는 비율이 때에 따라 다른지를 알아보고자 한다. 독립표본 카이제곱 검정은 다른 표본들이 동일한 모집단에서 추출되었는지를 검정한다. 빈도로 제시될 수 있는 데이터를 검정하는 데 유용하다.

마지막으로 표에 제시된 다른 두 가지 분석 방법을 간략히 설명하면서, 차이 기술을 위한 분석 방법에 대한 개관을 마치고자 한다. 이들 두 가지 분석 방법, 즉 **다변량분석**(MANOVA)과 **공변량분석**(ANCOVA)을 설명하는 이유는 ANOVA와 혼동할 염려가 있기 때문이다. 하나 이상의 독립변인이 단일의 종속변인에 미치는 효과를 검토하는 것이 ANOVA인 반면에, MANOVA는 하나 이상의 독립변인이 다수의 종속변인에 미치는 효과를 검토하는 것이다. Bordens와 Abbott(2011)는 MANOVA의 사용으로 얻을 수 있는 두 가지 잠재적 이점을 제시하였다. 즉 (1) MANOVA는 종속변인을 독립변인과 종속변인 간의 관계를 드러내는 상관 집합으로 다루어 ANOVA에서 놓칠 수 있는 것들을 간파할 수 있게 해 주며, (2) 두 번 이상 ANOVA를 수행하는 것보다 MANOVA를 한 번 수행하는 것이 제1종 오류를 범할 가능성을 감소시킨다는 점이다. MANOVA를 통해 산출될 수 있는 통계량에는 Hotelling의 T^2, Wilks의 람다(Λ), F비 등이 있다(Huck, 2008; Monge & Cappella, 1980; Stevens, 2002; Tabachnick & Fidell, 2007; Winer, Brown, & Michels, 1991).

ANCOVA는 독립 혹은 분류 변인이 필연적으로 종속변인과 관련이 있는 연구에서 사용한다. 분석은 *F*비를 계산하는 방식을 사용하여 자체적으로 두 변인의 공유 관계(공변량)를 통제한다. 결과는 ANOVA와 같은 방식으로 해석하면 된다. ANCOVA 수행이 필요한 상황을 예로 들면, 서로 다른 언어치료 프로그램의 효과를 검토하는 한 연구에서 언어적 적성이 독립변인으로 작용하고 어휘 점수가 종속변인으로 작용하는 경우이다. 언어적 적성은 어휘 점수와 유의하게 연관되어 있기 때문에, ANCOVA를 이용하면 이러한 관계를 통제하여 언어적 적성과 별개로 서로 다른 언어 치료 프로그램들이 어휘 점수에 미치는 유의한 차이가 있는지를 판단할 수 있다.

추리 통계 활용

지금까지 우리는 명목, 서열, 등간 및 비율 데이터 분석의 기초에 대해 논의하였다. 이제부터는 의사소통장애 문헌에서 피험자 간 차이나 조건에 따른 피험자 내 차이를 검토하기 위해 추리 통계를 이용한 예들을 제시할 것이다. 먼저 단순한 두 집단 비교 사례로 시작해 다수의 표본들을 비교하는 좀 더 복잡한 사례로 진행하고자 한다.

차이가 유의한지를 검정하는 추리 통계의 제시 형식은 논문마다 다를 수 있다. 어떤 저자들은 빈도 분포와 요약 통계를 결합한 표에 추리 통계를 포함시키는 것을 선호한다. 이러한 표에는 비교되는 집단이나 조건의 집중경향과 변산도 값뿐 아니라 차이의 유의성을 검증하기 위한 추리 통계 값이 포함되어 있을 것이다. 추리 통계의 유의 수준은 표에 포함되거나 표의 각주에 제시되어 있을 수 있다. 다른 논문들에서는 추리 분석이 결과 부분에 서술적으로 기술되어 있을 수 있다. 아마도 추리 통계 값과 유의 수준은 괄호 안에 제시되어 있을 것이다. 이러한 서술적 분석은 종종 데이터 구성표에 제시되어 있는 요약 통계를 참조할 것이다. 또 어떤 저자들은 추리 검정을 사용했으며, 통계 값이나 유의 수준을 구체적으로 명시하지 않은 채로, 그 차이가 유의했다고 간단히 본문에만 언급을 한다. 후자의 경우는 분명히 논문을 완전히 평가하는 데 필요한 정보를 제대로 제공하지 않은 것이지만, 분량 초과로 인한 게재 비용이 워낙 비싸다 보니 저널 공간을 절약하기 위한 장치로 일종의 유행이 되어 버렸다.

지금부터 설명하는 예들은 저자들이 의사소통장애에 대한 연구논문에서 추리 통계를 어떻게 제시하는지 그 다양한 방식을 보여 준다. 비록 이러한 예들이 앞으로 여러분이 문헌에서 접하게 될 모든 형식을 보여 주는 것은 아니지만, 연구의 소비자인 여러분은 추리 통계가 학술지 논문에 제시되는 그 일반적인 방식을 알게 될 것이다. 또한 앞으로 논문을 읽을 때 추리 통계 값을 알기 위해 어느 부분을 찾아 검토해야 하는지도 알게 될 것이다.

앞에서 언급한 바와 같이, 우리는 두 표본의 차이를 통계적으로 평가할 수 있다. 서로 다른 두 집단의 피험자들을 비교하거나 서로 다른 두 조건에서 한 집단의 피험자들을 비교하는 경우를 예로 들 수 있다. 그렇다면 두 개의 표본은 독립 혹은 분류 변인의 두 가지 다른 수준을 대표하게 된다. 이들 두 표본은 하나 또는 경우에 따라 그 이상의 종속변인과 각각 비교될 것이다. 이러한 비교에 사용된 데이터가 모수적 통계 검정의 요구를 충족시킨다면 t검정이 사용되는 반면에, 데이터가 모수적 통계 검정의 요구를 충족시키지 못한다면 비모수적 검정이 사용된다.

서로 다른 두 집단을 비교할 경우에는 언제든지 독립 t검정이나 무관 측정치 혹은 비상관 집단에 대한 t검정이 사용된다. 독립 t검정 외에도 대응 t검정이나 유관 측정치 혹은 상관 집단에 대한 t검정을 수행할 수 있다. 대응 t검정은 동일 집단에 속해 있는 피험자들을 비교하기 위해 사용된다. 예를 들면 치료를 받기 전 검사 점수와 치료를 받은 후 검사 점수를 비교하는 경우에 사용된다. 이전에 언급한 바와 같이, 결과적으로 t 값이 높을수록 집단 혹은 조건 간의 차이가 유의함을 나타낸다(즉, t 값이 높을수록 영가설이 기각될 가능성이 높아진다). 그 반대로 t 값이 작으면 집단 혹은 조건 간의 차이가 유의하지 않을 확률이 높다.

〈관련논문 8.1〉은 서로 다른 두 집단의 평균을 비교하기 위해 t검정(즉 독립 t검정)을 수행한 예를 보여 준다. 〈관련논문 8.2〉는 서로 다른 두 조건에서 얻은 한 집단의 수행 평균을 비교하기 위해 t검정(즉 대응 t검정)을 수행한 예를 보여 준다. 〈관련논문 8.1〉에서는 단순언어장애 아동 집단

관련논문 8.1

어휘 산출력

어린 아동이 단어의 정확한 사용 빈도를 겉으로만 그럴싸하게 높게 보이도록 하는 방법은 빈번하게 사용되는 소수의 단어—암기한 형태일 수 있는 단어—를 주로 사용하는 것이다. 이러한 가능성을 평가하는 하나의 방법은 아동이 복수형 접사를 붙여 표현한 서로 다른 단어의 수를 세어 보는 것이다. 이에, 각 아동이 복수의 굴절 형태로 표현한 고유명사의 어간을 표로 만들고, 집단의 평균과 표준편차를 계산하였다. 이때 규칙 복수형(예: groceries)은 분석에서 제외하였다. SLI 집단의 평균은 4.4, 표준편차는 3.2였고, MLU 집단의 평균은 5.1, 표준편차는 2.4였다. 두 집단의 평균 차이는 유의하지 않은 것으로 나타났다($t = -1.21$, $p = .231$). 이들 표본에서 SLI 집단의 아동들은 총 100개의 다른 단어에 복수형 접사를 붙여 산출하였고, MLU 집단의 아동들은 총 105개의 다른 단어들에 복수형 접사를 붙여 산출하였다. 이들 단어는 고유명사의 어간들로서, 자발적인 발화에서 얻은 것임을 강조하고자 한다. 두 집단의 아동들은 고유하고 다양한 많은 명사형을 복수 형태로 사용했으며, 서로 다른 단어의 수에서는 집단 간에 차이가 없었다. 즉, SLI 집단과 MLU를 일치시킨 통제 집단의 어휘 산출력에서는 차이가 나타나지 않았다.

출처: "Morphological Deficits of Children with SLI: Evaluation of Number Marking and Agreement," by M. L. Rice and J. B. Oetting, 1993, *Journal of Speech and Hearing Research, 36*, p. 1253. Copyright 1993 by the American Speech-Language-Hearing Association. 승인하에 게재.

관련논문 8.2

결과

대략 3,650개의 아동 발화가 전사되고 점수화되었다. 맥락—자유 놀이 상황과 면담 상황—을 체계적으로 달리하면서 이들 발화의 구조적·대화적 특성을 조사하였다. 얻어진 데이터에 대한 통계적 해석을 용이하게 해 줄 것이라는 판단하에 대응표본 t검정이 수행되었으며, 그 결과는 다음과 같다.

구조적 특성

구문론

〈표 2〉에서 볼 수 있는 바와 같이, 아동들은 자유 놀이 상황($M = 139$ 발화)에서보다 면담 상황($M = 226$ 발화)에서 더 많은 발화를 산출하였다. 대응표본 t검정 결과는 맥락의 차이가 통계적으로 유의함을 보여 주었다[$t(9) = 8.75$, $p < .01$].

출처: "Language Sample Collection and Analysis: Interview Compared to Freeplay Assessment Contexts," by J. L. Evans and H. K. Craig, 1992, *Journal of Speech and Hearing Research, 35*, p. 347. Copyright 1992 by the American Speech-Language-Hearing Association. 승인하에 게재.

(SLI 집단)과 평균 발화길이를 일치시킨 일반 아동 집단(MLU 집단)을 비교하였다. 분석된 종속변인은 고유명사 어간의 수였다. 두 집단의 피험자가 완전히 달랐기 때문에 독립 t검정이 사용되었다. 따라서 이들의 점수는 상호 간에 독립적이며 상관이 없었다.

〈관련논문 8.2〉를 보면, 한 집단의 아동들이 서로 다른 두 조건, 즉 면담과 자유 놀이 상황에서 평가되었다. 분석된 종속변인은 발화 수였다. 한 집단에 소속된 동일한 아동들을 두 번씩 평가했기에 대응 t검정이 사용되었다. 이 경우 각 조건에서 얻어진 아동들의 점수는 독립적이지 않으며 서로 상관이 있다. 〈관련논문 8.1〉과 〈관련논문 8.2〉는 모두 t 통계를 통해 두 개의 평균(관련논문 8.1에서는 누 개의 표준편차까지)에 대한 분명히고 간단한 비교 분석을 보여 주고 있다. t검정은 두 개의 평균을 비교하는 데 가장 적합하다. 하지만 가끔은 두 집단의 여러 종속변인을 비교하거나 둘 이상의 집단을 비교할 때 여러 번의 t검정을 동시에 사용하기도 한다. 그런데 이러한 비교에서는 주의가 필요하다. 다중비교를 하면 제1종 오류의 발생 가능성이 증가하기에 유의 수준을 조정할 필요가 있다. 다중비교를 할 때 흔히 사용하는 보정 계수는 **Bonferroni 절차**(Bonferroni procedure)다. 이 절차는 정확한 알파 수준을 설정하는 데 다중비교의 수를 고려한다.

〈관련논문 8.3〉은 Bonferroni 절차가, 두 화자 집단을 상대로 여러 종속변인을 비교하고자 여러 번 수행한 t검정에 어떻게 적용되는지를 보여 준다. 독립적인 두 화자 집단에서 측정된 여섯 개 종속변인의 평균, 표준편차 및 범위가 표에 제시되어 있다. 원문 발췌부분은 세 종속변인(jitter, shimmer, H/N ratio)에 대한 t검정 분석 결과를 보여 주는데, 표 오른쪽 세 칸에서 확인할 수 있다.

관련논문 8.3

흑인 목소리의 변화 폭이 더 크다는 Steinsapir 등 (1986)의 예비연구에 기반하여, 이 가설을 검정하기 위해 음성 노이즈에 대한 음향학적 측정치를 사용하여 독립 표본 일방 t검정을 실시하였다. 세 개의 측정치(주파수 변동률, 진폭 변동률, H/N 비율)는 독립적이지 않기에, 오류를 통제하기 위해서 .05 알파 수준에 대한 Bonferroni 교정이 이루어졌다(Miller, 1981).

흑인 대상자의 평균 주파수 변동률(RAP, %)은 0.40%였으며 꽤 큰 표준편차(0.36%)를 보여 주었다. 백인 대상자의 RAP 평균은 0.28%였으며 훨씬 작은 집단 내 변동성을 보였다($SD = 0.12$%). 흑인 집단의 표준편차가 평균과 거의 같고 백인 집단 표준편차의 세 배에 이름에도 불구하고, 두 집단의 RAP 평균은 Takahashi와 Koike(1975)가 제시한 정상 일본인 남성의 RAP 평균인 0.5%보다 낮았다.

그런데 그들이 제시한 표준편차는 0.13%로 본 연구의 백인 집단과 유사하였다. 흑인 집단의 주파수 변동률(jitter)이 더 높게 나타나기는 했지만, 두 집단 간 차이는 통계적으로 유의하지 않았다.

흑인과 백인 집단에서 측정된 평균 진폭 변동률(shimmer)은 각각 0.33dB, 0.28dB이었다. 이러한 진폭 변동률의 집단 간 차이는 통계적으로 유의한 것으로 나타났다($t = 2.15$, $df = 98$, $p = .016$). 두 평균은 기존 연구 문헌에 보고된 건강한 젊은 성인 남성의 범위에 속하는 수준이다(예: Horiguchi, Haji, Baer, & Gould, 1987; Horii, 1980, 1982; Kitajima & Gould, 1976; Orlikoff, 1990a).

흑인 집단의 평균 배음 대 소음(H/N)비율은 14.77dB로 나타났는데, 이는 백인 집단의 16.32dB에 비해 유의하게 낮았다($t = -2.58$, $df = 98$, $p = .005$).

표 2 연구에 사용된 흑인과 백인의 모음 표본에 대한 평균, 표준편차, 기본 주파수(F_0, Hz) 범위, 제1포먼트(F1)와 제2포먼트(F2)(Hz), 주파수 변동률(RAP, %), 진폭 변동률(dB) 및 배음 대 소음(H/N) 비율(dB)

	F_0	F1	F2	Jitter	Shimmer*	(H/N)* 비율
흑인 표본						
평균(M)	108.85	660	1,181	0.40	0.331	14.77
표준편차(SD)	14.48	60	90	0.36	0.150	3.38
범위	84.91~141.04	560~797	1,052~1,501	0.14~2.33	0.110~0.662	6.68~20.96
백인 표본						
평균(M)	107.55	662	1,181	0.28	0.275	16.32
표준편차(SD)	15.11	72	88	0.12	0.111	2.56
범위	82.75~148.46	515~898	1,030~1,411	0.17~0.89	0.095~0.704	10.49~21.45

*유의 수준 = .02

출처: "Speaker Race Identification from Acoustic Cues in the Vocal Signal," by J. H. Walton and R. F. Orlikoff, 1994, *Journal of Speech and Hearing Research, 37*, pp. 740-741. Copyright 1994 by the American Speech-Language-Hearing Association. 승인하에 게재.

〈관련논문 8.4〉는 Bonferroni 절차가, 다수의 종속변인에 비추어 서로 다른 화자의 쌍을 비교하는 한 연구에서 수행된 t검정과 상관관계에 어떻게 적용되는지를 보여 준다. 이 연구에서는 백분율 점수를 아크사인으로 변환해 사용하였다. 이는 비율 혹은 백분율 점수에 흔히 사용되어 그것을 모수적 통계 검정에 사용하기 더 좋은 꼴로 만드는 분포 정규화 절차이다. 관련논문에 포함된 표에는 네 화자 집단을 상대로 산출된 여섯 개 종속변인의 평균과 표준편차가 제시되어 있다. 관련논문은 또한 Bonferroni와 아크사인 절차로 다중비교에 접근할 경우 신중해야 함을 보여 준다.

〈관련논문 8.5〉는 Mann-Whitney U검정을 이용한 피험자 간 비교를 기술하고 있다. 앞에서 언급된 바와 같이, Mann-Whitney U검정은 독립 t검정에 대한 비모수적 대용으로 사용되곤 하는데, 이는 t검정에 필요한 요구 조건이 충족되지 않았을 때 두 집단 비교를 가능하게 해 주기 때문이다. 〈관련논문 8.5〉에 제시된 예를 보면 서로 다른 두 집단을 비교하고 있다. 하나는 말더듬 아동 집단이고, 다른 하나는 연령과 성별을 일치시킨 일반 아동 집단이다. 데이터 분석 부분에서는 왜 여섯 개의 종속변인 중 다섯 개의 종속변인에 대해 t검정 대신 Mann-Whitney U검정이 사용되었는지를 밝히고 있으며, 결과 부분에서는 이들 다섯 개 변인 중 하나인 소리/음절 반복에 대한 분석을 글과 그림으로 제시하고 있다. 두 집단의 평균은 크게 다르지 않지만 변산도는 크게 차이가 남을 참고하라(말더듬 아동 집단의 변산도가 더 크게 나타남). Mann-Whitney U검정 결과 해당 집단 간의 차이는 유의하지 않음을 알 수 있다.

독립 t검정의 비모수적 대용으로 간주되기는 하지만, Mann-Whitney U 통계 자료는 t검정과 상당히 다른 방식으로 계산된다. Mann-Whitney U 값이 작을수록 집단 간의 차이는 유의하며, Mann-Whitney U 값이 클수록 그 차이는 유의하지 않음을 나타낸다. t검정 대신 비모수적 검정을 실시할 경우, 저자는 요약 통계표에 평균이 아닌 다른 집중경향치를, 표준편차가 아닌 다른 변산도 측정치를 입력할 것이다. 평균과 표준편차는 주로 모수 통계에 사용되는 값이기 때문이다. 〈관련논문 8.5〉의 예에서 저자는 집중경향치로 평균을, 변산도 측정치로 표준편차와 함께 범위를 사용하였다.

Mann-Whitney U검정은 피험자의 실제 시험 점수가 아닌 집단 내 순위를 다룬다. 따라서 종속변인으로 사용되는 측정 수준은 서열이다. Mann-Whitney U검정은 원래의 종속변인 데이터가 서열 척도 수준이거나, 모수적 검정에 필요한 가정(예: 정규분포)이 충족되지 않았을 때 등간 혹은 비율 척도 수준인 원래의 데이터를 서열 척도 수준으로 변환시킬 수 있을 때 t검정의 적절한 대안이 될 수 있다. Wilcoxon t검정(다음 관련논문에 설명) 또한 실제 점수보다는 순위를 사용하는데, 서열 척도 수준의 데이터를 분석하는 데 적합하다.

〈관련논문 8.6〉은 한 집단 내 두 개의 값을 비교하기 위해 Wilcoxon 부호순위검정을 실시한 내용이다. Wilcoxon t검정은 종속 t검정에 대한 비모수적 대안으로 사용된다. 데이터가 모수 통계에

관련논문 8.4

네 화자 집단[말더듬 아동(C-St), 일반 아동(C-Nst), 말더듬 아동의 어머니(M-St), 일반 아동의 어머니(M-NSt)]의 비유창성 빈도, 말속도, 방해 행동, 반응시간 지연 등을 비교하기 위해 상업용 소프트웨어 패키지(SYSTAT, Wilkinson, 1989)를 이용하여 일련의 t검정을 진행하였다. 여섯 세트의 t검정 비교(네 독립 검정과 두 대응 검정)가 이루어졌는데, 개별 비교에서는 0.01의 알파 수준으로, 가족 집합 비교에서는 0.06의 알파 수준으로 각 변인마다 다중 비교를 위해 Bonferroni 교정 절차가 시행되었다. 각 집합에 대한 네 독립 표본 t검정은 C-St와 C-Nst, M-St와 M-NSt, C-St와 M-Nst, C-Nst와 M-St의 비교로 진행되었고, 두 대응 표본 t검정은 C-St와 M-St, C-Nst와 M-NSt의 비교로 진행되었다. 총 비유창성 빈도와 단어 내/단어 간 비유창성 비율 등을 종합하여, 이후 모수 통계 분석에 좀 더 적절한 비율 차이를 만들어 내고자 아크사인 변환을 시행하였다(Studebaker, 1985). 사후 다중 비교를 위한 Bonferroni 교정을 거친 비모수 Spearman 등위상관계수가 산출되었는데, 이는 말하기 속도, 방해 행동 및 반응시간 지연(RTL) 간의 관계 그리고 이들 세 준언어적 변인과 비유창성 간의 관계 등을 평가하기 위한 절차였다.

결과

언어 표본의 특성

〈표 2〉에서는 말더듬 아동, 일반 아동, 말더듬 아동의 어머니, 일반 아동의 어머니가 산출한 대화 차례, 발화, 단어, 음절, 형태소 및 평균발화길이(MLU)에 대한 평균과 표준편차를 확인할 수 있다. 그 어떤 t검정 비교에서도 대화 차례 주고받기, 발화, 단어, 음절 및 형태소의 차이가 유의하지 않은 것으로 나타났다. 일반 아동 어머니의 MLU($M=4.338$, $SD=0.50$)는 자녀의 MLU($M=3.405$, $SD=0.65$)보다 유의하게 길었으며($t=3.454$, $p<0.01$), 말더듬 아동의 MLU($M=3.311$, $SD=0.80$)보다도 유의하게 더 긴 것으로 나타났다($t=3.816$, $p<0.01$).

출처: "Speaking Rates, Response Time Latencies, and Interrupting Behaviors of Young Stutterers, Nonstutterers, and Their Mothers," by E. M. Kelly and E. G. Conture, 1992, *Journal of Speech and Hearing Research, 35*, pp. 1260–1261. Copyright 1992 by the American Speech-Language-Hearing Association. 승인하에 게재.

표 2 말더듬 아동(C-St)과 일반 아동(C-NSt) 및 이들 어머니(M-St와 M-NSt)의 대화 차례, 발화, 단어, 음절, 형태소, 평균발화길이(MLU)에 대한 평균과 표준편차

측정 값	화자 집단							
	C-St		C-NSt		M-St		M-NSt	
	M	SD	M	SD	M	SD	M	SD
대화 차례	57.2	17.6	61.9	17.9	55.1	16.8	62.0	18.6
발화	99.0	21.2	100.6	19.7	96.7	37.2	100.7	39.5
단어	301.3	13.5	302.6	2.8	338.4	145.4	410.4	196.5
음절	358.1	16.1	360.1	12.6	407.0	171.4	483.7	221.2
형태소	312.5	20.0	327.7	9.0	375.2	161.0	447.5	203.6
MLU	3.31	0.8	3.41	0.6	3.85	0.5	4.34	0.5

관련논문 8.5

자료 분석

앞으로 언급이 되겠지만, 본 연구에 참여한 말더듬 아동과 일반 아동의 말에서 나타나는 비유창성은 동등하지 않았다. 또한 우리가 관심을 갖고 있었던 비유창성 유형, 즉 소리/음절 반복, 소리 연장, 전체 단어 반복 등이 아동의 말에서 매우 적게 산출되었다. 표본 수가 다르거나 적은 이유는 비유창한 말 산출이 전체적으로 적었고(일반 아동이 포함되어 있으므로), 산출된 비유창한 말을 음향학적으로 측정할 수 없었기 때문이다. 표본 크기의 불일치 문제를 해결하고 집단 간 비교를 적절히 수행하기 위해 비모수 Mann-Whitney U검정(Siegel, 1956)을 사용하여, 말더듬 아동과 일반 아동의 (a) 소리/음절 반복의 지속시간, (b) 소리 연장의 지속시간, (c) 소리/음절 반복의 단위 반복 수, (d) 전체 단어 반복의 단위 반복 수, (e) 기타 비유창성 유형의 비율 등을 비교하였다. 비유창성 빈도에 대한 집단 간 평균(즉 세 개의 인접한 100단어 표본에서 산출된 비유창성 빈도 평균) 비교는 자유도를 보정한 독립 표본 t검정으로 이루어졌다.

결과

소리/음절 반복의 지속시간

10명의 말더듬 아동에게서 총 89개의 소리/음절 반복이 관찰되었다. 이 중에서 다섯 개는 음향학적으로 측정이 불가능하여 분석에서 제외하였다. 음향학적 에너지가 흐릿하거나 희미하여 스펙트로그래프 상에 나타나지 않았거나 연구자가 특정 유형의 비유창성이 언제 시작되어 언제 끝났는지를 분명하게 관찰하지 못했기 때문이다(Zebrowski et al., 1985).

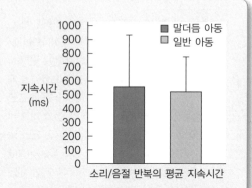

그림 1 말더듬 아동(N=10)과 일반 아동(N=9)이 산출한 소리/음절 반복의 평균 지속시간(ms). 각 아동이 대화에서 산출한 300단어 표본을 사용하였음. 평균 위에 표시된 선은 표준편차를 의미함.

〈그림 1〉에서 볼 수 있듯이, 말더듬 아동의 측정 가능한 소리/음절 반복(N=84)의 평균 지속시간은 556ms(SD=370ms, 범위=155∼1,878ms)였다.

10명의 일반 아동 중 9명에게서 총 21개의 소리/음절 반복이 관찰되었고, 그중 세 개는 측정이 불가능하였다. 이들의 측정 가능한 소리/음절 반복(N=18)의 평균 지속시간은 520ms(SD=245ms, 범위=187∼967ms)였다. Mann-Whitney U 분석 결과에 의하면 소리/음절 반복의 지속시간은 두 집단 간에 유의한 차이가 없었다(Mann-Whitney U=38, C=12, p>.01).

출처: "Duration of Speech Disfluencies of Beginning Stutterers," by P. M. Zebrowski, 1991, *Journal of Speech and Hearing Research, 34*, p. 486. Copyright 1991 by the American Speech-Language-Hearing Association. 승인하에 게재.

적합하지 않을 경우, 한 집단의 구성원이 서로 다른 두 조건에서 수행한 결과를 비교할 수 있기 때문이다. 〈관련논문 8.6〉에 제시된 연구에서는 말더듬을 위한 두 가지 치료법, 즉 (1) 말운동 훈련(SMT)과 (2) 발화길이 확장(ELU)의 효과를 비교하고 있다. 6명의 말더듬 아동을 대상으로 '더듬은

관련논문 8.6

말더듬의 변화

24회기의 치료를 받고 난 후 SMT 집단이 보인 말더듬 빈도의 변화 데이터는 〈표 5〉에 제시되어 있다. 중앙치는 %SS상 7.8에서 4.61로 3.19(41%) 감소하였다. 대응표본 Wilcoxon 분석을 통해 이러한 감소는 $p<.05$ 수준에서 유의함을 알 수 있었다. 평균 대신 중앙치를 사용한 이유는 치료 후 %SS가 증가한 한 아동(E6)의 영향력을 줄이기 위함이다. 〈표 6〉에서는 개별 피험자의 치료 전과 후의 말더듬 빈도를 비율로 각각 제시하였다. 이는 말더듬의 절대적인 감소량을 고려했을 때 같은 양의 변화가 나타난다면 경미한 말더듬 아동의 변화를 더 크게 드러낼 수 있기 때문이다. 개별 피험자의 말더듬 감소 비율의 중앙치는 36.5%였다.

24회기의 치료를 받고 난 후 ELU 집단이 보인 말더듬 빈도의 변화 데이터는 〈표 5〉에 포함되어 있다. 중앙치는 %SS상 4.25에서 1.89로 2.36(56%) 감소하였다. 대응표본 Wilcoxon 분석을 통해 이러한 감소는 $p=.04$ 수준에서 유의함을 알 수 있었다. ELU는 말더듬을 63.5% 줄여 주었다(표 6의 마지막 열 참조).

출처: "Acoustic Duration Changes Associated with Two Types of Treatment for Children Who Stutter," by G. D. Riley and J. C. Ingham, 2000, *Journal of Speech, Language, and Hearing Research, 43*, pp. 971–972. Copyright 2000 by the American Speech-Language-Hearing Association. 승인 하에 게재.

표 5 말운동 훈련(SMT) 또는 발화길이 확장(ELU) 치료를 받기 전과 24회기의 치료를 받고 난 후 측정된 말더듬 빈도의 중앙치

	사전	사후	차이	Wilcoxon $N=6$
	말운동 훈련			
빈도 (%SS)	7.8	4.61	3.19	($z=-2.0$, $p=.04$)
	발화길이 확장			
빈도 (%SS)	4.25	1.89	2.36	($z=-2.1$, $p=.04$)

표 6 SMT 또는 ELU 치료 후 각 아동이 보인 말더듬 빈도(%SS)의 감소 비율

참여자 번호	말운동 훈련			발화길이 확장		
	사전	사후	% 차이	사전	사후	% 차이
%SS 감소						
1	7.85	4.97	-37	11.34	3.24	-71
2	7.74	4.24	-45	5.36	1.68	-69
3	3.74	1.37	-63	10.14	4.28	-58
4	13.49	11.20	-17	2.60	1.20	-54
5	4.84	3.10	-36	3.14	2.10	-33
6	13.58	14.71	+8	2.74	.48	-83
중앙치	7.8	4.61	-36.5	4.25	1.89	-63.5
사분범위	4.84~13.49	3.1~11.2	-17~-45	2.74~10.14	1.2~3.24	-54~-71

음절 비율'(%SS)을 이용하여 SMT 이전과 이후의 말더듬 빈도를 측정하였다. 이 외에도 또 다른 6명의 말더듬 아동을 대상으로 ELU 이전과 이후의 말더듬 빈도를 측정하였다. 말더듬 빈도에 대한 사전검사 점수와 사후검사 점수를 비교하기 위해 두 개의 대응표본 Wilcoxon 순위검정이 실시되었다. 검정 결과를 보면, 두 치료법의 사전검사 점수와 사후검사 점수는 모두 유의한 차이가 있음을 알 수 있다.

표본의 수가 25보다 작음에도 불구하고, 저자는 비교를 위해 Wilcoxon T를 z 점수로 변환했음에 유의하라. 〈관련논문 8.6〉의 〈표 5〉는 치료 전후의 %SS 중앙치, 치료 전후의 점수 차이, 유의확률과 관련된 Wilcoxon z 점수 등을 보여 준다. 〈표 5〉의 z 점수가 음수인 것은 두 치료 후에 말더듬이 모두 감소했음을 의미한다. 〈표 6〉은 비모수적 분석이 사용될 때의 집중경향치와 변산도에 대한 적절한 요약통계로 중앙치와 사분범위를 제시하고 있을 뿐 아니라 원점수 데이터를 또한 보여 주고 있다.

앞서 논의한 바와 같이, 카이제곱(X^2) 통계는 다양한 용도를 지니고 있는데, 명목 변인들 사이의 관련성 정도를 측정하기 위한 상관 분석을 예로 들 수 있다. 〈관련논문 8.7〉에 제시되어 있는 예는 두 범주로 구분되는 명목 종속변인에 대한 두 집단 간 차이의 유의성을 검증하기 위해 X^2을 이용한 것이다. 또한 X^2 통계는 두 개 이상의 집단 혹은 두 개 이상으로 범주화될 수 있는 명목 변인에 대한 비교를 위해 사용할 수도 있다. 너무 많은 범주에 사용한다면 해석하기가 어렵고 복잡할 수 있지만, 소수의 범주를 비교할 경우에는 매우 유용하다. X^2 통계는 측정된 차이가 유의한지를 결정한다는 점에서 t검정과 유사하다. 즉, X^2 통계 값이 높을수록 집단 간에 유의한 차이가 있는 반면 그 값이 낮을수록 유의한 차이가 없음을 보인다고 할 수 있겠다.

〈관련논문 8.7〉은 음성장애의 출현율을 조사한 예이다. 피험자의 배경 특성을 기술한 몇 가지 변인들에서 교사 집단과 비교사 집단 간에 차이가 있는지를 비교하였다. 추가적으로 교사와 비교사 집단 간에 음성장애의 빈도와 기간에서도 차이가 있는지 비교하였다. 측정은 모두 명목 수준에서 측정되었기 때문에, X^2 통계를 이용하여 여러 변인에 대한 집단 간의 차이를 비교해 볼 수 있었다. 〈표 1〉을 보면, 왼쪽 첫 번째 칸에는 변인의 종류가 나열되어 있고, 그 옆으로는 명목으로 구분된 각 변인(예: 연령=20~29, 30~39, 40~49, 50~59, 60+; 천식=유, 무; 흡연=예, 아니요 등)에 해당하는 교사와 비교사의 수와 백분율이 제시되어 있다. 나머지 오른쪽 세 칸에는 각 비교에 대한 X^2 값과, 각 변인에 대한 자유도(df) 및 유의 확률(p)이 제시되어 있다. 각 변인에 대해 두 집단(교사 vs. 비교사)만을 비교하기 때문에, 자유도는 각 변인의 수에서 1을 뺀 것과 같다는 점을 유의하라. 예를 들면, 두 '성별' 집단이 있으면 df=1이다. 남-녀 간의 비교이기 때문이다. 또 세 인종의 집단이 있다면, 그 비교에서 자유도는 2가 된다. 본문에서는 교사와 비교사 간에 어떤 변인에

관련논문 8.7

결과
참여자의 배경 특성

이 결과는 1998년에서 2000년 사이에 아이오와주와 유타주에서 이루어진 2,531명의 참여자를 대상으로 한 음성장애 면담 분석을 기반으로 한 것이다. 49.1%는 교사였고($n=1,243$), 50.9%는 교사가 아니었다($n=1,288$). 35.5%가 남성이었으며($n=899$), 64.5%가 여성이었다($n=1,632$). 82.9%는 아이오와주 출신이었고, 17.1%는 유타주 출신이었다. 이들은 모두 20~66세의 연령에 속하였다($M=44.2$, $SD=10.7$).

교사 집단은 비교사 집단에 비해 여성이 많았으며, 40~59세에 속하는 사람이 많았고, 백인이 많았으며, 16년 이상의 교육을 받았고, 더 많은 수입을 가지고 있었다(표 1 참조). 아이오와주의 교사 비율은 유타주와 비슷하였다. 교사 집단은 비교사 집단에 비해 호흡기 알레르기가 있는 경우가 더 많았으며, 매년 한 번 이상 감기에 걸리고, 후두염에 걸리는 경우도 많았다. 또한 1년 이상 담배를 피워 보지 않은 경우가 많았고, 1년 이상 한 주에 한 잔 이상의 술을 마시는 경우는 적었다. 천식, 부비동염, 후비루, 그리고 음성장애의 가족력은 교사와 비교사 집단 간에 유의한 차이가 없었다.

음성장애의 빈도와 기간

음성장애를 겪어 본 적이 있는 1,088명(즉 전체 표본의 43%) 중에서 18.6%는 4주 이상의 만성 음성장애를 경험했으며, 81.4%는 4주 미만의 급성 음성장애를 경험하였다. 음성장애의 출현율은 연령과 함께 증가하여, 50~59세 집단에서 정점을 찍고 그 이후에는 감소하였다. 음성장애를 경험한 적이 있다고 보고한 출현율은 교사 집단이 비교사 집단에 비해 유의하게 높았다(교사 57.7% vs. 비교사 28.8%, $\chi^2(1)=215.2$, $p<.001$). 현재 음성에 문제가 있다고 보고한 출현율의 경우에도 마찬가지였다(교사 11.0% vs. 비교사 6.2%, $\chi^2=18.2$, $p<.001$). 음성장애 경험 출현율의 높은 차이는 연령 전체에 걸쳐 존재하였다. 더욱이 교사 집단은 비교사 집단에 비해 연령 범주 모두에서 현재 음성 문제를 가지고 있는 경우가 더 많았다. 교사 대 비교사의 비율은 20~29세에서 7.2% vs. 4.2%($\chi^2=1.06$, $p=.303$), 30~39세에서 8.2% vs. 4.3%($\chi^2=3.7$, $p=.053$), 40~49세에서 10.3% vs. 6.9%($\chi^2=3.1$, $p=.078$), 50~59세에서 14.4% vs. 8.2%($\chi^2=5.5$, $p=.019$), 60세 이상에서 11.1% vs. 7.3%($\chi^2=0.9$, $p=.351$)였다. 교사 집단의 음성장애 출현율에서 아이오와주와 유타주 간 거주에 따른 차이는 유의하지 않았다.

자신이 이전에 음성장애를 겪은 적이 있다고 보고한 참여자들 중에서 교사 집단은 만성적인 음성장애보다 다수의 음성장애 일화를 더 보고하는 경향이 있었다. 이는 연령에 따른 잠재적 교란 변인을 통제하고도 마찬가지였다(표 2 참조; 이 책에서는 생략). 연구 참여자들 중에서 음성장애 문제로 내과의사나 언어치료사를 방문한 적이 있다고 보고한 경우는 교사 집단(14.3%, $n=178$)이 비교사 집단(5.5%, $n=71$)에 비해 유의하게 높게 나타났다($\chi^2=55.3$, $p<.001$).

표 1 변인에 따른 교사와 비교사의 빈도 분포

변인	교사		비교사		χ^2	df	p
	No.	%	No.	%			
성별					21.3	1	<.001
남성	386	31.0	513	39.8			
여성	857	69.0	775	60.2			

(계속)

변인	교사		비교사		χ^2	df	p
	No.	%	No.	%			
연령					91.2	4	<.001
20~29세	83	6.7	189	14.7			
30~39세	255	20.5	302	23.4			
40~49세	455	36.6	404	31.4			
50~59세	378	30.4	256	19.9			
60세 이상	137	5.8	137	10.6			
인종					20.8	2	<.001
백인	1,217	97.9	1,216	94.4			
히스패닉	13	1.05	37	2.9			
기타	13	1.05	35	2.7			
교육 연한					1,624	4	<.001
16년 미만	0	0.0	977	78.9			
16년	368	29.6	204	15.8			
16년 초과	875	70.4	107	8.3			
연수입($)					274.2	3	<.001
20,000 미만	7	0.6	169	13.5			
20,000~40,000	222	18.2	419	33.5			
40,000~60,000	460	37.8	321	25.7			
60,000 초과	528	43.4	341	27.3			
거주지					0.3	1	.586
아이오와	1,036	83.4	1,063	82.5			
유타	207	16.6	225	17.5			
호흡기 알레르기					8.3	1	.004
무	962	77.4	1,056	82.0			
유	281	22.6	232	18.0			
천식					1.3	1	.250
무	1,126	90.6	1,149	89.2			
유	117	9.4	139	10.8			
감기[a]					12.6	2	.002
전무	15	1.2	20	1.6			
1회 미만	109	8.8	168	13.0			
1회 이상	1,119	90.0	1,100	85.4			

변인	교사		비교사		χ^2	df	p
	No.	%	No.	%			
부비동염[a]					1.3	2	.530
전무	429	34.5	470	36.5			
1회 미만	229	18.4	239	18.6			
1회 이상	584	47.0	579	44.9			
후두염[a]					205.3	2	<.001
전무	521	41.9	866	67.3			
1회 미만	287	23.1	254	19.7			
1회 이상	435	35.0	168	13.0			
후비루					7.2	3	.066
전혀	210	16.9	262	20.3			
가끔	721	58.0	744	57.8			
계절에 따라	188	15.1	177	13.7			
만성적으로	124	10.0	105	8.2			
흡연[b]					149.5	1	<.001
아니요	940	75.6	673	52.3			
예	303	24.4	615	47.7			
음주[c]					12.5	1	<.001
아니요	819	65.9	761	59.1			
예	424	34.1	527	40.9			
가족력					3.3	1	.070
아니요	1,186	95.9	1,248	97.2			
예	51	4.1	36	2.8			

[a] 연평균
[b] "1년 이상 흡연한 적이 있습니까?"라는 질문에 대한 답변
[c] "1년 이상 평균적으로 일주일에 한 번 이상 음주를 한 적이 있습니까?"라는 질문에 대한 답변

출처: "Prevalence of Voice Disorders in Teachers and the General Population," by N. Roy, R. M. Merrill, S. Thibeault, R. A. Parsa, S. D. Gray, and E. M. Smith, 2004, *Journal of Speech, Language, and Hearing Research, 47*, pp. 284-286. Copyright 2004 by the American Speech-Language-Hearing Association. 승인하에 게재.

서 차이가 있었고 어떤 변인에서 차이가 없었는지를 설명하고 있다. 예를 들면, 교사 집단은 비교사 집단에 비해 흡연을 더 적게 하는 것으로 나타났는데, X^2 값이 크고(149.5) 그 차이는 통계적으로 유의하였다($p < .001$). 반면에 천식을 경험한 경우는 교사와 비교사 집단 간에 차이가 없는 것으로 나타났는데, X^2 값이 작고(1.30) 그 차이는 통계적으로 유의하지 않았다($p = 0.250$). 또한 본문에는 음성장애의 빈도와 기간에서 교사 집단과 비교사 집단 간에 나타나는 많은 차이가 분명하게 기술되어 있으며, 다양한 연령대의 교사 집단과 비교사 집단을 비교하기 위해 X^2 검정이 사용되었음을 밝히고 있다.

지금까지 논의된 두 값에 대한 통계적 추론 검정들은 피험자 간 연구 설계로 두 집단을 비교하거나, 피험자 내 연구 설계로 두 조건에서 동일인이 보인 수행을 비교하기 위해 사용되었다. 하지만 둘을 초과한 표본을 동시에 비교할 경우(다수의 값이나 모수를 다루는 연구에서처럼), 두 표본 비교 통계량들은 여러 데이터를 동시에 비교할 수 있는 통계적 절차로 대치되곤 한다. ANOVA는 세 개 이상의 집단 간 차이 혹은 세 개 이상의 조건 간 차이를 비교하는 데 적절한 통계적 검정이다. 예를 들면, 다수의 값을 지니게 되는 피험자 간 실험에서는 세 수준의 종속변인을 나타내는 세 집단이 비교 대상일 수 있으며, 다수의 값을 지니게 되는 피험자 내 실험에서는 세 수준의 종속변인을 반영하는 세 조건하의 한 집단이 비교 대상이 될 수 있다. 모수적 실험에서는 두 조건(피험자 내 독립변인의 두 수준을 나타냄)하에서 수행을 하는 두 집단(피험자 간 독립변인의 두 수준을 나타냄)을 비교할 수 있다.

연구자들은 ANOVA를 이용해 독립변인의 주 효과와 독립변인들 사이의 상호작용을 검정한다. ANOVA에서 다루는 독립변인의 수는 주로 ANOVA의 원의 수로 언급된다(즉 일원 ANOVA는 하나의 독립변인만을 검정하며, 이원 ANOVA는 두 개의 독립변인을 동시에 검정하고, 삼원 ANOVA는 세 개의 독립변인을 동시에 검정한다). 앞에서 언급한 바와 같이, ANOVA는 피험자 내 비교와 피험자 간 비교(때때로 **반복** 측정으로 불리는데, 이는 각각의 조건에서 피험자에 대한 측정이 반복되기 때문임) 모두에 사용할 수 있으며, 하나의 독립변인에 대한 피험자 간 비교와 또 다른 독립변인에 대한 피험자 내 비교(혼합 ANOVA라고 함)를 함께 수행할 때에도 사용할 수 있다.

〈관련논문 8.8〉은 연령에 따른 피험자 간 청각/조음 협응을 비교하기 위해 일원 ANOVA를 적용한 예를 설명하고 있다. 45명의 아동이 측정되었는데, 이들은 각각 15명씩 5세 집단, 6세 집단, 7세 집단에 배정된 후, 청각과 조음의 협응에 대한 지식을 조사하기 위해 설계된 메타음운 과제를 수행하였다. 〈표 1〉은 언어적 반응 없이 시각 자극과 청각 자극을 일치시켜야 하는 비언어적 과제를 수행한 세 연령 집단의 평균과 표준편차, 그리고 범위를 보여 준다. 표에서 볼 수 있듯이, 평균 수행 수준은 연령이 증가할수록 높아졌다. 본문에서는 피험자 간 일원 ANOVA 결과를 기술하고

관련논문 8.8

결과

비언어적 짝짓기

비언어적 짝짓기 과제에 대한 평균 정반응 수를 각 연령 집단마다 계산하였다(기술 통계 자료는 표 1 참조). 일원변량분석을 통해 집단 간 평균이 유의하게 차이가 난다는 것을 확인할 수 있었다[$F(2,42)$ =34.22, $p<.001$]. Scheffé 사후비교(Weinberg & Goldberg, 1979) 결과 5세와 7세($F=32.66$, p <.001), 6세와 7세($F=16.00$, $p<.001$)에서 유의한 차이가 확인되었다.

출처: "Children's Knowledge of Auditory/Articulatory Correspondences: Phonologic and Metaphonologic," by H.

표 1 비언어적 짝짓기 과제에 대한 세 연령 집단의 정반응 수

연령 집단	평균(M)	표준편차(SD)	범위
5($N=15$)	10.93	1.751	8~14
6($N=15$)	12.67	2.664	8~17
7($N=15$)	16.73	1.223	14~18

B. Klein, S. H. Lederer, and E. E. Cortese, 1991, *Journal of Speech and Hearing Research, 34*, p. 562. Copyright 1991 by the American Speech-Language-Hearing Association. 승인하에 게재.

있다. 전반적인 F 값을 보면 연령 변인에 따라 집단 간에 유의한 차이가 있음을 알 수 있다. Scheffé 사후검정 결과는 두 어린 집단이 가장 나이 든 집단과 차이가 나지만 각각의 집단 간에는 차이가 없음을 보여 준다(즉, 5세와 6세 집단의 아동들은 7세 집단의 아동들과 다르다). 피험자 간 일원 ANOVA는 이러한 통계 절차 중에서 가장 간단하고 쉬운 유형이며, 하나의 검사로 동시에 여러 통계적 추론을 한다는 개념에 기초하여 좀 더 복잡한 설계들이 이루어진다.

〈관련논문 8.9〉는 단어의 운율 패턴이 음소 산출의 정확도에 미치는 영향을 다룬 연구로, 요약 통계(평균)는 막대그래프로 제시하였고, 이원(2×2) 반복측정 ANOVA의 결과는 본문에 기술하였다. 피험자 내 설계로 조작된 두 독립변인은 강세 패턴과 단어의 위치였다. 산출 오류의 평균 비율은 세로축에, 서로 다른 두 개의 음절 강세 패턴과 음소 위치는 가로축에 제시되어 있다. 막대의 높이는 20명의 아동이 첫 음절과 끝 음절에 강세를 지닌 단어와 강세를 지니지 않은 단어를 산출할 때 보인 자음 오류의 평균 비율을 나타낸다. 막대그래프로 결과를 제시하면 독자들은 강세와 음절의 위치가 자음 오류에 얼마나 영향을 미치는지 쉽게 확인할 수 있다. 추가적으로 각 막대 위에는 실제 평균값을 써넣었는데(예: 강세가 첫 음절에 있는 경우는 0.55), 이를 통해 독자들은 표에서처럼 그래프에서도 쉽게 정확한 평균값을 알 수 있다. ANOVA 결과를 기술한 본문에서는 위치와 강세 간의 유의한 주 효과, 이들 간의 이원 상호작용, 특정 평균값의 쌍을 비교한 사후검정 등을 분명하게 설명하고 있다.

〈관련논문 8.10〉은 각각의 독립변인에 대한 피험자 간 비교를 위해 이원 ANOVA를 실시한 예

관련논문 8.9

전반적 오류 비율

두 번째 분석은 산출된 자음의 정확성에 초점을 맞추었다. 강세(강세 vs. 비강세)와 단어에서의 위치(첫 번째 음절 vs. 두 번째 음절)를 피험자 내 변인으로 하고, 부정확한 자음(생략 포함)의 비율을 종속변인으로 하여 반복 측정 ANOVA를 실시하였다. 비율은 통계 분석을 위해 아크사인 변환으로 정규화하였다. 평균은 변환하지 않은 비율로 제시하였다. 이러한 데이터는 〈그림 3〉에서 확인할 수 있다. 유의한 주 효과가 두 강세[F(1, 19)=6.46, p<.025]와 두 위치[F(1, 19)=7.00, p<.025]에서 관찰되었다. 일반적으로, 비강세 음절의 자음(M=.64)이 강세 음

절의 자음(M=.50)에 비해 오류가 많았고, 첫 번째 위치에서의 자음(M=.63)이 두 번째 위치에서의 자음(M=.49)보다 오류가 많았다. 중요한 점은 이들 두 요소 간 상호작용이 통계적으로 유의하였다는 점이다[F(1, 19)=5.81, p<.05]. Newman Keuls의 사후검정(p<.05) 결과, 첫 번째 음절 위치에 강세가 없는 자음(M=.74)이 첫 번째 음절 위치에 강세가 있는 자음(M=.55)보다 유의하게 더 오류가 많았고, 두 번째 음절 위치에 강세가 있는 자음(M=.46)이 두 번째 음절 위치에 강세가 없는 자음(M=.51)보다 덜 정확하다는 것이 밝혀졌다. 그 밖에 다른 유의한 차이는 나타나지 않았다.

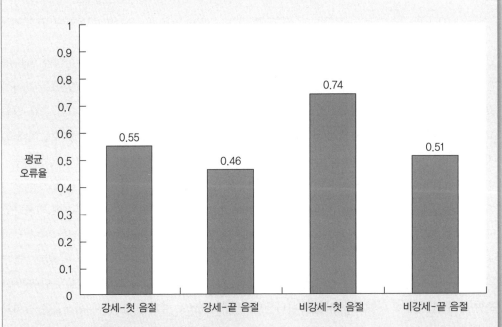

그림 3 음절 유형에 따른 자음 오류의 평균 비율

를 보여 준다. 첫 번째 독립변인은 유창성으로, 다른 두 집단에 의한 두 수준으로 나뉘었다(말더듬 아동과 일반 아동). 두 번째 독립변인은 연령으로, 다섯 개의 다른 집단으로 구성되었다(7세, 8세, 9세, 10세, 11세 이상). 종속변인은 35문항으로 이루어진 의사소통 태도 척도 네덜란드어판(CAT-D)이다. 이 척도에서는 점수가 높을수록 말에 대한 태도가 부정적인 것으로 판단한다. 〈표 1〉에는 두 집단의 평균과 표준편차가 제시되어 있다(추가적으로 성별에 따라 좀 더 세분화되었으나 말을 더듬는 여자 아동이 적었기 때문에 ANOVA에서는 분석되지 않았다. 자세한 내용은 본문 참조). 〈표 2〉에서는 각 연령 집단에 따른 평균과 표준편차를 볼 수 있다. 또한 〈표 3〉에는 ANOVA 요약 표가 제시되어 있는데, F 값을 보면 집단 간 주 효과와 집단 및 연령의 상호작용 효과는 유의한 반면 연령의 주 효과는 유의하지 않음을 알 수 있다. 〈그림 1〉을 보면, 각 연령 수준에서 일반 아동과 말더듬아동 집단의 평균은 명백하게 다름을 알 수 있다. 더 어린 연령에서는 표준편차가 다소 겹치기도 하지만 더 나이가 많은 연령에서는 거의 겹치지 않음에 유의하라. 말더듬 아동의 CAT-D 점수는 연령이 증가할수록 높아진 반면 일반 아동의 CAT-D 점수는 연령이 증가할수록 낮아졌다. 〈표 4〉는 각 연령의 두 유창성 집단을 비교한 대비검정 결과를 보여 주는데, 평균제곱과 F비를 보면 연령이 증가할수록 집단 간 차이가 더 커짐을 알 수 있다. 연령에 따라 두 집단 간 차이가 갈수록 벌어지는 이러한 패턴은 모든 연령 집단의 CAT-D 점수를 평균화시켜 연령 변인을 유의하지 않은 요소로 만들어 버린다. 다시 말하면, 집단들에 걸쳐 평균화된 CAT-D 점수는 연령이 증가하더라도 유의하게 달라지지 않는다. 본문에서는 ANOVA 실시 결과를 상당히 명확하고 자세하게 설명하고 있는데, 각각의 차이를 제시할 때에는 표와 그림을 신중히 참조하고 있다.

〈관련논문 8.11〉은 삼원변량분석의 결과를 보여 주는데, ANOVA 요약표, 평균에 대한 삼차원 막대그래프, 세 독립변인에 대한 요약 통계(평균과 표준편차)표 등을 확인할 수 있다. 본문에서는 연령과 교육 연한 및 거주 환경이 이름 대기 능력[종속변인, 보스턴 이름 대기 검사(BNT)의 점수로 측정됨]에 미치는 영향을 조사한 연구로서 피험자 간(즉 반복 측정되지 않음) 삼원 ANOVA(3×3×2)를 실시한 결과를 기술하고 있다. 본문에는 세 개의 주 효과와 독립변인들 간 삼원 상호작용이 명료하게 설명되어 있다. 상호작용은 보호시설에 거주하는 저학력 피험자와 보호시설에 거주하지 않는 고학력 피험자의 막대 높이 패턴이 기타 모든 피험자의 막대 높이 패턴과 다름을 보여 주는 막대그래프를 통해 쉽게 확인할 수 있다.

〈관련논문 8.12〉는 말 늦은 아동의 내러티브 발달에 관한 피험자 간 연구에서 네 개의 모수 일원 ANOVA와 Kruskal-Wallis 비모수 ANzOVA를 차례로 실시한 결과를 보여 준다. 독립변인은 세 수준의 화자 집단, 즉 정상 언어발달 아동(NL), 표현언어 지연을 보였던 아동(HELD), 표현언어 지연을 보이고 있는 아동(ELD)이었다. 종속변인은 다섯 개로, 그중 네 개(정보 점수, MLU, 어휘 다

관련논문 8.10

본 연구의 목적 중 하나는 여러 연령 집단의 말더듬 아동과 일반 아동을 대상으로 말에 대한 태도를 비교하는 것이다. 이를 위해, 두 피험자 집단을 다섯 개의 연령 수준(7세, 8세, 9세, 10세, 11세 이상)으로 구분하였다. 말더듬 아동의 다섯 연령 집단은 각각 24명, 13명, 10명, 9명, 14명이었고, 말을 더듬지 않는 일반 아동의 다섯 연령 집단은 각각 62명, 40명, 42명, 41명, 86명이었다. 이원변량분석을 이용해 두 집단 아동의 CAT-D 점수가 다섯 연령 집단에 걸쳐 유의한 차이가 있는지, 또한 집단과 연령 간에 유의한 상호작용 효과가 나타나는지를 확인하였다.

결과
말더듬 아동과 일반 아동의 CAT-D 점수의 평균과 표준편차는 〈표 1〉에 제시되어 있다. 말더듬 아동은 통제집단보다 눈에 띄게 더 높은 평균 점수를 보여 주었는데, 거의 두 배 수준의 차이가 나타났다.
〈표 1〉에서는 남자 아동과 여자 아동의 평균 점수를 확인할 수 있다. 또한 성별에 따른 집단 간의 기술적 차이도 제시되어 있다. 말더듬 아동은 남자건 여자건 일반 아동에 비해 CAT-D 점수가 더 높게 나타났다. 흥미롭게도, 말더듬 아동 집단에서는 여자 아동이 남자 아동보다 CAT-D 점수가 더 높았다. 일반 아동 집단에서는 성별에 따른 주목할 만한 점수 차이가 나타나지 않았다(Brutten & Dunham, 1989 참조). 이러한 결과는 말더듬 아동의 말에 대한 태도가 성별에 따라 차이가 있음을 제안하는 것일 수 있다. 하지만 본 연구에 참여한 말더듬 여자 아동의 수가 너무 적었기 때문에 이들의 점수를 따로 분석하는 것은 적절하지 않았다.

본 연구의 또 다른 목적은 두 피험자 집단의 CAT-D 점수가 연령 수준에 따라 차이가 나는지를 분석하는 데 있다. 이와 관련하여, 〈표 2〉에 요약된 데이터는 다섯 연령 수준 모두에서 말더듬 아동의 CAT-D 점수가 일반 아동의 CAT-D 점수보다 높음을 보여 준다.

모든 연령에 걸쳐 관찰된 두 피험자 집단의 CAT

표 1 성별에 따른 말더듬 아동과 일반 아동의 CAT-D 점수에 대한 기술 통계

집단	명수(N)	평균(M)	표준편차(SD)
말더듬 아동			
남자	63	15.95	7.28
여자	7	23.29	2.69
전체	70	16.69	7.29
일반 아동			
남자	134	8.57	5.22
여자	137	8.85	5.84
전체	271	8.71	5.53

표 2 연령 집단에 따른 말더듬 아동과 일반 아동의 CAT-D 점수에 대한 기술 통계

집단	명수(N)	평균(M)	표준편차(SD)
말더듬 아동			
7세	24	14.79	6.62
8세	13	17.23	9.86
9세	10	17.60	6.35
10세	9	18.56	6.80
11세 이상	14	17.57	6.93
일반 아동			
7세	62	9.98	5.57
8세	40	10.35	4.49
9세	42	10.62	5.92
10세	41	8.20	5.17
11세 이상	86	6.34	5.12

표 3 연령 집단에 따른 말더듬 아동과 일반 아동의 CAT-D 점수에 대한 이원변량분석

변량원	제곱합	자유도	평균제곱	F	p
집단	3228.93	1	3228.93	97.66	.00
연령	146.05	4	36.51	1.10	.35
집단×연령	358.06	4	89.52	2.71	.03
오차	10943.97	331	33.06		

-D 점수의 차이가 통계적으로 유의한지, 그리고 집단과 연령 간에 유의한 상호작용이 존재하는지를 검토하기 위해 이원변량분석(BMDP4V)을 실시하였다(표 3 참조).

말더듬 아동과 일반 아동의 CAT-D 점수 간에 유의한 주 효과가 발견되었다[$F(1, 331)=97.66$, $p<0.05$]. 즉, 말더듬 아동은 통제 집단보다 유의하게 더 높은 CAT-D 점수를 보였다. ANOVA를 통해 집단과 연령 수준 간 상호작용도 확인할 수 있었다[$F(4, 331)=2.71$, $p<.05$]. 따라서 두 피험자 집단의 CAT-D 점수의 차이는 아동의 연령에도 종속되어 있다고 할 수 있다. 이러한 상호작용 효과를 좀 더 자세히 검토하기 위해 단순효과분석(BMDP4V)이 사용되었는데, 그 결과는 〈표 4〉에 제시되어 있다.

CAT-D 점수의 집단 간 차이는 연령 전체에 걸쳐 유의한 것으로 밝혀졌다. 말하자면, 모든 연령대에서 말더듬 아동은 일반 아동에 비해 더 높은 CAT-D 점수를 보였다. 하지만 집단과 연령의 상호작용이 유의한 것으로 나타났기에(표 3 참조), 연령에 따른 집단 간 차이의 정도는 모두 똑같지 않다. 이러한 결과는 〈표 2〉에 요약된 기술통계 데이터와 일치하는데, 즉 나이가 더 많은 집단에서 CAT-D 점수의 차이가 더 크게 나타났다는 것이다. 〈표 2〉에 제시된 점수를 좀 더 자세히 살펴보면, 두 집단 간의 차이가 확대되는 이유는 연령에 따라 피험자의 CAT-D 점수가 다른 추세를 보이기 때문이다. 말더듬 아동은 연령이 증가할수록 CAT-D 점수도 증가하였으며 이러한 추세는 나이가 어린 집단에서 더 분명하게 나타났다. 일반 아동의 CAT-D 점수는 9세 이후에 감소하는 것으로 나타났다. 〈그림 1〉은 이러한 추세를 분명하게 보여 준다.

표 4 연령 집단에 따른 말더듬 아동과 일반 아동의 CAT-D 점수에 대한 단순효과분석

변량원	제곱합	자유도	평균제곱	F	p
7세 집단	399.94	1	399.94	12.10	.00
8세 집단	464.52	1	464.52	14.05	.00
9세 집단	393.62	1	393.62	11.90	.00
10세 집단	792.16	1	792.16	23.96	.00
11세 이상 집단	1,519.54	1	1,519.54	45.96	.00
오차	109,343.97	331	33.06		

(계속)

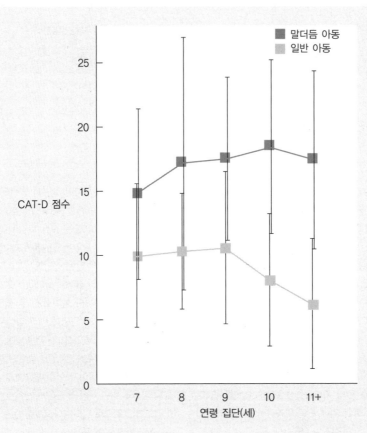

그림 1 연령 수준에 따른 말더듬 아동과 일반 아동의 평균 CAT−D 점수(제곱)와 표준편차(확장)의 선그 래프

출처: "Speech-Associated Attitudes of Stuttering and Nonstuttering Children," by L. F, De Nil and G. J. Brutten, 1991, *Journal of Speech and Hearing Research*, 34, pp. 62–63. Copyright 1991 by the American Speech-Language-Hearing Association. 승인하에 게재.

양성, 결속 적절성)는 저자들이 결정했던 모수 통계의 요구를 충족하였다. 그런데 나머지 종속변 인인 내러티브 단계는 서열 척도 수준이라서 비모수 ANOVA로 대체되었으며, 추후 대비는 Tukey 검정 대신 Mann-Whitney U검정이 사용되었다. 본문에서는 모수 ANOVA의 F 값들이 유의하였 으며, 내러티브 단계에 대한 H 값 또한 유의하였음을 명료하게 설명하고 있다. H는 Kruskal-Wallis ANOVA에서 F 값을 대신하는데, 등간이나 비율 점수 대신 서열 순위로 계산된다. 표 아래 각주에 서는, 어떤 집단 간 차이가 유의하였고 어떤 집단 간 차이가 유의하지 않았는지를 보여 주기 위해

관련논문 8.11

거주 환경, 연령 및 교육 수준이 BNT 점수에 미치는 영향을 좀 더 자세히 정의하기 위해, 3×3×2요인 변량분석을 시행하였다. 연령 변인은 세 집단으로 나뉘었다. 연령 집단 1(n=100)은 65∼74세, 연령 집단 2(n=119)는 75∼84세, 연령 집단 3(n=104)은 85∼97세로 구성되었다. 교육 수준은 다음과 같이 세 집단으로 나뉘었는데, 집단 1은 6∼9년(n=100), 집단 2는 10∼12년(n=119), 집단 3은 13∼21년(n=104)이었다. 세 번째 요인인 거주환경은 시설 거주와 시설 비거주로 구분되었다.

〈표 1〉은 연령, 교육 수준, 거주 환경의 주 효과가 유의했음을 보여 준다. 이원 상호작용은 유의하지 않았으나 삼원 상호작용은 유의하였다. 〈표 2〉는 거주 환경×연령×교육 수준 하위집단의 평균과 표준편차를 제시하고 있다. 표준편차는 하위집단의 BNT 점수들에 겹침이 있음을 보여 준다. 하위집단의 평균 BNT 점수는 〈그림 1〉의 막대그래프에서도 찾아

표 1 BNT 점수에 대한 변량분석 요약

변량원	자유도	평균제곱	F
거주 환경(A)	1	3,208.76	43.16*
연령 집단(B)	2	1,169.01	15.72*
교육 수준(C)	2	2,362.03	31.77*
A×B	2	19.66	.26
A×C	2	87.92	1.18
B×C	4	24.64	.33
A×B×C	4	236.66	3.18*

*$p<.05$

볼 수 있다. 시설에 거주하지 않는 하위집단은 〈그림 1〉의 왼쪽에, 시설에 거주하는 하위집단은 〈그림 1〉의 오른쪽에 제시되어 있다. 하위집단은 또한 연령에 따라 '젊은 연령 집단'(65∼74세), '중간 연령

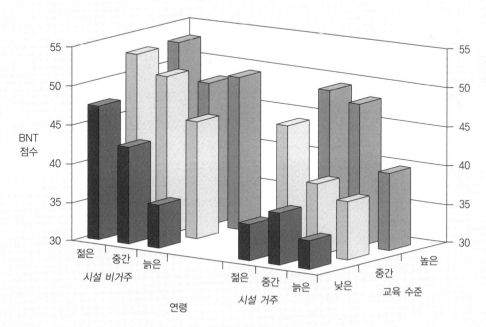

그림 1 연령과 교육 수준에 따른 시설 거주 피험자와 시설 비거주 피험자의 BNT 점수

(계속)

표 2 거주 환경, 교육 및 연령에 따른 BNT 규준

연령	교육 수준			
	6~9년	10~12년	12년 이상	전체
시설 비거주[1]				
65~74세	47.58	53.00	53.10	51.83
	(SD=6.14, n=12)	(SD=6.63, n=22)	(SD=6.55, n=20)	(SD=6.77, n=54)
75~84세	42.79	50.73	48.55	47.54
	(SD=10.99, n=19)	(SD=5.72, n=22)	(SD=7.96, n=20)	(SD=8.99, n=61)
85~97세	36.00	45.53	49.88	43.75
	(SD=12.46, n=17)	(SD=10.70, n=19)	(SD=7.19, n=16)	(SD=8.89, n=52)
전체	41.58	49.95	50.55	
	(SD=11.36, n=48)	(SD=8.29, n=63)	(SD=7.40, n=56)	
시설 거주[2]				
65~74세	35.14	46.95	49.54	44.09
	(SD=6.77, n=14)	(SD=8.78, n=19)	(SD=6.42, n=13)	(SD=9.59, n=46)
75~84세	36.90	39.95	48.30	41.82
	(SD=11.84, n=19)	(SD=10.05, n=19)	(SD=6.62, n=20)	(SD=10.71, n=58)
85~97세	34.53	38.11	40.20	37.40
	(SD=9.78, n=19)	(SD=7.48 n=18)	(SD=7.62, n=15)	(SD=8.60, n=52)
전체	35.56	41.73	46.10	
	(SD=9.80, n=52)	(SD=9.51, n=56)	(SD=7.87, n=48)	

[1]n=167 [2]n=156

집단'(75~84세), '늙은 연령 집단'(85~97세)으로 구분되었다. 교육 수준이 가장 낮은 집단(6~9년)은 그림 앞쪽에, 가장 높은 집단(12년 이상)은 그림 뒤쪽에 있음을 확인하라.

교육 수준 6~9년 집단

〈그림 1〉의 맨 앞쪽을 보면, 교육 수준이 낮은 피험자들의 평균 BNT 점수가 가장 낮음을 알 수 있다. 시설에 거주하지 않고 교육 수준이 낮은 피험자들의 BNT 점수는 연령 증가에 따라 감소하는 반면에, 시설에 거주하는 낮은 교육 수준의 피험자들은 연령 증가에 따른 BNT 점수의 평균에 거의 차이가 없었

다. 시설에 거주하는 낮은 교육 수준의 젊은 피험자들은 시설에 거주하는 높은 교육 수준의 젊은 피험자들에 비해 연령으로 얻는 이득이 나타나지 않았다.

교육 수준 10~12년 집단

〈그림 1〉의 두 번째 줄을 보면, 교육 수준이 중간인 시설 거주 피험자와 시설 비거주 피험자 모두에게 연령이 미치는 영향이 비슷함을 알 수 있다. BNT 점수의 평균은 젊은 연령 집단이 가장 높았고, 늙은 연령 집단이 가장 낮았다. 반면에 거주 환경에 따라 BNT 점수의 평균에 차이가 있었다. 이러한 차이는 젊은 연령의 하위집단에 비해 중간 연령과 늙은 연

령의 하위집단에서 더욱 뚜렷하게 나타났다. 시설에 거주하는 피험자들이 시설에 거주하지 않는 피험자들에 비해 수행이 저조하였다.

교육 수준 12년 이상 집단

〈그림 1〉의 마지막 줄을 보면, 교육 수준이 높은 피험자들의 경우 연령이나 거주 환경이 BNT 점수의 평균에 별 영향을 주지 않음을 알 수 있다(유일한 예외는 시설에 거주하는 늙은 연령 집단의 피험자들로, 이들은 교육 수준에 상관없이 수행이 저조하였다).

출처: "Effects of Age, Education, and Living Environment on Boston Naming Test Performance," by J. Neils, J. M. Baris, C. Carter, A. L. Dell'aira, S. J. Nordloh, E. Weiler, and B. Weisiger, 1995, *Journal of Speech and Hearing Research, 38*, pp. 1145–1147. Copyright 1995 by the American Speech-Language-Hearing Association. 승인하에 게재.

어떤 위첨자가 사용되었는지를 분명하게 설명하고 있다. 이러한 패턴은 또한 본문에도 기술되어 있다.

〈관련논문 8.13〉은 데이터가 모수적 추리 통계의 전제를 충족시키지 못할 때 피험자 간 비반복 측정 ANOVA를 대신하여 사용되는 Kruskal-Wallis 비모수 ANOVA의 예를 보여 준다. 피험자 내 반복측정 ANOVA가 필요하지만 자료가 모수적 추리 통계의 전제를 충족시키지 못할 경우 대안으로 사용하는 비모수 검정이 바로 Friedman ANOVA이다. 〈관련논문 8.13〉의 예에서는 두 맥락 수준(맥락 조건 vs. 탈맥락 조건)과 두 담화 과제(요리하기 vs. 내러티브)가 세 종속변인에 대한 말더듬 아동의 행동에 어떠한 영향을 미치는지를 검토하고 있다. 교차된 두 값의 독립변인인 맥락과 담화는 네 조건, 즉 CC＝맥락이 제공된 요리 상황, DC＝맥락이 제공되지 않은 요리 상황, CN＝맥락이 제공된 내러티브 상황, DN＝맥락이 제공되지 않은 내러티브 상황 등을 만들기에 2×2 ANOVA가 요구된다. 세 종속변인[말더듬 유형, 언어적 비유창성, 메이즈 표현(mazing)] 각각에 대해 하나씩 세 개의 순위에 의한 이원 Friedman ANOVA가 실시되었다. 〈관련논문 8.13〉의 〈표 7〉은 ANOVA 결과를 보여 준다. 말더듬 유형과 메이즈 표현 변인은 전체적으로 유의한 차이가 나타났으나, 언어적 비유창성 변인은 두 독립변인 간에 유의한 차이를 보이지 않았다. 〈표 8〉은 어떤 쌍들이 서로 유의하게 다른지를 결정하기 위해 수행한 사후 다중비교 결과를 보여 준다. Wilcoxon 등위 검정(T 통계 값에 대한 z 점수 변환으로)은 사후 대비 검정을 위해 비반복 측정 Kruskal-Wallis ANOVA와 함께 Mann-Whitney U검정(관련논문 8.12 참조)만큼 많이 사용됨을 기억하라.

효과 크기와 통계 검정력

미국심리학회 출판매뉴얼(APA, 2010)에서는 학술지 논문 저자들에게, "독자가 연구 결과의 중요도를 파악할 수 있도록 결과 부분에 효과 크기의 측정 값을 반드시 포함하라"(p. 34)고 권고하고 있다.

관련논문 8.12

결과

조사된 네 변인(정보 점수, T-unit당 MLU, 어휘 다양성, 결속 적절성)의 결과는 일원 ANOVA로 분석하였다. 일대일 짝에서 나타나는 점수 차이의 비교는 Tukey 검정을 사용하였다. 내러티브 단계 점수는 기본적으로 서열 특성을 지녔기 때문에, 측정치에 대한 집단 간 차이를 비교하기 위해 Kruskal Wallis 비모수 ANOVA를 시행하였다. 사후 비교는 Tukey 검정 대신 Mann-Whitney U검정을 사용하였다.

유치원

〈표 4〉에는 유치원 피험자에 대한 1년간의 내러티브 분석 결과가 제시되어 있다. 원래 SELD로 분류되었던 아동 중 2/3가 유치원 생활이 끝날 때쯤이면 정상 표현언어 범주(DSS에서 10%ile 이상, HELD 집단)로 이동하였다. 유치원 평가 결과 세 집단 간에 어휘 다양성[$F_{(1, 52)}=5.70$], 결속 적절성[$F_{(1, 52)}=3.68$], 내러티브 단계($H=6.70$)에서 유의한 차이가 나타났다($p<.05$). NL 집단은 HELD 집단과 ELD 집단에 비해 어휘 다양성이 유의하게 높았다. 반면에 HELD 집단과 ELD 집단은 어휘 다양성에서 유의한 차이가 없었다. 결속 적절성 측면에서 NL 집단의 점수는 ELD 집단의 점수에 비해 유의하게 높았다. 그러나 HELD 집단의 점수는 다른 두 집단의 점수와 유의한 차이가 없었다. NL 집단의 아동들은 내러티브 단계 평가에서 HELD 및 ELD 집단의 아동들보다 유의하게 높은 점수를 얻었다. 그러나 HELD 집단의 아동들과 ELD 집단의 아동들은 내러티브 단계 점수에서 유의한 차이가 없었다. 〈표 4〉에서 볼 수 있는 바와 같이, 그 밖에 다른 점수들 간 차이는 유의하지 않은 것으로 나타났다.

표 4 내러티브 점수 평균(표준편차)과 세 집단 비교: 유치원

변인	NL [$n=25$]	HELD [$n=17, 63\%$[1]]	ELD [$n=10, 37\%$[1]]
정보 점수	11.9(3.2)	11.4(3.1)	9.1(4.7)
T-unit당 MLU	7.2(1.0)	6.9(1.3)	6.6(1.2)
어휘 다양성[2]	15.5[a](6.1)	11.0[b](3.5)	10.3(4.6)[b]
결속 적절성[2](완전한 결속 %)	84.7[a](16.6)	76.7[a,b](23.4)	62.1[b](31.7)
내러티브 단계[2]	4.1[a](0.8)	3.8[b](0.7)	3.1[b](1.2)

주: NL＝Normal Language, HELD＝History of Expressive Language Delay, ELD＝Chronic Expressive Language Delay.
[1] 해당 하위집단에 배치된 원래 SELD 피험자들의 백분율
[2] $p<.05$ 수준에서 집단 간 차이가 유의하였다. 다른 위첨자를 지닌 집단 간에는 사후 짝 검정에서 유의한 차이가 있었다. 같은 위첨자를 지닌 집단 간에는 유의한 차이가 없었다.

출처: "Narrative Development in Late Talkers: Early School Age," by R. Paul, R. Hernandez, L. Taylor, and K. Johnson, 1996, *Journal of Speech and Hearing Research, 39*, pp. 1299–1300. Copyright 1996 by the American Speech-Language-Hearing Association. 승인하에 게재.

관련논문 8.13

맥락이 말더듬 아동의 비유창성 유형에 미치는 효과

세 번째 질문은 말더듬 아동이 산출한 비유창성 유형이 두 수준의 맥락과 두 수준의 담화 과제에 따라 달라지는가 하는 점이었다. 이를 해결하기 위해 순

표 7 네 조건에서 산출된 세 유형의 비유창성 비율에 대한 Friedman(F_r) 순위 이원변량분석 결과: 맥락 제공 요리 상황(CC), 맥락 비제공 요리 상황(DC), 맥락 제공 내러티브 상황(CN), 맥락 비제공 내러티브 상황(DN)

비유창성 유형	자유도	표본 수	F_r	p
말더듬 유형	3	12	8.385	.0387*(보정 값)
언어적 비유창성	3	12	5.118	.1634(보정 값)
메이즈 표현	3	12	7.983	.0464*(보정 값)

*유의도 .05 수준에서 통계적으로 유의한 차이가 있음을 나타냄.

표 8 네 조건에서 산출된 말더듬 유형의 비유창성과 메이즈 표현을 다중 비교하기 위해 수행한 Wilcoxon 부호 순위 검정 결과: 맥락 제공 요리 상황(CC), 맥락 비제공 요리 상황(DC), 맥락 제공 내러티브 상황(CN), 맥락 비제공 내러티브 상황(DN)

맥락 비교	z	p
말더듬 유형의 비유창성		
CC vs. DC	−1.07	.2845
CC vs. CN(보정됨)	−2.394	.0167*
CC vs. DN(보정됨)	−2.434	.0149*
DC vs. CN(보정됨)	−.314	.7536
DC vs. DN(보정됨)	−1.727	.0841
CN vs. DN(보정됨)	−.535	.593
메이즈 표현		
CC vs. DC	−2.401	.0164*
CC vs. CN	−.314	.7537
CC vs. DN	−2.04	.0414*
DC vs. CN	−2.04	.0414*
DC vs. DN	−.706	.4802
CN vs. DN	−1.6	.1095

*유의도 .05 수준에서 통계적으로 유의한 차이가 있음을 나타냄.

(계속)

위에 따른 Friedman의 이원변량분석(F_r)이 사용되었다. 이러한 방법이 사용된 이유는 각 조건의 표본 수가 적고($n=12$) 대응되는 통제 집단이 없었기 때문이다(표 7 참조). 각각의 비유창성 유형에 따라 별개의 분석이 이루어졌다. 연구자의 관심이 조건에 따라 세 비유창성 유형이 함께 영향을 받는지를 검토하는 것이 아니라 비유창성 유형 자체를 검토하는 데 있었기 때문이다.

묶음에 맞게 보정된 말더듬 유형의 비유창성은 네 조건에 따라 유의한 차이가 있었다[$F_r(3)=8.385$, $p=.0387$]. 이러한 결과는 12명의 참가자 중 3명이 자신이 속한 집단의 다른 아동들(0%에서 9%의 말더듬)에 비해 상당히 높은 비율의 말더듬(11%에서 18%의 말더듬)을 보였음을 의미한다. 네 조건에서 언어적 비유창성의 비율은 유의한 차이를 보이지 않았다[$F_r(3)=5.118$, $p=.1634$]. 마지막으로, 메이즈 표현의 비율은 네 조건에서 유의한 차이가 나타났다[$F_r(3)=7.983$, $p=.0464$]. 이러한 비율

은 두 묶음 집단에 맞게 보정된 값임을 기억하라.

어떤 조건에서 서로 간에 유의한 차이가 있는지를 결정하기 위해, 네 조건에서 산출된 말더듬 유형의 비유창성과 메이즈 표현의 비율을 Wilcoxon 부호 순위 검정을 사용해 다중으로 비교하였다. 그 결과는 〈표 8〉에 제시되어 있다. 말더듬은 맥락 유무에 따른 요리 조건과 두 내러티브 조건에서 유의한 차이가 나타났다. 메이즈 표현에서는 CC와 DC 조건이 다른 조건들에 비해 유의하게 달랐다. CC와 DN 그리고 DC와 CN에서도 마찬가지였다. 나머지 짝들에 대한 비교에서는 유의한 차이가 나타나지 않았다.

출처: "The Effects of Contextualization on Fluency in Three Groups of Children," by L. S. Trautman, E. C. Healey, and J. A. Norris, 2001, *Journal of Speech, Language, and Hearing Research, 44*, pp. 572-573. Copyright 2001 by the American Speech-Language-Hearing Association. 승인하에 게재.

매뉴얼에서는 효과 크기를 표시하는 데 적합한 여러 절차를 나열하면서, 단순히 통계적 유의성 검정을 넘어 독자들에게 "관찰된 효과의 중요도를 평가할 수 있는 충분한 정보"(APA, 2010, p. 34)를 제공하도록 권고한다. 결과적으로 효과 크기를 보고하는 것은 통계적 유의성뿐 아니라 데이터의 실제적인 중요성을 나타내기 위한 점점 더 흔한 절차가 되어 가고 있다(Huck, 2008). Huck의 주장은 의사소통장애를 다룬 양적 연구에서 효과 크기의 추정량을 제시하고 있는 최근 연구들에서 증명된다(Meline & Wang, 2004).

효과 크기(effect size)는 종속변인이 독립변인에 의해 얼마나 설명될 수 있는지를 보여 주는 무척도(scale-free)의 표준화된 값(z 점수와 유사함)이다(Robey, 2004; Turner & Bernard, 2006). 효과 크기는 통계적으로 유의한지 그렇지 않은지로 판단되지 않는다. 대신에 효과 크기는 통계적 유의성과는 별개로 통계 결과를 해석할 수 있는 수단을 제공해 준다. 효과 크기의 측정치는 영가설의 타당성에 대한 독립적인 지수를 제공한다. 실험 데이터가 영가설과 완전히 일치한다면 효과 크기는 0이 된다. 영가설과 실험 데이터가 일치하지 않는다면 효과 크기는 0에서 멀어지게 된다(Robey, 2004; Turner & Bernard, 2006). 예를 들면, 의사소통장애 연구에서 흔히 사용되는 두 효과 크기 측

정량은 **에타제곱**(η^2)과 **Cohen의 d**(Cohen's d)이다. 일반적으로 에타제곱은 효과의 제곱합 더하기 오차의 제곱합에 대한 효과의 제곱합 비율로 나타낸다(아래 수식 참조).

$$\eta^2 = \frac{SS_{effect}}{SS_{effect} + SS_{error}}$$

에타제곱은 r^2과 완전히 똑같이 해석된다. 예를 들면, $\eta^2 = 0.90$은 종속변인 변산도의 90%가 독립변인에 의해 설명될 수 있다는 뜻이다. 따라서 $\eta^2 = 0.20$은 효과 크기가 작음을, $\eta^2 = 0.50$은 효과 크기가 중간임을, 그리고 $\eta^2 = 0.80$은 효과 크기가 큼을 의미한다.

Cohen의 d는 일반적으로 두 집단의 평균 간 차이로 정의된다. 해당 값은 $M_1 - M_2$를 각 집단의 표준편차(σ)로 나눈 것이다(아래 수식 참조).

$$d = \frac{M_1 - M_2}{\sigma}$$

에타제곱과 마찬가지로, Cohen(1988)은 $d = 0.20$, $d = 0.50$, $d = 0.80$일 때 각각의 효과 크기를 작음, 중간, 큼 등으로 설명할 수 있다고 하였다. 통계 절차와 연구 설계에 따라 효과 크기 통계량을 계산하기 위해 사용하는 공식이 다를 수 있다. 그래서 효과 크기 통계량에 대한 실제 규모는 다를 수 있으며 해석 또한 그에 따라 이루어져야 한다. 다양한 효과 크기 통계량에 대한 해석 방법은 Cohen(1988)에 의해 표로 제작되었다. 문헌에서 접할 수 있는 여러 효과 크기 통계량들은 Cohen의 d의 변형이라고 할 수 있다. 두 번째 집단의 표준편차로 집단 간 평균들의 차이를 나누는 Glass의 델타(Δ)와 전체 집단의 표준편차로 집단 간 평균들의 차이를 나누는 Hedges의 g를 예로 들 수 있다(Hedges, 1981; Hedges & Olkin, 1985).

검정력 분석(power analysis)에는 일반적으로 두 가지 사용법이 있다. 첫 번째는 주어진 유의 수준에 도달하기 위해 필요한 표본의 크기를 결정하기 위해 사전에 실시하는 방법이다. 두 번째는 영가설을 기각하는 데 실패한 이유가 불충분한 표본 크기에 의한 것인지를 결정하기 위해 완성된 연구를 사후에 좀 더 자세히 평가하는 방법이다(Rosenthal & Rosnow, 1991). 연구에 대한 검정력은 제2종 오류의 발생 확률에 대한 보수(complement)와 같다. 검정력 = 1 − 제2종 오류의 발생 확률(베타)로 표기되기도 한다. 즉, 실제로 영가설이 틀렸을 때 그 영가설을 기각할 확률을 말하는 것이다(Rosenthal & Rosnow, 1991). Jones, Gebski, Onslow, Packman(2002)이 정의한 바에 따르면, "검정력은 통계적으로 유의한 차이가 존재하는지를 알아낼 수 있는 확률이다." 따라서 검정력이 증가할수록 영가설이 틀렸을 때 그것을 기각할 확률 또한 올라간다. 제1종 오류의 방지를 위한 기준 값으로 .05의 알파가 흔히 사용되는 것처럼, 제2종 오류의 방지를 위한 기준 값으로는 최소한 .80의 검정력이 채택된다(Cohen, 1988; Jones, Gebski, Onslow, & Packman, 2001).

검정력을 분석한 예는 다변량분석을 활용한 연구에서 발췌한 이 장의 마지막 두 관련논문에서 찾을 수 있다. 효과 크기에 대한 통계치는 MANOVA에서만 사용되는 것이 아니다. 예를 들면, 일변량 ANOVA와 t검정과 같은 다른 여러 종류의 추리 통계에서도 사용될 수 있다. 앞에서 언급한 바와 같이, 모수 통계 분석에 다수의 종속변인이 사용될 경우, 일변량 모형보다는 MANOVA를 사용하여 독립변인이 종속변인에 미치는 동시적 영향을 검토하도록 권고할 수 있다. 이는 특히 종속변인들이 서로 영향을 끼치는 경우에 해당된다.

〈관련논문 8.14〉에서는 단순언어장애(SLI) 아동들을 대상으로 이들의 언어, 과묵함, 정서 조절 등을 연구한 결과를 보여 준다. 두 연령 집단에 소속된 SLI와 일반 아동이 세 종속변인, 즉 구어에 대한 이해 평가(CASL), 정서 조절 점검표(ERC), 아동에 대한 교사의 행동평정척도(TBRS) 등에 따라 동시에 비교되었다. 관련논문의 〈표 1〉에서는 네 집단 아동(저연령 일반 아동, 고연령 일반 아동, 저연령 SLI 아동 및 고연령 SLI 아동)의 세 종속변인에 대한 평균과 표준편차를 제시하고 있다. 본문에서는 전반적인 효과 분석을 위한 MANOVA와 종속변인에 대한 집단 비교를 위해 실시한 사후 F 검정에 대해 기술하고 있다. 독자들이 F 통계치에 좀 더 친숙할 것이라는 판단하에, Wilks의 람다를 통해 도출된 F 근사치를 사용하고 있음에 주목하라. 여러분이 F 통계치에 좀 더 친숙한 이유는 아마도 의사소통장애 연구 분야에서 최근까지 ANOVA만큼 MANOVA가 자주 사용되지 않았기 때문일 것이다. 실제로 〈관련논문 8.14〉의 각주에 인용되어 있는 책의 저자 Tabachnick과 Fidell(2007)은 복잡한 데이터 분석을 위해 MANOVA가 점점 더 많이 사용되고 있으며, 더욱 정교한 컴퓨터 프로그램이 이용 가능하게 됨에 따라 많은 행동연구 분야에서도 이를 폭넓게 사용하고 있다고 진술하였다. 또한 저자들은 전체적인 MANOVA 검정의 효과 크기(에타제곱=η^2)를 보고했음에 주목하라. 세 종속변인에 대한 전체적인 효과 크기($\eta^2=0.629$)는 중간에서 큰 정도 사이임을 알 수 있다. 저자들은 종속변인 각각의 효과 크기를 또한 분석했는데, 과묵함과 정서 조절에서는 효과 크기가 작고($\eta^2=0.235$, $\eta^2=0.243$) 언어 변인에서는 효과 크기가 큰 것으로 나타났다($\eta^2=0.615$).

〈관련논문 8.15〉에서는 일련의 Bonferroni t검정과 함께 효과 크기를 보고하기 위해 Cohen의 d를 사용한 예를 볼 수 있다. 관련논문에 제시된 연구에서는 투명 관용어(transparent idioms)와 불투명 관용어(opaque idioms)를 듣고 아동과 성인이 떠올린 정신적 심상에 대한 수행을 비교하고 있다. 〈표 5〉에는 두 관용어에 의해 떠올려진 아동과 성인의 심상 유형(무관한 것, 글자 그대로인 것, 비유적인 것)에 대한 비율이 제시되어 있다. Bonferroni t검정 결과, 아동이 성인보다 더 무관한 심상을 떠올리고 성인이 아동보다 더 비유적인 심상을 떠올려 두 집단 간에 유의한 차이가 있는 것

관련논문 8.14

결과

집단 차이

네 연령×언어 집단이 세 개의 측정치에서 다른지를 결정하기 위해 이원 다변량분석(MANOVA)이 실시되었다. 세 개의 측정치는 TBRS로 측정된 과묵함 점수, CASL 전체 점수로 측정된 언어 기술 점수, ERC의 정서 조절 하위검사로 측정된 정서 조절 기술 점수 등이었다. 독립변인은 연령(저연령과 고연령)과 언어 집단(일반 아동과 SLI 아동)이었고, 종속변인은 세 개의 측정치였다. 언어 집단에 대한 유의한 주 효과가 발견되었다[근사치 $F(3, 81) = 45.98$, $p < .001$, $\eta^2 = .629$].[2] 그 밖에 유의한 효과는 발견되지 않았다. 우리는 언어 집단의 효과를 좀 더 검토하기 위해 각각의 종속변인에 대해 사후 일변량 검정을 실시하였다. 각각의 사후 검정마다 알파 수준을 보정하기 위해 Bonferroni 절차가 시행되었다.

언어, 정서 조절 및 과묵함에 대한 사후 분석 측정치의 평균과 표준편차는 〈표 1〉에 제시되어 있다. 언어 집단의 유의한 주 효과는 세 측정치, 즉 과묵함[$F(1, 83) = 26.12$, $p < .001$, $\eta^2 = .235$], CASL 전체 점수[$F(1, 83) = 136.05$, $p < .001$, $\eta^2 = .615$] 그리고 정서 조절[$F(1, 83) = 26.70$, $p < .001$, $\eta^2 = .243$] 모두에서 나타났다. 〈표 1〉을 보면, 모든 측정치에서 SLI 아동 집단이 일반 아동 집단보다 수행이 저조했음을 알 수 있다. 이러한 결과는 이전 연구 결과들과 일치하는 것이다(Fujiki et al., 1999; Fujiki et al., 2002).

[2] 독자들이 F 통계치에 좀 더 친숙할 것이기에, 우리가 여기에서 보고하는 MANOVA 관련 통계치는 Wilks의 람다로 얻은 F 근사치이다(Tabachnick & Fidell, 2001 참조).

표 1 언어, 정서 조절 및 과묵함 점수의 평균과 표준편차

참여 집단	CASL 전체 점수	정서 조절	과묵함[a]
저연령, 일반 아동			
평균	111.38	28.05	1.19
표준편차	14.72	2.50	1.44
고연령, 일반 아동			
평균	111.09	27.57	1.26
표준편차	11.69	4.24	1.71
저연령, SLI 아동			
평균	83.67	23.19	3.33
표준편차	11.58	4.75	2.94
고연령, SLI 아동			
평균	79.18	23.45	4.26
표준편차	9.14	4.28	2.91

주: CASL = Comprehensive Assessment of Spoken Language(Carrow-Woolfolk, 1999)
[a] 과묵함 점수가 높을수록 대화에서 더 위축됨을 나타낸다.

출처: "The Relationship of Language and Emotion Regulation Skills to Reticence in Children with Specific Language Impairment," by M. Fujiki, M. P. Spackman, B. Brinton, and A. Hall, 2004, *Journal of Speech, Language, and Hearing Research, 47*, pp. 642–643. Copyright 2004 by the American Speech-Language-Hearing Association. 승인하에 게재.

으로 나타났다. 반면에 글자 그대로의 심상에서는 두 집단 간에 유의한 차이가 없는 것으로 나타났다. Cohen의 d로 드러난 두 유의한 차이에 대한 효과 크기를 보면 무관한 심상에서는 효과 크기가 크게 나타났고 비유적인 심상에서는 효과 크기가 중간 정도로 나타났다.

관련논문 8.15

이해와 심상의 관계를 좀 더 면밀히 조사하기 위해, 투명하거나 불투명한 관용어를 듣고 떠올린 심상 유형(무관한 것, 글자 그대로인 것, 비유적인 것)을 표로 만들었는데, 피험자들이 정반응한 관용어는 모두 포함되었다. 수행은 관용어 이해 과제(ICT)를 사용해 측정되었다. 원자료의 수는 이해 과제에 대한 수행의 차이를 조절하기 위해 백분율로 변환되었다. 이러한 데이터는 〈표 5〉에서 확인할 수 있다. 집단 비교를 위해 일련의 독립 t검정이 수행되었는데, 다수의 t검정은 Bonferroni 교정과 .008로 수정된 알파값이 사용되었다. 결과를 보면, 두 관용어 모두에서 아동은 성인에 비해 무관한 심상을 유의하게 더 많이 떠올리는 것으로 나타났다[투명 관용어에서

$t(78)=4.12$, $p<.0001$; 불투명 관용어에서 $t(78)=-3.87$, $p=.0002$]. 반면에 성인은 아동에 비해 비유적인 심상을 더 많이 떠올리는 것으로 나타났다[투명 관용어에서 $t(78)=-3.43$, $p=.0010$; 불투명 관용어에서 $t(78)=-3.04$, $p=.0032$]. 하지만 글자 그대로의 심상을 떠올리는 데 있어서는 두 집단 간에 유의한 차이가 없었다[투명 관용어에서 $t(78)=1.03$, $p>.05$; 불투명 관용어에서 $t(78)=0.83$, $p>.05$]. 효과 크기(Cohen, 1988)는 무관 심상에서는 크게 나타났고(투명 관용어에서 $d=.93$, 불투명 관용어에서 $d=.88$), 비유적 심상에서는 중간 정도로 나타났다(투명 관용어에서 $d=.77$, 불투명 관용어에서 $d=.68$).

표 5 ICT에서 정반응한 모든 관용어에 대해 산출된 정신적 심상 유형(%)(n=집단당 40)

심상 유형	아동	성인
무관한 것(점수=0)		
투명 관용어	24.54	10.24
불투명 관용어	28.64	14.41
글자 그대로인 것(점수 = 1)		
투명 관용어	47.92	40.99
불투명 관용어	44.79	38.98
비유적인 것(점수 = 2)		
투명 관용어	27.54	48.77
불투명 관용어	26.58	46.89

출처: "Mental Imagery and Idiom Comprehension: A Comparison of School-Age Children and Adults," by M. A. Nippold and J. K. Duthie, 2003, *Journal of Speech, Language, and Hearing Research, 46*, pp. 794-795. Copyright 2003 by the American Speech-Language-Hearing Association. 승인하에 게재.

분명한 자료 분석의 몇 가지 특성

결과 부분의 데이터 분석은 밝혀진 관계의 강도와 방향성 혹은 나타난 차이의 유의성에 대해 명확한 상을 제시해 주는 것이어야 한다. 독자들은 분명한 데이터 분석에 관하여 다음과 같은 몇 가지

특성을 기대할 것이다. 관계나 차이 분석에 사용되는 도해는 앞서 자료 정리 부분에서 논의했던 기준들과 일치하는 것이어야 한다. 통계표와 그림의 캡션은 간략하면서도 정보를 적절히 담고 있어야 한다. 제시된 표와 그림은 글 없이 그 자체만으로도 분석이 가능해야 하고, 서술 내용은 자료 분석의 논의에 포함되어 있는 도해와 딱 들어맞아야 한다.

관계 분석에서는 데이터의 측정 수준이나 관측 횟수와 같은 요소들에 적합한 통계 기법을 사용해야 한다. 독자는 상관분석에 사용되는 Pearson이나 Spearman의 상관계수, x^2, 분할계수 등과 같은 지수를 적절히 알고 있어야 한다. 상관관계의 유의 수준은 필요할 경우 보고되어야 하며, 독자들은 저자가 통계적 유의함뿐 아니라 상관관계의 실제적인 의미에 대해서도 언급할 것으로 기대할 것이다. 따라서 변인들 간 변량의 겹침을 논의할 때에는 결정계수(r^2)를 참조할 수도 있다.

급간상관 행렬이나 다중회귀분석에 대한 평가는 초보 독자의 경우 특히 어려울 수 있다. 저자들은 도해와 서술을 통해 이들 분석을 주의 깊게 제시하고 논의함으로써 독자의 이해를 도울 수 있다. 그러나 이러한 과정에도 불구하고, 다중상관분석과 다중회귀분석을 평가하려면 많은 시간과 노력이 필요하다. 다중상관 연구를 자주 접하면 이 분야에 대한 여러분의 평가 기술이 향상될 것이다.

차이에 대한 분석은 척도 수준, 관측 횟수, 비교 횟수 등에 적합한 통계 기법의 사용을 필요로 한다. 독자는 모수 추리 통계와 비모수 추리 통계에 대해 적절히 알고 있어야 한다. 독자는 또한 두 개의 표본을 비교하는 통계의 적절한 사용과 다수의 표본을 동시에 비교하기 위한 변량분석 기법의 필요성에 대해서도 잘 알고 있어야 한다. 이러한 분석에는 유의하거나 유의하지 않은 차이에 대해서뿐 아니라 필요할 경우에는 주 효과와 상호작용 효과에 대해서도 분명하고 일관성 있는 요약표의 제시가 요구된다. 이러한 분석은 발견된 차이에 대한 서술을 좀 더 명료화하기 위해 종종 표와 그림을 함께 제공한다. 복잡한 상호관계에 대한 다중 비교를 이해하는 것은 초보 독자에게 다소 어려울 수 있다. 저자는 표, 그림, 본문 등을 신중하게 조합하여 제공함으로써 이들 독자를 도울 수 있다.

데이터 제시

연구 결과를 보고하려면 많은 서식이 필요하고, 이들 서식을 제시하는 방법 또한 다양하다. 연구논문의 결과 부분에 어떤 정보가 제시될 것인가는 독자가 이해해야 할 데이터의 특성과 의미에 따라 결정된다. 지금까지 우리는 데이터 표, 통계 표, 차트, 그래프, 데이터 산점도 등에 대해 논의해 왔다. 그런데 질적 연구논문과 양적 연구논문에 들어 있는 많은 표들을 보면 데이터의 수적인 제시보다는 본문 정보와 내러티브를 범주화하기 위해 사용하는 경향이 있다. 일례로 〈관련논문

관련논문 8.16

요구와 서비스 제공에 대한 부모의 견해

아동기 청력손실이 가족에게 미치는 지대한 영향은 초기 단계에서 부모들이 경험하고 결정하는 것들을 통해 파악할 수 있다. 다음 두 어머니의 말에서 볼 수 있듯이, 부모들은 해당 장애가 단순히 자녀에게만 영향을 미치는 것이 아니라 가족의 삶을 바꾸고 경력, 재정 그리고 거주지에 대한 결정에까지도 영향을 미친다고 기술하였다.

"나는 아동기에 겪은 그러한 경험이 아이의 기를 꺾는다고 생각했습니다. 물론 우리에게도 큰 스트레스가 되었습니다. 그것은 우리 삶의 결정을 모두 바꿔 놓았습니다. 아이가 어떤 교육을 받아야 할지, 내가 직장으로 돌아갈 수 있는지. 모든 것이 영향을 받았습니다."(면담 7)

"한번 결정을 내리고 나면 어떤 미래가 기다리고 있을지 정말 궁금해집니다. 우리 가족이 아이를 위해 삶과 직업을 바꾸고 캐나다로 오게 된 것처럼 말이죠."(면담 10)

영구적인 아동기 청력손실은 아동의 생애 전반에 영향을 미치기 때문에, 여러 영역에서 장기적인 가족 지원이 필요하게 된다. 데이터를 통해 파악된 요구와 서비스 제공에 대한 견해는 네 가지 핵심적인 논의 주제, 즉 (a) 서비스 모델의 구성요소, (b) 조직적인 돌봄, (c) 부모와의 접촉, (d) 정보 요구 등으로 요약되었다. 이들 주제는 빈번하게 겹치고 서로 관련이 있었지만 자료를 원활하게 종합하기 위해 분리시키고 이후 더욱 정교하게 다듬었다. 핵심주제와 하위주제는 면담에 참여한 부모의 수와 함께 〈표 2〉에서 확인할 수 있다.

표 2 청력손실 진단에 따른 요구에 대한 가족의 견해

주제	하위주제
서비스의 구성요소(17)	선별(17)
	청각학(17)
	치료(17)
	사회적 지원(15)
	금전적 지원(6)
협력 서비스(15)	공용시설 서비스(9)
	팀 협력(15)
부모들의 지원(16)	건강 관련 조직을 통해(5)
	부모 집단을 통해(11)
정보(17)	청각에 특화된(11)
	치료/자료 옵션(9)
	예후 안내(12)
	정보 접근(8)

주: 괄호 안 숫자는 면담을 하면서 이들 주제를 파악한 것으로 처리된 가족의 수를 의미함(총 가족 수는 17)

8.16〉에 제시되어 있는 표를 보면 이를 확인할 수 있다. 이 표는 청각장애 아동의 부모들이 파악한 주제와 하위주제들을 요약하고 있다. 요약 통계 표와 마찬가지로, 이 표는 연구자가 17명의 부모를 상대로 반구조화된 면담을 수행한 후 전사한 내용에서 공통점을 찾아 총계를 낸 자료이다.

연구논문에 제시되는 그림은 데이터의 요소나 요약 통계치를 단지 그래프로 그리거나 표시하는 데 그치지 않는다. 그림은 데이터의 흔적과 변환된 신호를 나타내기 위해 그림, 사진, 오디오 그램, 스펙트로그램 및 해부도 등의 다양한 형태를 취할 수 있다. 이러한 묘사 방식은 흔히 **도표화** (graphical displays 혹은 줄여서 graphics)로 불린다(Tufte, 1990, 1997, 2001, 2006). 도표화는 연구논문의 서론과 연구방법 부분에서 본문에 서술된 내용을 보완하기 위해 주로 사용되지만, 연구 문제 및 연구 목적과 관련이 있는 정보가 얻어진 경우에는 연구 결과 부분에서도 이를 포함시켜 제시할 수 있다. 이제부터 도표화와 관련된 몇 가지 요소를 중점적으로 다루고자 한다.

해부학과 같은 연구 주제들이 그림과 사진을 적극적으로 활용한다는 것은 전혀 놀랍지 않다. 관련 도표가 의사소통장애 문헌에서도 활용되는 경우가 크게 증가하고 있는데, 이는 기능적 자기공명영상(fMRI), 양전자방출 단층촬영(PET), 단일광자 단층촬영(SPECT), 광음향 단층촬영(PAT), 고속 비디오카메라 촬영술, 초음파 검사, 형광 투시법 등의 기술이 출현하고 계속 발전을 거듭하고 있기 때문이다. 일례로 〈관련논문 8.17〉의 그림을 보면, 연구자가 발달적 변화를 추적할 수 있는 자기공명(MR) 이미지를 이용하여 어떻게 성도의 길이를 측정했는지 알 수 있다.

의사소통장애 연구논문에서 찾을 수 있는 또 다른 다수의 도표화는 파형으로 알려져 있는 오실로그램의 제시. 파형은 시간에 따라 달리지는 값(변인)의 변화를 추적하기 위해 고안된 도표이다. 파형은 압력, 흐름, 움직임, 접촉, 근육 활동 등의 물리적 현상을 변환시키는 도구에서 얼마든지 그려질 수 있다. 그런데 의사소통장애 문헌에서 가장 많이 사용되는 파형은 소리 압력의 변화를 그리는 파형이다. 이러한 소리 압력 파형은 흔히 마이크로폰 혹은 음향 신호로 불린다. 예를 들면, 재인 수행에 대한 말 분절의 선택적 감속 효과를 조사한 연구에서 시간 확장 기법의 효과를 기술하기 위해 몇몇의 소리 압력 파형이 사용되었다(관련논문 8.18 참조). 이러한 묘사에는 자극-신호 특성이나 음향이 측정된 방법에 대한 설명이 수반된다.

〈관련논문 8.19〉에 제시되어 있는 그림은 말더듬 화자의 마이크로폰 신호를 기술한 연구에서 발췌한 또 다른 예이다. 해당 그림은 보고서에서 다양한 목적으로 활용되는데, 소프트웨어의 디스플레이를 설명하거나 파형 자체를 보여 주거나 혹은 마이크로폰 신호를 해당 시간에 맞추어 음성학적으로 전사하는 방법을 삽화로 제시하는 것 등을 예로 들 수 있다. 해당 그림은 아동이 산출한 "twenty-one goals"라는 발화를 제시한 것이다. 이와 같은 도표화는 독자로 하여금 본문에 기술된 내용이 무엇인지를 떠올리도록 해 준다.

관련논문 8.17

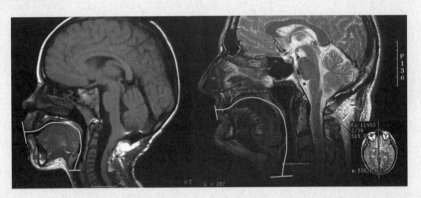

그림 1 성도 길이(VTL)는 갑상절흔에서 시작하여 입술에 이르기까지 접선으로 관의 정중선을 따라 그어진 곡선 거리로 정의된다. 왼쪽은 MRI를 이용하여 4세 4개월의 남자 아동을 촬영한 것으로, VTL은 11.28cm이다. 오른쪽은 54세 2개월의 남자 성인을 촬영한 MRI 사진이며, VTL은 15.87cm이다(복사된 사진으로 원본은 컬러임).

출처: "Vowel Acoustic Space Development in Children: A Synthesis of Acoustic and Anatomic Data," by H. K. Vorperian and R. D. Kent, 2007, *Journal of Speech, Language, and Hearing Research, 50*, p. 1513. Copyright 2007 by the American Speech-Language-Hearing Association. 승인하에 게재.

많은 논문들이 마이크로폰 신호나 마이크로폰 신호에서 도출된 디스플레이와 흔적을 보여 주는데, 협대역과 광대역 스펙트럼 또는 빈도/강도 등고선 등을 예로 들 수 있다. 〈관련논문 8.20〉은 양순음 산출 시 유무성 대조와 관련된 조음기관의 변동성에 대한 연구에서 가져온 것이다. 〈그림 1〉은 CV음절을 반복하는 동안 윗입술과 아랫입술의 이동 및 아래턱의 움직임 속도를 추적한 일련의 운동학적 파형을 보여 준다. 논문에 제시된 이러한 추세는 독자로 하여금 습득 이전, 습득 시, 습득 이후 회기 등에서 아동이 보인 운동학적 변동성에 관한 이후 도표들을 판단할 수 있는 기초를 제공한다.

〈관련논문 8.21〉에서는 연구 결과에 대한 포괄적인 요약표를 제시하기 위해 사용한 도표화의 예를 보여 준다. 〈그림 5〉는 숨을 들이마시고 내쉬는 동안의 폐활량, 최대 들숨 및 최대 날숨의 변화를 추적하는 전통적인 폐활량 곡선을 보여 준다. 이를 배경으로 요약 자료에서는 삼킴과 폐활량 개시의 관계를 설명하였다.

관련논문 8.18

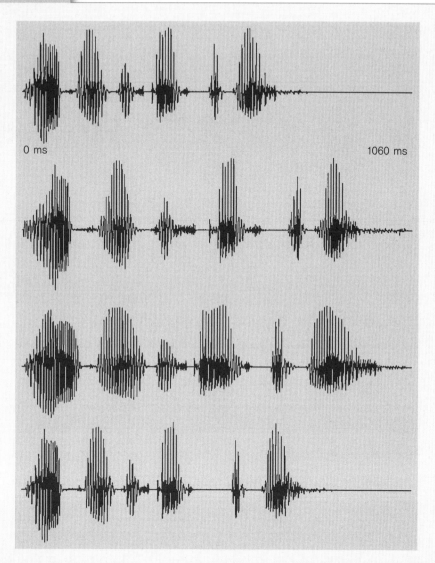

0 ms   1060 ms

그림 1 기준선에 제시되어 있는 "Ruth has discussed the peg"라는 문장의 파형(50% 시간 압축). 시간 확장이 없는 말속도(맨 위 패널), 자음에 대한 선택적 확장(두 번째 패널), 모음에 대한 선택적 확장(세 번째 패널), 휴지에 대한 선택적 시간 확장(네 번째 패널). 각 파형에 대한 시간 척도는 1,060ms임.

출처: "Recognition of Time-Compressed and Natural Speech with Selective Temporal Enhancements by Young and Elderly Listeners," by S. Gordon-Salant, P. J. Fitzgibbons, and S. A. Friedman, 2007, *Journal of Speech, Language, and Hearing Research, 50*, p. 1185. Copyright 2007 by the American Speech-Language-Hearing Association. 승인하에 게재.

관련논문 8.19

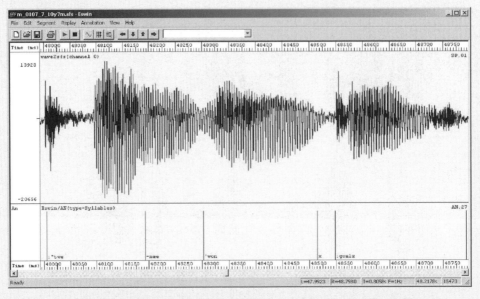

그림 1 오실로그램(위)과 그에 맞게 전사된(아래) 말 파일링 시스템(SFS) 디스플레이의 예

출처: "The University College London Archive of Stuttered Speech(UCLASS)," by P. Howell, S. Davis, and J. Bartrip, 2009, *Journal of Speech, Language, and Hearing Research, 52*, p. 560. Copyright 2009 by the American Speech-Language-Hearing Association. 승인하에 게재.

분명한 데이터 제시의 몇 가지 특성

Edward R. Tufte(2001)는 그의 저서 *The Visual Display of Quantitative Information*을 다음과 같은 문장으로 시작하고 있다.

> 뛰어난 통계 도표화는 복잡한 아이디어를 명료하고, 정확하며, 효율적으로 전달해 준다. … 도표화는 데이터를 드러내는 것이다. 실제로 도표화는 관습적인 통계 계산보다 더 정확하고 흥미로울 수 있다(p. 13).

Tufte(2001)에 따르면, 좋은 도표는 데이터를 보여 줄 뿐 아니라 "독자들의 관심을 방법론이나 도표 디자인 혹은 데이터 외의 것들이 아닌 주제 그 자체에 기울이도록 유도하는 것"이다. 통계를 제시할 때에는, 정보를 어떤 식으로든 왜곡해선 안 되며, "전반적인 것에서 구체적인 것으로 좀 더 자세한 수준으로 자료를 드러내야 한다"(Tufte, 2001). 요약하자면, 도표화는 이야기를 말해 주는 것

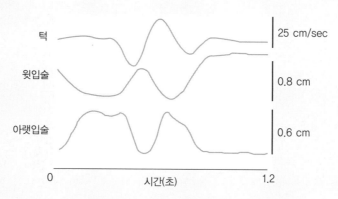

그림 1 /papa/ 산출에 따른 턱 속도 및 아랫입술과 윗입술 이동의 운동학적 추세

출처: "Changes in Articulator Movement Variability During Phonemic Development: A Longitudinal Study," by M. I. Grigos, 2009, *Journal of Speech, Language, and Hearing Research, 52*, p. 168. Copyright 2009 by the American Speech-Language-Hearing Association. 승인하에 게재.

이어야 한다. 도표가 분명하고 간결하면서도 충분히 결과를 설명하는 정도는 비판적인 독자들이 그 질을 평가할 수 있는 최선의 잣대일 것이다.

앞에서 언급한 바와 같이, 양적인 정보를 제시하는 데에는 데이터 표가 가장 일반적으로 활용된다. 그래프와 데이터 산점도는 결과의 전반적인 패턴을 보여 주기 위해, 특히 변인들 간에 상호작용이 존재할 경우, 표와 함께 제시된다. 표를 사용하든 그래프를 사용하든, 그러한 제시는 (1) 데이터를 정확하게 나타내야 하고, (2) 쉽게 읽히고 해석될 수 있도록 분명하게 분류되어야 하며, (3) 데이터에 관한 본문의 기술과 적절히 결부되어야 한다. 논문의 글과 표, 그림 등에 포함되어 있는 결과는 서론에서 제기한 연구 문제에 대한 저자의 경험적 진술을 독자가 즉시 이해할 수 있는 방식으로 구성되어야 한다. 논문의 결과에서 데이터 제시 부분을 마주하게 될 경우 비판적 독자는 다음과 같은 몇 가지 특성을 고려해야 한다.

첫째, 표와 그림의 캡션은 간단하지만 정보를 잘 담고 있어야 하며, 특정 도표에 관한 정리를 신속하게 해 주어야 한다. 캡션을 읽은 독자는 도표에 포함되어 있는 피험자 집단, 실험조건 혹은 종속변인에 대한 데이터 항목을 어디에서 찾을 수 있는지 곧바로 알아야 한다. 캡션은 도표를 통해 가장 효율적인 방식으로 독자를 이끌어 가는 분명한 로드맵의 역할을 해야 한다. 때때로 복잡한 도표는 긴 캡션을 필요로 할 수 있다. 캡션이 길더라도 그것이 명확히 쓰여 있는 한 문제가 되지 않

관련논문 8.21

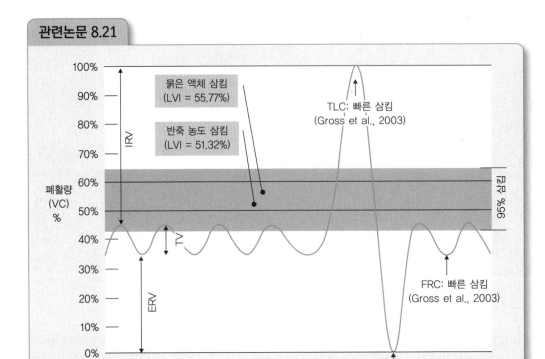

그림 5 현 연구와 Gross 등(2003)의 연구 결과 요약. 폐활량 개시 평균(LVI) 데이터는 적은/많은 묽은 액체 삼킴 조건과 무른/된 반죽 농도 삼킴 조건에서 얻은 것이다. 분석된 95%의 삼킴 데이터(N = 414)는 회색으로 칠해진 구역 내에 포함된다. Gross, Atwood와 동료들(2003)의 연구 결과는 그들의 연구에 포함되어 있는 삼킴 위치(TLC, FRC, RV)를 보여 주는데 삼킴 속도의 유의한 차이에 따라 표시하였다. ERV=호기 예비량, IRV=흡기 예비량, TV=1회 호흡량, TLC=총폐활량, FRC=기능적 잔기량, RV=잔기량이다.

출처: "Lung Volume During Swallowing: Single Bolus Swallows in Healthy Young Adults," by K. M. Wheeler Hegland, J. E. Huber, T. Pitts, and C. M. Sapienza, 2009, *Journal of Speech, Language, and Hearing Research, 52*, p. 184. Copyright 2009 by the American Speech-Language-Hearing Association. 승인하에 게재.

는다. 해당 길이는 도표에 대한 독자의 이해를 돕는 한 정당하다. 일례로, 미국언어청각협회에서 출간하는 학술지에 대비하기 위해 마련된 "저자를 위한 정보(Information for Authors)"에서는 다음과 같이 설명하고 있다. "표의 제목과 그림의 캡션은 간결하면서도 설명적이어야 한다. 독자가 정보를 다 얻지 못해 텍스트를 참고하는 일이 있어서는 안 된다"(ASHA, 2013).

독자는 표의 제목과 그림의 캡션이 방금 전 ASHA의 설명에 걸맞게 제시될 것임을 기대해야 한다. 또한 캡션이나 그림의 배경에는 그림에 사용된 상징의 의미를 파악할 수 있는 '설명표'가 있어야 한다. 〈관련논문 7.6〉(제7장)에서는 어떤 막대가 어떤 피험자 집단인지를 알려 주는 설명표가 그래프의 배경에 제시되어 있는 예를 찾을 수 있다. 추가로, 〈관련논문 7.7〉을 보면 그림에 직선과 점선이 표시되어 있는데 배경에 설명표가 제시되어 있지 않아서 독자가 선의 형태에 따른 연령 집단을 파악하려면 그림의 캡션을 봐야만 한다. 독자는 그림에 대한 이해를 돕기 위해 저자가 제공하는 설명표가 그림의 배경이나 캡션에 있으리라고 기대해야 한다.

둘째, 각각의 표나 그림은 단독으로 연구 결과를 설명할 수 있어야 한다. 즉, 표는 그 자체로 충분히 명료하고 완전해서 독자가 표를 이해하기 위해 거듭해서 본문을 찾는 일이 없어야 한다. 본문에서는 도표에 제시된 결과를 요약하고 분석할 수 있지만, 도표는 그 자체만으로 결과를 보여줄 수 있도록 잘 구성되어야 한다. 만약 독자가 도표를 이해하기 위해 계속해서 본문을 찾아 읽어야 한다면 도표 작성에 문제가 있는 것일 수 있다.

셋째, 좋은 도표는 본문에 기술되어 있는 데이터와 딱 들어맞아야 한다. 본문은 연이은 순서에 따라 기술되는데 도표 참조가 포함되어 있어야 한다. 본문 기술은 결과에 대한 전반적인 패턴을 요약하고 도표에 포함되어 있는 특정 데이터 값을 언급하는 것일 수 있다. 독자가 연구 문제와 관련하여 결과 정리를 이해하고자 논문의 결과 부분을 왔다 갔다 하지 않도록, 본문과 도표는 상응하는 결과를 제시해야 한다. 명료하게 작성된 결과 부분은 글의 흐름이 도표 참조로 인해 어색하게 끊기지 않도록 표와 그림을 본문에 적절히 통합하여 기술하고 있음을 알 수 있다.

넷째, 데이터를 제대로 반영할 수 있도록 그림의 균형이 잘 잡혀 있어야 한다. 다행스럽게도, 전문 학술지의 편집부에서는 결과를 정확하게 제시했는지를 확인하기 위해 주로 그림을 면밀히 검토한다. 그럼에도 불구하고 독자는 표나 본문에 제시된 값이 그림에도 잘 나타나 있어 실제 데이터 값의 왜곡이 일어나지 않았는지 확인해야 한다. 특히 비판적인 독자는 이차원 그래프(두 축)가 비스듬하게 혹은 사선으로 제시되어 있는 경우 주의해야 한다.

도표 작성에 사용되는 상업용 소프트웨어들은 의미 없는 세 번째 차원(z축)과 그림자 효과를 만들어 내기도 하는데, 이를 제거하지 않으면 자료에 대한 해석이 복잡해질 수 있다. 일례로, 비스듬한 각도에서 바라본 막대의 끝부분이 세로축 척도의 어느 위치에 있는지 알기 어렵다. 마찬가지로, 백분율 자료를 나타내기 위해 사용하는 이차원 파이 그래프는 '높이' 혹은 '두께' 요소를 가미해 제시되기도 하는데, 이는 그래프를 비스듬한 각도에서 내려다보게 만드는 효과가 있다. 가까운 물체는 더 크게 보이기 때문에 어떤 파이 '조각'의 외형은 보는 사람과의 '거리'에 따라 달라질 것이다. 인접한 조각에 유사한 방식으로 음영이나 색이 채워져 있으면 특정 조각이 지나치게 두드러져 보일 수 있다. 요약하면, 그래프나 차트의 유형에 관계없이 데이터에 기반을 둔 도표들은 반드시 **도표 진실성**(graphical integrity)을 지녀야 한다. Tufte가 정의한 바와 같이(2001, p 56), "도표 진실성"의 원리는 "도표에 제시되는 수는 도표 자체의 표면에서 물리적으로 측정된 것처럼 실제 수량과 직접적으로 비례해야 한다." 그는 비판적 독자들에게 도표에 나타나 있는 효과의 크기를 데이터에 나타나 있는 효과의 크기와 비교하여 "거짓 요인"을 계산해 보도록 권유하였다.

마지막으로, 표와 그림은 가능한 한 일관성이 있고 완전해야 한다. 이용 가능한 모든 데이터와 요약 통계치는 피험자 내 혹은 피험자 간 비교를 용이하게 할 수 있도록 모든 집단이나 조건에 대해 유사한 방식으로 제시되어야 한다. 표의 항목이나 그래프 배치의 일관성을 유지하는 것은 실험집단과 통제집단 같은 요소들을 의미 있게 비교하는 데 있어 중요하다. 특정 구조가 정해지면, 독자는 효율적인 방식으로 다양한 도표에 그 구조를 적용시킬 수 있어야 한다. 만일 다수의 도표를 제시하면서 구조를 바꾸어야 할 경우, 저자는 바뀐 구조를 명확히 기술하여 그 변화로 인한 독자들의 혼동을 방지해야 한다.

핵심 용어

검정력 분석	에타제곱(η^2)	Friedman 검정
공변량분석(ANCOVA)	추리 통계	Kruskal-Wallis 검정(H)
다변량분석(MANOVA)	효과 크기	Mann-Whitney U검정
도표화	Bonferroni 절차	t검정
도표 진실성	Cochran Q검정	Wilcoxon T검정
독립표본 카이제곱(χ^2) 검정	Cohen의 d	z비
변량분석(ANOVA)	F비	

비평적 읽기 연습

01. 다음 연구논문을 읽어 보라.

Cabell, S. Q., Justice, L. M., Zucker, T. A., & Kilday, C. R. (2009). Validity of teacher report for assessing the emergent literacy skills of at-risk preschoolers. *Language, Speech, and Hearing Services in Schools, 40,* 161-173. doi:10.1044/1092-4388(2009/08-0021)

Cabell과 동료들은 발생적 문해 기술에 대한 교사 평정과 직접적인 행동 평가를 비교하기 위해 일변량과 이변량 기술 통계를 어떻게 활용했는가? 이 연구에서 추리 통계와 검정력 분석은 어떻게 이루어졌는가?

02. 다음 연구논문을 읽어 보라.

Zajac, D. J., Cevidanes, L., Shah, S., & Haley K. L. (2012). Maxillary arch dimensions and spectral characteristics of children with cleft lip and palate who produce middorsum palatal stops. *Journal of Speech, Language, and Hearing Research, 55*, 1876–1886. doi:10.1044/1092-4388(2012/11-0340)

Zajac과 그의 동료들이 데이터를 분석하기 위해 사용한 기술 통계와 추리 통계를 설명하라. 그들은 왜 전체 측정치가 아닌 일부 측정치에 대해서만 Kruskal-Wallis ANOVA와 Mann-Whitney *U*검정을 사용했는가? 이 연구에서 검정력 분석은 어떻게 이루어졌는가?

03. 다음 연구논문을 읽어 보라.

Rosen, K. M., Kent, R. D., Delaney, A. L., & Duffy, J. R. (2006). Parametric quantitative acoustic analysis of conversation produced by speakers with dysarthria and healthy speakers. *Journal of Speech, Language, and Hearing Research, 49*, 395–411. doi:10.1044/1092-4833(2006/031)

Rosen과 그녀의 공동연구자들은 마비말장애 유무에 따른 화자의 대화를 음향학적으로 연구하면서 어떻게 분포 분석을 사용했는가? 집단 간, 집단 내 차이(연구 문제 1, 2, 3)를 평가하기 위해 추리 통계와 검정력 분석은 어떻게 수행되었는가?

04. 다음 연구논문을 읽어 보라.

Lalwani, A. K., Budenz, C. L., Weisstuch, A. S., Babb, J., Roland, J. L., Jr., & Waltzman, S. B. (2009). Predictability of cochlear implant outcome in families. *Laryngoscope, 119*, 131–136. doi:10.1002/lary.20016

Lalwani와 동료들은 농(deafness) 기간, 인공와우이식 연령, 원인 및 장치 사용 기간과 인공와우이식 후 말지각 검사 점수와의 관계를 알아보기 위해 비모수 상관분석과 추리 통계 분석을 어떻게 사용했는지 기술하라. Spearman 등위상관계수는 어떻게 사용되었는가? 이 연구에서는 왜 공변량분석(ANCOVA)이 사용되었는가?

05. 다음 연구논문을 읽어 보라.

Grigos, M. I. (2009). Changes in articulator movement variability during phonemic development: A longitudinal study. *Journal of Speech, Language, and Hearing Research, 52*, 164–177. doi:10.1044/1092-4388(2008/07-0220)

Grigos는 조음기관의 움직임 패턴에 대한 피험자 간, 피험자 내 차이를 조사하기 위해 차이 분석과 관계 분석을 어떻게 사용했는가? 그녀가 밝혀낸 통계적 주 효과와 상호작용 효과, 효과 크기 등은 각각 어느 정도인가?

06. 다음 논문을 읽어 보라.

Jones, M., Onslow, M., Packman, A., & Gebski, V. (2006). Guidelines for statistical analysis of percentage of syllables stuttered data. *Journal of Speech, Language, and Hearing Research, 49*, 867–878. doi:10.1044/1092-4388(2006/062)

음절 반복의 백분율(%SS)은 어떻게 계산되었는가? Jones와 동료들에 따르면, 이들 데이터는 어떻게 분포되어 있으며, 어떤 매개변인들이 해당 분포를 특징지었는가? 이러한 정보는 그들의 연구와 통계 분석 선택에 어떠한 영향을 주었는가?

07. 다음 연구논문을 읽어 보라.

Norrix, L. W., Burgan, B., Ramirez, N., & Velenovsky, D. S. (2013). Interaural multiple frequency tympanometry measures: Clinical utility for unilateral conductive hearing loss. *Journal of the American Academy of Audiology, 24*, 231–240. doi:10.3766/jaaa.24.3.8

Norrix와 동료들이 사용한 삼원 피험자 간, 피험자 내 ANOVA에 대해 기술하라. 변인들 간 상호작용을 명료화하기 위해 도표는 어떻게 활용되었는가? 분석을 위해 t검정은 어떤 방식으로 사용되었는가?

08. 다음 연구논문을 읽어 보라.

Ng, L. K., Lee, K. Y., Chiu, S. N., Ku, P. K., van Hasselt, C. A., & Tong, M. C. (2011). Silent aspiration and swallowing physiology after radiotherapy in patients with nasopharyngeal carcinoma. *Head and Neck, 33*, 1335–1339. doi:10.1002/hed.21627

Ng와 동료들이 사용한 기술 통계와 추리 통계를 설명하라. 연구자들은 분석을 위해 왜 MANOVA를 선택했는가? 연구 결과를 명료화하기 위해 도표는 어떻게 활용되었는가?

09. 다음 연구논문을 읽어 보라.

Ferrone, C., Galgano, J., & Ramig, L. O. (2011). The impact of extended voice use on the acoustic characteristics of phonation after training and performance of actors from the La MaMa Experimental Theater club. *Journal of Voice, 25*, e123–e137. doi:10.1016/j.jvoice.2009.12.007

Ferrone과 동료들이 사용한 기술 통계와 추리 통계를 기술하라. 연구자들은 데이터 분석을 위해 왜 Friedman 검정을 사용했는가? 윤리적 문제는 연구의 외적 타당도에 어떤 영향을 미쳤는가?

10. 다음 연구논문을 읽어 보라.

Yan, N., Lam, P. K. Y., & Ng, M. L. (2012). Pitch control in esophageal and tracheoesophageal speech of Cantonese. *Folia Phoniatica et Logopaedica, 64*, 241–247. doi:10.1150/000342825

Yan과 동료들이 사용한 통계 분석을 설명하라. '측정의 일관성'은 어떻게 평가되었는가? 어떤 주 효과가 발견되었는가? 변인들 간 상호작용을 명료화하기 위해 도표는 어떻게 활용되었는가?

11. 다음 연구논문을 읽어 보라.

Tye-Murray, N., Sommers, M. S., Mauzé, E., Schroy, C., Barcroft, J., & Spehar, B. (2012). Using patient perceptions of relative benefit and enjoyment to assess auditory training. *Journal of the American Academy of Audiology, 23*, 623-634. doi:10.3766/jaaa.23.8.7

Tye-Murray와 동료들이 사용한 기술 통계와 추리 통계를 기술하라. Spearman 등위상관계수는 데이터를 분석하기 위해 어떻게 활용되었는가?

12. 다음 연구논문을 읽어 보라.

Raitano, N. A., Pennington, B. F., Tunick, R. A., Boada, R., & Shriberg, L. D. (2004). Pre-literacy skills of subgroups of children with speech sound disorders. *Journal of Child Psychology and Psychiatry, 45*, 821-835. doi:10.1111/j.1469-7610.2004.00275.x

Raitano와 동료들이 사용한 기술 통계와 추리 통계를 설명하라. 그들은 왜 예비 요인 분석을 수행했는가? 그들은 왜 다변량분석(MANOVA)에 이어 다중 공변량분석(MANCOVA)을 수행했는가?

평가 체크리스트: 결과

안내: 체크리스트 우측 하단에 제시된 네 개 범주의 척도는 논문의 **결과**를 평가하는 데 이용할 수 있다. 평가 항목은 평정 시 고려해야 할 주제를 구분하는 데 도움을 준다. 각 주제에 대한 의견은 평가 노트에 쓰는데 이는 전반적 평정의 근거가 된다.

평가 항목	평가 노트

1. 연구 결과는 연구 문제와 분명하게 관련
   되었다.
2. 표와 그림은 본문에 잘 통합되었다.
3. 요약 통계는 적절하게 사용되었다.
4. 데이터의 구성은 명확하고 적절하였다.
5. 통계 분석은 다음 측면에서 적절하였다.
   a. 척도 수준
   b. 관측 횟수
   c. 표본 유형
   d. 분포 형태
6. 통계적 유의성과 효과 크기가 분명하게
   제시되었다.
7. 표와 그림에 들어 있는 데이터는 알아보
   기 쉽고 적절하였다.
8. 전반적 논평:

전반적 평정(결과):

빈약함	보통임	양호함	우수함

*이 체크리스트를 평가와 기록 보관을 위해 재사용하는 데 출판사의 승인을 받음

9 연구논문의 논의 및 결론

연구논문의 마지막 부분은 서론, 연구방법 및 결과 부분에 비해 좀 더 자유롭게 쓰이는 편이다. 이 때문에 독자는 이 부분이 매우 다양하게 제시될 것임을 예상하고 있어야 한다. 이렇게 융통성 있는 스타일은 이 부분의 제목이 매우 다양하다는 사실에서도 나타난다. 예를 들어 이 부분의 제목이 '요약 및 논의' 혹은 '논의 및 결론'인 논문을 자주 보게 된다. 비교적 짧은 논문에서는 연구 결과, 논의와 결론이 '논의'로 통합되어 제시되기도 한다. 좀 더 긴 논문 혹은 특히 복잡한 연구 설계로 진행된 연구논문에서는 '논의', '결론', 심지어 '요약'까지 매우 세분하여 제시된다. 이렇듯 통일성이 부족한 데 대해 Tuckman(1999)은 이 부분이 "연구 성과의 명암과 음영"에 대해 저자가 고찰해야 하는 마지막 부분이고 이를 통해 저자로서, 연구자로서 본인의 "통찰력과 창의성"을 보여 줄 수 있는 가장 좋은 기회이기 때문이라고 했다. 그러므로 논의는 가장 엄격한 양적 연구논문이라고 해도 질적인 면이 가장 많이 부각되는 부분이다. 그렇다고 해서 대부분의 연구논문이 마지막에서 집중력과 간결함을 잃어버린다는 것은 아니다. 결국 독자가 연구의 '핵심'을 수용하고 연구 혹은 검토의 유용성 및 가치에 대한 최종판단을 하는 부분이 바로 여기인 셈이다. 그 구성이 매우 다양하다고 해도 전체적 요지는 연구논문의 마지막에 제시되며 비평적 독자는 그 목적과 중요성을 인식해야 한다.

논의 및 결론의 구성

연구논문의 논의 및 결론은 저자가 현재 연구 결과의 세밀한 설명을 넘어 문헌, 이론, 연구방법 및 임상 실제에 대해 더 광범위하게 기여할 수 있는 내용을 제시하는 부분이다. 간단히 말하면, 여기는 독자에게 연구 결과가 정말로 의미 있음을 확신시켜 연구 문제 제기, 연구 설계 및 연구 절차 선정을 정당화하는 부분이다. 연구논문의 구조는 흡사 모래시계와 비슷하다고 묘사된다(Trochim & Donnelly, 2007). 서론이 가능한 모든 문제와 변인 중 특정 소수에 초점을 맞추는 것처럼 **논의**

(discussion)에서는 특정한 연구 결과를 더 넓은 관점에서 관찰할 수 있게 한다. 이를 일컬어 **연구의 외적 연관성**(external relevance of the study)을 확립한다고 한다. Hegde(2003)는 이에 대해 이렇게 설명했다.

> 평가를 위한 데이터를 제시하는 문맥은 한두 개가 아니며 그 영역은 계속 늘어난다. 데이터는 연구가 제기하는 연구 질문의 작은 맥락에서 제시된 후 차차 실험 주제와 관련된 더 큰 맥락에서 제시된다. … 데이터가 평가되는 맥락의 수는 연구 질문 및 연구 주제의 범위에 따라 달라진다(p. 516).

서론과 논의는 이 외에도 비슷한 면이 더 있다. 예를 들어 연구방법과 결과는 주로 과거 시제를 사용하지만 서론과 논의는 둘 다 주로 현재 시제를 쓴다. 물론 독자에게 이미 실험은 수행된 것이고, 데이터는 획득된 것이며, 결과는 분석된 것이다. 그러나 연구 질문은 현재의 문제에 기초하며 연구 결과의 해석은 추후 연구 질문에 대해 새롭고 유익한 정보가 포함된 답과 의미를 제공해 줄 것이다. 즉 **결론**(conclusions)은 연구 질문에 대한 답만 제공하는 부분이 아니며 즉각적이고 미래지향적인 외적 연관성을 제시할 수 있어야 한다.

논의와 뒤이어 나오는 결론이 결과에 초점을 두고 있기는 하지만 서론에서 개관한 문헌 검토 및 연구 근거에 따라 전개하지 않으면 이 부분에 대한 기초적인 평가조차도 불가능하다. 논의는 연구에서 얻어 낸 중요한 결과를 요약하는 것으로 시작하나 대체로는 연구 결과를 연구 질문과 가설에 비추어 분석적으로 해석하는 단계로 빠르게 진행한다. 이런 측면에서 비평적 독자는 가설의 지지 여부에 대한 논의 내용을 찾게 된다. 저자들은 또한 일상적이지 않은, 예상치 못한, 혹은 다른 논문과 다른 결과에 대해서도 적절한 설명을 해야 한다. 결과가 연구의 개념적 틀을 수정하거나 검토를 제안하고 있다면 연구자는 "근간이 되는 이론의 재구성화" 가능성에 대한 논의를 제공해야 한다(Rumrill, Fitzgerald, & Ware, 2000).

질적 연구논문은 연구 결과의 논의에 접근하는 방법이 더욱 다양하다. 질적 연구는 데이터를 수집하고 해석하는 여러 방법을 혼합해서 사용할 뿐 아니라 그 논문은 양적 연구 실험에 주로 적용되는 '표준' 형식을 사용하는 문헌에서도 종종 인용된다(Cutcliffe & McKenna, 1999). Greenhalgh 와 Taylor(1997)는 양적 연구는 논의에서 수치적 결과와 그 해석을 명확히 구분해서 제시하기 때문에 "연구자가 발견했다고 생각하는 것과 그 발견이 갖는 의미라고 생각하는 것을 구분하는 데 독자가 어려움을 갖게 해서는 안 된다."고 지적했다. 그러나 이러한 차이는 일반적으로 질적 연구에서는 나타나지 않는데 "그 연구 결과 자체가 데이터의 정의 및 해석에 의한 것이기 때문이다"(Greenhalgh & Taylor, 1997). 그러므로 질적 연구논문의 결론을 평가할 때는 다른 기준을 적용하는 것이 필수적이고 적절하다(Cutcliffe & McKenna, 1999). 여기서 Mays와 Pope(2006)는 비평적 독자를 위한 세 가지 주요한 제안을 한다.

1. 분석을 통해 참여자의 행동에 대한 믿을 만한 설명을 제공해야 한다.
2. 독자는 연구자의 설명이 실험 참여자에게 이해될 만한 내용이었는지 판단해야 한다.
3. 설명은 이미 알고 있는 사실과 논리적으로 조화를 이루어야 한다.

그러나 연구가 질적 연구 패러다임을 따르든, 양적 연구 패러다임을 따르든 논의는 그 연구가 해당 전문 분야에 얼마나 의미 있는 기여를 하는지 독자에게 명확히 이해시켜야 한다.

논문의 결론과 이전 부분 간의 연관성

효과적인 논의는 결론과 연구 문제, 방법, 결과를 직접적으로 연결하며 이전 부분과 연합하여 하나의 통일된 형체를 구성하도록 한다. 서론과 더불어 논의는 응집력 있는 설명이 갖춰야 할 요건을 완성한다. 서론과 마찬가지로 연구논문의 논의는 궁극적으로 연구자의 결론을 정당화하는 데 사용될 논쟁—근거를 통해 정교화되는—으로 구성된다. 그러므로 결론에서 다양한 문헌이 인용되는 경우는 드물지 않다. 그러나 이러한 인용이 새로운 문헌 검토나 논리를 도입하고자 하는 근거로 제시되면 안 된다. 논의에서 인용되는 문헌은 데이터를 다른 연구에서 보고한 내용과 비교하고 결과 해석을 지지해 주며, 연구를 통해 증명된 내용을 토대로 새로운 이슈를 제기하는 데 사용되어야 한다.

독자는 연구자가 결과에 대한 논의를 통해 '결론을 속단하지 않았는지' 비판적으로 검토해 보아야 한다. McKay, Langdon과 Coltheart(2006)는 **속단편향**(jumping-to-conclusions bias)에 대해 설명하고 있는데 이는 모호성을 참지 못하는 성향에 매여 "정당성을 입증할 수 없는 확신을 가지고 미심쩍은 신념을 지지하는 것"을 말한다. Colbert와 Peters(2002)는 (절대적이 아닌) 확률적 결론을 과신하는 것은 "종결 욕구" 때문이라고 설명했으며 독자는 과도한 추론 혹은 정당성을 얻지 못한 추론을 경계해야 한다고 했다. 연구방법이나 절차를 약간 달리했다면 연구 결과가 어떻게 달라졌을지에 대해 서술한다고 해서 결과가 달라지는 것도 아니며 결론을 지지하는 데 이를 사용할 수 있는 것도 아니다.

논의와 결론의 구조가 매우 다양하다고 해도 논의에서 다루어진 일련의 이슈는 앞서 원저를 검토하고 연구의 논리적 근거를 소개하면서 나열했던 것을 그대로 반영한다. 비평적 독자라면 현재 연구 결과에 대한 논의에서 이러한 각각의 이슈가 다시 언급될 것을 예상하고 있어야 한다. 궁극적으로 서론에서 제기되었던 원래 논쟁을 설득력 있게 '다시 쓰는' 과정을 통해 연구자가 도출해

낸 결론이 지지를 얻게 된다. 이러한 논쟁은 연구 결과에 의해 제시된 새로운 근거뿐 아니라 원래부터 있던 근거에도 전제를 두고 있다.

다양한 구성요소를 연결시켜 응집력 있는 논문으로 만드는 것이 연구 질문이다. Branson(2004)에 따르면 논문은 "연구 질문에서 방법, 결과와 논의를 통해 결론에 이르기까지 쉽게 따라갈 수 있어야 한다"(p. 1227). 이 끈은 간혹 연결이 끊어지기도 하기 때문에 Branson은 "가설과 결론 간의 논리적 연결이 명확한지" 파악하기 위해 비평적 독자는 그 둘을 직접 비교해야 한다고 했다. 연구 목적, 방법 및 결론으로 구성된 연구 구조의 응집성을 **연구의 내적 일관성**(internal consistency of the study)이라고 부른다(Hegde, 2003). 이제 몇몇 의사소통장애 논문을 통해 비평적 독자가 내적 일관성이 있다고 판단하도록 연구자가 결론을 연구 문제, 방법, 결과와 어떻게 연관시키는지 논의할 것이다.

연구 문제 앞서 언급한 바와 같이 연구논문의 결론은 논문의 첫 부분에 제시된 연구 문제와 직접적으로 명백하게 연결되어 있어야 한다. 연구 문제와 논리적 근거를 완벽하게 다시 언급하는 것은 매우 성가신(그리고 불필요하게 장황한) 일이므로 많은 저자들이 연구 문제 혹은 연구 질문과 논의를 매끄럽게 연결시키기 위해 논의를 시작할 때 연구 문제 및 전반적인 연구 결과를 간단히 요약하여 덧붙인다.

〈관련논문 9.1〉과 〈관련논문 9.2〉에 제시된 내용은 논의의 도입 문단으로 독자에게 연구 문제를 상기시키고 이와 연결된 연구 결과를 간략히 요약해 준다. 두 연구의 결론은 연구 문제를 명확하고 직접적으로 반영하며 연구의 제한점 및 의의에 대한 추후 논의를 준비하고 있다. 〈관련논문 9.1〉은 기능적 음성장애(functional dysphonia, FD)와 성대결절(vocal nodules, VN)을 포함하는 다양한 음성장애에 대한 논문이고 〈관련논문 9.2〉는 구문점화기 말더듬 아동(CWS) 및 일반 아동(CWNS)에게 미치는 영향에 대한 논문이다.

Baumgartner와 Hensley(2013, p. 376)는 합리적 결론의 특징 및 연구 결과와의 연관성에 대해 설명했다. 특히 이들은 결론은 "연구 결과에서 도출되어야" 할 뿐 아니라 서론에서 제시된 "가설과 같은 순서로 제시되어야 한다"고 제언했다. 결론은 단순히 연구 결과를 반복하거나 요약하는 데 그치면 안 되며 "연구를 마무리할" 확고한 서술—선입견을 배제한 데이터 평가에 기초하여—을 제시해야 한다고 했다. 최근 Baumgartner와 Hensley는 "연구 결과와 결론 간의 명확성"에 대해 언급하면서 여기에는 모호성이 있으면 안 된다고 지적했다.

실험 방법 논의에는 실험 방법과 관련된 설명이 일부 포함되어야 하고 실험 방법이 연구의 결론과 어떻게 연결되는지에 대해서도 설명해야 한다. 피험자 혹은 참여자의 특성, 선정 방법, 연구 프

관련논문 9.1

논의

성격, 정서 및 심리 문제는 음성장애에 영향을 미치는 혹은 음성장애를 유발하는 주된 원인인데 거꾸로 음성장애가 심리 문제와 성격 형성에 영향을 미치기도 한다고 알려져 왔다. 본 연구에서는 이비인후과에서 음성장애를 동반하지 않은 것으로 판단한 통제군 및 네 개의 음성장애군을 대상으로 이들의 성격 및 정서적 적응에 대한 자기보고식 평가 결과를 서로 비교해 보았다. 초요인 특질(superfactor trait) 수준에서 FD와 VN군은 서로 유의한 차이를 보였으며 이들은 다른 음성장애군 및 통제군과도 유의한 차이를 보였다. 이 결과는 특정한 성격 특질을 가지고 있는 사람은 FD나 VN이 생기기 쉽다는 주장을 지지하며 대조적으로 음성장애가 전반적인 성격 변화를 유도한다는 장애(흉터) 가설은 지지하지 않는다. 그렇다면 본 연구자가 다른 논문(Roy & Bless, 2000b)에서 제시한 이론 구조 안에서는 이 결과가 어떻게 해석될 것인가 하는 궁금증이 생기게 된다.

출처: "Personality and Voice Disorders: A Superfactor Trait Analysis," by N. Roy, D. M. Bless, and D. Heisey, 2000, *Journal of Speech, Language, and Hearing Research, 43,* p. 760. Copyright 2000 by the American Speech-Language-Hearing Association. 승인하에 게재.

관련논문 9.2

논의

본 연구의 주요 목적은 어린 CWS와 CWNS를 대상으로 통사적 산출 처리 과정 시간을 실험을 통해 알아보는 것이었다. 이 연구는, 일정 부분은 말더듬이 언어적 구성요소들을 처리하는 데 느리고 비효율적이며 동시처리가 어렵다고 생각하는 견해(Perkins, Kent, & Curlee, 1991; Postma & Kolk, 1993), 말더듬 순간은 최소한 일부라도 발화의 언어적 자질과 연관성이 있다는 견해(예: Melnick & Conture, 2000; Yaruss, 1999; Zackheim & Conture, 2003)로 인해 시작되었다. CWS와 CWNS를 대상으로 통사적 산출 처리 과정 시간을 실험을 통해 알아보는 데는 구문점화 패러다임의 수정안(Bock, 1990; Bock et al., 1992)이 사용되었으며 그 결과는 다음과 같다.

주요 결과: 개관

본 연구의 결과는 크게 네 가지로 요약된다. (a) 3~5세 아동의 문장처리 과정에 걸리는 시간은 문장의 인출, 통합, 산출에 대한 실험 조작(즉 통사점화)에 영향을 받는 것으로 보인다. (b) CWS의 통사점화 효과(약 212ms)가 CWNS(약 51ms)보다 더 길게 나타났다. (c) 구문점화 과제를 하는 동안 CWS가 CWNS보다 더 적은 정답률을 보였다. (d) 대화를 하는 동안 진성 비유창성을 더 많이 보인 CWS가 (그림에 대해 정확한 묘사를 하도록 하는 과제 수행 중) 통사점화가 없을 때 더 느린 SRT 결과를 보였다. 그러나 대화 중의 말더듬 빈도와 구문점화 효과 간의 명백한 상관성은 없는 것으로 나타났다. 이 네 가지 결과의 전반적 의미는 바로 다음에서 논의할 것이다.

출처: "Sentence-Structure Priming in Young Children Who Do and Who Do Not Stutter," by J. D. Anderson and E. G. Conture, 2004, *Journal of Speech, Language, and Hearing Research, 47,* p. 563-564. Copyright 2004 by the American Speech-Language-Hearing Association. 승인하에 게재.

로토콜의 기준과 일치하는 능력은 데이터 자체뿐 아니라 연구 결과를 해석하고 결론을 도출하는 방법에도 영향을 미친다. 이와 더불어, 행동 측정 도구, 전자 기기, 데이터 수집, 신호 조정 및 분석 과정도 결과 해석 및 이와 연결된 결론 도출에 영향을 미친다.

내적 및 외적 타당도에 비추어 연구가 갖는 제한점을 논의할 때 그 연구방법이 이슈가 된 경우는 매우 많다. 〈관련논문 9.3〉은 대상자가 아프리카계 미국영어(African American English)에서 전형적으로 나타나는 다양한 음운자질을 문장 중에서 탐지하고 해석하는 능력 정도를 판단하는 언어치료사(speech-language pathologists, SLP)의 능력을 알아보기 위한 연구논문의 논의 부분이다. 연구 결과를 해석하기 위해 사용된 과정을 잘 살펴보자. 또한 이 논문은 선행 문헌을 통해 예측한 결과와 다른 결과가 나왔을 때 이를 어떻게 대조시키고 관련 임상 및 이론적 이슈와 어떻게 연관시키는지에 대한 간략한 예도 보여 준다.

실험 결과　논의에서 제시되는 결론은 결과로부터 직접 그리고 공정하게 도출되어야 한다. 논의가 단순히 결과의 재탕이 되면 안 되기는 하나 저자는 종종 결론을 지지하기 위해 연구 결과를 언급하곤 한다. 때로 저자는 논의에서 결과를 요약하기 위해 표나 그림을 삽입하기도 하고 결론 해석에 도움을 받고자 다른 연구의 결과를 인용하기도 한다. 여기서 중요한 점은 결론은 실증적 결과에 직접적으로 공정하게 연결되어 있어야 하며 실증적 근거가 없는 서술은 **추론**(speculation)에 의한 것이라고 언급해야 한다는 것이다. 새로운 연구를 할 때 추론은 매우 중요한데 새로운 연구의 설계 시 중요한 역할을 하는 창의적 사고에 도움을 준다. 하지만 저자와 독자 모두 실증적 데이터로부터 직접 도출한 확고한 결론과 현상의 특성에 대한 직관적 추론에는 차이가 있음을 인지해야 한다.

〈관련논문 9.4〉는 반향음, 소음 및 이들의 조합이 아동의 자음 및 모음 지각에 미치는 영향에 대해 실험한 논문의 서론과 논의 중 일부를 발췌한 것이다. 이 논문의 첫째 문단에서 저자는 건청 및 난청 성인이 자음과 모음을 구분할 때 사용하는 일부 음향 자질에 대한 선행 문헌을 검토하고 있다. 두 번째 문단에서 저자는 조용한 환경, 반향음 환경, 소음 환경에서 아동이 자음과 모음 자질을 어떻게 지각하는지에 대한 연구가 거의 없음을 지적한다. 세 번째 문단에서 저자는 아동의 자음 및 모음 자질 지각을 실험하기 위해 명확하고 정밀한 세 개의 연구 질문을 제시한다. 논의에서 저자는 서론에서 언급했던 세 연구 질문에 대한 각각의 연구 결과를 검토하고 있다. 앞서 언급한 자음식별 검사 결과는 제6장의 〈관련논문 6.5〉에서 설명한 모든 조건의 평균 및 표준편차를 정리한 표의 내용과 정확히 일치한다.

〈관련논문 9.5〉에서 저자들은 말 더듬는 사람이 산출하는 유창 발화의 말운동 안정성에 발화길

관련논문 9.3

방언 자질의 지각적 현저성

Steriade(2004)의 예상대로 지각적 현저성은 방언을 이해하고 평정하는 능력을 판단하는 데 모두 영향을 미친다. 본 연구에서 지각적 현저성은 두 평정 과제에 똑같은 방식으로 영향을 미치지는 않는 것으로 나타났으며 이러한 결과는 방언의 자질에 대한 탐지력 및 이해력 정도를 판단하는 과정이 서로 별개의 것임을 의미한다.

이해력 정도의 판단 (주어진 문장을 일반인이 어느 정도 이해할 수 있을지) 이해력 정도를 평정할 때 영향을 미치는 자질이 지각적 현저성에 따라 정확히 나뉘는 것으로 나타났다(즉 지각적 현저성이 높은 자질군은 현저성이 낮은 군보다 낮은 이해력 점수를 받았다). 그러나 이해력 정도의 평정을 위해 문장이 주어졌을 때 실질적으로 자질과 자질을 하나하나 비교하기는 어려웠다. 그럼에도 불구하고 이러한 데이터가 나타났다는 것은 어떤 문장이 일반인(general population)에게 이해 가능한 문장인지 판단하는 데 SLP가 자질의 지각적 현저성을 고려한다는 것을 보여 주고 있다. 청각적으로 들은 자극어를 철자로 전사하여 제시한 것도 이러한 결과가 나오는 데 일조했다.

SLP에게 주어진 문장의 이해력 정도를 평정하게 할 때 청각적 자극어와 더불어 그 내용을 철자로 전사한 것을 함께 제시해 준 것을 상기하자. 이는 이 연구에 참여한 SLP 청자가 일반인 청자보다는 언어적 지식을 더 많이 갖고 있고 제2언어 학습자의 발화를 포함한 다양한 발화의 지각적 연구에 참여했을 수도 있기 때문이다. SLP는 음성학 및 음운론 분야에 대한 특별한 훈련을 받지만 다른 참여자는 그런 경험이 없을 수 있다. 이러한 추가적 지식은 SLP가 어떤 근거에 따라 판단했을지 다양한 의문을 제기할 수 있기 때문에 일관성을 확보할 수 있는 추가적 조처가 필요했다. 그러나 그 추가적인 조처는 SLP가 실제 임상에서 사용하는 본질적인 내용과 다르면 안 되는 것이었다. 그래서 이는 다수의 SLP가 치료대상자들의 음운변동을 평가할 때 사용하는 상관분석(대상자의 산출을 목표음 혹은 목표발화와 비교하는 것)과 비슷했다.

본 연구에서 사용한 철자 전사는 제2언어 악센트의 지각적 연구에서 많이 사용하는 방법을 수정할 필요성을 야기했다. 여기서는 SLP가 이해력 정도를 평정할 때 SLP 자신이 문장을 이해했는지에 따라서가 아니라 그 사람이 한 발화가 '일반인'도 이해할 만한지에 따라 평정하도록 했기 때문이다. 아마도 이러한 수정안을 통해 각각의 SLP는 자기 스스로 결정한 패러다임, 아마도 그들이 대상자를 평가할 때 사용하는 바로 그 패러다임에 기초하여 평정했을 것이다. 실제로 참여자 한 명은 "종성탈락은 항상 판단하기가 어렵다."고 말했는데 그러한 언급은 그녀가 평정 시 사용하는 패러다임의 일부를 보여 주는 것이다. 사실 유명한 음운장애 평가 도구 중 하나인 Hodson Assessment of Phonological Processes-3판(HAPP-3; Hodson, 2004)은 종성탈락이 명료도에 가장 큰 영향을 미친다는 전제하에 점수를 주고 있다. HAPP-3에서 사용한 것과 비슷한 패러다임이 본 연구의 이해력을 판단하는 데도 사용되었다고 볼 수 있다.

출처: "Cross-Dialectal Perceptual Experience of Speech-Language Pathologists in Predominantly Caucasian American School Districts," by G. C. Robinson and I. J. Stockman, 2009, *Language, Speech, and Hearing Services in Schools, 40*, p. 146. Copyright 2009 by the American Speech-Language-Hearing Association. 승인하에 게재.

관련논문 9.4

Bilger와 Wang(1976), Reed(1975), Walden과 Montgomery(1975)는 수평형(flat) 감각신경성 난청을 동반한 청자의 자음 오류는 주로 치찰음에서 나타남을 발견했다. 그러나 일부 연구에서는 소음 상황에서 자음을 지각할 때 건청 및 난청 청자가 활용하는 자질은 큰 차이가 없다고도 했다. 예를 들어 Danhauer와 Lawarre(1979)는 건청 청자와 난청 청자는 소음 상황에서 자음을 지각할 때 치찰성, 공명성, 파열 자질과 치음(위치 자질)을 활용한다고 했고 이와 비슷하게 Doyle, Danhauer와 Edgerton(1981)은 유성성, 조음위치, 치찰성과 마찰성을 사용한다고 했다. Helfer(1992)는 자음 자질을 지각할 때 반향음 상황과 소음 상황에서 서로 다른 오류 패턴을 보이는 것을 발견했는데 반향음 상황에서는 고주파 자질보다 저주파 자질의 지각에서 더 많은 문제를 보임을 알게 되었다. 예를 들어 반향음 상황에서는 조음위치 자질보다 조음 방법 및 유무성 자질이 더 큰 양이이득(binaural advantage)을 보였다. 게다가 청자들은 반향음 상황에서 비음 지각에 더 많은 오류를 보였는데 정확한 식별에 중요한 역할을 하는 F2 전이구간을 차폐하기 때문인 것으로 보인다. 그러나 어두 파열음에 대한 청자의 지각은 반향음의 영향을 크게 받지 않았다.

조용한 상황, 반향음 상황, 소음 상황의 자음 지각에서 아동이 어떤 자질을 사용하는지에 대한 실험은 거의 이루어진 바가 없다. Danhauer, Abdala, Johnson과 Asp(1986)는 소음 상황에서의 수행능력과 유성성, 비음성, 공명성, 치찰성 및 조음위치 자질의 활용 패턴 측면에서 건청 아동과 난청 아동이 매우 비슷한 결과를 보였다고 했다. 이와 대조적으로 Johnson, Stein, Broadway와 Markwalter(1996)는 건청 아동 및 매우 미약한 고주파 감각신경성 난청 아동에 비해 성인의 수행능력은 전반적 및 개별적 자질에 대해 더 많은 정보를 전송받는다고 보고했다. 게다가 건청 아동은 반향음 상황에서 매우 미약한 고주파 감각신경성 난청 아동보다 (전반적 및 개별적 자음 자질에 대한)더 많은 정보를 전송받았다. 그러나 반향음에 소음이 추가되면 두 청자군은 전반적 및 개별적 자질에 대해 전송받는 정보의 양이 비슷한 것으로 나타났다.

본 연구는 세 가지 질문에 답하고자 설계된 것이다. 첫째, 어린 청자(즉 6세부터 젊은 성인에 이르는 청자)는 반향음 상황, 소음 상황, 이 둘이 혼합된 상황에서 자음 및 모음 식별과제를 수행할 때 어느 정도의 SL에서 최대한의 수행능력을 보이는가? 둘째, 최적의 상황(즉 반향음과 소음 둘 다 없는 상황), 반향음만 있는 상황, 소음만 있는 상황, 반향음과 소음이 혼재된 상황에서 아동의 자음 및 모음 식별 점수는 젊은 성인의 점수와 어떤 차이를 보이는가? 셋째, 이러한 청취 상황에서 아동의 유성성, 조음 방법 및 조음위치 자질의 식별 점수는 젊은 성인의 점수와 어떤 차이를 보이는가?

논의

본 연구에서는 반향음, 소음, 이 둘이 혼재된 상황에서 아동과 젊은 성인의 자음 및 모음 식별능력을 비교해 보았다. 세 개의 연구 질문은 다양한 청취 상황에서 아동 및 젊은 성인 집단이 자음, 모음 및 자질의 인식수행 과제를 실시할 때 최대수행능력을 보일 수 있는 SL과 두 집단 간의 차이를 비교하는 데 초점을 맞추고 있다. 실험 결과 모든 연령 집단에서 50dB SL에서 가장 높은 자음 식별수행력을 보였다. 모음 식별은 SL의 영향을 받지 않았다. 통계분석 결과 반향음만 있는 상황과 소음만 있는 상황에서 아동의 자음 식별능력은 14세경에 성인과 비슷한 수준이 되는 것으로 나타났다. 그러나 반향음과 소음이 모두 있는 청취 상황의 경우 아동의 자음 식별능력은 10대 후반에 이르러서도 성인 수준으로 올라가지 못했다. 다른 한편으로 모음 식별능력은 더 빠른 발달을 보였다. 변별자질을 분석한 결과 세 개의 자음 자질(유성성, 조음 방법, 조음위치) 모두 통제 상황에서 가장 높은 식별 점수를 보였고, 반향음만 있는 상황과 소음만 있는 상황에서는 비슷한 점수를 보였으며, 반향음과 소음이 모두 있는 상황에서 가장 낮은 점수를 보였다. 반향음 및 소음 상황에서 청자들은 조음 방법 혹은 조음위치 자질보다 유성성 자질을 더 쉽게 구분했다. 반향음 및 소음 상황에서 말소리를 식별하는 능력이 성인 수준에 이르는 연령은 말소리 신호음마다 서로 다르게 나타났다.

출처: "Children's Phoneme Identification in Reverberation and Noise," by C. E. Johnson, 2000, *Journal of Speech, Language, and Hearing Research, 43,* p. 152 & 145-146. Copyright 2000 by the American Speech-Language-Hearing Association. 승인하에 게재.

이와 통사적 복잡성이 어떤 영향을 미치는지에 대해 실험한 결과를 명확하게 검토했다. 이뿐 아니라 논문 끝부분에 '결론'으로 이름 붙은 문단이 제시되는데 이것이 시작 부분에서 전체 논문 내용을 개관하기 위해 제시하는 초록의 역할을 해 주고 있다. 이 훌륭한 요약 장치는 연구 학술지에서 더 자주 사용되는 방법인데 특히 논문이 길고 복잡할 때 종종 사용된다.

그러나 모든 연구 결과가 항상 명쾌한 것은 아니다. 때로 연구자는 해석하기 어려운 애매한 결과를 도출하기도 한다. 그런 경우 연구자는 설명하기 어려운 결과를 그래도 설명하기 위해 노력할 것인가 하는 딜레마에 빠지게 되는데 이때 연구자는 이러한 결과를 해석할 때 동반되는 문제를 추론하고 그 딜레마를 해결하기 위한 추후 연구를 제안해야 한다. 〈관련논문 9.6〉은 말소리의 청지각적 측면에 대한 연구에서 발췌한 것인데 저자가 혼란스러운 결과를 해결하려고 어떻게 노력하는지를 보여 주고 있다. 여기서 이들은 결과에 대한 여러 가지 가능한 설명을 제공하고 이런 이슈를 해결하기 위해 어떤 추후 연구가 이루어져야 하는지 제안하고 있다.

선행 연구 결과와의 관계

논의에서는 실험 결과를 선행 연구 결과와 연결해야 한다. 과학적 연구는 특정 현상을 광범위하게 이해하고 설명하고자 다수의 연구 결과를 누적시키는 작업이다. 하나의 연구가 특정 주제와 관련된 모든 연구 질문을 완벽히 대답해 줄 만큼 충분한 영역을 커버할 수는 없다. 그러므로 연구자가 논문을 읽는 독자에게 자신이 제시한 연구 결과와 다른 연구자가 제시한 연구 결과의 연관성에 대한 정보를 제공하는 일은 매우 중요하다.

논의는 선행 연구를 완벽하고 정확하게 제시해야 한다. 완벽성을 위해서 저자는 그들의 실험영역에 선행 문헌이 있다는 것을 인지하고 그들의 연구와 선행 연구 간의 관련성을 학술지 논문 형식이 허용하는 분량 제한 안에서 가능한 한 많이 제시해야 한다. 간혹 원고가 너무 길어 가장 직접적으로 연관된 논문만 제시해야 하는 경우 특정 선행 연구를 인용하는 것은 포기해야 할 때도 있

관련논문 9.5

논의

이 실험의 가장 큰 목적은 말더듬 성인 및 일반 성인의 말운동 수행능력과 발화길이 및 언어적 복잡성 변인 간에 나타날 수 있는 상호작용에 대해 알아보는 것이었다. "buy Bobby a puppy" 구의 산출 시 아랫입술의 운동이 반복해서 나타날 때 그 안정성을 시공간 지표(spatiotemporal index, STI)로 측정하고 구의 산출 지속시간을 기록했는데, 이때 발화길이와 통사적 복잡성을 점차 증가시켰다. 그 결과, 말더듬 성인이 다양한 상황에서 보인 STI 수치가 일반 성인에 비해 유의하게 높았다. 게다가 통사적 복잡성의 증가가 말더듬 성인의 유창 발화 시 아랫입술 운동의 안정성에 미치는 영향은 일반 성인과는 달랐다. 말더듬군에서 통사적 복잡성의 증가는 반복과제 수행 시 조음기관 운동의 안정성에 부정적인 영향을 미쳤다. 그러나 비문장(nonsentence) 요소가 포함된 더 긴 발화는 두 집단 모두의 말소리역학적 측면에 유의한 영향을 미치지 않았다. 이러한 관찰 결과는 어떤 언어처리 과정은 일부 화자 집단의 말운동기능 수행에도 영향을 미칠 수 있다는 근거를 제공했다. 말 더듬는 사람의 말소리 체계는 이런 영향에 더 취약한 것으로 보인다.

정상 유창성을 보이는 화자의 말운동기능은 언어적 부담의 증가에 별 영향을 받지 않았지만 말더듬 성인의 말운동체계는 그러한 언어처리 과정의 요구에 쉽게 영향을 받았다. 이는 자극 문장의 복잡성이 일반 성인의 말운동기능에 유의하게 영향을 미칠 정도로 크지 않아서일 수도 있는데, 복잡성이 더 큰 문장이었다면 정상 유창성을 보이는 화자의 안정성에도 부정적인 영향을 미칠 수 있었을 것이다. 그러나 말더듬 성인은 말운동기능이 문제를 일으키는 역치가 더 낮기 때문에 말운동 수행에 영향을 미치는

변인의 작은 변화도 시공간 지표에는 비교적 큰 영향을 미쳤을 수 있다. 이러한 관찰 결과는 아래에서 예로 든 것처럼 통사적 복잡성이 말 더듬는 사람의 말운동 안정성에 미치는 영향은 개인마다 서로 다르다는 것을 설명해 준다.

결론

본 연구는 정상 유창성을 보이는 성인과 말더듬 성인의 말운동기능 안정성에 발화길이 및 통사적 복잡성의 증가가 미치는 영향에 초점을 두었다. 그 결과, 통제군과는 달리 말 더듬는 사람의 말운동기능 안정성은 자극 발화의 길이와 통사적 복잡성이 증가할수록 감소하는 것으로 나타났다. 언어적 처리 과정이 말더듬 성인의 말소리역학적 측면에 영향을 미치는 것으로 알려져 있기 때문에 본 연구의 결과는 말더듬의 발생 및 유지와 관련된 이론뿐 아니라 말소리 산출의 다요인적 모델 측면에서도 중요한 의미를 갖는다. 말더듬은 이질적·다요인적 장애이다. 다양한 요인이 상호작용을 통해 말 더듬는 사람의 말운동체계에 영향을 미친다. 이러한 요인에는 자율적 반응, 말운동계획 요인, 그리고 본 연구에서 본 발화길이, 통사적 복잡성과 같은 언어적 요인 등이 있다. 말더듬의 특성을 완전히 이해하고 적절한 평가 및 중재를 돕기 위해 그런 요인들이 말 더듬는 사람의 말운동체계에 어떤 영향을 미치는지에 대한 지속적인 실험연구가 필요하다.

출처: "Influences of Length and Syntactic Complexity on the Speech Motor Stability of the Fluent Speech of Adults Who Stutter," by J. Kleinow and A. Smith, 2000, *Journal of Speech, Language, and Hearing Research, 43*, pp. 553−554 & 558. Copyright 2000 by the American Speech-Language-Hearing Association. 승인하에 게재.

다. 선행 문헌은 정확히 인용되어야 한다. 때로 저자가 선행 연구 결과를 심각하게 잘못 해석하여 자신의 연구와 선행 연구 간의 연관성을 잘못 논하는 경우가 있다. 이런 오류를 간과하면 특정 주

관련논문 9.6

이러한 결과는 ter Keurs 등(1993)의 결과를 지지하지 않고 있는데 이들은 말소리 처리 과정 시 건청 청자와 난청 청자(수평형 난청 동반) 둘 다 낮은 분광해상능력(spectral resolution)을 보였다고 했다. 그러나 이들의 연구에서 사용한 말소리는 비교적 높은 수준의 배경소음 속에서 제시되었기 때문에 말소리 단서를 지각하는 데 소음 차폐가 분광해상능력 감소에 영향을 미치지 않았는지 명확히 파악하기 어렵다. 본 실험의 결과가 다소 이상해 보이기는 하지만 이와 비슷한 현상은 인공와우 실험에서도 관찰된 바 있다. Fishman, Shannon과 Slattery(1997)의 연구에서는 건청 청자와 인공와우를 사용하는 청자의 1, 2, 3, 4채널 발화를 이용한 인식과제 결과를 비교했다. 인공와우 사용자의 분광해상능력을 다양하게 알아보기 위해 활동전극의 수 및 조합을 다양하게 하였다. 가장 높은 인식점수를 보인 인공와우 사용자들은 모든 조건에서 건청인 집단과 비슷한 수행능력을 보였다. 그러나 매우 낮은 수행점수를 보인 인공와우 사용자의 수행능력은 본 연구에 참여한 난청 청자와 놀라울 정도로 비슷했다. 즉 1채널 발화의 수행은 건청인과 비슷했지만, 2채널 발화처럼 분광해상능력 과제에 약간이라도 변화가 추가되면 건청인에 비해 매우 저하된 수행을 보였다.

본 연구와 함께 이들의 연구 결과는 많은 감각신경성 난청 청자뿐 아니라 많은 인공와우 청자들도 말소리 분광해상능력 과제를 수행할 때 매우 적은 과제가 추가되어도 말소리 지각에 어려움을 겪는다는 것을 명백히 보여 주었다.

이러한 결과는 좀 혼란스럽다. 대부분의 감각신경성 난청 청자(혹은 다채널 인공와우 사용자)가 모든 주파수 대역에 어느 정도의 청각적 반응을 보일 수 있다면 이전에 이들을 대상으로 이루어진 심리음향적 연구를 통해 알려진 바와 같이 최소 2채널의 분광해상은 가능하다고 예상할 수 있기 때문이다. 이에 대한 설명으로 가능성이 높은 것 중 하나는 과거 감각신경성 난청 청자 혹은 인공와우 사용자를 대상

으로 주파수 선택성, 전극 간 상호작용, 혹은 둘 다에 대한 심리음향적 측정을 실시한 결과가 연구자로 하여금 이들의 분광해상능력이 말소리 등의 신호음에서 나타나는 실제 능력보다 훨씬 더 낫다고 오해하게 만든다는 것이다. ter Keurs 등(1993)의 연구에서는 정신물리적으로 측정한 주파수(분광) 해상능력과 소음 속의 말소리 상황과 비슷해지도록 말소리 인식을 저하하기 위해 필요한 주파수 번짐(smearing)의 정도 사이에 별다른 상관이 없음을 밝혀냈다. 이는 말소리 인식능력을 예측하는 데 주파수 해상능력에 대한 심리음향적 측정은 상관성이 없다는 주장을 지지한다. 주파수 정보가 어떤 대역에서 다른 대역으로 퍼지는 것을 막기 위해 대역차단필터(band-reject filter)를 거친 2채널 발화를 사용한 본 연구의 '실험 2' 결과는 난청 청자의 점수 개선에 별 도움을 주지 못했다. 이는 난청 청자의 주파수 해상능력 감소에 기초를 둔 간단한 설명만으로는 부족하다는 것을 말해 준다.

주파수 선택성의 감소에 기초를 둔 본 연구 결과의 설명이 부족하다면 난청 청자가 1채널 이상의 분광해상능력을 검사하는 모든 상황에서 건청인보다 더 낮은 수행능력을 보인 이유는 무엇인가? 이 시점에서 우리는 그 기저 원인에 대한 합리적인 추론밖에 제시할 수 없다. 난청 청자가 보이는 특정 주파수대역의 민감성 역치가 특정 주파수를 담당하는 달팽이관 내 위치에서 보내는 반응의 정도라고 보기는 어렵다. 달팽이관 손상은 청신경의 특징적 주파수를 다른 주파수로 이동시키는 결과를 보였으며(Liberman & Dodds, 1984), 다양한 경우에 나타나는 난청 피험자의 청각적 역치는 기저막의 '잘못된' 위치에서 오는 반응과 연결되어 있다고 본다(Santi, Ruggero, Nelson, & Turner, 1982; Thornton & Abbas, 1980; Turner, Burns, & Nelson, 1983). 그러므로 난청 청자는 다양한 말소리 채널의 위치가 보내는 정보의 표상을 정확히 수신하지 못하는 것으로 보인다. 그러므로 일부 난청

(계속)

청자가 주파수 선택성에서 중간 정도의 손상만 갖고 있다고 해도 이들이 수신하는 주파수 정보는 정확하지 않기 때문에 말소리 인식에 특별히 도움을 주지는 못한다.

또 다른 가능성은 감각신경성 난청 청자의 중추 청각체계에 다소 결함이 있다는 것이다. 이는 본 연구에 참여한 난청 청자가 다채널 전역에 걸친 시간축 포락선(temporal envelope)을 조합하는 데 어려움을 겪는다는 결과로 제시되었다. 본 연구의 난청 청자가 대체로 건청인보다 연령이 더 높다는 사실도 난청 청자의 중추적 결함을 설명하는 한 요인이 될 수 있다. 그러나 이런 설명을 난청을 동반한 젊은 청자에게 적용한다면 이는 오늘날 일반적으로 받아들여지는 감각신경성 난청에 대한 이론적 접근과는 매우 다른 것이 될 것이다. 이러한 중요한 이슈를 명확히 하기 위한 추후 연구가 반드시 필요하다.

출처: "Limiting Spectral Resolution in Speech for Listeners with Sensorineural Hearing Loss," by C. W. Turner, S. Chi, and S. Flock, 1999, *Journal of Speech, Language, and Hearing Research, 42*, pp. 782-783. Copyright 1999 by the American Speech-Language-Hearing Association. 승인하에 게재.

제와 관련된 지식의 발전에 혼란을 주고 독자의 오해를 불러일으킬 수 있다.

저자가 자신의 연구와 선행 연구가 일치하는 경우와 불일치하는 경우를 객관적이고 균형 있게 제공하는 것도 중요하다. 때로 특정 논문의 연구 결과가 선행 논문 결과와 아주 잘 맞아떨어지는 경우가 있다. 예를 들어 특정 집단 아동의 특정 행동 혹은 특성에 대해 연구한 결과를 다른 연령대 아동의 연구 결과와 비교한 후 그런 행동 혹은 특성이 순서대로 발달하는 근거를 발견했다고 보고할 수 있다. 그러나 어떤 논문은 선행 연구 결과와 다른 결과를 제시하기도 한다. 예를 들어 반복 검증 연구 결과가 이전에 보고된 결과와 다른 양상이 나타날 수도 있다. 혹은 이미 충분히 연구가 이루어진 현상에 새로운 실험 과정을 적용한 연구를 통해 이전의 연구 결과는 특정 실험 과정에서만 나타나는 것이고 실험 과정이 바뀌면 연구 질문이 같음에도 불구하고 서로 상충되는 결과가 나타난다는 사실이 드러날 수도 있다.

선행 연구와 일치하는 내용들은 다음 절에서 언급할 연구의 이론적·실제적 의의를 논할 재료로 사용해야 한다. 그러나 일치하지 않는 내용들이 있을 때 저자는 그들의 연구와 선행 문헌의 연구가 왜 서로 다른 결과를 보이는지 설명해 줄 특별한 책임이 있다. 예를 들어 두 연구가 서로 다른 연구방법 혹은 통계 방법을 사용해서 결과의 차이가 나타날 수도 있는데 그런 차이는 논의에서 설명되어야 한다. 때로 저자는 두 연구가 다른 결과를 보이게 된 이유를 설명해 줄 추후 연구를 제안하기도 한다.

때로 선행 문헌 결과와의 연관성을 논의할 경우 약간 어려운 영역을 다뤄야 할 때도 있다. 두 연구 간의 차이가 정말 의미 있는 내용을 담고 있는지, 혹은 표본 수집이나 측정 오류로 수행에 작은 변화가 나타난 것인지 파악하기 위해 미묘한 차이여도 분석을 해야 한다. 또한 두 연구 간의 명백한 차이 중에는 이론적 편향성에 의해 야기되는 논쟁 주제도 포함될 수 있다. 여기서 중요한 것은 다양한 연구 결과들 간의 차이를 논하는 저자의 태도가 객관적이라는 것을 독자가 알 수 있어야 한다는 것이다. 연구논문의 저자는 본인의 연구와 특정 주제 아래 존재하는 연구 집합체 간의 차이점 및 공통점에 대한 균형 있고 객관적인 분석을 독자에게 제공해야 할 책임이 있다. 누적된 연구 데이터를 해석할 때 어떤 이슈의 각각의 측면의 장점을 파악하려면 모든 측면에 존재하는 이론적 편향성을 저자가 확실히 구분하고 있어야 한다.

선행 연구가 완전히 그리고 정확히 설명되었는지, 연구 결과 간의 일치 및 불일치의 논의가 공정하고 객관적으로 다루어졌는지 독자가 판단할 수 있는 방법은 무엇인가? 첫째, 독자는 지금 읽고 있는 논문이 다루는 주제와 관련된 중요한 연구에 대해 알고 있어야 한다. 학생 및 아직 경력이 짧은 임상가는 더 많은 연구논문을 읽고 동화되는 일을 반복함으로써 이를 발전시킬 수 있다. 둘째, 선행 연구에 대해 의문을 갖고 있는 독자를 위한 최선의 과정은 해당 연구의 참고문헌 목록에 있는 문헌들을 찾아 읽어 봄으로써 저자가 주장하는 내용의 근거나 선행 문헌의 해석에 대해 검토하는 것이다.

논의의 일부를 발췌한 다음 두 관련논문은 선행 문헌 결과와의 일치 및 불일치를 논하는 균형 있고 객관적인 접근의 예를 보여 준다. 〈관련논문 9.7〉은 교사 및 비교사의 음성장애 유병률 연구 중 일부를 발췌한 것으로서 선행 문헌 결과와 전반적으로는 일치하나 교사군에 대한 유병률에서는 약간의 차이를 보이고 있다. 저자는 이러한 유병률의 차이를 연구 간의 표본 크기와 지리적 차이로 설명하려고 했다. 〈관련논문 9.8〉은 일반인 및 마비말장애 화자를 대상으로 한 시공간 지표(STI) 측정치의 다양성 연구에서 발췌했다. 저자는 연구 결과가 일반인 화자와 특발성 파킨슨병(idiopathic Parkinson's disease, IPD) 화자로부터 얻은 선행 문헌의 데이터와 어떤 차이를 보이는지 지적했다. 일반인 화자 간의 차이는 피험자에게 실험 방법을 설명하는 방법의 차이로 설명했고, 나이 많고 질환을 동반한 피험자 간의 차이는 마비말장애의 중증도에 따라 노화 혹은 마비말장애로 인한 운동능력의 저하 정도로 설명했다.

때로 연구 결과가 저자의 선행 연구와도 일치하지 않는 경우가 있는데 이로 인해 연구자들은 같은 저자의 연구인데도 왜 결과가 다른지 설명을 요구하는 도전에 직면할 수 있다. 〈관련논문 9.9〉는 난청을 동반한 노인 청자(older listeners with hearing impairment, OHI)의 어음인식 연구 중에서 발췌한 것으로 연구자는 본인의 이전 및 현재 연구 결과의 차이를 설명해야 하는 도전에 직면했는데 두 연구에서 차이를 보이는 두 변인, 즉 피험자의 연령과 난청 병력에 대해 논하는 방법으로써 이에 대처했다.

질적 연구논문의 결론은 이전 연구에서 보고된 주제와 관점을 현재 연구와 비교해 볼 기회를 제

관련논문 9.7

본 연구 결과로 나타난 유병률을 선행 문헌에서 보고된 결과와 비교하는 것은 음성장애를 어떻게 정의하고 데이터를 어떻게 수집하는가에 따라 달라질 수 있으므로 매우 복잡하다. 대부분의 연구에서 음성장애의 조작적 정의를 명확히 밝히지 않고 있으며 교사군과 비교할 대조군을 사용하는 경우도 많지 않다. 일부 연구에서는 음성장애 동반 여부를 확인하기 위해 교사가 의사 혹은 언어치료사의 진단 및 평가를 받아야 했다. 이러한 제한점은 별도로 두고 볼 때 본 연구 결과 나타난 교사군의 음성장애 유병률(11%)은 Smith 등(1997)보다 좀 더 낮았는데 이들은 교사군 중 14.6%, 비교사군 중 5.6%가 음성장애를 동반하고 있다고 보고했다. 이들의 연구 결과는 음성 문제가 있다고 호소한 교사들을 대상으로 한 설문조사 결과 15.9%의 유병률을 보고한 Russell, Oates와 Mattiske(1998)의 연구 결과보다는 낮았다. 본 연구와 Smith와 동료들(1997)의 연구가 다른 결과를 보이는 것은 이들의 연구가 유타 주의 교사들로만 한정하여 두 개 주를 대상으로 한 본 연구보다 표본 크기가 더 작았기 때문으로 설명할 수 있다. 그러나 후에 Smith, Lemke 등(1998)은 더 큰 규모의 교사군(n=554)을 대상으로 한 연구에서 더 낮은 음성장애 유병률(9%)을 보였다고 했다. 본 연구에서 제시한 전체인구 중 음성장애 유병률(6.2%)은 본 연구 외에 비교사군을 비교군으로 사용한 유일한 연구인 Smith와 동료들(1997, 1998)의 연구 결과와 비슷하다.

출처: "Prevalence of Voice Disorders in Teachers and the General Population," by N. Roy, R. M. Merrill, S. Thibeault, R. A., Parsa, S. D. Gray, and E. M. Smith, 2004, *Journal of Speech, Language, and Hearing Research, 47*, pp. 288 & 290. Copyright 2004 by the American Speech-Language-Hearing Association. 승인하에 게재.

공한다. 이러한 비교는 해당 이슈의 외적 타당도를 논할 수 있게 해 주고 해당 연구 결과를 신뢰할 수 있는지, 다른 세팅이나 다른 대상자에게 적용할 수 있는지에 대해 임상가가 판단할 수 있도록 도와준다. 비평적 독자는 이 연구가 이미 알고 있는 내용의 범위를 확장시켜 준 것인지, 현재 알고 있는 내용에 대한 새로운 도전을 제시한 것인지 판단해야 한다. 이는 초기 질적 연구뿐 아니라 양적 연구에도 적용되는 내용이다. 예를 들어 이 질적 연구논문의 결과가 양적 연구를 통해 알려진 관련성 및 차이점을 설명하는 데 도움을 줄 수도 있고 양적 연구 혹은 혼합연구를 통해 검증할 수 있는 새로운 가설을 제시하는 데 도움을 줄 수도 있다.

〈관련논문 9.10〉은 후천성 뇌손상(acquired brain injury, ABI)을 동반한 참여자의 관점을 알아보고자 한 현상학적 연구논문에서 발췌한 것인데 이 논문은 질적 연구 데이터 분석을 논할 때 언급된 〈관련논문 7.9〉의 원천이 되었다. 이를 다시 되짚어 보면 '사회적 지원 네트워크', '슬픔과 대처', '뇌손상 수용 및 자신에 대한 재정의', '권한부여'가 그 연구의 주요 주제로 떠올랐다. 〈관련논문 9.10〉에 제시되어 있는 논의 중 몇 문단은 주제를 실험 참여자 이상의 범위로 확대시키기 위해 실험자가 주제 일부를 이전 연구와 어떻게 비교했는지 보여 준다.

관련논문 9.8

본 연구는 마비말장애 화자가 보이는 말운동 순서의 다양성에 속도 조작이 미치는 영향을 평가하고자 설계되었다. 경도 및 중고도 마비말장애 화자군의 결과를 일반인 통제군과 비교해 보았다. 속도 조건에 상관없이 일반인 통제군이 가장 낮은 STI 수치를 보였다. 마비말장애 화자의 다양성은 두 군 모두 느린 속도에서 가장 적게 나타났고 빠른 속도에서 가장 크게 나타났다. 경도 마비말장애 화자군은 일반인 통제군 간의 STI 수치 차이는 유의하지 않았으나 중고도 마비말장애 화자군은 다른 두 군보다 유의하게 높은 STI 수치를 보였다.

STI 측정치의 규준치가 아직 명확하지 않다고 해도 본 연구 결과로 나타난 일상 조건 시 일반인 통제군의 STI 수치는 선행 연구(Smith & Goffman, 1998; Wohlert & Smith, 1998)의 일반인 통제군 수치보다 다소 높았다. Wohlert와 Smith의 연구와 마찬가지로 일반인 통제군은 일상 조건에서 가장 낮은 STI 수치를 보였다. 일반인 통제군이 느린 조건에서 가장 높은 STI 수치를 보인 선행 연구(Kleinow et al., 2001; Wohlert & Smith, 1998)와는 대조적으로 본 연구에서 이들은 빠른 조건에서 가장 높은 수치를 보였다. 이런 차이는 방법론적 차이에 기인하는 것으로 보인다. 선행 연구의 느린 속도 조건에서 실험자들은 실험 참여자에게 "buy Bobby a puppy" 구를 '보통 속도의 절반 속도로' 말하라고 했다. 본 연구에서는 일상적인 치료 전략과 비교할 수 있도록 느린 속도의 발화를 유도하는 데 특정한 전략과 모델링 절차를 사용했다. 휴지 조건에서 실험자는 "buy Bobby a puppy" 구를 산출할 때 각 단어 사이에 짧은 휴지를 두는 모델링을 제시했다. 연장 조건에서 실험자는 단어 사이에 휴지 없이 모음을 늘려서 모델링했다. 일반인 통제군을 포함해서 모든 참여자에게 특정한 유도절차를 사용한 것이 조건 내의 다양성을 감소시키는 효과를 주었다고 본다.

경도 및 중고도 마비말장애 화자군이 일상 조건, 느린 조건 및 빠른 조건에서 보인 STI 수치는 IPD 화자를 대상으로 한 연구(Kleinow et al., 2001)에서 보고한 결과보다 높았다. 선행 연구의 저자들이 IPD 화자의 대다수가 Hoehn과 Yahr(1967) 척도에 근거해서 볼 때 경도의 증세를 보이고 있었다고 보고했기 때문에 이러한 결과는 놀라운 것이 아니다. 연구자들은 이들을 마비말장애 중증도에 따라서 분류하지는 않았다.

또한 경도 및 중고도 마비말장애 화자군이 보인 일상 조건, 빠른 조건, 느린 조건에서의 STI 수치는 건강한 노인을 대상으로 실시한 연구(Wohlert & Smith, 1998) 결과보다 높았다. 이들은 노인들이 보이는 더 큰 다양성은 연령에 따른 운동능력의 감소를 반영한다고 결론지었다. 본 연구 결과가 조건에 상관없이 더 높은 수치를 보인 것도 마비말장애로 인한 운동능력의 감소가 반영된 것이라고 볼 수 있다.

출처: "The Effect of Pacing Strategies on the Variability of Speech Movement Sequences in Dysarthria," by M. A. McHenry, 2003, *Journal of Speech, Language, and Hearing Research, 46*, p. 708. Copyright 2003 by the American Speech-Language-Hearing Association. 승인하에 게재.

논의의 구조가 서론의 구조에 얽매여 있는 양적 연구와 달리 질적 연구논문의 논의 구조는 대체로 결과 제시에 사용된 구조의 영향을 받는다(Burnard, 2004). 물론 결과 제시는 시행된 질적 연구의 유형에 따라 달라지며(제7장 참조), 이는 어떤 내용이 논의되어야 하고 궁극적으로 결론이 어떻게 내려져야 하는지에 큰 영향을 미친다. Mays와 Pope(2006)의 관점에서 볼 때 논의의 목적은 분

관련논문 9.9

마지막으로, 노화와 어음인식의 완전한 이해를 위해 다른 연구(예: Souza & Turner, 1994)와 달리 본 연구에서는 왜 연령이 증가할수록 수행능력이 떨어지는 것으로 나타났는지 고찰해 봐야 한다. 이러한 결과의 차이를 전적으로 청력역치에 영향을 미치는 교란요인에 의한 것으로 돌릴 수는 없다. 이에 대해 가능한 설명 중 하나는 집단의 연령에 대한 것이다(Pichora-Fuller & Schneider, 1998). 예를 들어 본 연구의 OHI군은 평균연령이 79세였던 데 비해 Souza와 Turner의 연구에서 검사를 받은 OHI군의 평균연령은 69세였다. 최근 연구 중 Humes와 Christopherson(1991)은 76~86세 청자군이 65~75세 청자군보다 더 낮은 수행능력을 보였다고 했다. 또, Gordon-Salant(1987a)는 연령이 미치는 영향은 요구 과제와 음향 자극의 복잡성에 따라 달라지는데 이는 연구마다 매우 다양하게 나타난다고 했다.

난청을 동반한 노인 청자가 어음인식과제에서 더 낮은 수행능력을 보인 것을 설명해 줄 수 있는 또 다른 설명은 이 피험자들의 청각 병력과 관련이 있다. 난청을 동반한 젊은 청자 중 대다수가 난청이 선천성 혹은 초기에 발생했다고 보고한 반면 노인 청자는 비교적 생애 후반부에 후천적으로 발생했다고 보고했다. 난청을 동반한 젊은 청자는 전 생애에 걸쳐 난청을 경험하며 지내 왔기 때문에 더 나은 청취 보완전략을 개발할 수 있는 것으로 판단된다.

출처: "Older Listeners Use of Temporal Cues Altered by Compression Amplification," by P. E. Souza, 2000, *Journal of Speech, Language, and Hearing Research, 43*, p. 671. Copyright 2000 by the American Speech-Language-Hearing Association. 승인하에 게재.

석한 데이터의 최종 해석을 제공하고 독자로 하여금 정말로 결론이 그 데이터에 근거를 두어 내려진 것이며 매우 타당하다고 확신할 수 있게 해 주는 것이다. 논문의 끝 무렵에 이르면 독자는 그러한 데이터의 해석이 어느 정도의 설명력을 갖고 있고 기존에 알려진 사실과 얼마나 잘 부합되는지 판단할 수 있어야 한다.

연구논문의 제한점

논의와 결론에서는 특정한 연구 설계 혹은 방법이 갖고 있는 **연구의 제한점**(limitations of the study)에 대해 고찰해야 한다. 대개 연구에 사용된 피험자, 재료, 혹은 절차의 필요성에 대해 설명한 후 이들이 데이터에서 결론을 유추하는 데 어떤 제한을 가할 수 있는지에 대해서 설명한다. 특히 중요한 것은 실험의 내적 및 외적 타당도에 잠정적 위협이 될 요인들과 이런 위협요인이 연구설계에 어떤 영향을 미쳤는지 논하는 저자의 태도이다. 짐작하다시피 모든 실증적 실험은 내적 및 외적 타당도를 위협하는 요인을 갖고 있으며 더 나은 연구는 그런 요인을 최소화시키는 연구이다. 그러나 최소화라는 것은 곧 내적 및 외적 타당도를 위협하는 요인이 조금이라도 남아 있다는 의미이다. 이런 잔여물은 도출된 결론에 적합성을 부여하고 연구 결과를 개선하거나 확대할 수 있는 추후 연구를 제안하기 위해 논의에서 충분히 언급되어야 한다.

관련논문 9.10

이와 함께, Hinckley(2006), Ylvisaker와 Feeney(2000)의 설명은 확실치는 않으나 거의 틀림없이 본 연구에서 구분해 낸 네 가지 주제 모두를 지지해 주고 있다. 첫째는 사회적 지원 네트워크의 개발이다. Hinckley는 강력한 사회적 지원 네트워크 참여가 뇌졸중에서 성공적으로 회복하는 것을 촉진해 준다고 했다. 또한 ABI 생존자가 본인의 정체성을 다시 수립하고 공동체에 다시 합류하며 의미 있는 삶의 질을 회복하려면 강력한 지원 네트워크가 수립되어 있어야 한다고 했다(Kalpakjian et al., 2004). 그러나 ABI 생존자들은 그들이 속한 사회적 지원 네트워크가 그들이 손상을 입은 후 사라지거나 약화되는 것을 알게 된다. 이는 본 연구에 참여한 대다수의 참여자가 보고한 내용이다(71%). 생존자들의 장기적 요구를 처리해 줄 자원 부족과 가족 및 친구들의 오해는 이들과의 사적인 연관성에 심각한 부담을 갖게 한다(Knight, Devereux, & Godfrey, 1998). 임상가는 환자와 가족에게 회복 과정을 교육하고 공동체의 지원 네트워크에 대한 정보를 제공하여 이들을 지원해 줄 수 있다.

다음은 슬픔에 대처하는 방법이다. 뇌손상 후 다양한 적응방법을 찾아야 한다. 이러한 적응을 위해서는 생존자가 사고 이전의 시간으로 삶을 되돌릴 수 없다는 것을 수용하게 해야 한다. 이러한 깨달음은 이와 비슷한 실험연구의 참여자에게서 흔히 나타나는 분노, 걱정, 불안 등 다양한 정서 반응을 이끌어 낸다. 정서적 후유증은 ABI의 생존자에 대한 이전 연구에서 흔히 보고되는데 삶의 질뿐 아니라 목표 설정, 동기부여, 장기 회복(long-term recovery)에도 영향을 미친다(Curran, Ponsford, & Crowe, 2000).

Hinckley도, Ylvisaker와 Feeney도 실험에서 슬픔에 대처하는 방법을 주요 주제로 직접 명시하지는 않았는데 슬픔을 느끼고 이에 대해 기능적으로 대처하는 기전을 개발하는 과정이 생존자가 스스로 상처를 회복하고 자기 자신을 재정의하며 재충전

감각을 개발할 수 있는지에 대해서는 논쟁의 여지가 있기 때문이다. Ylvisaker와 Feeney(2000)는 Teasdale(1997)이 개관한 인지 하위체계의 상호작용 모델에 따라 자동으로 부정적 정서 반응을 유도하는 현재 자아에 대해 생존자 스스로가 대안 모델을 수립할 수 있도록 도와주면 부적응 정서(예: 분노 혹은 부인)를 피할 수 있다고 했다. 필히 생존자들은 슬픔에 대처할 내적 전략을 개발해야 한다. 임상가는 환자가 실제 문제를 해결할 방법을 개발하도록 도와줌으로써 슬픔에 대해 효과적으로 대처하고 약물남용처럼 더 큰 정서 문제를 유발하는 회피 전략을 제거할 수 있도록 도울 수 있다. 연구 결과, 초기 회복단계부터 환자에게 심리교육적 정보를 제공하는 것이 환자의 ABI 대처능력에 극적 효과를 준다고 보고되었다(Mittenberg, Tremont, Zielinski, Fichera, & Rayls, 1996; Ponsford et al., 2002). 환자에게 문제가 발생하기 전에 어떻게 문제 혹은 스트레스 인자를 감지하는지 가르쳐 주고 생활방식과 환경을 조절하는 대처전략을 지도하여 그들의 삶의 질을 개선시켜 줄 수 있다.

ABI로부터 성공적으로 회복하는 것은 생존자가 자신의 상처를 수용하고 자신이 누구인지 재정의하는 능력에 따라 달라질 수 있다. Hinckley(2006) 및 Ylvisaker와 Feeney(2000)의 보고 둘 다 ABI로부터 성공적으로 회복하려면 생존자가 자신의 상처를 수용하고 자아를 재정의해야 한다는 본 연구의 주장을 지지하고 있다. Hinckley는 실어증 화자의 담화를 분석한 결과 자아개념의 변화가 실어증 화자의 재적응 및 개인적 발전에 중요한 역할을 한다고 보고했다.

출처: "The Use of Narratives to Identify Characteristics Leading to a Productive Life Following Acquired Brain Injury," by M. R. Fraas and M. Calvert, 2009, *American Journal of Speech-Language Pathology, 18*, pp. 323–324. Copyright 2009 by the American Speech-Language-Hearing Association. 승인하에 게재.

그러므로 더 나은 문헌은 내적 및 외적 타당도를 위협하는 요인이 적을 뿐 아니라 결과의 의의를 설명할 때 남아 있는 위협요인을 솔직히 언급한다. 물론 논의해야 할 연구 설계의 제한점이 지나치게 많다면 독자는 제일 먼저 그 논문을 출간하게 수락한 학술지 편집장이 현명한 결정을 했는지부터 의심할 것이다. 달리 말하자면 제한점의 범위가 넓고, 중대할수록 연구의 가치는 그에 따라 감소한다.

〈관련논문 9.11〉과 〈관련논문 9.12〉는 저자가 실험 방법의 다양한 제한점에 대해 고찰한 후 그러한 제한점에 기초하여 볼 때 어떤 것이 적절한 결론인지 논하는 방법을 보여 주고 있다. 언어발달장애 아동의 문제행동에 대한 연구에서 발췌한 〈관련논문 9.11〉은 기술연구 및 실험연구 시 결과로부터 도출된 인과관계를 추론하는 데 관련된 제한점과 연구 결과를 다른 세팅, 측정 방법 및 대상자에게 일반화시키는 것의 한계에 대해 언급하고 있다. 〈관련논문 9.12〉는 음성 및 공명장애 화자에 대한 청자의 태도를 주제로 한 양적 연구에서 발췌한 것으로 내적 및 외적 타당도와 관련된 몇 가지 제한점을 논하고 있다.

그러나 연구의 제한점에 대한 논의는 양적 연구논문에만 한정된 것이 아니다. 질적 연구도 실험의 제한점에 대한 고찰 없이는 완전해질 수 없다. 해석의 투명성은 독자가 연구의 신빙성 및 진정성을 판단하는 데 결정적 역할을 한다. 질적 연구자들은 때로 자신이 데이터에 영향을 미쳤다거나 선입견을 제공했다고 언급하기도 한다. 또한 이들은 특정 연구 설계를 선정한 결과와 이것이 연구 수행, 해석 및 결과에 어떤 영향을 미쳤는지 고찰한다. 예를 들어 연구 설계를 수립하거나 다수의 후속 연구가 나올 잠재성을 가진 주제를 추진하는 데 방해가 된 요소 혹은 환경에 대해 언급하는 게 일반적이다. 연구자가 큰 그림을 그리거나 연구 질문에 대한 종합적 답변을 구하고자 하는 데 영향을 미치는 참여자 표본, 데이터 수집의 문제에 대해서도 논의할 수 있다.

〈관련논문 9.13〉과 〈관련논문 9.14〉는 질적 연구의 논의 중 일부를 발췌한 것으로 각자 연구의 제한점에 대해 언급하고 있다. 〈관련논문 9.13〉은 자폐스펙트럼장애 자녀가 있으며 이중언어를 사용하는 이주민 어머니가 실제 상황에서 언어를 사용하는 특성, 제한점 및 인상에 대한 현상학적 연구 중 일부이다. 여기서 제시된 각각의 제한점이 어떻게 연구 결과의 내적 및 외적 타당도에 영향을 미칠 수 있는 의미 있는 이슈를 제기하는지 볼 수 있다. 또한 여기서 중요한 것은 중요한 변인과 검증 가능한 가설을 제시하기 위해 연구자가 제기한 가정이다. 제한점 중에는 연구 결과를 무효화하지 않고 오히려 현재의 연구 질문에 보다 더 완전한 답변을 이끌어 내기 위해 수고할 필요가 있는 이슈를 제기해 주기도 한다.

〈관련논문 9.14〉는 다양한 의사소통장애를 동반한 성인 대상자가 일상생활에서 '의사소통 참여' 활동을 할 때 직면하는 제약에 대해 조사한 연구 중 일부로 이를 위해 질적 면담 전략을 사용

관련논문 9.11

연구의 제한점

본 연구는 몇 가지 제한점을 갖고 있다. 첫째, 연구 결과가 기술적이고 상관성에 초점을 두고 있으며 언어발달지체와 행동양상 간의 인과관계를 수립하지 못했다. 예를 들어 외현적 행동(externalizing behavior)과 청지각적 이해 사이의 유의한 $r = -.32$라는 수치는 언어발달지체가 외현적 행동 문제와 관련이 있다고 말해 준다. 그러나 아동의 다른 특성(예: 사회적 기술 부족)도 아동이 특정한 외현적 행동을 보이는 원인이 될 수 있다. 이런 경우, 아동이 보이는 높은 수준의 외현적 행동 문제가 낮은 청지각적 이해력보다 사회적 기술 부족 때문일 수도 있다. 언어발달지체와 문제행동 둘 다 가난 혹은 기저의 인지 문제로 인해 나타나는 다수의 위험요인이 작용하여 야기된 부수적 결과로 볼 수 있다.

두 번째 제한점은 대상아동과 또래아동과의 상호 언어사용을 직접적으로 측정할 방법이 없다는 것으로, 이것이 가능했다면 아동의 행동과 교실 상황에서 이루어지는 언어수행을 연관 지을 수 있는 좀 더 많은 정보를 얻을 수 있었을 것이다. 예를 들어 대상아동이 무슨 말을 하고 그런 발화를 얼마나 명확하게 잘 만들어 내는지 확인할 수 있는 중요한 시점은 또래아동과 상호작용하는 동안이다. 문제행동 사례가 나타나는 도중 아동의 언어 사용에 대해 좀 더 명확한 그림을 그려 보기 위해 관찰을 하는 동안 자발화를 수집하는 방법도 추후 연구에서 고려해 보아야 한다.

셋째, 아동의 내현적 행동(internalizing behaviors)의 관찰평가가 제한적으로만 이루어졌다. 내현적 행동은 상대적으로 미묘하여 아동 개인 및 가족에 대한 배경지식이 상당히 많지 않다면 정확히 측정하기 어렵다. 내현적 행동은 대체로 빈도수가 적고 특정 맥락에서만 나타나기 때문에 신뢰롭게 관찰하기가 어렵다. 본 연구에서 사용된 부호화 방법은 대부분의 학령전 아동에 대한 관찰실험과 마찬가지로 내현적 행동을 거의 파악하지 못했다. 그러므로 내현적 행동에 대한 교사의 보고와 관찰된 내용 간의 연관성을 적절히 검사하는 것은 불가능하며 언어와 내현적 행동 간의 관계를 완벽히 규명하는 것도 불가능하다.

마지막으로 표본의 특성도 본 연구 결과와 관련이 있다. 헤드 스타트(Head Start) 프로그램을 통해 모집한 아동은 저임금 가정의 아프리카계 미국인이 압도적으로 많았고 저임금 가정의 유럽계 미국인과 히스패닉계 아동도 소수 있었다. 이 결과는 다른 인구로 일반화할 수 없다. 현재 결과를 다른 집단에도 적용할 수 있는지 파악하기 위해 중산층 혹은 고소득층의 다른 민족 집단을 대상으로 한 추후 연구가 필요하다. 게다가 본 연구에는 참여자의 지역적 차이도 존재하기 때문에 본 연구 결과를 헤드 스타트 프로그램의 모든 아프리카계 미국인에게 일반화하기도 어렵다. 추후 농촌지역 혹은 북부지역의 아동을 대상으로 같은 실험을 실시할 필요가 있다.

출처: "Problem Behaviors of Low-Income Children with Language Delays: An Observation Study," by C. H. Qi and A. P. Kaiser, 2004, *Journal of Speech, Language, and Hearing Research, 47*, pp. 604–605. Copyright 2004 by the American Speech-Language-Hearing Association. 승인하에 게재.

했다. 이 연구에서는 또한 의사소통 참여 활동의 측정을 위해 자기보고 형태로 만들어진 평가 도구인 'CPIB(Communicative Participation Item Bank)'의 지속적 개발에 대해서도 언급하고 있다. 이 연구의 제한점을 설명할 때 연구자들은 이들이 '질적 조사 유형'을 어떻게 선택했는지, 그리고 잠

관련논문 9.12

타당성에 대한 제한점

본 연구는 연구 결과를 해석할 때 고려해야 할 내적 타당도에 대해 몇 가지 제한점을 갖고 있다. 음성장애 및 공명장애 화자를 연령에서 매칭시키지 못했는데 이는 피험자에 적합한 환자가 적어 불가피한 일이었다. 대신 통제군은 음성 및 공명장애 화자의 연령층에 맞추어 청년층, 중년층, 노년층 세 군으로 선정하였다. Deal과 Oyer(1991)의 연구에서 (장애가 없는)노인 화자의 음성이 젊은 화자의 음성보다 덜 상쾌하다는 평정 결과가 나왔기 때문에 이는 매우 중요하다. 내적 타당도에 대한 또 다른 위협요인은 청자가 듣기에 일부 화자의 억양이 다른 화자와 차이를 보였을 수 있다는 것이다. 마지막으로 청자가 배경정보 자료를 읽었다는 것을 확인하기 위해 선다형 문제에 대답하도록 했지만 이들이 정말로 그 지식을 이해하고 의미론적 변별과제를 수행하는 동안 그 지식을 활용했는지는 확신할 수 없다.

여기서 본 연구의 외적 타당도를 제한하는 일부 자질도 언급하겠다. 이 결과가 음성 및 공명장애 화자 모두에 대한 청자의 태도라고 일반화하기는 어렵다. 차라리 이 결과는 본 연구에서 사용한 조건에 해당되는 장애군과 중증도를 가진 화자에게만 적용되며 특히 여성 화자에 대해서만 관련이 있다고 봐야 한다. Deal과 Oyer(1991)는 (장애가 없는)남성 및 여성 음성에 대한 청자의 지각을 비교했는데 그 결과 이 청자들은 여성 음성보다 남성 음성에 더 긍정적인 반응을 보였다고 했다.

외적 타당도에 대한 또 다른 제한점은 이 결과가 배경정보가 다른 음성 및 공명장애 화자를 접했던 사람이나 대중매체를 통해 관련정보를 접했던 사람들의 태도는 반영하지 않는다는 것이다. 또한 본 연구 결과는 본 연구에서 제공한 중재보다 더 오랜 기간 중재를 받은 상황으로 일반화할 수 없다. 외적 타당도를 평가할 때는 청자도 고려해야 한다. 다수의 청자가 참여했지만 이들은 무작위로 선정된 것이 아니기 때문에 이 결과는 젊은 중산층 여대생 참여자들이 보이는 전형적인 반응에 편향되어 있다.

마지막으로, 본 연구에서 수행한 실험과제는 실제 청자와 화자 사이의 상호작용을 반영하지는 않는다. 이는 얼굴을 맞대고 상호작용할 때 화자의 음성, 메시지 내용, 외모, 성향, 버릇 등에 기초해서 청자에 대한 인상을 형성하는 실제 상황으로 일반화시키지는 못한다. 이러한 맥락에서 보면 음질은 화자에 대한 청자의 지각에 영향을 미치는 다수 요인 중 하나일 뿐이다.

출처: "The Effect of Imformation on Listeners' Attitudes toward Speakers with Voice or Resonance Disorders," by A. K. Lallh and A. P. Rochet, 2000, *Journal of Speech, Language, and Hearing Research, 43*, pp. 792-793. Copyright 2000 by the American Speech-Language-Hearing Association. 승인하에 게재.

재적 관련성이 있는 이슈를 제기하거나 그 이슈에 대해 충분히 설명할 수 있는 연구자의 능력을 '간섭'이 어떻게 제한했는지 언급하고 있다. 이러한 제한점을 통해 연구방법을 보충할 수 있는 혹은 대체할 수 있는 방법뿐 아니라 현재 연구가 '앞으로 나아가야 할 방향'도 함께 제시해 준다.

연구의 의의

특정 연구의 제한점을 언급하는 것은 결과를 적용하는 데 주의해야 할 이유를 제시해 주는 반면,

관련논문 9.13

연구의 제한점

본 연구에는 몇 가지 제한점이 있음을 인정한다. 첫째, 연구 참여자가 고등교육을 받은 부유한 부모들로서 다수의 기타 소수언어 사용자 부모와 차이가 있었다. 둘째, 가족이 있는 상황에서 면담을 한 다른 어머니와 달리 일부 어머니는 혼자 면담을 했다. 이런 차이로 인해 참여자가 기꺼이 공유하고자 한 정보에 영향을 미쳤는지는 확실하지 않다. 셋째, 전문가 중재에 대한 정보는 부모의 보고를 통해서만 얻었으므로 실제 중재에 대한 모든 내용이 언급되지 않았을 수도 있다. 이 연구의 목적은 부모가 전문가와의 상호작용을 어떻게 이해하고 있는지, 그리고 전문가 중재 자체보다는 전문가와의 상호작용에 대한 이들의 이해가 어떤 영향을 미치는지 파악하는 것이었다. 마지막으로 이 연구는 참여자와 그 자녀 간의 실제적 언어 사용에 대한 관찰은 포함하지 않았다. 오직 보고된 중재 내용에만 초점을 두었는데 참여자가 일상생활에서 아동과 의사소통하는 양상을 이 보고가 정확히 반영하고 있는지는 확실치 않다. 면담으로 얻은 데이터는 어느 때든 참여자가 제공하기로 선택한 정보만 포함하고 있다. 일상적인 행동과 활동이 모두 의식적 사고의 결과물은 아니기 때문에 이러한 정보는 중대한 제한요소가 된다.

출처: "Issues in Bilingualism and Heritage Language Maintenance: Perspectives of Minority-Language Mothers of Children With Autism Spectrum Disorders," by B. Yu, 2013, *American Journal of Speech-Language Pathology, 22*, p. 21. Copyright 2000 by the American Speech-Language-Hearing Association. 승인하에 게재.

해당 **연구의 의의**(implications of the study)에 대한 논의는 그 결과를 이론과 실제에 적용할 수 있는 잠재적 방법, 즉 해당 연구 결과가 우리의 지식, 이해, 접근, 절차에 어떤 영향을 미치는가에 초점을 둔다. 연구 의의는 대체로 독자 등 다른 사람들이 그 결과에 기초하여 어떤 행동을 취할 수 있는지에 대한 설명으로 제시된다.

이론적 의의 연구논문의 저자가 해당 연구 결과가 해당 영역의 과거 및 현재의 생각과 비교해 이론적으로 어떤 의의를 갖는지 명확히 언급하는 것은 매우 중요하다. 앞 절에서는 연구 결과를 선행 연구와 비교하는 것에 대해 논의했다. 특정 주제의 보편적 네트워크 형성을 위해 하나의 연구 결과는 선행 연구 결과와 나란히 놓이게 되는 경우가 흔하므로 연구 결과의 이론적 의의는 선행 연구와 어떤 관계를 갖는지와 밀접하게 연결되어 있다.

연구 의의를 통해 이전에 언급된 이론의 타당성이 입증되기도 한다. 특정 논문의 연구 결과를 통해 현존하는 이론이 지지를 얻기도 하는데 그 연구 결과가 선행 연구와 일치하면 더 큰 지지를 얻을 수 있다. 특정 이론을 통한 예상과 일치하는 데이터가 계속 축적되면 연구 중인 현상에 대한 타당한 설명이 가능해지면서 이를 통해 이론이 더욱 그럴듯해진다. 그러나 특정 연구의 결과(그리고 어쩌면 다른 선행 연구의 결과도)가 특정 이론과 일치하지 않을 수도 있다. 그런 경우 이론으로

관련논문 9.14

연구의 제한점

본 연구의 가장 중요한 제한점은 아마도 본 연구에서 사용한 질적 조사의 유형, 즉 인지적 면담 접근으로 인해 현상학과 같은 다른 질적 연구 접근을 활용하지 못했을 뿐 아니라 참여자 경험에 대한 개방적인 조사를 못했다는 데 있을 것이다. 본 연구의 가장 중요한 목적은 CPIB의 개발에 대해 설명하기 위해 인지적 면담을 사용하는 것이었고 연구방법은 그 목표에 따라 수립되었다. 연구가 끝난 후 제기된 두 번째 분석의 이론적 근거는 면담을 통해 파악한 관찰 내용에 기초하여 진행되었으나 인지적 면담 방법은 프로젝트의 첫 번째 목적을 달성하기 위해 계속 사용되었다. 면담 마지막 부분에서 연구자들은 그들의 경험을 반영할 수 있는 또 다른 중요한 상황 등 설문지에 추가했으면 하는 내용이 있는지 참여자들에게 물었다. 이는 참여자들이 면담 일부를 주도할 수 있는 제한적인 기회를 제공했다.

여기서 연구 목적과 밀접하게 관련되어 있는 주된 관심사는 모든 질문의 포맷이 의사소통 참여 시 '간섭'에 대해 묻고 있다는 것이다. 각 문항의 어법은 CPIB에 포함되어 있는 문항의 참여자 선호도를 파악하기 위한 인지적 면담 중에 나온 참여자의 피드백에 따른 것이다(Yorkston et al., 2008). '간섭'이라는 표현은 연구 참여자에게 의사소통 참여의 촉진보다는 참여의 장벽을 더 많이 연상시키지만 참여자는 면담 중 장벽과 촉진의 상반되는 예를 둘 다 많이 사용했다(예: 친숙하지 않은 사람은 참여를 방해하지만 친숙한 사람은 참여를 촉진한다). 그러나 데이터에서 관찰된 공통성의 어느 정도는 면담 구조와 관련이 있을 수도 있다. 이를 위해 같은 주제를 현상학적 접근과 같은 다른 질적 연구방법으로도 시도해 볼 필요가 있다.

여기서 언급해야 할 또 다른 제한점은 참여자들이 서로 다른 의사소통장애 유형을 갖고 있고 그 비중이 같지 않았다는 것이다. 말, 언어, 인지, 그리고 청각장애까지도 포함하는 보다 더 다양한 범위의 장애군에 대해 보다 더 대표성 있는 표본을 통한 반복 검증이 필요하다. 본 연구에서 사용된 것과 비슷한 면담 포맷은 매우 심각한 인지 및 언어 장애 대상자가 접근하기 어려운 부분도 있었으나 SLP가 의사소통 지지를 제공하는 형태로 면담기술을 수정하면 광범위한 의사소통장애 유형 및 중증도 대상자의 관점을 제시할 수 있다.

추후 연구 방향

본 연구에서는 다양한 의사소통장애를 동반한 성인이 의사소통 참여 시 느끼는 제한점에 대한 자기보고식 설문조사를 실시하였다. 그러나 조사 양상의 특성 및 범위를 보다 더 확장시킨 추후 연구가 필요하다. 추후 연구에서는 다양한 유형과 중증도의 장애자를 다수 포함시켜야 하며 특히 성인기에 시작되는 장애나 선천성 장애 대상자도 포함시켜야 한다. 또한 추후 연구에는 의사소통 참여의 틀을 형성하는 데 의사소통장애 외의 건강관련 이슈들이 어떤 역할을 하는지에 대한 이해를 넓힐 수 있도록 현재 의학적 처치를 받고 있으나 의사소통장애를 동반하지 않은 대상자도 포함해야 한다. 다른 연구방법은 이 주제에 대한 또 다른 관점을 추가해 줄 수도 있다. 여기에는 다른 질적 및 양적 연구방법도 포함된다. 본 연구에서 사용된 것과 같은 경험을 자기보고식으로 제시한 내용과 (관찰자가) 직접 관찰하여 제시한 내용(예: 환경적 특성에 따른 의사소통 과제의 수행) 간의 관계를 파악하는 것도 추가되어야 한다. 의사소통장애 대상자가 자신의 의사소통 참여를 어떻게 지각하는지에 대한 사려 깊은 주의를 지속하는 한편 이러한 주관적 결과를 다른 유형의 관찰 결과와 비교해 보면 의사소통장애 대상자의 의사소통 참여 경험이 어떻게 형성되고 그러한 경험을 개선시키도록 어떻게 도와줄 수 있는지에 대한 임상가와 연구자의 이해를 도울 수 있다.

출처: "A Qualitative Study of Interference With Communicative Participation Across Communication Disorders in Adults," by C. Baylor, M. Burns, E. Eadie, D. Britton, and K. Yorkston, 2011, *American Journal of Speech-Language Pathology, 20*, pp. 283–284. Copyright 2011 by the American Speech-Language-Hearing Association. 승인하에 게재.

예측할 수 있는 내용과 실증적 근거 사이의 차이를 설명해 줄 수 있도록 이론을 수정해야 한다. 사실 이론과 맞지 않는 다수의 데이터가 수년간 쌓이고 그로 인해 실증적 지지를 잃으면서 결국 이론이 사라지는 경우도 있다.

이론적 의의를 논하는 것이 현재 연구논문의 데이터에 비추어 선행 이론을 논하는 데만 국한되는 것은 아니다. 저자는 새로운 이론을 생성해 낼 수도 있고 이전 이론을 급진적으로 수정하여 수정된 이론이 이전 이론에서 파생되었다고 눈치조차 못 채게 할 수도 있다. 새로운 논문의 데이터가 너무 자극적이어서 연구 중인 현상을 설명하는 데 새롭고 독창적인 생각이 필요할 수 있다. 이 책의 첫 장에서 이론의 유형에 두 가지가 있다고 언급한 것을 상기해 보자. 1) 연구가 진행되기에 앞서 전개된 이론으로 실증적 확인을 기다리고 있는 이론과 2) 기존의 실증적 데이터를 합성하여 만들어진 이론의 두 가지이다. 두 가지 유형 모두 논의와 결론에서 연구의 이론적 의의가 논의될 때 함께 제시되기도 한다.

연구논문 중 어느 부분에서 이론적 의의가 논의될 거라고 예상하는가? 이는 저자의 독특한 스타일에 따라 달라진다. 어떤 저자는 선행 연구 결과와의 관계에 대한 논의와 이론적 의의에 대한 논의 둘 다를 결론의 시작 부분에서 제시한다. 이는 특히 어떤 이론에 대한 설명 시 특정한 실험결과를 선행 연구의 결과와 연결하여 설명하고자 할 때 적합하다. 또 다른 저자는 이론적 의의에 대한 논의와 선행 연구 결과와의 관계에 대한 논의를 따로 분리하는 것을 선호하기도 한다.

일부 저자는 데이터를 제시하기 전인 서론, 문헌 검토 혹은 이론적 근거 제시 때 이론적 이슈에 상당한 주의를 집중시킨 후 결론의 이론적 의의 부분에서 이 내용을 다시 등장시킨다. 중요한 것은 저자가 실증적 데이터에 비추어 이론적 관점을 제공해야 하며, 연구 결과에 이론적 의의를 접목시켜 독자가 특정 주제와 관련된 보편적 네트워크 중 해당 연구가 어디에 맞춰져 있는지 이해할 수 있도록 해야 한다는 것이다.

〈관련논문 9.15〉는 맥락이 말더듬 아동, 언어발달장애 아동, 정상발달을 보이는 일반 아동의 유창성에 미치는 영향에 대한 연구 중 발췌한 것이다. 관련논문의 첫 두 문단에 요약되어 있는 것처럼 그 결과를 통해 두 개의 이론적·임상적 의의를 제시했는데 그에 대한 논의가 다음 두 문단에 제시되어 있다. 이러한 결과는 이미 존재하는 이론, 즉 요구 용량 모델을 지지하는데 이 이론은 말더듬 연구에서 이미 오랜 시간 동안 논의되어 온 주제이다. 이 모델은 수없이 많은 연구논문을 양산했는데 이 이론을 검증한 다수의 선행 연구를 논문의 서론에서 언급했고 이를 통해 연구의 이론적 근거를 제시했다. 논의에 이 모델과 관련된 이론적 결론이 제시되어 있는데 이는 서론에서 제시된 이론적 근거와 밀접한 연관성을 보인다.

〈관련논문 9.16〉은 젊은 여성과 노인 여성의 구인두 삼킴에 대한 비디오 투시 조영검사 연구논

관련논문 9.15

이 인구의 말더듬 행동은 유사한 양상을 따른다. 네 개의 과제 조건에서 매우 적은 평균 차이만 나타났을 뿐인데 통계적 유의성은 가장 쉬운 과제 조건(즉 정해진 맥락이 있는 요리법)과 두 개의 이야기 다시 말하기 과제에서만 나타났다. 탈맥락적(정해진 맥락이 없는) 요리법 과제 시 산출된 말더듬 행동의 평균 비율은 맥락적(정해진 맥락이 있는) 요리법 과제 혹은 이야기 말하기 과제와 유의한 차이를 보이지 않았다. 이를 통해 절차가 정해져 있는, 혹은 스크립트가 있는 담화보다 이야기 담화가 화자에게 요구하는 내용이 더 많다는 것을 알 수 있다. 또한 담화는 통사적 복잡성과 비슷하게 말더듬에 영향을 미치는 또 다른 형태의 언어적 요구라는 것을 알 수 있다.

모든 과제를 통틀어 언어발달장애 아동과 일반 아동의 유창성 기술에서는 정상적인 비유창성과 언어적 비유창성(mazing)이 말더듬 행동보다 더 빈번하게 나타났으며 언어적 비유창성은 세 참여군을 통틀어 가장 우세하게 나타난 비유창성 형태였다. 이를 통해 언어발달장애와 일반 아동의 유창성 기술에서 말더듬 유형의 비유창성은 나타나지 않았다는 것을 알 수 있었다. 그러나 언어적 비유창성이 세 군 모두 ─ 심지어 말더듬 아동군까지 ─ 에서 가장 우세한 비유창성 형태였다는 것은 예상하지 못한 일이었다. 언어적 비유창성이 탈맥락적 조건에서 더 높은 비율로 나타났다는 것은 주제에 대해 탈맥락적인 경우가 그렇지 않은 경우보다 언어 형성의 어려움이 더 크다는 것을 의미한다.

이러한 양상은 말더듬 아동의 임상적 실제와 관련이 크다. 대체로 맥락적 과제에서 언어적 비유창성과 말더듬이 가장 적게 나타났는데 정상적 비유창성에서도 이와 같은 양상이 나타났으나 그 차이가 유의한 정도는 아니었다. 말더듬 아동의 경우 탈맥락성이 클수록, 주제의 친숙성이 적을수록 언어 형성의 어려움이 더 큰 것으로 나타났다. 임상가가 치료 과제를 주의 깊게 조절하여 언어적 요구를 최소화하고자 한다면 유효한 담화 유형과 맥락화의 정도를 고려하는 것이 순서일 것이다.

언어와 유창성 간의 관계는 매우 복잡하다. 본 연구 결과는 Karnoil의 가설뿐 아니라 언어적 요구의 증가에 맞추어 발화를 계획하거나 수정하는 데 시간이 더 필요하기 때문에 말더듬이 유발된다는 요구 용량 모델(Starkweather, 1987)도 지지한다. 본 연구에서 세 아동군 모두 가장 빈번하게 보인 비유창성 유형이 언어적 비유창성이었으며 가장 많은 언어적 비유창성은 탈맥락적 조건에서 나타났다. 말더듬 아동은 정해진 맥락이 있는 요리법 조건보다 두 개의 이야기 조건에서 유의하게 더 높은 말더듬 비율을 보였다. 요구 용량 모델에 따르면 이야기 담화와 탈맥락화로 인한 요구 증가가 이러한 결과를 설명해 줄 수 있다. 이 결과를 Karnoil의 모델에 적용해 보면 맥락화의 정도 및 담화 장르의 변화로 인한 언어적 복잡성의 변화가 정말로 발화를 계획하고 수정하는 데 필요한 시간에 영향을 미쳤으며 이것이 언어적 비유창성의 높은 비율과 말더듬 행동의 변화로 나타났다고 볼 수 있다.

출처: "The Effects of Contextualization on Fluency in Three Groups of Children," by L. S. Trautman, E. C. Healey, and J. A. Norris, 2001, *Journal of Speech, Language, and Hearing Research, 44*, p. 573. Copyright 2001 by the American Speech-Language-Hearing Association. 승인하에 게재.

문의 논의 전체이다. 이 연구의 원래 독립변인(연령과 음식덩이의 체적)에 대한 연구 결과를 직접적으로 논의했으며 기술적 독립변인인 성별을 비교하기 위해서는 남성을 대상으로 한 이전 연구에서 데이터를 가져와 비교했다. 세 개 독립변인의 영향에 대한 결론이 바로 뒤이어 나온다. 이 연구를 통한 여성 데이터와 같은 저자의 선행 연구에서 제시된 남성 데이터의 비교 결과가 〈그림 2〉

관련논문 9.16

논의

본 연구에서는 8명의 건강한 젊은(21~29세) 여성과 8명의 건강한 노인(80~93세) 여성이 1ml 및 10ml의 액체를 삼킬 때 연령, 체적 및 성별이 구인두 삼킴에 미치는 영향에 대해 실험하였다. 이 여성들에게서 연령에 따라 약간의 차이가 있는 것이 관찰되었다. 노인 여성에서는 윤상인두가 열렸을 때만 모든 지속시간이 유의하게 연장되었다. 후두폐쇄 지속시간은 노인 여성에서 더 길게 나타났지만 유의한 차이는 아니었다. 이는 Hiss 등(2001)의 데이터와 비슷한데 이들은 여성이 남성보다 더 긴 삼킴 무호흡 지속시간(swallowing apnea durations, SAD)을 보였으며 여성은 연령 증가와 함께 SAD도 증가했지만 남성은 연령 증가와 함께 SAD가 감소하는 것으로 나타났다. 노인 여성의 구조적 운동 정도는 대체로 증가하는 양상을 보였는데 비록 오직 하나(후두 상승)에서만 유의한 차이가 나타나기는 했으나 상부식도괄약근의 개방과 관련된 운동(즉 설골 및 후두의 전방이동 및 상승; Jacob, Kahrilas, Logemann, Shah, & Ha, 1989)에서 특히 증가했다. 설골후두의 운동성 증가는 여성의 경우 연령 증가와 더불어 후두가 하강하는 데 대한 보상전략으로 보인다(Robbins et al., 1992). 여성의 경우 오직 혀 기저부 운동만 연령 증가와 더불어 유의하게 감소하였다.

본 연구에서 1ml와 10ml 액체를 삼키는 동안 운동의 지속시간과 정도를 관찰하여 나타난 체적의 영향은 음식덩이가 체적의 증가와 더불어 삼킴의 변화가 나타난다는 다른 실험 결과와 비슷하다. 즉 윤상인두 개방의 지속시간과 넓이가 증가하고(Cook et al., 1989; Jacob et al., 1989; Kahrilas & Logemann, 1993), 기도입구 폐쇄의 지속시간이 증가하며(Logemann et al., 1992), 상부 C3 위치에서의 인두후벽 운동이 증가하고 후두 상승과 후두 및 설골의 전방이동이 증가하는 것으로 나타났다. 후두와 설골 운동의 증가로 윤상인두가 더 길고 더 넓게 개방되었다고 보는데 이 구조물들의 운동이

상부식도괄약근(윤상인두 부분)을 '잡아채듯이' 열어 주기 때문이다(Cook et al., 1989; Jacob et al., 1989).

젊은 남녀 및 노인 남녀의 삼킴 측정 결과를 비교해 본 결과 노인 집단에서 흥미 있는 성차가 나타났다. 남성의 경우 연령이 증가할수록 후두와 설골의 운동은 대체로 감소된 반면 여성의 경우에는 운동이 증가하거나 〈그림 2〉에서 보이는 것처럼 두 연령 집단이 비교적 비슷한 상태를 보였다. 이러한 데이터는 본 연구에 참여한 여성이 남성보다 근육 보유량을 더 잘 유지하고 있음을 보여 준다. 근육 보유량은 목표로 하는 기능(예: UES 개방)을 수행하기 위해 필요한 운동과 실제 이루어진 운동의 정도 차이로 알 수 있다(Kenney, 1985). 정상적인 환경에서 최대운동의 감소는 과제를 수행하는 데 더 효율적인 것으로 해석할 수 있지만 근육 보유량은 피험자가 아프거나 약해졌을 때 매우 중요한 의미를 갖는다(Buchner & Wagner, 1992; Johnson, 1993; Kenney, 1985; Troncale, 1996). 보유량이 적절하면 최대운동이 약간 감소하더라도 삼킴 기전은 여전히 안전하게 음식을 삼키게 한다. 보유량이 감소한 경우 삼킴 시 필수적인 운동의 범위가 감소하고 삼킴의 효율성과 안전성이 위협을 받게 된다. 이러한 결과의 유의성은 〈표 4〉에서 제시된 후두 및 설골 수직운동의 통계치를 통해 확인할 수 있지만 〈표 7〉의 제2요인 측정치의 요약은 결과 자체에 초점을 맞추고 있다. 제2요인 점수의 평균은 젊은 여성과 노인 여성 사이에서는 유의한 차이가 없었으나(각각 −.52와 −.27, $p=0.57$) 젊은 남성과 노인 남성 사이의 평균 차이는 유의하게 나타났다(각각 .94와 −.18, $p=0.02$). 제4요인과 관련된 윤상인두 개방의 측정치(시작시간, 지속시간)도 노인 여성에 비해 노인 남성에서 감소 경향을 보였다. 남성의 경우 연령 증가와 더불어 설골후두 운동에서 관찰되는 근육 보유량의 변화(Logemann et al., 2000)가 본 연구에서 여성의 경우는 나타나지 않았다. 연령 증가로 인한 근육 보유량의 변화에 대한 연구 중 성차의

(계속)

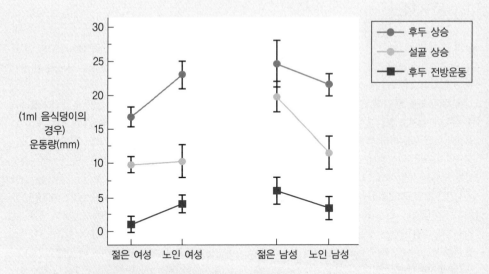

그림 2 1ml의 음식덩이 삼킴 시 후두 상승, 후두 전방운동과 설골 상승의 연령 및 성별에 따른 변화. 오차 막대는 각 측정치의 표준오차를 나타낸다.

가능성에 대한 연구는 아직 없었다. 본 연구의 결과는 건강한 노인 여성보다 건강한 노인 남성이 질병에 의한 약화가 동반될 때 근육 보유량 감소로 인한 삼킴장애 발생의 위험이 더 크다는 것을 보여 준다. 흡인에 대한 본 저자들의 연구 결과도 이 결과와 마찬가지로 남성에서 우세하게 나타났으며 병인에 따른 발생률 연구에서도 성차가 있는 것으로 나타났다 (Smith, Logemann, Colangelo, Rademaker, & Pauloski, 1999).

말소리 혹은 음성을 포함하는 후두 기능 연구를 통해 노화로 인한 변화를 여성이 더 잘 보완한다는 것을 알 수 있었다. Sapienza와 Dutka(1996), Hoit 와 Hixon(1992)은 모두 건강한 노인 여성은 노화가 후두 구조에 미치는 영향을 극복하기 위해 적절하게 행동을 조정할 수 있다는 가설을 세웠다. 정상인 젊은 여성 및 남성, 정상인 노인 여성 및 남성의 삼킴 연구에서 Robbins 등(1992)은 남성보다 여성의 UES 개방 지속시간이 더 길었으며 압력계 튜브를 장착한 여성이 그렇지 않은 여성보다 더 긴 인두 반응 지속시간을 보였음을 알아냈다. 후자의 측정치를 통해 여성은 구인두 기전의 유연성이 남성보다 더 커서 노화로 인한 문제를 보완하기 위한 행동 조정을 더 성공적으로 수행할 수 있다는 것을 알 수 있었다. 본 연구에서 구인두 삼킴 시 나타나는 남성 및 여성의 차이는 정상적인 삼킴 생리를 알아보기 위한 연구를 설계할 때 성별과 연령을 적절히 통제해야 하고 모든 연령층, 특히 60대 이상의 남녀에게 질환과 트라우마가 삼킴에 영향을 미치는지 비교 연구해야 할 필요성을 제시하고 있다. 추후에는 음식덩이 체적, 점성, 질감, 맛의 변화 등 다양한 조건에서 남성과 여성이 보이는 삼킴 특성을 정의하고 그 차이를 검토하는 연구가 이어져야 한다.

출처: "Oropharyngeal Swallow in Younger and Older Women: Videofluoroscopic Analysis," by J. A. Logemann, B. R. Pauloski, A. W. Rademaker, and P. J. Kahrilas, 2002, *Journal of Speech, Language, and Hearing Research*, 45, pp. 438–441. Copyright 2002 by the American Speech-Language-Hearing Association. 승인하에 게재.

에 제시되어 있는데 이 그림이 두 개의 서로 다른 연구 데이터를 광범위하게 비교한 결과를 보여 주고 있기 때문에 결과보다 논의에 제시되었다. 두 연구의 결과를 제시하고 비교하는 광범위한 노력은 보상적 조정(compensatory adjustment) 시 나타나는 연령과 성별의 상호작용에 대한 이론적 의의와 더불어 중요한 결론을 제시해 준다. 여성뿐 아니라 남성도 노화에 의한 변화를 보상할 수 없기 때문에 여성에 비해 남성의 근육량 감소가 질환 혹은 손상과 더불어 삼킴장애를 유발하기 더 쉽다는 흥미로운 가능성을 제안했다. 게다가 저자는 노인 남성 및 여성의 삼킴에 대한 이슈 중 아직 해결되지 않은 것들, 즉 점성, 질감, 맛과 관련된 내용, 질환으로 인한 삼킴 문제를 변별할 수 있는 대안, 추후 삼킴장애 연구 시 성별과 연령 통제의 필요성 등을 해결하기 위한 추후 연구의 방향을 제시해 주고 있다. 종합적 논의 과정에서 저자는 결론 입증을 도와줄 추후 연구의 제안과 더불어 중요하고도 새로운 이론적 결론을 제시하기 위해 현재 연구 결과와 이전 연구 결과를 종합하는 훌륭한 일을 해냈다.

실제적 의의　논의와 결론에서는 이론적 의의뿐 아니라 종종 결과의 실제적 의의가 무엇인지에 대해서도 언급한다. 앞서 언급한 바와 같이 순수하게 기초적인 연구와 응용적인 연구를 명확히 이분해서 나누기는 매우 어렵다. 어떤 연구가 기초연구이고 응용연구인지, 실제적 의의가 즉각적으로 나타날 수 있는 것인지, 좀 더 먼 미래에 실현될 수 있는 것인지에 대해서는 연속선의 양극단 사이 어딘가에 위치해 있다고 보는 것이 일반적이다. 오늘날 누군가가 순수연구라고 생각했던 주제가 내일은 실제적 의의를 갖는 주제가 될 수도 있다. 예를 들어 트랜지스터는 발명가가 아니라 물리학의 기초연구 분야에 종사하면서 즉각적으로 팔 수 있는 발명품의 특허를 따내는 것이 최고 목표였던 과학자들에 의해 개발되었다.

　때로 어떤 논문 저자는 실제적 적용을 염두에 두지 않기도 하는데 해당 연구가 기초연구의 성향이 더 강해서일 수도 있고 혹은 충분한 연구가 축적되어 임상적 의의에 대한 현명한 결정을 할 수 있을 때까지 연구 결과의 실제 적용을 보류하기 위해서일 수도 있다. 그런 경우 저자는 충분히 추론하지 못한 내용은 그 근거가 모호하거나 독자의 오해를 유발할 수도 있다고 생각하기 때문에 실제 적용에 대한 논의를 삼가는 편이다. 대조적으로 충분히 신중하게 추론하여 정당화할 수 있다고 확신하는 경우 저자가 실제적 의의를 논하기도 한다. 예를 들어 저자는 이러한 추론을 통해 독자가 연구논문을 읽고 실제적인 의의에 더 큰 관심을 기울이거나 이를 이용한 응용연구를 시작하기를 바란다. 독자는 그러한 추론이 신중하고 합리적인 방법으로 이루어졌는지 주의 깊게 파악해야 한다. 독자는 또한 특정한 어떤 개념을 임상에서 윤리적, 전문적으로 적용하기 전에 추후 연구가 더 필요한 경우 미래 임상 적용의 가능성을 기대하며 참을성 있게 기다려야 한다는 것도 인지해야 한다.

어떤 연구는 즉각적인 임상 적용을 염두에 두고 진행되기도 하는데 이때 저자는 특별한 책임감을 갖고 의사소통장애의 평가 및 중재를 위한 연구의 의의를 독자에게 설명해야 한다. 저자는 몇 줄의 문장으로 임상 실제를 위한 제안을 할 수도 있지만 보다 더 완벽하고 교훈적인 제안이 필요하다고 느끼기도 한다. 때로 저자는 특정 주제에 대한 일련의 논문이 축적된 경우 연구의 임상적 의의를 별개의 논문으로 쓰기도 한다.

연구 결과를 바로 임상 실제에 적용하는 것은 축적된 연구가 의사소통장애 평가 및 중재 기술과 관련하여 타당성 및 신뢰성이 입증되었을 경우에 한한다. 게다가 이러한 기술의 제한점도 독자에게 적절히 설명해야 한다. 불행히도 일부 기술은 연구를 통해 성공적인 임상 적용이 가능하다는 확신을 얻기도 전에 임상 적용을 했기 때문에 임상 현장에서 소외되고 결국 폐기되기도 하였다. 그러한 경우 연구자가 즉각적인 임상 적용을 보장하는 충분한 데이터가 모이기도 전에 사용을 권고했을 수도 있고 임상가가 해당 기술이 연구를 통해 임상에서 사용하기에 적절하다는 확신을 얻기도 전에 그 기술을 적용한 것일 수도 있다. 어떤 경우는 연구자와 임상가 둘 다 미완성의 기술을 적용하는 데 지나치게 열정적이고 미성숙하여 결국 그 기술이 광범위한 연구를 통해 적절히 발전하는 데 실패하게 만드는 잘못을 범하기도 한다. 그러므로 연구의 생산자와 독자 둘 다 특정 기술이 갖고 있는 제한점을 파악해야 하고 개발 중인 새로운 기술의 임상 적용은 신중해야 할 필요가 있음을 인지해야 한다.

다음 세 개의 관련논문은 어떤 논문의 논의에서 발췌한 것으로 연구의 실제적 의의에 대한 합리적이고 사려 깊은 논의의 예를 보여 준다. 〈관련논문 9.17〉은 학교 교사의 음성장애에 대한 연구 결과를 보고하는 논문의 논의 중 두 문단을 발췌한 것이다. 이 문단에서 두 개의 실제적 의의가 논의되고 있는데 첫째 문단은 교사의 음성장애가 교실 수업의 효과성에 미치는 영향에 대해 고찰하고 있다. 둘째 문단은 교사를 위한 음성장애 예방 프로그램 개발의 필요성에 대해 논하고 있다. 여기서 저자가 음성장애 치료 및 예방 프로그램에 대한 실제적 제안을 이전 연구뿐 아니라 그들 자신의 연구 결과와 어떻게 연계시키는지 주의 깊게 보아야 한다.

〈관련논문 9.18〉은 임상청각학 분야에서 이루어지는 어음인지검사의 개선을 위한 두 개의 실제적 제안을 보여 준다. 이 논문에서는 두 부분으로 나뉜 실험을 진행했는데 첫 번째 부분은 소음 상황에서 어음 재료를 녹음하고 음향적 분석을 하는 데 대한 내용이고 두 번째 부분은 이 녹음 재료를 소음 및 조용한 상황에서 제시했을 때의 어음인지에 대한 내용이다. 여기서 저자가 연구의 실제적 의의를 위해 두 연구의 결론을 어떻게 사용하는지 주의 깊게 보아야 한다.

〈관련논문 9.19〉에서는 말소리를 주요 의사소통 수단으로 사용하는 심도 마비말장애 화자의 말

관련논문 9.17

교사들은 음성 문제의 부작용이 직장을 잃는 것에 한정되어 있지 않다는 것을 깨달아야 한다. 본 연구에서 교사들은 음성 문제가 작업의 효과성을 저하시키고 직업 수행 능력을 제한한다고 보고했다. 그러한 기능 저하가 교사와 학생에게 미치는 영향은 상당하다고 본다. 본 연구 결과는 전체 교사 중 1/3 이상이 한 학년도당 5일 이상 음성 기능이 평소 같지 않거나 원하는 만큼 기능하지 않는다고 보고했다. 음성 문제가 직업상 특정 업무를 수행하는 데 어려움을 준다고 인정함에도 불구하고 다수의 교사들이 해결을 위해 도움을 구하거나 회복을 위해 잠시 직장을 쉬거나 하지는 않는 것으로 나타났다(Roy et al., 2004). 교사들은 음성 문제 때문에 수업활동을 스스로 제한하는 경우가 많은데 이러한 음성 문제가 학생이 받는 수업의 질에 어떤 영향을 미치는지 궁금해한다. 게다가 교실에서 수업을 진행하는 데 가장 중요한 도구가 음성이기 때문에 학생이 어려움 없이 교사의 음성을 듣고 이해하는 것은 매우 중요하다. 그러나 초등학교나 중학교 교실에서는 빈약한 음향 환경과 높은 배경소음 수준이 특징적으로 나타나기 때문에 이미 왜곡된 음성 신호음을 더욱 모호하게 할 가능성이 충분히 있다(Crandell & Smaldino, 1999; Howard & Angus, 2001; Pekkarinen & Viljanen, 1991). 이에 대해 Morton과 Watson(2001)은 장애 음성이 아동의 구어처리 능력에 어떤 영향을 미치는지 평가해 보았다. 24명의 학령기 아동군에게 정상 음성을 가진 여성과 장애 음성을 가진 여성 각각이 읽은 문단 녹음자료를 들려준 후 단어를 회상하고 발화재료에 대한 추론을 이끌어 내는 능력을 검사했다. 아동은 두 과제 모두 정상 음성을 들을 때 더 나은 수행을 보였다. 그러므로 학생의 학습에 장애 음성과 관련된 여러 문제가 미치는 부정적 영향은 상당히 클 것으로 보인다.

역학 연구의 목적 중 하나는 유병률 조사결과의 일관성을 확인하는 것이다. 다른 소규모 역학 연구와 본 연구 사이의 공통점은 직업으로서 학생을 가르친다는 것은 부정적인 음성 문제를 야기할 위험이 매우 높은데 이것이 다양한 지역 경계를 넘나들며 나타난다는 것이다(Jonsdottir, Boyle, Martin, & Sigurdardottir, 2002; Russell et al., 1998; Yiu, 2002). 역학 연구가 인과관계를 설명해 주지는 못해도 여기서 그리고 다른 곳에서 보고된 연구 결과는 많은 음성 문제가 직업과 밀접한 관련이 있기 때문에 예방 및 조기중재 프로그램 제작이 반드시 필요하다고 제안한다. 근무일 부족, 질병 수당 사용, 대체교사 채용 비용과 치료비 때문에 Verdolini와 Ramig(2001)는 미국에서 매년 교사를 위해 지출하는 사회적 비용이 대략 25억 달러에 이른다고 했다. 최근 임상 중재연구 결과 음성증폭기, 성대기능훈련(vocal function exercise), 공명음성치료 등 음성장애를 동반한 교사를 위한 효과적인 대체 기법(Roy et al., 2001, 2002, 2003)이 제시되었지만 본 연구의 결과는 이와 같이 음성 관련 고위험군에 속하는 직업인의 부정적 음성 문제 출현을 감소시키기 위해 교육, 예방 및 중재 프로그램의 개발 및 평가의 필요성을 다시 한 번 명확히 제시하고 있다(Russell et al., 1998).

출처: "Voice Disorders in Teachers and the General Population: Effects on Work Performance, Attendance, and Future Career Choices," by N. Roy, R. M. Merrill, S. Thibeault, S. D. Gray, and E. M. Smith, 2004, *Journal of Speech, Language, and Hearing Research, 47*, pp. 549 & 550. Copyright 2004 by the American Speech-Language-Hearing Association. 승인하에 게재.

관련논문 9.18

의의

본 연구 결과는 임상청각학의 최소 두 영역에 대한 의의를 갖고 있다. 첫째, Wiley와 Page(1997)는 여러 실험 결과 중 말소리 지각 과제 결과는 증폭기 사용 등 재활을 위한 노력과 일상 청취 상황에서 나타나는 의사소통의 어려움을 예측하는 데 적용되어야 한다고 주장했다. 제1파트의 결과는 소음 상황에서 발화된 구어의 음향적 특징은 조용한 상황에서 발화된 것과 유의하게 다르다는 것을 보여 주었다. 그러므로 이러한 특징은 보청기 처방 절차 중에 고려되어야 한다. 예를 들어, 많은 보청기 처방 지침에서 모든 입력 신호음에 대한 참고자료로 조용한 상황에서 산출된 말소리의 장기 스펙트럼을 사용하고 있다(Byrne & Dillon, 1986; Cox & Moore, 1988; Schwartz, Lyregaard, & Lundh, 1988). 보청기 제조업자나 기타 관련자들은 소음 상황 시 구어에 대한 최선의 수행을 위해 저주파 이득 효과는 줄이고 고주파 이득 효과는 늘리라고 권고한다(Martin, 1996). 이런 조치가 상향차폐 효과를 줄일 수는 있지만 본 연구 결과에 따르면 소규모 수준의 조정이 반드시 필요하다. 소음 상황에서 화자는 자연스럽게 더 크게 말하므로 저주파 에너지를 줄이고 고주파 에너지를 늘리는 것이 적절하다. 보청기의 변인들이 이런 고려 없이 맞춰졌다면 말소리의 음향 자질이 과잉수정되어 일부 경우 지각 저하로 나타나기도 한다(예: 보청기가 포화점에서 작동하도록 강제한다).

그러나 본 연구의 화자는 청자에게 명확하게 말하도록 안내를 받았다는 것을 기억해야 한다. 이것이 일상적인 소음 상황에서 산출되는 구어를 완벽하게 대표한다고 볼 수 있을지는 미지수이다.

제2파트의 결과는 임상적으로 사용하는 어음인지 검사는 조용한 상황에서 녹음한 발화 샘플을 사용하기 때문에 소음 상황 혹은 경쟁 상황을 포함하는 다양한 일상생활 상황에서 말을 할 때 나타날 수 있는 의사소통 문제를 예측하는 데 제한적이라는 것을 보여 준다. 어음인지와 두 발화 샘플의 음향적 차이 사이에 특별한 상관성이 나타나지 않았다는 것은 조용한 곳에서 산출된 말소리를 간략하게 수정(예: SNR 증가, 혹은 주파수 응답 모양 형성)했다고 해서 소음 상황에서의 어음인지 능력을 정확히 예측하는 것은 불가능하다는 것을 의미한다. 이 결과는 차라리 배경소음 등 실제적 발화 환경에서 관찰되는 음향적 특징을 이용하여 새로운 어음인지검사용 발화 표본을 개발할 필요가 있다고 제안하고 있다. 이런 식으로, 일상적 의사소통 환경과 가깝게 모방한 통제된 조건하에서 난청이 어음인지에 미치는 영향을 좀 더 정확히 파악할 수 있다.

출처: "Recognition of Speech Produced in Noise," by A. L. Pittman and T. L. Wiley, 2001, *Journal of Speech, Language, and Hearing Research*, 44, pp. 495–496. Copyright 2001 by the American Speech-Language-Hearing Association. 승인 하에 게재.

명료도를 증진시킬 수 있는 실제적 방법을 제안하고 있다. 저자가 제시한 내용을 일반화시킬 때 주의할 점과 이 연구의 실제적 의의를 임상 현장으로 확대 적용하기 위해 추후 연구가 필요함을 보여 주고 있다.

추후 연구의 의미 앞서 언급한 바와 같이, 단 하나의 논문으로 주어진 주제와 관련된 모든 연구 질문에 답해 줄 수는 없다. 사실 특정 연구논문은 대답할 수 있는 것보다 더 많은 질문을 제기한다. 과학의 진보는 수많은 실험자의 노력이 축적된 결과이며 그들 각각의 노력은 연구가 필요한

관련논문 9.19

임상적 의의와 추후 연구 방향

본 연구 결과는 의사소통의 일차적 수단으로 말소리 사용을 선택한 심도 마비말장애 환자를 위한 수많은 임상적 의의를 갖고 있다. 첫째, 본 연구는 청자에게 하향식 방법으로 언어적·문맥적 정보를 제공하는 것이 명료도 증진에 더 효과적이라는 선행 연구 결과를 지지한다. 명료도를 최대한 증가시키기 위해 본 연구 결과는 화자가 청자에게 전달하고자 하는 내용의 주제와 말하고자 하는 각 단어의 첫 글자를 함께 제시하는 혼합 단서 전략을 사용하도록 제안한다. 화자가 그들의 말소리 문제를 보완하기 위한 혼합 단서 전략을 사용하기 어려운 경우 본 연구 결과는 알파벳 단서가 주제 단서보다 더 광범위한 명료도 증진을 유도한다고 제안한다.

본 연구는 본질적으로 실험연구이고 그 때문에 연구 결과를 임상 상황에 직접 일반화시키기는 어렵다. 예를 들어 본 연구에서 알파벳 단서는 마비말장애 화자의 일상 발화 시 실험적으로 제시한 것이다. 임상 실제에서 알파벳 보완전략을 사용하거나 혼합 단서 전략을 사용하려면 화자에게 자신이 말한 각 단어의 첫 번째 글자를 손으로 가리키도록 한다. 알파벳 판을 가리키도록 하는 신체적 행위는 운동장애가 있는 일부 화자의 말 산출 기술에 영향을 미칠 수도 있다. 게다가 알파벳 단서와 주제 단서 사용을 배워야 할 필요성이 있는지, 자발화 상황에서 이러한 전략이 효과적일지는 아직 명확하지 않다. 본 연구를 임상 실제에 적용할 수 있도록 일반화시키기 위해서는 아직 추후 연구가 더 필요하다.

출처: "Effects of Linguistic Cues and Stimulus Cohesion on Intelligibility of Severely Dysarthric Speech," by K. C. Hustad and D. R. Beukelman, 2001, *Journal of Speech, Language, and Hearing Research, 44*, p. 507. Copyright 2001 by the American Speech-Language-Hearing Association. 승인하에 게재.

새로운 길을 가리킨다. 실험 과정에서 저자가 추후 연구가 필요하다고 떠올린 몇 개의 연구 질문은 대개 논의에서 나열된다. 추후 연구는 수없이 많은 서로 다른 영역을 포함하는데 여기에는 연구 설계 및 수행 방법의 연마를 통한 내적 타당도의 개선, 해당 논문의 연구 결과와 선행 연구 결과의 관련성에 대한 심도 있는 설명, 특정 이론에 대한 실증적 입증 추가, 임상 적용의 정교화 등이 포함되며 이 외에도 많다.

추후 연구에 대한 제안은 사용한 연구방법을 정련함으로써 연구의 내적 타당도를 개선할 수 있는 방향으로 제시되는 경우가 종종 있다. 예를 들어 저자는 결론에서 제시된 제한점을 실험 방법의 측면(즉 내적 타당도에 위협이 되는 조건)에서 논하기도 한다. 또한 저자는 이러한 제한점을 극복하기 위해 추후 연구를 제안하기도 한다. 이러한 제안은 새로운 연구에서 취해야 할 절차 단계에 대한 (전반적 혹은 특정적) 설명 형태로 제시된다. 사실 일부 저자는 출간 시기에 이미 그런 실험을 진행하기도 한다. 제시된 제안 중에는 더 큰 규모의 표본을 사용한 반복검증, 연구의 특성에 따라 보다 더 동질적인 혹은 이질적인 집단 사용, 실험설계나 측정 방법의 정련, 재료나 기구 측정의 개선 등이 포함된다. 물론 그런 제안이 너무 많으면 처음에 독자는 이런 논문을 왜 출간했나 의 아해할 것이다. 그러나 연구를 진행하면서 발생할 수 있는 모든 함정에 절대 빠지지 않도록 완벽하게 설계된 연구는 없기 때문에 개선을 위한 몇 가지 제안을 주장하는 것은 흔히 있는 일이다.

추후 연구에 대한 제안은 외적 타당도도 충족시켜야 한다. 저자는 연구 결과를 다른 인구, 세팅, 측정, 혹은 치료에 일반화시키는 데 관심이 크다. 성인에게 성공적이었던 절차가 아동에게도 반드시 적용 가능하다고 볼 수는 없으며 이를 아동에게 반복검증하려면 절차의 보편성을 먼저 검증해야 한다. 게다가 특정 유형의 의사소통장애를 통해 얻은 결과가 다른 유형에서도 반드시 똑같이 나타난다고 보기 어렵다. 연구 결과는 특정한 세팅에 한정된 것이며 다른 세팅으로 일반화시키려면 체계적인 반복검증이 필요하다. 외적 타당도를 확대시키고자 하는 연구 제안은 실제적 의의에서 논의되는 경고와 겹칠 수도 있으므로 독자는 연구 결과를 다른 인구, 세팅, 측정 혹은 치료에 일반화시키기 전에 추후 연구가 이를 확인해 줄 때까지 기다려야 한다(추후의 질적 및 양적 연구를 위해 필요한 내적 및 외적 타당도 이슈에 대해 논하고 있는 〈관련논문 9.14〉의 '추후 연구 방향' 참조).

특정 연구 결과를 선행 연구 결과와 비교한 결과를 통해 추후 연구가 제시되기도 한다. 본 연구와 선행 연구 간의 결과가 일치하지 않는다면 그 차이를 규명하기 위한 추가 연구를 제안할 수도 있다. 결과가 서로 다른 것은 표본 수집이나 절차상의 차이 때문일 수 있는데 이는 절차를 비교해 보거나 다른 표본으로 반복검증을 해 보거나 다른 표본과 다른 절차를 통해 신뢰도와 타당도를 평가하는 통제연구를 함으로써 해결할 수 있다. 특정 연구 결과와 선행 연구 결과가 일치하는 경우에도 즉각적인 추후 연구를 제안할 수 있는데 연구자가 그동안 특정 현상 연구에서 유익한 결과를 도출할 수 있는 접근을 추구해 왔기 때문에 그러한 일치가 나타난 것일 수도 있기 때문이다.

추후 연구로 제안한 내용은 연구 결과의 이론적 의의와 관련이 있을 수도 있다. 특정 실험 결과로 지지를 얻은 이론의 실증적 근거를 확고히 해 줄 수 있는 더 많은 연구가 필요할 수도 있다. 혹은 연구 결과와 기존 이론 간의 차이를 설명해 줄 수 있는 추후 연구가 필요한 경우도 있다. 연구 결과를 설명하기 위해 새로운 혹은 수정된 이론이 제시되었다면 그 새로운 이론이나 수정안은 어떤 행동 혹은 현상을 예측할 수 있어야 하는데 이는 추후 연구에 의해 실증적으로 확인되어야 한다. 새로운 이론의 예측성을 검증하기 위해 대상, 연구 재료, 기구 혹은 절차의 변화가 필요할 수도 있다.

앞서 말한 것처럼 특정 연구의 실제적 의의는 바로 명확하게 나타나거나 즉각 실행 가능한 것이 아닐 수도 있으므로 실제 적용이 이루어지기 전에 추후 연구를 제안해야 한다. 그러한 제안에는 더 큰 규모의 표본을 통한 검사의 표준화 작업, 다른 집단을 대상으로 한 규준 데이터 수집, 임상에서 활용하기에 더 적절한 방법의 개발, 신뢰도와 타당도를 개선하기 위한 절차의 정련 등이 포함된다. 때로 해당 환자군에 대해 잘 정의하고 섬세하게 제한했기 때문에 연구 절차가 충분히 유용하다고 해도 측정 방법 혹은 기술의 적용성이 추후 연구를 통해 확인되기 전까지 다른 집단에 적용하는 것은 주의가 필요하다.

다음의 세 관련논문은 해당 논문의 논의에서 발췌한 것으로 추후 연구에 대해 생각해 볼 만한 다양한 제안을 제시하고 있다. 이들은 앞서 개관한 서로 다른 종류의 다수의 제안과 관련이 있다. 〈관련논문 9.20〉은 저소득 가정의 언어발달지체 아동의 문제행동 연구에서 발췌한 것이다. 저자는 추후 연구에 대한 여러 갈래의 길을 제시하고 있는데 여기에는 종단연구, 다양한 환경 변인을 조작했을 때 이것이 아동의 행동에 미치는 영향에 대한 실험연구, 문제행동과 연관된 요인에 대한 더 복잡한 상관성 연구 등이 포함된다.

〈관련논문 9.21〉은 식도발성 화자의 발화를 시간 영역에서 편집한 연구의 일부로 추후 연구를 위한 여러 개의 구체적 제안을 제시하고 있다. 저자들은 언어음 지속시간과 성대진동 시작시간(voice onset time) 등의 특별한 독립변인을 조작하여 이들이 명료도에 미치는 영향을 검사하도록 제안하며 추후 연구에서 명료도를 결정하는 여러 독립변인 간의 상호작용 효과를 검증하도록 권고한다. 추후 연구의 임상적 의의도 논의하고 있는데 여기서 이들은 식도발성 화자를 위한 개선장치의 개발도 함께 제안하고 있다.

〈관련논문 9.22〉는 이 장의 〈관련논문 9.1〉에서 제시된 것과 같은 논문에서 발췌한 것으로, 외향성(extraversion, E), 신경증(neuroticism, N), 억제(constraint, CON) 및 정신증(psychoticism, P) 등의 성격 특질이 기능적 음성장애(FD)와 성대결절(VN)의 진행에 어떤 역할을 하는지에 대한 여러 복잡한 이슈들이 제기되는 가운데 이에 대한 추후 연구가 필요하다고 강력히 주장하는 이론적 ·

관련논문 9.20

추후 연구를 위한 이슈

추후 연구에서는 저소득 가정 아동의 문제행동을 평가하는 데 정보 제공자의 보고와 더불어 사용할 수 있는 관찰 평가방법의 개발에도 초점을 두어야 한다. 아동의 학령전 언어발달을 유치원 및 초등학교 1학년에서의 학업발달 및 행동과 직접 연결시킬 수 있는 종단연구가 필요하다. 추후 연구는 수업 구조, 교사의 행동 및 수업관리 유형이 보고 및 관찰을 통해 나타난 아동 행동에 어떤 영향을 미치는지 평가할 수 있도록 설계되어야 한다. 마지막으로 이제 이

영역의 연구는 단순한 상관성 분석을 벗어나 언어발달, 행동 기능 및 헤드 스타트 아동의 사회적 기술 간의 복잡한 관련성에 대한 보다 더 정교한 분석을 시도해야 한다.

출처: "Problem Behaviors of Low-Income Children with Language Delays: An Observational Study," by C. H. Qi and A. P. Kaiser, 2004, *Journal of Speech, Language, and Hearing Research, 47*, p. 606. Copyright 2004 by the American Speech-Language-Hearing Association. 승인하에 게재.

관련논문 9.21

식도발성의 명료도에 영향을 미칠 수 있는 시간 영역의 변인들을 더 적절히 구분하고 정의하기 위한 추가 연구가 필요하다. 명료도에 미치는 영향을 알아보기 위해 언어음 지속시간, 성대진동 시작시간과 지속시간 비율을 조작해 볼 수도 있다. 식도발성의 명료도에 영향을 미칠 수 있는 시간 요인을 연구에 결합시킴으로써 더 광범위하고 종합적인 연구가 이루어질 수 있고 이를 통해 식도발성 화자의 명료도를 개선시킬 수 있을 것이다.

Slavin과 Ferrand(1995)는 주파수, 진폭 및 시간이 지각적 현저성에 영향을 준다고 지적했는데 이런 변인들 간에, 어쩌면 다른 변인들과도, 상호작용이 나타날 수 있으며 이는 식도발성을 판단하는 데 영향을 미칠 수도 있다. 화자와 청자 모두에게 도움이 되는 변인의 조합이 무엇인지 파악하려면, 어렵긴 하지만 이런 변인에 체계적이고 동시적인 방법으로 물리적 조작을 가해야 한다. 식도발성 화자의 신체적 한계를 감안했을 때 이런 연구는 식도발성 화자가 청자에게 제공해야 할 최소한의 발화 명확성과 관련된 데이터를 제공해 줄 수 있다.

마지막으로 시간 영역은 식도발성 개선장치를 설계하고 보완하는 데 숙고할 만한 주제이다. 예를 들어 공기흡입 시 동반되는 흡입 소음에 대해 음향적으로 정밀하게 설명이 가능하다면 이런 부가적 소음을 자동으로 제거할 수 있는 알고리듬을 만들어 낼 수 있을 것이다. 전기적 의사소통 기구에서 이를 활용하면 이들은 시각적 단서가 유용하지 않기 때문에 (Henry, 1967) 명료도를 상당히 개선시킬 수 있을 것이다. 그러므로 추후 식도발성 발화 신호음의 정밀 분석이 발화 명료도를 개선시키는 데 큰 도움을 줄 것이다.

출처: "The Intelligibility of Time-Domain-Edited Esophageal Speech," by R. A. Prosek and L. L. Vreeland, 2001, *Journal of Speech, Language, and Hearing Research, 44*, pp. 532-533. Copyright 2001 by the American Speech-Language-Hearing Association. 승인하에 게재.

실제적 이유를 훌륭하게 개관하는 것으로 논의를 마무리하고 있다.

연구논문 초록

많은 정기간행물들이 **초록**(abstract)이라고 알려져 있는, 논문의 요지를 간단히 요약하는 짧은 개관을 요구한다. 실증적 연구논문의 초록은 대개 100~300단어로 구성되는데(이는 각 정기간행물의 규정에 따라 다르다), 간략하지만 종합적으로 연구 문제, 피험자, 연구방법, 연구 결과와 결론에 대해 설명해 준다. 미국심리학회(APA) 출판규정에 따르면, 초록은 정확하고 조직적이며 자족적(self-contained, 초록만으로 전체내용을 파악할 수 있어야 한다는 의미임_역주)이고 읽기 쉬워야 한다. 점차 많은 독자들이 읽고 미래에 그 논문을 검색하게 하는 데 목표를 둔다. 이러한 이유로 APA 매뉴얼(2010)은 "전문 정기간행물의 독자는 논문 전체를 읽을지 결정하는 데 초록에 기초하여 판단한다"(p. 26)고 하면서 초록이 잠재적으로 연구보고서의 가장 중요한 부분이라고 언급했다.

관련논문 9.22

추후 연구를 위한 추후 제안

'Big 3' 척도(E, N, CON/P)가 기질의 위계에서 가장 일반적 수준을 반영하는 특질 중 가장 높은 순위에 나타난다고 해도 이 복합적 초요인에만 의존한다면 오해를 불러일으킬 수 있으며 인성을 적절히 설명하는 데 필요한 요소를 제공하는 데도 실패하게 된다. 특질 위계의 수준이 다르다는 것은 인성을 묘사하는 범위나 추상적 관념의 수준이 서로 다르다는 것을 나타내기 때문에(Briggs, 1989; Costa & McRae, 1995) 초요인을 구성 특질로 분해하는 것은 광범위한 요인에 포괄되어 있는 각 요소의 유형 및 범위 둘 다를 좀 더 명확히 분석할 수 있게 한다. 위계 중 몇 개의 구성 자질을 갖고 있는 좀 더 낮은 수준의 자질을 분석하는 것은 상위 수준에서는 모호해진 중요한 정보를 제공해 줄 수 있다. 그다음에, 이상적으로는 추후 인성검사를 실시하여 위계의 다른 수준에 있는 특질에 대해 파악해야 한다(Hull, Lehn, & Tedlie, 1991).

BAS(behavioral activation system)와 BIS(behavioral inhibition system)의 작동 및 이들이 FD와 VN의 행동조절장애에 미친다고 추정되는 역할에 대한 추가적인 행동 연구가 필요하다. 본 연구는 인성 및 정신병리적 측면에 대해 자기보고식 측정에만 배타적으로 의존한 제한점을 갖고 있다. 추후 연구에서는 인성에 대한 다방법 평가를 시행하고 가족 구성원, 또래아동, 임상가와 같은 여러 사람으로부터 정보를 얻어야 한다. 본 연구에서 관찰된 관계는 방법분산과 구인(구성)분산을 더 효과적으로 분리해 내기 위해 다방법 데이터를 통한 반복검증이 필요하다. 또한 추후 연구에서는 이 음성장애 집단에 존재하는 성차를 인성의 차이로 설명할 수 있는지도 규명해야 한다. FD 및 VN 남성이 더 적었다고 해도 이들이 FD 및 VN 여성의 인성 특질과 비슷한 내용을 공유하는지에 대해 규명하는 것은 매우 흥미로운 일이다.

과거 수십 년 동안 음성과학자와 임상가들은 인성심리학 분야를 무시해 온 것이 사실이다. 본 실험 결과는 실제적, 이론적 둘 다의 이유로 진지하게 인성과 음성장애 간의 관계를 추론해야 한다고 제안하고 있다. 예를 들어 인성과 FD 및 VN 장기치료 결과 간의 관계에 대한 좀 더 자세한 실험이 필요하다. 인성이 음성의 취약점에 대한 지속적 원인으로 나타난다면 인성이 미치는 영향이 어떤 의미 있는 방법으로든 완화될 수 있는가라는 오랫동안 끌어 온 질문의 답이 제시되어야 한다. VN과 FD의 해부학적 혹은 생리학적 측면 중 또 다른 선행요인이 있는지 구분함으로써 인성과 음성장애 취약점에 대한 상호작용을 정의하는 데 도움을 줄 수 있다. 대부분의 음성치료 기법은 명확히 드러나는 발성 문제에 초점을 두고 있는데 원인이 되는 요인 혹은 촉발요인이 더 확실히 알려지기 전까지 장기적 '치유'율에서 커다란 진보가 이루어지기를 기대하기는 어렵다. 본 실험 결과를 통해 Moses(1954)가 약 40년 전에 제안한 것처럼 음성 뒤에 있는 '인성'이 무엇인지 실험하는 것은 인성을 만들어 내는 구조에 대해 연구하는 것만큼이나 의미 있는 일이 될 것이라고 제안한다.

〈관련논문 9.23〉은 작은 공간이지만 상당한 내용을 포괄하는 초록의 예이다. 이 초록은 184개의 단어로 연구 목적에 대해 언급하고, 피험자에 대해 설명하며, 연구방법과 결과를 간략하게 서술하고 있다. 특히 마지막 문장에서 연구 결과의 의의와 추후 연구의 필요성을 언급하는 방법을

관련논문 9.23

본 연구는 기관식도(tracheoesophageal, TE) 발성의 자연스러움과 전반적 중증도에 대한 청지각적 평가의 정신물리학적 특성과 타당성을 알아보기 위하여 수행되었다. 이는 직접크기측정(direct magnitude estimation, DME) 및 등간격(equal-apeeairng interval, EAI) 척도 평정 과정을 통해 실시되었다. 20명의 성인 남성 TE 화자의 자발화 표본에 대해 20명의 성인 청자가 발화의 자연스러움과 전반적 중증도를 판단하였다. DME 평정법과 EAI 척도평정법을 비교한 결과 발화의 자연스러움은 대치(혹은 질적) 연속체(metathetic continuum, 질적으로 대치되는 개념_역주)의 특성을, 전반적 중증도는 첨가(혹은 양적) 연속체(prothetic continuum, 양적으로 첨가되는 개념_역주)의 특성을 보였다. 이 데이터는 TE 발화의 자연스러움에 대한 청지각적 평정을 하는 데 DME나 EAI 척도를 사용하는 것을 지지하지만 전반적 중증도를 판단하는 데는 DME 척도만 지지하고 있다. 본 연구 결과에서 나타난 TE 화자가 보이는 청지각적 현상(첨가 혹은 대치)의 특성은 정상 후두발성 화자를 대상으로 같은 실험을 실시한 결과와도 일치한다. 이 데이터는 또한 TE 화자에 대한 진단, 사정, 평가 시 종종 나타나는 EAI 평정의 부적절하고 타당하지 않은 적용을 피하기 위해 추후 TE 음성에 대한 다양한 지각적 차원의 연구가 필요하다고 제안하고 있다.

출처: "Direct Magnitude Estimation and Interval Scaling of Naturalness and Severity in Tracheoesophageal(TE) Speakers," by T. L. Eadie and P. C. Doyle, 2002, *Journal of Speech, Language, and Hearing Research, 45*, p. 1088. Copyright 2002 by the American Speech-Language-Hearing Association. 승인하에 게재.

눈여겨보자.

초록은 간단해야 하므로 불필요한 언급, 특히 연구방법과 결과에서 덜 중요한 내용은 제외하는 게 좋다. 대부분의 정기간행물 편집자는 "연구 결과의 중요성을 논하고 있다"와 같이 불특정하고 지나치게 전반적인 문구와 마찬가지로 축약어나 두문자어(첫 글자만 따서 만든 약어를 말함_역주)도 선호하지 않는다. 최근 의사소통장애와 관련된 수많은 정기간행물이 초록이 쓰기 쉽고 읽기 쉽게 만들어질 수 있도록 정해진 틀에 따라 작성하도록 규정하고 있다. 예를 들어 *Journal of Voice*의 '기고자를 위한 안내문'에서는 초록을 쓸 때 저자들에게 '목적/가설, 연구 설계(무작위 연구, 전향적 연구 등), 연구방법, 연구 결과, 결론'의 부제에 따라 쓰도록 하고 있다. 이와 비슷하게 ASHA의 정기간행물에서 출간되는 연구논문도 **규격화된 초록**(structured abstract)에 따르게 하는데 여기에는 다음 절에서 설명하는 내용이 포함되어 있다(ASHA, 2013).

목적 '목적'에서는 특정한 연구 목적, 제기된 연구 질문, 그리고/혹은 검증한 가설에 대해 간단히 설명해 준다. 이론적 근거를 장황하게 설명하는 것은 불필요하기도 하고 바람직하지 않기도 하다.

방법 '방법'에서는 연구 참여자의 특성과 수에 대해 설명하고 연구 설계와 관련된 정보(예: 치료 효과에 대한 사전사후 연구, 무작위 통제실험, 행동 간 중다기초선, 질적 분석을 통한 문화기술적 연구, 전향적 종단연구)와 데이터 수집방법에 대한 정보를 제공한다. 참여자가 실험조건에 대해 무작위로 할당되었다면 어떤 설계가 사용되었든 이를 명확하게 언급해야 한다. 논문이 데이터에 기초한 것이 아니라면 정보를 수집하는 데 사용한 방법(예: 컴퓨터를 이용한 데이터베이스 조사), 이전에 보고된 데이터를 요약한 방법, 주장과 논쟁을 조직화한 방법(예: 메타분석, 내러티브 리뷰)에 대한 정보를 제공해야 한다.

결과 '결과'에서는 연구 목적에서 언급한 내용에 직접 대응되는 연구 결과를 요약해야 한다. 통계 분석 결과도 요약해야 하지만 효과 크기 외의 다른 통계치는 제시하지 않는다. 이 절은 데이터에 기초한 연구가 아니라면 생략할 수도 있다.

결론 '결론'에서는 앞서 언급한 연구 목적이 달성된 정도를 구체적으로 언급해야 한다. 연구 결과의 일반화 정도에 대한 언급(예: 외적 타당도의 언급), 추후 연구의 필요성과 임상적 의의를 포함하는 것도 매우 바람직하다.

〈관련논문 9.24〉는 이러한 최신 포맷을 사용한 초록의 예를 보여 준다. 발췌된 논문을 여기서 요약할 필요는 없어 보인다. 이 초록에서 이미 깔끔하고 종합적으로 요약해 주었다. 대략 200개 정도의 단어로 구성된 초록에 포함되어 있는 피험자, 각종 변인, 연구 설계, 재료 및 절차 등의 정보를 눈여겨보자.

초록은 연구 문제, 방법 및 결론의 특성이 별 생각 없이 산만하게 읽는 독자에게도 명확히 이해될 정도여야 효과적이다. 그러나 연구논문의 적합성을 단순히 초록만 읽어서 판단할 수는 없다. 초록의 목적은 논문을 개관함으로써 그 논문을 읽어 볼 정도의 흥미가 생겼는지 독자가 빨리 판단할 수 있게 하는 데 있다. 초록에 기초하여 판단했을 때 자극적이고 창의적 기여를 할 것으로 기대했던 논문이 막상 깊이 있게 읽어 보면 개념적으로, 방법론적으로 매우 빈약하다는 것이 드러나기도 한다. 연구논문의 질을 파악할 수 있는 유일한 방법은 논문 전체를 비평적으로 읽어 보는 것이다.

관련논문 9.24

목적: 아프리카계 미국인 2학년 아동으로 평균 이하의 어휘 기술을 보이는 아동에 대한 체계적 어휘지도 기술의 효과를 파악한다. 추가 목표는 새로운 어휘단어를 기억하는 데 책의 유형이 어떤 역할을 하는지 알아보는 것이다.

방법: 응용된 교대중재설계(adapted alternating treatment design)를 사용하였고 다양한 맥락에서 다양한 활동을 통해 어휘에 대한 풍부한 정보를 제공하는 중재법[robust vocabulary training(RVT), 혹은 instruction(RVI)]을 적용하기 위해 문맥에 맞는 단어를 제공할 자원으로 이야기책을 사용하였다. 아동이 산출하는 단어의 정의를 통해 단어지식의 발달 양상을 평가했는데 이때 '전혀 아는 바가 없다'부터 '개념을 완전히 알고 있다'까지의 4단계 연속선 평가를 사용하였다.

결과: 아동 간 반복검증을 한 결과 통제단어에 비해 훈련단어의 학습이 더 우수하게 나타난 것은 RVI가 행동 변화에 기여한다는 근거를 제공한 것이다. 단어학습의 이득 효과는 연구가 끝나고 2주 후에도 지속되었다. 사회문화적 이미지를 보여 주는 이야기책을 활용하여 그들 자신이 경험해 본 것과 같은 혹은 다른 경험을 하도록 한 것이 아프리카계 미국인 아동의 단어 학습에는 신뢰할 만한 영향을 미치지 않았다.

결론: 연구 결과 어휘기술이 평균 이하인 아동의 어휘발달을 촉진하는 데 RVI가 잠재적 영향을 미친다는 것을 알 수 있었다. 또한 분석 결과 아프리카계 미국인 아동의 이미지를 사용한 책이 이들의 단어유지를 촉진하는 데 강력한 영향을 미치지는 못하는 것으로 나타났다.

핵심어: 사회적 및 언어적 다양성, 어휘, 이야기책, 아프리카계 미국인, 단어지식

출처: "Effects of Robust Vocabulary Instruction and Multicultural Text on the Development of Word Knowledge among African American Children," by S. Lovelace and S. R. Stewart, 2009, *American Journal of Speech-Language Pathology, 18*, p. 168. Copyright 2009 by the American Speech-Language-Hearing Association. 승인하에 게재.

핵심 용어

결론	연구의 내적 일관성	초록
규격화된 초록	연구의 외적 연관성	추론
논의	연구의 의의	
속단편향	연구의 제한점	

비평적 읽기 연습

01. 다음 연구논문을 읽어 보라.

Drager, K. D. R., Postal, V. J., Carrolus, L., Castellano, M., Gagliano, C., & Glynn, J. (2006). The effect of aided language modeling on symbol comprehension and production in

2 preschoolers with autism. *American Journal of Speech-Language Pathology, 15*, 112-125. doi:10.1044/1058-0360(2006/012)

Drager와 공동연구자들은 그들의 연구 결과를 문헌에 기초하여 예측한 내용과 어떻게 연결시키는가? 이들이 언급한 핵심적 제한점과 가능한 가외변인은 무엇인가? 임상적 의의와 추후 연구의 방향성을 제안하는 데 연구 결과와 결론을 어떻게 활용했는가?

02. 다음 연구논문을 읽어 보라.

Lovelace, S., & Stewart, S. R. (2007). Increasing print awareness in preschoolers with language impairment using non-evocative print referencing. *Language, Speech and Hearing Services in Schools, 38*, 16-30. doi:10.1044/0161-1461(2007/003)

Lovelace와 Stewart가 연구 결과를 요약하고 독자에게 연구 문제를 상기시키며 논의의 첫째 문단에서 결론을 끌어낸 방법에 대해 설명하라. 이들이 연구 제한점으로 제시한 내용이 타당도에 어떤 위협이 되는가? 이런 이슈가 임상적 의의 및 추후 연구 방향을 제시하는 데 어떤 영향을 미치는가?

03. 다음 연구논문을 읽어 보라.

Hedrick, M. S., & Younger, M. S. (2007). Perceptual weighting of stop consonant cues by normal and impaired listeners in reverberation versus noise. *Journal of Speech, Language, and Hearing Research, 50*, 254-269. doi:10.1044/1092-4388(2007/019)

Hedrick과 Younger가 논문 끝부분에 나열한 결론을 앞서 논의에서 언급한 이슈와 연결시켜 보라. 서론에서 제공된 선행 문헌 검토 및 연구의 이론적 근거를 논의에서는 어떻게 연결시키는가?

04. 다음 연구논문을 읽어 보라.

Lohmander, A., Friede, H., Elander, A., Persson, C., & Lilja, J. (2006). Speech development in patients with unilateral cleft lip and palate treated with different delays in closure of the hard palate after early velar repair: A longitudinal perspective. *Scandinavian Journal of Plastic and Reconstructive Surgery & Hand Surgery, 40*, 267-274. doi:10.1080/02844310600973621

Lohmander와 동료들은 논의에서 예상치 못한 결과에 대해 어떻게 설명하는가? 그들의 연구 결과와 말소리 발달 및 구개열 수술을 받은 연령에 대한 선행 문헌 결과와의 차이를 어떻게 설명하는가? 연구 결론을 그들이 제시한 제한점에 비추어 설명하라.

05. 다음 연구논문을 읽어 보라.

Aazh, H., Moore, B., Peyvandi, A. A., & Stenfelt, S. (2005). Influence of ear canal occlusion and static pressure difference on bone conduction thresholds: Implications for mechanisms of bone conduction. *International Journal of Audiology, 44*, 302-306.

doi:10.1080/14992020500060669

서론과 논의의 설명 간의 응집력을 어떤 방법을 통해 형성하는가? Aazh와 동료들은 골도청력 역치와 외이도 폐색 간의 연관성에 대한 선행 연구를 통해 예상한 내용과 그들의 연구 결과를 어떻게 연결시키는가? 결론의 내용이 앞서 언급한 논의에 어느 정도 기초하고 있는지 설명하라.

06. 다음의 혼합 방법 연구논문을 읽어 보라.

van der Gaag, A., Smith, L., Davis, S., Moss, B., Cornelius, V., Laing, S., & Mowles, C. (2005). Therapy and support services for people with long-term stroke and aphasia and their relatives: A six-month follow-up study. *Clinical Rehabilitation, 19*, 372–380. doi:10.1191/0269215505cr785oa

혼합 방법 연구논문 중 논의의 구조를 개관해 보라. van der Gaag와 공동연구자들은 그들의 결론과 '임상적 메시지'를 지지하기 위해 어떤 논증을 제시하는가?

07. 다음 연구논문을 읽어 보라.

Marini, A., Caltagirone, C., & Pasqualetti, P. (2007). Patterns of language improvement in adults with non-chronic non-fluent aphasia after specific therapies. *Aphasiology, 21*, 164–186. doi:10.1080/02687030600633799

Marini, Caltagirone과 Pasqualetti는 비(非)만성적 실어증 환자의 언어능력 회복에 대한 선행 문헌 결과와 그들의 연구 결과를 어떻게 연결시키는가? 그들의 연구 결과와 선행 문헌 결과 사이의 차이를 어떻게 설명하는가? 서론 및 결론에서 세 가지 주요 결과를 어떻게 지지하는가?

08. 다음 예비연구논문을 읽어 보라.

Rogers, S. J., Hayden, D., Hepburn, S., Charlifue-Smith, R., Hall, T., & Hayes, A. (2006). Teaching young nonverbal children with autism useful speech: A pilot study of the Denver Model and PROMPT interventions. *Journal of Autism and Developmental Disorders, 36*, 1007–1024. doi:10.1007/s10803-006-0142-x

Rogers와 공동연구자들이 규명한 내용 중 내적 및 외적 타당도에 위협요인이 되는 것은 무엇인가? 이들이 추후 연구로 제안한 구체적인 내용은 무엇이며 현재 연구 결과가 추후 연구에 어떤 방향성을 제시해 주는가? 이 연구를 내적 일관성과 외적 연관성의 측면에서 논하라.

09. 다음 양적 연구논문을 읽어 보라.

Kay-Raining Bird, E., Cleave, P. L., White, D., Pike, H., & Helmkay, A. (2008). Written and oral narratives of children and adolescents with Down syndrome. *Journal of Speech, Language, and Hearing Research, 50*, 254–269. doi:10.1044/1092-4388(2008/032)

Kay-Raining Bird와 공동연구자들이 사용한 연구 설계가 논문 논의의 구조에 어떤 영향을

미쳤는가? 그들이 언급한 제한점은 무엇이고 이러한 요인이 반복검증의 '중대한' 필요성과
어떤 관련이 있는가?

10. 다음 질적 연구논문을 읽어 보라.

Brady, M. C., Clark, A. M., Dickson, S., Paton, G., & Barbour, R. S. (2011). Dysarthria
following stroke: The patient's perspective on management and rehabilitation. *Clinical
Rehabilitation, 25*, 935–952. doi:10.1177/0269215511405079

Brady와 동료들이 마비말장애 환자의 경험에 대해 어떤 '새로운 관점'을 보고하는가? 참여
자 모집과 데이터 분석과 관련해 이 연구자들이 언급한 제한점은 무엇인가? 실험자들이 그
들의 결론과 '임상적 메시지'를 지지하기 위해 제시한 논증은 무엇인가?

11. 다음 연구논문을 읽어 보라.

Hill, C. A., Ojha, S., Maturo, S., Maurer, R., Bunting, G., & Hartnick, C. J. (2013).
Consistency of voice frequency and perturbation measures in children. *Otolaryngology–Head
and Neck Surgery, 148*, 637–641. doi:10.1177/0194599813477829

Hill과 공동저자들은 논문의 서론과 논의 내용의 응집력을 위해 어떤 방법을 사용했는가?
연구 결과를 논하면서 이들이 제시한 강점과 제한점은 무엇인가? 내적 및 외적 타당도를 위
협하는 구체적 요인은 무엇인가? 논의에서 언급한 내용이 결론에서 어떤 방법으로 이어지
는가?

12. 다음 문헌연구논문을 읽어 보라.

Kent, R. D., & Vorperian, H. K. (2013). Speech impairment in Down syndrome: A
review. *Journal of Speech, Language, and Hearing Research, 56*, 178–210. doi:10.1044/1092-
4388(2012/12-0148)

Kent와 Vorperian은 문헌 검토 결과를 어떻게 요약하고 논하는가? 저자는 마지막의 '전반적
논의'에서 연구와 임상적 의의에 대한 개별적 논의와 제안을 어떻게 하나로 연결시키는가?
이러한 검토가 논문의 끝부분에서 제시된 연구 질문을 어떻게 정당화시키는가?

평가 체크리스트: 논의 및 결론

안내: 체크리스트 우측 하단에 제시된 네 개 범주의 척도는 논문의 **논의 및 결론**을 평가하는 데 이용할 수 있다. 평가 항목은 평정 시 고려해야 할 주제를 구분하는 데 도움을 준다. 각 주제에 대한 의견은 평가 노트에 쓰는데 이는 전반적 평정의 근거가 된다.

평가 항목	평가 노트

1. 논의는 명백히 연구 문제와 관련되어 있다.
2. 연구의 제한점을 논의하였다.
3. 결론은 연구 결과로부터 직접적으로 명확하게 도출되었다.
4. 일상적이지 않은, 전형적이지 않은, 현실과 괴리가 있는 결과에 대한 합리적인 설명을 하였다.
5. 선행 연구와 일치하는 점 및 일치하지 않는 점을 철저하고 객관적으로 논의하였다.
6. 이 부분은 연구 결과와 관련된 다양한 이론적 설명이 제시되어 있다.
7. 임상 실제에 대한 의의가 명확하고 객관적으로 언급되어 있다.
8. 이론적 혹은 임상적 추론이 제시되어 있고 정당화되어 있다.
9. 추후연구 제안이 제시되어 있다.
10. 전반적 논평:

전반적 평정(논의 및 결론):

빈약함	보통임	양호함	우수함

* 이 체크리스트를 평가와 기록 보관을 위해 재사용하는 데 출판사의 승인을 받음.

10 | 최상의 근거와 임상적 결정

이제 의사소통장애 분야의 연구논문에 대한 비평(제목에서부터 결론까지)의 기초를 논의함에 있어 근거기반 실제(EBP)의 쟁점으로 되돌아가 보자. 제1장에서는 우리 분야의 학술지에 게재된 연구의 적절성에 관해 조리 정연한 의견을 가지고 있어야 할 뿐만 아니라 그 연구가 스스로의 임상 활동에서 갖는 적절성에 관해 건강하고도 독립적인 판단을 내릴 수 있어야 함을 강조하였다. 임상가가 현존하는 최상의 연구 근거를 찾아 정보를 얻어 스스로의 임상에 반영할 때, 그들은 임상적 효과 향상을 향한 경로에 맞는 "의문을 갖는 태도"를 취하고 있는 것이다(Bernstein Ratner, 2006; Dollaghan, 2007; Haynes & Johnson, 2009; Melnyk & Fineout-Overholt, 2011; Reilly, 2004). 효과적인 임상가는 전반적으로는 의사소통장애가 있는 사람들, 특정적으로는 담당하고 있는 임상 사례를 심층적으로 관리한다. 앞에서 살펴보았듯이 단일대상, 소집단, 사례연구 설계라 할지라도 출판된 연구보고서의 목적은 직접 연구한 대상자들부터 전문가의 서비스를 찾고 있는 특정 환자, 내담자, 가족에 이르기까지 일반화 및/또는 통용성을 보장하기에 충분한 정보를 제공하는 것이다.

EBP 절차는 연구를 실제 임상에 적용하는 데 있어 적절하면서도 믿을 만한 방법 중 하나이지만(Apel & Self, 2003; Justice, 2008a), 그 목적은 어떤 중재 방법을 선택할 것인지를 결정하는 근거로 이용하는 것 이상이다(Baer, 1988; Baker & McLeod, 2004). EBP의 중심이 되는 기본 중 하나는 임상가가 자신의 임상 업무에 맞게 이용할 수 있는 선행 **지식과 기술**을 갖추어서 전문가의 서비스를 필요로 하는 사람들의 개인적 **욕구와 기호**를 공략할 수 있어야 한다는 것이다. 이러한 이유로 우리는 임상실무자들이 우리 전문분야 문헌의 상당 부분을 차지하고 있는 양적 연구뿐만 아니라 개별임상실무 지도서, 배경정보 면담 및 질적 조사에 비평적인 독자가 되어야 함을 강조하였다. 그러므로 **최상의 근거**와 **최상의 임상 실무** 간의 구분이 중요해진다. 근거기반 실제는 연구기반 실제와 반드시 같은 말은 아님을 유념해야 한다(McKenna, Ashton, & Keeney, 2004a). 실제로 EBP는 그 시작에서부터 실무자의 역할과 지속적인 임상적 의사결정에 **정보**를 제공하는 데 현존하는 연구 근거를 "양심적이고, 명확하며, 신중하게" 사용할 것을 강조해 왔다(Sackett, Rosenberg, Gray, Haynes, & Richardson, 1996).

현존하는 최상의 연구 근거 적용

이 책의 여러 부분에서 최상의 근거가 무엇을 의미하는지 명확히 하려 노력하였다. 무엇인가의 최상의 근거나 무엇인가를 위한 최상의 근거는 임상 문제를 어떻게 구체화하는가에 달려 있다. 임상 문제는 임상 실무의 모든 측면을 망라하는 것으로, 각각의 임상 질문은 EBP의 출발점이 된다. 앞 장에서 논의한 것처럼 양적 연구, 질적 연구, 비평적 검토 논문의 저자들은 의례적으로 결론을 제시하고, 자신들이 발견한 사항의 시사점을 제시하는 한편 독자들을 위한 제언도 피력한다. 그럼에도 불구하고 유용한 해답은 의미 있는 질문에서 비롯된다. 그러므로 EBP 절차에서는 실제적인 임상 문제를 제기하는 것이 매우 중요하다(Rosenburg & Donald, 1995). PICOT를 이용하든 SPICE 템플릿(제1장 참조)을 이용하여 준비하든 상관없이 연구 근거의 적절성은 임상 질문에 비추어 판단해야 한다.

임상 자료의 특성

임상 질문은 매우 다양하기 때문에 그에 대한 답을 얻기 위해서는 여러 유형의 근거가 필요하다. 그리고 출판된 문헌에서 모든 근거를 찾아낼 수 있는 것은 아니다. 실무자라면 이미 잘 알고 있겠지만, 일상적인 임상 실무 절차의 일부로 상당한 양의 임상 자료를 수집하는데, 이는 과학적인 방법의 적용이 중요함을 보여 준다(Olswang & Bain, 2001). 임상 자료는 우리 분야의 문헌에 자주 등장하는데, 단일대상 연구나 소집단 연구대상자 설계를 적용한 연구에서 특히 더 그러하다.

Olswang과 Bain(1994)은 전반적으로 세 가지 범주의 임상 자료를 찾아볼 수 있다고 하였는데, (1) 치료 자료, (2) 일반화 심층조사 자료, (3) 통제 심층조사 자료가 그것이다. **치료 자료**(treatment data)는 중재 과정 동안 수집하는 자료를 말한다. 특히 치료를 시작하기 전의 기초선 수행과 비교하는 데 이용할 경우, 이 자료는 치료대상자가 그 중재 프로그램에 반응하는지 여부를 판단하는 데 이용할 수 있다. 특정 기술의 완전습득을 목표로 하는 데 이용하는 치료 자료는 Frattali(2013)가 **중개 효과**라 칭하였던 것을 평가하는 데 이용되어 왔다. 이러한 중개 효과는 치료 과정 동안의 변화를 측정하여 진전이 일어나고 있는지 알아보는 데 유용하다. Yoder, Molfese와 Gardner(2011)는 학령전 단순언어장애 아동들을 대상으로 두 가지 치료접근법의 상대적인 효과를 비교하였다. 연구자들은 연구 결과를 논의하면서 "치료 자료는 두 치료법 모두 프로토콜을 따르며 높은 수준으로 전이시켰음을 입증하였다.”고 명시하였다. Kiran(2007)은 “실어증 환자들의 어휘 재인 결함을 치료하기 위한 새로운 접근법”을 시도하면서 “연령, 뇌졸중 발병 후 경과 시간, 실어증 하위유형”과 같은 여러 변인을 찾아내기 위한 “치료 예비자료”가 치료 결과에 영향을 미칠 수 있다고 기술하였다.

일반화 심층조사 자료(generalization probe data)는 중재 외의 상황에서 얻을 수 있는 자료이다. 치료 자료가 “치료 계획의 조정 척도”(Frattali, 2013)의 역할을 한다면, 일반화 심층조사 자료는 목표행동의 전이를 평가하는 수단이 된다. 즉 어떤 환자가 단서, 촉구 또는 다른 형태의 임상적 피드백 없이도 습득한 기술을 보일 수 있는지 여부를 평가하는 수단이 된다. 이러한 유형의 심층조사 자료는 반응 일반화 자료를 이루는데, 목표로 정하지는 않았으나 치료 중에 촉진한 기술에 대한 내담자의 반응을 측정하는 것을 말한다. 자극 일반화 자료는 목표로 한 기술의 새로운 맥락이나 장소로의 일반화를 측정한다(Hegde, 1998; Olswang & Bain, 1994). 그렇다면 일반화 심층조사 자료는 중재가 임상적으로 유의한 변화를 이끌었는지 여부를 판단하는 데 매우 중요하다(Olswang & Bain, 1991). 게다가 이러한 유형의 심층조사 자료는 특정 대상자가 더 이상 치료가 필요 없는 수준을 보이고 있는지 여부를 알 수 있게 해 주는 **도구적 효과**를 판단하는 데 이용할 수 있다. 일반화 심층조사 자료는 임상가가 목표로 한 기술에 대한 치료를 중단해도 될 것인지 결정하게 해 주는 반면, 수집된 도구적 효과 관련 자료는 임상가로 하여금 임상적 중재가 더 이상 제공되지 않아도 계속 진전을 보일 가능성이 어느 정도인지 추정할 수 있게 해 준다.

마지막으로, **통제 심층조사 자료**(control probe data)도 또 다른 범주의 임상 자료이다. Olswang과 Bain(1994)에 따르면, 통제 심층조사 자료는 직접적인 치료 결과로 변화를 보일 것이라 기대되지 않는 행동이나 기술을 측정한다. Kendall과 동료들(2006)은 전반 실어증 여성 1명을 대상으로 무의미단어 따라 말하기를 목표로 한 음운치료 프로그램의 효과를 검증하였다. 연구자들은 치료 자료를 수집함과 동시에 실제 단어 암송의 일반화 심층조사 자료를 수집하였고, 치료를 종결한 뒤 1주일 후에 보스턴 이름 대기 검사를 실시함으로써 통제 심층조사 자료도 수집하였다. 통제 심층조사 자료는 중재 목표와는 무관한 것으로 대상자의 실어증에서 그 어떤 변화라도 나타났는지 추적하기 위해 수집한 것으로 추정된다. 통제 자료는 특히 아동들과 일할 때 자주 수집하는데, 임상가가 “아직 치료하지 않았고 목표 기술과 관련되지도 않았으나 발달적으로 동등한 기술에서 진전이 없음에도 불구하고 목표로 한 말 기술이 향상되고 있는지”(Baker & McLeod, 2004)를 판단해야 하기 때문이다. 그러나 이러한 유형의 임상적 통제 자료를 실험연구의 ‘통제집단’에서 얻은 자료와 혼동하지는 말아야 할 것이다.

근거기반 실제의 장벽

지금은 EBP가 입증 가능한 실무 기준을 세운다는 데 동의하며 임상 효과는 현존하는 최상의 근거를 고려할 때 향상된다는 인식이 압도적이다. 청각학과 언어병리학 분야의 전문종사자들이 계속하여 성숙하고 있음은 현존하는 최상의 실무가 점점 더 "자료에 근거를 두고", "반복 가능하며", "정확성(진단 절차의 경우), 긍정적인 결과(치료 절차의 경우)를 기대할 수 있고 특정 소비자뿐만 아니라 사회 전반에까지 이득이 된다."(Plante, 2004)는 사실을 반영한다. EBP의 칭찬할 만한 목적은 "효과가 있는 것으로 나타난 혁신은 받아들이도록 촉진하고, 아직 효과가 입증되지 않은 방법은 확산되는 것을 지연시키고, 혁신적이지 않거나 효과가 없는 방법은 채택하지 않도록 막는 것"(Haines & Jones, 1994)이다. 그러나 EBP를 점차 더 많이 지지하고 있음에도 불구하고 임상가가 어떻게 하면 연구 결과를 임상 서비스에 더 효과적이고 효율적으로 적용할 수 있는가에 관한 의견도 많이 있다(Freeman & Sweeney, 2001; Kent, 2006; Moodie, Kothari, Bagatto, Seewalt, Miller, & Scollie, 2011; Rose & Baldac, 2004).

Zipoli와 Kennedy(2005)는 여러 의료 전문분야의 학술문헌을 검토하여 EBP에 대한 태도는 열정적인 지지에서부터 깊은 우려에 이르기까지 "혼재"되어 있음을 언급하였다. 전문가의 실무에 있어서 연구가 갖는 중요성을 부정한 연구는 거의 없음에도 불구하고 회의적인 태도를 보이는 소수 집단은 대체로 EBP를 '전통적인 실무'에 위협이 되는 것으로 보았다. 언어병리학자들 중에는 임상 실무 관리에 있어 연구의 가치가 거의 없다고 표하거나 새로운 접근법을 기꺼이 시도하거나 기존의 임상 실무를 조정하기를 꺼린다고 말하는 사람은 거의 없을 것이다(Hoffman, Ireland, Hall-Mills, & Flynn, 2013; O'Connor & Pettigrew, 2009). Jette와 동료들(2003)은 물리치료사들을 대상으로 한 조사연구에서 비교적 최근에 훈련받은 전문가들이 경력이 더 많은 동료들에 비해 문헌 검색 전략, 데이터베이스 활용, 연구논문에 대한 비평에 더 익숙함(그리고 더 자신감 있음)을 보고하였다. 전문가 보수교육이 그러한 우려를 완화시키는 데 확실히 도움이 되지만, 그럼에도 불구하고 실무에 적용하는 데 방해가 되는 요인에 대해서도 언급해야 할 것이다. 임상가가 일상적인 임상 업무에 외부의 근거를 효율적이고, 효과적이고, 일관되게 참조하는 능력을 방해하는 기본적인 문제에는 최소 네 가지가 있다(그림 10.1).

치료 효능 연구의 부족 첫 번째 쟁점은 의사소통 과학 및 장애 분야의 문헌이 방대함에도 불구하고 치료에 대한 경험적 연구가 상대적으로 매우 드물다는 불행한 사실에 집중되어 있다(Justice, 2008b; Plante, 2004). 그러므로 EBP가 널리 열성적인 지지를 받고 있는 것처럼 보이는 경우라도 청각학과 언어병리학 분야의 여러 실무영역에서는 여전히 EBP를 지지하거나 반박하는 데 대한 근

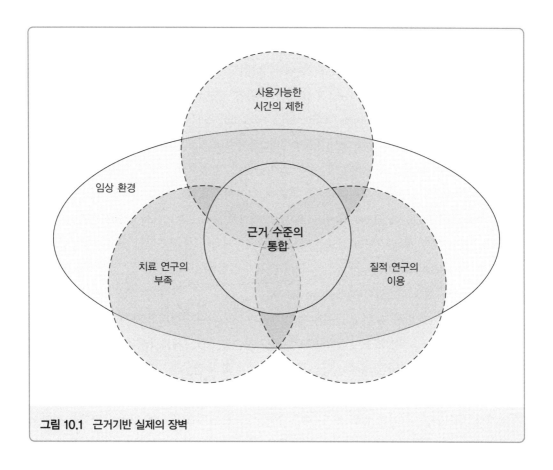

그림 10.1 근거기반 실제의 장벽

거가 거의 없거나 전무한 상태이다. 높은 수준의 연구 근거를 많이 가지고 있는 접근법을 찾을 가능성은 매우 낮다. 결과적으로 임상가는 의지할 데가 없기 때문에 임상 실무에서 생기는 문제를 시행착오에 의존하여 해결할 수밖에 없다(O'Connor & Pettigrew, 2009; Worrall & Bennett, 2001).

시행착오에 의한 절차는 과학적인 방법과는 비교 자체가 불가능한데, EBP는 '최상의' 근거가 약한 경우라 할지라도 현존하는 최상의 근거를 찾아서 반영해야 함을 임상가들은 명심해야 할 것이다(McKenna, Cutcliffe, & McKenna, 2000). 결국 EBP 실천 능력은 근거의 질뿐만 아니라 "기반으로 하는 근거에 대한 임상가의 친숙도"에 달려 있다(Iacono & Cameron, 2009). 근거가 무시해도 될 수준이라면, 임상가들은 지지해 주는 근거가 무엇이든 이용할 수 있는 것이 있는지 계속해서 찾아야 한다. Meline과 Paradiso(2003)는 시행착오 방식의 임상적 문제해결도 가치 있는 것이며, 실제적인 연구 질문을 이끄는 경우도 많으며 가능한 한 실무자들이 적극적인 연구자들과 협력관계를 구축할 수 있게 해 준다고 제안하였다. 이는 연구 노력과 임상 실무 모두를 발전시키는, 보다

'반응적인' 관계를 구축하는 데 도움이 된다(Haines & Jones, 1994).

근거 위계의 적용   두 번째 쟁점은 임상가들이 양적 연구의 과학적 질과 엄격한 적용을 설명하는 데 이용하는 '근거 수준'의 분류(제5장 참조)를 이해해야 할 필요성과 연관되어 있다(Haynes & Johnson, 2009; Robey, 2004; Straus, Richardson, Glasziou, & Haynes, 2011). 분명 연구를 비평하는 능력은 "특정 중재기법이나 진단기법에 대한 과학적 지지 근거의 강점이나 약점"(Mullen, 2007)을 판단하는 데 매우 중요하지만, 많은 실무자들이 임상 효능 연구에 이용하는 통계적 분석이나 연구 설계의 적절성을 판단하는 데 계속하여 어려움을 호소하고 있다(Metcalfe, Lewin, Wisher, Perry, Bannigan, & Klaber Moffet, 2001). 그러므로 Meline과 Paradiso(2003)는 임상가들이 종국에는 "연구보고서를 실질적인 검토가 아닌 명성에 근거하여 신뢰할 만한 것이라 받아들이는" 경향이 있다고 보았다. 아직까지는 모든 수준의 근거가 실험변인이나 연구 질문뿐만 아니라 연구 설계 및 분석과도 연관되어 있다(Dollaghan, 2007).

실험자를 편향되게 만들 수 있는 근원을 철저히 제거하고 외재 변인의 영향을 최소화할 수 있도록 설계하였기 때문에, **무선화 통제 시도(RCT)**는 연구를 기반으로 하는 결정을 내리는 데 있어 최상의 과학적인 연구로 널리 알려져 있다. 이와 같은 단계 III의 임상적 시도(제5장에서 논의)는 대규모 대상자를 연구에 참여시키고 보다 전반적인(그리고 대개는 비용 지원을 받는) 연구 프로그램 안에서 이루어지는 경우가 많다. 이와 같은 연구는 모두 중재가 결과에 미치는 영향을 알아보는 매우 구체적인 질문에 대한 해답을 얻으려 한다. 중재 방법을 무선으로 할당하기 때문에 대상자 집단은 "측정한 자질과 측정하지 않은 자질"(Robbins, Hind, & Logemann, 2004) 모두의 분포에 있어 유사해지는데, 중재 그 자체 외의 다른 변인이 체계적으로 미치는 영향은 제거한다. 각 연구 결과의 복제와 근거 수렴은 EBP의 초석이므로, 여러 개의 무선화 통제 시도(RCT) 연구에서 비슷한 결과가 나타나서 비슷한 결론에 도달하게 된다면 이는 치료 효과에 관한 가장 강력한 근거가 될 것이다.

RCT가 높은 수준의 근거를 제공해 준다는 것을 알고 있음에도 불구하고, 청각학과 언어병리학 분야에서는 찾아보기가 매우 힘들다. 수많은 환자를 대상으로 약물 치료의 효과를 알아보는 임상적 시도가 이루어지고 있는 근거기반 의료 분야에는 RCT가 매우 적절하지만, RCT를 의사소통장애에 적용하는 것은 아직도 상당히 어렵다(Dodd, 2007; Hegde, 2003; Pring, 2004). 여기에는 실제적(많은 수의 적절한 대상자를 치료집단과 시간의 흐름과 함께 추적하는 통제집단으로 무선으로 배정하는 작업의 현실성 등)이고도 윤리적(대상자를 통제집단이나 향상이 덜 기대되는 치료를 받는 집단으로 배정할 필요성 등) 측면에서 몇 가지 이유가 있다. 이중맹검법은 연구자와 대상자 모두가 집단 배정에 대해 알지 못하는 방법으로, 불가능하지는 않지만 실행하기가 어려운 방법이다. Elman(2006)이 언급한 것처럼, RCT는 "심각한 문제나 동시이환(한 번에 두 가지 장애 또는 질병을 동반한 상태_역주)을 보이는 환자가 충분히 반영되지 못하는" 것과 같이 대상자 선정 기준과 임상적 적용 가능성 사이의 타협을 필요하게 만들기도 한다.

단계 Ⅳ의 중개연구는 다소 덜 엄격하면서도 대상자를 무선으로 배정하는 연구 설계를 적용하기 때문에 "낮은 형태의 근거"(McCurtin & Roddam, 2012)로 보기도 한다. 그러나 이와 같은 '타당성' 조사(또는 단계 Ⅴ의 '효율성' 연구도)는 임상가들이 가장 중시하는 근거와 지침을 제공해 준다. 그 결과 중 하나로 RCT와 같은 높은 수준의 연구 근거조차도 임상가들로 하여금 임상 실제에 적용할 수 없는 것으로 묵살하게 만들기도 한다(Bliss-Holtz, 2007; Elman, 2006; Fairhurst & Huby, 1998). 실제로 Cartwright(2007)는 기준(표준)이란 당시에 행할 수 있는 일이나 알려진 것에 필요하고 관련되어 있는 정보를 신뢰성 있게 제공해 주는 방법을 기반으로 해야 한다고 주장하면서, RCT를 '훌륭한 표준'으로 보는 데 반대하였다. EBP의 다른 모든 측면과 마찬가지로, 요구되는 근거 유형은 제기되는 질문 유형에 따라 달라진다. 예를 들면, Patsopoulos(2011)는 치료 효능(효과성)에 관한 질문을 다루는 실험적 시도(주로 내적 타당도 문제에 관심 있음)와 치료 효과에 관한 질문을 다루는 실용적 시도(주로 외적 타당도 문제에 관심 있음) 간의 차이를 논의하였다. 그에 의하면, 실험적 시도는 "중재가 작용하는지 여부와 어떻게 작용하는지 탐구하기 위해" 적용하는 반면, 실용적 시도는 "적용 가능성과 일반화 가능성을 극대화하기 위해 매일의 다양한 임상 상황에서 중재를 검증하기 위해" 또는 매우 단순하게는 "중재가 실생활에서 실제로 작용하는지 여부"를 검증하기 위해 적용한다.

그러므로 근거의 위계와 EBP 내에서의 근거 위계의 적용 특성에 관해 고질적으로 사라지지 않는 혼돈이 장벽으로 남아 있다. 근거의 과학적 엄격성과 상관없이 한 유형의 근거에만 의존하는 것은 임상적 결정을 판단하는 데 있어 불완전하고, 부정확하며, 편향된 지식 기반을 유발할 가능성이 높다(Dodd, 2007). RCT와 같은 높은 수준의 근거는 사례 보고, 실용적 시도 등의 낮은 수준의 근거를 대체하는 것은 아니다(Bliss-Holtz, 2007; Melnyk & Fineout-Overholt, 2005; Straus, Richardson, Glasziou, & Haynes, 2011). EBP는 현존하는 최상의 근거를 참조할 것을 요하기 때문에, '최상'은 연구 결과의 내적 타당성과 외적 타당성 모두를 촉진하는 여러 상호보완적 설계를 반영한 연구들로 이루어져 있는 공정하고도 포괄적인 '연구 근거 모음'으로 이해해야 할 것이다.

최고 수준의 근거는 아니지만 단일대상 실험설계와 소집단 실험설계는 의사소통장애 분야에서 근거기반 목록을 구축하는 데 특히 도움이 되기도 한다(Beeson & Robey, 2006; Byiers, Reichle, & Symons, 2012; Hegde, 2003; McReynolds & Kearns, 1983; Robey, Schultz, Crawford, & Sinner, 1999). Kearns와 de Riesthal(2013)에 의하면, 단일대상 연구는 "중재연구와 임상 실무를 연계"함으

로써 실무자들이 지대한 관심을 두는 실용적 유형의 임상 질문에 대한 해답을 얻는 데 도움이 된다. 단일대상 실험은 집단 설계에 비해 계획과 집행 방법의 측면에서 덜 엄격하다는 비평을 받는다. 소집단 설계는 RCT와 비슷하게 보다 자연스러운 상황에서 내적 타당도의 주된 위협요인을 공략한다. Byiers와 동료들(2012)은 외적 타당도는 다른 대상자, 임상가, 연구자들이 참여한 복제연구를 통해 이러한 유형의 연구에서 향상될 수 있다고 제안하였다.

질적 연구의 역할　연구자들과 실무자들 사이에 근거 위계의 적용에 관한 문제가 끊임없이 제기되고 있는 것과 마찬가지로, 임상적 결정에 필요한 정보를 수집하는 데 질적 연구를 효과적으로 이용하는 방법에 관한 문제도 제기되고 있다. Dollaghan(2007)은 양적 연구 근거에 과하게 집중하는 것은 남아 있는 EBP의 두 요소의 중요성을 하찮게 만들어 버린다고 비판하였다. 뒤이어 의사소통장애 분야에서의 EBP는 치료 결과, 임상 실제, 내담자의 기호를 다루는 '세 종류의 근거'를 요하며, 그러한 필요성을 강조하기 위해 E^3BP라는 약어를 사용할 것을 제안하였다. 이러한 유형의 논의는 EBP 과정이 프로토콜을 준수하며 발전하고 있다는 근거 자체가 된다.

　실무, 낙인(stigma), 문화, 자료, 동시이환, 의료 환경 내의 기타 여러 문제 등에 대한 많은 질문에 관한 정보는 양적 연구로 쉽게 얻지 못하므로 질적 접근법과 혼합 접근법을 적용한 과학적 탐구를 이용하는 것이 좋다(Kovarsky, 2008; McColl, Smith, White, & Field, 1998; McKenna, Ashton, & Keeney, 2004a; Tetnowski & Franklin, 2003). McKenna와 동료들(2004b)은 인과관계에 관심이 있다면 높은 수준의 양적 근거가 "최상의 표준"이 될 수 있을 것이나, "진단에 대한 경험이 어떤 것인지에 관심이 있는 경우라면 현상학적 접근법이 최상의 표준이 될 수 있을 것이다."라고 지적하였다. 이미 논의한 것처럼 상이한 설계와 인식론적 패러다임을 적용한 연구는 상호보완적인 역할을 할 수 있다. 예를 들면 Catallo, Jack, Ciliska와 MacMillan(2013)의 연구는 RCT 안에 복잡한 현실에 기반을 둔 접근법을 통합한 혼합 연구의 흥미로운 예가 될 것이다. 임상 연구 질문에 따라 연구 설계와 접근법은 그 연구 질문에 대한 해답을 얻는 데 "가장 적절한" 방법을 반영해야 한다(Elman, 2006).

　그럼에도 불구하고 현존하는 평가 위계 내에서 질적 접근법은 근거를 기반으로 하는 문헌에서 동일한 정도로 마음을 끌지는 않는다(Cutcliffe & McKenna, 1999; Hewitt-Taylor, 2003; McKenna, Cutcliffe, & McKenna, 2000; Scott & McSherry, 2008). 이러한 분류체계는 특별히 양적 연구의 과학적 엄격성을 평가하기 위해 개발된 것이기 때문에 질적 연구를 아주 낮은 수준의 근거를 갖는 연구 가운데에 둠으로써 일화(사적 이야기) 정도로만 보이게 만들었다. 의료 분야 내에 어떤 일이 일어나고 있는지 살펴보면 근거를 기반으로 하는 청각학과 언어병리학의 발전과 적용을 이끄는 데 도움이 되도록 만드는 데는 확장되고 광범위한 '환경적 틀'이 아직도 매우 절실함이 분명한 것 같다. 이 장 후반에서는 질적 연구를 평가하고 통합하는 문제에 대해 논의할 것이다.

임상가의 시간 제약 네 번째 쟁점은 적절하고 밀접한 관련성이 있는 근거 자료의 소재를 빠르고 도 효과적으로 파악하는 실제적 필요성에 관한 것이다. 임상적 근거를 찾기 위해 학술지와 도서 를 철저히 검색하는 데 충분한 시간을 쓸 수 있는 임상가는 매우 드물다. 그렇게 한다고 해도 임상 가들이 매일 제기되는 모든 임상 질문에 맞는 수많은 연구를 찾고, 읽고, 평가하고, 종합할 것이라 기대하는 것도 합리적이지 못할 것이다. 사실상 예외 없이 여러 의료 직종에 종사하는 임상가들 이 자신의 업무에 연구 근거를 적용하지 못하는 가장 근본적인 장벽으로 시간적 제약을 꼽는 것도 놀랍지 않다(Dysart & Tomlin, 2002; Jette et al., 2003; McColl, Smith, White, & Field et al., 1998; Meline & Paradiso, 2003; Metcalfe et al., 2001; Salbach, Jaglal, Korner-Bitensky, Rappolt, & Davis, 2007). 사용가능한 시간의 부족은 임상가가 연구보고서를 수집하고 읽을 수 있는 능력에 영향을 미 칠 뿐만 아니라 새로운 아이디어를 실제에 적용하고 평가함으로써 실무를 조정하는 능력에도 영향 을 미친다(Iacono & Cameron, 2009; McCluskey & Lovarini, 2005; O'Connor & Pettigrew, 2009).

Iacono와 Cameron(2009)은 어린 아동과 그 부모들을 대상으로 근거기반 AAC 서비스 전달에 관 한 SLP의 인식을 탐구하기 위한 질적 연구를 실시하였다. 연구 참여자들이 "정보를 얻는 데 연구 논문을 참조하였다."고 밝혔고 평가와 방책에 대한 접근법으로 보아 현존하는 최상의 실무를 은연 중에 이해한 것으로 나타났음을 연구자들이 밝혔음에도 불구하고, 임상가들은 임상적 결정을 내 리는 데 여전히 "임상 경험이 더 많은 동료, 학회 참석, 기타 형태의 전문성 개발에 대부분 의존하 고 있음"을 목격하였다. 게다가 연구 참여자들은 어린 아동들에서의 AAC의 효과를 지지하는 연 구 근거의 힘에 대한 판단에 있어 일관되지 않았다. 이와 같은 연구는 청각사와 언어치료사들이 근거에 기반을 둔 실무를 적용할 때조차도 EBP라는 통합된 절차와 동떨어져 있을 수 있음을 시사 한다.

흥미롭게도, 연구 문헌을 참조한 임상적 결정에 대한 질문의 필요성에도 불구하고 과학적인 방 법은 근거에서 정보를 얻는 임상 실무, 즉 EBP 절차 자체의 효과를 판단하는 실험에는 거의 적용 되지 못하였다. 첫 단계로서 실무자의 지식, 기술 및 태도를 망라함으로써, EBP에서의 능력을 효 과적으로 평가할 수 있는 여러 전문분야에서 기제가 개발되고 있다(Ilic, 2009). EBP의 장벽으로 서 실제적·구조적·경제적·문화적 요인은 복잡하게 상호작용하는데(Fairhurst & Huby, 1998; Newman, Papadopoulos, & Sigsworth, 1998; Salbach, Jaglal, Korner-Bitensky, Rappolt, & Davis, 2007), EBP 능력은 실무자와 의료 환경 내 기타 종사자들이 습관, 가치, 특성을 실질적으로 전환할 것을 요하기도 한다(Hoffman, Ireland, Hall-Mills, & Flynn, 2013; McCluskey & Movarini, 2005). 추가적인 양적·질적·혼합 방법 연구는 이득을 기록하고 지속가능한 EBP 관례를 수립하는 데 가장 효과적인 방법이 무엇인지 판단하는 데 필요하다.

체계적 검토

한 사람의 임상 업무량과 범위에 관계없이, 충분하고 적절한 연구를 수집하고 지지 근거로서 이를 평가하는 일은 부담이 큰 힘든 과업이다. 인터넷과 컴퓨터 접속은 최근에 와서야 문제가 되었는데(Jette et al., 2003; McKenna, Ashton, & Keeney, 2004b) 상당히 많은 수의 실무자들에게는 더 이상 문제가 안 된다. 그러나 제한된 시간, 완수되지 않은 연구 평가 기술, 편의주의적 습관은 최대한의 정보를 근거로 하는 임상적 결정에 실질적으로 방해가 되는 요인으로 남아 있다. 그러므로 EBP 자료와 기제는 임상가들이 연구 근거를 자신의 실무에 실제로 통합시키는 데 필요하다.

미국에서 청각학과 언어병리학의 초창기 무렵 중대한 영향력을 미친 교과서 몇 권은 임상가들에게 지침을 제공하고 그들이 효과적인 업무를 발전시킬 수 있도록 돕기 위해 연구 결과를 응집력 있는 담화 안에 통합시켰다. 예를 들면, Travis(1931)의 *Speech Pathology*, Stinchfield(1933)의 *Speech Disorders*, West, Kennedy와 Carr(1937)의 *The Rehabilitation of Speech*는 의사소통 과학 및 장애 분야에 과학적인 논문이나 보고서가 거의 없었고 그러한 정보에 접근할 수 있는 사람이 제한되어 있었던 당시에 존재하던 연구 결과에 대한 정보를 실무자들에게 제공하였다. '특정 시대'의 임상가들 중에는 *Handbook of Speech Pathology and Audiology*라는 제목의 Travis(1971)가 편집한 1,300쪽의 방대한 분량의 책을 기억하는 사람도 있을 텐데, 이 책은 청각학과 언어병리학 분야의 여러 권위자들이 연구를 기반으로 한 실무를 반영한 것임을 의미하는 것이었다. 실제로 이 책은 1957년도 발행본을 개정한 것으로, 이는 전문직종, 연구 기반, 신세대 전문가들의 성장으로 인해 가능했었다. 이 책은 문헌을 임상에 대한 견해와 종합함으로써 실험실과 클리닉을 연결하는 데 확실히 도움이 되었다. 이 글을 읽고 있다는 것은 우리 전문분야가 교과서를 계속 활용하고 있다는 충분한 근거가 된다. 요즘 학생들과 임상가들은 이런 광범위한 이차 자료에 접근하기가 상대적으로 쉬울 뿐만 아니라 일차 문헌에도 접근하기 쉬운 환경에서 일하고 있다. 실제로 ERIC와 PubMed 같은 전자 학술논문 보관소와 데이터베이스 같은 검색 엔진의 이용과 온라인 자료의 활용 가능성은 현존하는 최상의 연구 근거를 찾아내어 검색할 수 있도록 촉진하였다. 그러나 아직도 임상가가 이 모든 자료를 어떻게 수용하고, 어떻게 의미 있고 실제적인 방법으로 처리하는지와 관련된 문제가 남아 있다.

보다 집중된 방식으로 문헌을 종합하는 방법에는 적절한 문헌을 검토한 논문을 찾는 방법도 있는데, 이는 **담화적 검토**(narrative review)로 알려져 있다. 이러한 통합적 담화는 권위자(논의 영역의 전문가로 추정되는 사람)가 지지하거나 방침 결정의 목적 또는 특정 연구 분야나 임상 실무에 관한 결정을 촉진하는 데 적절한 연구의 개요를 제공할 목적으로 특정 주제를 다룬다(Engberg, 2008). 다른 책과 마찬가지로 동일 분야 전문가에 의한 심사(이하 상호심사)를 받는 경우가 많으나, 담화적 검토는 방대한 연구를 참조로 함에도 불구하고 불완전하거나 시대에 뒤떨어진다는 평가를 받기도 한다(Worrall & Bennett, 2001). 이는 아마도 엄격성과 객관성 부족과 연결되어 있는 것으로, 이는 이러한 연구기반의 담화적 개요가 EBP와 일관되는 방식으로 임상적 결정을 내리게 해 주는 데 있어서 갖는 가치를 떨어뜨린다(Johnson, 2006). 이러한 이유로 Hemingway와 Brereton(2009)은 담화적 검토를 연구 근거를 요약하는 수단으로서 전문가의 조언보다 약간 더 나은 것으로 보았다.

체계적 검토(systematic review)는 적절한 자료를 찾음으로써 고찰 결과를 엄격하고 투명한 방식으로 종합하려 시도한다(Bow et al., 2010; Gough, Oliver, & Thomas, 2012). 체계적 검토는 특정한 임상 질문을 다룸으로써 연구 자체에서 기대되는 근거를 마련하고 동일한 수준의 엄격성을 연구 근거의 검토에 적용하도록 되어 있는 명시적이면서도 체계적인 절차를 적용한다. 주제에 상관없이 모든 체계적 검토는 편향을 제한하기 위해 명시적으로 기술한 공식적인 자료 수집 기준을 이용하여 문헌에 체계적으로 접근한다(Meline, 2006; Moher, Liberati, Tetzlaff, Altman, & The PRISMA Group, 2009). 연구자는 모든 적절한 근거를 찾고(데이터 마이닝이라 알려져 있는 과정) 포함시킬 연구나 보고서를 선정한 뒤 각 자료 출처의 질을 평가하고, 거기에서 얻은 결과를 통합한 뒤, 연구 근거에 대한 공정한 요약 보고서를 제시함으로써 검토(고찰)를 완료한다. 요약 보고서는 연구 근거가 중재에 관한 개별 접근법을 어느 정도 지지하는지에 대해 기록한 것이다. 체계적 검토는 여러 출처에서 얻은 자료를 종합하여 제기된 임상 질문에 대한 "최상의" 답을 제공하려는 목적을 위해 잘 설계된 연구로부터 얻은 "사전에 여과된 근거"를 제공해 준다(Guyatt, Rennie, Meade, & Cook, 2008).

체계적 검토 절차는 각각의 연구 결과를 다른 관련 연구의 맥락에 적용할 수 있도록 도와주며 근거의 강점에 관련하여 그리한다. 이러한 보고는 발견한 내용이 무엇인지 분명히 알 수 있게 해 주고, 근거가 충분하거나 불충분한 곳이 어디인지 알려 주며, 여러 연구에서 얻은 결과를 비교하고 대조함으로써 직관을 얻을 수 있게 해 주고, 개별 연구에 있는 방법론적 결함의 영향을 최소화해 준다. EBP를 지지하기 위해 특별히 개발된 체계적 검토는 일반적으로 임상 업무 결정에 있어 최상위의 근거로 여겨진다. 그러므로 체계적 검토에 대한 지식과 이를 실무에 적용하는 기술은 모든 EBP 전문가들에게 더 중요해지고 있다.

체계적 검토도 각각의 연구논문 및 임상 실무와 마찬가지로 초점을 맞춘 답변 가능한 질문을 만드는 것부터 시작된다. 양질의 체계적 검토는 중재, 중재를 받고 있는 환자, 평가할 임상 결과에 관한 주제를 명확히 정의한다. 그리고 알맞을 것으로 추정되는 연구를 찾아낼 검색 전략을 미리 정해 둔다(DeLuca, Mullins, Lyles, Crepaz, Kay, & Thadiparthi, 2008). 일련의 검색 전략도 차후에 해당 검토를 더 잘 복제할 수 있게 해 준다(Hemingway & Brereton, 2009). 전자 데이터베이스 검색 외에 간과한 것은 없는지 확인하기 위해 흔히 다른 자료 출처도 추가로 조사한다. 이러한 검색 프로토콜은 이차적 수동 검색이라고 알려져 있는 절차를 이용하는데, 이는 일차적인 데이터베이스 검색에서 놓친 연구보고서, 논문, 학위논문, 학술회의 회의록이나 기타 미간행 자료가 있다면 무엇이든지 찾아내기 위한 매우 수고로운 검색 절차이다(그림 10.2).

체계적 검토는 중재의 가치를 평가하기 위해 자료를 수집하기 때문에 소비자들은 다양한 편견

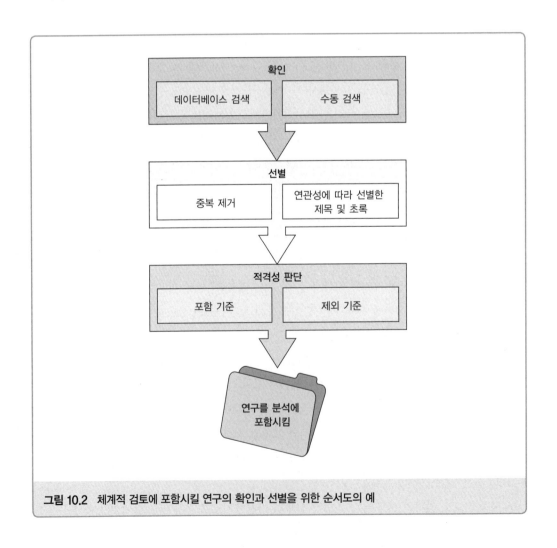

그림 10.2 체계적 검토에 포함시킬 연구의 확인과 선별을 위한 순서도의 예

의 출처를 알아야 한다. 특히 우려되는 사항은 **출판편향**(publication bias)으로, 서류함 효과로도 알려져 있다. 이는 연구자에 의한 편향이라기보다는 오히려 연구 문헌 자체에서 생긴 것이다. 대부분의 연구에서 중재가 효과가 없는 것으로 나타나도 연구자는 제1종 오류를 피하기 위해 영가설을 기각하지 않는다. 중재가 통계적으로 유의한 변화를 이끄는 데 실패하였기 때문에 이는 당연히 (연구자, 임상가, 내담자에게) 실망스러운 일이다. 그러나 효과가 없거나 부정적인 결과가 나타났다고 해도 유용한 정보를 준다면 '실패한 실험'이 아니다. 그러나 연구자들은 그러한 연구 결과를 공개하지 않고 봉하기로 결정하기도 한다. 많은 사람들이 그러한 연구들은 '게재가'로 승인될 가능성이 적거나, 게재승인이 난다 하더라도 출판하기까지 걸리는 시간이 길어진다고 보고하였다(Easterbrook, Berlin, Gopalan, & Matthews, 1991; Elman, 2006; Naylor, 1997; Stern & Simes, 1997). 그러므로 체계적 검토를 실시하고자 할 때는 부정적인 결과를 보여 주는 연구도 포함시키는 프로토콜을 적용해야 한다.

의사소통 과학 및 장애 분야에서 중요한 연구 중에는 다른 언어로 출판된 것도 많으므로, 비평적인 독자들은 영어로 된 자료만 포함되어 있지는 않은지도 주의해야 한다. 이는 **언어편향**(language bias)으로 알려져 있는데 Grégoire, Derderian과 Le Lorier(1995)가 "바벨탑" 편향이라고도 불렀던 것이다. 적절한 자료를 모두 확인하였음을 확신하면 연구자들은 대개 뒤이어 실시하는 분석에 자료를 포함시켜야 할지 아니면 제외시켜야 할지 여부를 결정하는 방편 중 하나로 초록을 선별한다. 여기서 독자는 연구에 포함시키기 위한 기준이 분명하고 객관적인지, 그리고 그 기준을 공정하게 적용할 수 있겠는지를 판단해야 한다. 연구 근거의 질이나 수준을 어떻게 판단하고 방법론적 결함을 어떻게 찾아내는지 아는 것 모두가 똑같이 중요하다(Moher et al., 2009; Schmucker et al., 2013). 이러한 고려사항의 중요성은 최근의 통섭적 학술지인 *Systematic Reviews*의 출현을 통해 잘 알 수 있는데, 이 학술지는 특히 EBP에 있어서 체계적 검토의 설계, 시행, 발표, 적용에 대해 다루고 있다.

체계적 검토의 예로 Cirrin과 Gillam(2008)이 실시한 구어(언어)장애 아동의 중재를 다룬 연구를 들 수 있다. 먼저 컴퓨터 데이터베이스 검색 결과로 593편의 출간 논문을 찾은 뒤 엄선한 논문이 36편이었는데, 이 중 최종적으로 21편만이 4개의 논문 검토 기준 모두를 충족하였음을 발견하였다. 무선화 통제 시도, 무선화 시도에 대한 체계적 검토와 같이 수준 Ⅰ의 근거가 요구되는 연구나 비무선화 비교 연구, 중다기초선 단일대상 실험연구 등 수준 Ⅱ의 근거가 요구되는 연구일 것과 같은 기준이 검토 대상 논문에 포함시키기 위한 기준이었다. 특히 Cirrin과 Gillam은 검토한 연구에 (1) 통제집단이 포함되어 있는지, (2) 대상자를 집단에 무선으로 배정하였는지, (3) 분석 대상 자료가 어느 집단에서 수집한 자료인지 연구자가 모르게 하였는지, (4) 타당하고 신뢰할 만한 방법으로 결과를 측정하였는지, (5) 적절한 *p* 값을 이용하여 결과의 통계적 유의성을 보고하였는지, (6) 효과 크기 수치를 이용하여 결과의 실제적 유의성을 보고하였는지 여부를 평가하였다. 최종적으로 남은 21편의 논문에도 이와 같은 사정 조건을 적용하여 판단하였을 때 모든 논문이 모든 조건의 측면에서 골고루 잘 설계된 것은 아니었다. Cirrin과 Gillam은 지지할 만한 과학적 근거를 갖는 언어 중재 실제를 찾아내는 것을 넘어서 그들의 체계적 검토가 지식 간에 격차가 있음을 밝혔으며 주목을 이끌기에 충분한 문헌에도 약점이 있음을 확인하였다. 그러므로 체계적 검토는 실무자들과 연구자들 모두의 필요에 부응한다.

체계적 검토가 청각학과 언어병리학 내의 임상 실무의 모든 질문에 도움이 되는 것은 아님에도 불구하고, 체계적 검토는 아주 빠른 속도로 출판되고 있다. Cirrin과 Gillam(2008)이 개관한 뒤 제안한 것처럼, 체계적 검토는 잘 설계되고 믿을 수 있는 연구가 이루어져야 한다는 정도로만 가치가 있다. 연구 설계는 연구 질문의 특성에 의해 좌우되는 것이지, 무선화 통제 시도로 모든 질문에 대한 답을 얻을 수 있는 것은 아니다. 의사소통장애 분야의 많은 체계적 검토의 선정 기준에는 단일대상 연구와 기타 준실험연구도 포함되는 경우가 많다. 불행히도 청각사와 언어치료사들이 이용할 수 있는 체계적 검토의 수가 늘어나고 있음에도 불구하고 의사소통장애 문헌에는 무선화 통제 시도가 상대적으로 부족하기 때문에 많은 수의 연구를 포함시킨 경우는 매우 드물다(그 예로 Blake, Frymark, Venedictov, 2012와 van Schoonhoven 외, 2013의 연구 참조).

메타분석

1976년에 Glass가 소개한 **메타분석**(meta-analysis)은 여러 연구에서 얻은 연구 결과를 모아 통계적으로 분석하는 기법을 말한다. 메타분석은 포함 기준에 부합하는 연구들에서 나타난 결과의 일관성과 효과 크기를 양적으로 요약하여 제시한다(Hunter & Schmidt, 2004). 이로써 적용 가능한 '최상의' 과학적 근거에 기초하여 결론에 도달한다. 이 기법은 흔히(항상 그런 것은 아님) 체계적 검토를 위한 기초가 되며, 그러한 메타분석 검토는 치료 효과에 관한 연구 등 다양한 종류의 수많은 연구에 적용되어 왔다. 메타분석은 영가설을 기각하기 위하여 통계적 유의성을 검증하는 대신 **추정 통계**(estimation statistics) 분석의 근거로 효과 크기와 신뢰구간(효과 추정의 정확성을 반영함)을 이용한다. 적절한 질문과 충분한 수의 잘 통제된 연구를 고려해 볼 때 메타분석에 포함된 연구 전반에 걸쳐 나타나는 효과를 통계적으로 모았기 때문에 매우 믿을 만한 근거를 기반으로 하는 답을 제공해 줄 수 있다(Bartolucci, 2007; Glasziou, Vandenbroucke, & Chalmers, 2004; Nye, Vanryckeghem, Schwartz, Herder, Turner, & Howard, 2013). 실제로 메타분석 기법이 포함된 체계적 검토는 EBP 중에서도 최상위 수준의 연구 근거에 해당한다. Robey와 Dalebout(1998)는 의사소통장애를 연구하는 데 있어 메타분석 이용의 장점과 제한점을 포함, 자세한 지침서를 제공하였다.

Robey(1998)는 실어증 환자의 치료 효과에 관한 55개의 연구를 메타분석으로 검토하여 급성기에 시작한 치료의 평균 효과 크기가 치료하지 않은 환자들의 효과 크기보다 1.83배 더 컸으며, 급성기 이후에 시작한 치료의 평균 효과 크기는 치료하지 않은 환자들의 효과 크기에 비해 1.68배 더 컸음을 발견하였다. 적용한 치료의 양, 치료 유형, 실어증 중증도 및 유형과 같은 요인도 자세히 분석하였다. 전반적으로 치료 기간이 길수록 향상 정도는 더 높은 것으로 나타났는데, Wepman-Schuell-Darley의 다중양식 원리를 따르는 치료에서 가장 큰 이득을 보았고, 치료로 인한 향상은 중증도가 심한 실어증 특히 급성기에 치료를 시작한 실어증 환자에게서 가장 큰 것으로 나타났다.

치료 연구의 메타분석에 있어 중요한 구성요소 중 하나는 **효과 크기**에 대한 평가로, 효과 크기는 여러 연구에서 나타난 치료 전후의 향상 정도를 재어 표준화한 수치를 말한다. 제8장에서 설명한 것처럼, 효과 크기는 하나의 종속변인을 측정할 때 치료 전후의 평균치에서의 차이를 치료 전 점수의 표준편차로 나누어서 구하는 경우가 많다. 이러한 방법으로 효과 크기를 계산하면 모든 연구에서 나타난 향상 정도를 치료 전 결과의 표준편차에 견주어 나타낼 수 있게 해 주기 때문에 모든 연구에서 나타난 향상 정도를 합리적으로 잘 비교할 수 있게 해 준다(Herder, Howard, Nye, & Vanryckeghem, 2006; Nye & Harvey, 2006; Turner & Bernard, 2006). 메타분석에서 효과 크기는 흔히 **교차비**의 형태로 제시하는데, 이는 한 집단에서 나타난 효과의 교차비를 다른 집단에서 나난 효과의 교차비에 대응시킨 것을 말한다. 효과 크기와 함께 **신뢰구간**(CI)도 제시하는데, 이는 집단 변이성 추정치를 말하는 것으로, 추정된 효과의 정확성과 신뢰성을 판단하는 지표로 이용된다.

메타분석 결과는 대개 **숲 분포도**(forest plot, 그림 10.3)로 도식화하여 제시한다. 이 요약 분포도는 메타분석에 포함된 각 연구의 치료 효과의 상대적인 강도를 알기 쉽게 나타내 준다. 흔히 좌측에는 세로로 각 연구의 연구자들의 이름을 적는다. 우측에는 수평선 방향으로 해당 연구의 효과 크기(대개는 사각형으로 나타냄)를 CI로 표시한다. 각 사각형의 크기는 메타분석 결과 해당 연구에 부과한 가중치에 의해 결정된다. 다이아몬드 모양은 대개 전체(합산) 효과 추정치를 표시하는데 이용하는데, 다이아몬드 모양의 수평 위치는 효과 크기를 의미하며, 양측으로 벌려져 있는 꼭짓점은 CI 추정치의 범위를 말한다. 의사소통장애 문헌에서 볼 수 있는 숲 분포도의 좋은 예로는 Mueller와 Dollaghan(2013)이 제시한 것을 들 수 있다.

메타분석이 갖는 여러 가지 방법론적 문제도 평가해야 한다. 첫째, 저자가 해당 연구를 메타분석에 포함시키기 위해 연구를 선정하는 방식이 있다. 원연구의 내적 타당도와 외적 타당도를 저자가 어떻게 판단하였는지, 연구에 이용된 표본의 크기, 연구가 심사 절차를 거치는 학술지에 게재되었는지 아니면 덜 까다로운 매체에 발표되었는지 여부, 진전 평가에 이용한 종속변인의 유형과

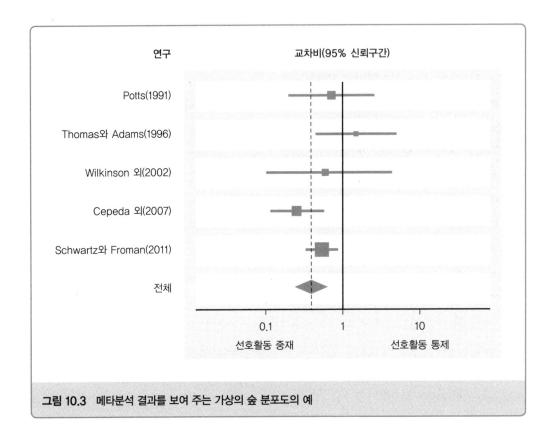

그림 10.3 메타분석 결과를 보여 주는 가상의 숲 분포도의 예

같은 요인을 고려해야 한다. 둘째, 상이한 연구들의 등가성을 따져 보는 시도에는 반드시 해결해야 할 복잡한 통계적 문제도 있다. 표본 크기, 종속변인 측정 방법, 결과 보고에 이용한 통계의 종류, 치료 유형 및 기간, 연구 참여 대상사 선정 기준과 같은 상이한 연구 특성도 반드시 고려해야 한다(Hunter & Schmidt, 2004; Lalkhen & McCluskey, 2008; Moher et al., 2009). 그러나 메타분석은 제대로 이루어지기만 한다면 "연구자들로 하여금 통계적 힘에 기대어 근거의 망루에서 연구의 모든 요소를 조사하여, 미래의 방향을 계획할 수 있게 해 준다"(Gelber & Goldhirsch, 1991). 메타분석은 임상가들에게도 똑같은 것을 해 줄 수 있다.

메타분석에 있는 출판편향은 **깔때기 분포도**(funnel plot, 그림 10.4)를 참조하여 판단하는 경우가 많다. 깔때기 분포도는 효과 크기로 표본의 크기를 나타내는 일종의 산포도와 같다. 분포도는 해당 연구의 표본 크기가 증가하면 추정되는 치료 효과도 더 정확해지기 때문에 깔때기와 같은 모양을 띤다. 즉 표본 크기가 작은 연구에서 추정된 효과(분포도의 아랫부분에 해당)는 보다 넓어지는 경향을 보이는 반면, 연구의 표본 크기가 커질수록 변이성의 추정치는 좁아진다. 출판편향이

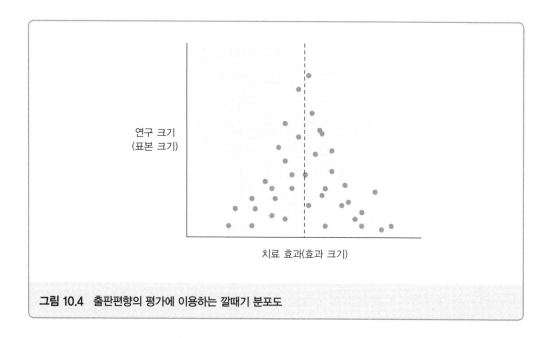

연구 크기
(표본 크기)

치료 효과(효과 크기)

그림 10.4 출판편향의 평가에 이용하는 깔때기 분포도

없는 경우라면 표본과 효과 크기 사이에 체계적인 차이는 나타나지 않을 것이라 기대할 수 있으며(Light & Pillemer, 1984), 분포도는 전형적인 대칭을 이루는 깔때기가 뒤집어진 것처럼 보일 것이다. 조금이라도 비스듬하거나 비대칭적인 부분이 있다면 편향이 있다는 표시로 간주할 수 있다(Egger, Smith, Schneider, & Minder, 1997).

상호심사과정을 거친 수많은 체계적 검토(메타분석이 있거나 없는)를 의사소통장애 문헌, 학술지, 기타 전자 자료집에서 찾아볼 수 있다. *Cochrane Collaboration*은 최상의 자료 출처 중 하나로, 체계적 검토를 수행하는 전 세계의 수많은 전문가들로 이루어진 독립 단체로 EBP를 널리 보급하고 있다(Friedrich, 2013; Robinson, 1995). 이른바 *Cochrane Reviews*는 *Cochrane Library*에서 발간하는데, 현재까지 5,800편 이상의 검토와 2,300개 이상의 프로토콜을 구축하고 있다. 많은 의료 영역에 관련된 근거를 기반으로 하는 체계적 검토 연구의 수에 더하여 Cochrane Collaboration은 그러한 검토를 갱신하여 가능한 한 현재의 최상의 근거를 반영하려 노력하고 있다. 이는 매우 역동적으로 이루어지고 있는데, 최소한 일부 분야에서는 체계적 검토로 인해 더 빠른 속도로 시대에 뒤떨어지게 될 수도 있다는 사실에 비추어 보면 매우 중요하다(Bow et al., 2010; Shojania, Sampson, Ansari, Ji, Doucette, & Moher, 2007).

Cochrane Collaboration과 Cochrane Library가 체계적 검토에 대한 가장 방대하고도 포괄적인 자료 출처이지만, 그 외 다른 단체도 실무를 위한 근거기반 검토를 역점적으로 다루기도 한다. 이들 중에는 교육 및 사회복지 분야의 문제에 관한 체계적 검토에 역점을 두는 *Campbell Collaboration*(C2), 간호 및 의료 향상을 위한 *Joanna Briggs Institute*, 실무 및 정책 결정을 위해 사회과학 분야에 대한 체계적 검토를 중점적으로 다루는 *Evidence for Policy and Practice Information Centre*(EPPI-Centre)가 있다. 이 중 후자는 양적 연구와 질적 연구 둘 다를 다루는 근거기반 체계적 검토를 발전시키는 데 전념하므로 특히 주목할 만하다. 물론 체계적 검토는 많은 의사소통장애 학술지(그리고 전자 학술지 보관소)에서도 그 수가 증가할 것이다(다양한 자료 출처에서 출판연도에 따라 정리한 체계적 검토 자료 모음집에 대한 정보는 ASHA, 2014a 참조).

질적 체계적 검토

질적 연구에서는 "수치 처리"를 강조하는 메타분석은 적용할 수 없으나, 질적 연구에 대한 체계적 검토는 가능하다(그리고 바람직하다)(Lloyd Jones, 2004; Paterson, Thorne, Canam, & Jillings, 2001; Saini & Shlonsky, 2012). 양적 연구가 몇 개의 작은 연구에서 자료를 모아 통계적 모형의 설명력을 향상시킬 수 있는 것처럼, **질적 체계적 검토**(qualitative systematic reviews)는 주제가 연관되어 있는 몇 개의 보고서에서 나타난 결과를 수집하여 신뢰성, 특히 EBP에 있어 중요한 전이가능성을 향상시키는 방법으로 그 결과를 분석한다(Kent & Fineout-Overhold, 2008; Stenius, Mäkelä, Miovsky, & Gabrhelik, 2008). 실제로 대부분의 메타종합의 일차적인 목적은 "서로 동떨어져 있는 질적 연구 결과를 의미 있게 만들어 의료 정책 입안에 필요한 정보를 얻고 환자 관리를 향상시키는 데 있다"(Finfgeld-Connett, 2010).

질적 체계적 검토를 구성할 때 적용하는 프로토콜은 질적 패러다임과 이 패러다임이 잘 들어맞는지를 묻는 질문 유형에 맞춘 것이어야 한다. 메타분석은 한 중재 접근법의 위험성과 이득을 일반화하려는 목적과 함께 RCT를 강조하며, 특히 비무선화 관찰 연구를 강조한다(Elman, 2006). 그러므로 양적 연구는 임상 자료, 관리, 임상가 및 대상자 관련 문제에 관한 모든 질문의 답을 얻는 데는 그 가치가 제한되어 있는데, 이 문제들은 확실히 "실제 임상에서는 덜 계측하는" 문제이기는 하지만(McKenna et al., 2004b) EBP에서도 중점사항은 아니다. Stenius와 공동저자들(2008)은 각 질적 연구와 그 연구들에 대한 체계적 검토 모두를 평가하는 데 유용한 세 가지 주요 기준을 제시하였는데, 1) 결과가 사회문화적 환경 안에서 갖는 **중요성**, 2) 자료 및 자료 해석의 **충분성**, 3) 분석의 **투명성**이 그것이다.

질적 체계적 검토에 흔히 이용되는 기법 중 하나는 **메타종합**(meta-synthesis)인데, 이는 여러 질적 연구에서 얻은 결과를 종합하고자 할 때 이용하는 해석적 접근법이다(Sandelowski & Barroso, 2007). Zimmer(2006)에 의하면, 메타종합은 "각 구성 연구들의 원저자들이 일차적으로 해석한 자료를 종합하는 사람이 다시 해석하는 과정"(Zimmer, 2006)을 말한다. 담화적 회고와는 다른 것으로, 원연구 자료에서 얻은 주제, 범주, 관계를 "체계적으로 해석한다"(Kent & Fineout-Overholt, 2008). 체계적 주제 종합은 질적 검토에 더 많이 이용되는 기법 중 하나이다(Thomas & Harden, 2008). 잘 구성된 메타종합은 새로운 이론의 정립과 그에 대한 이해를 촉진할 수 있는 새로운 근거기반 해석을 가능하게 해 준다. 요약하면 질적 종합은 검토에 포함된 모든 연구를 합한 것 이상의 가치를 갖는다(Lipp, 2007; Saini & Shlonsky, 2012; Thorne, Jensen, Kearney, Noblit, & Sandelowski, 2004). 메타연구로도 불리는 메타분석은 연구의 개요가 아닌, 여러 일차 자료를 활용하는 연구 자체이다.

예를 들어 Eilertsen, Ormstad와 Kirkevold(2013)는 뇌졸중 이후 부모가 경험한 피로에 관한 여러 질적 연구를 해석적으로 분석하였다. 여러 데이터베이스에서 특정 핵심어를 검색한 결과로 찾아낸 137개의 자료 중 다음의 포함 기준 충족 여부에 따라 최종적으로 12개의 질적 연구논문을 선정하였다. 포함 기준은 영어로 쓰였고, 상호심사과정을 거쳤으며, 부모의 관점 탐구에 질적 패러다임을 이용했는지 여부였다. 중요한 발견사항 중 하나로, 뇌졸중 후 생존자들과 그들의 가족들은 뇌졸중 후 피로와 부담감에 대한 의료진들의 이해 부족이 뇌졸중 후 회복과정에 영향을 미친다고 보고하였다.

일부 질적 체계적 검토는 메타종합 대신 이른바 **메타요약**(meta-summary)을 적용하기도 한다. 메타요약은 어떤 결과를 추가로 해석하려 시도하지 않고 그러한 결과가 얼마나 자주 보고되었는지에 역점을 두는 **총화적 접근법**을 이용한다(Sandelowski & Barroso, 2007). 메타분석과는 다르게, 메타종합의 총합적 가치는 검토에 포함된 원연구의 총합보다 더 크지는 않다(Thorne et al., 2004). 관련된 질적 연구를 수집하여 연구자들이 새로운 직관을 가질 수 있게 해 주는 방식으로 기술하고 설명하여 "미묘한 차이, 당연한 것으로 여겨지는 가정, 다양한 설명을 가능하게 만드는 환경"이 드러날 수 있게 하는 것이 메타종합의 목적이다(Walsh & Downe, 2005).

질적 연구 결과를 요약하게 되면 각 분석이 가늘고 약해져서 완전성이 위협을 받아(Light & Pillemer, 1984), "궁극적으로는 원연구에서 얻을 수 있는 경험의 생동성, 직감, 대리성(간접경험)을 잃게 될 수 있다"(Sandelowski, Docherty, & Emden, 1997)는 비판을 받아 왔다. 질적 연구를 요약하게 되면 진정성은 잃게 되지만, 한편으로는 관련 영역과 외부적 다각화 과정을 통해 결과를 확인하는 과정을 서로 연결해 주기 때문에 연구 노력과 임상적 적용이 지속되게 만든다고 지적하였다(Silverman, 1997; Walsh & Downe, 2005).

예를 들면, Mytton, Ingram, Manns와 Thomas(출간 중)는 "부모와 연구자들이 참여한 질적 연구에서 도출한 부모교육 프로그램에 부모의 참여를 방해하는 요인과 촉진하는 요인에 대한 지식"을 체계적으로 요약하였다. 연구자들은 프로그램 참여에 관한 부모의 견해를 그 프로그램을 평가하는 프로그램 제공자들 및 연구자들의 견해와 비교하였다. 연구자들은 특별히 "해당 프로그램에 참여하거나 계속 유지하게 만든" 프로그램 특성을 다룬 질적 연구들을 검색하였다. Mytton과 공동연구자들은 데이터베이스를 검색하여 12,000개 이상의 자료를 찾아내었고, 자료의 적절성 여부를 판단하기 위해 제목과 초록을 자동으로 검색하는 텍스트 마이닝 소프트웨어를 이용하고 수동선별 과정을 거쳐 최종적으로 26개의 논문을 메타요약에 포함시켰다. 자료를 종합한 결과, 정책과 실무에 시사하는 바가 큰 것으로 확인된 6개의 촉진요인 및 5개의 방해요인 주제와 함께 33개의 하위주제를 찾아내었다.

일부 검토는 **체계적 혼합법 검토**(mixed methods systematic review)를 통해 양적 근거와 질적 근거 모두를 검증하기도 한다(Hemingway & Brereton, 2009). 이러한 검토에는 두 패러다임을 따르는 연구가 포함되지만, 개별 결과는 그 온전함을 유지할 수 있는 패러다임 안에서 분석한다. 즉 질적 결과는 수치로 요약하지 않고, 양적 연구는 단어로 요약하지 않는다(Harden, 2010; Voils, Sandelowski, Barroso, & Hasselblad, 2008). Atkins, Launiala, Kapaha와 Smith(2012)는 혼합 검토를 적용한 특정 사례를 정책 입안을 위한 정보 제공에 이용함으로써 많은 유형의 체계적 검토의 사용을 입증하였다. 그들에 의하면 혼합법은 특히 특정 중재법 적용의 방해요인과 촉진요인의 이해나 비용-효과의 측정에 알맞다(예: Negata, Hernández-Ramos, Kurup, Albrecht, Vivas-Torrealba, & Franco-Paredes, 2013). Skirton, O'Connor와 Humphreys(2012)는 체계적 혼합법 검토는 실무자들의 핵심 역량을 다루는 데 바람직하다고 제안하였다.

체계적 혼합법 검토의 가치는 전통적으로는 양적 검토의 범위에 있던 문제에까지도 확장된다. 예를 들어, 임상적 시도를 검토하였더니 본질적으로 이질적인 것으로 나타났다면, 관련 질적 연구를 참조하며 그러한 결과에 기여한 요인을 설명할 수 있을 것이다(Harden, 2010). 질적 연구를 포함시키면 중재의 효과에 대한 기록을 넘어서 중재의 적절성에 대해서도 더 잘 이해할 수 있다(Dixon-Woods & Fitzpatrick, 2001; Thomas & Harden, 2008). 그러한 중재를 받을 사람들의 관점을 고려함으로써, 혼합 검토법은 한 치료 접근법의 잠재적 유해성과 이득에 관한 보다 풍부한 기록을 제공해 줄 수 있다.

임상 실무 지침

근거기반 **임상 실무 지침**(clinical practice guidelines, CPG)은 전문가위원회의 합의나 전문가의 의견 등 모든 수준의 근거에서 수집한 정보를 결합한다(Hargrove, Griffer, & Lund, 2008). CPG는 근거와 연관되어 있으면서도 근거에 의한 지지를 받는 임상적 "행동방침"에 대한 권고사항을 제공한다(Brackenbury, Burroughs, & Hewitt, 2008; Johnson, 2006). CPG는 근거에 기초한 결정을 내릴 수 있게 만들기 위해 체계적으로 개발된 것이다. CPG는 일반적으로 수용되고 효과가 있는 것으로 여겨지는 진단, 관리, 예방, 치료에 대한 특정 접근법의 역할에 대해 설명한다. 실무자(또는 환자)로 하여금 하나 이상의 양질의 체계적 검토를 기초로 할 것을 권고한다. CPG는 그 범위가 상당히 넓거나 매우 특정적인 실무 요소를 다루기도 한다.

예를 들어, Roland와 14명의 다른 전문가위원회 위원들(2008)은 감염된 귀지 관리에 관한 근거기반 권고사항을 제공하기 위해 CPG를 개발하였다. 그들은 이러한 지침의 목적이 "진단의 정확성을 제고하고, 적절한 중재를 촉진하고, 효과의 평가와 함께 적절한 치료법을 촉진하고, 귀지 감염 예방을 위한 상담과 교육을 향상시키는 것"이었음을 밝혔다. 모든 CPG와 마찬가지로, 이러한 지침에는 (1) 이용 가능한 근거에 대한 비평, (2) 근거를 임상 대상에 적용하는 데 필요한 특정 권고사항 또는 지시사항이 포함되어 있다(Hargrove, Griffer, & Lund, 2008).

근거를 기초로 하여 결론에 도달하는 체계적 연구와는 달리, CPG의 뚜렷한 특징 중 하나는 강점이나 확신의 측면에서 차이가 나는 일련의 근거기반 권고사항을 제공한다는 것이다(표 10.1). 예를 들어, 강력하게 추천하는 접근법과 절차는 대부분 매우 신뢰할 수 있는 연구들을 대상으로 하여 다수의 체계적 검토 과정을 거친 결과에 의한 지지를 받는다. 미국소아과학회 품질향상 및 관리운영위원회(American Academy of Pediatrics Steering Committee on Quality Improvement and

표 10.1 근거기반 임상 실무 지침과 관련되어 있는 권고사항의 여러 강점에 대한 정의

강점	설명	적용
적극 추천함	전문가위원회가 추천한 활동의 이득이 위해성보다 더 크며 지지 근거의 질이 매우 훌륭하다고 판단함	임상가는 다른 대안의 근거가 명확하거나 강력하지 않는 한 이 권고사항을 따라야 함
추천함	위원회가 그 활동의 이득이 위해성보다 크며 일부 지지 근거가 있다고 판단함	임상가는 일반적으로 이 권고사항을 따라야 하나 계속해서 새로운 근거를 찾아야 하며 환자의 기호도 고려해야 함
선택 가능	근거의 질이 약하거나 근거가 모호한 경우	임상가는 이 선택사항을 적용할 수 있으나 그 결정에는 유연성이 있음. 새로운 근거를 찾고 환자의 기호를 고려해야 함
추천하지 않음	근거가 부족하거나 그 활동의 위해성이 이득보다 더 클 것으로 우려됨	임상가는 특히 다른 선택사항이 있는 경우 이 활동을 선택하는 데 주의해야 함

출처: American Academy of Pediatrics Steering Committee on Quality Improvement and Management(2004)와 Roland et al.(2008)에서 얻은 정보에 기초함.

Management, 2004)에 의하면, 권고사항의 강점은 "특정 권고사항 준수의 중요성을 평가하며", CPG를 개발한 사람들과 그들에게 비용을 지원하는 단체가 판단하는 "지지 근거의 질과 잠재적 이득과 유해성의 정도 모두에 근거한다." 위원회는 권고사항이 "관례적으로 인정되거나 하면 안 되는 것(실제로 적용하기에는 제한적임)이기 때문에, 지침 개발자들은 해를 끼치기보다 이득이 될 가능성이 높은 접근법을 따라야 한다."고 덧붙였다. CPG가 '강력한 권고사항'이 될 때, 그 근거도 똑같이 강력해질 것이다.

CPG는 최상의 실무를 찾아내는 것과 연관되어 있다. 물론 EBP도 최상의(또는 가장 추천하는) 실무를 결정하는 데 도움이 되어야 한다는 이상을 기본으로 한다. 임상적 결정을 위해서는 과학적인 지지 근거뿐만 아니라 내담자의 필요와 기호라는 근거도 필요하다. 즉 연구 표본 중 적절한 임상 집단에 일반화하는 전문가위원회와는 달리 임상가는 임상 집단이 아닌 개별 내담자나 환자를 위한 서비스를 명시한다. 그러므로 대안적인 접근법이 가장 적절한 행동지침이 되기도 한다 (DeThorne, Johnson, Walder, & Mahurin-Smith, 2009). CPG는 실무 자체를 지시하기 위한 것이 아니라 실무자들이 임상적 결정을 내릴 수 있도록 돕는 데 이용하는 최상의 근거 지침을 의미함을 명심해야 할 것이다(Gillam & Gillam, 2006). 그러나 임상가는 강력하게 추천되는 실무에 대항하는 결정을 내릴 때에는 강력하고도 설득력 있는 근거를 갖고 있어야 할 것이다.

개별 연구, 체계적 검토, 메타분석과 마찬가지로, 근거기반 지침은 "방법론적 엄격성 및 질적 측면에서 차이가 난다"(Johnson, 2006). 이 또한 '당시의' 것이므로 새로운 근거와 새로운 접근법이 생기면 갱신해야 한다. CPG가 주는 권고사항을 적용하기에 앞서 임상가는 항상 비평적으로 평가해 보아야 한다. 임상가는 환자에 대한 평가 과정에서 수집한 정보를 이용해야 할 뿐만 아니라 CPG의 권고사항을 자신이 엮은 근거 포트폴리오와 비교하여 검토해야 한다. 실행 가능성, 적절성, 타당성을 판단하기 위해 비용-효과 분석을 포함하여 임상적 효과의 문제도 고려해야 한다 (연단위로 다양한 자료 출처에서 정리하여 출간되는 임상 실제 지침의 모음집에 대해서는 ASHA, 2014b 참조).

핵심 용어

깔때기 분포도	언어편향	추정 통계
담화적 검토	일반화 심층조사 자료	출판편향(서류함 효과)
메타분석	임상 실무 지침(CPG)	치료 자료
메타요약	질적 체계적 검토	통제 심층조사 자료
메타종합	체계적 검토	
숲 분포도	체계적 혼합법 검토	

비평적 읽기 연습

01. 다음의 체계적 검토를 읽어 보라.

Hooper, T., Bourgeois, M., Pimentel, J., Qualls, C. D., Hickey, E., Frymark, T., & Schooling, T. (2013). An evidence-based systematic review on cognitive interventions for individuals with dementia. *American Journal of Speech-Language Pathology, 22*, 126–145. doi:10.1044/1058-0360(2012/11-0137)

Hooper와 공동연구자들은 체계적 검토에서 어떤 임상 질문을 다루었는가? 그들은 무엇을 목적으로 하여 "인지적 중재와 관련된 용어"를 조작적으로 정의하였는가? 그들의 연구 전략과 자료 분석 절차를 설명하라. 근거에 의하면 6개의 임상적 시사점은 적절하고 정당한가? 그 이유는 무엇인가?

02. 다음의 체계적 검토를 읽어 보라.

Roberts, M. Y., & Kaiser, A. P. (2011). The effectiveness of parent-implemented language interventions: A meta-analysis. *American Journal of Speech-Language Pathology, 20*, 180–199. doi:10.1044/1058-0360(2011/10-0055)

Roberts와 Kaiser는 체계적 검토에서 어떤 질문을 다루었으며, 왜 그 질문이 중요하다고 여겼는가? 검색 전략, 선정 기준, 자료 분석 절차에 대해 설명하라. 효과 크기는 어떻게 판단하고, 분석하고, 나타내었는가? 숲 분포도(그림 1, 2, 3)에 무엇이 나타나 있는지 설명하고 메타분석을 어떻게 요약하였는지 설명하라.

03. 다음의 체계적 검토를 읽어 보라.

Chisolm, T. H., Johnson, C. E., Danhauer, J. L., Portz, L. J. P., Abrams, H. B., Lesner, S., McCarthy, P. A., & Newman, C. W. (2007). A systematic review of health-related quality of life and hearing aids: Final report of the American Academy of Audiology Task Force on Health

-Related Quality of Life Benefits of Amplification in Adults. *Journal of the American Academy of Audiology, 18*, 151-183. doi:10.1044/1058-0360(2012/11-0137)

이 체계적 검토를 위해 Chisolm과 공동연구자들이 적용한 포함 기준은 무엇인가? 그들은 16편의 연구를 분석하기 위해 '근거의 질'을 어떻게 판단하였는가? '효과 크기'는 어떻게 측정하였고, 잠재적 출판 편향을 어떻게 설명하였는가? 6개의 결론은 근거에 맞고 정당한가? 그 이유는 또 무엇인가?

04. 다음의 체계적 검토를 읽어 보라.

Blake, M. L., Frymark, T., & Venedictov, R. (2013). An evidence-based systematic review on communication treatments for individuals with right hemisphere brain damage. *American Journal of Speech-Language Pathology, 22*, 146-160. doi:10.1044/1058-0360(2012/12-0021)

Blake와 공동연구자들은 체계적 연구에서 어떤 임상 질문을 다루었고, 왜 그것이 중요하다 여겼는가? 그들의 검색 전략, 선정 기준, 자료 분석 절차에 대해 설명하라. 연구자의 임상적 시사점과 결론이 EBP에서 갖는 적절성은 무엇인가?

05. 다음의 체계적 검토를 읽어 보라.

Ebert, K. D., & Kohnert, K. (2011). Sustained attention in children with primary language impairment: A meta-analysis. *Journal of Speech, Language, and Hearing Research, 54*, 1372-1384. doi:10.1044/1092-4388(2011/10-0231)

Ebert와 Kohnert는 체계적 연구에서 어떤 임상 질문을 다루었는가? 그들의 검색 전략, 선정 기준, 자료 분석 절차에 대해 설명하라. 연구자들은 어떤 근거에 기초하여 지속되는 주의력 결핍이 학습장애 프로파일 중 한 부분이라 결론을 내렸는가?

06. 다음의 체계적 검토를 읽어 보라.

Ntourou, K., Conture, E. G., & Lipsey, M. W. (2011). Language abilities of children who stutter: A meta-analytical review. *American Journal of Speech-Language Pathology, 20*, 163-179. doi:10.1044/1058-0360(2011/09-0102)

Ntourou, Conture와 Lipsey는 체계적 검토에서 어떤 질문을 다루었고, 그것이 왜 중요하다 여겼는가? 그들의 연구 전략, 선정 기준, 자료 분석 절차에 대해 설명하라. 효과 크기는 어떻게 판단하고, 분석하고, 나타내었는가? 연구자들은 말더듬 아동과 일반 아동의 언어 능력에 관하여 어떤 결론을 내렸는가?

07. 다음의 체계적 검토를 읽어 보라.

Arvedson, J., Clark, H., Lazarus, C., Schooling, T., & Frymark, T. (2010). Evidence-based systematic review: Effects of oral motor interventions on feeding and swallowing in preterm infants. *American Journal of Speech-Language Pathology, 19*, 321-340. doi:10.1044/1058-

0360(2010/09-0067)

Arvedson과 동료들은 체계적 검토에서 어떤 문제를 다루었고, 왜 그것이 중요하다 여겼는가? 그들의 검색 전략, 선정 기준, 자료 분석 절차에 대해 설명하라. 효과 크기는 어떻게 결정하고, 분석하고, 나타내었는가? 섭식과 삼킴에서의 효과를 위해 비영향 흡찰과 구강 자극을 이용하는 데 대해 어떤 결론을 내렸는가?

08. 다음의 체계적 검토를 읽어 보라.

Olson, A. D., & Shinn, J. B. (2008). A systematic review to determine the effectiveness of using amplification in conjunction with cochlear implantation. *Journal of the American Academy of Audiology, 19*, 657-671. doi:10.3766/jaaa.19.9.2

Olson과 Shinn이 체계적 검토를 위해 수립한 포함 기준은 무엇인가? 분석을 위해 선정한 11개 연구의 '근거의 질'을 어떻게 판단하였는가? 저자가 확인한 "청각학 임상 연구를 위한 도전"은 무엇인가? 임상가가 자신만의 체계적 문헌 검토를 실시할 것을 옹호하는 근거는 무엇인가?

09. 다음의 논문을 읽어 보라.

Hargrove, P., Griffer, M., & Lund, B. (2008). Procedures for using clinical practice guidelines. *Language, Speech, and Hearing Services in Schools, 39*, 289-302. doi:10.1044/0161-1461(2008/028)

Hargrove와 동료들은 '전통적인' 임상 실무 지침, 체계적 검토, '근거기반' 임상 실무 지침을 어떻게 구분하고 있는가? 지침을 평가하고 이를 실무에 적용하는 데 그들이 제안한 다섯 단계에 대해 설명하라.

10. 다음의 연구논문을 읽어 보라.

Schlosser, R. W., & Wendt, O. (2008). Effects of augmentative and alternative communication intervention on speech production in children with autism: A systematic review. *American Journal of Speech-Language Pathology, 17*, 212-230. doi:10.1044/1058-0360(2008/021)

Schlosser와 Wendt는 체계적 연구에서 어떤 질문을 다루었고, 왜 중요하다고 여겼는가? 그들의 검색 전략, 선정 기준, 자료 분석 절차에 대해 설명하라. 연구자들은 왜 효과 크기 평가에 Cohen의 d와 Hedge의 g 둘 다 이용하였는가? 이 검토가 이론과 실제에 관한 새로운 연구 질문을 어떻게 이끌었는가? 이 검토가 전문가의 책무성 문제와 어떻게 연관되어 있는지 논하라.

11. 다음의 연구논문을 읽어 보라.

Desmarais, C., Sylvestre, A., Meyer, F., Bairati, I., & Rouleau, N. (2008). Systematic review of the literature on characteristics of late-talking toddlers. *International Journal of Language and Communication Disorders, 43*, 361–389. doi:10.1080/13682820701546854

Desmarais와 공동연구자들은 체계적 검토에서 어떤 질문을 다루었고, 왜 중요하다고 여겼는가? 그들은 "말 늦은 아동"을 어떻게 정의하였는가? 그들의 검색 전략, 선정 기준, 자료 분석 절차에 대해 설명하라. 그들이 찾아낸 문헌에는 어떤 차이가 있으며, 이것이 임상적 결정을 내리는 데 어떤 시사점을 갖는가?

12. 다음의 연구논문을 읽어 보라.

Bow, S., Klassen, J., Chisholm, A., Tjosvold, L., Thomson, D., Klassen, T. P., Moher, D., & Hartling, L. (2010). A descriptive analysis of child-relevant systematic reviews in the Cochrane Database of Systematic Reviews. *BMC Pediatrics, 10*, 34. doi:10.1186/1471-2431-10-34

Bow와 동료들이 Cochrane Database에서 아동에게 적절한 체계적 검토를 찾아내고 분석하는 데 적용한 방법에 대해 설명하라. 그들은 어떤 '핵심 변인'을 이용하였는가? 주요 결과, 제한점, 결론을 간략하게 논하라.

A 평가 체크리스트

안내: 체크리스트 우측 하단에 제시된 네 개 범주의 척도는 논문의 각 **부분**을 평가하는 데 이용할 수 있다. 평가 항목은 평정 시 고려해야 할 주제를 구분하는 데 도움을 준다. 각 주제에 대한 의견은 평가 노트에 쓰는데 이는 전반적 평정의 근거가 된다.

평가 항목	평가 노트

제목과 초록

1. 제목이 명확하고 간결하다.

2. 제목으로 연구되는 표적 집단과 변인을 알 수 있다.

3. 제목에서 연구 질문이나 연구 유형(예: 질적·기술·실험 연구)을 알 수 있다.

4. 초록에 피험자/참여자/표본의 샘플이 기술되었다.

5. 초록에 목적, 절차, 중요한 결과, 시사점이 명확하고 간결하게 요약되었다.

6. 전반적 논평:

전반적 평정(제목과 초록):

빈약함	보통임	양호함	우수함

(계속)

평가 항목	평가 노트

서론

1. 전반적 연구 문제가 명백히 기술되었다.

2. 논리적이고 확신할 수 있는 근거가 제시되었다.

3. 최신 문헌을 철저히, 정확하게 검토하였다.

4. 연구 목적, 질문, 가설이 논리적 근거를 토대로 제시되었다.

5. 서론이 명확하고 잘 구조화되어 기술되었다.

6. 전반적 논평:

전반적 평정(서론):

　　　　빈약함　　보통임　　양호함　　우수함

방법

피험자/참여자

1. 피험자, 참여자, 혹은 표본이 적절하게 설명되어 있다.

2. 표본 크기가 적절하였다.

3. 준거 선정이 적절하고 명확하게 정의되어 있다.

4. 배제 준거가 적절하고 명확하게 정의되어 있다.

5. 차별적 피험자 선정이 내적 타당도에 위협이 되지 않는다.

6. 피험자 선정과 치료의 상호작용이 외적 타당도에 위협이 되지 않는다.

7. 피험자와 참여자에 대한 적절한 보호의 근거가 제시되어 있다.

8. 전반적 논평:

전반적 평정(피험자/참여자):

　　　　빈약함　　보통임　　양호함　　우수함

평가 항목	평가 노트

도구

1. 도구와 행동검사는 적절하였다.

2. 교정 절차는 바람직하고 적절하였다.

3. 도구와 행동검사의 신뢰도와 타당도에 대한
   근거가 제시되어 있다.

4. 독립(분류, 예측)변인의 선정과 측정은 적절
   하였다.

5. 종속(준거, 피예측)변인의 선정과 측정은 적
   절하였다.

6. 전반적 논평:

전반적 평정(도구):

빈약함	보통임	양호함	우수함

절차

1. 과제와 연구 프로토콜이 적절하게 구조화되
   어 있다.

2. 검사 환경이 설명되어 있고 적절하였다.

3. 피험자 지시는 적절하고 일관적이었다.

4. 실험자와 관찰자의 편견이 통제되었다.

5. 절차가 연구 설계에 맞게 적절하였다.

6. 절차가 내적 타당도 위협을 감소시켰다.

    a. 사건

    b. 성숙

    c. 반응적 사전검사

    d. 손실

    e. 위 항목들의 상호작용

7. 절차가 외적 타당도 위협을 감소시켰다.

    a. 반응적 배열

    b. 상호적 사전검사

(계속)

평가 항목	평가 노트

   c. 피험자 선정

   d. 다중 치료

8. 자료 분석과 통계 방법이 명확하게 설명되

   었고 적절하였다.

9. 전반적 논평:

전반적 평정(절차):

	빈약함	보통임	양호함	우수함

결과

1. 연구 결과는 연구 문제와 분명하게 관련되

   었다.

2. 표와 그림은 본문에 잘 통합되었다.

3. 요약 통계는 적절하게 사용되었다.

4. 데이터의 구성은 명확하고 적절하였다.

5. 통계 분석은 다음 측면에서 적절하였다.

   a. 척도 수준

   b. 관측 횟수

   c. 표본 유형

   d. 분포 형태

6. 통계적 유의성과 효과 크기가 분명하게 제

   시되었다.

7. 표와 그림에 들어 있는 데이터는 알아보기

   쉽고 적절하였다.

8. 전반적 논평:

전반적 평정(결과):

	빈약함	보통임	양호함	우수함

평가 항목	평가 노트

논의 및 결론

1. 논의는 명백히 연구 문제와 관련되어 있다.

2. 연구의 제한점을 논의하였다.

3. 결론은 연구 결과로부터 직접적으로 명확하게 도출되었다.

4. 일상적이지 않은, 전형적이지 않은, 현실과 괴리가 있는 결과에 대한 합리적인 설명을 하였다.

5. 선행 연구와 일치하는 점 및 일치하지 않는 점을 철저하고 객관적으로 논의하였다.

6. 이 부분은 연구 결과와 관련된 다양한 이론적 설명이 제시되어 있다.

7. 임상 실제에 대한 의의가 명확하고 객관적으로 언급되어 있다.

8. 이론적 혹은 임상적 추론이 제시되어 있고 정당화되어 있다.

9. 추후연구 제안이 제시되어 있다.

10. 전반적 논평:

전반적 평정(논의 및 결론):

빈약함	보통임	양호함	우수함

전반적 평정:

빈약함	보통임	양호함	우수함

출처: Robert F. Orlikoff, Nicholas Schiavetti, and Dale Evan Metz, *Evaluating Research in Communication Disorders, Seventh Edition.* Copyright ⓒ 2015 by Pearson Education, Inc. All rights reserved.

B 의사소통 과학 및 장애 분야의 학술지 해설[1]

학술지	특 징[2]
American Journal of Audiology (AJA)	임상청각학 연구, 방법, 이슈의 발표와 토론을 위한 포럼. 관련 직업과 교육 문제와 아이디어 토론을 위한 통로 역할을 한다. 학술지의 임상적 방향성 덕분에 전국적, 국제적으로 수행된, 새로운 임상 절차, 접근, 사례를 포함한 청각학 연구보고를 출간한다.
American Journal of Speech-Language Pathology (AJSLP)	언어병리학의 임상적 실제의 모든 측면에 걸쳐서 임상중심의 다양한 주제에 관한 주요 연구 결과(기초 및 응용)를 출간한다.
Aphasiology	뇌손상으로 인한 언어장애와 관련 장애의 모든 측면에 관한 연구를 제공한다. 임상적·심리적·언어적·사회적·신경학적 관점에서 실어증을 다룬 논문을 다루며, 실험, 임상사례, 단일사례 연구와 설문조사, 신체 연구 등을 포함한 광범위한 경험적 방법을 사용한 연구를 출간한다.
Audiology and Neurotology	귀의 청각 및 전정계와 질환의 기초과학과 임상적 측면을 다룬 과학적 연구를 출간한다.
Augmentative and Alternative Communication(AAC)	AAC 체계를 사용 중이거나 사용할 가능성이 있는 사람의 평가, 치료, 재활 및 교육에 관련된 연구물을 출간한다. 혹은 AAC와 관련된 이론, 기술 및 체계 개발에 대한 토론을 진행한다.
Brain and Cognition	연구논문 원저, 이론 보고서, 논문 비평, 사례 연구, 역사적 논문, 학술 노트를 포괄하며 언어나 의사소통 외 인간 신경심리학 전반에 관련된 논문이 기고된다. 기억, 인지, 정서, 지각, 운동, 실천(praxis) 등 뇌의 구조 혹은 기능에 관련된 영역을 포괄하나 여기에만 한정하지는 않는다.

---

1 이 해설은 의사소통 과학 및 장애 분야에 관한 모든 학술지 목록이 아니다. 물리학, 생물학, 행동과학, 보건학과 마찬가지로 언어학, 의학, 특수교육, 신경과학, 신호처리 분야의 많은 학술지들이 정상 및 비정상 구어, 음성, 언어, 삼킴, 인지, 청력, 전정 기능에 관한 연구논문을 출판하고 있다. 더불어 이 해설은 *Australian and New Zealand Journal of Audiology*, *Journal of All India Institute of Speech and Hearing*, *Journal of Clinical Speech and Language Studies* (Ireland), *Texas Journal of Audiology and Speech-Language Pathology* 와 같은 다른 지역의 전문 학술지들을 포함하고 있지 않다.

2 출판사나 학술지 편집자가 독자 및 저자에게 제공하는 특징.

학술지	특 징
Brain and Language	인간 언어 기저의 신경생물학적 기전에 초점을 맞춘 연구결과를 출간한다. 심리학 및 언어학의 신경생물학적 측면에 초점을 두어 그와 관련된 데이터 및 이론적 관점을 설명하는 논문이 게재된다.
Cleft Palate-Craniofacial Journal(CPCJ)	구순/구개열, 기타 두개안면 기형에 대한 임상 및 연구 활동 결과와 더불어 이와 관련된 실험과학적 측면의 연구도 보고한다.
Clinical Linguistics & Phonetics	말소리 및 언어 장애의 언어학 및 음성학적 측면, 의사소통장애 데이터와 말소리 산출 및 지각 이론과의 연계, 다중언어, 아직 연구가 부족한 언어 혹은 영어 외의 언어 사용 인구에서 나타나는 의사소통장애 연구, 말소리 및 언어 장애의 화용론적 측면, 임상방언학과 사회언어학, 아동 · 청소년 및 성인 의사소통장애, 난청환자가 보이는 언어학 및 음성학적 특성, 수화언어와 독화 등을 포괄하는 연구논문을 출간한다.
Cochlear Implants International	청각학, 내과학 및 외과학, 말소리 치료 및 언어병리학, 심리학, 청능 치료, 방사선과학, 병리학, 공학 및 음향학, 교육학 및 의사소통 전문가 등 인공와우이식 팀에 포함되는 모든 관련영역 전문가의 과학적 성과를 포괄한다.
Communication Disorders Quarterly(CDQ)	전 생애에 걸쳐 나타나는 전형적 및 비전형적 의사소통에 대한 응용 및 임상 연구가 게재된다. 영유아, 걸음마기 유아, 어린 아동, 학령기 아동, 청년 및 성인의 의사소통장애에 대한 평가 및 중재를 포괄한다.
Contemporary Issues in Communication Science and Disorders(CICSD)	인간의 의사소통 및 의사소통장애와 관련된 내용에 대한 전문가-물론 학생 저자도 포함-의 연구보고를 출간한다. 말소리, 언어, 청각 처리과정 및 장애, 그러한 장애의 진단 및 치료뿐 아니라 해당 영역의 교육적 · 전문적 이슈에 대해서도 포괄한다.
Dysphagia	입, 인두, 식도에서 이루어지는 섭취과정의 정상 및 삼킴장애 측면을 모두 포괄하는 다양한 연구물을 출간한다. 삼킴장애, 그에 대한 진단 및 임상적 중재뿐 아니라 정상 삼킴과정에 대한 논문 기고도 권장한다.
Ear and Hearing	청각장애와 관련된 모든 측면을 커버하는 연구물을 출간한다. 이 다영역적 정기간행물은 청각장애 개관, 중재 및 청능재활에 관련된 다양한 요인을 통합 정리한다. 여기서 출간되는 논문원저는 청각장애의 평가, 진단 및 중재에 초점을 두고 있다.
Evidence-based Communication Assessment and Intervention(EBCAI)	이 정기간행물의 주요 목적은 다음과 같다. (1) 의사소통장애 평가 및 중재 시 근거기반 실제(EBP) 활용을 증진한다. (2) 임상 및 교육 현장에서 연구결과 활용을 촉진하기 위해 최신 근거를 사정한다. (3) EBP 증진방안 토론을 위한 포럼을 제공한다. (4) EBP 연구를 널리 알린다.
Folia Phoniatrica et Logopaedica	말소리, 언어, 청각기전 구조물의 해부, 생리, 병리학적 측면에 대한 국제 연구 포럼을 제공한다. 이 정기간행물에서 출간되는 논문원저는 의사소통 과학 및 장애의 기본 기능, 평가, 검사 및 중재에 대한 새로운 연구결과는 물론 말소리, 언어, 청각 기능의 특정 이론을 검증하고자 하는 실험결과도 보고한다.

(계속)

학술지	특 징
Hearing Research	기본적 청각기전에 관련된 논문을 출간한다. 청각 신경생리, 초미세구조, 동물의 청각에 대한 심리음향적·행동적 연구와 청각기능 모델에 대한 연구를 포괄한다.
International Journal of Audiology(IJA)	청각학 분야의 임상적·사회적·기술적 진보와 관련된 논문을 출간한다. 심리음향학, 해부학, 생리학, 세포 및 분자생물학, 유전학, 신경과학, 말과학 및 청각학, 심리학, 사회과학, 역학, 통계학, 공학, 전정기능, 재활장치, 방사선 촬영, 청각장애, 진단검사, 약리학 및 노화에 대한 연구물을 출간한다.
International Journal of Language and Communication Disorders(IJLCD)	말소리, 언어, 의사소통장애, 말소리 및 언어치료에 관련된 모든 측면의 연구물이 투고된다. 연구보고서, 문헌검토, 논의, 임상 포럼 등 다양한 논문뿐 아니라 편집자가 기고하는 사설이나 논평도 게재한다. 양적·질적 연구의 틀 안에서 이루어진 모든 연구보고를 권장하지만 방법론적으로 적절하고 명확해야 하며 연구결과의 분석과 해석이 철저히 이루어져야 한다.
International Journal of Speech-Language Pathology	양적 혹은 질적 연구 틀 안에서 이루어진 실험결과, 문헌검토 및 이론적 논의에 대한 논문을 출간한다. 여기 간행된 논문은 아동 및 성인의 의사소통 혹은 삼킴장애의 모든 영역, 병인, 평가, 진단, 중재 및 이론 구조 관련 이슈에 대한 지식의 심화와 관련이 있다.
Journal of Autism and Developmental Disorders	자폐 및 아동 조현병 등 아동기에 나타나는 심각한 정신병리학의 모든 영역을 커버하는 논문을 출간한다. 논문원저에서는 장애의 생화학적·신경학적·유전학적 측면에 대한 실험연구, 비정상적 처리과정에 대해 정상발달이 암시하는 내용, 장애 행동 간의 상호작용에 대해 논한다.
Journal of Child Language(JCL)	아동의 언어행동, 그 기저에 내재하는 원칙, 그런 행동을 설명해 줄 수 있는 이론 등 관련 있는 모든 영역의 과학적 연구물을 출간한다. 음운론, 음성학, 형태론, 통사론, 어휘, 의미론, 화용론, 사회언어학, 기타 언어 연구에서 공인된 세부분야 등 다양한 관심영역을 포괄한다.
Journal of munication Disorders(JCD)	말소리, 언어, 청각장애 관련 주제의 논문원저를 포괄한다. 저자는 편집자에게 실험적 혹은 기술적 연구보고, 이론 논문, 튜토리얼, 사례보고, 혹은 간단한 서신을 투고할 수 있다.
Journal of Fluency Disorders(JFD)	최신 중재기술을 포함하여 임상적·실험적·이론적 측면 등 말더듬의 광범위한 영역을 포괄한다. 줄이지 않은 원래 길이의 연구논문 및 임상보고서, 말더듬과 관련된 연구방법론적·이론적·철학적 논문, 문헌검토와 간단한 서신을 수록한다.
Journal of Interactional Research in Communication Disorders	말소리 및 언어장애와 관련된 질적 연구, 그리고 치료적·교육적 상호작용과 이러한 상호작용이 포괄하는 전후관계 이슈에 대한 연구 포럼을 제공한다. 문화기술지 방법을 사용한 임상연구, 대화 분석, 근거이론, 사례연구, 현상학적 연구, 전기적 연구와 역사적 방법론뿐 아니라 사회적 상호작용 영역에 대한 양적 연구도 포괄한다.

학술지	특 징
Journal of Medical Speech -Language Pathology	건강관리 및 의료 분야에서 이루어지는 인간의 의사소통 및 의사소통장애 연구 및 실제에 관심을 갖고 있는 임상가 및 연구자와 관련된 임상 및 연구논문을 출간한다.
Journal of Memory and Language	기억, 언어이해 및 산출, 인지 처리과정 영역의 과학적 이슈 및 이론 형성에 기여하는 논문을 출간한다. 주의 깊게 세워진 실증적 기초에 근거하여 새로운 이론적 통찰을 제공할 수 있는 연구논문을 특별히 강조한다.
Journal of Phonetics	언어 및 언어적 의사소통 과정의 음성학적 측면을 다루는 실험이나 이론에 관한 연구논문을 출간한다. 언어학적 · 음성학적 원리가 기저를 이루는 경우라면 기술적 및/또는 병리적 주제를 다룬 논문이나 학제적 성격의 논문 또한 적합하다.
Journal of Speech, Language, and Hearing Research (JSLHR)	말, 언어 및 청각 분야의 정상 또는 장애를 다루는 경험 연구물을 출간한다. 말, 언어 및 청각에 관련된 정상적인 과정을 이해하고 의사소통장애의 임상적 관리(예: 선별, 진단, 자활 또는 재활)에 중요한 새로운 정보와 이론적 접근법을 제공한다. 또한 새로운 실험 결과 외에 기존의 실험연구들에 대한 비판적 리뷰와 메타분석을 보급함으로써 근거기반 실제를 발전시킨다.
Journal of the Acoustical Society of America(JASA)	소리에 대한 광범위한 학제적 주제를 다루는 이론 및 실험 연구 결과물을 제공한다. 주제 적용 범위에는 선형 및 비선형 음향학, 항공음향학 · 수중음향학 및 음향해양학, 초음파 및 양자 음향학, 건축 및 구조음향학과 진동, 말 · 음악 및 소음, 청각심리학 및 생리학, 공학음향학 · 음향 변환기 및 측정, 생체음향학 · 동물 생체음향학 및 진동에 대한 생체반응 등이 포함된다.
Journal of the American Academy of Audiology(JAAA)	청각학적 평가, 증폭, 청각 자활 및 재활, 청각 전기생리학, 전정 평가 및 청각 과학 등 청각학과 관련된 모든 분야의 연구논문과 임상 보고서를 출간한다.
Journal of Vestibular Research	전정체계에 대한 현재 지식에 기반을 둔 실험 및 관찰 연구, 리뷰 논문, 이론 논문 등을 출간한다. 연구 대상에는 실험동물, 일반인 및 전정 또는 다른 관련 장애가 있는 사람들이 포함될 수 있다.
Journal of Voice	음성과 관련된 모든 측면, 즉 기초음성과학, 음향학, 해부학, 합성, 음성 문제에 대한 내외과적 치료, 음성치료, 음성교육, 성인과 아동의 정상 및 비정상적 음성기능에 대한 지식을 증가시키는 그 밖의 분야에 대한 연구물을 출간한다.
Language and Speech	언어 학습 및 발달 문제에 대해 다양한 접근(생물학적 · 인지적 · 언어학적 · 사회적 · 교차문화적 관점 포함)을 취하는 논문과 어떤 방법이든 질문에 답하는 모든 방법(예: 실험, 관찰, 컴퓨터 사용, 민족지학적, 비교, 신경과학, 공식적인 조사방법 등)을 이용한 논문을 출간한다.

(계속)

학술지	특 징
Language, Speech, and Hearing Services in Schools(LSHSS)	주로 아동과 청소년에 초점을 둔 학교에서의 언어병리학과 청각학의 실제와 관련된 연구논문 및 기타 학술 원고를 출간한다.
Logopedics Phoniatrics Vocology(LPV)	말, 언어 및 음성 병리학뿐 아니라 다양한 측면의 정상적인 음성 기능과 관련된 주제를 다룬 논문을 출간한다. 발성과 후두 생리, 말과 언어 발달, 음성장애, 말과 언어 및 음성에 대한 임상적 측정, 노래를 포함한 전문적 음성, 이중언어, 구순구개열, 난독증, 유창성장애, 신경언어학과 심리언어학, 실어증, 말운동장애, 후두적출환자의 음성 재활, 보완대체 의사소통, 음향학, 연하장애 등 광범위한 주제를 다룬다.
Noise and Health	소음 공해와 통제, 소음이 청력과 건강에 미치는 해로운 영향과 관련된 광범위한 주제의 연구들을 기초실험과학에서 임상 평가 및 관리에 이르기까지 출간한다.
Phonology	음운론과 관련된 연구논문, 서평 및 현재 논란이 되고 있는 주제에 대한 짧은 글을 담고 있다.
Volta Review	연구 주제에는 언어와 언어 발달, 문해기술, 청각 테크놀로지, 교육, 조기중재 및 건강관리 등이 포함된다.

참고문헌

Abraham, L. M., Crais, E., Vernon-Feagans, L., & Family Life Project Phase 1 Key Investigators. (2013). Early maternal language use during book sharing in families from low-income environments. *American Journal of Speech-Language Pathology, 22*, 71–83. doi:10.1044/1058-0360(2012/11-0153)

Adamchic, I., Langguth, B., Hauptmann, C., & Tass, P. A. (2012). Psychometric evaluation of visual analog scale for the assessment of chronic tinnitus. *American Journal of Audiology, 21*, 215–225. doi:10.1044/1059-0889(2012/12-0010)

Alipour, F., & Scherer, R. C. (2000). Dynamic glottal pressure in an excised hemilarynx model. *Journal of Voice, 14*, 443–454.

Alipour, F., Finnegan, E. M., & Scherer, R. C. (2009). Aerodynamic and acoustic effects of abrupt frequency changes in excised larynges. *Journal of Speech, Language, and Hearing Research, 52*, 465–481. doi:10.1044/1092-4388(2008/07-0212)

American Academy of Pediatrics Steering Committee on Quality Improvement and Management. (2004). Classifying recommendations for clinical practice guidelines. taxonomy of recommendations for clinical practice guidelines. *Pediatrics, 114*, 874–877. doi:10.1542/peds.2004-1260

American Library Association. (1989). *Presidential committee on information literacy. Final Report.* Retrieved from http://www.ala.org/acrl/publications/whitepapers/presidential

American Medical Association. (2007). *AMA manual of style: A guide for authors and editors* (10th ed.). New York: Oxford University Press.

American National Standards Institute. (2010). *American National Standard specifications for audiometers* (ANSI s3.6–2010). New York: Author.

American Psychological Association (APA). (2001). *Publication manual of the American Psychological Association* (5th ed.). Washington, DC: Author.

American Psychological Association (APA). (2010). *Publication manual of the American Psychological Association* (6th ed.). Washington, DC: Author.

American Speech-Language-Hearing Association (ASHA). (1994). *The role of research and the state of research training within communication sciences and disorders* [Technical report]. Rockville, MD: Author. doi:10.1044/policy.TR1994-00254

American Speech-Language-Hearing Association (ASHA). (2004). *Evidence-based practice in communication disorders: An introduction* [Technical Report]. Retrieved from http://www.asha.org/docs/html/TR2004-00001.html

American Speech-Language-Hearing Association (ASHA). (2004). *Knowledge and skills needed by speech-language pathologists and audiologists to provide culturally and linguistically appropriate services.* Retrieved from http://www.asha.org/policy/KS2004-00215.htm

American Speech-Language-Hearing Association (ASHA). (2005). *Evidence-based practice in communication disorders* [Position statement]. Retrieved from http://www.asha.org/docs/html/PS2005-00221.html

American Speech-Language-Hearing Association (ASHA). (2005). *Protection of human subjects* [Issues in ethics]. Retrieved from http://www.asha.org/policy/ET2005-00176/

American Speech-Language-Hearing Association (ASHA). (2009). *Guidelines for the responsible conduct of research: Ethics and the publication process* [Guidelines]. Retrieved from http://www.asha.org/docs/html/GL2009-00308.html

American Speech-Language-Hearing Association (ASHA). (2011a). *Highlights and trends: ASHA counts for year end 2010.* Retrieved from http://www.asha.org/uploaded-Files/2010-Member-Counts.pdf

American Speech-Language-Hearing Association (ASHA). (2011b). *Cultural competence in professional service delivery* [Professional issues statement]. Retrieved from http://www.asha.org/policy/PI2011-00326.htm

American Speech-Language-Hearing Association (ASHA). (2011c). *Cultural competence in professional service delivery* [Position statement]. Retrieved from http://www.asha.org/docs/html/PS2011-00325.html

American Speech-Language-Hearing Association (ASHA). (2013). *Instructions for authors.* Retrieved from http://journals.asha.org/misc/ifora.dtl

American Speech-Language-Hearing Association (ASHA). (2013). *National Outcomes Measurement System (NOMS).* Retrieved from http://www.asha.org/members/research/noms/

American Speech-Language-Hearing Association (ASHA). (2014a). *Systematic reviews.* Retrieved from http://www.asha.org/members/ebp/compendium/reviews/

American Speech-Language-Hearing Association (ASHA). (2014b). *Clinical practice guidelines.* Retrieved from http://www.asha.org/members/ebp/compendium/guidelines/

Anastasi, A., & Urbina, S. (1997). *Psychological testing* (7th ed.). Upper Saddle River, NJ: Prentice Hall.

Anderson, J. D., Pellowski, M. W., Conture, E. G., & Kelly, E. M. (2003). Temperamental characteristics of young children who stutter. *Journal of Speech, Language, and Hearing Research, 46*, 1221–1233. doi:10.1044/1092-4388(2003/095)

Andrade, F. P., Biazevic, M.G.H., Toporcov, T. N., Togni, J., Carvalho, M. B., & Antunes, J. L. F. (2012). Discriminant validity of the University of Washington quality of life questionnaire in the Brazilian context. *Revista Brasileira de Epidemiologia, 15,* 781–789.

Angell, M. E., Bailey, R. L., & Stoner, J. B. (2008). Family perceptions of facilitators and inhibitors of effective school-based dysphagia management. *Language, Speech, and Hearing Services in Schools, 39,* 214–226. doi:10.1044/0161-1461(2008/021)

Apel, K. (2011). Science is an attitude: A response to Kamhi. *Language, Speech, and Hearing Services in Schools, 42,* 65–68. doi:10.1044/0161-1461(2009/09-0036)

Apel, K., & Self, T. (2003). Evidence-based practice: The marriage of research and clinical service. *The ASHA Leader, 8*(16), 6–7.

Arkkila, E., Rasanen, P., Roine, R. P., & Vilkman, E. (2008). Specific language impairment in childhood is associated with impaired mental and social well-being in adulthood. *Logopedics Phoniatrics Vocology, 33,* 179–189. doi:10.1080/14015430802088289

Arndt, W. B. (1977). A psychometric evaluation of the Northwestern Syntax Screening Test. *Journal of Speech and Hearing Disorders, 42,* 316–319.

Atkins, S., Launiala, A., Kagaha, A., & Smith, H. (2012). Including mixed methods research in systematic reviews: Examples from qualitative syntheses in TB and malaria control. *BMC Medical Research Methodology, 12,* 62. doi:10.1186/1471-2288-12-62

Attanasio, J.S. (1994). Inferential statistics and treatment efficacy studies in communication disorders. *Journal of Speech and Hearing Research, 37,* 755–759.

Ayukawa, H., & Rudmin, F. (1983). Does early middle ear pathology affect auditory perception skills and learning? Comment on Brandes and Ehinger (1981). *Journal of Speech and Hearing Disorders, 48,* 222–223.

Babbie, E. R. (1990). *Survey research methods* (2nd ed.). Belmont, CA: Wadsworth.

Baer, D. M. (1988). If you know why you're changing a behavior, you'll know when you've changed it enough. *Behavioral Assessment, 10,* 219–223.

Bagatto, M. P., & Scollie, S. D. (2013). Validation of the Parents' Evaluation of Aural/Oral Performance of Children (PEACH) Rating Scale. *Journal of the American Academy of Audiology, 24,* 121–125. doi:10.3766/jaaa.24.2.5

Bagatto, M. P., Moodie, S. T., Seewald, R. C., Bartlett, D. J., & Scollie, S. D. (2011). A critical review of audiological outcome measures for infants and children. *Trends in Amplification, 15,* 23–33. doi:10.1177/1084713811412056

Bailey, R. L., Stoner, J. B., Angell, M. E., & Fetzer, A. (2008). School-based speech-language pathologists' perspectives on dysphagia management in the schools. *Language, Speech, and Hearing Services in Schools, 39,* 441–450. doi:10.1044/0161-1461(2008/07-0041)

Bain, B. A., & Dollaghan, C. A. (1991). The notion of clinically significant change. *Language, Speech, and Hearing Services in Schools, 22,* 264–270.

Baken, R. J., & Orlikoff, R. F. (1997). Voice measurement: Is more better? *Logopedics Phoniatrics Vocology, 22,* 147–151.

Baken, R. J., & Orlikoff, R. F. (2000). *Clinical measurement of speech and voice* (2nd ed.). San Diego, CA: Singular.

Baker, E., & McLeod, S. (2004). Evidence-based management of phonological impairment in children.

Child Language Teaching and Therapy, 20, 261–285. doi:10.1191/0265659004ct275oa

Baker, E., Croot, K., McLeod, S., & Paul, R. (2001). Psycholinguistic models of speech development and their application to clinical practice. *Journal of Speech, Language, and Hearing Research, 44,* 685–702. doi:10.1044/1092-4388(2001/055)

Ball, M. J., Müller, N., & Nelson, R. L. (2014). *Handbook of qualitative research in communication disorders.* New York: Psychology Press.

Barber, T. X. (1976). *Pitfalls in human research.* New York: Pergamon.

Barber, T. X., & Silver, M. J. (1968). Fact, fiction, and the experimenter bias effect. *Psychological Bulletin Monograph Supplement, 70*(6, Pt. 2).

Barlow, D. H., Nock, M. K., & Hersen, M. (2009). *Single case experimental designs: Strategies for studying behavior change*(3rd ed.). Boston: Pearson/Allyn & Bacon.

Barr, J., McLeod, S., & Daniel, G. (2008). Siblings of children with speech impairment: Cavalry on the hill. *Language, Speech, and Hearing Services in Schools, 39,* 21–32. doi:10.1044/0161-1461(2008/003)

Barrow, R. (2008). Listening to the voice of living life with aphasia: Anne's story. *International Journal of Language and Communication Disorders, 43* (Suppl. 1), 30–46. doi:10.1080/13682820701697947

Bartolucci, A. A. (2007). Meta-analysis: Some clinical and statistical contributions in several medical disciplines. *Yonsei Medical Journal, 48*(2), 157–163. doi:10.3349/ymj.2007.48.2.157

Bauer, C. A., Turner, J. G., Caspary, D. M., Myers, K. S., & Brozoski, T. J. (2008). Tinnitus and inferior colliculus activity in chinchillas related to three distinct patterns of cochlear trauma. *Journal of Neuroscience Research, 86,* 2564–2578. doi:10.1002/jnr.21699

Baumgartner, T. A., & Hensley, L. D. (2013). *Conducting & reading research in kinesiology* (5th ed.). New York: McGraw-Hill.

Baylis, A. L., Watson, P. J., & Moller, K. T. (2009). Structural and functional causes of hypernasality in velocardiofacial syndrome. A pilot study. *Folia Phoniatrica et Logopaedica, 61,* 93–96. doi:10.1159/000209252

Baylor, C., Burns, M., Eadie, T., Britton, D., & Yorkston, K. (2011). A qualitative study of interference with communicative participation across communication disorders in adults. *American Journal of Speech-Language Pathology, 20,* 269–287. doi:10.1044/1058-0360(2011/10-0084)

Beeson, P. M., & Robey, R. R. (2006). Evaluating single-subject treatment research: Lessons learned from the aphasia literature. *Neuropsychology Review, 16*(4), 161–169. doi:10.1007/s11065-006-9013-7

Behrman, A., & Orlikoff, R. F. (1997). Instrumentation in voice assessment and treatment: What's the use? *American Journal of Speech-Language Pathology, 6*(4), 9–16.

Bentley, J. P., & Thacker, P. G. (2004). The influence of risk and monetary payment on the research participation decision making process. *Journal of Medical Ethics, 30,* 293–298. doi:10.1136/jme.2002.001594

Ben-Yehudah, G., & Fiez, J. A. (2008). Impact of cerebellar lesions on reading and phonological processing. *Annals of the New York Academy of Sciences, 1145,* 260–274. doi:10.1196/annals.1416.015

Berg, B. L., & Lune, H. (2012). *Qualitative research methods for the social sciences* (8th ed.). Boston: Pearson.

Bernstein Ratner, N. (2011). Some pragmatic tips for dealing with clinical uncertainty. *Language, Speech, and Hearing Services in Schools, 42,* 77–80. doi:10.1044/0161-1461(2009/09-0033)

Bernstein Ratner, N. B. (2006). Evidence-based practice: An examination of its ramifications for the practice of speech-language pathology. *Language, Speech, and Hearing Services in Schools, 37,* 257–267. doi:10.1044/0161-1461(2006/029)

Best, J. W., & Kahn, J. V. (2006). *Research in education* (10th ed.). Boston: Pearson/Allyn & Bacon.

Birk, N. P., & Birk, G. B. (1972). *Understanding and using English* (5th ed.). Indianapolis, IN: Bobbs-Merrill.

Black, J. W. (1975). Introduction: Sidelights on measurements. In S. Singh (Ed.), *Measurement procedures in speech, hearing, and language* (pp. 1–15). Baltimore: University Park Press.

Blake, M. L., Frymark, T., & Venedictov, R. (2012). An evidence-based systematic review on communication treatments for individuals with right hemisphere brain damage. *American Journal of Speech-Language Pathology, 22,* 146–160. doi:10.1044/1058-0360(2012/12-0021)

Bliss-Holtz, J. (2007). Evidence-based practice: A primer for action. *Issues in Comprehensive Pediatric Nursing, 30,* 165–182. doi:10.1080/01460860701738336

Blood, G. W., Ridenaur, J. S., Thomas, E. A., Qualls, C. D., & Hammer, C. S. (2002). Predicting job satisfaction among speech-language pathologists working in public schools. *Language, Speech, and Hearing Services in Schools, 33,* 282–290. doi:10.1044/0161-1461(2002/023)

Bloom, M., Fischer, J., & Orme, J. G. (2009). *Evaluating practice: Guidelines for the accountable professional* (6th ed.). Boston: Pearson/Allyn & Bacon.

Boike, K. T., & Souza, P. E. (2000). Effect of compression ratio on speech recognition and speech-quality ratings with wide dynamic range compression amplification. *Journal of Speech, Language, and Hearing Research, 43,* 456–468.

Booth, A. (2006). Clear and present questions: Formulating questions for evidence-based practice. *Library Hi Tech, 24,* 355–368. doi:10.1108/07378830610692127

Booth, A., & Brice, A. (2004). *Evidence-based practice for information professionals: A handbook.* London, UK: Facet.

Bordens, K. S., & Abbott, B. B. (2007). *Research design and methods: A process approach* (7th ed.). New York: McGraw-Hill.

Bordens, K. S., & Abbott, B. B. (2011). *Research design and methods: A process approach* (8th ed.). New York: McGraw-Hill.

Boring, E. G. (1950). *A history of experimental psychology.* New York: Appleton-Century-Crofts.

Bose, A., & Van Lieshout, P. (2008). Effects of utterance length on lip kinematics in aphasia. *Brain and Language, 106,* 4–14. doi:10.1016/j.bandl.2008.03.002

Bothe, A. K., & Richardson, J. D. (2011). Statistical, practical, clinical, and personal significance: Definitions and applications in speech-language pathology. *American Journal of Speech-Language Pathology, 20,* 233–242. doi:10.1044/1058-0360(2011/10-0034)

Boudreau, J. D., Liben, S., & Fuks, A. (2012). A faculty development workshop in narrative-based reflective writing. *Perspectives in Medical Education, 1*(3), 143–154. doi:10.1007/s40037-012-0021-4

Bow, S., Klassen, J., Chisholm, A., Tjosvold, L., Thomson, D., Klassen, T. P., Moher, D., & Hartling, L. (2010). A descriptive analysis of child-relevant systematic reviews in the Cochrane Database of Systematic Reviews. *BMC Pediatrics, 10,* 34. doi:10.1186/1471-2431-10-34

Boyle, J., McCartney, E., Forbes, J., & O'Hare, A. (2007). A randomised controlled trial and economic evaluation of direct versus indirect and individual versus group modes of speech and language therapy for children with primary language impairment. *Health Technology Assessment, 11*(25), 1–139. Retrieved from http://www.hta.ac.uk/fullmono/mon1125.pdf

Brackenbury, T., Burroughs, E., & Hewitt, L. E. (2008). A qualitative examination of current guidelines for evidence-based practice in child language intervention. *Language, Speech, and Hearing Services in Schools, 39,* 78–88. doi:10.1044/0161-1461(2008/008)

Brady, N., Skinner, D., Roberts, J., & Hennon, E. (2006). Communication in young children with fragile X syndrome: A qualitative study of mothers' perspectives. *American Journal of Speech-Language Pathology, 15,* 353–364. doi:10.1044/1058-0360(2006/033)

Branson, R. D. (2004). Anatomy of a research paper. *Respiratory Care, 49,* 1222–1228.

Brinton, B., & Fujiki, M. (2003). Blending quantitative and qualitative methods in language research and intervention. *American Journal of Speech-Language Pathology, 12,* 165–171. doi:10.1044/1058-0360(2003/063)

Brisk, D. J., Healey, E. C., & Hux, K. A. (1997). Clinicians' training and confidence associated with treating school-age children who stutter: A national survey. *Language, Speech, and Hearing Services in Schools, 28,* 164–176.

Britten, N. (2005). Making sense of qualitative research: A new series. *Medical Education, 39,* 5–6. doi:10.1111/j.1365-2929.2004.02024.x

Bronken, B. A., Kirkevold, M., Martinsen, R., & Kvigne, K. (2012). The aphasic storyteller: Coconstructing stories to promote psychosocial well-being after stroke. *Qualitative Health Research, 22,* 1303–1316. doi:10.1177/1049732312450366

Brookshire, R. H. (1983). Subject description and generality of results in experiments with aphasic adults. *Journal of Speech and Hearing Disorders, 48,* 342–346.

Brown, R. V. (2006). Making decision research useful—not just rewarding. *Judgment and Decision Making, 1,* 162–173. Retrieved from www.sas.upenn.edu/~baron/journal/jdm06135.pdf

Burnard, P. (2004). Writing a qualitative research report. *Accident and Emergency Nursing, 12,* 176–181. doi:10.1016/j.aaen.2003.11.006

Butler, S. G., Stuart, A., Castell, D., Russell, G. B., Koch, K., & Kemp, S. (2009). Effects of age, gender, bolus condition, viscosity, and volume on pharyngeal and upper esophageal sphincter pressure and temporal measurements during swallowing. *Journal of Speech, Language, and Hearing Research, 52,* 240–253. doi:10.1044/1092-4388(2008/07-0092)

Byiers, B. J., Reichle, J., & Symons, F. J. (2012). Single-subject experimental design for evidence-based practice. *American Journal of Speech-Language Pathology, 21,* 397–414. doi:10.1044/1058-0360(2012/11-0036)

Cacace, A. T., & McFarland, D. J. (1998). Central auditory processing disorder in school-aged children: A critical review. *Journal of Speech, Language, and Hearing*

Research, 41, 355–373.

Campbell, D. T. (1999). Legacies of logical positivism and beyond. In D. T. Campbell & M. J. Russo (Eds.), *Social experimentation* (pp. 131–144). Thousand Oaks, CA: Sage.

Campbell, D. T., & Stanley, J. C. (1966). *Experimental and quasi-experimental designs for research.* Chicago: Rand McNally.

Campbell, T. F., & Bain, B. A. (1991). How long to treat: A multiple outcome approach. *Language, Speech, and Hearing Services in Schools, 22,* 271–276.

Cardon, G., Campbell, J., & Sharma, A. (2012). Plasticity in the developing auditory cortex: Evidence from children with sensorineural hearing loss and auditory neuropathy spectrum disorder. *Journal of the American Academy of Audiology, 23,* 396–411. doi:10.3766/jaaa.23.6.3

Carew, L., Dacakis, G., & Oates, J. (2007). The effectiveness of oral resonance therapy on the perception of femininity of voice in male-to-female transsexuals. *Journal of Voice, 21,* 591–603. doi:10.1016/j.jvoice.2006.05.005

Carey, B. (2004, June 15). The subject is subjects. *New York Times.* Retrieved from www.nytimes.com/2004/06/15/health/psychology/15psyc.html

Cartwright, N. (2007). Are RCTs the gold standard? *BioSocieties, 2,* 11–20. doi:10.1017/S1745855207005029

Caruso, A. J., Chodzko-Zajko, W. J., Bidinger, D. A., & Sommers, R. K. (1994). Adults who stutter: Responses to cognitive stress. *Journal of Speech and Hearing Research, 37,* 748–749.

Carver, R. P. (1978). The case against statistical significance testing. *Harvard Educational Review, 48,* 378–399.

Casby, M. W. (2001). Otitis media and language development: A meta-analysis. *American Journal of Speech-Language Pathology, 10*(1), 65–80. doi:10.1044/1058-0360(2001/009)

Catallo, C., Jack, S. M., Ciliska, D., & MacMillan, H. L. (2013). Mixing a grounded theory approach with a randomized controlled trial related to intimate partner violence: What challenges arise for mixed methods research? *Nursing Research and Practice, 2013,* 798213. doi:10.1155/2013/798213

Celek, J. A., Pershey, M. G., & Fox, D. M. (2002). Phonological awareness acquisition in children with coexisting mental retardation and behavioral disorders. *Contemporary Issues in Communication Science and Disorders, 29,* 194–207.

Centeno, J. G., Anderson, R. T., Restrepo, M. A., Jacobson, P. F., Guendouzi, J., Müller, N., Ansaldo, A. I., & Marcotte, K. (2007). Ethnographic and sociolinguistic aspects of communication: Research-praxis relationships. *The ASHA Leader, 12*(9). Retrieved from http://www.asha.org/Publications/leader/2007/070717/f070717b/

Centre for Evidence-based Medicine. (2009). *Oxford Centre forevidence-based medicine: Levels of evidence.* Oxford, UK: Author. Retrieved from http://www.cebm.net/index.aspx?o=1025

Chen, P. Y., & Popovich, P. M. (2002). *Correlation: Parametric and nonparametric measures.* Thousand Oaks, CA: Sage.

Chenail, R. J. (1995). Presenting qualitative data. *Qualitative Report, 2*(3). Retrieved from http://www.nova.edu/ssss/QR/QR2-3/presenting.html

Ching, T. Y. C. (2012). Hearing aids for children. In L. Wong & L. Hickson (Eds.), *Evidence-based practice in audiology: Evaluating interventions for children and adults with hearing impairment*(pp. 93–118). San Diego: Plural.

Chomsky, N. (1968). *Language and mind.* New York: Harcourt, Brace, & World.

Christensen, L. B. (2007). *Experimental methodology* (10th ed.). Boston: Pearson/Allyn & Bacon.

Cirrin, F. M., & Gillam, R. B. (2008). Language intervention practices for school-age children with spoken language disorders: A systematic review. *Language, Speech, and Hearing Services in Schools, 39,* S110–S137. doi:10.1044/0161-1461(2008/012)

Cizek, G. J. (1995). Crunchy granola and the hegemony of the narrative. *Educational Researcher, 24*(2), 26–28.

Claesen, E., & Pryce, H. (2012). An exploration of the perspectives of help-seekers prescribed hearing aids. *Primary Health Care Research and Development, 13,* 279–284. doi:10.1017/S1463423611000570

Clark, H. M. (2012). Specificity of training in the lingual musculature. *Journal of Speech, Language, and Hearing Research, 55,* 657–667. doi:10.1044/1092-4388(2011/11-0045)

Clegg, J., Ansorge, L., Stackhouse, J., & Donlan, C. (2012). Developmental communication impairments in adults: Outcomes and life experiences of adults and their parents. *Language, Speech, and Hearing Services in Schools, 43,* 521–535. doi:10.1044/0161-1461(2012/11-0068)

Cohen, J. (1988). *Statistical power analysis for the behavioral sciences* (2nd ed.). Mahwah, NJ: Erlbaum.

Cohen, J. (1997). The earth is round (*p* < .05). In L. L. Harlow, S. A. Mulaik, & J. H. Steiger (Eds.), *What if there were no significance tests?* (pp. 21–35). Mahwah, NJ: Erlbaum.

Colbert, S. M., & Peters, E. R. (2002). Need for closure and jumping-to-conclusions in delusion-prone individuals. *Journal of Nervous and Mental Disease, 190,* 27–31.

Collier, R. (2012a). Person-first language: Noble intent but to what effect? *Canadian Medical Association Journal, 184,* 1977–1978. doi:10.1503/cmaj.109-4319

Collier, R. (2012b). Person-first language: What it means to be a "person." *Canadian Medical Association Journal, 184,* E935–E936. doi:10.1503/cmaj.109-4322

Collier, R. (2012c). Person-first language: Laudable cause, horrible prose. *Canadian Medical Association Journal, 184,* E939–E940. doi:10.1503/cmaj.109-4338

Conklyn, D., Novak, E., Boissy, A., Bethoux, F., & Chemali, K. (2012). The effects of modified melodic intonation therapy on nonfluent aphasia: A pilot study. *Journal of Speech, Language, and Hearing Research, 55,* 1463–1471. doi:10.1044/1092-4388(2012/11-0105)

Cordes, A. K. (1994). The reliability of observational data: I. Theories and methods for speech-language pathology. *Journal of Speech and Hearing Research, 37,* 264–278.

Cordes, A. K. (2000). Comments on Yaruss, LaSalle, and Conture (1998). *American Journal of Speech-Language Pathology, 9*(2), 162–165.

Costello, J., & Bosler, S. (1976). Generalization and articulation instruction. *Journal of Speech and Hearing Disorders, 41,* 359–373.

Cottrell, A. W., Montague, J., Farb, J., & Throne, J. M. (1980). An operant procedure for improving vocabulary definition performances in developmentally delayed children. *Journal of Speech and Hearing Disorders, 45,* 90–102.

Courtright, J. A., & Courtright, I. C. (1979). Imitative modeling as a language intervention strategy: The effects of two mediating variables. *Journal of Speech and Hearing Research, 22,* 389–402.

Cox, R. M. (2005). Evidence-based practice in provision of amplification. *Journal of the American Academy of Audiology, 16,* 409–438. doi:10.3766/jaaa.16.7.3

Cox, R. M., Alexander, G. C., & Gray, G. A. (2007). Personality, hearing problems, and amplification characteristics: Contributions to self-report hearing aid outcomes. *Ear and Hearing, 28,* 141–162.doi:10.1097/AUD.0b013e31803126a4

Craig, A., Hancock, K., Tran, Y., Craig, M., & Peters, K. (2002). Epidemiology of stuttering in the community across the life span. *Journal of Speech, Language, and Hearing Research, 45,* 1097–1105.doi:10.1044/1092-4388(2002/088)

Crais, E. R., Roy, V. P., & Free, K. (2006). Parents' and professionals' perceptions of the implementation of family-centered practices in child assessments. *American Journal of Speech-Language Pathology, 15,* 365–377. doi:10.1044/1058-0360(2006/034)

Creswell, J. W. (1994). *Research design: Qualitative and quantitative approaches.* Thousand Oaks, CA: Sage.

Creswell, J. W. (2009). *Research design: Qualitative, quantitative, and mixed methods approaches* (3rd ed.). Thousand Oaks, CA: Sage.

Creswell, J. W. (2013). *Qualitative inquiry and research design: Choosing among five approaches* (3rd ed.). Thousand Oaks, CA: Sage.

Creswell, J. W. (2014). *Research design: Qualitative, quantitative, and mixed methods approaches* (4th ed.). Thousand Oaks, CA: Sage.

Creswell, J. W., & Plano Clark, V. L. (2011). *Designing and conducting mixed methods research* (2nd ed.). Thousand Oaks, CA: Sage.

Critic/Critical. (2000). *The American heritage dictionary of the English language* (4th ed.). Boston: Houghton Mifflin.

Cronbach, L. J. (1990). *Essentials of psychological testing* (5th ed.). New York: HarperCollins.

Cronbach, L. J., Gleser, G., Nanda, H., & Rajaratnam, N. (1972). *The dependability of behavioral measurements: Theory of generalizability of scores and profiles.* New York: John Wiley.

Crystal, D. (1997). The language of science. In *The Cambridge encyclopedia of language* (2nd ed., pp. 384–385). Cambridge, UK: Cambridge University Press.

Curlee, R. F., & Yairi, E. (1997). Early intervention with early childhood stuttering: A critical examination of the data. *American Journal of Speech–Language Pathology, 6*(2), 8–18.

Cutcliffe, J. R., & McKenna, H. P. (1999). Establishing the credibility of qualitative research findings: The plot thickens. *Journal of Advanced Nursing, 30,* 374–380.

Cybrarian. (2006). *Oxford English dictionary online* (3rd ed.). Oxford University Press. Retrieved from http://www.oed.com/view/Entry/263580

Daly, K. J. (2007). *Qualitative methods for family studies and human development.* Thousand Oaks, CA: Sage.

Damico, J. S., & Simmons-Mackie, N. N. (2003). Qualitative research and speech-language pathology: A tutorial for the clinical realm. *American Journal of Speech-Language Pathology, 12,* 131–143. doi:10.1044/1058-0360(2003/060)

Daniels, D. E., Hagstrom, F., & Gabel, R. M. (2006). A qualitative study of how African American men who stutter attribute meaning to identity and life choices. *Journal of Fluency Disorders, 31,* 200–215. doi:10.1016/j.jfludis.2006.05.002

Danzak, R. L. (2011a). The integration of lexical, syntactic, and discourse features in bilingual adolescents' writing: An exploratory approach. *Language, Speech, and Hearing Services in Schools, 42,* 491–505. doi:10.1044/0161-1461(2011/10-0063)

Danzak, R. L. (2011b). The interface of language proficiency and identity: A profile analysis of bilingual adolescents and their writing. *Language, Speech, and Hearing Services in Schools, 42,* 506–519. doi:10.1044/0161-1461(2009/07-0099)

Davidow, J. H., Bothe, A. K., Andreatta, R. D., & Ye, J. (2009). Measurement of phonated intervals during four fluency-inducing conditions. *Journal of Speech, Language, and Hearing Research, 52,* 188–205. doi:10.1044/1092-4388(2008/07-0040)

Davidson, B., Howe, T., Worrall, L., Hickson, L., & Togher, L. (2008). Social participation for older people with aphasia: The impact of communication disability on friendships. *Topics in Stroke Rehabilitation, 15,* 325–340. doi:10.1310/tsr1504-325

De Letter, M., Santens, P., De Bodt, M., Van Maele, G., Van Borsel, J., & Boon, P. (2007). The effect of levodopa on respiration and word intelligibility in people with advanced Parkinson's disease. *Clinical Neurology and Neurosurgery, 106,* 495–500. doi:10.1016/j.clineuro.2007.04.003

De Vera Barredo, R. (2005). Reflection and evidence-based practice in action: A case based application. *Internet Journal of Allied Health Sciences and Practice, 3*(3), 1–4. Retrieved from http://ijahsp.nova.edu/articles/vol3num3/De%20Vera%20Barredo%20Print%20Version.pdf

Deb, S., Hare, M., & Prior, L. (2007). Symptoms of dementia among adults with Down's syndrome: A qualitative study. *Journal of Intellectual Disability Research, 51,* 726–739. doi:10.1111/j.1365-2788.2007.00956.x

DeLuca, J. B., Mullins, M. M., Lyles, C. M., Crepaz, N., Kay, L, & Thadiparthi, S. (2008). Developing a comprehensive search strategy for evidence based systematic reviews. *Evidence Based Library and Information Practice, 3,* 3–32.

Deming, W. E. (1952). *Elementary principles of the statistical control of quality.* Tokyo: Japanese Union of Scientists and Engineers.

Deming, W. E. (1982). *Out of the crisis.* Cambridge, MA: MIT.

Demorest, M. E., & Bernstein, L. E. (1992). Sources of variability in speechreading sentences: A generalizability analysis. *Journal of Speech and Hearing Research, 35,* 876–891.

Demorest, M. E., Bernstein, L. E., & DeHaven, G. P. (1996). Generalizability of speechreading performance on nonsense syllables, words, and sentences: Subjects with normal hearing. *Journal of Speech, Language, and Hearing Research, 39,* 697–713.

Dennis, J., & Abbott, J. (2006). Information retrieval: Where's your evidence? *Contemporary Issues in Communication Science and Disorders, 33,* 11–20.

Denzin, N. K. (1978). *The research act: A theoretical introduction to sociological methods.* New York: McGraw-Hill.

Denzin, N. K., & Lincoln, Y. S. (2011). *The Sage handbook of qualitative research* (4th ed.). Thousand Oaks, CA: Sage.

DePaul, R., & Kent, R. D. (2000). A longitudinal case study of ALS: Effects of listener familiarity and proficiency on intelligibility judgments. *American Journal of Speech-Language Pathology, 9,* 230–240.

DePoy, E., & Gitlin, L. N. (2011). *Introduction to research:*

Understanding and applying multiple strategies (4th ed.). St. Louis, MO: Elsevier Mosby.

DeThorne, L. S., Johnson, C. J., Walder, L., & Mahurin-Smith, J. (2009). When "Simon Says" doesn't work: Alternatives to imitation for facilitating early speech development. *American Journal of Speech-Language Pathology, 18,* 133–145. doi:10.1044/1058-0360(2008/07-0090)

Dickson, K., Marshall, M., Boyle, J., McCartney, E., O'Hare, A., & Forbes, J. (2009). Cost analysis of direct versus indirect and individual versus group modes of manual-based speech-and-language therapy for primary school-age children with primary language impairment. *International Journal of Language and Communication Disorders, 44,* 369–381. doi:10.1080/13682820802137041

Dickson, S., Barbour, R. S., Brady, M., Clark, A. M., & Paton, G. (2008). Patients' experiences of disruptions associated with post-stroke dysarthria. *International Journal of Language and Communication Disorders, 43,* 135–153. doi:10.1080/13682820701862228

Dietz, A., Quach, W., Lund, S. K., & McKelvey, M. (2012). AAC assessment and clinical-decision making: The impact of experience. *Augmentative and Alternative Communication, 28*(3), 148–159. doi:10.3109/07434618. 2012.704521

DiFino, S. M., Johnson, B. W., & Lombardino, L. J. (2008). The role of the SLP in assisting college students with dyslexia in fulfilling foreign language requirements: A case study. *Contemporary Issues in Communication Science and Disorders, 35,* 54–64.

Dixon-Woods, M., & Fitzpatrick, R. (2001). Qualitative research in systematic reviews has established a place for itself. *British Medical Journal, 323,* 765–766.

Dodd, B. (2007). Evidence-based practice and speech–languagepathology: Strengths, weaknesses, opportunities and threats. *Folia Phoniatrica et Logopaedica, 59,* 118–129. doi:10.1159/000101770

Dollaghan, C. A. (2004). Evidence-based practice in communication disorders: What do we know, and when do we know it? *Journal of Communication Disorders, 37,* 391–400. doi:10.1016/j.jcomdis.2004.04.002

Dollaghan, C. A. (2007). *The handbook for evidence-based practice in communication disorders.* Baltimore: Brookes.

Draper, M., Ladefoged, P., & Whitteridge, D. (1959). Respiratory muscles in speech. *Journal of Speech and Hearing Research, 2,* 16–27.

Drew, C. J., Hardman, M. L., & Hart, A. W. (1996). *Designing and conducting research: Inquiry in education and social science* (2nd ed.). Needham Heights, MA: Allyn & Bacon.

Drew, C. J., Hardman, M. L., & Hosp, J. L. (2008). *Designing and conducting research in education* (2nd ed.). Thousand Oaks, CA: Sage.

Drisko, J. W. (2005). Writing up qualitative research. *Families in Society, 86,* 589–593. doi:10.1606/1044-3894.3465

Dysart, A. M., & Tomlin, G. S. (2002). Factors related to evidence-based practice among U.S. occupational therapy clinicians. *American Journal of Occupational Therapy, 56,* 275–284. doi:10.5014/ajot.56.3.275

Easterbrook, P. J., Berlin, J. A., Gopalan, R., & Matthews, D. R.(1991). Publication bias in clinical research. *Lancet, 337,* 867–872. doi:10.1016/0140-6736(91)90201-Y

Ebel, R. L. (1965). *Measuring educational achievement.* Upper Saddle River, NJ: Prentice Hall.

Egger, M., Smith, G. D., Schneider, M., & Minder, C. (1997).

Bias in meta-analysis detected by a simple, graphical test. *British Medical Journal, 315,* 629–634. doi:10.1136/bmj.315.7109.629

Eilertsen, G., Ormstad, H., & Kirkevold, M. (2013). Experiences of poststroke fatigue: Qualitative meta-synthesis. *Journal of Advanced Nursing, 69,* 514–525. doi:10.1111/jan.12002

Eisinga, R., Grotenhuis, M. t., & Pelzer, B. (2012). The reliability of a two-item scale: Pearson, Cronbach, or Spearman-Brown? *International Journal of Public Health.* Retrieved from http://link.springer.com/content/pdf/10.doi:1007/s00038-012-0416-3.pdf

Eisner, E. W. (1998). *The enlightened eye: Qualitative inquiry and the enhancement of educational practice.* Upper Saddle River, NJ: Prentice Hall.

Elman, R. J. (2006). Evidence-based practice: What evidence is missing? *Aphasiology, 20,* 103–109. doi:10.1080/02687030500472256

Enderby, P. M., & John, A. (1999). Therapy outcome measures in speech and language therapy: Comparing performance between different providers. *International Journal of Language and Communication Disorders, 34,* 417–429.

Engberg, S. (2008). Systematic reviews and meta-analysis: Studies of studies. *Journal of Wound, Ostomy, and Continence Nursing, 35*(3), 258–265. doi:10.1097/01. WON.0000319122.76112.23

Fagelson, M. A. (2007). The association between tinnitus and posttraumatic stress disorder. *American Journal of Audiology, 16,* 107–117. doi:10.1044/1059-0889(2007/015)

Fairhurst, K., & Huby, G. (1998). From the trial data to practical knowledge: Qualitative study of how general practitioners have accessed and used evidence about statin drugs in their management of hypercholesterolaemia. *British Medical Journal, 317,* 1130–1134.

Falzon, L., Davidson, K. W., & Bruns, D. (2010). Evidence searching for evidence-based psychology practice. *Professional Psychology, Research and Practice, 41,* 550–557. doi:10.1037/a0021352

Ferguson, G. A., & Takane, Y. (l989). *Statistical analysis in psychology and education* (6th ed.). New York: McGraw-Hill.

Fey, M. E., Yoder, P. J., Warren, S. F., & Bredin-Oja, S. L. (2013). Is more better? Milieu communication teaching in toddlers with intellectual disabilities. *Journal of Speech, Language, and Hearing Research, 56,* 679–693. doi:10.1044/1092-4388(2012/12-0061)

Fineout-Overholt, E., & Stillwell, S. B. (2011). Asking compelling, clinical questions. In B. M. Melnyk & E. Fineout-Overholt (Eds.), *Evidence-based practice in nursing & healthcare: A guide to best practice* (2nd ed., pp. 25–39). Philadelphia: Lippincott Williams & Wilkins.

Finfgeld-Connett, D. (2010). Generalizability and transferability of meta-synthesis research findings. *Journal of Advanced Nursing, 66,* 246–254. doi:10.1111/j.1365-2648.2009.05250.x

Finn, P. (2011). Critical thinking: Knowledge and skills for evidence-based practice. *Language, Speech, and Hearing Services in Schools, 42,* 69–72. doi:10.1044/0161-1461(2010/09-0037)

Finn, P., Bothe, A. K., & Bramlett, R. E. (2005). Science and pseudoscience in communication disorders: Criteria and applications. *American Journal of Speech-Language Pathology, 14,* 172–186. doi:10.1044/1058-

0360(2005/018)

Fisher, R. A. (1973). *Statistical methods and scientific inference*(3rd ed.). New York: Hafner.

Fitzpatrick, E., Angus, D., Durieux-Smith, A., Graham, I. D., & Coyle, D. (2008). Parents' needs following identification of childhood hearing loss. *American Journal of Audiology, 17,* 38–49. doi:10.1044/1059-0889(2008/005)

Folkins, J. (1992). *Resource on person-first language: The language used to describe individuals with disabilities.* Retrieved from http://www.asha.org/publications/journals/submissions/person_first/

Fox, C. M., & Boliek, C. A. (2012). Intensive voice treatment (LSVT LOUD) for children with spastic cerebral palsy and dysarthria. *Journal of Speech, Language, and Hearing Research, 55,* 930–945. doi:10.1044/1092-4388(2011/10-0235)

Fraas, M. R., & Calvert, M. (2009). The use of narratives to identify characteristics leading to a productive life following acquired brain injury. *American Journal of Speech-Language Pathology, 18,* 315–328. doi:10.1044/1058-0360(2009/08-0008)

Fratelli, C. M. (1998). Outcomes measurement: Definitions, dimensions, and perspectives. In C. M. Fratelli (Ed.), *Measuring outcomes in speech-language pathology* (pp. 1–27). New York: Thieme.

Frattali, C. M. (2013). Outcomes measurement: Definitions, dimensions, and perspectives. In L. C. Golper & C. M. Frattali (Eds.), *Outcomes in speech-language pathology* (2nd ed., pp. 3–24). New York: Thieme.

Freeman, A. C., & Sweeney, K. (2001). Why general practitioners do not implement evidence: Qualitative study. *British Medical Journal, 323,* 1–5. doi:10.1136/bmj.323.7321.1100

Friedman, T. L. (2002, May 12). Global village idiocy. *New York Times,* p. 15. Retrieved from http://www.nytimes.com/2002/05/12/opinion/global-village-idiocy.html

Friedrich, M. J. (2013). The Cochrane Collaboration turns 20: Assessing the evidence to inform clinical care. *Journal of the American Medical Association, 309,* 1881–1882. doi:10.1001/jama.2013.1827

Friel-Patti, S. (1994). Commitment to theory. *American Journal of Speech-Language Pathology, 3*(2), 30–34.

Gall, J. P., Gall, M. D., & Borg, W. R. (2014). *Applying educational research: How to read, do, and use research to solve problems of practice* (7th ed.). Boston: Pearson.

Galvan, J. L. (2009). *Writing literature reviews* (4th ed.). Los Angeles: Pyrczak.

Gelber, R. D., & Goldhirsch, A. (1991). Meta-analysis: The fashion of summing-up evidence. Part I. Rationale and conduct. *Annals of Oncology, 2,* 461–468.

Gerber, S. E. (Ed.). (2001). *Handbook of genetic communicative disorders.* New York: Academic Press.

Gibbons, C. (2006). You talk like a monkey: Reflections on a teacher's personal study of growing up with a cleft palate. *Pastoral Care in Education, 24*(2), 53–59. doi:10.1111/j.1468-0122.2006.00365.x

Gibbons, J. D. (1993). *Nonparametric statistics: An introduction.* Newbury Park, CA: Sage.

Gierut, J. A. (2007). Phonological complexity and language learnability. *American Journal of Speech-Language Pathology, 16,* 6–17. doi:10.1044/1058-0360(2007/003)

Gillam, S. L., & Gillam, R. B. (2006). Making evidence-based decisions about child language intervention in schools. *Language, Speech, and Hearing Services in Schools, 37,*

Glaser, B. G. (1992). *Basics of grounded theory analysis.* Mill Valley, CA: Sociology Press.

Glass, G. V (1976). Primary, secondary, and meta-analysis of research. *Educational Researcher, 5,* 3–8.

Glasziou, P., Vandenbroucke, J., & Chalmers, I. (2004). Assessing the quality of research. *British Medical Journal, 328,* 39–41.

Golper, L. C. (2013). Outcomes measurement: Converging issues, trends, and influences. In L. C. Golper & C. M. Frattali (Eds.), *Outcomes in speech-language pathology* (2nd ed., pp, 25–57). New York: Thieme.

Golper, L. C., & Frattali, C. M. (Eds.). (2013). *Outcomes in speech-language pathology* (2nd ed.). New York: Thieme.

Golper, L. C., Wertz, R. T., & Brown, K. E. (2006). Back to basics: Reading research literature. *The ASHA Leader, 11*(5), 10–11, 28, 34–35.

Gomez, M. I., Hwang, S., Sobotova, L., Stark, A. D., & May, J. J. (2001). A comparison of self-reported hearing loss and audiometry in a cohort of New York farmers. *Journal of Speech, Language, and Hearing Research, 44,* 1201–1208.

Gough, D., Oliver, S., & Thomas, J. (2012). *An introduction to systematic reviews.* Thousand Oaks, CA: Sage.

Graziano, A. M., & Raulin, M. L. (2013). *Research methods: A process of inquiry* (8th ed.). Boston: Pearson.

Greenhalgh, T. (1997). How to read a paper: Getting your bearings (deciding what the paper is about). *British Medical Journal, 315,* 243–246.

Greenhalgh, T., & Taylor, R. (1997). How to read a paper: Papers that go beyond numbers (qualitative research). *British Medical Journal, 315,* 740–743.

Greenslade, K. J., Plante, E., & Vance, R. (2009). The diagnostic accuracy and construct validity of the Structured Photographic Expressive Language Test—Preschool: Second Edition. *Language, Speech, and Hearing Services in Schools, 40,* 150–160. doi:10.1044/0161-1461(2008/07-0049)

Grégoire, G., Derderian, F., & Le Lorier, J. (1995). Selecting the language of the publications included in a meta-analysis: Is there a Tower of Babel bias? *Journal of Clinical Epidemiology, 48,* 159–163.

Greig, C.-A., Harper, R., Hirst, T., Howe, T., & Davidson, B. (2008). Barriers and facilitators to mobile phone use for people with aphasia. *Topics in Stroke Rehabilitation, 15,* 307–324. doi:10.1310/tsr1504-307

Grove, S. K., Burns, N., & Gray, J. (2013). *The practice of nursing research: Appraisal, synthesis, and generation of evidence*(7th ed.). Philadelphia: Saunders.

Guilford, J. P. (1965). *Fundamental statistics in psychology and education.* New York: McGraw-Hill.

Guinagh, K., & Dorjahn, A. P. (1945). *Latin literature in translation.* New York: Longmans, Green.

Guitar, B. (1976). Pretreatment factors associated with the outcome of stuttering therapy. *Journal of Speech and Hearing Research, 19,* 590–600.

Guitar, B., & Marchinkoski, L. (2001). Influence of mothers' slower speech on their children's speech rate. *Journal of Speech, Language, and Hearing Research, 44,* 853–861. doi:10.1044/1092-4388(2001/067)

Gumbley, F., Huckabee, M. L., Doeltgen, S. H., Witte, U., & Moran, C. (2008). Effects of bolus volume on pharyngeal contact pressure during normal swallowing. *Dysphagia, 23,* 280–285. doi:10.1007/s00455-007-9137-9

Gunter, H. E. (2003). Modeling mechanical stresses as a factor in the etiology of benign vocal fold lesions. *Journal of Biomechanics, 37*, 1119–1124. doi:10.1016/j.jbiomech.2003.11.007

Guo, R., Bain, B. A., & Willer, J. (2008). Results of an assessment of information needs among speech-language pathologists and audiologists in Idaho. *Journal of the Medical Library Association, 96*, 138–144. doi:10.3163/1536-5050.96.2.138

Guyatt, G., Rennie, D., Meade, M. O., & Cook, D. J. (2008). *User's guides to the medical literature: A manual for evidence-based clinical practice* (2nd ed.). New York: McGraw-Hill.

Guyette, T. W., & Carpenter, M. A. (1988). Accuracy of pressure-flow estimates of velopharyngeal orifice size in an analog model and human subjects. *Journal of Speech and Hearing Research, 31*, 537–548.

Haber, A., Runyon, R. P., & Badia, P. (Eds.). (1970). *Readings in statistics.* Reading, MA: Addison-Wesley.

Hadley, R. G. & Brodwin, M. G. (1988). Language about people with disabilities. *Journal of Counseling and Development, 67*(3), 147–149.

Haines, A., & Jones, R. (1994). Implementing findings of research. *British Medical Journal, 308*, 1488–1492.

Halle, J., Brady, N. C., & Drasgow, E. (2004). Enhancing socially adaptive communicative repairs of beginning communicators with disabilities. *American Journal of Speech-Language Pathology, 13*, 43–54.

Hamlin, H. M. (1966). What is research? Not only to count, but to be willing to judge. *American Vocational Journal, 41*(6), 14–16.

Hammersley, M. (1987). Some notes on the terms "validity" and "reliability." *British Educational Research Journal, 13*, 73–81.

Hannah, M. E., & Midlarsky, E. (1987). Differential impact of labels and behavioral descriptions on attitudes toward people with disabilities. *Rehabilitation Psychology, 32*, 227–248.

Hanson, W. E., Creswell, J. W., Plano Clark, V. L., Patska, K. S., & Creswell, J. D. (2005). Mixed methods research designs in counseling psychology. *Journal of Counseling Psychology, 52*, 224–235. doi:10.1037/0022-0167.52.2.224

Harbour, R., & Miller, J. (2001). A new system for grading recommendations in evidence based guidelines. *British Medical Journal, 323*, 334–336.

Harden, A. (2010). Mixed-methods systematic reviews: Integrating quantitative and qualitative findings. *FOCUS Technical Brief 25.* Austin, TX: National Center for the Dissemination of Disability Research. Retrieved from http://www.ktdrr.org/ktlibrary/articles_pubs/ncddrwork/focus/focus25/Focus25.pdf

Harden, A., & Thomas, J. (2005). Methodological issues in combining diverse study types in systematic reviews. *International Journal of Social Research Methods, 8*, 257–271. doi:10.1080/13645570500155078

Hargrove, P., Griffer, M., & Lund, B. (2008). Procedures for using clinical practice guidelines. *Language, Speech, and Hearing Services in Schools, 39*, 289–302. doi:10.1044/0161-1461(2008/028)

Harlow, L. L. (1997). Significance testing introduction and overview. In L. L. Harlow, S. A. Mulaik, & J. H. Steiger (Eds.), *What if there were no significance tests?* Mahwah, NJ: Erlbaum.

Harlow, L. L., Mulaik, S. A., & Steiger, J. H. (Eds.). (1997). *What if there were no significance tests?* Mahwah, NJ: Erlbaum.

Harnsberger, J. D., Shrivastav, R., Brown, W. S., Jr., Rothman, H., & Hollien, H. (2008). Speaking rate and fundamental frequency as speech cues to perceived age. *Journal of Voice, 22*, 58–69. doi:10.1016/j.jvoice.2006.07.004

Harrington, M., DesJardin, J. L., & Shea, L. C. (2010). Relationships between early child factors and school readiness skills in young children with hearing loss. *Communication Disorders Quarterly, 32*, 50–62. doi:10.1177/1525740109348790

Harris, R. A. (2003). *Writing with clarity and style: A guide to rhetorical devices for contemporary writers.* Los Angeles: Pyrczak.

Haynes, R. B., Devereaux, P. J., & Guyatt, G. H. (2002). Physicians' and patients' choices in evidence based practice: Evidence does not make decisions, people do [Editorial]. *British Medical Journal, 324*, 1350. doi:10.1136/bmj.324.7350.1350

Haynes, R. B., Sackett, D. L., Guyatt, G. H., & Tugwell, P. S. (2006). *Clinical epidemiology: How to do clinical practice research*(3rd ed.). Philadelphia: Lippincott Williams & Wilkins.

Haynes, W. O., & Johnson, C. E. (2009). *Understanding research and evidence-based practice in communication disorders: A primer for students and practitioners.* Boston: Pearson/Allyn & Bacon.

Haynes, W. O., & Pindzola, R. H. (2012). *Diagnosis and evaluation in speech pathology* (8th ed.). Upper Saddle River, NJ: Pearson.

Hays, W. L. (1994). *Statistics* (5th ed.). New York: Harcourt Brace.

Hedges, L. V. (1981). Distribution theory for Glass's estimator of effect size and related estimators. *Journal of Educational and Behavioral Statistics, 6*, 107–128. doi:10.3102/10769986006002107

Hedges, L. V., & Olkin, I. (1985). *Statistical methods for meta-analysis.* Boston: Academic Press.

Hegde, M. N. (1998). *Treatment procedures in communicative disorders* (3rd ed.). Austin, TX: Pro-Ed.

Hegde, M. N. (2003). *Clinical research in communicative disorders* (3rd ed.). Austin, TX: Pro-Ed.

Hegde, M. N. (2003). Single-subject designs. In *Clinical research in communicative disorders: Principles and strategies* (3rd ed., pp. 313–371).Austin, TX: Pro-Ed.

Hegde, M. N. (2003). Treatment research. In M. N. Hegde, *Clinical research in communicative disorders: Principles and strategies* (3rd ed., pp. 77–149). Austin, TX: Pro-Ed.

Hegde, M. N. (2010). *A coursebook on scientific and professional writing for speech-language pathology* (4th ed.). Clifton Park, NY: Delmar Cengage.

Hemingway, P., & Brereton, N. (2009). *What is a systematic review?* Retrieved from http://www.medicine.ox.ac.uk/bandolier/painres/download/whatis/Syst-review.pdf

Hengst, J. A., Frame, S. R., Neuman-Stritzel, T., & Gannaway, R. (2005). Using others' words: Conversational use of reported speech by individuals with aphasia and their communication partners. *Journal of Speech, Language, and Hearing Research, 48*, 137–156. doi:10.1044/1092-4388(2005/011)

Herder, C., Howard, C., Nye, C., & Vanryckeghem, M. (2006). Effectiveness of behavioral stuttering treatment: A systematic review and meta-analysis. *Contemporary Issues in Communication Science and Disorders, 33*, 61–73.

Heron, J. (1996). *Co-operative Inquiry: Research into the*

human condition. Thousand Oaks, CA: Sage.

Hewitt-Taylor, J. (2003). Reviewing evidence. *Intensive and Critical Care, 19,* 43–49. doi:10.1016/S0964-3397(02)00068-X

Hinckley, J. J., Hasselkus, A., & Ganzfried, E. (2013). What people living with aphasia think about the availability of aphasia resources. *American Journal of Speech-Language Pathology, 22,* S310–S317. doi:10.1044/1058-0360(2013/12-0090)

Hipskind, N. M., & Rintelmann, W. F. (1969). Effects of experimenter bias upon pure-tone and speech audiometry. *Journal of Auditory Research, 9,* 298–305.

Hixon, T. J., & Weismer, G. (1995). Perspectives on the Edinburgh study of speech breathing. *Journal of Speech and Hearing Research, 38,* 42–60.

Hoffman, L. M., Ireland, M., Hall-Mills, S., & Flynn, P. (2013). Evidence-based speech-language pathology practices in schools: Findings from a national survey. *Language, Speech, and Hearing Services in Schools, 44,* 266–280. doi:10.1044/0161-1461(2013/12-0041).

Hoffman, L. M., Loeb, D. F., Brandel, J., & Gillam, R. B. (2011). Concurrent and construct validity of oral language measures with school-age children with specific language impairment. *Journal of Speech, Language, and Hearing Research, 54,* 1597–1608. doi:10.1044/1092-4388(2011/10-0213).

Holm, A., Crosbie, S., & Dodd, B. (2007). Differentiating normal variability from inconsistency in children's speech: Normative data. *International Journal of Language and Communication Disorder, 42,* 467–486. doi:10.1080/13682820600988967

Horton-Ikard, R. (2009). Cohesive adequacy in the narrative samples of school-age children who use African American English. *Language, Speech, and Hearing Services in Schools, 40,* 393–402. doi:10.1044/0161-1461(2009/07-0070)

Horton-Ikard, R., & Ellis Weismer, S. (2007). A preliminary examination of vocabulary and word learning in African American toddlers from middle and low socioeconomic status homes. *American Journal of Speech-Language Pathology, 16,* 381–392. doi:10.1044 /1058-0360(2007/041)

Houser, J., & Bokovoy, J. L. (2006). *Clinical research in practice: A guide for the bedside scientist.* Sudbury, MA: Jones and Bartlett.

Howell, P., Davis, S., & Williams, R. (2009). The effects of bilingualism on stuttering during late childhood. *Archives of Disease in Childhood, 94,* 42–46. doi:10.1136/adc.2007.134114

Hua, H., Johansson, B., Jönsson, R., & Magnusson, L. (2012). Cochlear implant combined with a linear frequency transposing hearing aid. *Journal of the American Academy of Audiology, 23,* 722-732. doi:10.3766/jaaa.23.9.6

Huang, X., Lin, J., & Demner-Fushman, D. (2006). Evaluation of PICO as a knowledge representation for clinical questions. *American Medical Informatics Association Annual Symposium Proceedings,* pp. 359–363. Retrieved from http://www.ncbi.nlm.nih.gov/pmc/articles/PMC1839740/

Huck, S. W. (2008). *Reading statistics and research* (5th ed.). Boston: Pearson/Allyn & Bacon.

Huck, S. W., Cormier, W. H., & Bounds, W. G. (1974). *Reading statistics and research.* New York: Harper & Row.

Hughes, S., & Gabel, R. M. (2008). Stereotyping and victim blaming of individuals with a laryngectomy. *Perceptual and Motor Skills, 106,* 495–507.

Humes, L. E., & Krull, V. (2012). Hearing aids for adults. In L. Wong & L. Hickson (Eds.), *Evidence-based practice in audiology: Evaluating interventions for children and adults with hearingimpairment* (pp. 61–91). San Diego: Plural.

Hunter, J. E., & Schmidt, F. L. (2004). *Methods of meta-analysis: Correcting error and bias in research findings* (2nd ed.). Thousand Oaks, CA: Sage.

Hustad, K. C., & Garcia, J. M. (2005). Aided and unaided speech supplementation strategies: Effect of alphabet cues and iconic hand gestures on dysarthric speech. *Journal of Speech, Language, and Hearing Research, 48,* 996–1012.

Hutchins, T. L., Bond, L. A., Silliman, E. R., & Bryant, J. B. (2009). Maternal epistemological perspectives and variations in mental state talk. *Journal of Speech, Language, and Hearing Research, 52,* 61–80. doi:10.1044/1092-4388(2008/07-0161)

Hwa-Froelich, D. A., & Vigil, D. C. (2004). Three aspects of cultural influence on communication. *Communication Disorders Quarterly, 25*(3), 107–118.

Iacono, T., & Cameron, M. (2009). Australian speech-language pathologists' perceptions and experiences of augmentative and alternative communication in early childhood intervention. *Augmentative and Alternative Communication, 25,* 236–249. doi:10.3109/07434610903322151

Ilic, D. (2009). Assessing competency in evidence based practice: Strengths and limitations of current tools in practice. *BMC Medical Education, 9,* 53. doi:10.1186/1472-6920-9-53

Inagaki, D., Miyaoka, Y., Ashida, I., & Yamada, Y. (2008). Influence of food properties and body posture on durations of swallowing-related muscle activities. *Journal of Oral Rehabilitation, 35,*656–663. doi:10.1111/j.1365-2842.2008.01866.x

Ingham, J. C., & Riley, G. (1998). Guidelines for documentation of treatment efficacy for young children who stutter. *Journal of Speech, Language, and Hearing Research, 41,* 753–770.

Ingham, R. J., Ingham, J. C., & Bothe, A. K. (2012). Integrating functional measures with treatment: A tactic for enhancing personally significant change in the treatment of adults and adolescents who stutter. *American Journal of Speech-Language Pathology, 21,* 264–277. doi:10.1044/1058-0360(2012/11-0068)

Ingram, D. (1998). Research–practice relationships in speech-language pathology. *Topics in Language Disorders, 18*(2), 1–9.

Isaac, S., & Michael, W. B. (1971). *Handbook in research and evaluation.* San Diego, CA: Edits.

Isaac, S., & Michael, W. B. (1995). *Handbook in research and evaluation: A collection of principles, methods, and strategies useful in the planning, design, and evaluation of studies in education and the behavioral sciences* (3rd ed.). San Diego, CA: Edits.

Jaeger, C. G., & Bacon, H. M. (1962). *Introductory college mathematics.* New York: Harper & Row.

Jerger, J. (1963). Viewpoint: Who is qualified to do research? *Journal of Speech and Hearing Research, 4,* 301.

Jerger, J. (2008). Evidence-based practice and individual differences. *Journal of the American Academy of Audiology, 19,* 656. doi:10.3766/jaaa.19.9.1

Jette, D. U., Bacon, K., Batty, C., Carlson, M., Ferland, A., Hemingway, R. D., ... Volk, D. (2003). Evidence-based practice: Beliefs, attitudes, knowledge and behaviors of physical therapists. *Physical Therapy, 83,* 786–805.

John, A., & Enderby, P. (2000). Reliability of speech and language therapists using therapy outcome measures. *International Journal of Language and Communication Disorders, 35,* 287–302.

John, A., Enderby, P., & Hughes, A. (2005). Benchmarking outcomes in dysphasia using the Therapy Outcome Measure. *Aphasiology, 19,* 165–178. doi:10.1080/0268703044000679

Johnson, C. J. (2006). Getting started in evidence-based practice for childhood speech-language disorders. *American Journal of Speech-Language Pathology, 15,* 20–35. doi:10.1044/1058-0360(2006/004)

Johnson, W. (1955). The time, the place, and the problem. In W. Johnson & R. R. Leutenegger (Eds.), *Stuttering in children and adults: Thirty years of research at the University of Iowa*(pp. 3–24). Minneapolis: University of Minnesota.

Johnston, J. M., & Pennypacker, H. S. (2009). *Strategies and tactics of behavioral research* (3rd ed.). New York: Routledge.

Jones, M., Gebski, V., Onslow, M., & Packman, A. (2001). Design of randomized controlled trials: Principles and methods applied to a treatment for early stuttering. *Journal of Fluency Disorders, 26,* 247–267.

Jones, M., Gebski, V., Onslow, M., & Packman, A. (2002). Statistical power in stuttering research: A tutorial. *Journal of Speech, Language, and Hearing Research, 45,* 243–255. doi:10.1044/1092-4388(2002/019)

Juhasz, C. R., & Grela, B. (2008). Verb particle errors in preschool children with specific language impairment. *Contemporary Issues in Communication Science and Disorders, 35,* 76–83.

Justice, L. (2008a). Evidence-based terminology. *American Journal of Speech-Language Pathology, 17,* 324–325. doi:10.1044/1058-0360(2008/ed-04)

Justice, L. (2008b). Treatment research. *American Journal of Speech-Language Pathology, 17,* 210–211. doi:10.1044/1058-0360(2008/020)

Justice, L. (2009). Causal claims. *American Journal of Speech-Language Pathology, 18,* 2–3. doi:10.1044/1058-0360(2009/ed-01)

Kahane, J. C. (1982). Growth of the human prepubertal and pubertal larynx. *Journal of Speech and Hearing Research, 25,* 446–455.

Kailes, J. I. (1985). Watch your language, please! *Journal of Rehabilitation, 51*(1), 68–69.

Kallet, R. H. (2004). How to write the methods section of a research paper. *Respiratory Care, 49,* 1229–1232. Retrieved from http://www.rcjournal.com/contents/10.04/10.04.1229.pdf

Kaplan, A. (1964). *The conduct of inquiry: Methodology for behavioral science.* San Francisco: Chandler.

Karsh, D. E., & Brandes, P. (1983). Response to Ayukawa and Rudmin. *Journal of Speech and Hearing Disorders, 48,* 223–224.

Kass, N. E., Myers, R., Fuchs, E. J., Carson, K. A., & Flexner, C. (2007). Balancing justice and autonomy in clinical research with healthy volunteers. *Clinical Pharmacology and Therapeutics, 82,* 219–227. doi:10.1038/sj.clpt.6100192

Katagiri, M., Kasai, T., Kamio, Y., & Murohashi, H. (2013). Individuals with Asperger's disorder exhibit difficulty in switching attention from a local level to a global level. *Journal of Autism and Developmental Disorders, 43,* 395–403. doi:10.1007/s10803-012-1578-9

Katz, J., Medwetsky, L., Burkard, R. F., & Hood, L. (Eds.). (2009). *Handbook of clinical audiology* (6th ed.). Baltimore: Lippincott Williams & Wilkins.

Katz, W. F. (2003). From basic research in speech science to answers in speech-language pathology. *The ASHA Leader, 8*(1), 6–7, 20.

Kazdin, A. E. (1982). *Single-case research designs: Methods for clinical and applied settings.* New York: Oxford University Press.

Kazdin, A. E. (2003). *Research design in clinical psychology* (4th ed.). Boston, MA: Pearson Allyn & Bacon.

Kazdin, A. E. (2010). *Single-case research designs: Methods for clinical and applied settings* (2nd ed.). New York: Oxford University Press.

Kearns, K. (1990). Reliability of procedures and measures. In L. B. Olswang, C. K. Thompson, S. F. Warren, & N. J. Minghetti (Eds.), *Treatment efficacy research in communicative disorders.* Rockville, MD: American Speech-Language-Hearing Foundation.

Kearns, K. P., & de Riesthal, M. R. (2013). Applying single-subject experimental research to inform clinical practice. In L. C. Golper & C. M. Frattali (Eds.), *Outcomes in speech-language pathology* (2nd ed., pp. 279–297). New York: Thieme.

Keintz, C. K., Bunton, K., & Hoit, J. D. (2007). Influence of visual information on the intelligibility of dysarthric speech. *American Journal of Speech-Language Pathology, 16,* 222–234. doi:10.1044/1058-0360(2007/027)

Kemmerer, D., Chandrasekaran, B., & Tranel, D. (2007). A case of impaired verbalization but preserved gesticulation of motion events. *Cognitive Neuropsychology, 24,* 70–114. doi:10.1080/02643290600926667

Kendall, D. L., Nadeau, S. E., Conway, T., Fuller, R. H., Riestra, A., & Rothi, L. J. G. (2006). Treatability of different components of aphasia—Insights from a case study. *Journal of Rehabilitation Research & Development, 43,* 323–336. doi:10.1682/JRRD.2005.01.0014

Kent, B., & Fineout-Overhold, E. (2008). Using meta-synthesis to facilitate evidence-based practice. *Worldviews on Evidence-Based Nursing, 5,* 160–162. doi:10.1111/j.1741-6787.2008.00133.x.

Kent, B., & La Grow, S. (2007). The role of hope in adjustment to acquired hearing loss. *International Journal of Audiology, 46,* 328–340.

Kent, R. D. (2006). Evidence-based practice in communication disorders: Progress not perfection. *Language, Speech, and Hearing Services in Schools, 37,* 268–270. doi:10.1044/0161-1461(2006/030)

Kerlinger, F. N. (1979). *Behavioral research: A conceptual approach.* New York: Holt, Rinehart and Winston.

Kerlinger, F. N., & Lee, H. B. (2000). *Foundations of behavioral research* (4th ed.). New York: Harcourt Brace.

Keyes, R. (1992). *Nice guys finish seventh* (pp. 151–152). New York: HarperCollins.

Kidder, L. H., & Fine, M. (1987). Qualitative and quantitative methods: When stories converge. In M. M. Mark and R. L. Shotland (Eds.), *Multiple methods in program evaluation* (pp. 57–75). San Francisco: Jossey-Bass.

Kimmel, A. J. (2007). *Ethical issues in behavioral research: Basic and applied perspectives* (2nd ed.). Malden, MA: Blackwell.

Kiran, S. (2007). Complexity in the treatment of naming deficits. *American Journal of Speech-Language Pathology, 16,* 18–29. doi:10.1044/1058-0360(2007/004)

Kirk, R. E. (2008). *Statistics: An introduction* (5th ed.). Belmont, CA: Wadsworth.

Kleiman, S. (2004). Phenomenology: To wonder and search for meanings. *Nurse Researcher, 11*(4), 7–19.

Klein, E. S., & Flint, C. B. (2006). Measurement of intelligibility in disordered speech. *Language, Speech, and Hearing Services in Schools, 37,* 191–199. doi:10.1044/0161-1461(2006/021)

Kling, J. W., & Riggs, L. A. (Eds.). (1971). *Woodworth and Schlossberg's experimental psychology.* New York: Holt, Rinehart and Winston.

Klompas, M., & Ross, E. (2004). Life experiences of people who stutter, and the perceived impact of stuttering on quality of life: Personal accounts of South African individuals. *Journal of Fluency Disorders, 29,* 275–305. doi:10.1016/j.jfludis.2004.10.001

Knafl, K. A., & Howard, M. J. (1984). Interpreting and reporting qualitative research. *Research in Nursing and Health, 7,* 17–24.

Knudsen, L. V., Laplante-Lévesque, A., Jones, L., Preminger, J. E., Nielsen, C., Lunner, T., & Kramer, S. E. (2012). Conducting qualitative research in audiology: A tutorial. *International Journal of Audiology, 51,* 83–92. doi:10.3109/14992027.2011.606283

Konnerup, M., & Schwartz, J. (2006). Translating systematic reviews into policy and practice: An international perspective. *Contemporary Issues in Communication Science and Disorders, 33,* 79–82.

Kovarsky, D. (2008). Representing voices from the lifeworld in evidence-based practice. *International Journal of Language and Communication Disorders, 43*(suppl. 1), 47–57. doi:10.1080/13682820701698036

Kranzler, G., Moursund, J., & Kranzler, J. H. (2007). *Statistics for the terrified* (4th ed.). Upper Saddle River, NJ: Prentice Hall.

Kuhn, T. S. (1970). *The structure of scientific revolutions* (2nd ed., enlarged). Chicago: University of Chicago Press.

Kummerer, S. E., Lopez-Reyna, N. A., & Hughes, M. T. (2007). Mexican immigrant mothers' perceptions of their children's communication disabilities, emergent literacy development, and speech-language therapy program. *American Journal of Speech-Language Pathology, 16,* 271–282.

Kushnirecky, W., & Weber, J. (1978). Comment on Lee's reply to Simon. *Journal of Speech and Hearing Disorders, 43,* 106–107.

La Forge, J. (1991). Preferred language practice in professional rehabilitation journals. *Journal of Rehabilitation, 57*(1), 49–51.

Lahey, M. M. (2004). Therapy talk: Analyzing therapeutic discourse. *Language, Speech, and Hearing Services in Schools, 35,* 70–81.

Lalkhen, A. G., & McCluskey, A. (2008). Statistics V: Introduction to clinical trials and systematic reviews. *Continuing Education in Anaesthesia, Critical Care & Pain, 8*(4), 143–146. doi:10.1093/bjaceaccp/mkn023

Lam, J., Tjaden, K., & Wilding, G. (2012). Acoustics of clear speech: Effect of instruction. *Journal of Speech, Language, and Hearing Research, 55,* 1807–1821. doi:10.1044/1092-4388(2012/11-0154)

Lambert, V., Glacken, M., & McCarron, M. (2011). Employing an ethnographic approach: Key characteristics. *Nurse Researcher, 19,* 17–23.

Langevin, M., & Prasad, N.G.N. (2012). A stuttering education and bullying awareness and prevention resource: A feasibility study. *Language, Speech, and Hearing Services in Schools, 43,* 344–358. doi:10.1044/0161-1461(2012/11-0031)

Langevin, M., Kleitman, S., Packman, A., & Onslow, M. (2009). The Peer Attitudes Toward Children Who Stutter (PATCS) Scale: An evaluation of validity, reliability and the negativity of attitudes. *International Journal of Language and Communication Disorders, 44,* 352–368. doi:10.1080/13682820802130533

Langley, G. J., Moen, R. D., Nolan, K. M., Nolan, T. W., Norman, C. L., & Provost, L. P. (2009). *The improvement guide: A practical approach to enhancing organizational performance* (2nd ed.). San Francisco: Jossey-Bass.

Lanham, R. A. (2007). *Style: An anti-textbook* (2nd ed., rev.). Philadelphia: Paul Dry.

Laplante-Lévesque, A., Hickson, L., & Worrall, L. (2012). Matching evidence with client preferences. In L. Wong & L. Hickson (Eds.), *Evidence-based practice in audiology: Evaluating interventions for children and adults with hearing impairment*(pp. 41–58). San Diego: Plural.

Larsson, I., & Thorén-Jönsson, A. L. (2007). The Swedish Speech Interpretation Service: An exploratory study of a new communication support provided to people with aphasia. *Augmentative and Alternative Communication, 23,* 312–322. doi:10.1080/07434610701714880

Lass, N. J., & Pannbacker, M. (2008). The application of evidence-based practice to nonspeech oral motor treatments. *Language, Speech, and Hearing Services in Schools, 39,* 408–421. doi:10.1044/0161-1461(2008/038)

Law, J., Tomblin, J. B., & Zhang, X. (2008). Characterizing the growth trajectories of language-impaired children between 7 and 11 years of age. *Journal of Speech, Language, and Hearing Research, 51,* 739–749. doi:10.1044/1092-4388(2008/052)

Leder, S. B., Suiter, D. M., Murray, J., & Rademaker, A. W. (2013). Can an oral mechanism examination contribute to the assessment of odds of aspiration? *Dysphagia, 28,* 370–374. doi:10.1007/s00455-012-9442-9

Lee, L. L. (1977). Reply to Arndt and Byrne. *Journal of Speech and Hearing Disorders, 42,* 323–327.

Lee, L. L., Koenigsknecht, R. A., & Mulhern, S. T. (1978). Reply to Kushnirecky and Weber. *Journal of Speech and Hearing Disorders, 43,* 107–108.

Lee, M. T., Thorpe, J., & Verhoeven, J. (2009). Intonation and phonation in young adults with Down syndrome. *Journal of Voice, 23,* 82–87. doi:10.1016/j.jvoice.2007.04.006

Legg, L., Stott, D., Ellis, G., & Sellars, C. (2007). Volunteer Stroke Service (VSS) groups for patients with communication difficulties after stroke: A qualitative analysis of the value of groups to their users. *Clinical Rehabilitation, 21,* 794–804. doi:10.1177/0269215507077301

Light, R. J., & Pillemer, D. B. (1984). *Summing up: The science of reviewing research.* Cambridge, MA: Harvard University Press.

Lin, F. R., Ceh, K., Bervinchak, D., Riley, A., Miech, R., & Niparko, J. K. (2007). Development of a communicative performance scale for pediatric cochlear implantation. *Ear and Hearing, 28,*703–712. doi:10.1097/AUD.0b013e31812f71f4

Lincoln, Y. S., & Guba, E. G. (1985). *Naturalistic inquiry.* Beverly Hills, CA: Sage.

Lindlof, T. R., & Taylor, B. C. (2011). *Qualitative communication research methods* (3rd ed.). Thousand Oaks, CA: Sage.

Lipp, A. (2007). Using systematic reviews. *Nursing Management, 14*(7), 30–32.

Lloyd Jones, M. (2004). Application of systematic review methods to qualitative research: Practical issues. *Journal of Advanced Nursing, 48,* 271–278. doi:10.1111/j.1365-2648.2004.03196.x

Locke, J. N., Whiteman, L., & Mitrany D. (2001). Plain language in science: Signs of intelligible life in the scientific community? *Science Editor, 24*(6), 194.

Lodge-Miller, K. A., & Elfenbein, J. L. (1994). Beginning signers' self-assessment of sign language skills. *Journal of Communication Disorders, 27,* 281–292.

Lofland, J. (1974). Styles of reporting qualitative field research. *American Sociologist, 9,* 101–111.

Logemann, J. A. (2000). Are clinicians and researchers different? *The ASHA Leader, 5*(8), 2.

Lohr, K. N. (2004). Rating the strength of scientific evidence: Relevance for quality improvement programs. *International Journal for Quality in Health Care, 16,* 9–18. doi:10.1093/intqhc/mzh005

Lum, C. (2002). *Scientific thinking in speech and language therapy.* Mahwah, NJ: Erlbaum.

Lum, D. (Ed.). (2011). *Culturally competent practice: A framework for understanding diverse groups and justice issues* (4th ed.). Belmont, CA: Brooks/Cole.

Lyman, H. B. (1978). *Test scores and what they mean* (3rd ed.). Upper Saddle River, NJ: Prentice-Hall.

Lynch, R. T., Thuli, K., & Groombridge, L. (1994). Person-first disability language: A pilot analysis of public perceptions. *Journal of Rehabilitation, 60*(2), 18–22.

Mackelprang, R. (2011). Cultural competence with persons with disabilities. In D. Lum (Ed.), *Culturally competent practice: A framework for understanding diverse groups and justice issues* (4th ed., pp. 437–465). Belmont, CA: Brooks/Cole.

Maher, L. M. (2002). Informed consent for research in aphasia. *The ASHA Leader, 7*(22), 12.

Manassis, K., & Tannock, R. (2008). Comparing interventions for selective mutism: A pilot study. *Canadian Journal of Psychiatry, 53,* 700–703.

Manus, G. I. (1975). Is your language disabling? *Journal of Rehabilitation, 41*(5), 35.

Markham, C., & Dean, T. (2006). Parents' and professionals' perceptions of Quality of Life in children with speech and language difficulty. *International Journal of Language and Communication Disorders, 41,* 189–212. doi:10.1080/13682820500221485

Marshall, A. T. (2010). Impact of chromosome 4p- syndrome on communication and expressive language skills: A preliminary investigation. *Language, Speech, and Hearing Services in Schools, 41,* 265–276. doi:10.1044/0161-1461(2009/08-0098)

Marshall, R. C. (1993). Problem-focused group treatment for clients with mild aphasia. *American Journal of Speech-Language Pathology, 2*(2), 31–37.

Martin, R. R., & Haroldson, S. K. (1992). Stuttering and speech naturalness: Audio and audiovisual judgments. *Journal of Speech and Hearing Research, 35,* 521–528.

Martin, R. R., Haroldson, S. K., & Triden, K. A. (1984). Stuttering and speech naturalness. *Journal of Speech and Hearing Disorders, 49,* 53–58.

Martin, V. B., & Gynnild, A. (Eds.). (2011). *Grounded theory: The philosophy, method, and work of Barney Glaser.* Boca Raton, FL: BrownWalker.

Marvin, C. A., & Privratsky, A. J. (1999). After school talk: The effects of materials sent home from preschool. *American Journal of Speech-Language Pathology, 8*(3), 231–240.

Maske-Cash, W. S., & Curlee, R. F. (1995). Effect of utterance length and meaningfulness on the speech initiation times of children who stutter and children who do not stutter. *Journal of Speech and Hearing Research, 38,* 18–25.

Max, L., & Onghena, P. (1999). Some issues in the statistical analysis of completely randomized and repeated measures designs for speech, language, and hearing research. *Journal of Speech, Language, and Hearing Research, 42,* 261–270.

Maxwell, D. L., & Satake, E. (2006). Selecting a research problem. In *Research and statistical methods in communication sciences and disorders* (pp. 49–70). Clifton Park, NY: Thomson Delmar.

Maxwell, J. A. (2004). Causal explanation, qualitative research, and scientific inquiry in education. *Educational Researcher, 33*(2), 3–11.

Maxwell, J. A. (2013). *Qualitative research design: An interactive approach* (3rd ed.). Thousand Oaks, CA: Sage.

Mays, N., & Pope, C. (2000). Qualitative research in health care: Assessing quality in qualitative research. *British Medical Journal, 320,* 50–52. doi:10.1136/bmj.320.7226.50

Mays, N., & Pope, C. (2006). Quality in qualitative health research. In C. Pope and N. Mays (Eds.), *Qualitative research in health care* (3rd ed., pp. 82–101). Malden, MA: Blackwell.

McCauley, R. J., & Swisher, L. (1984). Psychometric review of language and articulation tests for preschool children. *Journal of Speech and Hearing Disorders, 49,* 34–42.

McCluskey, A., & Lovarini, M. (2005). Providing education on evidence-based practice improved knowledge but did not change behaviour: A before and after study. *BMC Medical Education, 5,* 40. doi:10.1186/1472-6920-5-40

McColl, A., Smith, H., White, J., & Field, J. (1998). General practitioners' perceptions of the route to evidence based medicine: A questionnaire survey. *British Medical Journal, 316,* 361–366.

McCurtin, A., & Roddam, H. (2012). Evidence-based practice: SLTs under siege or opportunity for growth? The use and nature of research evidence in the profession. *International Journal of Language and Communication Disorders, 47,* 11–26. doi:10.1111/j.1460-6984.2011.00074.x

McGinty, A. S., & Justice, L. M. (2009). Predictors of print knowledge in children with specific language impairment: Experiential and developmental factors. *Journal of Speech, Language, and Hearing Research, 52,* 81–97. doi:10.1044/1092-4388(2008/07-0279)

McGuigan, F. J. (1968). *Experimental psychology: A methodological approach* (2nd ed.). Englewood Cliffs, NJ: Prentice-Hall.

McKay, P., Langdon, R., & Coltheart, M. (2006). Need for closure, jumping to conclusions, and decisiveness in delusion-prone individuals. *Journal of Nervous and Mental Disease, 194,* 422–426.

McKenna, H. P., Ashton, S., & Keeney, S. (2004a). Barriers to evidence based practice in primary care: A review of the literature. *International Journal of Nursing Studies, 41,* 369–378. doi:10.1016/j.ijnurstu.2003.10.008.

McKenna, H. P., Ashton, S., & Keeney, S. (2004b). Barriers to evidence-based practice in primary care. *Journal of Advanced Nursing, 45*(2), 178–189.

McKenna, H. P., Cutcliffe, J., & McKenna, P. (2000). Evidence-based practice: Demolishing some myths. *Nursing Standard, 14*(16), 39–42.

McNeill, E. J., Wilson, J. A., Clark, S., & Deakin, J. (2008). Perception of voice in the transgender client. *Journal of Voice, 22,* 727–733. doi:10.1016/j.jvoice.2006.12.010

McReynolds, L. V., & Kearns, K. P. (1983). *Single-subject experimental designs in communicative disorders.* Baltimore: University Park Press.

Meline, T. (2006). Selecting studies for systematic review: Inclusion and exclusion criteria. *Contemporary Issues in Communication Science and Disorders, 33,* 21–27.

Meline, T., & Paradiso, T. (2003). Evidence-based practice in schools: Evaluating research and reducing barriers. *Language, Speech, and Hearing Services in Schools, 34,* 273–283. doi:10.1044/0161-1461(2003/023)

Meline, T., & Schmitt, J. F. (1997). Case studies for evaluating statistical significance in group designs. *American Journal of Speech-Language Pathology, 6,* 33–41.

Meline, T., & Wang, B. (2004). Effect-size reporting practices in AJSLP and other ASHA journals, 1999–2003. *American Journal of Speech-Language Pathology, 13,* 202–207. doi:10.1044/1058-0360(2004/021)

Melnyk, B. M., & Fineout-Overholt, E. (2011). Making the case for evidence-based practice and cultivating a spirit of inquiry. In B. M. Melnyk & E. Fineout-Overholt (Eds.), *Evidence-based practice in nursing & healthcare: A guide to best practice* (2nd ed., pp. 3–24). Philadelphia: Lippincott Williams & Wilkins.

Mencher, G. T., McCulloch, B., Derbyshire, A. J., & Dethlefs, R. (1977). Observer bias as a factor in neonatal hearing screening. *Journal of Speech and Hearing Research, 20,* 27–34.

Mendell, D. A., & Logemann, J. A. (2007). Temporal sequence of swallow events during the oropharyngeal swallow. *Journal of Speech, Language, and Hearing Research, 50,* 1256–1271. doi:10.1044/1092-4388(2007/088)

Metcalfe, C., Lewin, R., Wisher, S., Perry, S., Bannigan, K., & Klaber Moffet, J. (2001). Barriers to implementing the evidence base in four NHS therapies. *Physiotherapy, 87,* 433–441. doi:10.1016/S0031-9406(05)65462-4

Metz, D. E., Schiavetti, N., & Sacco, P. R. (1990). Acoustic and psychophysical dimensions of the perceived speech naturalness of nonstutterers and posttreatment stutterers. *Journal of Speech and Hearing Disorders, 55,* 516–525.

Metzler-Baddeley, C., Salter, A., & Jones, R. W. (2008). The significance of dyslexia screening for the assessment of dementia in older people. *International Journal of Geriatric Psychiatry, 23,* 766–768. doi:10.1002/gps.1957

Miles, M. B., & Huberman, A. M. (1994). *Qualitative data analysis: An expanded sourcebook* (2nd ed.). Thousand Oaks, CA: Sage.

Miller, B., & Guitar, B. (2009). Long-term outcome of the Lidcombe Program for early stuttering intervention. *American Journal of Speech-Language Pathology, 18,* 42–49. doi:10.1044/1058-0360(2008/06-0069)

Miller, N., Noble, E., Jones, D., & Burn, D. (2006). Hard to swallow: Dysphagia in Parkinson's disease. *Age and Ageing, 35,* 614–618. doi:10.1093/ageing/afl105

Moeller, D. (1976). *Speech pathology and audiology: Iowa origins of a discipline.* Iowa City: University of Iowa.

Moher, D., Liberati, A., Tetzlaff, J., Altman, D. G., & The PRISMA Group. (2009). Preferred reporting items for systematic reviews and meta-analyses: The PRISMA Statement. *Journal of Clinical Epidemiology, 62,* 1006–1012. doi:10.1016/j.jclinepi.2009.06.005

Monge, P. R., & Cappella, J. N. (1980). *Multivariate techniques in human communication research.* New York: Academic Press.

Monsen, R. B. (1978). Toward measuring how well hearing-impaired children speak. *Journal of Speech and Hearing Research, 21,* 197–219.

Montgomery, A. A. (1994). Treatment efficacy in adult audiological rehabilitation. *Journal of the Academy of Rehabilitative Audiology, 27,* 317–336.

Moodie, S. T., Kothari, A., Bagatto, M. P., Seewald, R., Miller, L. T., & Scollie, S. D. (2011). Knowledge translation in audiology: Promoting the clinical application of best evidence. *Trends in Amplification, 15*(1-2), 5–22. doi:10.1177/1084713811420740

Moore, D. S., & Notz, W. I. (2006). *Statistics: Concepts and controversies* (6th ed.). New York: W. H. Freeman.

Moreno-Torres, I., & Torres, S. (2008). From 1-word to 2-words with cochlear implant and cued speech: A case study. *Clinical Linguistics and Phonetics, 22,* 491–508. doi:10.1080/02699200801899145

Mościcki, E. K. (1993). Fundamental methodological considerations in controlled clinical trials. *Journal of Fluency Disorders, 18,* 183–196.

Mueller, J. A., & Dollaghan, C. (2013). A systematic review of assessments for identifying executive function impairment in adults with acquired brain injury. *Journal of Speech, Language, and Hearing Research, 58,* 1051–1064. doi:10.1044/1092-4388(2012/12-0147)

Mullen, R. (2007). The state of the evidence: ASHA develops levels of evidence for communication sciences and disorders. *The ASHA Leader, 12*(3), 8–9, 24–25.

Muller, H. J. (1956). *Science and criticism: The humanistic tradition in contemporary thought.* New York: George Braziller.

Muma, J. (1993). The need for replication. *Journal of Speech and Hearing Research, 36,* 927–930.

Mytton, J., Ingram, J., Manns, S., & Thomas, J. (in press). Facilitators and barriers to engagement in parenting programs: A qualitative systematic review. *Health Education and Behavior.* doi:10.1177/1090198113485755

Nagata, J. M., Hernández-Ramos, I., Kurup, A. S., Albrecht, D., Vivas-Torrealba, C., & Franco-Paredes, C. (2013). Social determinants of health and seasonal influenza vaccination in adults >=65 years: A systematic review of qualitative and quantitative data. *BMC Public Health, 13,* 388. doi:10.1186/1471-2458-13-388

National Commission for the Protection of Human Subjects in Biomedical and Behavioral Research. (1979). *The Belmont report: Ethical principles and guidelines for the protection of human subjects of research.* Washington, DC: U.S. Government Printing Office. Retrieved from http://videocast.nih.gov/pdf/ohrp_belmont_report.pdf

Naylor, C. D. (1997). Meta-analysis and the meta-epidemiology of clinical research. *British Medical Journal, 315,* 317–319. doi:10.1136/bmj.315.7109.617

Neils-Strunjas, J., Groves-Wright, K., Mashima, P., & Harnish, S. (2006). Dysgraphia in Alzheimer's disease: A review for clinical and research purposes. *Journal of Speech, Language, and Hearing Research, 49,* 1313–1330.

doi:10.1044/1092-4388(2006/094)

Newman, M., Papadopoulos, I., & Sigsworth, J. (1998). Barriers to evidence-based practice. *Intensive and Critical Care Nursing, 14,* 231–238.

Nippold, M. A., Hegel, S. L., Sohlberg, M. M., & Schwarz, I. E. (1999). Defining abstract entities: Development in pre-adolescents, adolescents, and young adults. *Journal of Speech, Language, and Hearing Research, 42,* 473–481.

Ntourou, K., & Lipsey, M. W. (2013). Meta-analysis in outcomes research. In L. C. Golper & C. M. Frattali (Eds.), *Outcomes in speech-language pathology* (2nd ed., pp. 298–312). New York: Thieme.

Nunnally, J. C. (1978). *Psychometric theory.* New York: McGraw-Hill.

Nye, C., & Harvey, J. (2006). Interpreting and maintaining the evidence. *Contemporary Issues in Communication Science and Disorders, 33,* 56–60.

Nye, C., Vanryckeghem, M., Schwartz, J. B., Herder, C., Turner, H. M., III, & Howard, C. (2013). Behavioral stuttering interventions for children and adolescents: A systematic review and meta-analysis. *Journal of Speech, Language, and Hearing Research, 56,* 921–932. doi:10.1044/1092-4388(2012/12-0036)

O'Brian, N., O'Brian, S., Packman, A., & Onslow, M. (2003). Generalizability theory I: Assessing reliability of observational data in the communication sciences. *Journal of Speech, Language, and Hearing Research, 46,* 711–717. doi:10.1044/1092-4388(2003/056)

O'Brian, S., Packman, A., Onslow, M., & O'Brian, N. (2003). Generalizability theory II: Application to perceptual scaling of speech naturalness in adults who stutter. *Journal of Speech, Language, and Hearing Research, 46,* 718–723. doi:10.1044/1092-4388(2003/057)

O'Connor, S., & Pettigrew, C. M. (2009). The barriers perceived to prevent the successful implementation of evidence-based practice by speech and language therapists. *International Journal of Language and Communication Disorders, 44,* 1018–1035. doi:10.3109/13682820802585967

Office for Human Research Protections (OHRP). (2013). *Mission.* Retrieved from http://www.hhs.gov/ohrp/about/mission/index.html

Office of Laboratory Animal Welfare. (2002). *Public Health Service policy on humane care and use of laboratory animals.* Bethesda, MD: National Institutes of Health. Retrieved from http://grants.nih.gov/grants/olaw/references/PHSPolicyLabAnimals.pdf

Olswang, L. B. (1993). Treatment efficacy research: A paradigm for investigating clinical practice and theory. *Journal of Fluency Disorders, 18,* 125–134.

Olswang, L. B. (1998). Treatment efficacy research. In C. M. Fratelli (Ed.), *Measuring outcomes in speech-language pathology.* New York: Thieme.

Olswang, L. B., & Bain, B. A. (1991). When to recommend intervention. *Language, Speech, and Hearing Services in Schools, 22,* 255–263.

Olswang, L. B., & Bain, B. A. (1994). Data collection: Monitoring children's treatment progress. *American Journal of Speech-Language Pathology, 3*(3), 55–66.

Olswang, L. B., & Bain, B. A. (2001). Data collection for monitoring client change: Moving into the 21st century. In R. Lubinski & C. Frattali (Eds.), *Professional issues in speech-language pathology and audiology* (2nd ed., pp. 437–456). San Diego, CA: Singular.

Onslow, M., Jones, M., O'Brian, S., Menzies, R., & Packman, A. (2008). Defining, identifying, and evaluating clinical trials of stuttering treatments: A tutorial for clinicians. *American Journal of Speech-Language Pathology, 17,* 401–415. doi:10.1044/1058-0360(2008/07-0047)

Orlikoff, R. F. (1992). The use of instrumental measures in the assessment and treatment of motor speech disorders. *Seminars in Speech and Language, 13,* 25–38.

Orlikoff, R. F., Golla, M. E., & Deliyski, D. D. (2012). Analysis of longitudinal phase differences in vocal-fold vibration using synchronous high-speed videoendoscopy and electroglottography. *Journal of Voice, 26*(6), 816.e13-816.e20. doi:10.1016/j.jvoice.2012.04.009

Osborne, L. A., McHugh, L., Saunders, J., & Reed, P. (2008). Parenting stress reduces the effectiveness of early teaching interventions for autistic spectrum disorders. *Journal of Autism and Developmental Disorders, 38,* 1092–1103. doi:10.1007/s10803-007-0497-7

Pan, M. L. (2008). *Preparing literature reviews: Qualitative and quantitative approaches* (3rd ed.). Los Angeles: Pyrczak.

Pannbacker, M. (1998). Voice treatment techniques: A review and recommendations for outcome studies. *American Journal of Speech-Language Pathology, 7*(3), 49–64.

Parsons, H. M. (1974). What happened at Hawthorne? *Science, 183,* 922–932.

Parsonson, B. S., & Baer, D. M. (1992). The visual analysis of data, and current research into the stimuli controlling it. In T. R. Kratochwill and J. R. Levin (Eds.), *Single-case research design and analysis: New directions for psychology and education*(pp. 15–40). Hillsdale, NJ: Erlbaum.

Patel, R., & Schroeder, B. (2007). Influence of familiarity on identifying prosodic vocalizations produced by children with severe dysarthria. *Clinical Linguistics and Phonetics, 21,* 833–848. doi:10.1080/02699200701559476

Paterson, B. L., Thorne, S. E., Canam, C., & Jillings, C. (2001). *Meta-study of qualitative health research.* Thousand Oaks, CA: Sage.

Patsopoulos, N. A. (2011). A pragmatic view on pragmatic trials. *Dialogues in Clinical Neuroscience, 13,* 217–224.

Patterson, J. B., & Witten, B. J. (1987). Disabling language and attitudes toward persons with disabilities. *Rehabilitation Psychology, 32,* 245–248.

Patton, M. Q. (2002). *Qualitative research and evaluation methods* (3rd ed.). Thousand Oaks, CA: Sage.

Pearce, W., Golding, M., & Dillon, H. (2007). Cortical auditory evoked potentials in the assessment of auditory neuropathy: Two case studies. *Journal of the American Academy of Audiology, 18,* 380–390.

Pedhazur, E. J., & Schmelkin, L. P. (1991). *Measurement, design, and analysis.* Hillsdale, NJ: Erlbaum.

Pegoraro-Krook, M. I., Dutka-Souza, J. C., Williams, W. N., Teles Magalhães, L. C., Rossetto, P. C., & Riski, J. E. (2006). Effect of nasal decongestion on nasalance measures. *Cleft Palate–Craniofacial Journal, 43,* 289–294.

Peirce, C. S. (1877, November). The fixation of belief. *Popular Science Monthly, 12,* 1–15. Retrieved from http://en.wikisource.org/wiki/The_Fixation_of_Belief

Pennington, L., & Miller, N. (2007). Influence of listening conditions and listener characteristics on intelligibility of dysarthric speech. *Clinical Linguistics and Phonetics, 21,* 393–403. doi:10.1080/02699200701276675

Penslar, R. L. (1993). *Protecting human research subjects: Institutional review board guidebook.* Rockville, MD: U.S.

Department of Health and Human Services.

Peterson, G. E. (1958). Speech and hearing research. *Journal of Speech and Hearing Research, 1,* 3–11.

Peterson, R. L., Pennington, B. F., Shriberg, L. D., & Boada, R. (2009). What influences literacy outcome in children with speech sound disorder? *Journal of Speech, Language, and Hearing Research, 52,* 1175–1188. doi:10.1044/1092-4388(2009/08-0024)

Piaget, J. (1955). *The child's construction of reality.* London: Routledge and Kegan Paul.

Plano-Clark, V. L., & Creswell, J. W. (Eds.). (2008). *The mixed methods reader.* Thousand Oaks, CA: Sage.

Plante, E. (2004). Evidence-based practice in communication sciences and disorders. *Journal of Communication Disorders, 37,* 389–390. doi:10.1016/j.jcomdis.2004.04.001

Plumb, A. M., & Wetherby, A. M. (2013). Vocalization development in toddlers with autism spectrum disorder. *Journal of Speech, Language, and Hearing Research, 56,* 721–734. doi:10.1044/1092-4388(2012/11-0104)

Plutchik, R. (1983). *Foundations of experimental research* (3rd ed.). New York: Harper & Row.

Pope, T. M., & Sellers, T. (2012a). Legal briefing: The unbefriended: Making healthcare decisions for patients without surrogates (Part 1). *Journal of Clinical Ethics, 23,* 84–96.

Pope, T. M., & Sellers, T. (2012b). Legal briefing: The unbefriended: Making healthcare decisions for patients without surrogates (Part 2). *Journal of Clinical Ethics, 23,* 177–192.

Popper, K. R. (1959). *The logic of scientific discovery.* New York: Basic Books.

Portney, L. G., & Watkins, M. P. (2009). *Foundations of clinical research: Applications to practice* (3rd ed.). Upper Saddle River, NJ: Prentice Hall.

Povee, K., Roberts, L., Bourke, J., & Leonard, H. (2012). Family functioning in families with a child with Down syndrome: A mixed methods approach. *Journal of Intellectual Disability Research, 56,* 961–973. doi:10.1111/j.1365-2788.2012.01561.x

Pratt, S. R., Heintzelman, A. T., & Deming, S. E. (1993). The efficacy of using the IBM Speech Viewer Vowel Accuracy Module to treat young children with hearing impairment. *Journal of Speech and Hearing Research, 36,* 1063–1074.

Pring, R. (2004). Conclusion: Evidence-based policy and practice. In G. Thomas & R. Pring (Eds.), *Evidence-based practice in education* (pp. 201–212). Maidenhead, UK: Open University Press.

Pring, T. (2004). Ask a silly question: Two decades of troublesome trials. *International Journal of Language and Communication Disorders, 39,* 285–302. doi:10.1080/13682820410001681216

Prins, D. (1993). Models for treatment efficacy studies of adult stutterers. *Journal of Fluency Disorders, 18,* 333–349.

Pyrczak, F., & Bruce, R. R. (2011). *Writing empirical research reports: A basic guide for students of the social and behavioral sciences* (7th ed.). Los Angeles: Pyrczak.

Rademaker, A. W., Pauloski, B. R., Colangelo, L. A., & Logemann, J. A. (1998). Age and volume effects on liquid swallowing function in normal women. *Journal of Speech, Language, and Hearing Research, 41,* 275–284.

Raghavendra, P. (2010). A model of clinician–researcher collaboration in a community setting. In H. Roddam & J. Skeat (Eds.), *Embedding evidence-based practice in speech and language therapy: International examples* (pp. 79–86). West Sussex, UK: John Wiley & Sons.

Ramig, L. (2002). The joy of research. *The ASHA Leader, 7*(8), 6–7, 19.

Rautakoski, P. (2010). The importance of listening to the views of clients. In H. Roddam & J. Skeat (Eds.), *Embedding evidence-based practice in speech and language therapy: International examples* (pp. 107–113). West Sussex, UK: Wiley-Blackwell.

Read, C., Buder, E. H., & Kent, R. D. (1990). Speech analysis systems: A survey. *Journal of Speech and Hearing Research, 33,* 363–374.

Read, C., Buder, E. H., & Kent, R. D. (1992). Speech analysis systems: An evaluation. *Journal of Speech and Hearing Research, 35,* 314–332.

Reilly, K. J., & Moore, C. A. (2009). Respiratory movement patterns during vocalizations at 7 and 11 months of age. *Journal of Speech, Language, and Hearing Research, 52,* 223–239. doi:10.1044/1092-4388(2008/06-0215)

Reilly, S. (2004). What constitutes evidence? In S. Reilly, J. Douglas, & J. Oates (Eds.), *Evidence-based practice in speech pathology* (pp. 18–34). New York: John Wiley.

Reynolds, G. S. (1975). *A primer of operant conditioning.* Glenview, IL: Scott Foresman.

Rice, P. L., & Ezzy, D. (1999). *Qualitative research methods: A health focus.* New York: Oxford University Press.

Richardson, W., Wilson, M., Nishikawa, J., & Hayward, R. (1995). The well-built clinical question: A key to evidence-based decisions. *American College of Physicians Journal Club, 123,* A12–13.

Richburg, C. M., & Knickelbein, B. A. (2011). Educational audiologists: Their access, benefit, and collaborative assistance to speech-language pathologists in schools. *Language, Speech, and Hearing Services in Schools, 42,* 444–460. doi:10.1044/0161-1461(2011/10-0011)

Ringel, R. L. (1972). The clinician and the researcher: An artificial dichotomy. *Asha, 14,* 351–353.

Robbins, J., Hind, J., & Logemann, J. (2004). An ongoing randomized clinical trial in dysphagia. *Journal of Communication Disorders, 37,* 425–435. doi:10.1016/j.jcomdis.2004.04.006

Robey, R. (2004). Reporting point and interval estimates of effect size for planned contrasts: Fixed within effects analyses of variance. *Journal of Fluency Disorders, 29,* 307–341. doi:10.1016/j.jfludis.2004.10.005

Robey, R. R. (1998). A meta-analysis of clinical outcomes in the treatment of aphasia. *Journal of Speech, Language, and Hearing Research, 41,* 172–187.

Robey, R. R. (1999). Speaking out: Single-subject versus randomized group design. *Asha, 41*(6), 14–15.

Robey, R. R. (2004a). A five-phase model for clinical-outcome research. *Journal of Communication Disorders, 37,* 401–411. doi:10.1016/j.jcomdis.2004.04.003

Robey, R. R. (2004b). Levels of evidence. *The ASHA Leader, 9*(7), 5.

Robey, R. R., & Dalebout, S. D. (1998). A tutorial on conducting meta-analyses of clinical outcome research. *Journal of Speech, Language, and Hearing Research, 41,* 1227–1241.

Robey, R. R., & Schultz, M. C. (1998). A model for conductingclinical-outcome research: An adaptation of the standard protocol for use in aphasiology. *Aphasiology, 12,* 787–810.

Robey, R. R., Schultz, M. C., Crawford, A. B., & Sinner, C. A. (1999). Single-subject clinical-outcome research: Designs, data, effect sizes, and analyses. *Aphasiology, 13,* 445–473.

Robin, N. H. (2008). *Medical genetics: Its application to*

speech, hearing, and craniofacial disorders. San Diego, CA: Plural.

Robinson, A. (1995). Research, practice, and the Cochrane Collaboration. *Canadian Medical Association Journal, 152,* 883–889.

Robinson, T. L., Jr., Cole, P. A., & Kellum, G. D. (1996). Computer information retrieval systems as a clinical tool. *American Journal of Speech-Language Pathology, 5*(3), 24–30.

Rochon, E., Waters, G. S., & Caplan, D. (2000). The relationship between measures of working memory and sentence comprehension in patients with Alzheimer's disease. *Journal of Speech, Language, and Hearing Research, 43,* 395–413.

Roediger, H. L., III. (2004). What should they be called? *Association for Psychological Science Observer, 17*(4). Retrieved from http://www.psychologicalscience.org/index.php/uncategorized/what-should-they-be-called.html

Roland, P. S., Smith, T. L., Schwartz, S. R., Rosenfeld, R. M., Ballachanda, B., Earll, J. M., . . . Wetmore, S. (2008). Clinical practice guideline: Cerumen impaction. *Otolaryngology—Head and Neck Surgery, 139,* S1–S21. doi:10.1016/j.otohns.2008.06.026

Rose, M., & Baldac, S. (2004). Translating evidence into practice. In S. Reilly, J. Douglas, & J. Oates (Eds.), *Evidence-based practice in speech pathology* (pp. 317–329). New York: John Wiley.

Rosenburg, W., & Donald, A. (1995). Evidence-based medicine: An approach to clinical problem solving. *British Medical Journal 310,* 1122–1126.

Rosenfield, D. B., Viswanath, N. S., & Helekar, S. A. (2000). An animal model for stuttering-related part-word repetitions. *Journal of Fluency Disorders, 24,* 171(A).

Rosenthal, R. (1966). *Experimenter effects in behavioral research.* New York: Appleton-Century-Crofts.

Rosenthal, R., & Rosnow, R. L. (1975). *The volunteer subject.* New York: John Wiley.

Rosenthal, R., & Rosnow, R. L. (1991). *Essentials of behavioral research: Methods and data analysis* (2nd ed.). New York: McGraw-Hill.

Rosenthal, R., & Rosnow, R. L. (2008). *Essentials of behavioral research: Methods and data analysis* (3rd ed.). McGraw-Hill.

Rottenberg, A. T., & Winchell, D. H. (2008). *The structure of argument* (6th ed). Boston: Bedford/St. Martin's.

Roy, N., Merrill, R. M., Thibeault, S., Parsa, R. A., Gray, S. D., & Smith, E. M. (2004). Prevalence of voice disorders in teachers and the general population. *Journal of Speech, Language, and Hearing Research, 47,* 281–293. doi:10.1044/1092-4388(2004/023)

Roy, N., Weinrich, B., Gray, S. D., Tanner, K., Stemple, J., & Sapienza, C. M. (2003). Three treatments for teachers with voice disorders: A randomized clinical trial. *Journal of Speech, Language, and Hearing Research, 46,* 670–688. doi:10.1044/1092-4388(2003/053)

Roy, N., Weinrich, B., Tanner, K., Corbin-Lewis, K., & Stemple, J. (2004). Replication, randomization, and clinical relevance: A response to Dworkin and colleagues. (2004). *Journal of Speech, Language, and Hearing Research, 47,* 358–365. doi:10.1044/1092-4388(2004/029)

Rubin, A. D., Shah, A., Moyer, C. A., & Johns, M. M. (2009). The effect of topical anesthesia on vocal fold motion. *Journal of Voice, 23,* 128–131. doi:10.1016/j.jvoice.2007.07.006

Rummel, R. J. (1967). Understanding factor analysis. *Journal of Conflict Resolution, 11,* 444–480.

Rumrill, P., Fitzgerald, S., & Ware, M. (2000). Guidelines for evaluating research articles. *Work, 14,* 257–263.

Ruscello, D. M. (1993). Evaluating research for clinical practice: A guide for practitioners. *Clinics in Communication Disorders, 3,* 1–8.

Russell, A., Penny, L., & Pemberton, C. (1995). Speaking fundamental frequency changes over time in women: A longitudinal study. *Journal of Speech and Hearing Research, 38,* 101–109.

Russell, B. (1928). *Sceptical essays* (p. 11). London, UK: George Allen & Unwin.

Russell, C. K., & Gregory, D. M. (2003). Evaluation of qualitative research studies. *Evidence-Based Nursing, 6*(2), 36–40. doi:10.1136/ebn.6.2.36

Russell, M. L., Moralejo, D. G., & Burgess, E. D. (2000). Paying research subjects: Participants' perspectives. *Journal of Medical Ethics, 26,* 126–130. doi:10.1136/jme.26.2.126

Sackett, D. L., Rosenberg, W. M. C., Gray, J. A. M., Haynes, R. B., & Richardson, W. S. (1996). Evidence based medicine: What it is and what it isn't. *British Medical Journal, 312,* 71–72. doi:10.1136/bmj.312.7023.71

Sagi, E., Kaiser, A. R., Meyer, T. A., & Svirsky, M. A. (2009). The effect of temporal gap identification on speech perception by users of cochlear implants. *Journal of Speech, Language, and Hearing Research, 52,* 385–395. doi:10.1044/1092-4388(2008/07-0219)

Saini, M., & Shlonsky, A. (2012). *Systematic synthesis of qualitative research.* New York: Oxford.

Salbach, N. M., Jaglal, S. B., Korner-Bitensky, N., Rappolt, S., & Davis, D. (2007). Practitioner and organizational barriers toevidence-based practice of physical therapists for people with stroke. *Physical Therapy, 87,* 1284–1303. doi:10.2522/ptj.20070040

Saldaña, J. (2013). *The coding manual for qualitative researchers* (2nd ed.). Thousand Oaks, CA: Sage.

Salkind, N. J. (2009). *Exploring research* (7th ed.). Upper Saddle River, NJ: Pearson Prentice-Hall.

Sandelowski, M. (1998). Writing a good read: Strategies for re-presenting qualitative data. *Research in Nursing & Health, 21,* 375–382. Retrieved from http://blog.lib.umn.edu/swiss/archive/Sandelowski.pdf

Sandelowski, M., & Barroso, J. (2007). *Handbook for synthesizing qualitative research.* New York: Springer.

Sandelowski, M., Docherty, S., & Emden, C. (1997). Qualitative metasynthesis: Issues and techniques. *Research in Nursing and Health, 20,* 365–371.

Sawyer, J., Chon, H., & Ambrose, N. G. (2008). Influences of rate, length, and complexity on speech disfluency in a single-speech sample in preschool children who stutter. *Journal of Fluency Disorders, 33,* 220–240. doi:10.1016/j.jfludis.2008.06.003

Scarsellone, J. M. (1998). Analysis of observational data in speech and language research using generalizability theory. *Journal of Speech, Language, and Hearing Research, 41,* 1341–1347.

Schiavetti, N., Whitehead, R. L., Whitehead, B. H., & Metz, D. E. (1998). Effect of fingerspelling task on temporal characteristics and perceived naturalness of speech in simultaneous communication. *Journal of Speech, Language, and Hearing Research, 41,* 5–17.

Schlosser, R. W., & O'Neil-Pirozzi, T. M. (2006). Problem

formulation in evidence-based practice and systematic reviews. *Contemporary Issues in Communication Science and Disorders, 33,* 5–10.

Schlosser, R. W., & Raghavendra, P. (2004). Evidence-based practice in augmentative and alternative communication. *Augmentative and Alternative Communication, 20,* 1–21. doi:10.1080/07434610310001621083

Schlosser, R. W., Koul, R., & Costello, J. (2007). Asking well-built questions for evidence-based practice in augmentative and alternative communication. *Journal of Communication Disorders, 40,* 225–238. doi:10.1016/j.jcomdis.2006.06.008

Schmucker, C., Bluemle, A., Briel, M., Portalupi, S., Lang, B., Motschall, E., … Meerpohl, J. J. (2013). A protocol for a systematic review on the impact of unpublished studies and studies published in the gray literature in meta-analyses. *Systematic Reviews, 2,* 24. doi:10.1186/2046-4053-2-24

Schön, D. A. (1983). *The reflective practitioner: How professionals think in action.* New York: Basic.

Schön, D. A. (1987). *Educating the reflective practitioner: Toward a new design for teaching and learning in the professions.* San Francisco: Jossey-Bass.

Schorr, E. A., Roth, F. P., & Fox, N. A. (2009). Quality of life for children with cochlear implants: Perceived benefits and problems and the perception of single words and emotional sounds. *Journal of Speech, Language, and Hearing Research, 52,* 141–152. doi:10.1044/1092-4388(2008/07-0213)

Schwartz, J. B., & Wilson, S. J. (2006). The art (and science) of building an evidence portfolio. *Contemporary Issues in Communication Science and Disorders, 33,* 37–41.

Scott, K., & McSherry, R. (2008). Evidence-based nursing: Clarifying the concepts for nurses in practice. *Journal of Clinical Nursing, 18,* 1085–1095. doi: 10.1111/j.1365-2702.2008.02588.x

Scottish Intercollegiate Guidelines Network. (2011). *SIGN 50: A guideline developer's handbook.* Edinburgh, UK: Scottish Intercollegiate Guidelines Network. Retrieved from http://www.sign.ac.uk/pdf/sign50.pdf

Seidman, I. (1998). *Interviewing as qualitative research.* New York: Teachers College Press.

Serpanos, Y. C., & Jarmel, F. (2007). Quantitative and qualitative follow-up outcomes from a preschool audiologic screening program: Perspectives over a decade. *American Journal of Audiology, 16,* 4–12. doi:10.1044/1059-0889(2007/002)

Shadish, W. R., Cook, T. D., & Campbell, D. T. (2002). *Experimental and quasi-experimental designs for generalized causal inference.* Boston: Houghton Mifflin.

Shaughnessy, J. J., Zechmeister, E. B., & Zechmeister, J. S. (2012). *Research methods in psychology* (9th ed.). New York:McGraw-Hill.

Shavelson, R. J., Webb, N. M., & Rowley, G. L. (1989). Generalizability theory. *American Psychologist, 44,* 922–932.

Shoaf, K. O., Iyer, S. N., & Bothe, A. K. (2009). Using a single-subject experimental design to implement a nonlinear phonology approach to target selection. *Contemporary Issues in Communication Science and Disorders, 36,* 77–88.

Shojania, K. G., Sampson, M., Ansari, M. T., Ji, J., Doucette, S., &Moher, D. (2007). How quickly do systematic reviews go out of date? A survival analysis. *Annals of Internal Medicine, 147,*224–233. doi:10.7326/0003-4819-147-4-200708210-00179

Shprintzen, R. (1997). *Genetics, syndromes, and communication disorders.* San Diego, CA: Singular.

Shriberg, L. D., Flipsen, P., Thielke, H., Kwiatkowski, J., Kertoy, M. K., Katcher, M. L., Block, M. G. (2000). Risk for speech disorders associated with early recurrent otitis media with effusion: Two retrospective studies. *Journal of Speech, Language, and Hearing Research, 43,* 79–99.

Sidman, M. (1960). *Tactics of scientific research.* New York: Basic Books.

Siegel, G. M. (1993). Research: A natural bridge. *Asha, 35,* 36–37.

Siegel, G. M., & Spradlin, J. E. (1985). Therapy and research. *Journal of Speech and Hearing Disorders, 50,* 226-230.

Siegel, S. (1956). *Nonparametric statistics for the behavioral sciences.* New York: McGraw-Hill.

Siegel, S., & Castellan, N. J., Jr. (1988). *Nonparametric statistics for the behavioral sciences* (2nd ed.). New York: McGraw-Hill.

Silverman, D. (1997). Towards an aesthetics of research. In D. Silverman (Ed.), *Qualitative research: Theory, method & practice* (pp. 239–253). Thousand Oaks, CA: Sage.

Silverman, E. M. (1976). Listeners' impressions of speakers with lateral lisps. *Journal of Speech and Hearing Disorders, 41,* 547–552.

Silverman, F. H. (1998). *Research design and evaluation in speech-language pathology and audiology* (4th ed.). Boston: Allyn & Bacon.

Simmons-Mackie, N. N., Threats, T. T., & Kagan, A. (2005). Outcome assessment in aphasia: A survey. *Journal of Communication Disorders, 38,* 1–27. doi:10.1016/j.jcomdis.2004.03.007

Skeat, J., & Perry, A. (2008). Exploring the implementation and use of outcome measurement in practice: A qualitative study. *International Journal of Language and Communication Disorders, 43,* 110–125. doi:10.1080/13682820701449984

Skinner, B. F. (1953). *Science and human behavior.* New York: Macmillan.

Skinner, B. F. (1959). A case history in the scientific method. In S. Koch (Ed.), *Psychology: A study of a science* (vol. 2, pp. 359–379). New York: McGraw-Hill.

Skinner, B. F. (1972). *Cumulative record* (3rd ed.). New York: Appleton-Century-Crofts.

Skirton, H., O'Connor, A., & Humphreys, A. (2012). Nurses' competence in genetics: A mixed method systematic review. *Journal of Advanced Nursing, 68,* 2387–2398. doi:10.1111/j.1365-2648.2012.06034.x

Smith, N. C. (1970). Replication studies: A neglected aspect of psychological research. *American Psychologist, 25,* 970–975.

Snow, K. (2012). *People first language.* Retrieved from http://www.disabilityisnatural.com/images/PDF/pfl09.pdf

Snowling, M. J., Duff, F., Petrou, A., Schiffeldrin, J., & Bailey, A. M. (2011). Identification of children at risk of dyslexia: The validity of teacher judgements using 'phonic phases.' *Journal of Research in Reading, 34,* 157–170. doi:10.1111/j.1467-9817.2011.01492.x

Spencer, L. J., Tomblin, J. B., & Gantz, B. J. (2012). Growing up with a cochlear implant: Education, vocation, and affiliation. *Journal of Deaf Studies and Deaf Education, 17,* 483–498. doi:10.1093/deafed/ens024

St. Louis, K. O. (1998). Person-first labelling and stuttering.

Journal of Fluency Disorders, 23, 1–24.

Starks, H., & Trinidad, S. B. (2007). Choose your method: A comparison of phenomenology, discourse analysis, and grounded theory. *Qualitative Health Research, 17,* 1372–1380. doi:10.1177/1049732307307207031.

Steinberg, A., Kaimal, G., Ewing, R., Soslow, L. P., Lewis, K. M., Krantz, I., & Li, Y. (2007). Parental narratives of genetic testing for hearing loss: Audiologic implications for clinical work with children and families. *American Journal of Audiology, 16,* 57–67. doi:10.1044/1059-0889(2007/005)

Stenius, K., Mäkelä, K., Miovsky, M., & Gabrhelik, R. (2008). How to write publishable qualitative research. In T. F. Babor, K. Stenius, S. Savva, & J. O'Reilly (Eds.). *Publishing addiction science: A guide for the perplexed* (2nd ed., pp. 82–97). Essex, UK: Multi-Science.

Stern, J., & Simes, R. (1997). Publication bias: Evidence of delayed publication in a cohort study of clinical research projects. *British Medical Journal, 315,* 640–645. doi:10.1136/bmj.315.7109.640

Stevens, J. P. (2002). *Applied multivariate statistics for the social sciences.* Mahwah, NJ: Lawrence Erlbaum.

Stevens, L. J., & Bliss, L. S. (1995). Conflict resolution abilities of children with specific language impairment and children with normal language. *Journal of Speech and Hearing Research, 38,* 599–611.

Stevens, S. S. (1946). On the theory of scales of measurement. *Science, 103,* 677–680.

Stevens, S. S. (1951). Mathematics, measurement, and psychophysics. In S. S. Stevens (Ed.), *Handbook of experimental psychology* (pp. 1–49). New York: John Wiley.

Stevens, S. S. (1958). Measurement and man. *Science, 127,* 383–389.

Stevens, S. S. (1968). Measurement, statistics, and the schemapiric view. *Science, 161,* 849–856.

Stewart, T., & Richardson, G. (2004). A qualitative study of therapeutic effect from a user's perspective. *Journal of Fluency Disorders, 29,* 95–108. doi:10.1016/j.jfludis.2003.11.001

Stinchfield, S. M. (1933). *Speech disorders: A psychological study of the various defects of speech.* New York: Harcourt, Brace.

Straus, S. E., Richardson, W. S., Glasziou, P., & Haynes, R. B. (2011). *Evidence-based medicine: How to practice and teach EBM* (4th ed.). Edinburgh, UK: Churchill Livingstone Elsevier.

Stuart, A., Passmore, A. L., Culbertson, D. S., & Jones, S. M. (2009). Test–retest reliability of low-level evoked distortion product otoacoustic emissions. *Journal of Speech, Language, and Hearing Research, 52,* 671–681. doi:10.1044/1092-4388(2008/08-0118)

Sturner, R. A., Layton, T. L., Evans, A. W., Heller, J. H., Funk, S. G., & Machon, M. W. (1994). Preschool speech and language screening: A review of currently available tests. *American Journal of Speech-Language Pathology, 3,* 25–36.

Subject. (1989). *Oxford English Dictionary Online.* Oxford University Press. Retrieved from http://dictionary.oed.com/cgi/entry/50240711

Summers, V., & Cord, M. T. (2007). Intelligibility of speech in noise at high presentation levels: Effects of hearing loss and frequency region. *Journal of the Acoustical Society of America, 122,* 1130–1137. doi:10.1121/1.2751251

Sykes, L. M., & Dullabh, H. (2012). Students' vulnerability in educational research. *South African Dental Journal, 67*(5), 222, 224–227.

Tabachnick, B. G., & Fidell, L. S. (2007). *Using multivariate statistics* (5th ed.). Boston: Pearson/Allyn & Bacon.

Tabachnick, B. G., & Fidell, L. S. (2013). *Using multivariate statistics* (6th ed.). Boston: Pearson.

Tabor, T. A., & Hambrecht, G. (1997). A clinician-investigator attempts to facilitate carryover of /s/. *Language, Speech, and Hearing Services in Schools, 28,* 181–183.

Takahashi, G. A., & Bacon, S. P. (1992). Modulation detection, modulation masking, and speech understanding in the elderly. *Journal of Speech and Hearing Research, 35,* 1410–1421.

Tashakkori, A., & Teddlie, C. (Eds.). (2010). *Sage handbook of mixed methods in social & behavioral research* (2nd ed.). Thousand Oaks, CA: Sage.

Tetnowski, J. A., & Franklin, T. C. (2003). Qualitative research: Implications for description and assessment. *American Journal of Speech-Language Pathology, 12,* 155–164. doi:10.1044/1058-0360(2003/062)

Thomas, G. (2004). Introduction: Evidence and practice. In G. Thomas & R. Pring (Eds.), *Evidence-based practice in education* (pp. 1–18). Maidenhead, UK: Open University Press.

Thomas, J., & Harden, A. (2008). Methods for the thematic synthesis of qualitative research in systematic reviews. *BMC Medical Research Methodology, 8,* 45. doi:10.1186/1471-2288-8-45

Thomas, J. R., Nelson, J. K., & Silverman, S. J. (2011). *Research methods in physical activity* (6th ed.). Champaign, IL: Human Kinetics.

Thomas-Stonell, N., Oddson, B., Robertson, B., & Rosenbaum, P. (2009). Predicted and observed outcomes in preschool children following speech and language treatment: Parent and clinician perspectives. *Journal of Communication Disorders, 42,* 29–42. doi:10.1016/j.jcomdis.2008.08.002

Thompson, R. H., & Iwata, B. A. (2005). A review of reinforcement control procedures. *Journal of Applied Behavior Analysis, 38,* 257–278. doi:10.1901/jaba.2005.176-03

Thorndike, R. L., & Hagen, E. P. (1977). *Measurement and evaluation in psychology and education* (3rd ed.). New York: John Wiley.

Thorndike, R. M., Cunningham, G. K., Thorndike, R. L., & Hagen, E. P. (1991). *Measurement and evaluation in psychology and education* (5th ed.). New York: Macmillan.

Thorne, S., Jensen, L., Kearney, M. H., Noblit, G., & Sandelowski, M. (2004). Qualitative metasynthesis: Reflections on methodological orientation and ideological agenda. *Qualitative Health Research, 14,* 1342–1365. doi:10.1177/1049732304269888

Tomblin, J. B., Zhang, X., Buckwalter, P., & O'Brien, M. (2003). The stability of primary language disorder: Four years after kindergarten diagnosis. *Journal of Speech, Language, and Hearing Research, 46,* 1283–1296. doi:10.1044/1092-4388(2003/100)

Topál, J., Gergely, G., Miklósi, A., Erdohegyi, A., & Csibra, G. (2008). Infants' perseverative search errors are induced by pragmatic misinterpretation. *Science, 321,* 1831–1834. doi:10.1126/science.1161437

Travis, L. E. (1931). *Speech pathology.* New York: Appleton.

Travis, L. E. (1931). *Speech pathology: A dynamic neurological treatment of normal speech and speech deviations.* New York: Appleton.

Travis, L. E. (Ed.) (1971). *Handbook of speech pathology and audiology.* Englewood Cliffs, NJ: Prentice-Hall.

Trochim, W. M. K., & Donnelly, J. P. (2007). *The research methods knowledge base* (3rd ed.). Cincinnati, OH: Atomic Dog.

Tuckman, B. W. (1999). *Conducting educational research* (5th ed.). Fort Worth, TX: Harcourt Brace.

Tudor, K., & Worrall, M. (2006). *Person-centered therapy: A clinical philosophy.* London, UK: Routledge.

Tufte, E. R. (1990). *Envisioning information.* Cheshire, CT: Graphics Press.

Tufte, E. R. (1997). *Visual explanations: Images and quantities, evidence and narrative.* Cheshire, CT: Graphics Press.

Tufte, E. R. (2001). *The visual display of quantitative information* (2nd ed.). Cheshire, CT: Graphics Press.

Tufte, E. R. (2006). *Beautiful evidence.* Cheshire, CT: Graphics Press.

Turner, G. S., & Weismer, G. (1993). Characteristics of speaking rate in the dysarthria associated with amyotrophiclateral sclerosis. *Journal of Speech and Hearing Research, 36,* 1134–1144.

Turner, H. M., III, & Bernard, R. M. (2006). Calculating and synthesizing effect sizes. *Contemporary Issues in Communication Science and Disorders, 33,* 42–55.

Turner, J. G., & Parrish, J. (2008). Gap detection methods for assessing salicylate-induced tinnitus and hyperacusis in rats. *American Journal of Audiology, 17,* S185–S192. doi:10.1044/1059-0889(2008/08-0006)

Tye-Murray, N., Spencer, L., Bedia, E. G., & Woodworth, G. (1996). Differences in children's sound production when speaking with a cochlear implant turned on and turned off. *Journal of Speech and Hearing Research, 39,* 604–610.

Ulatowska, H. K., Reyes, B., Santos, T. O., Garst, D., Vernon, J., & McArthur, J. (2013). Personal narratives in aphasia: Understanding narrative competence. *Topics in Stroke Rehabilitation, 20,* 36–43. doi:10.1310/tsr2001-36

Underwood, B. J., & Shaughnessy, J. J. (1975). *Experimentation in psychology.* New York: John Wiley.

Van Borsel, J., & De Maesschalck, D. (2008). Speech rate in males, females, and male-to-female transsexuals. *Clinical Linguistics and Phonetics, 22,* 679–685. doi:10.1080/02699200801976695

Van Borsel, J., & Eeckhout, H. (2008). The speech naturalness of people who stutter speaking under delayed auditory feedback as perceived by different groups of listeners. *Journal of Fluency Disorders, 33,* 241–251. doi:10.1016/j.jfludis.2008.06.004

Van Borsel, J., & Vandermeulen, A. (2008). Cluttering in Down syndrome. *Folia Phoniatrica et Logopaedica, 60,* 312–317. doi:10.1159/000170081

Van Dalen, D. B. (1979). *Understanding educational research*(4th ed.). New York: McGraw-Hill.

Van Lierde, K. M., Mortier, G., Loeys, B., Baudonck, N., De Ley, S., Marks, L. A., & Van Borsel, J. (2007). Overall intelligibility, language, articulation, voice and resonance characteristics in a child with Shprintzen-Goldberg syndrome. *International Journal of Pediatric Otorhinolaryngology, 71,* 721–728. doi:10.1016/j.ijporl.2007.01.009

van Schoonhoven, J., Sparreboom, M., van Zanten, B. G., Scholten, R. J., Mylanus, E. A., Dreschler, W. A., … Maat, B. (2013). The effectiveness of bilateral cochlear implants for severe-to-profound deafness in adults: A systematic review. *Otology and Neurotology, 34,* 190–198. doi:10.1097/MAO.0b013e318278506d

Vaughan, C. E. (2009). People-first language: An unholy crusade. *Braille Monitor, 52*(3). Retrieved from https://nfb.org/Images/nfb/Publications/bm/bm09/bm0903/bm090309.htm

Venkatagiri, H. S. (2009). What do people who stutter want—Fluency or freedom? *Journal of Speech, Language, and Hearing Research, 52,* 500–515. doi:10.1044/1092-4388(2008/07-0019)

Ventry, I. M. (1980). Effects of conductive hearing loss: Fact or fiction. *Journal of Speech and Hearing Disorders, 45,* 143–156.

Vesey, S., Leslie, P., & Exley, C. (2008). A pilot study exploring the factors that influence the decision to have PEG feeding in patients with progressive conditions. *Dysphagia, 23,* 310–316. doi:10.1007/s00455-008-9149-0

Voils, C. I., Sandelowski, M., Barroso, J., & Hasselblad, V. (2008). Making sense of qualitative and quantitative findings in mixed research synthesis studies. *Field Methods, 20,* 3–25.

Walker, R. (2003, November 30). The guts of a new machine. *New York Times.* Retrieved from http://www.nytimes.com/2003/11/30/magazine/30IPOD.html?ei=5007&en=750c9021e58923d5&ex=1386133200

Walsh, D., & Downe, S. (2005). Meta-synthesis method for qualitative research: A literature review. *Journal of Advanced Nursing, 50,* 204–211. doi:10.1111/j.1365-2648.2005.03380.x

Wambaugh, J. (1999). Speaking out: Single-subject versus randomized group design. *Asha, 41*(6), 14–15.

Wambaugh, J., & Bain, B. (2002). Make research methods an integral part of your clinical practice. *The ASHA Leader, 7*(21), 1, 10–13.

Warren, S. F., Fey, M. E., Finestack, L. H., Brady, N. C., Bredin-Oja, S. L., & Fleming, K. K. (2008). A randomized trial of longitudinal effects of low-intensity responsivity education/prelinguistic milieu teaching. *Journal of Speech, Language, and Hearing Research, 51,* 451–470. doi:10.1044/1092-4388(2008/033)

Watson, B. U., & Thompson, R. W. (1983). Parents' perception of diagnostic reports and conferences. *Language, Speech, and Hearing Services in Schools, 14,* 114–120.

Watson, M., & Gabel, R. (2002). Speech-language pathologists' attitudes and practices regarding the assessment of children's phonemic awareness skills: Results of a national survey. *Contemporary Issues in Communication Science and Disorders, 29,* 173–184.

Watt, D. (2007). On becoming a qualitative researcher: The value of reflexivity. *The Qualitative Report, 12*(1), 82–101. Retrieved March 22, 2009, from www.nova.edu/ssss/QR/QR12-1/watt.pdf

West, R., Kennedy, L., & Carr, A. (1937). *The rehabilitation of speech: A textbook of diagnostic and corrective procedures.* New York: Harper and Brothers.

West, S., King, V., Carey, T. S., Lohr, K. N., McKoy, N., Sutton, S. F., & Lux, L. (2002). *Systems to rate the strength of scientific evidence.* Evidence Report/Technology Assessment, Number 47 [AHRQ publication number 02-E015]. Rockville, MD: Agency for Healthcare Research and Quality. Retrieved from http://www.thecre.com/pdf/ahrq-system-strength.pdf

Wilcox, M. J., & Woods, J. (2011). Participation as a basis for developing early intervention outcomes. *Language, Speech, and Hearing Services in Schools, 42,* 365–378. doi:10.1044/0161-1461(2011/10-0014)

Wilder, C. N., & Baken, R. J. (1974). Respiratory patterns in infant cry. *Human Communication, 3,* 18–34.

Wiley, T. L., Cruickshanks, K. J., Nondahl, D. M., Tweed, T. S., Klein, R., & Klein, B. E. K. (1998). Aging and high-frequency hearing sensitivity. *Journal of Speech, Language, and Hearing Research, 41,* 1061–1072.

Willingham, D. T. (2002). Allocating student study time: "Massed" versus "distributed" practice. *American Educator, 6*(2), 37–39, 47. Retrieved from http://aft.org/newspubs/periodicals/ae/summer2002/willingham.cfm

Willis, J. (2007). *Foundations of qualitative research: Interpretive and critical approaches.* Thousand Oaks, CA: Sage.

Wilson, D. R. (2000). Gender vs sex [Letters]. *Journal of the American Medical Association, 284,* 2997–2998. doi:10.1001/jama.284.23.2993

Winer, B. J., Brown, D. R., & Michels, K. M. (1991). *Statistical principles in experimental design* (3rd ed.). New York: McGraw-Hill.

Witter, H. L., & Goldstein, D. P. (1971). Quality judgments of hearing aid transduced speech. *Journal of Speech and Hearing Research, 14,* 312–322.

Wong, L., & Hickson, L. (2012). Evidence-based practice in audiology. In L. Wong & L. Hickson (Eds.), *Evidence-based practice in audiology: Evaluating interventions for children and adults with hearing impairment* (pp. 3–21). San Diego: Plural.

Worrall, L. E., & Bennett, S. (2001). Evidence-based practice: Barriers and facilitators for speech-language pathologists. *Journal of Medical Speech-Language Pathology, 9*(2), 11–16.

Yaruss, J. S., Coleman, C., & Hammer, D. (2006). Treating preschool children who stutter: Description and preliminary evaluation of a family-focused treatment approach. *Language, Speech, and Hearing Services in Schools, 37,* 118–136. doi:10.1044/0161-1461(2006/014)

Yaruss, J. S., LaSalle, L. R., & Conture, E. G. (1998). Evaluating stuttering in young children: Diagnostic data. *American Journal of Speech-Language Pathology, 7*(4), 62–76.

Yaruss, J. S., LaSalle, L. R., & Conture, E. G. (2000). Understanding stuttering in young children: A response to Cordes. *American Journal of Speech-Language Pathology, 9*(2), 165–171.

Yoder, P. J., Molfese, D., & Gardner, E. (2011). Initial mean length of utterance predicts the relative efficacy of two grammatical treatments in preschoolers with specific language impairment. *Journal of Speech, Language, and Hearing Research, 54,* 1170–1181. doi:10.1044/1092-4388(2010/09-0246)

Yorkston, K. M., Baylor, C. R., Dietz, J., Dudgeon, B. J., Eadie, T., Miller, R. M., & Amtmann, D. (2008). Developing a scale of communicative participation: A cognitive interviewing study. *Disability and Rehabilitation, 30,* 425–433. doi:10.1080/09638280701625328

Yorkston, K. M., Klasner, E. R., & Swanson, K. M. (2001). Communication in context: A qualitative study of the experiences of individuals with multiple sclerosis. *American Journal of Speech-Language Pathology, 10,* 126–137.

Young, M. A. (1976). Application of regression analysis concepts to retrospective research in speech pathology. *Journal of Speech and Hearing Research, 19,* 5–18.

Young, M. A. (1993). Supplementing tests of statistical significance: Variation accounted for. *Journal of Speech and Hearing Research, 36,* 644–656.

Young, M. A. (1994). Evaluating differences between stuttering and nonstuttering speakers: The group difference design. *Journal of Speech and Hearing Research, 37,* 522–534.

Yu, B. (2013). Issues in bilingualism and heritage language maintenance: Perspectives of minority-language mothers of children with autism spectrum disorders. *American Journal of Speech-Language Pathology, 22,* 10–24. doi:10.1044/1058-0360(2012/10-0078)

Zapala, D. A., & Hawkins, D. B. (2008). Hearing loss and speech privacy in the health care setting: A case study. *Journal of the American Academy of Audiology, 19,* 215–225.

Zhang, X., & Tomblin, J. B. (2003). Explaining and controlling regression to the mean in longitudinal research designs. *Journal of Speech, Language, and Hearing Research, 46,* 1340–1351. doi:10.1044/1092-4388(2003/104)

Zimmer, L. (2006). Qualitative meta-synthesis: A question of dialoguing with texts. *Journal of Advanced Nursing, 53,* 311–318. doi:10.1111/j.1365-2648.2006.03721.x

Zipoli, R. P., Jr., & Kennedy, M. (2005). Evidence-based practice among speech-language pathologists: Attitudes, utilization, and barriers. *American Journal of Speech-Language Pathology, 14,* 208–220. doi:10.1044/1058-0360(2005/021)

찾아보기

저자 소개

Robert F. Orlikoff
웨스트버지니아대학교 교수

Nicholas Schiavetti
뉴욕주립대학교(제니시오) 명예교수

Dale Evan Metz
뉴욕주립대학교(제니시오) 명예교수

역자 소개(가나다순)

박현주
가천대학교 특수치료학과 교수

이은주
단국대학교 특수교육과 교수

표화영
조선대학교 언어치료학과 교수

한진순
단국대학교 특수교육대학원 초빙교수